系统分析与设计

（第9版）

[美] 约瑟夫·瓦拉契奇 乔伊·乔治 /著 周 靖 /译
（Joseph S. Valacich） （Joey F. George）

清华大学出版社

北京

内 容 简 介

《系统分析与设计》(第9版)基于系统开发生命周期(SDLC)模型来组织主题和内容,体现主题涵盖信息系统的概念、技能、方法、技术、工具与观点,全面介绍了系统分析师必知必会的概念、技术。值得注意的是,为了帮助读者做好毕业前的"顶石项目",书中还特别结合三个案例介绍了敏捷方法在信息系统开发中的实际应用。

本书主要面向管理信息系统(MIS)或计算机信息系统(IS)课程的高年级本科生,也适合MBA和其他专业希望了解并掌握信息系统研发的学生和从业人员阅读。此外,本书还可以帮助读者成为一名合格的系统分析师,是他们备考的理想参考书。

北京市版权局著作权合同登记号 图字号:01-2020-3843

Authorized translation from the English language edition, entitled MODERN SYSTEMS ANALYSIS AND DESIGN, 9th Edition by VALACICH, JOSEPH S.; GEORGE, JOEY F., published by Pearson Education, Inc, Copyright © 2020 Pearson Education, Inc.

CHINESE SIMPLIFIED language edition published by TSINGHUA UNIVERSITY PRESS LIMITED, Copyright © 2022.

图书在版编目(CIP)数据

系统分析与设计:第9版 / (美)约瑟夫·瓦拉契奇(Joseph S. Valacich), (美)乔伊·乔治(Joey F. George)著;周靖译. —北京:清华大学出版社, 2022.12
书名原文:Modern Systems Analysis and Design, 9 Edition
ISBN 978-7-302-59969-2

Ⅰ. ①系… Ⅱ. ①约… ②乔… ③周… Ⅲ. ①信息系统—系统分析 ②信息系统—系统设计 Ⅳ. ①G202

中国版本图书馆CIP数据核字(2022)第053099号

责任编辑:文开琪
封面设计:李 坤
责任校对:周剑云
责任印制:杨 艳
出版发行:清华大学出版社
　　　　　网　　　址:http://www.tup.com.cn, http://www.wqbook.com
　　　　　地　　　址:北京清华大学学研大厦A座　　　　　　邮　　编:100084
　　　　　社 总 机:010-83470000　　　　　　　　　　　　邮　　购:010-62786544
　　　　　投稿与读者服务:010-62776969, c-service@tup.tsinghua.edu.cn
　　　　　质量反馈:010-62772015, zhiliang@tup.tsinghua.edu.cn
印 装 者:天津安泰印刷有限公司
经　　销:全国新华书店
开　　本:185mm×210mm　　　印　　张:$31\frac{2}{3}$　　　字　　数:1008千字
版　　次:2022年12月第1版　　　　　　　　　　　　印　　次:2022年12月第1次印刷
定　　价:169.00元

产品编号:088259-01

献给我的母亲玛丽·瓦拉契奇，你是最好的！

　　　　　　　　　　　　　　　——约瑟夫

献给我的父母，约翰 & 洛丽·乔治。

　　　　　　　　　　　　　　　——乔伊

《系统分析与设计》(第9版)涵盖系统分析师成功开发信息系统需要了解的概念、技能、方法、技术、工具与观点。主要面向管理信息系统(MIS)或计算机信息系统(IS)课程的高年级本科生,其次面向MBA和MS课程的MIS专业。虽然这本书没有明确针对大专和职业发展市场而编写,但这些地方也能使用本书。

我们在系统分析与设计领域拥有60多年的综合教学经验,并利用这些经验创建了这本最新版本的《系统分析与设计》。我们清楚说明了与别人合作为企业创建信息系统时,作为一名合格的系统分析师需要了解的概念、技能和技术。我们使用系统开发生命周期(Systems Development Life Cycle,SDLC)模型作为全书的组织工具,为学生提供一个强大的概念和系统框架。此版本的SDLC涉及五个阶段和一个循环设计。

本书假设学生已学习了计算机系统的入门课程,并且拥有至少使用一种编程语言设计程序的经验。我们会为那些尚未接触系统开发方法基础知识的学生复习一些基本的系统原理。本书还假设学生具有扎实的计算机知识背景,对企业的核心要素有基本的了解,包括与生产、销售、财务和会计职能相关的基本术语。

第9版增补内容

第9版增补了以下内容。

- 新增的内容。为了跟上不断变化的系统开发环境,第1章进行了彻底修订,重新关注敏捷方法。虽然这本书长期以来一直包含有关极限编程的材料,但现在还包含了一个小节,专门介绍Scrum。
- 更新的内容。贯穿全书,每一章的内容都在适当的地方进行了更新。第2章扩展了对多个主题的覆盖。第13章尤为典型,我们更新并扩展了关于信息系统安全的小节。第13章还包括一些新的系统实施失败案例。所有屏幕截图均来自领先软件产品的最新版本。我们还专门更新了参考文献列表，清除了过时的材料，加入了最新的参考资料。全书的数据、表格和相关内容都进行了更新。

- 减少的内容。为了保持最新并适量精简，本书新版删除了对一些主题的讨论。第 1 章、第 6 章和第 7 章不再包含计算机辅助软件工程 (CASE) 工具。还对第 7 章的补充材料进行了一些更改。我们删除了 UML 时序图的附录。补充材料 7A 仍然讲用例，补充材料 7B 仍然讲活动图，但补充材料 7C 现在讲的是业务过程管理标记法 (Business Process Management Notation)。

- 组织方式。我们保留了首次在本书第 6 版引入的组织方式，唯一的变化是删除了以前的补充材料 7C。全书共计 14 章和 5 个补充材料。第一个补充材料在第 1 章之后。三个补充材料在第 7 章之后。第 5 个补充材料在第 8 章之后。这种精简的组织方式在本书第 6 版、第 7 版和第 8 版均收效良好，所以我们决定继续沿用并改进它。

- 重新组织的面向对象内容。我们基本保留了上一版的面向对象 (OO) 教学方式。和面向对象方法相关的简短附录会继续在相关的章之后出现。OO 补充材料是这样安排的：第 3 章专门安排一个小节来介绍 IS 项目管理。第 7 章现在有两个 OO 补充材料：一个关于用例，一个关于活动图。注意，第 7 章的第三个补充材料是关于业务过程管理标记法的，不是 UML 的一部分，虽然它由对象管理组织 (OMG) 负责管理。第 8 章专门用一个小节介绍面向对象的数据库设计。之所以采用这种组织方式，是因为我们的出发点并未发生变化：将结构化方法与面向对象方法清楚地分开，方便不打算教"面向对象"概念的教师能轻松绕过。另一方面，想让学生接触面向对象的教师也能轻松找到和面向对象相关的内容。

- 更新了关于技术的插图。全书的屏幕截图均已更新，使用了最新版本的编程和互联网开发环境（包括最新版本的 .NET、

Visio 和 Microsoft Office) 以及用户界面设计。为学生提供了许多网站参考资料，方便他们了解影响信息系统分析与设计的最新技术趋势。

本书主题

本书涉及以下主题。

1. 系统开发深植于组织环境。成功的系统分析师需要对组织、组织文化和组织运作有全面的了解。

2. 系统开发是一个实践领域。作为教科书，必须要涵盖当前的实践以及公认的概念和原则。

3. 系统开发是一个职业。实践标准、持续个人发展的意识、伦理以及对他人工作的尊重和合作是教科书的一般主题。

4. 随着数据库、数据驱动系统架构、互联网和敏捷方法的爆炸式增长，系统开发发生了显著的变化。可以而且应该以高度协调的方式教授系统开发和数据库管理。本书兼容 Hoffer, Ramesh 和 Topi 的《现代数据库管理》第 13 版。这两本教材的恰当衔接是满足 IS 学术领域需求的战略机遇。

5. 系统分析与设计的成功不仅需要方法论和技术方面的技能，还需要对时间、资源和风险进行管理的项目管理技能。所以，在学习系统分析与设计时，需要对过程以及专业技术和交付物有透彻的了解。

基于这些主题，所以本书重点聚焦于以下三个方面。

- 系统分析与设计是作为一种业务，而不是作为某个具体的技术、观点。

- 系统分析师和系统项目主管的角色、职责和心态，不会重点介绍程序员或业务主管的角色。

- 强调系统开发的方法和原则，而不强调该领域的特定工具或者与工具相关的专业技能。

本书特色

本书具有以下部分鲜明的特色。

1. 本书的组织方式与《现代数据库管理》第 13 版 (2019 年出版)，相辅相成，框架、定义、方法、示例和符号保持了一致，以更好地支持同时采用这两种教材的系统分析与设计 / 数据库课程。虽然本书和《现代数据库管理》实现了战略兼容，但这两本书的设计目标都是成为各自市场的领先者。

2. 讲解现代企业的经典系统架构的系统开发基础，包括数据库管理和基于 Web 的系统。

3. 将系统描述和建模的所有维度 (过程、决策和数据建模) 清晰地链接到一套全面且兼容的系统分析与设计方法中。如此广的覆盖范围是必要的，目的是让学生了解众多系统开发方法和工具的高级功能，这些方法和工具可根据设计规范自动生成大比例的代码。

4. 全面涵盖口头和书面沟通技巧，包括系统文档、项目管理、团队管理以及各种系统开发和采购策略，例如生命周期、原型设计、面向对象、联合应用设计 (JAD)、系统重构和敏捷方法。

5. 探讨了系统分析方法和系统设计平台的标准。

6. 在变更管理、转换策略以及系统验收的组织因素背景下讨论系统开发和实施。

7. 关注系统设计中的人为因素，强调在基于字符和图形用户界面情况下的可用性。

8. 描述了可视化开发产品，并强调了当前的限制技术。

9. 本书单独用一章讲述了系统维护。鉴于许多毕业生初次接受的工作类型以及庞大的系统安装基础，本章强调了这一重要但在其他类似书籍中经常被忽视的主题。

教学特色

本书的教学特色加强并应用了本书的关键内容。

三个虚构案例

本书包含三个虚构案例，具体如下。

- 松谷家具 (Pine Valley Furniture，PVF)：除了展示一个 B2C 购物网站，还用来自 PVF 的其他一些系统开发活动来说明要点。PVF 在第 3 章引入，并在本书剩余部分反复讨论。随着各种关键性系统开发生命周期概念的不断提出，它们将通过这一案例予以实际应用和说明。例如，第 5 章探讨了 PVF 如何为客户跟踪系统规划一个开发项目。凡涉及该案例的内容均用此图标予以标识。

- Hoosier Burger(HB)：该案例在第 7 章引入，并在本书剩余部分反复讨论。HB 是虚构的一家位于印第安纳州布卢明顿的快餐店。将用该案例来说明分析师如何开发和实现一个自动点餐系统。凡是涉及该案例的内容，均都用此图标予以标识。

- Petrie Electronics：该虚构的零售电子公司始于第 2 章，将在第 12 章末尾用作一个扩展项目案例。该案例旨在将章节概念变为现实，它演示了一家公司如何启动、计划、建模、设计并实现一个客户忠诚度系统。我们提出了一些讨论问题以促进批判性思维和课堂参与。教师手册提供了这些问题的推荐解决方案。

章末材料

我们提供了全面的章末材料，旨在适应各种学习及教学风格。

- 章末总结。回顾本章主题并预览当前章与下一章的联系。
- 关键术语。以自测题的形式呈现，学生将本章出现的每个关键术语与定义匹配。
- 复习题。测验学生对关键概念的理解。
- 问题和练习。测验学生的分析能力，要求他们运用关键概念。
- 实战演练。让学生有机会探索组织中的系统分析与设计实践。
- 正文中的术语定义。每个关键术语及其定义都首先出现在正文中。书末汇总了全部术语和首字母缩写。
- 参考资料。每章末都展示了参考资料。参考书、期刊和网站的数量类计超过 100，为学生和教师拓展了主题的覆盖范围。

如何使用本书

如前所述，本书适合主流的系统分析与设计课程。它可以用于一个学期的系统分析与设计课程，也可用于超过两学期的课程（先学系统分析，再学系统设计）。

由于本书兼容于《现代数据库管理》，所以两本书的章节可按适合你的课程的各种顺序使用。本书主要在商学院采用，不适合计算机科学课程（偏理论）。应用计算机科学或计算机技术课程也可采用本书（偏应用）。

适合采用本书的教师如下。

- 偏实用，而不是偏技术或理论的教师。
- 对数据库和使用了数据库的系统有一定了解的教师。
- 在其课程中设置了实际项目和练习的教师。

更具体地说，本书特别适合想要更好地将系统分析与设计以及数据库课程联系起来，从而对系统开发有一个全面理解的课程。

本书大纲遵循系统开发生命周期，这使主题富有逻辑地推进。但是，它也强调了各种方法（例如原型设计和迭代开发）的运用，使逻辑性的进展更像是一个循环反复的过程。第 1 部分概述了系统开发，并预览了本书的其余部分。第 I 部分还向学生介绍了许多可以用来构建系统和管理项目的软件源。剩余 4 部分全面涵盖了通用系统开发生命周期的 5 个阶段，并酌情穿插了 SDLC（系统开发生命周期）的备选方案。

取决于教师的方向或学生的背景，有的章可以跳过。例如，如果学生已经完成了项目管理课程，可以跳过或快速复习第 3 章。如果教师想要强调在确定了项目之后的系统开发过程，或者课程规定的时间少于 15 周，则可以跳过第 4 章。如果学生已在之前的数据库或数据结构课程中全面了解了相应的主题，则可以跳过或者快速复习第 8 章以及第 9 章。如果教师想要避开面向对象的主题，可以跳过第 3 章、第 7 章和第 8 章关于面向对象的小节。最后是第 14 章，如果这些主题超出了课程范围，也可以略过。

　　由于本书内容的呈现是基于系统开发项目的流程，所以不建议打乱各章的顺序，但也有一些例外：第 9 章可以在第 10 章和第 11 章之后讲，但第 10 章和第 11 章应按顺序讲。

补充内容

本书打包提供了一套全面且灵活的技术支持材料以增强教与学的体验。全套教师资源请访问 http://www.pearsonhighered.com/valacich；本书中文版的资源请访问 https://bookzhou.com。

教师资源

本书提供以下教师资源：

- 教师手册
- 题库
- TestGen® Computerized Test Bank
- PowerPoint 幻灯片

致　谢

作者在准备本书及其配套资源的各个方面得到了许多人的鼎力协助。当然，我们对最终呈现的内容负完全责任。但是，其他人的见解、更正、贡献和鼓励极大地改进了我们的手稿。多年来，已有数十人审阅了这本教科书的各个版本。他们的贡献激励了我们，经常促使我们加入新的主题和创新的教学方法。我们非常感谢审阅本书的众多教职员工和实践系统分析师所做的努力。

特别感谢 Jeremy Alexander，他对第 4 章～第 14 章涉及的 PVF 购物网站的策划和写作方面发挥了重要的作用。加入这个虚构购物网站之后，这些章的内容变得更接地气，更有创意。

还要感谢威斯康星大学密尔沃基分校的 Atish Sinha 编写了一些面向对象分析与设计材料的原始版本。Sinha 博士多年来一直在向本科生和 MBA 学生教授这一主题，他通过卓越的创造力和合作精神完成了这一项富有挑战的任务。

还要感谢我们的本科生和 MBA 学生，他们在撰写本书草稿时提供了许多有益的意见。其中特别感谢 Fred McFadden(科罗拉多大学斯普林斯分校)、Mary Prescott(南佛罗里达大学)、Ramesh Venkataraman(印第安纳大学) 和 Heikki Topi(本特利大学)。感谢他们协助协调本书及其配套书《现代数据库管理》。

最后，我们有幸与 Pearson 众多富有创造力和洞察力的人合作，他们为本书的开发、格式和制作做出了很多贡献。他们对本书和 IS 教育市场的投入给我们留下了深刻的印象。这些人包括：Pearson 的 Samantha Lewis(执行经理)、Madeline Houpt(管理助理) 和 Faraz Sharique Ali(内容制作人) 以及 Pearson CSC 的 Freddie Domini 和 SindhujaVadlamani(全方位服务项目管理)。

本书的写作涉及作者和之前列出的所有人的总共数千小时时间。虽然本书的署名是我们两个，但我们知道，本书可能取得的任何成功都归功于此处列出的个人及组织。

简明目录

第 V 部分　实现　633

详细目录

PETRIE
ELECTRONICS

松谷家具
(PVF)

松谷家具
(PVF)

第 II 部分　计划

松谷家具
(PVF)

第 III 部分　分析

松谷家具
(PVF)

PETRIE
ELECTRONICS

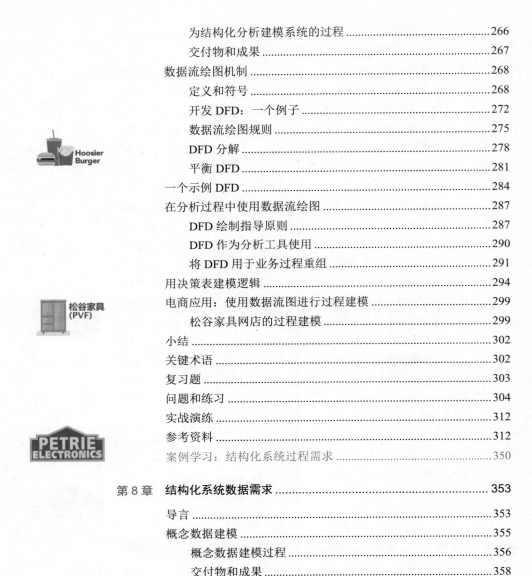

松谷家具
(PVF)

第 IV 部分 设计

松谷家具
(PVF)

松谷家具
(PVF)

PETRIE
ELECTRONICS

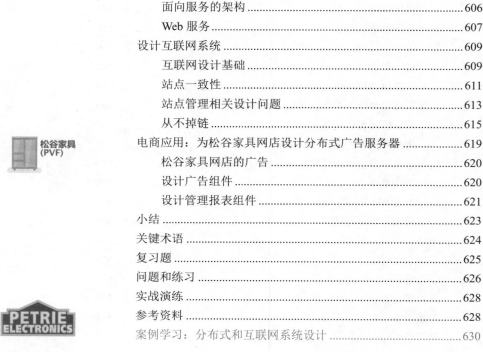

第 V 部分　实现

松谷家具
(PVF)

PETRIE
ELECTRONICS

松谷家具
(PVF)

第 I 部分

系统开发基础

恭喜你开始一段全新的旅程，我们将在教育和体验的各个方面予以贴心帮助。成为系统分析师并不是你唯一的目标；这是通往丰富多样职业的一条道路。在此旅程中，你会逐步培养并持续发展广泛的才能。我们希望这一基础部分能帮你打开思路，体验到系统分析与设计领域存在的各种机会，并使你明白系统的工作原理。

第 1 章描述了系统分析与设计的宗旨及其在过去几十年中的演变。随着业务和系统变得越来越高级和复杂，人们越来越重视系统分析与设计的速度。系统开发最初是作为一门艺术出现的，但大多数企业家很快意识到，以这种方式开发系统来支持业务过程，并不是一个可持续发展的长期解决方案。系统开发变得更结构化，更像是一种工程，管理人员更强调计划、项目管理和文档的重要性。系统分析与设计的重点已转移到敏捷开发上。第 1 章解释了系统分析与设计的演变以及当前对敏捷开发的关注。请记住一个重点，系统分析与设计的生存环境是涉及其他组织成员以及外部各方的一个多方组织。所以，理解系统开发不仅需要理解每一种技术、工具和方法，还需理解这些要素在组织环境中如何相互补充和支持。

阅读本书时，你还会发现，由于随便一家组织都会坚定地承诺自己要不断地改进，所以系统分析与设计领域也在不断适应新的形势。本书的目标是提供在任何可能的环境中都能有效工作所需的技

能。用知识武装了自己之后，才能确定具体情况下的最佳做法，并有效地进行论证。

第 2 章介绍了软件和软件组件的许多来源。当系统分析与设计还是一门艺术时，所有系统都是由内部专家从头开始编写的。企业别无选择。现在内部开发变得很少见了，因此系统分析师了解软件行业和许多不同的软件来源变得至关重要。第 2 章初步展示了软件行业格局，并解释了系统分析师可以有的许多选择。

第 3 章讨论系统分析师的一个基本职业特征：要在资源有限的项目框架内工作。所有与系统相关的工作都需要注意截止日期、在预算范围内工作以及协调不同人的工作。系统开发生命周期 (SDLC) 的本质意味着项目采取的是一种系统性的方法，即产生交付物的一组相关活动。项目必须计划、启动、执行和完成。项目的计划必须让所有相关方都可以审查和理解。作为系统分析师，必须在日程表和其他项目计划内工作，因此有必要了解控制着工作的管理过程。

第 I 部分还引入了 Petrie Electronics 案例，演示如何将每一章学到的知识应用于一家实际的组织。案例始于第 2 章之后，其余章 (一直到第 13 章) 各有一个相关的案例分解。首先介绍了公司及其现有的信息系统，帮助你了解 Petrie。在之后的案例分解小节描述新系统的需求和设计时，你会对公司有更全面的了解。

第 1 章

系统开发环境

导言

世界的运行离不开在信息系统。信息系统构成了每个主要组织活动和行业的基础,从零售到医疗保健,到制造,再到物流。系统由计算机硬件、软件、网络以及监督其工作的人员和使用它们的人员组成。信息系统分析与设计 (Information Systems Analysis and Design) 是一个复杂、具有挑战性和刺激的组织过程,业务和系统专业团队通过它来开发和维护信息系统。虽然信息技术的进步不断为我们提供新的能力,但信息系统的分析与设计是从组织的角度驱动的。一个组织可能由整个企业、特定部门或单独的工作组构成。

组织可通过创新地使用信息技术来应对及预测问题和机遇。因此,信息系统分析与设计是一个组织改进过程。系统的构建和重建是为了组织的利益。利益是通过在创建、生产和支持组织的产品和服务过程中增加价值而获得的。因此,信息系统的分析与设计基于你对组织目标、结构和过程的理解,而且要求你了解如何利用信息技术来发挥优势。

信息系统为组织所做的几乎一切提供支持,无论开发系统的目的是为了内部使用,是为了与业务合作伙伴交流,还是为了与客户互动。网络——尤其是互联网和万维网——

对于将组织与其合作伙伴和客户联系起来至关重要。Web 的绝大多数商业应用都是企业对企业 (B2B) 应用。这些应用涵盖了企业做的全部事情，包括向供应商下单和付款、履行订单和收取客户付款、维护业务关系以及建立电子市场 (商家可在网上挑选货物，为其产品和服务所需的资源拿到一个好价) 等。无论涉及何种技术，了解业务及其运作方式是成功进行系统分析与设计的关键，即使在当今组织所处的快节奏、技术驱动的大环境下也是如此。

技术的快速进步给我们带来这么多的挑战和机遇，很难想象还有什么比信息技术 (Information Technology, IT) 更令人兴奋的职业选择，而系统分析与设计是 IT 业的一个重要组成部分。此外，分析与设计信息系统将使你有机会从深度和广度上了解组织，而这在其他职业中可能需要很多年才能完成。

系统分析与设计的重要 (但非唯一) 结果是应用软件 (application software)，或者称为"应用程序"。这种软件旨在支持一项特定的组织职能或过程 (比如库存管理、工资或市场分析)。除了应用软件，完整的信息系统还包括运行软件所需的硬件和系统软件、文档和培训材料以及相关的各种职位 (包括系统维护、控制和实际的使用者)。虽然整体系统的各个方面都会讨论，但主要强调的是应用软件开发——这是你作为系统分析师的主要职责。

信息系统分析与设计 (information systems analysis and design)

开发和维护基于计算机的信息系统的一种复杂的组织过程。

应用软件 (application software)

旨在支持组织职能或过程的计算机软件。

在计算的早期岁月，分析与设计被认为是一门艺术或手艺。上个世纪 70 年代对系统需求的快速增长导致了高度结构化的系统分析与设计方法。虽然结构化方法仍在使用，但当前的方法侧重于快速和持续的软件交付，由富有才华的开发人员组成的小团队进行管理。这种称为敏捷开发的方法已成为大多数组织当前开发系统所采用的标准。事实上，94% 的公司报告说他们在进行系统开发时采用了敏捷实践 (VersionOne，2017)。我们的目标是帮你培养和遵循结构化及敏捷过程所需的知识和技能。分析与设计 (以及本书) 的核心是多年来发展、测试并广泛采用的各种方法论、技术和工具，帮助广大读者进行系统分析与设计。

方法论 (methodology) 是进行系统开发的一种综合性、多步骤方法，用于指导工作并影响最终产品 (信息系统) 的质量。组织采用的方法论与其常规管理风格保持一致。例如，组织对共识管理 (consensus management) 的取向将影响其对系统开发方法论的选择。大多数方法论都结合了多种开发技术。

技术是分析师将遵循的特定过程，目的是确保工作经过深思熟虑，完整，而且项目团队的其他人可以理解。技术为广泛的任务提供支持，包括收集信息以确定系统应该做什么、规划和管理系统开发项目中的活动、绘制系统逻辑图以及设计系统的界面和输出。

工具通常是指易于使用且从技术中受益，而且忠实遵循总体开发方法的指导方针的计算机程序。有效的技术和工具必须与组织的系统开发方法一致。技术和工具必须使系统开发人员能够轻松执行方法所要求的步骤。这三个要素——方法、技术和工具——共同构成了系统分析与设计的组织方式 (参见图 1.1)。

图 1.1

系统分析与设计的组织方式由方法、技术和工具驱动

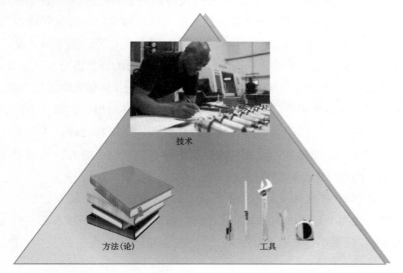

技术

方法(论)　　工具

(图片来源：上为 Monkey Business Images/Shutterstock；左为 Benchart/Shutterstock；右为 Lifestyle Graphic/Shutterstock)

系统分析师

(system analyst)

担负信息系统分析与设计主要责任的一种组织内职务。

虽然组织有许多人负责系统分析与设计，但在大多数组织中，都是由系统分析师 (system analyst) 负主要责任。刚入系统开发这一行时，你很可能会以系统分析师或业务分析师的身份开始。系统分析师的主要职责是研究组织的问题和需求，以确定如何最好地结合人员、方法和信息技术使组织获得进步。系统分析师帮助系统用户和其他业务主管定义其对新的或增强的信息服务的需求。因此，系统分析师是变革和创新的推动者。

本章其余部分将研究分析与设计的系统方法。你将了解随着计算对业务变得越来越重要，几十年来系统分析与设计发生了怎样的变化。将了解系统开发生命周期，它为系统开发过程和本书提供了一个基本的整体结构。本章最后会讨论为支持系统开发过程而创建的一些方法、技术和工具。我们会兼顾系统分析与设计的结构化和敏捷方法。

现代化系统分析与设计的一种现代方法

基于计算机的信息系统的分析与设计始于上个世纪 50 年代。从那时起，随着组织需求以及计算机技术能力的快速变化，开发环境也发生了巨大变化。50 年代的开发重点是软件的执行过程。由于算力是一种关键资源，所以处理效率成为首要目标。那时的计算机很大，很贵，也不太可靠。所以，重点都放在自动化现有过程上，例如采购或发工资，而且通常仅限单一部门使用。所有应用程序都必须用机器语言或汇编语言开发，而且由于当时没有什么软件行业，所以都必须从头开发。由于计算机如此昂贵，计算机内存也很珍贵，所以系统开发人员要尽量节省内存以进行数据存储。

直到 60 年代初，第一个过程式（或第三代）计算机编程语言才开始投入使用。计算机仍然笨重且昂贵，但 60 年代见证了技术的一些重大突破，使更小、更快、更便宜的计算机（小型计算机）的开发成为可能，并同时开启了软件行业。当时，大多数组织仍然通过其内部开发人员从头开发应用程序。系统开发与其说是一门科学，不如说是一门艺术。然而，这种系统开发观点从 70 年代开始发生了变化，因为组织开始意识到为每个应用程序都开发定制的信息系统是多么昂贵。随着许多人努力使其变得更像是一种工程而不是艺术，系统开发也变得越来越规范。早期的数据库管理系统采用了分层和网络模型，这有助于规范数据的存储和检索。数据库管理系统的开发有助于将系统开发的重点从过程优先转移到数据优先。

80 年代，组织内部的计算出现了重大突破，因为微型计算机成为关键的组织工具。随着越来越多的人开始为微型计算机编写拿来即用的软件 (而不是凡事都要定制)，软件行业得到了极大的发展。开发人员开始用第四代语言编写越来越多的应用程序。与过程式语言不同，第四代语言指示计算机做什么而不是如何做。人们还开发了"计算机辅助软件工程" (Computer-Aided Software Engineering，CASE) 工具，使系统开发人员的工作变得更轻松、更一致。随着计算机变得更小、更快、更便宜，而且计算机操作系统从行提示界面转向基于窗口和图标的界面，组织越来越多地采用具有图形界面的应用程序。组织越来越少地通过内部团队开发软件，更多地从软件供应商处采购。系统开发人员也逐渐从构建者转变为集成者。

90 年代后期的系统开发环境侧重于系统集成。开发人员使用可视化编程环境 (例如 Visual Basic) 为在客户端 / 服务器平台上运行的系统设计用户界面。服务器上运行的数据库可以是关系型的，也可以是面向对象的，而且可以使用 Oracle 等公司的软件开发。许多时候，同一台服务器还要负责应用程序逻辑。组织也可以从 SAP AG 或 Oracle 这样的公司购买全套企业级系统。企业级系统是由一系列独立的系统模块组成的大型复杂系统。开发人员通过选择并实现特定模块来组装系统。从 90 年代中期开始,越来越多的系统开发工作集中在互联网,尤其是网上。

今天,人们依然注重为互联网以及企业的内部网和外部网开发系统。越来越多的系统实现都涉及三层设计:数据库在一台服务器上,应用程序在第二台服务器上,客户端逻辑在用户机器上。另一个重要的趋势是向无线系统组件的转移。无线设备能从几乎任何地方访问基于 Web 的应用。最后,用现成程序和组件组装系统的趋势仍在持续。现在,许多组织都不选择在内部开发应用程序。有些甚至不在内部运行应用程序,而是选择从云端访问,按使用情况来付费。

信息系统开发与系统开发生命周期

无论依赖结构化方法还是敏捷方法,还是依赖混合方法,大多数组织都发现有必要通过一系列标准步骤来开发和支持其信息系统。这些步骤统称为"系统开发方法"(systems development methodology)。与许多过程一样,信息系统的开发通常遵循一个生命周期。例如,在商业产品的生命周期内,它被创建、测试引入市场。销售额增加,达到顶峰,然后下降。最后,该产品从市场撤下并被其他产品取代。系统开发生命周期 (systems development life cycle,SDLC) 是许多组织常用的系统开发方法。它有几个阶段,标志着系统分析与设计工作的进展。每个教科书作者和信息系统开发组织都使用了略有区别的生命周期模型,其中包含 3 到近 20 个可识别的阶段。

可以将生命周期想象为一个循环过程,一个系统使用寿命结束,会导致另一个项目的开始,后者将开发新版本或完全替换现有系统(参见图 1.2)。

系统开发方法

(systems development methodology)

组织中遵循的标准过程,用于开展分析、设计、实现和维护信息系统所需的全部步骤。

系统开发生命周期

(systems development life cycle,SDLC)

用于开发、维护和替换信息系统的传统方法(论)。

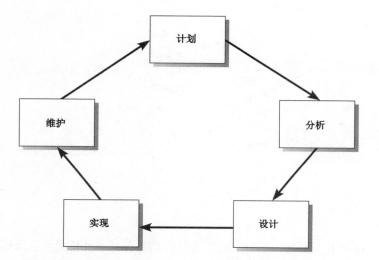

图 1.2

系统开发生命周期

　　从表面看，生命周期似乎是一组按顺序排列的阶段，但事实并非如此。具体步骤及其顺序要根据项目的需求进行调整，并与管理方法保持一致。例如，在任何给定的 SDLC 阶段，项目可在必要时回到一个较早的阶段。类似地，如果一个商业产品刚推出后表现不佳，它可能暂时退出市场，改进后重新推出。在 SDLC 中，一个阶段的某些活动也可能与另一阶段的某些活动同步完成。有的时候，生命周期是迭代的；也就是说，根据需要重复各阶段，直至找出能接受的系统。有的人认为生命周期是一个螺旋，即不断重复各个阶段，每次都实行不同的细节等级 (参见图 1.3)。不管如何构思，组织所采用的系统开发生命周期是为每个开发项目执行和计划的一组有序活动。系统分析师所需的技能适用于所有生命周期模型。软件是生命周期最明显的最终产品；其他重要输出还有关于系统及其开发方式的文档以及对用户的培训。

图 1.3
进化模型

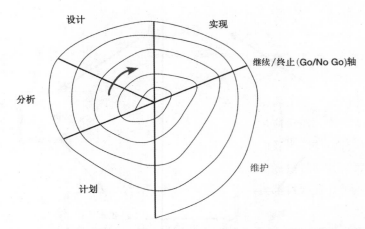

每个中大型公司和每个定制软件商都有自己一种特定的生命周期或系统开发方法 (参见图 1.4)。即使一种特定的方法看起来不像一个循环 (图 1.4 也不是)，你会发现仍然执行了许多 SDLC 步骤并使用了许多 SDLC 技术和工具。无论采用哪种系统开发方法，基于生命周期方法来学习系统分析与设计，都能使你从中受益。

图 1.4
美国司法部的系统开发生命周期

(来源：本图基于 http://www.justice.gov/archive/jmd/irm/lifecycle/ch1.htm#para1.2。从上到下：
Haveseen/Shutterstock；Phovoir/Shutterstock; Bedrin/Shutterstock；Pressmaster/Shutterstock；
Tiago Jorge da Silva Estima/Shutterstock; Sozaijiten /Pearson Education；DDekk/Shutterstock；
Rtguest/Shutterstock; Michaeljung/Shutterstock; AleksaStudio/Shutterstock)

　　开始第一份工作时，可能会花费好几周或几个月的时间来学习所在组织的 SDLC 及其相关方法、技术和工具。为了使本书尽可能通用，我们遵循一个常规的生命周期模型，图 1.5 对此进行了更详细的说明。注意，这是一个循环模型。我们将此 SDLC 作为一个示例方法论，但更重要的是，本书将根据它安排系统分析与设计的各个主题。所以，本书学到的知识可应用于你将来要遵循的几乎任何生命周期，无论它基于何种方法。当我们在整本书描述这个 SDLC 时，你会看到每个阶段都有为其他阶段提供重要信息的具体成果和交付物。每个阶段结束时，系统开发项目都会达到一个里程碑，而且交付物产生之后，它们通常会由项目团队以外的各方进行审查。本节剩余部分将简要介绍每个 SDLC 阶段，末尾用一个表格对此进行了总结，其中列出了每个 SDLC 阶段的主要交付物或输出。

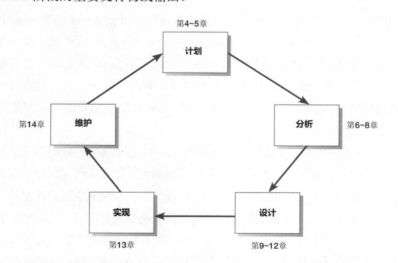

图 1.5
本书基于 SDLC 的脉络

　　SDLC 的第一个阶段是计划 (planning)。在这个阶段，需由人确定对一个新的或增强的系统的需求。在大型组织中，这可能是协同与系统规划过程的一部分。组织作为一个整体，其信息需求被调查，满足这些需求的项目被提前确定。可从以下方面确定组织的信息系统需求：

计划
(planning)
SDLC 的第一个阶段。要在此阶段确定、分析、优先排序和安排组织对于信息系统的总体需求。

对解决当前过程存在的问题的需求；执行额外任务的愿望；是否想要
利用信息技来发掘现有的机会。然后，这些需求被设定优先级，并转
化为信息系统部门的计划，其中包括制定新系统日程表。在较小的（也
包括较大的）组织中进行系统开发时，可能要考虑用户在对于新系统
或增强系统的特别要求，还可能要考虑正式的信息规划过程。无论哪
种情况，确定并选择项目时，组织都要确定是要将资源分配给新系统
的开发还是分配给对现有系统的增强。确定并选择项目后，组织要决
定（至少是初步研究后的决定）对哪些进行开发。

　　计划阶段还需执行两个额外的重要行动：正式（虽然依旧很初步）
调查系统存在的问题或机会，罗列要或不要开发系统的理由。此时一
个关键步骤是确定目标系统的范围。项目负责人和初始系统分析师团
队还要使用剩余的 SDLC 步骤为提议的项目生成一个具体的计划。该
基准项目计划将对标准化的 SDLC 进行定制，并指定执行它所需的时
间和资源。项目的正式定义取决于组织的信息系统部门通过开发一个
系统来解决问题或发掘现有机会的可能性，以及系统开发成本是否超
出了收益。最终的合理化论证（或称商业案例）一般由项目负责人和
其他团队成员向管理层或负责决定组织将开展哪些项目的一个特别管
理委员会提交。

　　SDLC 的第二个阶段是分析 (analysis)。在这个阶段，分析师对组织
的当前规程以及用于执行组织任务的信息系统进行全面研究。分析包含
两个子阶段。首先是确定需求，即分析师与用户一起确定用户希望从目
标系统获得什么。为确定需求，一般要仔细研究现有的任何人工和计算
机系统，这些系统可能作为项目的一部分被替换或增强。在分析的第二
个子阶段，分析师研究需求并根据其相互关系进行结构化，消除任何冗
余。分析阶段的输出是对分析团队推荐的备选解决方案的一个描述（但
非详细设计）。一旦该建议被供资方接受，分析师就可以开始计划采购
构建或运行目标系统所需的任何必要的硬件和系统软件。

分析

(analysis)

SDLC 的第二个阶段。要在此阶段研
究系统需求，并对需求进行结构化。

　　SDLC 的第三个阶段是设计 (design)。在设计期间，分析师先将对推荐备选解决方案的描述转换为逻辑系统规范，再转换为物理系统规范。分析师协助设计系统的各个方面，从输入和输出屏幕到报表、数据库和计算机过程。独立于任何特定硬件或软件平台的那部分设计过程称为"逻辑设计" (logical design)。理论上，系统可在任何硬件和系统软件上实现。其出发点是确保系统按预期运行。逻辑设计专注于系统的业务方面，并倾向于进一步的具体化 (specificity)。

　　采用传统的结构化方法，一旦系统的总体高层设计被制定出来，分析师就开始将逻辑规范转换为物理规范。这个过程被称为"物理设计" (physical design)。作为物理设计的一部分，分析师设计系统的各个部分以执行实现数据采集、处理和信息输出所需的物理操作。这可通过多种方式完成，从创建目标系统的一个工作模型，到编写详细规范来描述系统的不同部分及其构建方式。许多时候，工作模型会成为实际系统的基础。在物理设计过程中，分析团队必须确定构建最终系统所需的许多物理细节，从系统的编程语言，到存储数据的数据库系统，到系统运行的硬件平台。语言、数据库和平台的选择通常已由组织或客户决定，这些信息技术必须在系统的物理设计过程中被考虑进去。采用结构化的方法，设计阶段的最终结果是一套物理系统规范，程序员和其他系统构建者可依据此规范开始实际的构建。采用敏捷方法 (后续小节会更多地说明)，逻辑和物理设计成为同一个迭代过程的一部分，详细规范被软件的多个工作版本取代。

　　SDLC 的第四个阶段是"实现" (implementation)。在结构化过程中，物理系统规范——无论是作为详细模型，还是作为详细的书面规范——都作为实现阶段的第一部分移交给程序员。在实现过程中，分析师将系统规范转换为先经过测试再投入使用的一个能正常工作的系统。实现包括编码、测试和安装。编码期间，程序员编写构成系统的程序。测试期间，程序员和分析师测试单个程序和整个系统以发现并纠正错

设计
(design)
SDLC 的个阶段。要在此阶段将对推荐方案的描述先转换为逻辑系统规范，再转换为物理系统规范。

逻辑设计
(logical design)
SDLC "设计"阶段的一部分，独立于任何计算机平台对分析中选择开发的所有系统功能特性进行描述。

物理设计
(physical design)
SDLC "设计"阶段的一部分，来自"逻辑设计"的系统逻辑规范被转换为具体的技术细节，为后续所有编程和系统构建提供指导。

实现
(implementation)
SDLC 的第四个阶段。需要在这个阶段完成信息系统的编码、测试、安装和支持。

误。如采用敏捷方法，程序写好后立即测试，从而在短时间内获得能跑起来的软件。安装期间，新系统成为组织日常活动的一部分。在现有或新硬件上安装或加载应用软件，用户了解新系统并接受培训。应尽早在项目启动和计划阶段就计划好测试与安装；无论测试还是安装，都需要全面的分析以确定正确的方法

实现活动还包括初始用户支持，例如文档的最终确定、培训计划和持续的用户帮助。注意，文档和培训计划是在实现过程最终确定的。文档在整个生命周期都会生成，而培训（和教育）在项目开始时就发生。只要系统存在，实现就可以继续，因为持续的用户支持也是实现的一部分。虽然分析师、主管和程序员尽了最大努力，但安装并非总是一个简单的过程。许多良好设计的系统都因为安装出了问题而失败。实现过程若管理不善，即使良好设计的系统也可能失败。由于通常由项目团队管理实现，所以本书会经常强调实现问题。

SDLC 的第五个、也是最后一个阶段是维护 (maintenance)。当系统（包括其培训、文档和支持）在组织中运行时，用户有时会发现它在工作方式上的问题，并经常想到更好的方法来执行其功能。此外，组织对系统的需求会随着时间而变化。在维护阶段，程序员进行用户要求的更改并修改系统以反映不断变化的业务情况。这些更改对于保持系统运行和有用是必要的。从某种意义上说，维护不是一个单独的阶段，而是研究和实现必要的更改而对其他生命周期阶段的一种重复。可认为维护是在生命周期上的一种叠加，而不是一个单独的阶段。用于维护的时间和精力在很大程度上取决于生命周期前几个阶段的表现。然而，不可避免会出现信息系统表现不如预期、维护成本变高或组织需求发生重大变化的时候。这个时候可开始设计系统的替代品，从而完成循环并重新开始生命周期。通常，重大维护和全新开发之间的区别并不明显，这是维护通常类似于生命周期本身的另一个原因。

维护

(maintenance)

SDLC 的最终阶段。需要在这个阶段系统性地修复和改进信息系统。

　　SDLC 是一系列高度关联的阶段，其产品为后续阶段的活动提供支持。表 1.1 根据正文的描述总结了每个阶段的输出或产品。后续关于 SDLC 阶段各章会详细介绍每一阶段的产品以及产品的开发方式。

　　在整个 SDLC 中，必须仔细计划和管理系统开发项目本身。系统项目越大，对项目管理的需求就越大。过去几十年，人们开发了多种项目管理技术，其中许多都通过自动化变得更有用了。第 3 章会更详细地讨论项目计划和管理技术。接着，我们将讨论人们对 SDLC 的一些批评，并提出旨在解决这些问题而开发的备选方案。

表 1.1　SDLC 各阶段的产品

阶段	产品、输出或交付物
计划	系统和项目的优先级；数据、网络和硬件的一个架构以及信息系统管理方案；项目的详细步骤或工作计划 系统范围和计划以及高级系统需求或功能 系统合理化论证（或称商业案例）
分析	描述当前系统及存在问题或机会的地方，以及关于如何修复、增强或替换当前系统的一般性建议；对备选系统的解释，以及对所选方案的合理化论证
设计	所有系统元素（数据、过程、输入和输出）的详细功能规范；所有系统元素（程序、文件、网络、系统软件等）的详细技术规范；新技术采购计划
实现	代码、文档、培训过程和支持
维护	软件新版本或升级版本，以及对文档、培训和支持的更新

系统开发过程的核心

　　SDLC 提供了一种方便的方式帮助我们思考系统开发和本书组织所涉及的过程。从开始到结束的不同阶段的定义很清楚，它们之间的关系很明确，顺序也具有令人信服的逻辑。但从很多方面看，SDLC

其实是虚构的。虽然几乎所有系统开发项目都遵循某种类型的生命周期，但活动的确切位置以及步骤的具体顺序都会因项目而异。当前的实践是将传统上认为属于分析、设计和实现的活动整合到单一过程中。不是在分析中生成系统需求，在设计中生成系统规范，并在实现之初完成编码和测试，当前的实践是将所有这些活动整合成单一的分析 - 设计 - 编码 - 测试过程 (参见图 1.6)。

图 1.6
分析 - 设计 - 编码 - 测试周期

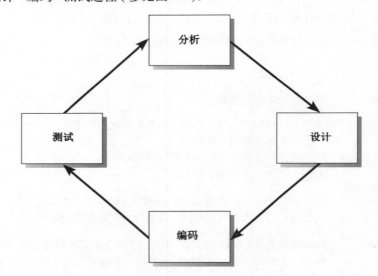

这些活动是系统开发的核心 (参见图 1.7)。这种活动的组合是当前敏捷方法所采用的典型做法。两种著名的敏捷方法是极限编程和 Scrum(虽然存在其他变体)。在了解敏捷、极限编程和 Scrum 之前，必须先了解传统 SDLC 所存在的问题。下面的小节会先强调这些问题，再讨论敏捷方法、极限编程和 Scrum。

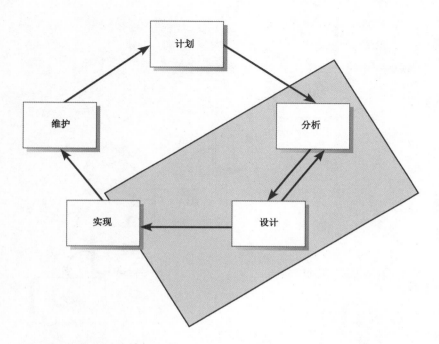

图 1.7
系统开发的核心

传统的瀑布式 SDLC

对系统开发的传统生命周期方法存在一些批评，其中一个与生命周期的组织方式有关。为了更好地理解这些批评，最好看看传统上描述生命周期的形式，即所谓的瀑布（参见图 1.8）。注意项目的流程是如何从规划阶段开始的，然后从那里"下降"到后续的每个阶段，就像一条从悬崖上流下来的溪流。尽管瀑布模型的原始开发者罗伊斯 (W. W. Royce) 要求在瀑布的各个阶段之间进行反馈，但实现过程中的反馈反而被忽视了 (Martin, 1999)。忽视反馈的需要，把每个阶段都当作是完整的，一旦完成，就不再重新审视，这确实太诱人了。

图 1.8

传统瀑布式 SDLC

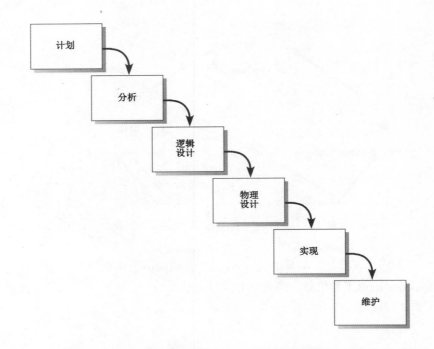

传统上，一旦达到某个里程碑，一个阶段就结束，另一个阶段开始。里程碑的形式通常是该阶段的一些交付物或预先指定的输出。例如，设计阶段的交付物是一套详细的物理设计规范。一旦达到了里程碑，开始了新的阶段，就很难再回头了。尽管开发过程中的业务情况在不断变化，而且分析师受到用户和其他方面的压力需要改变设计以适应不断变化的情况，但分析师还是有必要将设计冻结在某一点上并继续前进。实施一个特定的设计所需要的巨大的努力和时间意味着一旦系统被开发出来，对其进行修改会非常昂贵。所以，传统瀑布式生命周期的一个特点是将用户锁定在先前确定的需求中，即使这些需求可能已经改变。

对传统瀑布式 SDLC 的另一个批评是系统用户或客户的角色被狭隘地定义 (Kay, 2002)。用户角色经常被归入项目的需求确定或分析阶段，在那里，人们假设所有需求都可以事先指定。这种假设，加上有限的用户参与，强化了瀑布模型过早锁定需求的趋势，即使在业务情况发生变化之后也是如此。

此外，在传统的瀑布方法下，诸如分析与设计之类的模糊和无形的过程被赋予了确定的完成日期，而成功的衡量标准是是否满足这些日期。专注于里程碑最后期限，而不是从开发过程中获取并诠释反馈，导致对分析与设计的关注太少。对截止日期的关注导致系统不符合用户的需求并且需要大量维护，从而不必要地增加开发成本。在系统交付之后才发现和修复软件问题，通常会比在分析与设计期间发现和修复昂贵得多 (Griss, 2003)。专注于截止日期而不是良好实践的结果是不必要的返工和维护，两者都非常昂贵。根据一些估计，维护成本占系统开发成本的 40% 到 70%(Dorfman and Thayer, 1997)。鉴于这些问题，从事系统开发的人们开始寻找更好的方法来进行系统分析与设计。

敏捷方法

多年来，人们已经开发了许多系统分析与设计方法。2001 年 2 月，这些替代方法的许多支持者在美国犹他州会面，并就各种方法所包含的一些基本原则达成了共识。这个共识变成了他们所称的"敏捷（软件开发）宣言"（表 1.2）。根据 (Fowler, 2003) 的说法，敏捷方法共享三个关键原则：第一，专注于适应性而非预测性方法；第二，专注于人而非角色；第三，专注于自适应过程。

表 1.2　敏捷（软件开发）宣言

敏捷软件开发宣言
17 位敏捷宣言发起人取得以下共识： 我们一直在实践中探寻更好的软件开发方法，身体力行，同时也帮助他人。由此我们建立了如下价值观： ☐ **个体和互动** 高于 过程和工具 ☐ **工作的软件** 高于 详尽的文档 ☐ **客户合作** 高于 合同谈判 ☐ **响应变化** 高于 遵循计划 也就是说，尽管右项有其价值，我们更重视左项的价值。我们遵循以下原则。 ☐ 我们最重要的目标，是通过及早和持续不断地交付有价值的软件使客户满意。 ☐ 欣然面对需求变化，即使在开发后期也一样。为了客户的竞争优势，敏捷过程掌控变化。 ☐ 经常地交付可工作的软件，相隔几星期或一两个月，倾向于采取较短的周期。 ☐ 业务人员和开发人员必须相互合作，项目中的每一天都不例外。 ☐ 激发个体的斗志，以他们为核心搭建项目。提供所需的环境和支援，辅以信任，从而达成目标。 ☐ 不论团队内外，传递信息效果最好效率也最高的方式是面对面的交谈。 ☐ 可工作的软件是进度的首要度量标准。 ☐ 敏捷过程倡导可持续开发。责任人、开发人员和用户要能够共同维持其步调稳定延续。 ☐ 坚持不懈地追求技术卓越和良好设计，敏捷能力由此增强。 ☐ 以简洁为本，它是极力减少不必要工作量的艺术。 ☐ 最好的架构、需求和设计出自自组织团队。 ☐ 团队定期反思如何能提高成效，并依此调整自身的行为表现。 —Kent Beck，Mike Beedle，Arie van Bennekum，Alistair Cockburn，Ward Cunningham， 　Martin Fowler，James Grenning，Jim Highsmith，Andrew Hunt，Ron Jeffries，Jon Kern， 　Brian Marick，Robert C. Martin，Steve Mellor，Ken Schwaber，Jeff Sutherland，Dave Thomas 　(www.agileAlliance.org)

（ 来源：http://agilemanifesto.org/ © 2001）

　　敏捷方法组认为，从工程中改编的软件开发方法一般不适合现实世界的软件开发 (Fowler，2003)。在土木工程等工程学科中，需求往往很好理解。一旦完成了富有创意和艰巨的设计工作，施工就变得非常可预测。此外，施工可能占项目总工作量的 90%。而对软件来说，需求很少被很好地理解，而且它们在项目的生命周期中会不断地变化。施工可能只占项目总工作量的 15%，设计则要占 50% 之多。敏捷方法论的支持者说，将适用于可预测、稳定的项目（例如桥梁建设）的技术应用于诸如编写软件之类动态的、设计繁重的项目，往往效果不佳。现在需要的是一种能拥抱变化，而且能对可预测性的缺乏进行有效应对的方法。为了应对可预测性的缺乏，所有敏捷方法都采用的一个机制是迭代开发 (Martin, 1999)。迭代开发侧重于频繁生成系统的可工作版本，这些版本具有所需功能总数的一个子集。迭代开发旨在不断向客户和开发人员提供反馈。

敏捷方法论对人的关注体现在强调个人而非人所扮演的角色 (Fowler, 2003)。人们担任的角色，不管是系统分析师、测试员还是经理，都不如担任这些角色的个人重要。作者认为，工程原则在系统开发中的应用导致人们将人视为可互换的单位，而不是将人视为有才华的个人，每个人都为开发团队带来了独特的东西。

敏捷方法促进了自适应软件开发过程。随着软件的开发，用于开发它的过程应被细化和改进。开发团队可通过一个审查过程来做到这一点，该过程通常与迭代的完成联系在一起。这意味着，随着过程的调整（自适应），不应期望在给定的公司或企业内找到单一的方法。相反，会发现该方法的许多变体，每个变体都反映了使用它的团队的特殊才能和经验。

但并不是所有项目都适合敏捷方法。Fowler(2003) 建议，如果项目满足以下条件就适合采用敏捷或自适应过程。

- 存在不可预测或动态的需求。
- 有负责和积极的开发人员。
- 存在了解过程并会参与其中的客户。

如果开发团队超过 100 人，或者项目在固定价格或固定范围的合同下运行，则可能需要一个更加面向工程的、可预测的过程。事实上，系统开发项目是按照敏捷还是更传统的方法组织，要取决于多个不同的因素。如果项目高风险和高度复杂，而且有一个数百人的开发团队，就应该采用更传统的方法。敏捷方法适合风险小、规模小、更简单的开发工作。其他决定因素还包括组织的实践和标准，以及系统的不同部分会在多大程度上外包给其他人。显然，外包比例越大，设计规范就越需要详细，这样分包商才能了解需要什么。这些开发方法的主要区别在表 1.3 中进行了总结 (虽然没有获得普遍认同)，该表格基于 Boehm and Turner(2004) 的工作。可根据这些区别来确定一个特定的项目最适合哪种开发方法。

敏捷方法的范畴下出现了许多单独的方法。Fowler (2003) 将 Crystal(水晶) 系列方法论、自适应软件开发、Scrum、特性驱动开发 (FDD) 等都列为敏捷方法。本章接着将讨论极限编程，然后讨论 Scrum。

表 1.3   区分敏捷和传统系统开发方法的五个关键因素

因素	敏捷方法	传统方法
规模	适合小的产品和团队。对隐性知识的依赖限制了可扩展性	方法会进化，进而能处理大型产品和团队。很难修改以适应小的项目
关键性	未就安全性很关键的产品进行测试。由于简单的设计和文档的缺乏，所以存在一些潜在的困难	方法会进化，进而能处理高度关键的产品。很难修改以适应不是那么关键的产品
动态性	简单的设计和持续重构很适合高度动态的环境。但如果是一个高度稳定的环境，这又可能导致代价高昂的返工	由于会提出详细的计划和前期的大设计 (Big Design Up Front)，所以很适合高度稳定的环境，但如果是一个高度动态的环境，这又可能导致代价高昂的返工
人员	要求大量稀缺专家的持续存在。使用非敏捷人员存在风险	项目定义期间需要大量稀缺专家，但在项目后期，除非是高度动态的环境，否则可以使用较少的专家
文化	在因为拥有许多自由度而感到舒适和权力在握的文化中蓬勃发展 (于混乱中蓬勃发展)	在通过清晰的实践和过程而定义了其角色而感到舒适和权力在握的文化中蓬勃发展 (于秩序中蓬勃发展)

(来源：Boehm Barry and Turner Richard, 中文版《平衡敏捷与规范》，© 2004.)

极限编程

极限编程 (eXtreme Programming，XP) 是 Beck and Andres(2004) 提出的一种软件开发方法，特点是周期短，增量计划，专注于由程序员和客户编写的自动化测试来监控开发过程，以及依赖于在整个系统生命周期内持续的渐进式开发方法。极限编程的重点是使用两人编程团队 (稍后描述)，并在开发过程中让客户在现场。极限编程涉及设计规范的部分是 (1) 如何将计划、分析、设计与构建融合到单一的活动阶段；(2) 其捕获和呈现系统需求及设计规范的独特方式。在极限编程中，生命周期的所有阶段都融合为一系列基于编码、测试、聆听和设计等基本过程的活动。

采用这种方法，编码和测试是同一过程中密切相关的部分。写代码的程序员也开发测试。重点是测试那些可能会失灵或出错的东西，而不是所有都测试。代码写好后很快就会测试。极限编程的总体哲学是：代码在写好后的数小时内集成到正在开发和测试的系统中。如所有测试都成功运行，则开发继续，否则代码返工，直至测试成功。

极限编程之所以使代码和测试过程变得更流畅，另一个原因是它运用了结对编程 (pair programming) 实践。所有编码和测试都由两个人共同编写代码和开发测试来完成。贝克 (Beck) 说，结对编程不是一个人打字，另一个人看；相反，两个程序员在他们试图解决的问题上一起工作，交换信息和见解，并分享技能。与传统的编码实践相比，结对编程有 4 个优势：(1) 开发人员之间更多 (更好) 的沟通；(2) 更高水平的生产力；(3) 更高质量的代码；(4) 对极限编程的其他实践的强化，例如 code-and-test 规范 (Beck and Andres, 2004)。但是，虽然极限编程过程有自己的优势，但和任何其他系统开发方法一样，并不是每个人和每个项目都适用。

Scrum

Scrum 始于 1995 年，由苏瑟兰 (Jeff Sutherland) 和施瓦伯 (Ken Schwaber) 开发 (Schwaber and Sutherland，2011)。它已成为最流行的敏捷方法。根据报告，有 87% 的公司正在使用 (VersionOne，2022)。第二流行的方法是 Scrum 和极限编程的混合，10% 的公司正在使用。Scrum 代表一个框架，其中含有多个 Scrum 团队及其相关的角色、事件、工件 (artifact) 和规则。每个团队由三个角色组成：产品负责人 (product owner)、开发团队和 Scrum Master。负责人对产品和生产它的工作负责。开发团队很小，3~9 人为优。Scrum Master 负责教导和执行规则。

Scrum 专为速度和多个功能性产品的发布而设计。主要单位是 Sprint(冲刺)，通常运行两周到一个月。每个 Sprint 本身就是一个完整的项目。首先是一个 8 小时的冲刺计划会议，会议关注两个问题：冲刺结束时需要交付什么，团队如何完成这项工作？ Sprint 目标 (Sprint goal) 在 Sprint 期间为团队提供指导。在 Sprint 期间，有一个 15 分钟的每日站会 (Daily standup)，主要是评估过去 24 小时内取得的进展以及仍需完成的工作。一个 Sprint 结束时，还有另外两个会议：Sprint Review(4 小时) 和 Sprint Retrospective(3 小时)。前者关注产品、已完成的工作以及下一个 Sprint 需完成的工作，但后者的范围更广。它还关注团队的表现以及如何在下一个 Sprint 中改进。Scrum 过程有三个主要工件 (artifact)。第一个是产品待办事项列表 (Product Backlog)。这是产品中可能包含的所有内容的一个排好序的列表，也就是包含所有潜在需求的一个列表。该列表包括 "所有特性、功能、要求、增强和修复" (Schwaber & Sutherland，2011，第 12 页)，它们构成了对产品进行的所有更改。Sprint Backlog 是 Product Backlog 的一个子集，仅包含在特定 Sprint 中要处理的项目。最后，产品增量 (Increment) 是一个 Sprint 期间完成的所有产品 Product Backlog 项的总和。无论产品负责人是否决定发布，每个增量都必须具有足够的 "完成度" 才能使用。之所以称为 "增量"，是因为它代表产品总功能集的一个 "递增"。

译注
关于 Scrum，有以下中文著作可以参考和进一步阅读：《Scrum 精髓》、《Scrum 实战》、《Scrum 捷径》以及最重要的一本著作《Scrum 敏捷软件开发》。关于回顾，也可以参考章鱼书《回顾活动引导》。

每个增量都要经过全面测试，不仅作为一个独立的增量，还要和之前所有增量一起测试。

敏捷实践

人们对敏捷实践展开了几项研究。一项对 100 多个敏捷项目的调查发现了敏捷开发的三个关键成功因素 (Chow & Cao，2008)。第一个是交付策略，即短时间内持续交付能正常工作的软件。第二个是遵循敏捷软件工程实践。这意味着管理人员和程序员必须不断关注卓越的技术和简单的设计。第三个关键的成功因素是团队能力，即围绕自驱力强的个人来构建项目这一敏捷原则。

另一项研究发现，一经实现，敏捷方法能提升程序员的工作满意度和生产力 (Dyba & Dingsoyr，2008)。还能提高客户满意度——尽管驻场客户代表的角色可能很累人，因此无法持续很长时间。敏捷方法往往在小型项目中效果最好。某些情况下，将它们与传统开发方法结合起来是有意义的。

敏捷方法要想用得好，程序员需要对自己的能力有信心，也应具有良好的人际交往能力，容易取得别人的信任。为了取得成功，敏捷团队需在高度的个人自治与高度的团队责任和企业责任之间取得平衡。但是，高度的团队自治是一把双刃剑。一方面，高度自治的团队往往更有效率。他们能采取行动来减少开发系统所需的时间、成本和资源。事实上，由高效团队承担的敏捷项目往往能按时、按预算完成并提供要求的软件功能。另一方面，高度自治的团队也更有能力对新的用户需求说不。如果用户的太多需求被拒绝，他们可能不会对最终的系统完全满意。

对某个敏捷开发工作的一项详细研究表明，首先必须修改敏捷开发的一些关键原则以确保成功 (Fruhling & DeVreede，2006)。例如，在研究的这个敏捷项目中，并非总是进行结对编程，尤其是在其他地方需要资源的时候。其次，在系统变得过于复杂之前，遵循先写测试用例再写代码的过程。第三，客户和程序员不在同一个地方。相反，客户通过定期会议和持续的电邮和电话沟通来保持联系。即使进行了这些修改，最终的系统也被认为是成功的——由于错误而发布的更新少于 10 次，而且因为实现了错误的功能而发布的情况一次都没有。通过合作，用户和开发人员能够澄清系统需求，并创建一个容易学习和使用的用户界面。

总之，敏捷开发为管理人员和程序员提供了更多的选择来按时、按预算（或低于预算）来生产好的系统。敏捷方法是系统分析与设计不可或缺的方法。随着时间的推移，我们将更好地理解它们，并理解如何最好地利用它们来造福于开发人员和用户。

面向对象的分析与设计

面向对象的分析与设计 (object-oriented analysis and design, OOAD) 无疑是系统开发的标准（本书会全面介绍这种方法）。OOAD 通常被称为系统开发的第三种方法，前两种是面向过程和面向数据的方法。面向对象的方法将数据和过程（称为方法）合并为单一实体，这种实体称为"对象"(object)。对象通常对应于信息系统处理的真实事物，例如客户、供应商、合同和租赁协议等。之所以将数据和过程放到一处，是因为针对任何给定数据结构的操作数量都是有限的，所以面向对象的方法存在其意义（即使典型的系统开发是保持数据和过程的独立）。OOAD 的目标是使系统元素更具可重用性，从而提升系统质量和系统分析与设计的生产力。

面向对象背后的另一个关键思想是继承 (inheritance)。对象被组织成对象类 (object class)，即共享结构和行为特征的对象组。可通过继承来创建共享现有类的某些特征的新类。例如，可通过继承从一个名为 Person(人) 的对象类来定义一个名为 Customer(客户) 的对象类。后者的对象将与前者的对象共享某些特征：都有姓名、地址、电话号码等。由于 Person 类更一般，Customer 类更具体，所以每个客户都是人，但并非每个人都是客户。

面向对象的分析与设计
(object-oriented analysis and design，OOAD)
以对象而非数据和过程为基础的系统开发方法和技术。

对象
(object)
封装（或打包）了属性以及对这些属性进行操作的方法的一种结构。对象是对现实事物的抽象，其中数据和过程被放在一起，以建模现实对象的结构和行为。

继承
(inheritance)
实体类型或对象类按一种层次结构来排列，每个实体类型或对象类都延续其祖先（即层次结构中较高的那些）的属性和方法。可通过继承从现有类派生出新的但相关的类。

对象类
(object class)
具有相同（或相似）属性和行为（方法）的对象的逻辑分组。

如你所料，为了创建面向对象的信息系统，需要一种能够创建和操作对象和对象类的计算机编程语言。人们已创建了多种面向对象的编程语言，包括 C++ 语言、Python 语言和 Java 语言等。事实上，人们是先开发了面向对象的语言，然后才发展出了面向对象的分析与设计技术。一般来说，面向对象分析的主要任务是确定对象并定义其结构和行为以及它们之间的关系。面向对象设计的主要任务是对对象的行为细节以及与其他对象的通信进行建模以满足系统需求，并重新检查和重新定义对象以更好地发挥继承和面向对象的其他优势。

面向对象系统开发方法和敏捷方法的迭代开发方式存在一定相似之处。有人认为，当前对系统开发中的敏捷性的关注只不过是对已经萌芽多年的面向对象方法的主流接受，因此这种相似性应不足为奇 (Fowler, 2003)。面向对象开发中的迭代方法最流行的实现之一是统一软件开发过程 (Rational Unified Process，RUP)，它基于系统开发的一种迭代增量方法。RUP 有四个阶段：初始、细化、构建和交付 (参见图 1.9)。

统一软件开发过程 (Rational Unified Process，RUP) 一种面向对象的系统开发方法。RUP 建立了开发的四个阶段：初始、细化、构建和交付。每一阶段都用多个单独的迭代来组织。

图 1.9

基于 OOAD 的开发阶段

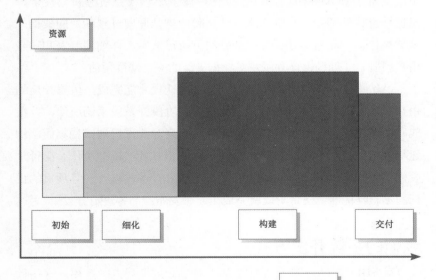

在初始 (inception) 阶段，分析师定义范围，确定项目的可行性，了解用户需求，并准备软件开发计划。在细化 (elaboration) 阶段，分析师详细描述用户需求并开发基线架构。细化阶段的大部分都是分析与设计活动。在构建 (construction) 阶段，软件被实际地编码和测试，并生成相应的文档。在交付 (transition 或称为"移交") 阶段，系统得到部署，用户得到培训和支持。从图 1.9 可以明显看出，构建阶段通常是最长的，也是资源最密集的阶段。细化阶段也很长，但资源密集程度较低。交付阶段是资源密集但很短的阶段。初始阶段很短，资源密集程度最低。看图 1.9 中矩形的面积，即可大致明白分配给每个阶段的总体资源。

每个阶段可进一步划分为多次迭代。软件是作为一系列迭代以增量方式开发的。初始阶段通常只需一次迭代。项目的范围和可行性在此阶段确定。细化阶段可能有一到两次迭代，通常被认为是四个阶段中最关键的 (Kruchten，2000)。细化阶段主要涉及系统分析与设计，但也涉及其他活动。在细化阶段结束时，应已开发好了项目的架构。该架构包括产品的愿景、关键部分的可执行演示、详细词汇表和初步用户手册、详细构建计划以及对计划支出的一个修订预估。

虽然构建阶段主要涉及编码，需多次迭代才能完成，但修改后的用户需求可能需要分析与设计。要在这一阶段开发或采购组件，并在代码中使用。每个可执行文件完成时，都会对其进行测试和集成。构建阶段结束将发布项目的 Beta 版，该版本应该能实际地工作。交付阶段需纠正问题、进行 Beta 测试、用户培训和产品转换。一旦项目的目标满足验收标准，交付阶段就完成了，可发布产品并进行分发。

我们的系统开发方式

对 SDLC 的大多数批评都是基于对生命周期观点的滥用，这些批评有的真实，有的则是出于想象。基于现实的一个批评是，由于存在对生命周期方法的依赖，所以会强迫无形和动态的过程（例如分析与设计）进入注定失败的计时阶段（Martin，1999）。开发软件和建造桥梁不一样，同样的工艺并非总是适用（Fowler，2003）——虽然将软件开发视为一门科学而不是一门艺术，无疑能大幅改进过程和最终产品。另一个基于事实的批评是，对生命周期的依赖导致了大量的过程和文档，其中大部分似乎是为了它自己而存在的。太多的过程和文档确实减缓了开发速度，这也是敏捷方法论的出发点，也是敏捷开发人员提出的告诫：不用看文档，文档都在代码里。但是，对 SDLC 的一些批评基本是想象出来的。例如，SDLC 的所有版本都是瀑布式的，步骤之间没有反馈。另一个错误的批评是，生命周期方法必然会限制用户在过程的最早阶段的参与。然而，敏捷方法提倡"分析 - 设计 - 编码 - 测试"周期（参见图 1.6），用户可参与该循环的每一步，参加每一步。所以，并不是说因为存在了周期，所以一定会限制用户的参与。

　　虽然系统分析与设计的生命周期方法受到了一些批评，但"系统分析与设计是在一个循环中发生的"这一观点仍然取得了共识，我们也认为如此。有多种类型的循环，从瀑布到"分析 - 设计 - 编码 - 测试"循环，它们都捕获了系统开发的迭代本质。瀑布方法可能日渐式微，但图 1.6 的循环越来越受欢迎，而且"分析 - 设计 - 编码 - 测试"循环被嵌入到一个更大的组织循环中。虽然我们没有严格区分"系统分析与设计"和"系统开发"这两个术语，但或许最好是将"系统分析与设计"视为图 1.6 的循环，将"系统开发"视为图 1.2 的那个更大的循环。"分析 - 设计 - 编码 - 测试"循环在很大程度上忽略了在它之前进行的组织计划，以及在它之后进行的组织安装和系统维护，但这些都是更大系统开发工作的重要方面。对我们来说，最清晰的方式是用周期（循环）来考虑这两方面的工作。

　　本书中，几乎每章开头都会出现图 1.2。将使用我们的 SDLC 作为本书的组织原则，将活动和过程安排到相应的计划、分析、设计、实现或维护类别中。某种程度上，活动和过程会被人为地分开，目的是单独研究和理解彼此。一旦清楚理解了单独的组件，就更容易看到它们与其他组件的配合，最终也更容易看清楚整体。和人为分离活动和过程一样，也可以在 SDLC 的各个阶段之间建立人为的边界。强加的边界永远不应被解释为硬性划分。在实践中，和我们介绍过的敏捷方法和 OOAD 一样，阶段和阶段的各个部分可以结合起来以改善速度、理解和效率。我们的目的是以合乎逻辑的方式介绍这些部分，使你能了解所有部分，并以最适合系统开发目标的方式来整合它们。然而，循环（迭代）的整体结构仍然贯穿始终。请将循环视为个人的组织和指导原则。

小结

本章介绍了信息系统分析与设计，这是开发和维护基于计算机的信息系统的一个复杂的组织过程。本章讲述了组织中的系统分析与设计在过去几十年中发生的变化。还讨论了指导系统分析与设计的基本框架——系统开发生命周期 (SDLC)。它有五个主要阶段：计划、分析、设计、实现和维护。

SDLC 生命周期受到了一些批评。人们开发出敏捷方法来解决这些问题。两种最著名的敏捷方法是极限编程 (XP) 和 Scrum。本章还简要介绍了面向对象的分析与设计。所有这些方法都共享"迭代"这一基本思想，这体现在敏捷方法的系统开发生命周期和"分析 - 设计 - 编码 - 测试"周期中。

关键术语

1.1	分析	1.7	逻辑设计	1.13	计划
1.2	应用软件	1.8	维护	1.14	统一软件开发过程 (RUP)
1.3	设计	1.9	对象	1.15	系统分析师
1.4	实现	1.10	对象类	1.16	系统开发生命周期 (SDLC)
1.5	信息系统分析与设计	1.11	面向对象的分析与设计 (OOAD)	1.17	系统开发方法
1.6	继承	1.12	物理设计		

将上述每个关键术语与以下定义配对。

_____ 开发和维护基于计算机的信息系统的一种复杂的组织过程。

_____ 旨在支持组织职能或过程的计算机软件。

_____ 担负信息系统分析与设计主要责任的一种组织内职务。

_____ 组织中遵循的标准过程，用于开展分析、设计、实现和维护信息系统所需的全部步骤。

_____ 用于开发、维护和替换信息系统的传统方法（论）。

_____ SDLC 的第一个阶段。需要在此阶段确定、分析、优先排序和安排组织对于信息系统的总体需求。

_____ SDLC 的第二个阶段。要在此阶段研究系统需求，并对需求进行结构化。

_____ SDLC 的第三个阶段。要在此阶段将对推荐方案的描述先转换为逻辑系统规范，再转换为物理系统规范。

_____ SDLC "设计"阶段的一部分，独立于任何计算机平台对分析中选择开发的所有系统功能特性进行描述。

_____ SDLC "设计"阶段的一部分，来自"逻辑设计"的系统逻辑规范被转换为具体的技术细节，为后续所有编程和系统构建提供指导。

_____ SDLC 的第四个阶段。要在此阶段完成信息系统的编码、测试、安装和支持。

_____ SDLC 的最终阶段。要在此阶段系统性地修复和改进信息系统。

_____ 以对象而非数据和过程为基础的系统开发方法和技术。

_____ 封装（或打包）属性以及对这些属性进行操作的方法的一种结构。它是对现实事物的抽象，其中数据和过程被放在一起，以建模现实对象的结构和行为。

_____ 实体类型或对象类按一种层次结构来排列，每个实体类型或对象类都延续其祖先（即层次结构中较高的那些）的属性和方法。可通过它从现有类派生出新的但相关的类。

_____ 具有相同（或相似）属性和行为（方法）的对象的逻辑分组。

_____ 一种面向对象的系统开发方法。该方法建立了开发的四个阶段：初始、细化、构建和交付。每一阶段都用多个单独的迭代来组织。

复习题

1.18 什么是信息系统分析与设计？

1.19 系统分析与设计随着时间的推移发生了哪些变化？

1.20 列举并解释 SDLC 的不同阶段。

1.21 列举并解释传统瀑布式 SDLC 的一些问题。

1.22 解释敏捷方法的含义。

1.23 什么是极限编程？

1.24 什么是 Scrum？

1.25 说说从敏捷方法的实践中可以学到什么。

1.26 敏捷方法和基于工程的开发方法各自适用于什么场景？

1.27 什么是面向对象的分析与设计？

问题和练习

1.28 为什么在构建系统时使用系统分析与设计方法很重要？为什么不能以任何看起来"快速而简单"的方式来构建系统呢？使用"工程"方法有何价值？

1.29 对比图 1.2 和图 1.3，说明其相似之处和不同之处。

1.30 对比图 1.2 和图 1.4。能将图 1.4 的步骤和图 1.2 的阶段对应起来吗？如何解释两幅图的差别？

1.31 对比图 1.2 和图 1.8。图 1.8 如何说明了图 1.2 没有说明的传统瀑布式方法的一些问题？将图 1.8 转换成图 1.2 的环形如何解决这些问题？

1.32 解释面向对象的分析与设计与传统方法有何不同。为什么 RUP(图 1.9) 不表示为一个循环？这是好还是坏？请说明你的理由。

实战演练

1.33 选择一个经常打交道的组织，列出尽可能多不同的 "系统"(无论是否基于计算机)。这些系统用于处理交易，向经理和高管提供信息，帮助管理人员和高管做出决策，帮助做出集体决策、获取知识和提供专业知识，帮助设计产品和 / 或设施，并帮助人们沟通。画一张图来展示这些系统应该如何交互。这些系统是否良好地集成？

1.34 构想一个在不使用系统分析与设计方法，而且不考虑 SDLC 的情况下构建的信息系统。发挥你的想象力并描述可能发生的任何问题，看起来有点极端或荒谬。你描述的问题可能已经在某种环境下发生。

1.35 选择一个刚开始使用信息系统的相对较小的组织。它在使用哪些类型的系统？用于什么目的？这些系统的整合程度如何？和组织外系统的整合呢？这些系统是如何开发和控制的？谁参与了系统的开发、使用和控制？

1.36 在网上调研敏捷方法。写一篇报告，说明拥抱敏捷的运动对系统分析与设计的未来意味着什么。

1.37 在学习本书的过程中，你可能想写一本个人日记，记录关于系统分析与设计的想法和观察。用这本日记来记录你听到的评论，你读到的新闻故事或专业文章的摘要，你的原创想法或假设以及需要进一步分析的问题。睁大眼睛，张开耳朵，倾听和系统分析与设计有关的任何信息。你的老师可能会要求你不时提交一份日记，并针对性地提供反馈和回应。日记是一套非结构化的个人笔记，是对你的课堂笔记的一种补充。大多数课程由于时间有限，所以讲的主题都极其有限。通过写这种日记，你能超越这些主题，想一些更深远的问题。

参考资料

Beck, K., & Andres, C. (2004). *eXtreme Programming eXplained*. Upper Saddle River, NJ: Addison-Wesley.

Boehm, B., & Turner, R. (2004). *Balancing agility and discipline*. Boston: Addison-Wesley.

Chow, T. & Cao, D-B. (2008). A survey study of critical success factors in agile software projects. *The Journal of Systems and Software*, 81, 961–971.

Dorfman, M., & Thayer, R. M. (eds). (1997). *Software engineering*. Los Alamitos, CA: IEEE Computer Society Press.

Dyba, T. & Dingsoyr, T. (2008). Empirical studies of agile software development: A systematic review. *Information and Software Technology*, 50, 833–859.

Fowler, M. (2003, December). The new methodologies. Retrieved February 3, 2009 from http://martinfowler.com/articles/newMethodology.html.

Fruhling, A. & De Vreede, G. J. (2006). Field experiences with eXtreme Programming: Developing an emergency response *system. Journal of MIS*, 22(4), 39–68.

Griss, M. (2003). Ranking IT productivity improvement strategies. Accessed February 3, 2009 from http://martin.griss.com/pub/WPGRISS01.pdf.

Kay, R. (2002, May 14). QuickStudy: System Development Life Cycle. *Computerworld*. Retrieved February 3, 2009 from http://www.computerworld.com.

Kruchten, P. (2000). *From waterfall to iterative lifecycle—A Tough transition for project managers* (Rational Software White Paper TP-173 5/00). Retrieved February 3, 2009 from http://www.ibm.com/developerworks/rational.

Martin, R. C. (1999). *Iterative and Incremental Development I*. Retrieved October 12, 2012 from http://www.objectmentor.com/resources/articles/IIDI.pdf.

Schwaber, K. & Sutherland, J. (2011). *The scrum guide*. Accessed at http://www.scrum.org/scrumguides, 1/12/12.

VersionOne. 2017. *11th Annual State of Agile Report*. Retrieved March 13, 2018 from http://www.versionone.com/resources/.

第 2 章

软件的来源

2.1 理解什么是外包

2.2 理解 6 种不同的软件来源

2.3 理解如何评估现成 (off-the-shelf) 软件

2.4 理解重用及其在软件开发中的角色

导言

如第 1 章所述，历史上曾经有那么一段时间，并不存在系统分析师和符号计算机编程语言，但那时的人仍然在为计算机写应用程序。虽然今天的系统分析师有数十种编程语言和开发工具可供使用，但你很容易感觉到现在的系统开发比多年前更难了。在那段历史后，行业又发生了新的变化：如果一个企业要编写应用软件，就只能在内部建立一个团队来进行，这种软件必须从头写起。如今情况又有了最新的变化，现在有多种不同的软件来源，看这本书的许多人最终会在生产软件的公司工作，而不是进入公司的信息系统部门。但是，如果进入公司的信息系统

部门，注意现在不再像以前那样只能在企业内部搞开发了。相反，重点转向从不同的地方获取系统的多个组件，并将其合并到一起。你和你的同事仍然可以写代码，但主要目的是让各种组件协同工作，软件越来越多的部分将由其他人写好了拿过来。不会写代码也没关系，仍然可以使用系统分析与设计生命周期的基本结构和过程来构建组织所要求的应用程序。系统开发的组织过程仍然是本书其余部分的重点，但首先需要更多地了解软件在当今开发环境中的来源。

本章将介绍组织的多种软件来源。第一个要讨论的来源是外包，也就是将一个组织

的全部或部分信息系统及其开发和维护工作交给另一个组织。接着，本章将讨论 6 种不同的软件来源：(1) 信息技术服务公司；(2) 套装软件提供商；(3) 企业级解决方案软件供应商；(4) 云计算；(5) 开源软件；(6) 组织自身 (如果是内部开发)。你将学习用什么标准来评估这些不同来源的软件。本章最后讨论重用及其对软件开发的影响。

系统采购

虽然关于第一个管理信息系统的开发时间和地点总是存在一些争论，但人们普遍同意英国的此类系统是在 J. Lyons & Sons 率先开发出来的。美国的第一个管理信息系统是通用电气 (GE) 的工资系统，于 1954 年开发 (Computer History Museum，2003)。在当时以及之后的许多年里，企业要建立一个信息系统，只能选择内部开发 (in-house development)。直到 GE 的工资系统实现十年后，软件行业才出现。

自 GE 的工资系统建立以来，内部开发逐渐成为组织内部和为组织进行的所有系统开发工作中的一小部分。企业内部信息系统部门现在花在从头开发系统上的时间和精力的比例越来越小。

现在，公司继续在传统软件开发和维护上投入相对较少的时间和金钱。相反，他们投资于套装软件、开源软件和外包服务。如今的组织在寻求信息系统时有很多选择。我们将从外包软件的开发和运营开始讨论，然后介绍其他软件来源。

外包

外包
(outsourcing)
将组织的部分或全部信息系统应用程序的开发和运营交给一家外部公司的做法。

如果一个组织为另一个组织开发或运行计算机应用程序，这种做法就称为"外包"(outsourcing)。可采取多种方式安排外包。一种极端情况是让一家公司在其计算机上开发和运行你的应用程序，你唯一要做的是提供输入和获取输出。这种安排的一个常见例子是为客户运行工资应用的外包公司，这样，客户就不必开发一个独立的内部工资系统。相反，客户只需向公司提供员工的工资信息，公司在收取一定费用后，为客户返回最终的工资单、工资核算表以及扣税和其他单据。对于许多组织，以这种方式外包工资应用非常划算。外包的另一个例子是聘请一家公司到你的地方，在计算机上运行应用程序。某些时候，采用这种方式的组织会解散自己的部分或全部信息系统 (IS) 部门，并解雇所有 IS 员工。在这种情况下，外包公司甚至可能将组织原来的许多 IS 部门员工雇回来。

外包是一门大生意。有的组织花几十亿美元将其众多 IT 职能的开发外包。大多数组织至少会将其信息系统活动的一部分外包出去。2017 年全球外包收入估计为 889 亿美元，其中 643 亿美元来自 IT 外包 (Statistica，2018)。个别外包供应商 (例如 HPE、IBM 和埃森哲) 还与全球多家大型企业签订了多项金额非常大的外包合同。

为什么组织要将其信息系统的运营外包？正如我们从工资的例子看到的那样，外包可能具有成本效益。如果一家公司专门为其他公司管理工资，由于是为众多组织运行一个稳定的计算机程序，所以可通过规模经济实现非常低的价格。外包还为公司提供了一种方式来增强其信息系统，将开发和运营工作交给内部没有的、拥有相应知识和技能的外部人员 (Ketler & Willems，1999)。外包的其他原因还包括：

- 释放内部资源
- 提高组织的收入潜力
- 缩短产品上市时间
- 提高过程效率
- 外包非核心活动

组织也可能出于政策原因转向外包并解散其整个信息处理部门。例如，可能是为了解决组织在其信息系统部门中面临的运营问题。例如，美国密歇根州大急流城 (City of Grand Rapids) 在 50 年前就聘请了一家外部公司来运营其计算中心，目的是更好地管理其计算中心的员工。由于当时的工会合同和公务员制度的限制，使得解雇人员变得困难，所以该市引入了一个设施管理组织来运行其计算业务，与此同时又能摆脱问题员工。如前所述，完全外包的另一个原因是，组织的管理层可能认为其核心业务不涉及信息系统部门，而且可以通过将其所有业务移交给更有经验的专业公司来实现更有效的计算。

虽然你很可能听说过世界各地许多 IT 工作外包去了印度，但事实证明，全球外包市场要复杂得多。根据 ATKearney(2017) 的一份报告，印度是头号外包国，中国紧随其后，马来西亚位居第三。虽然多年来整个外包市场出现了很多动荡，但自 2003 年 ATKearney 的第一份外包报告以来，前三名的排名没有变化。2017 年排名前十的外包国家并非全部都在亚洲。虽然有七个在亚洲，但也有三个在拉丁美洲（巴西、智利和哥伦比亚）。甚至美国也是一个外包国家，在 ATKearney 的名单上排名第 22。事实上，印度的外包公司 (如 Wipro、Infosys 和 Tata Consulting 等) 都在美国设有办事处。由于印度公司在离岸外包方面非常成功，而且随着货币的波动，公司与印度公司签订合同的成本越来越高，因此许多公司已经开始寻找其他地方。许多美国公司已经转向所谓的近岸服务，或与拉美国家的公司签订合同。这些国家中的许多离美国不超过一个时区，而且它们仍然保持着一些印度正在下降的劳动力成本优势 (King, 2008a)。排名第 13 位的墨西哥越来越被视为印度和其他离岸地点的补充。公司将其外包工作同时分配给几个国家的供应商也变得越来越普遍。

分析师需要意识到外包是一种备选方案。为一个系统生成备选的系统开发策略时，作为分析师，应咨询当地提供外包服务的组织。很可能至少有一个这样的组织已经开发并正在运行一个非常接近你的用户要求的应用程序。将用于替代的系统外包出去，这或许应该成为你的备选方案之一。考虑外包前，要了解系统需求是什么，这样才能仔细评估外包服务供应商对需求的响应有多好。然而，如果决定不外包，就需要确定替换系统的一些软件组件是否可以直接购买而不是在内部构建。

软件来源

软件来源分为六大类：信息技术服务公司、套装软件生产商、企业级解决方案提供商、云计算供应商、开源软件和内部开发人员（参见图 2.1）。这些不同的来源既可以单独选择，也可以组合选择。

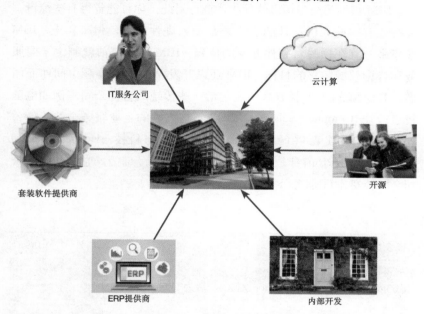

图 2.1
应用软件的来源

(图片来源：中：Pixachi/Shutterstock；从左上角开始按顺时针方向：Kamira/Shutterstock；Amit John/Pearson India Education Services Pvt. Ltd；Dmitry Kalinovsky/Shutterstock；1000 Words/Shutterstock；Aa Amie/Shutterstock；Le Do/Shutterstock)

信息技术服务公司

如果某公司需要信息系统，但不具备在内部开发系统的专业知识或人员，而且没有合适的现成 (off-the-shelf) 系统，公司就可能会向一家信息技术 (IT) 服务公司进行咨询。IT 服务公司帮助客户开发内部使用的定制信息系统，或者为客户开发、托管和运行应用程序，或者提供其他服务。如表 2.1 所示，全球许多领先的软件公司都专注于 IT 服务，其中包括定制系统的开发。这些公司雇用具有信息系统开发专业知识的人员。他们的顾问可能还拥有特定领域的专业知识。例如，与银行合作的顾问除了了解信息系统，还很清楚金融机构的运作。这些顾问使用的许多方法、技术和工具和公司内部开发时使用的没有什么区别。

IBM 被列为全球顶级软件生产商，对此，你可能觉得有些惊讶。现在还有一些人仍然认为它主要是一家硬件公司。但事实上，IBM 多年来一直在摆脱对硬件开发的依赖。IBM 很久以前就制定了向服务和咨询领域转移的目标。IBM 还以开发 Web 服务器和中间件而闻名。其他领先的 IT 服务公司还包括一些传统的咨询公司，例如电脑科学公司 (Computer Sciences，2017 年与惠普的企业服务合并，新公司为 DXC)、埃森哲 (Accenture) 和 HPE(慧与科技，Hewlett-Packard Enterprise)。HPE 前身是惠普公司的企业级产品部门，它是从硬件公司全面转变为 IT 服务公司的又一个例子。

表 2.1　领先的软件公司及其开发专长

专长	代表公司或网站
IT 服务	埃森哲 (Accenture) Computer Sciences Corporation (CSC)，后为 DXC IBM 慧与科技 (HPE)
套装软件提供商	财捷 (Intuit) 微软 (Microsoft) 甲骨文 (Oracle) SAP AG 赛门铁克 (Symantec)
企业软件解决方案	甲骨文 (Oracle) SAP AG

（续表）

专长	代表公司或网站
云计算	Amazon.com 谷歌 (Google) IBM 微软 (Microsoft) Salesforce.com
开源	GitHub.com SourceForge.net

套装软件厂商

自上个世纪 60 年代中期以来，软件行业的增长是惊人的。世界上一些最大的计算机公司是专门生产软件的公司。一个很好的例子是微软，它可能是世界上最著名的软件公司。微软的大部分收入来自其软件销售，而软件的大部分又来自其 Windows 操作系统及其个人生产力软件 Microsoft Office Suite。同样在表 2.1 上的 Oracle 是一家主要以其数据库软件而闻名的软件公司，但 Oracle 也生产企业系统。名单上的另一家公司 SAP 也是一家专注于开发企业级系统解决方案的软件公司。在稍后讲解企业系统的小节会更多地介绍 Oracle 和 SAP。

软件公司开发所谓的预打包 / 套装软件或者现成系统。Microsoft Word(参见图 2.2) 和 Intuit 的 Quicken、QuickBooks 和 TurboTax 就是此类软件的典型例子。套装软件开发行业服务于许多细分市场。其软件产品范围从通用的、基础广泛的软件 (例如生产力工具) 到非常小众的软件 (例如帮助管理日托中心的软件)。这些公司开发的软件可以在许多不同的计算机平台上运行，从微型计算机到大型主机。公司规模从几个人到数千名员工不等。

图 2.2

用 Microsoft Word 创建的一个文档

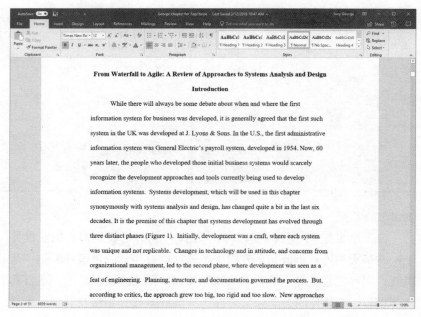

（来源：Microsoft Corporation）

　　软件公司在完成初始软件设计并构建好系统的早期版本后与系统用户进行协商。然后，在实际组织环境中对系统进行测试，以确定是否存在任何问题或是否需要进行任何改进。测试完成之前，该系统不会向公众出售。

　　一些现成软件系统无法修改以满足某些组织的特殊要求。这种应用系统有时被称为一站式系统或者交钥匙系统 (turnkey system)。只有当大量用户要求进行特定的更改时，一站式系统的生产商才会对软件进行更改。但是，也有一些现成应用软件可由生产商业或用户进行修改或扩展，以更紧密地适应组织的需要。虽然许多组织都设置了相似的职能，但没有两家组织以完全一样的方式做同样的事。一站式系统或许能达到一定的性能水平，但永远无法与一家组织的业务运作方式完美匹配。一个合理的估计是，现成软件最多能满足一家组织 70% 的需求。所以，即使在最好的情况下，软件系统的 30% 也不符合组织的规范。

企业解决方案提供商

如第 1 章所述，许多公司都选择使用称为企业解决方案或者企业资源计划 (Enterprise Resource Planning，ERP) 系统的完整软件解决方案来支持其运营和业务过程。ERP 软件解决方案由一系列集成的模块组成。每个模块都支持一项单独的传统业务职能，例如会计、分销、制造或人力资源。模块与传统方法之间的区别在于，模块被集成以专注于业务过程而不是业务功能领域。例如，可通过一系列模块支持整个订单录入过程，从接收订单到调整库存，到发货和计账，再到售后服务。而传统方法要求在业务的不同功能领域使用不同的系统。例如，会计要使用一个计账系统，仓库要使用一个库存系统。使用企业软件解决方案，公司可将业务过程的所有部分集成到一个统一的信息系统中。单一事务涉及的所有方面都在单一的信息系统中无缝地进行，而不是作为专注于业务功能领域的一系列脱节的、独立的系统。

企业解决方案方法的好处包括业务过程所有方面的单一数据存储和模块的灵活性。单一存储可确保更一致和准确的数据，以及更少的维护。模块也很灵活，因为一旦基本系统就位，就可根据需要添加其他模块。添加的模块会立即集成到现有系统中。但是，企业软件也存在一些缺点。系统非常复杂，因此可能需要很长时间才能实现。组织通常不具备在内部实现系统所需的专业知识和人才，所以必须依赖软件供应商的顾问或员工，这可能非常昂贵。某些情况下，组织必须改变其开展业务的方式才能从迁移到企业解决方案中受益。

有几家大型供应商在提供企业解决方案软件。最著名的可能是前面提到的德国公司 SAP AG，以其旗舰产品 R/3 而闻名。SAP AG 成立于 1972 年，但其大部分增长发生在 1992 年之后。自 2010 年以

企业资源计划
(Enterprise Resource Planning，ERP) 系统
将单独的传统业务职能集成到一系列模块中的系统，使单一的事务能在单一的信息系统内无缝地进行，而不必用到多个单独的系统。

来，SAP 一直是全球最大的软件供应商之一。另一家大型企业解决方案供应商是美国的 Oracle(甲骨文) 公司，以其数据库软件而闻名。Oracle 通过自己的财务系统以及收购其他 ERP 供应商在 ERP 市场占据了很大份额。 2004 年底，Oracle 收购了成立于 1987 年的美国公司 PeopleSoft。PeopleSoft 从专注于人力资源管理的企业解决方案发家，在 Oracle 收购之前，已扩展到财务、物料管理、分销和制造领域。2016 年 ERP 软件全球收入为 822 亿美元，排名前 10 的公司占市场份额的 28.5%(Pang，2017)。SAP 控制着最大的单一市场份额，占 7%。预计到 2026 年，ERP 市场将达到 660 亿美元。(XYZ Research，2022)

云计算

组织获得应用程序的另一种方式是从在远程站点运行应用程序的第三方提供商处租用或者获得许可证。用户通过互联网或虚拟专用网络 (VPN) 远程访问应用程序。应用程序提供商负责购买、安装、维护和升级应用程序。用户按每次使用付费，或者直接购买许可证 / 授权 (通常按月付费)。虽然这种方式多年来以多个不同的名称为人所知，但今天它已成为云计算的一部分。云计算 (cloud computing) 是指通过互联网提供应用程序或相关服务，客户无需投资运行和维护应用程序所需的硬件和软件资源。你可能在其他地方看到过有人将互联网称为云，它源自在一般的计算机网络中用于表示互联网的图标。一个著名的云计算例子是 Google Docs、Sheets 和 Slides，用户可分别利用这些服务共享和创建文档、电子表格和演示文稿 (参见图 2.3)。另一个著名的例子是 Salesforce.com，它提供在线客户关系管理软件。云计算涵盖了许多技术领域，包括软件即服务 (通常称为 SaaS)——Salesforce.com 就是其中的代表；还包括硬件即服务，其中的代表是 AWS(Amazon Web Services)，允许客户按需订购服务器容量和存储。

云计算

(cloud computing)

通过互联网提供计算资源 (包括应用程序)，客户无需投资运行和维护资源所需的计算基础设施。

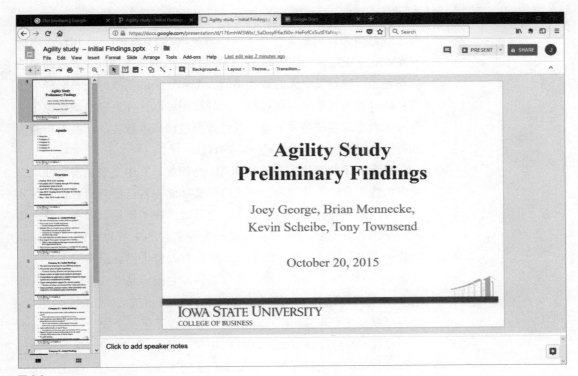

图 2.3

用 Google Slides 编辑的一个演示文稿

（来源：Joey F. George 授权重印）

　　2022 年全球公有云计算市场估计为 4 947 亿美元，2023 年则会增长到近 6 000 亿美元 (Gartner，2022)。"软件即服务"行业约占总量的 26.1%。最有可能从云计算的增长中立即获利的是那些能快速调整其产品线以满足云计算需求的公司。其中包括著名的 IBM，它已在全球建立了多个云计算中心；微软，其 Azure 平台支持在其服务器上开发和运营商业应用和消费者服务；Amazon.com，它通过其服务器向客户提供存储和云计算。

走云计算路线有一定的优势。选择使用云计算的前三个理由 (所有这些都会为公司带来优势)：(1) 解放内部 IT 人员；(2) 相较于内部开发，能更快地访问应用程序；(3) 能以更低的成本访问企业级品质的应用程序。特别吸引人的是能访问大型和复杂的系统，而不必经历昂贵且耗时的内部系统实现过程。云计算还可以让你更轻松地摆脱一些令人不满意的系统解决方案。其他理由包括成本效益、产品上市速度和更好的性能 (Moyle & Kelley，2011)。

然而，IT 经理确实对云计算有一些担忧，其中主要是安全性。之所以担忧安全性，是因为公司的数据要存储在自己没有所有权、而其他人可以访问的机器上。事实上，之所以选择不使用云服务，最主要的两个原因就是担心对专有信息和客户资料的未授权访问 (Moyle & Kelley，2011)。另一个担忧是可靠性。有人警告说，云实际上是一个网络构成的网络。所以，由于其复杂性，它很容易受到意外风险的影响 (kfc，2012)。还有一个担忧是需要遵守当地政府的法规，例如萨班斯 - 奥克斯利法案 (Sarbanes-Oxley Act)。专家推荐了一个安全迁移到云的三步过程 (Moyle & Kelley，2011)。首先，让公司的安全专家尽早参与迁移过程，以便选择了解公司安全和法规要求的供应商。其次，设定切合实际的安全要求。确保在投标过程中清楚说明要求。第三，做诚实的风险评估。确定要迁移哪些数据，并关注云供应商将如何管理这些数据。一旦开始迁移，公司必须持续监控其数据和系统，并积极与供应商合作以维护安全性。

开源软件

开源软件和本书到目前为止讲到的其他任何类型的软件都有所不同。之所以不同，是因为它能够免费使用，不仅提供了最终产品，还提供了源代码本身。另一个不同之处在于，它由志同道合的人组成的社区开发，而非由员工以公司的名义开发。开源软件的功能与商业软件相同，其范围涵盖操作系统、电子邮件、数据库系统以及 Web 浏览器等等。最知名、最流行的开源软件包括 Linux 操作系统、数据库系统 MySQL 以及 Web 浏览器 Firefox 等等。除此之外，软件组件和对象也多有开源。开源软件由社区开发和维护，有的社区非常庞大。开发人员经常在开源平台 (如 SourceForge.net 和 GitHub.com) 上组织活动。截至 2018 年 3 月，SourceForge.net 承载了超过 50 万个项目和 3300 万月活用户。毫无疑问，如果没有互联网来提供访问和组织开发活动，开源运动就不会取得现在的成功。

　　既然软件是免费的，你可能会想，怎么通过开源来赚钱。公司和个人通过开源来赚钱的方式主要有两种：(1) 提供维护和其他服务；(2) 免费提供软件的一个版本，出售功能更全面的另一个版本。例如，Linux 在服务器软件市场上就非常成功。据估计，它占有了服务器软件市场份额的 30%(Netcraft，2017)。

内部开发

　　之前说到，有多种类型的外部组织可作为软件的来源。但是，内部开发仍然是一种选择。在组织内部和为组织进行的所有系统开发工作中，当前内部开发的份额是在逐渐减少的。如本章之前所述，企业内部的信息系统部门现在花在从头开发系统上的时间和精力正在变得越来越少。

　　与其他开发方法 (例如套装软件) 相比，内部开发可能导致更大的维护负担。一项研究发现 (Banker, Davis, and Slaughter，1998)，使用代码生成器作为内部开发的基础，会增加维护时间，而使用套装软件会减少维护工作。

　　当然，即使选择内部开发，也不一定需要开发构成整个系统的全部软件。一部分组件采购，一部分组件内部开发，这种混合方案当前是很常见的。如选择外部采购软件，这个选择要在分析阶段结束时做出。在套装软件和外部供应商之间的选择要视需求而定，而非视供应商能出售的东西而定。正如稍后要讨论的那样，你的分析研究结果决定了你要购买的产品类型，并使与外部供应商的合作变得更容易、更有成效和更有价值。表 2.2 对本节讨论的六种不同的软件来源进行了比较。

表 2.2　对比六种不同的软件来源

生产商	何时选择该软件来源	对内部人员配备的要求
IT 服务公司	任务需要定制的支持，且系统无法在内部构建，或者系统需要外包	可能需要内部员工，具体视应用程序而定
套装软件生产商	要支持的是一些常规任务	要由某些 IS 员工和实际使用产品的员工来定义需求并评估套装软件
企业级解决方案厂商	要建立跨越职能边界的完整系统	需要一些内部员工，但主要需要的还是行业顾问
云计算	需要快速访问应用程序，但前提是只需支持一些常规任务	基本不需要；可腾出员工去做其他 IT 工作
开源软件	要支持的是一些常规任务，同时想节约成本	要由某些 IS 员工和实际使用产品的员工来定义需求并评估开源软件
内部开发人员	有充足的资源和员工，且系统必须从头构建	需要内部员工，但员工规模可变

选择现成软件

一旦决定购买现成软件而不是在内部为新系统编写部分或全部软件，那么如何决定要购买什么？有几个标准需要考虑，而且每次购买都可能有一些特殊的标准。对于每个标准，都要在套装软件和内部开发相同应用程序的过程之间进行明确的比较。最常见的标准如下：

- 成本
- 功能
- 供应商支持

- 供应商生存能力
- 灵活性
- 文档支持
- 响应时间
- 安装的便利性

　　这些标准没有固定的顺序。标准的相对重要性因项目而异，因组织而异。如必须选择两个始终最重要的标准，则可能是供应商的生存能力 (viability) 和供应商的支持 (support)。没人愿意和明天就可能无法继续营业的供应商打交道。同样，也没人愿意从以糟糕的售后而闻名的供应商处获得软件授权。至于如何对其余标准的重要性进行排序，很大程度上取决于你的具体情况。

　　成本涉及将内部开发相同系统的成本与购买或授权套装软件的成本进行比较。应将购买供应商升级或年度授权费用的成本与维护自己的软件所产生的成本进行比较。采购和内部开发的成本可根据经济可行性的考量进行比较（例如，可为每种备选方案的现金流计算现值）。

　　功能是指软件可以执行的任务以及强制性的、基本的和期望的系统特性。套装软件是否能执行用户需要的全部或部分任务？如果只有部分，能执行必要的核心任务吗？注意，对于是否满足用户需求的评估是在分析阶段结束时进行的，因为除非收集并结构化了用户需求，否则无法对套装软件进行评估。购买现成的应用软件不能代替系统分析阶段；相反，购买现成软件的决策是分析过程所确定的系统获取策略的一部分。

　　如前所述，供应商支持是指供应商能否提供支持，以及能提供多大程度的支持。支持的形式包括协助安装软件、培训用户和系统人员使用软件以及在安装后出问题时提供帮助。许多软件公司近期已大大缩减了他们为客户提供的免费支持的数量。所以，要考虑使用电话、现场、传真或 BBS 等支持手段的成本。和支持相关的还有供应商的生存能力。没人愿意去碰一家很快就要倒闭的供应商所开发的软件。不要轻视这个问题。软件行业充满活力，许多创新的应用软件是由在家办公的企业家创造的——属于传统的家庭手工业。这样的组织，即使拥有出色的软件，通常也没有足够的资源或业务管理能力来维持很长时间。此外，大型软件公司的竞争举措可能使小公司的产品过时，或者变得与操作系统不兼容。我们在写这本书时曾接触到一家努力生存的软件公司，他们希望其软件能在任何 Windows PC 上运行（适配显卡、显示器、BIOS 芯片和其他元件的任意组合）。大多数时候，跟上硬件和系统软件的变化不是一家小公司所能搞定的。再好的 off-the-shelf 软件也可能落后，并被人彻底遗忘。

灵活性是指你或者厂商能多么容易地定制软件。如果软件没那么灵活，你的用户可能必须调整其工作方式以适应该软件。他们能以这种方式适应吗？可通过多种方式修改购买的软件。有时，如果愿意为重新设计和编程付费，厂商会愿意为你进行定制。一些厂商在设计软件时就考虑到了它在定制上的灵活性。例如，软件可能支持几种多种数据处理方式，并且在安装时，客户可选择具体使用哪种方式。此外，如果这些模块是用第四代语言写的，则可以轻松重新设计显示和报表。报表、表单和显示可使用一个过程轻松定制。在此过程中，你的公司名称以及为报表、显示、表单、列标题等选择的标题是从你提供的参数表中选择的。即使选择进行内部开发，也可能希望采用同样的定制技术，使软件能轻松适应不同的业务单位、产品线或部门。

文档包括用户手册和技术文档。文档是否容易理解？是否保持最新？如果需要，多个拷贝的成本如何？

响应时间是指软件在交互会话中响应用户请求所需的时间。另一种时间衡量标准是软件完成一项工作所需的时间。

最后，安装的便利性衡量的是加载软件并使其工作起来的难度。

当然，软件采购的标准会因你采购的系统类型而异。例如，假定要购买 ERP 系统的授权，那么肯定会考虑之前的所有标准，但同时还要考虑 ERP 系统特有的标准。Verville，Bernadas and Halingten(2005) 调查了目前采购了 ERP 系统的一系列组织以发现成功的关键因素。他们发现了 10 个成功因素，其中 5 个与采购过程有关，5 个与过程中的人员有关。他们发现采购过程必须高度计划和结构化，而且必须严格。为了使过程成功，在规划过程中不能忽视任何事情。联系 ERP 供应商之前就应完成与过程相关的五个成功因素中的两个。这两个因素决定了所有系统需求，并建立了选择和评估标准。它们帮助组织清楚地描述他们的需求并评估供应商的投标。第五个与过程相关的标准是获得准确的信息。信息来源需要经过检验和交叉验证。

其他五个成功因素与参与收购过程的人员有关。第一个因素是明确且无可置疑的权威。该过程的负责人需要客观和强力。其次，采购团队的组成很重要。团队需要多样化，每个成员都拥有与其他团队成员互补的特定技能组合。第三，将供应商视为伙伴，而不是视为对手或中立方。鉴于 ERP 系统的复杂性和成本，采购团队的成员将与供应商合作数年，因此舒适的工作关系至关重要。第四，ERP 系统的未来用户是采购过程的积极参与者。最后，与过程中的人员相关的第五个成功因素是用户的认可。在所调查的公司中，用户的认同通常转化为用户对系统的接受，甚至是对新系统的热情和兴奋。

验证所购软件的信息

为了获取关于套装软件的所有信息，一个办法是从供应商处收集。其中一些信息可能包含在软件文档和宣传册中。可应要求提供其他信息。例如，可向潜在的供应商发送一份调查问卷，询问关其软件的具体问题。这可能是你的组织在进行重大采购时要求的需求邀请书或招标书 (Request For Proposal，RFP) 或报价邀请书 (Request For Quote，RFQ) 过程的一部分。受篇幅所限，这里无法深入讨论 RFP 和 RFQ 的话题；如果不熟悉此类过程，可参考善于采购和营销的书籍 (章末提供了关于 RFP 和 RFQ 的其他参考资料)。

需求邀请书
(request for proposal，RFP)，也称为"招标书"
提供给供应商的一份文件，邀请对方推荐满足新系统要求的硬件和系统软件。

当然，最终还是要由你实际使用软件，并根据自己的标准完成对它的一系列测试。记住，不仅要测试软件，还要测试文档和培训材料，甚至要对技术支持 / 售后服务进行测试。作为投标过程的一部分，你可要求潜在的软件供应商在你的计算机上安装（免费或以商定的价格）一段时间的软件。这样才可以确定他们的软件在你的环境中的实际表现，而不是只能看到在他们出于演示目的而优化的环境中的表现。

最可靠和最有说服力的来源之一是该软件的其他用户。供应商通常会提供一份客户列表（记住，他们自然只会宣传一些满意的客户，所以可能需要调查一下供应商的完整客户群体）。这个时候，你通过专业团体、大学朋友、贸易协会或当地商业俱乐部建立的个人联系网络就是一种资源。不要犹豫，赶快找一些联系人。这些当前或之前的客户可以告诉你在其组织中使用软件的真实意见。

要获得关于意向软件的多方面意见，可以使用一些独立的软件测试和汇总服务。他们会定期评估软件并收集用户意见。这种服务一般通过订阅或按需付费来提供（两个流行的服务是 Auerbach Publishers 和 DataPro)。有的时候，商业刊物也会出现一些公正的调查。但是，在一般情况下，商业刊物中的文章（甚至软件评测）事实上都是软件供应商的软文，并非没有偏见。

如果正在比较多个软件，可根据自己的每一项标准为软件打分，并使用我们在第 4 章介绍的、用于对比多个备选系统设计策略的定量方法来比较这些分数。

重用

重用 (reuse) 是指在新的应用程序中沿用之前写好的软件资源。由于应用程序的许多内容是通用的，所以如果每次需要这些内容时都不必重写，可以节省大量时间和精力。重用能提高程序员的生产力，因为用现有软件来实现某些功能，程序员就可以在相同时间内完成更多

重用

(reuse)

在新的应用程序中沿用之前写好的软件资源（尤其是对象和组件）。

的工作。重用还缩短了开发时间，最大限度避免进度逾期。由于现有的软件已进行了测试，重用还助于获得更高质量的软件和更低的缺陷率，减少维护成本。

虽然重用在理论上可应用于软件的多个方面，但它实际上主要应用于两种不同的开发技术：面向对象和基于组件的开发。第 1 章简单介绍了面向对象的开发。下面简单回顾一下。例如，假定要创建一个 Employee 类来为员工建模。该类包含有关员工的数据和计算各种类型的工资所需的指令。该类可在处理员工信息的任何应用程序中使用，但如果要修改不同类型员工的工资的计算方式，那么只需修改类而不必修改使用它的应用程序。根据定义，在多个应用程序中使用 Employee 类就是一种重用。

和面向对象的开发相似，基于组件的开发也着眼于创建可在多个程序中使用的通用组件。组件可以小到对象，也可以大到处理单一业务功能 (例如货币兑换) 的软件。基于组件的开发的思路是：能用许多不同复杂程度和大小规模的组件来组装一个应用程序。许多供应商都在开发组件库，其中的组件可根据需要检索并组装到一个应用程序中。

重用已成为企业系统开发的标准部分。然而，要使重用在组织环境中发挥作用，必须解决许多不同的问题。与成功重用相关的最重要因素包括：对适合重用的行业的认识、客户支持、管理层的承诺和理解、健全的组织过程以及熟练和经验丰富的开发人员 (Bombonatti, Goulao, & Moreira, 2017)。如果开发人员缺乏适当的行业知识，如果管理层不促进重用，如果没有组织范围内的重用标准，如果开发人员抵制重用或缺乏使其成功的技能，重用都有可能失败。Royce (1998) 认为，由于开发可重用组件的成本较高，大多数组织无法与专注于销售组件作为其主营业务的成熟商业组织进行竞争。要想成功，必须基于庞大的用户群体和项目库来缩减组件成本 (参见图 2.4)。

图 2.4

实现可重用组件所需的投资

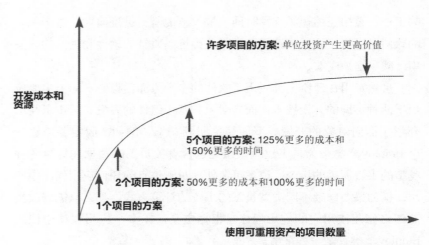

(Source: Royce, Walker, *Software Project Management: A Unified Framework*, 1st ed., ©1998. Reprinted and Electronically reproduced by permission of Pearson Education, Inc. Upper Saddle River, New Jersey.)

当组织的管理层决定将重用视为一项战略时，有必要使重用方法与其战略业务目标配合 (Griss，2003)。用得越多，从中获得的经验越多，重用的好处也越多。但是，为了进行良好的重用，所需的成本和资源也会增加。软件重用有三个基本步骤：抽象、存储和重新建立上下文 (Grinter，2001)。抽象涉及从现有软件资产或从头开始设计可重用的软件。存储涉及使软件资产可供他人使用。虽然听起来是一个简单的问题，但存储实际上可能非常具有挑战性。问题不是简单地将软件资产放到架子上，而是正确标记和编录资产，使其他人能够找到他们想要使用的资产。一旦找到资产，重新建立上下文 (recontextualization) 就变得很重要。具体地说，就是使想要使用可重用资产的开发人员能够理解它们。软件很复杂，为特定系统开发的软件资产也许根本就不能算是一种"资产"。看似称为"客户"的通用资产实际上可能是完全不同的东西，这取决于它的开发环境。简单地构建自己的资产，而不是投入时间和精力来深入了解别人开发的软件，这经常看起来会更容易。如前所述，重用策略的一个关键部分是为重用建立奖励、激励和组织支持，使重用显得比开发自己的资产更值得。

表 2.3　4 种重用方法

方法	重用级别	成本	政策和过程
临时	无到低	低	无
促进	低	低	鼓励开发人员重用，但不强制
监管	中	中	强制开发、共享和采购可重用资产；为文档、打包和认证建立了政策
设计	高	高	重用是强制性的；制定了对重用效率进行衡量的政策；不管最开始是为什么应用程序设计的，代码在最初开发时就要为重用而设计；可能专门有一个部门来管理重用

(来源：基于 Griss, 2003)

　　根据 Griss (2003) 的说法，组织可采用四种方法之一进行重用 (参见表 2.3)。其中，临时 (ad hoc) 不是真正的重用方法，至少从官方组织的角度来看是这样。使用这种方法，个人可自行寻找或开发可重用资产，而且对资产进行重用很少有来自组织的奖励。存储不是问题，因为个人会跟踪和分发他们自己的软件资产。对于这种临时的、个人驱动的方法，很难衡量对公司的任何潜在利益。

　　另一种重用方法是促进重用。使用这种方法，并不强制开发人员进行重用，只是鼓励他们这样做。该组织提供了一些工具和技术来帮助开发和共享可重用资产，并且可以指定一名或多名员工担任宣传员的角色来宣传和推广该计划。然而，在跟踪可重用资产的质量和使用方面做得很少，企业整体投资也很小。

　　监管 (managed) 重用是一种更结构化、更昂贵的管理软件重用的模式。采用这种方式，可重用资产的开发、共享和采纳是强制性的。组织制定过程和政策以确保实施重用并衡量结果。组织还制定政策和标准以确保其可重用资产的质量。重点是识别可从多种来源中重用的现有资产，包括操作系统自带的实用程序库、出售资产的公司、开源社区、内部存储库、搜索现有遗留代码等等。

最昂贵、也最全面的重用方法是设计 (designed) 重用。 除了同样要强制进行重用和衡量其有效性，这种重用方法还采取了额外的步骤：为特定应用程序设计资产时，强制这些资产一开始就被设计为可重用。重点更多地放在开发可重用资产上，而不是寻找可能重用的现有资产。可建立一个重用部门来监控和管理整套方法。采用这种方法，多达90% 的软件资产可在不同的应用程序中重用。

每种重用方法都有其优点和缺点。没有一种是解决所有组织和所有情况下重用难题的灵丹妙药。成功的重用需了解重用如何适应更大的组织目标和战略，并了解可重用资产必须适应的社会和技术世界。

小结

作为系统分析师,必须了解从哪里获取满足组织部分或全部需求的软件。可从信息技术服务公司、套装软件供应商、企业级解决方案软件供应商、云计算供应商和开源软件供应商以及内部系统开发资源中获取应用(和系统)软件,包括重用现有软件组件。甚至可以聘请一个组织来处理你的所有系统开发需求,这称为"外包"。还必须知道在现成软件产品中进行选择时要使用的标准。这些标准包括成本、功能、供应商支持、供应商生存能力、灵活性、文档支持、响应时间和安装的便利性。需求邀请书或招标书(RFP)是收集有关系统软件、性能和成本更多相关信息的一种方式。

关键术语

2.1　云计算

2.2　企业资源计划(ERP)系统

2.3　外包

2.4　需求邀请书(RFP)

2.5　重用

将上述每个关键术语与以下定义配对。

_____　将组织的部分或全部信息系统应用程序的开发和运营交给一家外部公司的做法。

_____　将单独的传统业务功能集成到一系列模块中的系统,使单一的事务能在单一的信息系统内无缝地进行,而不必用到多个单独的系统。

_____　提供给供应商的一份文件,邀请其推荐满足新系统要求的硬件和系统软件。

_____　在新的应用程序中沿用之前写好的软件资源(尤其是对象和组件)。

_____　通过互联网提供计算资源(包括应用程序),客户无需投资运行和维护资源所需的计算基础设施。

复习题

2.6　描述和比较软件的各种来源。

2.7　如何在各种现成软件选项中做出决定?应该使用什么标准?

2.8　什么是 RFP,分析师如何通过 RFP 收集有关硬件和系统软件的信息?

2.9　系统分析师可以通过哪些方式来验证供应商

关于软件的宣传?

2.10　什么是 ERP 系统?此类系统作为设计策略的优缺点是什么?

2.11　解释重用及其优缺点。

2.12　对比 4 种重用方法。

问题和练习

2.13　研究如何准备一份 RFP。

2.14　回顾本章介绍的选择现成软件的标准。凭借你的经验和想象力，描述现实中用于或可能用于选择现成软件的其他标准。详细说明每一个新标准。

2.15　在关于选择现成软件的小节，我们提出了评估备选软件的 8 个标准。假定是在备选的定制软件开发人员中选择，而不是在现成软件中选择。为了完成应用程序的定制开发，在竞争的投标人中做出选择和比较时，适合运用哪些标准？详细说明这些标准。

2.16　与其他类型的设计策略相比，推荐 ERP 设计策略的项目团队如何证明其推荐的合理性？

实战演练

2.17　和组织中采购过现成软件的负责人进行沟通。和他们一起回顾本章介绍的选择现成软件的标准。让他们对其组织采用的标准进行优先级排序，并解释每个排名的理由。请他们列举并描述各自组织中使用的任何其他标准。

2.18　获取用于信息系统开发和 / 或采购的实际 RFP 的副本。如有可能，从公共和私人组织获取 RFP。了解它们是如何使用的。其主要组成部分是什么？它们看起来有用吗？为什么有用，为什么没用？来自公共和私人组织的 RFP 有何不同以及为何不同？

2.19　联系已实现或正在实现 ERP 的组织。他们为什么会选择这种设计策略？与以前的大型项目相比，组织管理这个开发项目的方式发生了什么变化？基于该设计策略，组织发生了哪些变化？实现它持续了多长时间，为什么？

参考资料

ATKearney. (2017). The widening impact of automation. Retrieved March 26, 2018 from http://www.atkearney.com/documents/20152/793366/The+Widening+Impact+of+ Automation.pdf/.

Banker, R. D., Davis, G. B., & Slaughter, S. A. (1998). Software development practices, software complexity, and software maintenance performance: A field study. *Management Science*, 44(4), 433–50.

Bombonatti, D., Goulao, M., & Moreira, A. (2017). Synergies and tradeoffs in software reuse–A systematic mapping study. *Software: Practice and Experience*, 47, 943–957.

Computer History Museum. (2003). Timeline of computer history. Retrieved February 14, 2009 from http://www. computerhistory.org.

Gartner. (2017). Gartner says worldwide public cloud service market to grow 18 percent in 2017. Accessed March 26, 2018 from http://www.gartner.com.

Grinter, R. E. (2001). From local to global coordination: Lessons from software reuse. In C. A. Ellis (Ed.), *Group'01: Proceedings of the 2001 International ACM SIGGROUP Conference on Supporting Group Work* (pp. 144–53). Boulder, CO: Association for Computing Machinery.

Griss, M. (2003). *Reuse comes in several flavors* [Flashline white paper]. Retrieved February 10, 2009 from http://www.flashline.com.

Ketler, K., & Willems, J. R. (1999). A study of the outsourcing decision: Preliminary results. In *Proceedings of the 1999 ACM SIGCPR Conference on Computer Personnel Research* (pp. 182–89). Boulder, CO: Association for Computing Machinery.

kfc. (2012). The hidden risk of a meltdown in the cloud." Technology Review. Retrieved April 17, 2012 from http://www. technologyreview.com/printer_friendly_blog.aspx?id=27642.

King, R. (2008a, April 7). The new economics of outsourcing. *Business Week*. Retrieved August 25, 2012 from http://www. businessweek.com/stories/2008-04-07/the-new-economicsofoutsourcingbusinessweek-business-news-stock-market-andfinancial-advice.

Moyle, E., & Kelley, D. (2011). Cloud security: Understand the risks before you make the move. *InformationWeek Analytics*. Retrieved April 14, 2012 from http://analytics.informationweek.com.

Netcraft. (2017). September 2017 Web Server Survey. Retrieved March 30, 2018 from http://news.netcraft.com/archives/2017/09/11/september-2017-web-server-survey.html.

Pang, A. (2017). Top 10 ERP software vendors and market forecast 2016-2021. Retrieved March 26, 2018 from http://www. appsruntheworld.com.

Royce, W. (1998). *Software project management: A unified framework*. Boston: Addison-Wesley.

Statistica. (2018). Global outsourcing industry revenue from 2010 to 2017, by service type (in billion U.S. dollars). Retrieved March 26, 2018 from http://www.statista.com/statistics/189800/global-outsourcing-industry-revenue-by-service-type/.

Verville, J., Bernadas, C., & Halingten, A. (2005). So you're thinking of buying an ERP? Ten critical factors for successful acquisition. *Journal of Enterprise Information Management*, 18(6), 665–77.

 案例学习：软件的起源

案例场景：P.E.

出场人物：

Jim Watanabe(IT 主管助理)

Jacob Rosenstein(P.E 创始人)

Ella Whinston(PE 首席运营官)

Joe Swanson(IT 主管)

John Smith(市场部主管)

Jim Watanabe 环顾自己的新办公室，简直不敢相信自己已经成为最喜欢的消费电子产品零售商店 Petrie Electronics 的 IT 主管助理。他一直都在 Petrie 为他的 Xbox 360 购买新的 DVD 和视频游戏。事实上，无论蓝光播放机还是 Xbox 360，还是环绕立体声系统和 40 寸纯平高清 LED 电视，他都是在 Petrie 买的。现在，他也在这里工作了。员工折扣是新工作的一大福利，但他也很高兴自己的技术和人际交往能力得到了 Petrie 其他员工的认可。他在百老汇娱乐公司 (BEC) 担任了五年的高级系统分析师，很明显在那里不会继续得到提升了。他真的很高兴自己在 Monster.com 发布了自己的简历，现在，他在 Petrie 获得了更高的薪水和更好的工作，当然也承担了更多责任。

Petrie Electronics 于 1984 年在加州圣地亚哥创立，最初是一家单纯的电子产品商店。商店由 Jacob Rosenstein 在一家脱衣舞购物中心开设。店名灵感来自 Rob Petrie，也就是在同名电视节目中由 Dick Van Dyke(迪克·范·戴克) 饰演的那个喜剧作家的名字。Rosenstein 一直很喜欢那个节目。当这家商店发展成了在南加州拥有 13 家连锁店时，Rosenstein 发现自己越来越没有足够的精力处理公司的全部业务。1992 年，他将这个产业以丰厚的溢价卖给了日本公司 Matsutoya。Matsutoya 是一家总部在日本的大型综合企业，迫切需要一家连锁商店在美国销售其众多消费电子产品。

到 2002 年，Matsutoya 已扩展到全国 218 家连锁店，并以可观的溢价将 Petrie Electronics 出售给了冰淇淋制造商和销售商 Sam and Harry' s。后者生产了许多以演员名字来命名的冰淇淋产品，例如其畅销的 Lime Neeson(连姆·尼森，最知名的电影是《辛德勒的名单》《飓风营救》) 和 Jim Carrey-mel(金·凯瑞，最知名的电影有《王牌成龙》和《楚门的世界》)。现在，他们有充裕的现金流来实现对其他产业的投资 Sam and Harry' s 聘请了专业管理人员来经营这家电子产品连锁店。自从买下这家连锁店后，他们又增加了 15 家门店，其中一家在墨西哥，三家在加拿大。虽然最初想把总部搬到他们的家乡特拉华州，但最后决定还是将 Petrie 的总部留在圣地亚哥。

公司采取了一些明智的举措并且效果很好，

Jim 知道这一点，但他同时也知道竞争非常激烈。Petrie 的竞争对手包括 BestBuy 等大型电子零售连锁店。在加州，Fry's 是一个很有实力的竞争对手。其他主要竞争对手还有沃尔玛和塔吉特等大型连锁商店的电子部门以及 Amazon.com 等网店。Jim 知道他在 IT 领域的部分工作是帮助公司发展壮大并击败竞争对手——或者至少是生存下来。

就在这时，当 Jim 正在纠结于是否需要一台屏幕更大的电视时，Petrie 的首席运营官 Ella Whinston 走进了他的办公室。"怎么样，Jim？Joe 是不是给布置了好多任务？" Joe 是指 IT 主管 Joe Swanson，Jim 的老板。Joe 这周一直在亚利桑那图森市开会。Jim 迅速把脚从办公桌上挪开。

"我不知道我们有一个战略 IT 计划，" Ella 打趣道。"总之，我来这里，是想告诉你一个好消息。我想让你成为对我们企业生存至关重要的一个项目的项目经理。"

"我吗？" Jim 觉得很疑惑，"但我是新人，刚来公司。"

"谁能比你更好？你是新人，有不同的观点，新的想法。你不会像我们其他人一样被过去和 Petrie 做事情的方式束缚。这些都不重要，因为你别无选择。Joe 和我都认为你是这份工作的最佳人选。"

"好吧，" Jim 问，"这个项目是关于啥的？"

"嗯，" Ella 开始说道，"管理层已经决定，我们现在的首要任务不仅是要生存，而且还要发展，而实现这一目标只有与我们的客户建立更密切的关系。管理层有个人比我还要兴奋，他就是市场部的市场部主管 John Smith。我们想吸引新客户，这和我们所有竞争对手一样。另外，也和竞争对手一样，我们希望终生留住客户，这有点像常旅客计划。但我们要做得更好，对我们和我们的忠实客户更好。客户花得越多，我们提供的奖励就越多。我们称这个项目为'留住客户'（No Customer Escape）。"

"我希望那只是一个内部代号。" Jim 开玩笑说，"说真的，我明白这件事对 Petrie 的好处，而且我能看到 IT 在其中发挥的重要作用，不对，是关键作用。那么，下一步怎样才能做让项目获得审批呢？"

案例问题

2.20 信息系统项目如何在组织中启动？

2.21 组织的信息系统如何与公司战略建立起联系？战略对于公司开发和使用的信息系统有何影响？

2.22 研究零售企业的客户忠诚度计划。它们有多常见？其主要特点是什么？

2.23 你认为 Jim 的下一步行动什么？为什么？

2.24 为什么刚加入公司的系统分析师是领导重要系统开发工作的好选择？

第 3 章

管理信息系统项目

3.1 理解信息系统项目的管理过程，包括项目启动、项目计划、项目执行和项目关闭

3.2 理解如何使用甘特图和网络图来表示

和安排项目计划

3.3 理解如何使用商业项目管理软件来协助表示和管理项目日程表

导言

第 1 章和第 2 章介绍了系统开发生命周期 (SDLC) 的五个阶段，并解释了信息系统项目如何经历这五个阶段 (有时甚至要重复)。本章将关注系统分析师作为信息系统项目的项目经理的角色。在整个 SDLC 中，项目经理负责启动、计划、执行和结束系统开发项目。项目管理可以说是信息系统开发项目中最重要的一个方面。有效的项目管理有助于确保系统开发项目满足客户期望，并在预算和时间限制内交付。

如今，大多数公司正在开展的项目类型

都在发生变化，这使项目管理变得愈发困难，对项目的成功甚至更为关键 (Fuller, Valacich, George & Schneider, 2018；Galin, 2018；Keane, 2017)。例如，组织过去将大部分开发重点放在非常大的、定制的、独立的应用程序上。如今，组织中的大部分系统开发都侧重于实现套装软件，例如 ERP 系统和数据仓库系统。

现有的遗留应用程序也正在被修改，使 B2B 交易可通过互联网无缝地进行。新的基于 Web 的界面被添加到现有的遗留系统中，以便更广泛的用户 (通常分布于全球) 可以

访问企业的信息和系统。此外，由全球外包合作伙伴开发软件并集成到组织现有的应用程序中，这已成为一种普遍的做法 (Fuller et al., 2018；Gold, 2016；Martinelli, et al., 2017)。与供应商合作以提供应用程序，与客户或供应商合作以集成系统，或者与更广泛和更多样化的用户社区合作，所有这些事情都要求项目经理具备更高的技能。因此，了解项目管理过程很重要，这会成为你未来取得成功的关键技能。

本章着眼于系统分析师在管理信息系统项目中的角色，并将此角色称为"项目经理" (project manager)。第一节介绍松谷家具 (PVF) 的背景，本书其余部分会经常谈到这个家具厂商。然后，本章要介绍项目经理的角色和项目管理过程。然后，会讨论使用甘特图和网络图报告项目计划的技术。本章最后讨论一些用于协助各种项目管理活动的商用项目管理软件。

松谷家具的背景

松谷家具
(PVF)

松谷家具 (Pine Valley Furniture，PVF) 生产高质量木制家具，并通过全美的零售店进行分销。其产品系列包括餐桌椅、音响柜、壁面收纳、客厅家具和卧室家具。上个世纪 90 年代初，PVF 的创始人 Alex Schuster 开始在自家的车库里制作和销售定制家具。Alex 当时是用文件夹和文件柜来管理发票和追踪客户。1994 年，业务扩大了，Alex 不得不租了一个仓库，并雇了一名兼职记账员。PVF 的产品线迅速扩张，销量翻了一番，员工也增加至 50 人。到 2000 年，PVF 搬到了它的第三个也是现在的位置。由于公司运营的复杂性增加，Alex 将公司重组为以下职能部门：

- 制造，进一步细分为三个独立职能部门，分别为制造、组装和精加工
- 销售
- 订单
- 会计
- 采购

Alex 和职能部门的负责人建立了手动信息系统，例如会计分类帐和文件夹，这在一段时间内运作良好。然而，PVF 最终还是选择并安装了一个网络服务器来自动化开票、应收账款和库存控制应用。

当这些应用首次计算机化时，每个单独的应用程序都有自己的数据文件，以满足每个职能部门的需求。在这种情况下，这些应用程序通常都很类似于原先的手动系统。图 3.1 展示了 PVF 的三个计算机应用程序：订单履行、发票和工资。2000 年后期，PVF 成立了一个工作组来研究转向数据库方法的可能性。经初步研究，管理层决定将信息系统转换为这种方法。公司升级了网络服务器并实施了集中式数据库管理系统。如今，PVF 已成功部署了一个集成的、全公司范围的数据库，并对所有应用程序进行了转换，改为支持该数据库。然而，PVF 正在继续快速增长，当前的应用系统的压力越来越大。

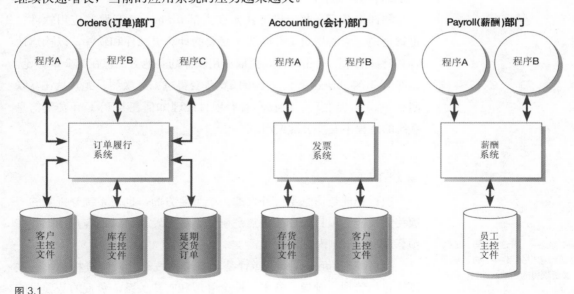

图 3.1

PVF 公司的计算机应用程序：订单履行、发票和工资

(Hoffer, Jeffrey A.；Venkataraman, Ramesh；Topi, Heikki, *Modern Database Management*, 11th Ed., ©2016, p. 8. 经 Pearson Education, Inc. New York, NY 许可重印和电子复制)

PVF 基于计算机的应用为其业务过程提供支持。客户订购家具时，订单必须得到适当处理：家具必须制造并运送给正确的客户，还要将正确的发票邮寄到正确的地址。另外，必须为员工的工作支付报酬。鉴于这些任务，PVF 的大多数基于计算机的应用针对的都是会计和财务领域。具体的应用程序包括订单履行、发票、应收账款、库存控制、应付账款、工资单和总账。每个应用程序都曾有自己的数据文件。例如，有一个客户主控文件、一个库存主控文件、一个延期交货订单 (backorder) 文件、一个存货定价 (inventory pricing) 文件和一个员工主控文件。订单履行系统使用来自三个文件的数据：客户主控文件、库存主控文件和延期交货订单文件。但今天的情况发生了变化，所有系统都通过公司范围的数据库设计和集成，其中数据是围绕实体或主体 (例如客户、发票和订单) 进行组织。

和许多公司一样，PVF 决定在内部 (in-house) 开发其应用软件；也就是说，它聘用员工并购买了必要的计算机硬件和软件，以构建适合其自身需求的应用软件。获取应用软件的其他方式已在第 2 章讨论。虽然 PVF 继续快速增长，但市场竞争变得越来越激烈，尤其是在互联网和 Web 出现之后。让我们看看项目经理如何在为 PVF 开发新信息系统的过程中发挥关键作用。

管理信息系统项目

项目管理是信息系统开发的一个重要方面，也是系统分析师的一项关键技能。项目管理的重点是确保系统开发项目满足客户期望并在预算和时间限制内交付。

项目经理 (project manager) 是具有多种技能的系统分析师，这些技能包括管理、领导、技术、冲突管理和客户关系，负责的是项目的

项目经理
(project manager)

具有多种技能——管理、领导、技术、冲突管理和客户关系——的系统分析师，负责项目的启动、计划、执行与结束。

启动、计划、执行与关闭。项目经理所处的环境会不断变化，经常要解决各种问题。在某些组织中，项目经理是非常有经验的一名系统分析师，而在其他组织中，初级和高级分析师都可以担任此角色，他们负责管理项目的不同部分，或者积极支持预计将担任项目经理的一个更高级的同事。了解项目管理过程是你未来取得成功所需的一项关键技能。

　　创建和实施成功的项目需要管理完成信息系统项目所需的资源、活动和任务。项目 (project) 是为达到一个有开始和完成的目标而有计划进行的一系列相关活动。你可能会问自己的第一个问题是"项目来自哪里？"然后，在考虑了组织内可能要求你从事的所有不同事情之后，"我怎么知道要开展哪些项目？"每个组织回答这些问题的方式各不相同。

项目
(project)
为达到一个有开始和完成的目标而有计划进行的一系列相关活动。

　　本节剩余部分将描述 Juanita Lopez 和 Chris Martin 在开发 PVF 的采购履行系统 (Purchasing Fulfillment System) 的过程中所遵循的过程。Juanita 在订单部门工作，Chris 则是一名系统分析师。

松谷家具
(PVF)

　　Juanita 观察到订单处理和报表方式存在问题：销售增长增加了制造部门的工作量，当前的系统不再能充分支持订单跟踪。跟踪订单并为正确的客户提供正确的家具和发票变得越来越难。Juanita 联系了 Chris，他们一起开发了一个系统来纠正订单部门的这些问题。

　　Chris 和 Juanita 的第一个交付物 (deliverable) 或者称为"最终产品"(end product) 是一份"系统服务请求"(System Service Request, SSR)，这是 PVF 用于请求系统开发工作的标准表格。图 3.2 展示了用于采购履行系统的一份 SSR。表格中包含请求该系统的人的名字和联系方式、问题陈述以及联系人和发起人的名字和联系方式。

交付物
(deliverable)
某一 SDLC 阶段的最终产品。

Pine Valley Furniture
System Service Request

REQUESTED BY ___Juanita Lopez_____ DATE ___October 1, 2020_____

DEPARTMENT ___Purchasing, Manufacturing Support_____

LOCATION ___Headquarters, 1-322_____

CONTACT ___Tel: 4-3267   FAX: 4-3270   e-mail: jlopez_____

TYPE OF REQUEST   URGENCY

[X]   New System   [   ]   Immediate – Operations are impaired or
                                                                       opportunity lost
[   ]   System Enhancement   [   ]   Problems exist, but can be worked around
[   ]   System Error Correction   [X]   Business losses can be tolerated until new
                                                                       system installed

PROBLEM STATEMENT

Sales growth at PVF has caused greater volume of work for the manufacturing support unit within Purchasing. Further, more concentration on customer service has reduced manufacturing lead times, which puts more pressure on purchasing activities. In addition, cost-cutting measures force Purchasing to be more aggressive in negotiating terms with vendors, improving delivery times, and lowering our investments in inventory. The current modest systems support for Manufacturing/Purchasing is not responsive to these new business conditions. Data are not available, information cannot be summarized, supplier orders cannot be adequately tracked, and commodity buying is not well supported. PVF is spending too much on raw materials and not being responsive to manufacturing needs.

SERVICE REQUEST

I request a thorough analysis of our current operations with the intent to design and build a completely new information system. This system should handle all purchasing transactions, support display and reporting of critical purchasing data, and assist purchasing agents in commodity buying.

IS LIAISON ___Chris Martin (Tel: 4-6204   FAX: 4-6200   e-mail: cmartin)_____

SPONSOR ___Sal Divario, Director, Purchasing_____

------------------------ TO BE COMPLETED BY SYSTEMS PRIORITY BOARD ------------------------

[   ]   Request approved   Assigned to _____
                                             Start date _____
[   ]   Recommend revision
[   ]   Suggest user development
[   ]   Reject for reason _____
                                   _____
                                   _____

图 3.2

采购履行系统的"系统服务请求"(SSR),包含请求该系统的人的名字和联系方式、问题陈述以及联络人和发起人的名字和联系方式

　　该请求随后由 PVF 的系统优先级委员会 (Systems Priority Board) 进行评估。由于组织的时间和资源有限，因此并非所有请求都能获批。董事会根据系统要解决或创造的业务问题与机会来评估开发请求；还会考虑提议的项目如何适应组织的信息系统架构和长期发展计划。审查委员会选择最能满足整体组织目标的项目（将在第 4 章讨论有关组织目标的更多信息）。对于这份采购履行系统的请求，委员会在请求中发现了一些优点，批准进行更详细的可行性研究。由项目经理进行的可行性研究 (feasibility study) 涉及从经济和运营的角度判断信息系统对组织是否有意义。要在系统构建之前完成这项研究。图 3.3 展示了该项目启动期间要采取的步骤。

可行性研究
(feasibility study)
这项研究从经济和运营的角度判断信息系统对组织是否有意义。

图 3.3
"采购履行系统"项目启动期间采取的五个步骤

1. Juanita发现当前采购系统存在问题。

2. Juanita联系 IS 开发部门的Chris以发起系统服务请求(SSR)。

3. SSR由系统优先级委员会审查和批准。

4. 分派指导委员会(Steering committee)来监督项目。

5. 开发并执行详细的项目计划。

（来源：从上到下：ProStockStudio/Shutterstock；Sheff/Shutterstock；Wavebreakmedia/Shutterstock；Rob Marmion/123RF；wavebreakmedia/Shutterstock）

总之，系统开发项目的实施主要有两个原因：利用业务机会和解决业务问题。利用机会意味着可通过创建新系统为客户提供创新服务。例如，PVF 可能想要创建一个网站，使客户可以随时轻松访问其产品目录并下单。

解决业务问题可能涉及修改现有系统处理数据的方式，以便向用户提供更准确或及时的信息。例如，像 PVF 这样的公司可创建一个受密码保护的内网站点，在上面提供重要的公告和预算信息。当然，项目并非总是出于上述合理原因 (利用业务机会或解决业务问题) 而启动。例如，某些情况下，组织和政府开展项目是为了花费资源、实现 (attain) 或填塞 (pad) 预算、让人员保持忙碌或帮助培训人员并发展他们的技能。本章重点不是组织如何以及为什么确定一个项目，而是项目确定之后的管理。

图 3.4

项目经理需要是多面手，能兼顾多项活动

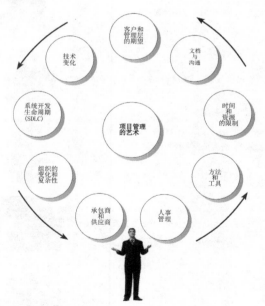

(来源：Media Bakery13/Shutterstock)

一旦确定了某个潜在的项目，组织就必须确定完成该项目所需的资源。这要求分析项目范围并判断项目成功完成的可能性。获得这些信息后，组织接着要确定在时间和资源限制内利用机会或解决特定问题是否可行。如果认为可行，则会进行更详细的项目分析。正如之后会讲到的，确定项目规模、范围和资源需求，这些只是项目经理必须具备的众多技能之一。项目经理通常被认为是需要保持多个球的杂耍者，这些球反映了项目开发的各个方面，如图 3.4 所示。

为了成功协调复杂信息系统的建设，项目经理必须具备人际交往能力、领导能力和技术技能。表 3.1 列出了项目经理的常见技能和活动。注意，许多技能都涉及人事或一般管理，而非仅仅包含技术技能。从表 3.1 可以看出，一个有效的项目经理不仅拥有多种技能，还是任何项目成功完成的关键。

表 3.1　项目经理的常见技能和活动

活动	说明	技能
领导	运用才智、个性和能力影响他人的活动以实现共同目标	沟通；联络管理层、用户和开发人员；分配活动；监控进度
管理	有效利用资源来完成项目	定义和排序活动；传达期望；为活动分配资源；监测成果
客户关系	与客户密切合作，确保项目交付物符合预期	解释系统要求和规范；场地准备和用户培训；建立客户联络点
解决技术问题	设计和排序活动以实现项目目标	解释系统要求和规范；定义活动及其顺序；在备选解决方案之间进行权衡；设计问题的解决方案
冲突管理	管理项目团队内的冲突，确保冲突不会太高或太低	问题解决；消除性格差异；妥协；目标设定
团队管理	管理项目团队以提高团队绩效	团队内部和团队之间的沟通；同行评价；解决冲突；团队建设；自我管理
风险和变化管理	识别、评估和管理项目期间发生的风险和日常变化	环境扫描；风险和机会识别与评估；预测；资源调配

松谷家具
(PVF)

项目管理

(project management)

启动、计划、执行和结束项目的一个受控过程。

项目启动

(project initiation)

项目管理过程的第一阶段，执行多项活动以评估项目的规模、范围和复杂性，并建立程序以支持后续活动。

图 3.5

项目启动期间的 6 项活动

本章剩余部分将重点介绍项目管理 (project management) 过程，包括四个阶段：

1. 启动 (Initiating) 项目
2. 计划 (Planning) 项目
3. 执行 (Executing) 项目
4. 结束 (Closing down) 项目

每个阶段都要执行多项活动。遵循这一正式的项目管理过程，将显著提升项目成功的可能性。

启动项目

项目启动 (project initiation) 期间，项目经理执行多项活动以评估项目的规模、范围和复杂性，并建立支持后续活动的程序。取决于实际的项目，有些活动可能是不必要的，有些则可能非常耗费精力。图 3.5 总结了启动项目时你要进行的活动，具体的说明如下。

1. 建立项目启动团队。这项活动涉及组建初始的项目团队核心成员，以协助完成项目启动活动 (Chua et al., 2012; Fuller et al, 2018; Verma, 1996; 1997)。例如，针对 PVF 的"采购履行系统"项目，Chris Martin 被指派为采购部门提供支持。PVF 政策规定，所有启动团队至少由一名用户代表 (本例为 Juanita Lopez) 和信息系统 (IS) 开发团队的一名成员组成。所以，最终的项目启动团队由 Chris 和 Juanita 组成，其中 Chris 担任项目经理。

2. 与客户建立关系。对客户的透彻了解可建立更牢靠的合作伙伴关系和更高的信任度。在 PVF，管理层尝试通过指派特定人员在业务单位 (比如采购部门) 和 IS 开发团队之间充当联络人以建立牢靠的工作关系。Chris 被分配到采购部门有一段时间了，他意识到了当前采购系统存在的一些问题。PVF 为每个业务部门分配特定人员的政策有助于确保 Chris 和 Juanita 在项目启动之前能舒适地合作。许多组织都用类似的机制与客户建立关系。

3. 制定项目启动计划。这一步骤定义了组织启动团队需进行的活动，目的是定义项目的目标和范围 (Abdel-Hamid, Sengupta, & Swett, 1999; Fuller et al., 2018)。Chris 的职责是帮助 Juanita 将她的业务需求转化为对一个增强的信息系统的书面请求。这需要对大量信息进行收集、分析、组织和转换。由于 Chris 和 Juanita 已熟悉彼此以及他们在开发项目中的角色，所以他们接着要定义何时以及如何进行沟通，定义交付物和项目步骤，并设定最后期限。他们的启动计划包括几次会议的议程。这些步骤的最终成果是他们准备提交的 SSR 表格。

4. 制定管理程序。成功的项目需制定有效的管理程序 (Fuller et al., 2018)。在 PVF 中，系统优先级委员会 (Systems Priority Board) 和 IS 开发团队已将其中许多管理程序制度化为标准操作程序。例如，所有项目开发工作都打回 (charged back) 给发出请求的职能部门。而在其他组织中，每个项目都可能都有针对其需求进行了调整的独特程序。但一般情况下，在制定程序时，你需要关心团队沟通和报告程序，工作分配和角色，项目变更程序，以及确定如何处理项目资金和计费。对 Chris 和 Juanita 来说，这些程序中的大部分幸好已经在 PVF 中制度化，使其能继续进行其他项目活动。

5. 建立项目管理环境和项目工作簿 (project workbook)。此活动的重心是收集和组织你在管理项目时要用到的工具并构建项目工作簿

项目工作簿
(project workbook)

所有项目相关文档的一个在线存储库, 用于项目审计、新团队成员定位、与管理层和客户的沟通、确定未来项目以及执行项目后审查。

(Fuller et al., 2018)。图表和系统描述构成了项目工作簿的大部分内容。所以，项目工作簿相当于项目团队建立的所有项目通讯、输入、输出、交付物、程序和标准的一个存储库 (Dinsmore & Cabanis-Brewin, 2006; Rettig, 1990)。项目工作簿 (project workbook) 是所有团队成员都能访问的所有项目相关文档的一个在线存储库。该存储库可用于项目审计、新团队成员定位、与管理层和客户的沟通、确定未来项目以及执行项目后审查。在工作簿中建立和认真收集所有相关项目信息，是你作为项目经理要执行的两项最重要的活动。

图 3.6 展示了采购履行系统的在线项目工作簿。项目工作簿可以像共享的在线目录一样简单 (例如使用 Dropbox、iCloud 和 SharePoint 等在线服务)，也可以是带有密码保护和安全级别的精心设计。在线存储项目工作簿的最大好处是项目的成员和客户能持续查看项目的状态和所有相关信息。

图 3.6

"采购履行系统"项目的项目工作簿包含 9 个要素

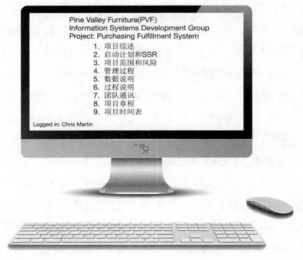

(来源：A-R-T/Shutterstock)

项目章程

(project charter)

在项目启动期间为客户准备的简短文件，描述项目将交付的内容并概括完成项目所需的全部工作。

6. 开发项目章程。项目章程 (project charter) 是为客户准备的简短 (通常为一页) 的高级文档，描述项目将交付的内容并概括项目的许多要素 (Fuller et al., 2018)。项目章程包含的细节数量可能有所不同，但通常包括以下要素：

- 项目名称和授权日期
- 项目经理姓名和联系方式
- 客户姓名和联系方式
- 预估的开始和完成日期
- 主要利益相关方、项目角色和职责
- 项目目标和说明
- 关键假设或方法
- 主要利益相关方的签名区

Pine Valley Furniture(PVF)		Prepared: November 2, 2020	

项目章程

项目名称：		客户跟踪系统	
项目主管：		Jim Woo (jwoo@pvf.com)	

客户：		Marketing(营销)	
项目发起人：		Jackie Judson (jjudson@pvf.com)	
项目开始/结束日期(预估)：		10/2/20–2/1/21	

项目综述：

该项目将为营销部门实现客户跟踪系统。该系统的目的是自动化……以节省员工时间，减少错误，获得更及时的信息……

目标：
- 最小化数据录入错误
- 提供更及时的信息
- …

关键前提：
- 系统在内部构建
- 使用Web浏览器界面
- 系统会访问客户数据库
- …

利益相关人和职责：

利益相关人	角色/职位	职责	签名
Jackie Judson	VP Marketing	Project Vision, Resources	Jackie Judson
Alex Datta	CIO	Monitoring, Resources	Alex Datta
Jim Woo	Project Manager	Planning, Monitoring, Executing Project	Jim Woo
James Jordan	Director of Sales	System Functionality	James Jordan
Mary Shide	VP Human Resources	Staff Assignments	Mary Shide

图 3.7
提议的一个信息系统项目的项目章程

项目章程确保你和客户对项目达成共识。它也是一个非常有用的沟通工具；它有助于向组织宣布一个特定项目已被选中并要进行开发。图 3.7 展示了一个示例项目章程。

一旦这六项活动完成，项目启动阶段就完成了。在进入项目的下一阶段之前，项目启动期间执行的工作在管理层、客户和项目团队成员参加的会议上进行审查。会议的结果是决定继续、修改或放弃该项目。就 PVF 的"采购履行系统"项目来说，委员会最终接受了 SSR 并选择了一个项目指导委员会 (project steering committee) 来监督项目进度并在后续活动中为团队成员提供指导。如项目范围发生变化，则可能需要重新走一遍项目启动活动并收集额外的信息。一旦决定继续该项目，就要在项目计划阶段制定更详细的方案。

计划项目

项目管理过程的下一步是项目计划 (project planning)。研究发现，有效的项目计划和积极的项目成果之间存在正面关系 (Fuller et al., 2018; Guinan, Cooprider, & Faraj, 1998; Keane, 2017)。项目计划需定义清晰和独立的活动以及完成每项活动所需的工作。它通常要求你对硬件、软件和人员等资源的可用性做出大量预设。计划近期活动比计划远期活动容易得多。事实上，经常都需要构建范围更广的远期计划和细节更丰富的近期计划。重复性是项目管理过程的一大特点，这要求在整个项目期间不断监控计划，并定期根据最新信息进行更新 (一般在每个阶段之后)。

图 3.8 展示了近期计划通常比远期计划更具体和更坚定的原则。例如，如果不先完成早期活动，就几乎不可能在项目后期严格地计划活动。此外，在项目早期执行的活动的结果可能会影响晚期的活动。这意味着为未来的活动拟定详细的解决方案会非常困难，而且很可能严重影响效率。

项目计划

(project planning)

项目管理过程的第二阶段，重心是确定清晰和独立的活动以及完成每项活动所需的工作。

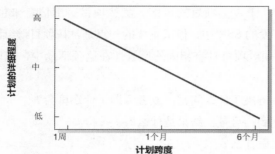

短期内项目计划的详细程度要高，随着时间推移，详细程度降低

和项目启动过程一样，项目计划阶段也要执行多种多样的活动。例如，在"采购履行系统"项目期间，Chris 和 Juanita 制定了一个 10 页的计划。不过，超大型系统的项目计划可能长达数百页。图 3.9 总结了项目计划期间的活动，具体说明如下。

松谷家具
(PVF)

图 3.9

项目计划期间的 10 项活动

项目计划

1. 描述系统范围、备选方案和可行性

2. 将项目分解为可管理的任务

3. 估算资源并创建资源计划

4. 制定初步时间表

5. 制定沟通计划

6. 确定项目标准和程序

7. 识别和评估风险

8. 创建初步预算

9. 制定项目范围说明书

10. 制定基线项目计划

1. 描述系统范围、备选方案和可行性。此项活动的目的是了解项目的内容和复杂性。就 PVF 的系统开发方法而言，前期召开的会议必

须有一次专注于定义项目的范围。虽然项目范围信息未包含在 Chris 和 Juanita 开发的 SSR 中，但很重要的一点是，在项目继续深入之前，两个人都必须对项目具有相同的愿景。在这项活动中，应就以下问题达成一致：

- 项目解决了什么问题，或者强调了什么机会？
- 要达到的可量化结果是什么？
- 需要做什么？
- 如何衡量成功？
- 如何知道在何时完成？

定义好项目范围后，下一个目标是确定并记录当前业务问题或机会的常规备选方案。然后，必须评估每个方案的可行性，并选择在后续的 SDLC 阶段应考虑哪一些。有时能找到现成的软件。明确说明有关项目的任何独特问题、限制和假设也很重要。

2. 将项目分解为可管理的任务。这是项目计划过程中的一项关键活动。在此期间，必须将整个项目分解为可管理的任务，然后对它们进行逻辑排序，以确保任务之间的平滑推进。任务的定义及其顺序被称为工作分解结构 (work breakdown structure)(Fuller et al., 2018; PMBOK, 2017; Project Management Institute, 2002)。一些任务可以同步执行，而其他任务必须依次执行。任务顺序取决于哪些任务会生成其他任务所需的交付物、关键资源何时可用、客户对项目施加的限制以及 SDLC 中概述的过程。

例如，假定要从事一个新的开发项目，需要和新系统的用户面谈并查看他们当前用于完成工作的报表以收集系统需求。这些活动的工作分解结构用图 3.10 的甘特图来表示。甘特图 (Gantt chart) 是项目的图示，每个任务都显示为一个水平条，其长度与工期成正比。可用不同的颜色、阴影或形状来强调每种任务。例如，关键路径（稍后定义）上的那些活动可能是红色的，摘要任务 (summary task) 可以有一

工作分解结构
(work breakdown structure)
将整个项目分解为可管理的任务，然后对它们进行逻辑排序，以确保任务之间的平滑推进。

甘特图
(Gantt chart)
项目的图示，每个任务都显示为一个水平条，其长度与工期成正比。

个特殊的水平条。注意，黑色水平条 (图 3.10 的第 1 行、第 2 行和第 6 行) 代表摘要任务。一项活动的计划时间和实际时间或进度可以通过不同颜色、阴影或形状的平行条进行比较。甘特图 (通常) 不显示任务必须如何排序 (优先级)，而只是显示活动应该何时开始和完成。在图 3.10 中，任务工期在第二列中按天数显示 ("d")，之前必须完成的任务在第三列中标注为前置任务。大多数项目管理软件工具都支持多种任务工期，包括分钟、小时、天、周和月。本书以后会讲到，SDLC 由几个阶段组成，你需要将这些阶段分解为活动。创建工作分解结构要求将阶段分解为活动 (摘要任务)，并将活动分解为特定任务。例如，图 3.10 显示的 Interview(面谈) 活动采访包括三个任务：design interview form(设计面谈表)、schedule appointments(安排见面) 和 conduct interviews(进行面谈)。

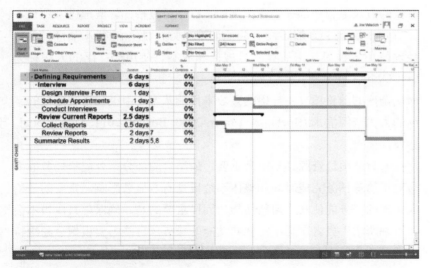

(来源：Microsoft Corporation)

图 3.10

甘特图显示了项目的任务、任务的工期以及前置任务

过于详细地定义任务会使项目管理变得不必要地复杂。你需要锻炼自己根据经验发现代表任务最佳细节水平。例如，在最终的工作分

解结构中，要列出不到一小时即可完成的任务可能非常困难。另外，选择范围过大（例如长达数周）的任务，会使你无法清楚了解项目的状态或任务之间的相互依赖关系。那么，"任务"的特征到底是什么？一个任务：

- 可以由一个人或一个明确定义的小组完成；
- 具有单一且可识别的交付物（但任务是创建交付物的一种过程）；
- 有已知的方法或技术；
- 有被广泛接受的前置和后续步骤；
- 可被测量以确定完成百分比。

3. 估算资源并创建资源计划。此活动的目标是估算每个项目活动的资源需求，并使用此信息创建项目资源计划。资源计划有助于以最有效的方式组合和部署资源。例如，程序员应按部就班地进入项目，你肯定不愿意工作都还没有为他们准备好，他们就进入项目。项目经理使用各种工具来估算项目规模和成本。使用最广泛的方法称为COCOMO(COnstructive COst Model，构造性成本模型)，它使用从不同复杂度的前置项目中导出的参数来预测基本、中级和极其复杂的系统的人力资源需求 (Boehm & Turner, 2000; Boehm, 2017; Moody et al., 2018)。

COCOMO

(COnstructive COst Model，构造性成本模型)

一种自动化软件估算模型，利用历史项目数据以及当前和未来的项目特征来估算项目成本。

人员是项目资源计划中最重要、最昂贵的部分。分配给任务的人员对于估算任务完成时间和整体系统质量有着显著影响。重要的是给人布置的任务能使其学习新技能。同样重要的是，确保项目成员不会"不知所措"或者布置不符合其技能的任务。可能需要根据分配给特定活动的实际人员（或多个人员）的技能来修改资源估计。图 3.11 展示了三个程序员的相对编程速度与相对代码质量。从这个图可以看出，不应该为 Carl 分配对完成时间要求很高的任务，而且应该为 Brenda 分配对质量要求很高的任务。

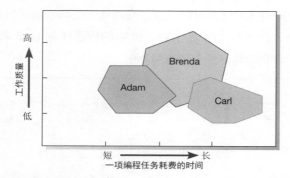

图 3.11
平衡代码质量和编程速度

　　分配任务的一种方法是在项目期间为每个工作人员分配一个任务类型（或仅几个任务类型）。例如，可指派一个人创建所有计算机显示，另一个人创建所有系统报表。这种专业化确保两个人都能高效完成自己的特定任务。但是，如果任务过于专业或工期过长，工作人员也可能会觉得无聊，所以可为其分配更多样性的任务。但是，这也可能导致任务效率的下降。当然，也可以在专业化和任务多样性之间取得一个平衡。具体如何分配，要取决于开发项目的规模以及项目团队的技能。无论如何分配任务，都要确保每个团队成员一次只处理一项任务。但是，如果一项任务只占用团队成员时间的一小部分（例如，测试另一个团队成员开发的程序）或在紧急情况下，此规则也可以有例外。

　　4. 制定初步日程表。在此活动中，要根据任务和资源可用性为"工作分解结构"中的每一项活动分配一个估计的时间。根据这些估计的时间，可以为项目建立目标开始与完成日期。可以回顾和修改目标日期，直到制定出客户能接受的日程表。为了确定一个能接受的日程表，可能需要你找出额外或不同的资源，或者更改项目的范围。日程表可表示为图 3.10 那样的甘特图，也可以表示为图 3.12 那样的网络图。网络图 (network diagram) 图示了项目的任务及其相互关系。和甘特图一样，每种类型的任务都可以通过网络图中的不同特征予以强调。网络图的显著特征在于，是将任务（矩形或圆形）与其前置和后续任务连接起来以表示任务的顺序。然而，节点（代表任务）的相对大小或节

网络图

(network diagram)

表示项目的任务及其相互关系的一种示意图。

点之间的空距并不代表任务的工期。在网络图上只绘制了单个任务项，这就是为什么图 3.12 中未显示图 3.10 中的摘要任务 1、2 和 6 (黑条) 的原因。本章稍后会详细介绍这两种图。

图 3.12

在网络图中，要用矩形 (或圆形) 表示任务，用箭头表示这些活动的关系和顺序

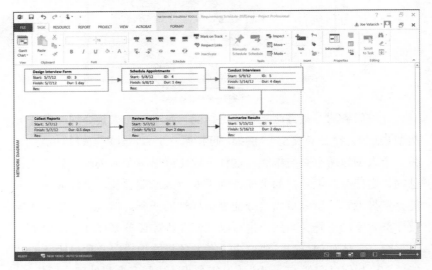

(来源：Microsoft Corporation)

5. 制定沟通计划。此活动的目标是概括管理层、项目团队成员和客户之间的沟通程序。沟通计划包括团队何时以及如何提供书面和口头报告，团队成员如何协调工作，要发送什么消息向相关方宣布项目，以及要与参与项目的供应商和外部承包商共享哪些类型的信息。这里的重点在于，各方要进行自由和开放的沟通，同时做到保密 (Fuller et al., 2018; Gold, 2016; Kettelhut, 1991; Keane, 2017; Martinelli, et al., 2017; Verma, 1996)。制定沟通计划时，必须回答许多问题以确保计划全面和完整。这些问题如下。

- 谁是该项目的利益相关方？
- 每个利益相关方需要什么信息？
- 何时以及隔多长时间生成信息？

- 要从哪些来源收集和生成信息？
- 谁负责收集、存储和验证这些信息的准确性？
- 谁负责组织这些信息并打包成文档？
- 如出现任何问题，谁是每个利益相关方的联系人？
- 用什么格式打包信息？
- 什么通信媒介能最有效地向利益相关方提供信息？

一旦为每个相关方回答了这些问题，就可开始制定全面的沟通计划。要通过该计划对沟通文档、工作分配、日程表和分发方法进行概括。此外，可以开发一个项目沟通矩阵 (project communication matrix) 来提供对总体沟通计划的一个摘要 (参见图 3.13)。该矩阵可在团队成员之间轻松共享，并由项目团队外的相关方进行验证，以便正确的人员在正确的时间以正确的格式获取正确的信息。

相关方	文档	格式	团队联系人	日期
团队成员	项目状态报告	项目内网	Juan 和 Kim	每月第一个周一
管理层主管	项目状态报告	硬拷贝	Juan 和 Kim	每月第一个周一
用户组	项目状态报告	硬拷贝	James 和 Kim	每月第一个周一
内部 IT 员工	项目状态报告	电子邮件	Jackie 和 James	每月第一个周一
IT 经理	项目状态报告	硬拷贝	Juan 和 Jeremy	每月第一个周一
签约程序员	软件规范	电子邮件 / 项目内网	Jordan 和 Kim	2020 年 10 月 1 日
培训承包商	实现和培训计划	硬拷贝	Jordan 和 James	2021 年 1 月 7 日

图 3.13　**项目沟通矩阵对沟通计划进行了高级摘要**

6. 确定项目标准和程序。在此项活动中，要指定你和你的项目团队如何生成和测试各种交付物。例如，团队必须决定要使用哪些工具、如何修改标准 SDLC、要使用哪些 SDLC 方法、文档样式 (例如，用户手册的字体和边距)、团队成员如何报告分配给他们的活动的状态以及术语。制定项目标准和工作验收程序可确保开发高质量的系统。此外，有了明确的标准，培训新团队成员会容易得多。在组织内建立了项目管理和实施标准之后，可以更容易地为单独的项目建立标准，不同项目之间的人员交流或共享也变得更容易。

7. 识别和评估风险。这项活动的目标是识别项目风险的来源并估计这些风险的后果 (Fuller et al., 2018; Kendrick,2015)。风险可能来自新技术的运用，用户对变化的抵制，关键资源的可用性，竞争性反应或因系统构建而导致的监管行动的变化，或者团队成员在技术或业务领域经验的缺乏。必须不断尝试识别和评估项目风险。

为 PVF 开发新的 "采购履行系统" 需要识别项目风险。所以，Chris 和 Juanita 会面以研究并描述项目可能造成的负面结果及其发生概率。虽然我们将风险识别和项目范围的概括列为两项独立的活动，但它们高度相关，经常要同时讨论。

8. 创建初步预算。要在此阶段创建一个初步预算，概括项目的计划开支与收入。要通过项目论证来证明收益值得付出这些成本。图 3.14 是一个新开发项目的成本效益分析。它计算了项目收益和成本的净现值，并对投资回报和现金流进行了分析。第 5 章将完整地讨论项目预算。

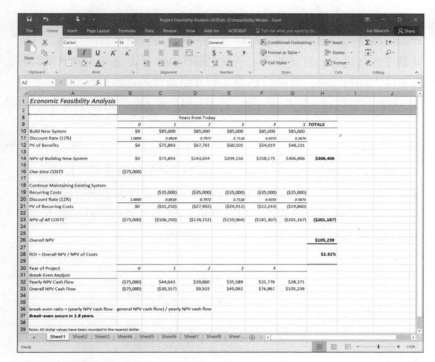

图 3.14

成本效益分析

（来源：Microsoft Corporation）

9. 制定项目范围说明。项目计划阶段即将结束时的一项重要活动是创建项目范围说明(Project Scope Statement)。本文档主要为客户开发，概述了将要完成的工作，并清楚描述了项目将交付的内容。项目范围说明有助于确保你、客户和其他项目团队成员清楚了解预期的项目规模、工期和结果。

10. 制定基线项目计划。完成之前的所有项目计划活动后，就可以开始制定一个基线项目计划 (Baseline Project Plan)。它提供了对项目任务和资源需求的估计，并用于指导项目的下一阶段"执行"。随着在项目执行期间获得新的信息，基线计划也会持续更新。

在项目计划阶段的最后，要对基线项目计划进行审查以仔细检查计划中的所有信息。和项目启动阶段一样，可能需要修改计划，这意味着在继续之前，可能要再走一遍之前的项目计划活动。就"采购履行系统"项目来说，你可以提交计划并向项目指导委员会进行简要说明。委员会最后可能批准该计划，要求修改，或者决定不再继续该项目。

执行项目

项目执行 (project execution) 阶段要将"基线项目计划"付诸行动。在 SDLC 的背景下，项目执行主要发生在分析、设计和实现阶段。在"采购履行系统"的开发过程中，Chris Martin 负责项目执行期间的五项关键活动。图 3.15 总结了这些活动，具体说明如下。

项目执行

1. 执行基线项目计划

2. 根据基线项目计划监控项目进度

3. 管理对基线项目计划的更改

4. 维护项目工作簿

5. 沟通项目状态

项目执行

(project execution)

项目管理过程的第三阶段，将之前阶段（项目启动和计划）创建的计划付诸行动。

图 3.15

项目执行期间的 5 项活动

1. 执行基线项目计划。作为项目经理，你负责监督基线计划的执行。具体就是启动项目活动的执行、获取和分配资源、选择和培训新团队成员、使项目按日程表进行并确保项目交付物的质量。虽然是一项艰巨的任务，但使用好的项目管理技术，这项任务会变得容易得多。例如，项目期间完成的任务可在项目日程表上"标记"为已完成。在图 3.16 中，任务 3 和任务 7 在"% Complete"（完成百分比）列中显示 100%，从而标记为已完成；任务 8 被标记为部分完成。项目团队的成员来来去去。你有责任向新团队成员提供他们所需的资源并帮助其融入团队，从而发挥他们的潜力。可考虑计划一些社交活动、定期举行团队项目状态会议、从团队一级审查项目交付物以及进行其他团队活动，从而打造一个高效的团队。

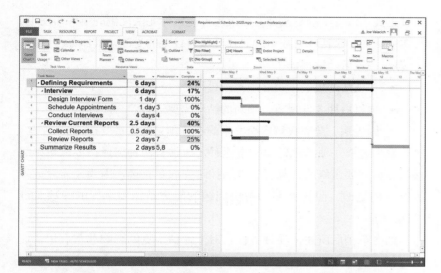

图 3.16

在这个甘特图中，任务 3 和任务 7
标记为已完成，任务 8 则部分完成

2. 根据基线项目计划监控项目进度。执行基线项目计划时，应监
控你的进度。如项目提前 (或落后) 于日程表，可能要调整资源、活
动和预算。监控项目活动意味着可能对当前计划的修改。衡量在每项
活动上花费的时间和精力，将帮助你提高未来项目估算的准确性。使
用项目日程图 (例如甘特图) 以显示实际进度和计划的对应情况。另外，
可以通过网络图轻松了解活动延迟的后果。监控进度还意味着团队领
导必须评估和评价每个团队成员，偶尔更改工作分配或要求更换人员，
并向员工的上级领导提供反馈。

3. 管理对基线项目计划的更改。有时可能需要被迫更改基准计
划。PVF 规定只能对项目规范进行通过了批准的更改，而且所有更改
都必须反映在基线计划和项目工作簿中，包括所有图表。例如，如果
Juanita 建议对采购履行系统的现有设计进行重大更改，则一份正式的
更改请求必须得到指导委员会的批准。在更改请求中，要解释为什么
需要更改，并说明对先后活动、项目资源以及总体项目日程表的所有
可能影响。Chris 必须帮助 Juanita 制定这样的一份请求。根据这些信息，
项目指导委员会能够更轻松地评估重大中期变更的成本和收益。除了

通过正式请求发生的更改外，更改也可能因你无法控制的事件而发生。事实上，许多事件都可能引起对基线项目计划的更改，具体如下。

- 一项活动被拖延了。
- 一项活动搞砸了，必须重新进行。
- 项目后期才发现有一项新的活动需要进行。
- 因生病、辞职或解雇而发生的不可预见的人员变动。

发生造成一项活动延误的事件时，通常有两种选择：要么想办法按时完成，要么修改计划。想办法按时完成是首选，因为无需对计划进行任何更改。阻止并顺利解决问题的能力是需要掌握的一项关键技能。

如本章稍后所述，项目日程表对于评估变更的影响非常有用。使用这种图表，可以快速查看其他活动的完成时间是否会受给定活动工期变化的影响，或者整个项目的完成日期是否会发生变化。通常，必须找到一种方法来重新安排活动，因为最终的项目完成日期可能相当固定。如果未实现预期的完成日期，组织可能会受到处罚（甚至会遭到法律起诉）。

4. 维护项目工作簿。和所有项目阶段一样，需维护所有项目事件的完整记录。该工作簿提供了新团队成员快速理解项目任务所需的文档。它解释了为什么做出特定的设计决策，而且是生成所有项目报告的主要信息来源。

5. 沟通项目状态。项目经理负责让所有相关方（系统开发人员、管理人员和客户）了解项目状态。换句话说，项目状态的沟通着眼于"项目沟通计划"的执行以及对相关方的任何临时信息请求的响应。可通过多种方法分发信息，每种都有自己的优缺点。有的方法对于信息发送方来说比较容易，但对于接收方来说则比较困难或者不太方便。随着数字网络和互联网的成熟，人们交换越来越多的数字通信。沟通项目活动的具体程序从正式会议到非正式走廊讨论不等。有些程序适合将项目状态通知给其他人，有些更适合解决问题，还有一些更适合保存信息和事件的永久记录。在整个项目期间，经常需要交换两种类型的信息：工作结果（为完成项目而执行的各种任务和活动的结果）和项目计划（用于执行项目的正式综合文档，其中包括项目章程、项目日程表、预算和风险计划等）。表 3.2 列出了多种通信程序、它们的正式程度以及它们最可能的用途。无论使用哪种程序，频繁的沟通都有助于确保项目的成功 (Fuller et al., 2018; Kettelhut, 1991; Martinelli, et al., 2017; Verma, 1996)。

表 3.2　项目团队的沟通方法

程序	正式程度	用途
项目工作簿	高	通知，永久记录
会议	中到高	解决问题
研讨会和讲座	低到中	通知
项目简报	中到高	通知
状态报告	高	通知
规范文档	高	通知，永久记录
会议纪要	高	通知，永久记录
备忘录	中到高	通知
午餐研讨会	低	通知
走廊讨论	低	通知，解决问题

　　本节概述了你在执行"基线项目计划"期间作为项目经理的角色。项目管理的难易程度受之前项目阶段质量的显著影响。项目计划的质量越高，越有可能成功执行。下一节要讲述你在项目关闭期间（项目管理过程的最终阶段）的角色。

结束项目

项目结束 (project closedown) 的重心是结束项目。项目可以自然或非自然地终止。项目的要求得到满足时发生自然终止——项目成功完成。当项目在完成之前终止,发生的就是非自然终止 (Fuller et al., 2017; Keil et al., 2000)。一些事件可能导致项目的非自然终止。例如,中途可能证明用于指导项目的假设是错误的,系统或开发团队的表现不佳,或者需求在客户的业务环境中不再适用或有效。项目非自然终止的最可能的原因与时间或资金用尽有关,或两者兼而有之。无论项目终止的结果如何,都必须执行多项活动:结束项目、进行项目后审查和关闭客户合同。在 SDLC 的背景下,项目结束发生在实施阶段之后。系统维护阶段通常代表一系列正在进行的项目,每个项目都必须单独管理。图 3.17 总结了项目结束期间的活动,具体说明如下。

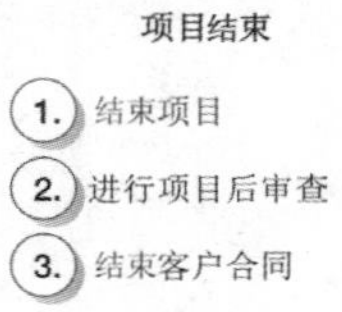

图 3.17

项目结束期间的活动

项目结束

1. 结束项目
2. 进行项目后审查
3. 结束客户合同

1. 结项。关闭时要执行几项不同的活动。例如,如果有多个团队成员与你一起工作,项目完成可能意味着某些成员的工作和分配发生变化。可能要对每个团队成员进行评估,并为人事档案和工资计算提供评估报告。还可考虑为团队成员提供职业建议,给上级写信赞美团队成员的特殊成就,并向那些提供了帮助但不是团队成员的人发送感谢信。作为项目经理,必须准备好处理可能的负面人事问题(例如解雇),尤其是在项目不成功的情况下。

结项时,通知所有相关方项目已经完成,并完成所有项目文档和财务记录,以便对项目进行最终审查。还应该庆祝团队的成就。有些团队会举行派对,每个团队成员会收到纪念品(例如,一件印有"我在 X 项目中幸存下来"的 T 恤)。目标是庆祝团队为成功完成一项艰巨的任务而付出的努力。

2. 进行项目后审查。项目结束后，应与管理层和客户一起对项目进行最终审查。审查的目标是确定项目交付物、用于创建这些交付物的过程以及项目管理过程的优势与劣势。

3. 结束客户合同。作为最后一项活动，重心是确保项目的所有合同条款都得到满足。一个受合同协议约束的项目除非双方同意（通常以书面形式），否则是不会完成的。因此，必须从你的客户那里获得同意，所有的合同义务已经得到满足，进一步的工作要么是他们的责任，要么由另一份 SSR 或合同所涵盖。

项目结束是一项非常重要的活动。项目只有结束才算完成。项目是成功还是失败，也正是在结束时确定的。项目完成也意味着有机会开始一个新项目并应用你学到的东西。现在，你对项目管理过程有了了解，下一节介绍在系统开发过程中如何运用一些特定的技术来表示和安排活动及资源。

项目计划的表示与日程安排

项目经理有各种各样的技术可用于描述和记录项目计划。这些计划文档可采取图形或文字报告的形式（虽然图形报告已成为描述项目计划最流行的方式）。最常用的方法是甘特图和网络图。由于甘特图（通常）不显示任务必须如何排序（优先级），而只是显示一项任务应该何时开始、何时完成，所以通常用这种图表描述相对简单的项目或较大项目的子部分、显示单个工作人员的活动或者根据计划完成日期来监测活动的实际进度（参见图 3.18）。之前说过，网络图将一个任务与它的前置和后续任务连接起来以显示活动的顺序。有时适合使用网络图，其他时候甘特图则更容易显示项目的特定方面。下面列出了这两种图表的主要区别。

- 甘特图直观地显示任务的工期，而网络图则直观地显示任务之间的顺序依赖关系。
- 甘特图直观地显示任务的时间重叠，而网络图不显示时间重叠，但会显示哪些任务能并行完成。

- 某些形式的甘特图可以直观地显示在最早开始和最晚完成的时间内可用的浮动时间。网络图通过活动矩形内的数据显示这一点。

图 3.18

描述项目计划的图表 (a) 甘特图；(b) 网络图

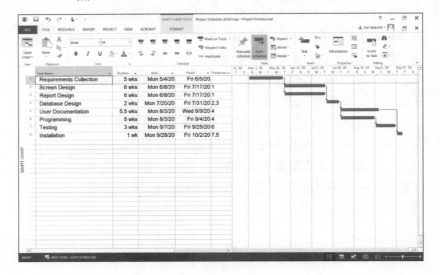

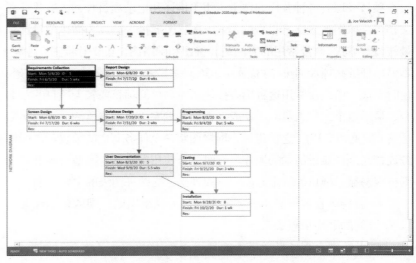

（来源：Microsoft Corporation）

　　项目经理还使用按任务、项目复杂性和成本分布来描述资源利用情况的文本报告以控制活动。例如，图 3.19 显示了 Microsoft Project 的一个截屏，它总结了所有项目活动、它们的工期 (以周为单位) 以及它们计划的开始和完成日期。大多数项目经理使用基于计算机的系统来帮助开发其图形和文字报告。本章稍后会更详细地讨论这些自动化系统。

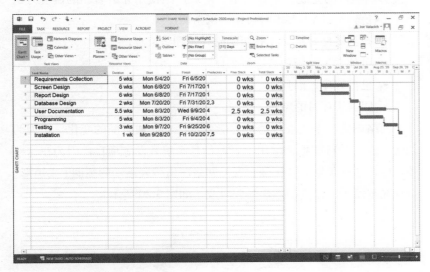

(来源：Microsoft Corporation)

图 3.19
Microsoft Project 的屏幕截图，总结了所有项目活动、它们的持续周数以及计划的开始和完成日期

　　项目经理将定期审查所有正在进行的项目任务活动的状态，以评估这些活动是否会提前、按时或推迟完成。如提前或推迟，活动的工期 (图 3.19 的第 2 列) 可以被更新。一旦改变，所有后续任务的计划开始和完成时间也会发生改变。发生这样的改变，也会改变用于表示项目任务的甘特图或网络图。对项目进行轻松修改，这是大多数项目管理环境提供的一个非常强大的功能。它使项目经理能轻松确定任务期限的变化对项目完成日期的影响。还可利用该功能检查增加或减少资源 (如人员) 对某项活动的影响，这称为"假设"(what if) 分析。

表示项目计划

资源

(resource)

在完成一项活动的过程中要用到的任何一个人、一组人、设备或材料。

关键路径调度

(critical path scheduling)

一种进度管理技术。关键路径代表任务的一系列活动，其顺序和工期会直接影响项目的完成日期。

项目调度和管理需要控制时间、成本和资源。资源 (resource) 是在完成一项活动的过程中要用到的任何一个人、一组人、设备或材料。绘制网络图是用于控制资源的一种关键路径调度 (critical path scheduling) 技术。关键路径代表任务的一系列活动，其顺序和工期会直接影响项目的完成日期。网络图是最广泛使用和最著名的调度方法之一。任务满足以下要求时可使用网络图：

- 得到了良好定义，有明确的开始和结束点，
- 可独立于其他任务进行工作，
- 已排好序，而且
- 服务于项目的宗旨。

网络图的一个主要优势是它能表示活动完成时间的变化。正因为如此，它比甘特图更常被用于管理信息系统开发等项目，因为在这些项目中，活动工期的变化是常态。网络图由代表活动的圆圈（或矩形）以及显示所需工作流的连接箭头组成，如图 3.20 所示。

图 3.20

网络图显示了活动（用圆圈表示）和这些活动的顺序（用箭头表示）

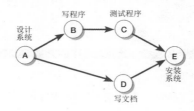

使用 PERT 计算预计时间

构建项目日程表时，最困难和最容易出错的活动之一是确定"工作分解结构"中每个任务的工期。如果一项任务存在高度的复杂性和不确定性，进行这样的估计就特别容易出问题。PERT(Program Evaluation Review Technique，计划评审技术) 是一种使用乐观、悲观和现实的时间估计来计算某项任务的预计时间的技术。当一项任务的完成时间存在某种不确定性时，这种技术可帮助你获得更好的时间估算。

PERT

(Program Evaluation Review Technique)

使用乐观、悲观和现实的时间估计来计算某项任务的预计时间的技术。

乐观 (o) 和悲观 (p) 时间反映了一项活动完成的最短和最长可能时间。现实 (r) 时间，或最有可能的时间，反映了项目经理对该活动实际需要的完成时间的"最佳猜测"(best guess)。一旦完成对一项活动的上述每一项估计，就可计算出预计时间 (ET)。因为预计完成时间应该最接近现实时间或者最可能时间 (r)，所以它的权重通常是乐观时间 (o) 和悲观时间 (p) 的四倍。将这些值加到一起后，必须除以 6 以确定 ET，如以下公式所示：

$$ET = \frac{o+4r+p}{6}$$

其中：

ET = 一项活动的预计完成时间

o = 一项活动的乐观完成时间

r = 一项活动的现实完成时间 (最可能时间)

p = 一项活动的悲观完成时间

例如，假定老师要你计算一个编程作业的预计完成时间。对于该作业，你估计的乐观时间是 2 小时，悲观时间是 8 小时，最可能的时间为 6 小时。使用 PERT，完成该作业的预计时间就是 5.67 小时。像 Microsoft Project 这样的商业项目管理软件可帮助你使用 PERT 来计算预计时间。此外，许多商业工具都允许你自定义乐观、悲观和现实完成时间的权重。

为松谷家具构建甘特图和网络图

虽然 PVF 历史上是一家制造公司，但它最近已针对一些目标市场选择了直销模式。在这些市场中，增长最快的是适合大学生的经济型家具。管理层要求开发一个新的促销跟踪系统 (Sales Promotion Tracking System，SPTS)。该项目已成功通过了项目启动阶段，目前正处于详细的项目计划阶段 (对应 SDLC 的项目启动和计划阶段)。SPTS 将用于跟踪大学生在下个秋季学期的购买情况。学生一般会选

松谷家具
(PVF)

购低价的床、书柜、书桌、桌子、椅子和梳妆台。由于 PVF 一般不会仓储大量低价商品，所以管理层认为该跟踪系统有助于提供有关大学生市场的信息，并将这些信息用于后续的促销活动（例如期中的被褥促销）。

项目要求在秋季入学前设计、开发和实现这一信息系统，以收集下个主要购买期的销售数据。该截止日期给了项目组 24 周的时间来开发和实现系统。PVF 的"系统优先级委员会"希望在本周根据在 24 周内完成项目的可行性做出决定。使用 PVF 的项目计划方法，项目经理 Jim Woo 知道下一步是构建项目的甘特图和网络图来表示"基线项目计划"，以便利用这些图表来估计 24 周内完成项目的可能性。项目计划的一项主要活动是将项目分解为多个可管理的活动，估计每个活动的时间，并对其进行排序。以下是 Jim 做这件事情的步骤：

1. 确定项目要完成的每项活动。在与 PVF 的管理、销售和开发人员讨论了新的 SPTS 后，Jim 确定了项目的以下主要活动：

- 需求收集
- 屏幕设计
- 报表设计
- 数据库构建
- 用户文档创建
- 软件编程
- 系统测试
- 系统安装

2. 估计时间，并计算每项活动的预计完成时间。确定了项目涉及的主要活动后，Jim 为每项活动建立了乐观、现实和悲观时间估计。然后，利用之前描述的 PERT 技术，基于这些数字计算项目的所有活动的预计完成时间。图 3.21 显示了 SPTS 项目的每项活动的估计时间。

活动	估计时间 (单位：周)			预计时间(ET) $\dfrac{o + 4r + p}{6}$
	o	r	p	
1. 需求收集	1	5	9	5
2. 屏幕设计	5	6	7	6
3. 报告设计	3	6	9	6
4. 数据库设计	1	2	3	2
5. 用户文档	2	6	7	5.5
6. 编程	4	5	6	5
7. 测试	1	3	5	3
8. 安装	1	1	1	1

图 3.21
SPTS 项目的估计时间

3. 构建甘特图和网络图来确定活动的顺序以及所有活动之间的优先关系。这一步骤有助于你了解各种活动之间的关系。Jim 首先要确定活动发生的顺序。SPTS 项目的分析结果如图 3.22 所示。该图的第一行显示，在需求收集之前没有任何活动。第二行显示在屏幕设计之前必须先完成需求收集。第四行显示必须先完成屏幕和报表设计，才能开始数据库构建。所以，活动之前可以有零个、一个或多个活动。

活动	前置活动
1. 需求收集	—
2. 屏幕设计	1
3. 报告设计	1
4. 数据库设计	2和3
5. 用户文档	4
6. 编程	4
7. 测试	6
8. 安装	5和7

图 3.22
SPTS 项目的各项活动的顺序

根据图 3.21 和图 3.22 的估计时间和活动顺序，Jim 现在可以构建项目活动的甘特图和网络图。为了构建甘特图，要为每项活动都绘制一个对应的水平条，反映其顺序和工期，如图 3.23 所示。但是，甘特图可能无法显示活动之间的直接相互关系。例如，数据库设计活动在屏幕设计和报表设计条完成后立即开始，但这并不意味着必须先完成这两个活动才能开始数据库设计。只有用网络图才能显示真实的优先关系。但是，如果只是看图 3.23 的甘特图，那么似乎确实存在这种先后顺序。

图 3-23

甘特图显示了 SPTS 项目的每项活动的顺序和工期

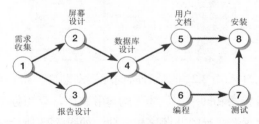

(来源：Microsoft Corporation)

网络图有两个主要组成部分：箭头和节点。箭头反映了活动的顺序，节点则反映了会消耗时间和资源的那些活动。SPTS 项目的网络图如图 3.24 所示。该图有 8 个节点，用 1 到 8 来标记。

图 3.24

描述了活动 (圆圈) 和活动顺序 (箭头) 的一个网络图

关键路径

(critical path)

项目的最短完成时间。

4. 确定关键路径。网络图的关键路径 (critical path) 是产生最大总时长的一系列连接起来的活动。我们说该序列中的所有节点和活动都"在" (on) 关键路径上。关键路径代表项目的最短完成时间。换句话说，关键路径上任何推迟的活动都会造成整个项目的延误。然而，非关键路径上的节点如果推迟 (一段时间)，则不会造成整个项目的延误。非关键路径上的节点包含浮动时间或松弛时间 (slack time)，为项目经理在进度安排上提供了一定的灵活性。

　　图 3.25 是 Jim 为确定 SPTS 项目的关键路径和预计完成时间而绘制的网络图。为了确定关键路径，Jim 计算了每项活动的最早和最晚预计完成时间。他将每项活动的预计时间 (ET) 从左到右 (即按优先顺序) 相加，从活动 1 开始，一直到活动 8，从而找出了每项活动的最早预计完成时间 (TE)。在本例中，活动 8 的 TE 等于 22 周。如果一个活动之前要先完成两个或更多的活动，那么计算新活动的预计完成时间时将使用这些活动的最大预计完成时间。例如，由于活动 8 之前需完成活动 5 和 7，5 和 7 之间最大的预计完成时间是 21，所以活动 8 的 TE 是 21+1，即 22。项目最后一项活动的最早预计完成时间代表完成项目所需的时间。然而，由于每项活动的时间可能不同，估计的完成时间只是一个近似值。项目实际可能需要更多或更少的时间来完成。

浮动时间
(slack time)
在不造成整个项目延误的情况下，一项活动允许推迟的时间。

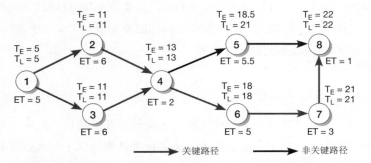

图 3.25
SPTS 项目的网络图，显示了每项活动的估计时间以及每项活动的最早和最晚预计完成时间

　　最新预计完成时间 (TL) 是指在不造成项目延误的情况下可以完成一项活动的时间。为了找出每个活动的 TL 值，Jim 从活动 8 开始，将其 TL 设为最终的 TE(22 周)。接着，他从右到左计算到活动 1，减去每个活动的预计时间。每项活动的浮动时间等于其最新和最早预计完成时间之差 (TL -TE)。图 3.26 显示了 SPTS 项目的所有活动的浮动时

间的计算结果。所有浮动时间等于零的活动都在关键路径上。所以，除了活动 5 之外的其他所有活动都在关键路径上。图 3.25 的左半部分显示了两条关键路径，分别在活动 1-2-4 和 1-3-4 之间，这是由于这两组并行活动的浮动时间都为零。

活动	T_E	T_L	浮动时间 $T_L - T_E$	是否在关键路径上？
1	5	5	0	✓
2	11	11	0	✓
3	11	11	0	✓
4	13	13	0	✓
5	18.5	21	2.5	
6	18	18	0	✓
7	21	21	0	✓
8	22	22	0	✓

除了可能存在多个关键路径，还可能存在两种浮动时间。其中，自由浮动 (free slack) 是指一项任务可在不延误其后紧跟着的任何任务的最早开始时间的前提下允许推迟的时间。总浮动 (total slack) 是指在不造成项目延误的前提下，一项任务可以推迟多长时间。理解了自由浮动和总浮动，项目经理能更好地判断在需要改变项目日程表的时候，可在哪些方面进行折衷。要了解浮动时间以及如何利用它来管理任务，请参见 Fuller et al(2018)。

使用项目管理软件

可用多种自动化项目管理工具来帮助管理开发项目。软件厂商不断开发和发布这些工具的新版本。大多数工具都提供了一系列标准功能，包括定义和排序任务、为任务分配资源以及修改任务和资源等等。这些项目管理工具可在多种平台上运行，包括台式机、笔记本电脑、平板电脑和 Web(通过 Web 浏览器)，并支持各种各样的操作系统，包括 Windows、Mac OS 和 Linux 等等。这些工具在同时支持的用户和项目数量、系统可用性以及价格方面各不相同。价格范围从免费到几百美元的基于 PC 或 Web 的系统 (例如 Microsoft Project)，到超过 20000 美元的大规模、多项目的企业级系统不等。一些流行的工具包括 OpenProject，Bugzilla，Jira 和 eGroupware；每个都可以从各自的官网下载。可在网上搜索或访问流行的下载站点 (例如 www.download.com) 来获取免费的公共领域和共享软件。由于这些工具在不断变化，所以在选择特定软件之前要先做好比较。

　　下面，我们以 Microsoft Project 为例解释一下使用项目管理软件时要进行的活动。Microsoft Project 项目管理系统在各种计算机出版物的评测中一直都有很高的分数 (访问 www.microsoft.com 并搜索"project"。另外，在网上搜索该软件，可获得许多非常有用的教程)。使用该系统来管理项目时，至少需要进行以下活动。

- 建立项目的开始或完成日期
- 输入任务并分配任务关系
- 选择审查项目报告的一种调度方法

建立项目开始日期

　　要定义的常规项目信息包括项目和项目经理的名称以及项目的开始或完成日期。开始和完成日期用于安排未来的活动，或者根据其工期以及与其他活动的关系来追溯其他活动 (稍后详述)。图 3.27 展示了一个 Microsoft Project 数据输入屏幕，可在这里建立项目的开始或完成日期。图中显示的是 PVF 的"采购履行系统"(Purchasing Fulfillment System) 项目。本例将项目的开始日期设为 2020 年 11 月 2 日 (周一)。

松谷家具
(PVF)

图 3.27
在 Microsoft Project 中建立项目的
开始日期

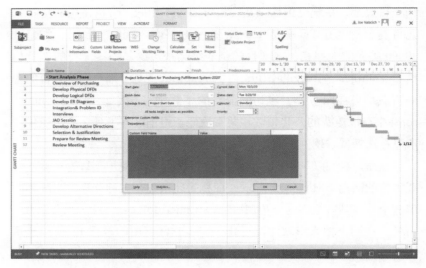

（来源：Microsoft Corporation）

输入任务并分配任务关系

定义项目的下一步是定义项目的各个任务及其关系。Chris 通过对项目进行初始的系统分析活动，为采购履行系统项目定义了 11 个任务。注意，编号为 1 的任务是 Start Analysis Phase（开始分析阶段），这是一个摘要性任务，目的是对相关的任务进行分组。如图 3.28 所示的任务输入屏幕有点儿像财务电子表格程序。用户用方向键或鼠标将光标移动到一个单元格，然后为每个活动直接输入一个文本格式的任务名称 (Task Name) 和一个数值格式的工期 (Duration)。排定的开始和结束日期会根据项目的开始日期和工期自动输入。为了设置一个活动关系，需要在 Predecessors（前置任务）列中输入必须在当前活动之前完成的一个或多个活动的 ID。可在这一列输入附加代码使优先关系更加精确。

以 ID 6 的"前置任务"列为例。该单元格的内容表明，活动 6 要在活动 5 结束前一天才能开始。从这个例子可以看出，Microsoft Project 为优先权和延迟提供了许多不同的选项，但更详细的讨论超出了本书的范围。项目管理软件使用这些信息来构建甘特图、网络图和其他与项目有关的报告。

图 3.28
在 Microsoft Project 中输入任务并指派任务关系

（来源：Microsoft Corporation)

用不同的技术审查项目报告

一个项目的所有活动信息都输入完毕后，可以很容易地通过屏幕显示或打印稿，以多种图形和文字的形式来审查这些信息。例如，图 3.28 用甘特图显示项目信息，图 3.29 则用网络图显示。可在图 3.29 中的 View(视图) 菜单中选择查看信息的方式。

图 3.29

在 Microsoft Project 中用网络图查
看项目信息

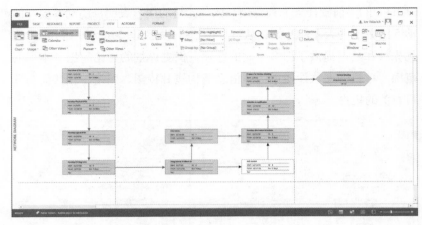

（来源：Microsoft Corporation）

图 3.30

甘特图显示了活动实际进度（右半
部分）与计划（左半部分）的对比

　　如前所述，提交给管理层的临时项目报告通常会将实际进度与计
划进行比较。图 3.30 演示了 Microsoft Project 如何在活动条中用实线
显示进度。注意，任务 2 已经完成，任务 3 也基本完成 (75%)，但还
有一小部分工作没有完成，如该任务条中的不完整实线所示。假设该
屏幕代表 2020 年 11 月 16 日（周一）的项目状态，第三项活动大致按
计划进行，但第二项活动落后于其预期完成日期。报表可总结出同样
的信息。

　　我们只是对项目管理软件进行了简单的介绍，这些系统还有其他更强大的功能。其他广泛使用的、对多人项目特别有用的功能涉及资源利用。通过和资源相关的功能，可以通过记录了法定节假日、工时和自由休假的一个日历来定义诸如标准费率和每日可用性等特征。这些功能对于计费和估算项目成本特别有用。资源通常在多个项目中共享，这会对项目进度造成显著影响。

　　取决于组织采用的项目计费方式，对大多数项目经理来说，资源的分配和计费可能是一个非常耗时的活动。利用这些强大的工具所提供的功能，项目的计划与管理会变得更容易，使项目和管理资源得以充分利用。

小结

　　本章重点是信息系统项目的管理以及项目经理在此过程中的角色。项目经理兼具技术和管理技能，对项目的规模、范围和资源需求有最终决定权。一旦某个项目被组织认为可行，项目经理就要确保该项目满足客户的需求，并在预算和时间的限制内交付。为了管理项目，项目经理需执行四项主要活动：项目启动、项目计划、项目执行和项目关闭。项目启动的重心是评估项目的规模、范围和复杂性，并建立支持后续项目活动的程序。项目计划的重心是定义明确的、不连续的活动以及完成每项活动所需的工作。项目执行的重心是将项目启动和规划中制定的计划付诸实施。项目关闭的重心是使项目结束。项目执行的重心是将项目启动和计划阶段创建的计划付诸行动。项目关闭的重心是结束项目。

　　甘特图和网络图是用于计划和控制项目的强大图形技术。无论使用甘特图还是网络图，都要求为项目的活动定义明确的开始和结束日期、可独立于其他活动进行、已排好序而且一旦完成就标志着项目的结束。甘特图使用水平条来表示活动的开始、工期和结束。网络图是一种关键路径调度方法，显示活动之间的相互关系。关键路径代表项目的一系列活动，其顺序和工期会直接影响项目的完成日期。这些图表显示了活动开始和结束的时间、哪些活动若推迟会造成整个项目的延误、每个活动有多少浮动（松弛）时间以及实际进度与计划的对比。网络图由于能通过概率估算来确定关键路径和截止日期，所以在非常复杂的项目中被广泛使用。

　　有多种自动化工具可为项目经理提供助力。大多数工具都提供了一套标准功能，包括定义和排序任务、为任务分配资源以及修改任务和资源等等。这些系统在支持的活动数、关系的复杂度、对处理器和存储空间的要求以及价格方面有所区别。

关键术语

将上述每个关键术语与以下定义配对。

_____ 具有多种技能——管理、领导、技术、冲突管理和客户关系——的系统分析师，负责项目的启动、计划、执行与结束。

_____ 为达到一个有开始和完成的目标而有计划进行的一系列相关活动。

_____ 某个 SDLC 阶段的最终产品。

_____ 从经济和运营角度判断信息系统对组织是否有意义的一项研究。

_____ 启动、计划、执行和关闭项目的一个受控过程。

_____ 项目管理过程的第一阶段，执行多项活动以评估项目的规模、范围和复杂性，并建立程序以支持后续活动。

_____ 所有项目相关文档的一个在线存储库，用于项目审计、新团队成员定位、与管理层和客户的沟通、确定未来项目以及执行项目后审查。

_____ 项目管理过程的第二阶段，重心是确定清晰和独立的活动以及完成每项活动所需的工作。

_____ 将整个项目分解为可管理的任务，然后对它们进行逻辑排序，以确保任务之间的平滑推进。

_____ 项目的图示，每个任务都显示为一个水平条，其长度与工期成正比。

_____ 表示项目的任务及其相互关系的一种示意图。

_____ 项目管理过程的第三阶段，将之前阶段 (项目启动和计划) 创建的计划付诸行动。

_____ 项目管理过程的最终阶段，重心是结束项目。

_____ 在完成一项活动的过程中要用到的任何一个人、一组人、设备或材料。

_____ 一种进度管理技术。关键路径代表任务的一系列活动，其顺序和工期会直接影响项目的完成日期。

_____ 项目的最短完成时间。

_____ 在不造成整个项目延误的情况下，一项活动允许推迟的时间。

_____ 使用乐观、悲观和现实的时间估计来计算某项任务的预计时间的技术。

_____ 一种自动化软件估算模型，利用历史项目数据以及当前和未来的项目特征来估算项目成本。

_____ 在项目启动期间为客户准备的简短文件，描述项目将交付的内容并概括完成项目所需的全部工作。

复习题

3.21 比较以下术语。

　　a. 关键路径调度；甘特图；网络图；浮动时间

　　b. 项目；项目管理；项目经理

　　c. 项目启动；项目计划；项目执行；项目结束

　　d. 项目工作簿；资源；工作分解结构

3.22 讨论组织开展信息系统项目的原因。

3.23 列举并描述项目经理的常见技能和活动。你认为哪种技能最重要？为什么？

3.24 描述项目经理在项目启动期间开展的活动。

3.25 描述项目经理在项目计划期间开展的活动。

3.26 描述项目经理在项目执行期间开展的活动。

3.27 列举各种项目团队沟通方法，举例说明每种方法在团队成员之间分享的一种信息类型。

3.28 描述项目经理在项目关闭期间开展的活动。

3.29 一个项目必须满足什么条件才适用关键路径调度？

3.30 描述制作甘特图的步骤。

3.31 描述制作网络图的步骤。

3.32 项目计划通常发生在 SDLC 的哪个阶段？项目管理发生在哪个阶段？

3.33 有哪些原因导致一项活动必须先于另一项活动开始？换言之，是什么导致了项目活动之间的优先关系？

问题和练习

3.34 在项目管理过程的四个阶段中，你觉得哪个阶段最具挑战性？为什么？

3.35 在一个系统分析与设计项目中，可能存在哪些风险？项目经理如何在项目管理的各个阶段应对风险？

3.36 在网上搜索最近的项目管理软件评测文章。哪些软件似乎最受欢迎？每个软件的相对优势和

劣势是什么？对于打算为自己的 PC 购买项目管理软件的人，你会给出什么建议？为什么？

3.37 假设你与一家珠宝店签约来建立一个新的库存跟踪系统。请描述一下你拿到该项目后做的事情。你的第一个活动应该是什么？你需要什么信息？可能要和谁交谈？

3.38 一个项目可以有两条关键路径吗？举个简单

的例子来说明你的理由。

3.39 计算以下活动的预计时间。

3.40 假定为一个项目定义了以下活动以及各自需要的完成时间。

活动	乐观时间	最可能时间	悲观时间	预计时间
A	3	7	11	
B	5	9	13	
C	1	2	9	
D	2	3	16	
E	2	4	18	
F	3	4	11	
G	1	4	7	
H	3	4	5	
I	2	4	12	
J	4	7	9	

活动编号	立即的活动	时间（周）	前置活动
1	收集需求	3	
2	分析过程	2	1
3	分析数据	2	2
4	设计过程	6	2
5	设计数据	3	3
6	设计屏幕	2	3,4
7	设计报表	4	4,5
8	编程	5	6,7
9	测试和文档	7	7
10	安装	2	8,9

a. 为活动绘制网络图。

b. 计算最早的预计完成时间。

c. 显示关键路径。

d. 如将活动 6 改为需要 6 周而不是 2 周，会发生什么？

3.41 为问题和练习 3.40 定义的项目构建甘特图。

3.42 审查问题和练习 3.40 概括的活动。假设你的团队正处于项目的第一周，并发现每个活动工期估计都是错误的。活动 2 只要两周就可以完成。活动 4 和活动 7 各自比预计的时间长三倍。其他所有活动需要的时间都是之前预计的一倍。此外，还增加了一项新活动，即活动 11。它需要一周来完成，而且直接前置活动是活动 10 和活动 9。调整网络图并重新计算最早预计完成时间。

3.43 为你正在或将要参与的项目构建甘特图和网络图。从工作、家庭或学校中选择一个有足够深度的项目。确定要完成的活动，确定活动的顺序，并构建图表来反映所有活动的开始时间、结束时间、工期和优先顺序的图表（仅网络图支持优先顺序）。对于你的网络图，使用本章描述的过程来确定每项活动的时间估计，并计算每项活动的预计时间。最后，确定关键路径以及每项活动的最早和最晚开始/结束时间。哪些活动有浮动时间？

3.44 针对问题和练习 3.43 描述的项目，假定发生了最坏情况。一名关键的团队成员退出了项目，并被分配到外地去做其他项目。剩余团队成员在性格上有所冲突。项目的关键交付物现在比预期的提前了很多。此外，你刚刚才发现，项目早期的一个关键阶段将比原本预计的时间长很多。更糟的是，你的老板绝不会接受该项目无法在新的最后期限前完成的情况。你要如何应对这些项目变化和问题？首先，重建甘特图和网络图，制定一个策略来解决刚才描述的变化和问题。如果需要新的资源来满足新的最后期限，就列出你的理由，并说服老板这些额外的资源对项目的成功至关重要。

3.45 假设一个项目有 7 个标记为 A-G 的活动（如下所示）。推导每个活动的最早完成时间（即 early finish-EF）、最晚完成时间（即 late finish-LF）以及浮动时间（从时间 = 0 开始）。哪些活动在关键路径上？为这些任务画一张甘特图。

活动	前置事件	预计工期	EF	LF	浮动	在关键路径上？
A	—	5				
B	A	3				
C	A	4				
D	C	6				
E	B, C	4				
F	D	1				
G	D, E, F	5				

3.46 为问题和练习 3.45 的任务绘制网络图。突出显示关键路径。

3.47 假设一个项目有 10 个标记为 A-J 的活动（如下所示）。推导每个活动的最早完成时间 (EF)、最晚完成时间 (LF) 以及浮动时间（从时间 = 0 开始）。哪些活动在关键路径上？在网络图中突出显示关键路径。

活动	前置事件	预计工期	EF	LF	浮动	在关键路径上？
A	—	4				
B	A	5				
C	A	6				
D	A	7				
E	A, D	6				
F	C, E	5				
G	D, E	4				
H	E	3				
I	F, G	5				
J	H, I	5				

3.48 为问题和练习 3.47 的任务绘制甘特图。

3.49 假设一个项目有 10 个标记为 A-J 的活动（如下所示）。推导每个活动的最早完成时间 (EF)、最晚完成时间 (LF) 以及浮动时间（从时间 = 0 开始）。哪些活动在关键路径上？分别为这些活动绘制甘特图和网络图，并在网络图中突出显示关键路径。

活动	前置事件	预计工期	EF	LF	浮动	在关键路径上？
A	—	3				
B	A	1				
C	A	2				
D	B, C	5				
E	C	3				
F	E	2				
G	E, F	5				
H	F, G	3				
I	G, H	5				
J	I	2				

3.50 列出你在设计本学期的课表时执行的任务。设计一个表格来显示每项任务、它的工期、前置事件和预计工期。为这些任务绘制一张网络图，在上面突出显示关键路径。

3.51 全面分解你在另一门课中完成的项目（例如，学期项目或学期论文）。讨论你在达到哪种详细程度后停止分解，解释原因。

3.52 根据你对问题和练习 3.51 进行的分解，创建一个工作分解结构。

3.53 以小组为单位，选择一个项目（可以是任何项目，如策划一次聚会、写一篇小组学期论文、开发一个数据库应用程序等），然后在便利贴上写下完成该项目需要完成的各种任务（每张便利贴一个）。然后用便利贴为该项目创建一个工作分解结构 (WBS)。它是否完整？如有必要，可以增加缺失的任务。在 WBS 中，有些任务的级别是否比其他任务低？这个过程最困难的部分是什么？

实战演练

3.54 找一个在组织里管理信息系统项目的人，和他 / 她谈谈表 3.1 列出的每项技能和活动。了解他 / 她负责其中哪些。在他 / 她负责的这些技能和活动中，判断哪些较具挑战性，为什么？对于他 / 她不负责的技能和活动，了解为什么不负责，并了解谁负责。在管理项目的过程中，这个人还负责哪些没有在表 3.1 中列出的技能和活动？

3.55 找一个在组织里管理信息系统项目的人。和他 / 她谈谈图 3.9 中的项目计划活动。确定这些活动中的每一个在多大程度上是其项目计划过程的一部分。如果他 / 她不能执行其中的部分活动，或者不能在这些活动上花费尽可能多的时间，请确定是哪些障碍阻碍了正确的项目计划。

3.56 找一个在组织里管理信息系统项目（或其他团队项目）的人，和他 / 她谈谈表 3.2 列出的每一种项目团队沟通方法。哪些类型的沟通方法是用于团队沟通的，了解在沟通每种类型的信息时，他 / 她认为哪种方法最适合。

3.57 找一个在组织里管理信息系统项目的人。和他 / 她谈谈图 3.13 中的每个项目执行要素。确定这些要素中的每一个在多大程度上是其项目执行过程的一部分。如果他 / 她不执行其中的一些活动，或者不能在这些活动上花很多时间，请确定是哪些障碍或原因妨碍了执行所有项目执行活动。

3.58 对项目经理进行抽样调查。将你的样本分成两组小的子样本：一组是信息系统项目的经理，一组是其他类型项目的经理。要求每个受访者回答有助于进行成功项目管理的个人领导特质，并解释为什么这些特质很重要。总结你的发现。无论哪种类型的项目，最常被提到的有助于进行成功项目管理的个人领导特质是什么？两组子样本的回答是否存在固定的差异？如果有，这些差异是什么？它们对你有意义吗？如两组子样本的回答没有明显差异，为什么没有？管理信息系统项目与管理其他类型的项目所需的技能组合是否没有区别？

3.59 长时间观察一个真实的信息系统项目团队的行动。观察各成员执行各自的任务时，研究团队领导使用的项目管理技术时以及当你旁听他们的一些会议时，请做好笔记。该团队的优势和劣势是什么？该团队可以在哪些方面进行改进？

参考资料

Abdel-Hamid, T. K., Sengupta, K., and Swett, C. (1999). The impact of goals on software project management: An experimental investigation. *MIS Quarterly*, 23(4), 531–55.

Boehm, B. W. (2017). Software cost estimation meets software diversity. In P*roceedings of the 2017 IEEE/ ACM 39th International Conference on Software Engineering Companion (ICSE-C)* (pp. 495–496). doi: 10.1109/ICSE-C.2017.159.

Boehm, B. W., & Turner, R. (2000). *Software cost estimation with COCOMO II*. Upper Saddle River, NJ: Prentice Hall.

Chua, C., Lim, W. K., Soh, C., and Sia, S. K. (2012). Enacting clan control in complex IT projects: A social capital perspective. MIS Quarterly, 35(2), 577–600.

Dinsmore, P. C., & Cabanis-Brewin, J. (2006). *The AMA handbook of project management* (Vol. 1). New York: American Management Association.

Fuller, M. A., Valacich, J. S., George, J. F., & Schneider, C. (2018). *Information systems project management*. Prospect Press: Burlington, VT.

Galin, D. (2018). *Software quality*. Hoboken, NJ: Wiley-IEEE Computer Society Press.

George, J. F., Batra, D., Valacich, J. S., & Hoffer, J. A. (2007). *Objectoriented analysis and design* (2nd ed.). Upper Saddle River, NJ: Prentice Hall.

Gold, T. (2016). *Ethics in IT outsourcing*. Boca Raton: CRC Press.

Guinan, P. J., Cooprider, J. G., & Faraj, S. (1998). Enabling software development team performance during requirements definition: A behavioral versus technical approach. *Information Systems Research, 9*(2), 101–25.

Hoffer, J. A., Ramesh, V., & Topi, H. (2016). *Modern database management* (12th ed.). New York: Pearson Education.

Keane, T. (2017). *Project management: Proven principles in agile project management for successful managers and businesses*. Author.

Keil, M., Tan, B. C. Y., Wei, K. K., Saarinen, T., Tuunainen, V., and Wassenaar, A. (2000). A cross-cultural study on escalation of commitment behavior in software projects. *MIS Quarterly*, 24(2), 631–64.

Kendrick, T. (2015). *Identifying and managing project risk: Essential tools for failure-proofing your project.* New York: American Management Association.

Kettelhut, M. C. (1991). Avoiding group-induced errors in systems development. *Journal of Systems Management, 42*(12), 13–17.

Moody, T., Provine, R., Todd, S., Tyler, N., Ryan, T. R., and Valerdi, R. (2018). Early life cycle cost estimation: Fiscal stewardship with engineered resilient systems." In A. Madni, B. Boehm, R. Ghanem, D. Erwin, and M. Wheaton (Eds.), *Disciplinary convergence in systems engineering research.* Cham, Switzerland: Springer.

Martinelli, R. J., Waddell, J. M., and T. J. Rahschulte. (2017). *Projects Without Boundaries: Successfully Leading Teams and Managing Projects in a Virtual World.* Hoboken, NJ: Wiley.

PMBOK. (2017). *A guide to the project management body of knowledge* (6th ed.). Newtown Square, PA: Project Management Institute.

Project Management Institute. (2002). *Work breakdown structures.* Newton Square, PA: Project Management Institute.

Rettig, M. (1990). Software Teams. *Communications of the ACM, 33*(10), 23–27.

Royce, W. (1998). *Software project management.* Boston: Addison-Wesley.

Verma, V. K. (1996). *Human resource skills for the project manager: The Human Aspects of Project Management.* Newton Square, PA: Project Management Institute.

Verma, V. K. (1997). *Managing the project team.* Newton Square, PA: Project Management Institute.

补充材料 3A
面向对象的分析与设计 (OOAD)

学习目标

3A.1　理解 OOAD 项目的特征

OOAD 项目的特征

　　本章已经描述了如何采用结构化开发方法管理项目。对于许多项目和开发，这些概念和技术是非常健壮的。然而，若采用更倾向于迭代的方法 (如原型设计或面向对象的分析与设计) 来开发系统，则有一些额外的问题需要考虑。本节将讨论此类项目的一些特点 (参考 Fuller et al., 2018; Galin, 2018; George, Batra, Valacich, & Hoffer, 2007; Keane, 2017; Martinelli, et al., 2017)。

　　如系统采用迭代方法来开发，就意味着在项目持续时间内，最终系统的一部分是在每个迭代阶段构建的。以这种方式，系统将逐步进化，到项目最后一次迭代时，整个系统便完成了 (参见图 3.31)。要使系统以这种方式进化，项目经理需了解 OOAD 项目的几个特征。

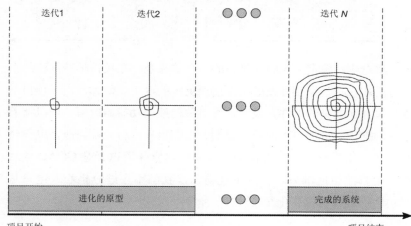

图 3.31
在 OOAD 过程中，系统将不断累积进化

将系统定义为一系列组件

为了将项目作为一系列迭代来管理，项目经理必须将整个系统细分为一系列组件；合并这些组件即生成整个系统（参见图 3.32）。这些独立组件中的每一个通常被称为总体系统的"垂直切片"(vertical slice)；这是系统的一个关键特点，可以向用户展示。或者说，每片都不应该是一个水平"横跨"整个系统的子系统，因为这些水平分片一般不关注特定的系统功能，也不适合向用户展示。每个垂直切片基本上都代表系统的一个用例（参考第 7 章更多地了解用例图）。此外，注意在图 3.32 中，项目管理和计划是贯穿项目整个生命周期的一项活动。

图 3.32
面向对象的开发项目采用持续管理和不断进化的系统功能进行开发

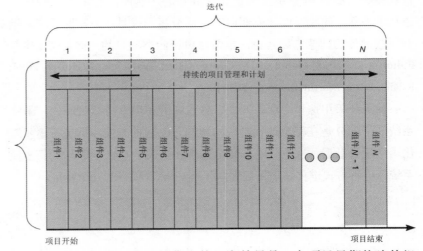

将总体系统定义为组件集合的一个结果是，在项目早期构建的组件可能比在项目后期开发的组件需要更多的返工。例如，由于项目早期阶段存在缺失的组件，或者缺乏对关键架构功能的理解，所以随着项目的推进，可能要求对项目早期开发的组件进行大幅修改，以便将组件成功集成到一个综合性的系统中。这意味着返工是 OOAD 项目的一个自然组成部分。一旦出现返工，我们不应过分担心。这只是 OOAD 的迭代和增量开发过程的一个特点。

先解决困难的问题

OOAD 方法的另一个特点是，它首先解决困难的问题。在传统的结构化系统开发中，诸如选择物理实现环境这样的难点问题在开发过程的后期才得到解决。因此，遵循传统的系统开发方法往往会导致将一些关键的系统架构决策推迟到项目后期。这样做有时会出问题，因为此类决策往往决定了一个项目的成败。另一方面，尽早解决困难的问题，可以避免大量资源被无谓地消耗。这降低了项目风险。

此外，尽早完成与系统架构相关的较难的问题有助于完成所有后续组件，因为大多数组件都基于这些基本架构功能。(在一些项目中，最难的组件基于较简单的组件。在这种时候，必须先完成较简单的部分，再转向较难的部分。但无论如何，还是要尽快将重心转到困难的问题上。) 从项目计划的角度来看，这意味着在项目的生命周期中，组件的开发有一个自然的进化和排序。最初一两次迭代必须集中在系统架构上，如数据库或网络基础设施。一旦架构完成，就开始实现核心系统功能 (如创建和删除记录)。核心系统组件完成后，开始实现详细的系统功能，这有助于对关键系统功能进行微调。在最后一批迭代阶段，主要关注的是使项目结束的活动 (例如完善界面、用户手册和培训等)，如图 3.33 所示。

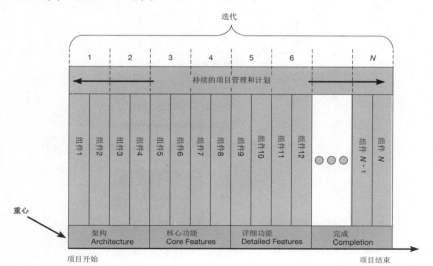

图 3.33

组件的重心和排序随项目生命周期的推进而变化

用迭代方式来管理项目

项目每次迭代，所有系统开发生命周期活动都要进行（参见图 3.34）。这意味着每次项目迭代都有管理和计划、分析、设计以及实现和运作 (operation) 活动。对于每次迭代，过程的输入是本次迭代分配执行的项目组件（垂直切片或用例）以及上一次迭代的结果。然后，本次迭代的结果被用作下一次迭代的输入。例如，随着组件被逐渐设计和实现，可以更多地了解后续组件应如何实现。从每次迭代学到的东西有助于项目经理更好地了解后续组件将如何设计、可能出现什么问题、需要什么资源以及完成一个组件需要多长时间和有多复杂。所以，大多数有经验的项目经理认为，项目早期由于许多情况还不清楚，所以将项目计划制定得过于详细是一个错误。

图 3.34
一次迭代的工作流程

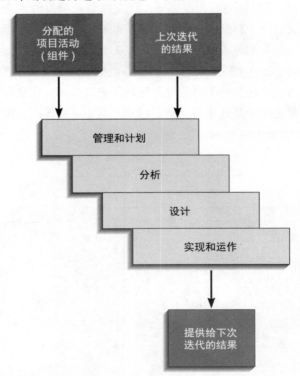

（来源：基于 Royce, 1998; George et al., 2007）

不要提前计划太多

通过一次次迭代，将越来越多地了解后续组件需要如何设计，每个组件可能需要多长时间来完成，等等。所以，没必要为过于遥远的将来制定太详细的计划，因为这些计划很可能基于错误的估计。在 OOAD 中，随着每次迭代的完成，可以更多地了解正在构建的系统、开发团队的能力以及开发环境的复杂性等。在项目过程中获得了这种理解后，项目经理能做出越来越好的预测和计划。所以，为所有项目迭代制定非常详细的计划很可能会浪费大量时间。项目经理应该只为下一、两次迭代制定很详细的计划。随着项目经理在项目过程中不断学习，能通过越来越好的估计不断改进进度、时间估计和资源需求 (参见图 3.35)。

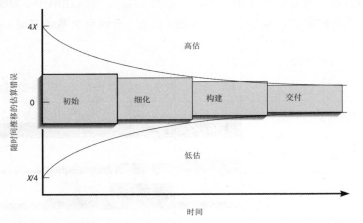

图 3.35
计划随时间推移而完善

(来源：基于 Royce, 1998; George et al., 2007)

确定迭代的次数和时间

许多人在第一次体验 OOAD 时有一个问题，那就是迭代的次数和时间。迭代被设计成一个固定的时间长度，通常是两到八周，但也可以短至一周 (特别是对于小项目)。一次迭代可以完成多个组件 (用例)。

但重要的是，不要试图在一次迭代中完成太多组件的开发。经验表明，通过较多的迭代来完成较少组件的开发，要比通过几次迭代来开发许多组件好。只有通过迭代（完成一个完整的系统开发周期）才能学到重要的东西，从而帮助项目经理更好地计划后续的迭代。

初始 (inception) 阶段一般需要一次迭代，但在大型复杂项目中需要两次或更多的迭代也是很常见的。同样地，细化 (elaboration) 通常在一次或两次迭代中完成，但系统的复杂性和规模同样有影响。构建 (construction) 可经历两次或更多次迭代，而交付 (transition) 通常发生在一次或两次迭代中。因此，有经验的 OOAD 项目经理在设计和构建系统时，通常会使用 6 到 9 次迭代（参见图 3.36）。注意，每次迭代结束时，所有完成的组件都被集成到一个综合系统中。第一次迭代可能创建一些简单的组件原型，如文件的打开、关闭和保存。但是，随着项目的推进，原型会变得越来越复杂，直到整个系统完成（参见图 3.37）。

图 3.36

OOAD 项目一般有 6~9 次迭代

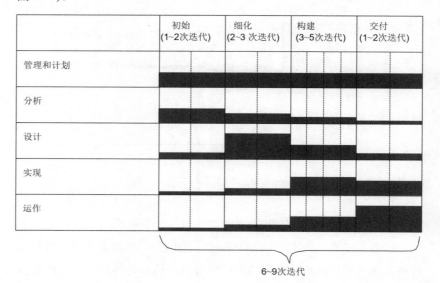

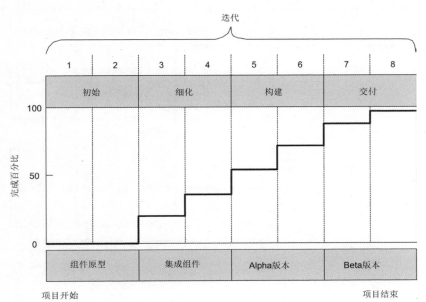

图 3.37

项目推进，系统功能也发生进化

(来源：基于 Royce, 1998; George et al., 2007)

项目活动的重心随项目推进而变

　　在项目的生命周期中，项目经理从一次迭代到另一次迭代，从初始阶段开始，到交付阶段结束。此外，在所有的项目迭代过程中，经理参与系统开发周期的所有阶段。然而，每个阶段的活动等级在项目的生命周期中会不断发生变化 (参见图 3.38)。例如，在项目的整个生命周期中，"管理和计划"是项目的一个持续而重要的部分。另外，初始阶段的重心是分析，细化阶段的重心是设计，构建阶段的重心是实现，而交付阶段的重心是使系统运作起来。总之，虽然每次项目迭代都会经历项目生命周期的全部活动，但这些活动的组合和重心会随着时间的推移而改变。

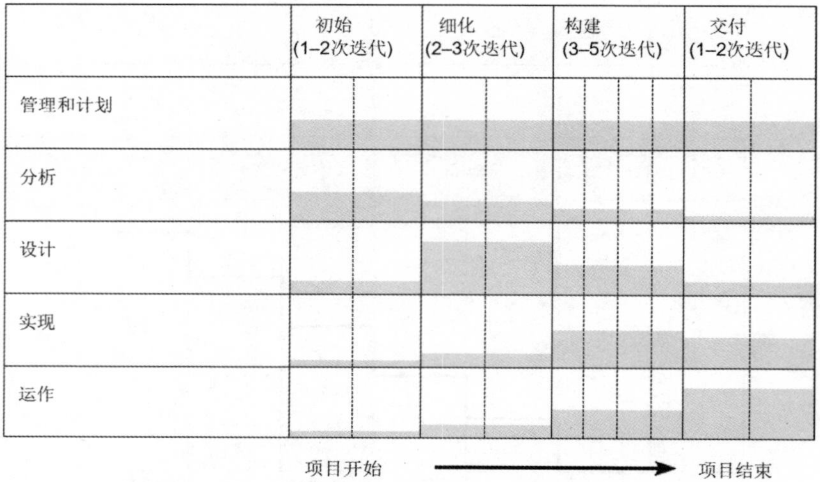

图 3.38

从项目开始到结束，系统开发过程的活动等级和重心一直在变

	初始 (1–2次迭代)		细化 (2–3次迭代)		构建 (3–5次迭代)			交付 (1–2次迭代)	
管理和计划									
分析									
设计									
实现									
运作									

项目开始 ⟶ 项目结束

小结

　　管理一个 OOAD 项目时，项目经理需要将项目定义为一系列组件。一经定义，就可以对这些组件进行分析和排序，使最困难的组件首先被实现。OOAD 项目通过一系列迭代来管理，每次迭代都包含系统开发周期的所有阶段。通过迭代，会创建越来越多的组件（一次创建一个），而且会越来越深入地了解正在构建的系统、开发团队的能力以及开发环境的复杂性。随着了解的东西越来越多，项目经理能更好、更准确地计划项目活动。因此，不需要提前太久做详细的长期计划。相反，只需为当前和后续的一次迭代做详细计划。大多数项目有 6~9 次迭代，但大型项目可能更多。一次迭代是一个固定的时间段，通常两周。但取决于项目的本质，它可以更短或更长。

复习题

3.60　描述 OOAD 项目在项目管理方式上会产生哪些特定的影响。

问题和练习

3.61　在 OOAD 项目中，为什么项目经理要先解决困难的问题？

3.62　为什么在 OOAD 项目中，前期计划太多就是一个错误？

 案例学习：管理信息系统项目

新出场人物：

Bob Petroski(CEO 代表)

Sally Fukyama(市场部主营助理)

Sanjay Agarwal(IT 系统集成人员)

Juanita Lopez(加州尔湾旗舰店店长)

南加州电子产品零售商店 Petrie Electronics 的 IT 主管助理 Jim Watanabe 走进了大楼会议室。现在是清晨，但这个会议对 Jim 很重要。首席运营官 Ella Whinston 召集了此次会议。会议要讨论一个客户关系项目，Ella 已在本周早些时候告诉过 Jim 了。她要求 Jim 担任项目经理。如果该项目被 Petrie IS 指导委员会批准，这将是 Jim 在 Petrie 管理的第一个大项目。他对即将开始的工作感到很兴奋。

"嗨，Jim，" Ella Whinston 说。与 Ella 在一起的人 Jim 不认识。"Jim，这是 Bob Petroski。我知道客户忠诚度项目还没有通过正式的审批，但我确信它会被批准。我希望 Bob 能代表我加入你的团队。"

Jim 和 Bob 握了握手。"很高兴见到你，Jim。我期待着与你合作。"

"而且 Bob 知道这个项目对我有多重要，" Ella 说，"所以我希望他能随时向我汇报你们的进展。" Ella 笑了。

太好了，Jim 想，更多的压力。我要的就是这个。

就在这时，市场部的主管 John Smith 走进会议室。和他在一起的年轻女人，Jim 认识，只是不确定她从哪里来。

"Jim，" 约翰说，"让我向你介绍 Sally Fukuyama。她是市场部的主管助理。她将代表市场部和我，参加你的'留住客户'项目。当然，前提是它要得到正式批准。"

"嗨，Jim，" Sally 说，"这个项目我想出了好多点子。虽然我还有正式工作要担心，但我对这个项目十分感兴趣。"

"你的团队还想加谁？" Ella 问。

"我想让 IT 部门的 Sanjay Agarwal 加入，"Jim 说，"他在 IT 部门负责系统集成，向我汇报。除了我和 Sanjay、Sally 和 Bob 之外，我认为还应该在团队中配一个店长。我推荐 Juanita Lopez，加州尔湾旗舰店的店长。虽然她真的很忙，但我认为我们的团队必须要有一个店长。"

"尔湾吗？" Ella 问道，"那是我们的旗舰店之一。如果是 Juanita 在管理尔湾店，她应该对留住顾客有相当多的见解。而且你是对的，她会非常忙。"

案例问题

3.63 Jim 可能具备一名成功项目经理所需的哪些潜质？

3.64 你认为 Jim 应该如何应对 Ella 暗示的关于项目对于她的重要性？

3.65 对于像 Juanita Lopez 这样非常忙碌的团队成员，Jim 可能会采用什么策略来处理？

3.66 为了完成项目的启动，Jim 接下来该做什么？

3.67 列出 Jim 在这个项目中可能使用的 5 种团队沟通方法。各种方法各有哪些优缺点？

第 II 部分

计划

大多数组织由于能力和资源不足，所以无法自行或者与顾问一起开发新的或替代的系统。这意味着组织必须为系统开发设定优先级和方向，以实施具有最大净收益的开发项目。作为系统分析师，你必须分析用户的信息需求，而且必须帮助提出商业案例——或论证为什么要构建一个系统，以及为什么要实施一个开发项目。

引入任何新的或改进的信息系统 (IS) 的原因都是为了给组织增加价值。作为系统分析师，我们必须使用系统开发资源来构建能为组织带来最大价值的系统组合。如何确定系统的商业价值，并确定那些能提供最关键收益的应用？本书第 2 部分将讨论这一主题，即系统开发生命周期 (SDLC) 的第一阶段：计划。商业价值来自对最关键业务目标的支持以及对组织实现其商业战略的帮助。所有系统，无论是支持运营功能还是支持战略功能，都必须与业务目标相联系。本书这一部分的两章将展现如何建立这种联系。

系统项目的来源要么是 IS 计划（主动识别系统），要么是用户或 IS 专家对新系统或增强系统的要求（对问题或机遇的反应）。第 4 章概述了企业计划、IS 计划以及项目确定和选择之间的联系。我们没有把 IS 计划作为 SDLC 的一部分，但 IS 计划的结果极大地影响了系统项目的诞生和实施。第 4 章提出了一个强有力的论点：IS 计划不仅为选择组织需要的系统提供了见解，还描述了评估任何潜在系统项目可行性的必要策略。

一个更常见的项目识别来源是来自业务经理和 IS 专家的系统服务请求 (SSR)。这些 SSR 通常针对非常集中的系统或者现有系统中的渐进式改进。

当业务经理认为改进的信息服务有助于他们的工作时，就会申请一个新的或替换的系统。当技术的变化使得当前的系统实现已经过时，或者现有系统的性能需要改进时，IS 专家可能要求对系统进行更新。无论哪种情况，管理层都必须理解对服务的要求，并对系统和相关项目进行辩护。

第 4 章最后会延续 Petrie Electronics 的案例。该案例展示了如何通过有效结合企业战略计划与个别业务经理的创造力，从而诞生出了对一个新的 IS 项目的想法。

第 5 章将重心放在项目被确定和选择之后发生的事情，也就是制作商业案例的下一步：启动和计划提议的系统请求。该计划对潜在系统变化的范围和所需系统功能的性质有了一个更好的理解。从这个对系统需求的初步理解中，我们制定了一个项目计划，它既显示了开展生命周期分析阶段所需的详细步骤和资源，又显示了后续阶段更多的常规步骤。目标系统的可行性和潜在风险也被列出，并进行了经济成本效益分析以显示系统变化的潜在影响。除了经济上的可行性或系统的合理性外，还要评估技术、组织、政治、法律、日程安排和其他方面的可行性。潜在的风险（不希望看到的结果）以及应对这些可能性的计划被确定下来。当系统开发项目的正式提案完成并提交给为系统开发投入资源的人批准时，项目的启动和计划阶段就结束了。如获批准，项目将进入 SDLC 的分析阶段。

第 5 章最后的 Petrie Electronics 案例描述了一个典型的项目启动和计划阶段。在这个案例中，我们展示了该公司如何制定其项目范围说明并处理项目启动和计划阶段的各个方面。

第 4 章

确定和选择系统开发项目

导言

今天，信息系统已覆盖整个企业。管理人员、知识工作者和所有其他组织成员都希望能随时随地方便地访问和检索信息。过去使用的非集成系统 (通常被称为 "信息孤岛") 正在被协作式的、集成的企业系统所取代，后者可以很容易地支持信息共享。虽然在这些 "孤岛" 之间建立桥梁需要一些时间，但它代表了信息系统发展的一个明确方向。利用来自 SAP(www.sap.com) 和 Oracle(www.oracle.com) 等公司的 ERP(企业资源计划) 系统，许多组织能够将这些 "孤岛" 连接起来。此外，随着人们越来越多地利用互联网来支持商业活动，系统集成已成为组织的首要关注点 (Bass, Weber, & Zhu, 2015; Burd, 2015; Luftman, 2011; Westerman, Bonnet, &McAfee, 2014; Weill & Ross, 2009; Windpassinger, 2017)。

获得集成的、企业范围内的计算对企业和信息系统管理都提出了重大挑战。例如，个人和部门手上已经有多种各样的计算资源，而且创建了多种各样的系统和数据库，组织如何控制和维护所有这些系统及数据？许多时候，他们根本无法做到；几乎不可能跟踪谁拥有哪些系统和哪些数据、哪里存在重叠或不一致的地方以及信息的准确性。个人和部门的系统和数据库之所以如此泛滥,原因是用户要么不知道存在于企业数据库中的信息,要么不容易获取这些信息,所以他们创造和维护自己的信息和系统。为新系统和替换系统理智地确定和选择系统项目,是获得对系统和数据的控制的关键步骤。许多首席信息官 (CIO) 希望,随着 ERP 系统的出现、系统集成的改善以及企业互联网解决方案的快速部署,这些信息孤岛会被减少或消除 (*Harvard Business Review*, 2011; Luftman, 2011; Newbold & Azua, 2007; Sanders, 2017; Weill & Ross, 2009)。

对于大多数组织,信息系统的采购、开发和维护需消耗大量资源。所以,确定和选择项目时应遵循一个正规的过程。系统开发生命周期的第一个阶段——项目确定和选择——解决的就是这个问题。下一节要讨论确定和选择项目的常规方法,以及这一过程的交付物和成果。接着对企业战略计划和信息系统计划进行了简单说明,这两项活动可显著改善项目的确定和选择过程。

确定并选择系统开发项目

SDLC 的第一个阶段是计划,其中包括项目确定和选择,以及项目启动和计划(参见图 4.1)。在项目确定和选择过程中,一个高级经理、一个业务小组、一个 IS 经理或者一个指导委员会负责确定和评估一个组织部门可能实施的所有系统开发项目。接着,在现有的资源条件下,那些被认为最有可能产生重大组织效益的项目被选中进行后续的开发活动。各个组织在确定和选择项目的方法上有所不同。在一些组织中,项目的确定和选择是一个非常正式的过程,项目是一个更大的整体规划过程的结果。例如,一个大型组织可能遵循一个正式的项目选择过程,在此过程中,一个提议的项目会与所有竞争项目进行严格的比较。相反,一个小型组织可能使用非正式的项目选择过程,允许最高级别的 IS 经理独立选择项目，或者允许个别业务部门在同意为项目出资后自行决定项目。

对开发信息系统的需求来自多个方面。一个来源是管理人员和业务部门要求更换或扩展现有系统，以获得所需的信息或为客户提供新的服务。另一个来源是 IS 经理，他们想让一个系统更有效率、运作成本更低或者想把它转移到一个新的运营环境。项目的最后一个来源是一个正式的计划小组，它负责确定项目以帮助组织实现其目标（例如，用于提供更好客户服务的新系统）。无论一个组织如何实际执行项目确定和选择过程，都要执行一系列常规的活动。在后面的小节中，我们将描述确定和选择项目并生成交付物的常规过程以及该过程的结果。

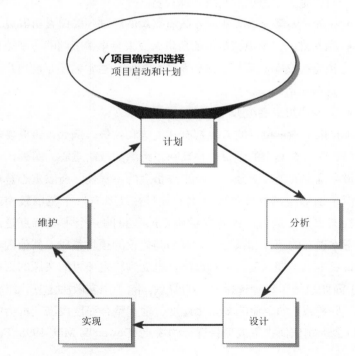

图 4.1
强调项目确定和选择的系统开发生命周期

确定并选择 IS 开发项目的过程

项目的确定和选择包括三项主要活动。

1. 确定潜在的开发项目。

2. 对 IS 开发项目进行分类和排名。

3. 选择 IS 开发项目。

下面对这些步骤中的每一步进行说明。

1. 确定潜在的开发项目

各个组织在确定项目的方式上有所不同。该过程的执行主体可以是以下人员。

- 最高管理层的一名关键成员，可以是中小型组织的 CEO，也可以是大型组织的高级管理人员。
- 一个指导委员会，由对系统有兴趣的跨部门管理人员组成。
- 用户部门，由申请单位的负责人或来自申请部门的一个委员会决定提交哪些项目。作为系统分析师，通常需要帮助用户准备这些申请。
- 开发小组或高级 IS 经理。

所有用于确定项目的方法都有其优势和劣势。例如，研究发现，由高层管理人员确定的项目往往反映了组织的战略重心。另外，由指导委员会确定的项目更经常反映出委员会的多样性，所以重心是跨职能。由个别部门或业务单位确定的项目往往具有一个范围较窄的、战术性的重点。最后，由开发组确定的项目的一个主要特点是，他们会考虑现有的硬件和系统是否容易与提议的项目集成。其他因素，如项目成本、工期、复杂性和风险，也受到特定项目的来源的影响。表 4.1 简要总结了每种选择方法的特点。除了谁来做决定外，组织本身的一些特点 (如企业的多元化程度、垂直整合程度或增长机会的范围) 也会影响任何投资或项目选择的决定 (Dewan & Min, 1998; Fuller,

Valacich, George, & Schneider, 2018; Harvard Business Review, 2011; Luftman, 2011; Thomas & Fernandez, 2008; Weill & Ross, 2009)。

　　在所有项目来源中，由最高管理层和指导委员会确定的项目通常能反映组织更广泛的需求。这是由于高层领导和指导委员会可能对总体业务目标和限制有更广泛的了解。所以，一般说由最高管理层或多种指导委员会确定的项目来自自上而下的来源 (top-down source)。

　　由职能经理、业务部门或信息系统开发小组确定的项目通常是为特定业务部门的特定业务需求而设计的。换言之，这些项目反映的可能不是组织的总体目标。但是，这并不是说由个别经理、业务部门或信息系统开发小组确定的项目存在缺陷，只是说它们可能没有考虑到组织内存在的更广泛的问题。源自经理、业务部门或开发小组的项目倡议一般说来来自自下而上的来源 (bottom-up source)。在这些类型的项目中，作为系统分析师，你将在生命周期内扮演最早的角色，是你不间断为用户提供支持的工作的一部分。你将帮助目前是用户身份的经理描述信息需求，并解释做这个项目的理由。该项目会和其他提交的项目一起被评估，并决定哪些项目被批准进入 SDLC 的项目启动和计划阶段。

表 4.1　确定和选择信息系统时采用的各种方法的特点

选择方法	特点
最高管理层	更大的战略重心 最大的项目规模 最长的项目时间 全企业通盘考虑
指导委员会	跨职能部门的关注 更大的组织变革 正式的成本效益分析 规模较大、风险较高的项目

（续表）

选择方法	特点
功能领域	范围较窄的、非战略性的重心 更快的开发速度 涉及的用户、管理层级和业务功能较少
开发小组	关注与现有系统的集成 更少的开发延误 较少关注成本效益分析

（来源：基于 Fuller et al., 2018; McKeen et al., 1994; GAO, 2000）

总之，项目是由自上而下和自下而上的举措来确定的。各个组织在确定和选择项目的过程中，其形式会有很大不同。另外，由于资源有限，不可能开发所有提议的系统，大多数组织都有一个对项目进行分类和排名的过程。那些被认为与组织的总体目标不一致的项目、和某些现有系统的功能重叠的项目或者不必要的项目会被排除在外。这是我们接着要讨论的主题。

2. 对信息系统开发项目进行分类和排名

项目确定和选择过程的第二个主要活动是评估潜在项目的相对优势。和项目确定过程一样，项目的分类和排名可以由高层管理者、指导委员会、业务部门或 IS 开发小组来执行。此外，衡量给定项目的相对价值时，所使用的标准也会有所不同。表 4.2 总结了评估项目时常用的标准。在任何特定的组织中，在分类和排名过程中都可能使用一个或多个标准。

表 4.2　对项目进行分类和排名时可能的评估标准

评估标准	说明
价值链分析	开发产品和 / 或服务时，活动对价值和成本的增加程度
战略一致性	项目在多大程度上被视为有助于组织实现其战略目标和长期目标

（续表）

评估标准	说明
潜在利益	项目对利润、客户服务等方面的改善程度以及这些利益能持续多久
资源可用性	项目所需资源的数量和类型及其可用性
项目规模 / 工期	完成项目需要的人数和时间
技术难度 / 风险	基于给定的时间和资源限制，成功完成项目的技术难度水平

　　类似于项目确定和选择过程，用于评估项目的实际标准因组织而异。例如，如果一个组织使用指导委员会，它可能选择每月或每季度开会审查项目，并使用多样化的评估标准。在这些会议上，新的项目申请将相对于已确定的项目进行审查，并对正在进行的项目进行监督。项目的相对排名被用于指导这个确定过程的最后一项活动：项目选择。

　　被广泛用于评估信息系统开发项目的一个重要评估方法是价值链分析 (value chain analysis)(Culbreth, 2017; Foss & Saebi, 2015; Porter, 1985; Van den Berg & Pietersma, 2015)。价值链分析是对一个组织制造产品和/或服务的活动进行分析的过程，目的是确定哪里有价值增加，哪里有成本发生。一旦组织对其价值链有了清晰的认识，就可实现运营和绩效的改善。为价值链提供了最大利益的信息系统项目将优先于那些利益较少的项目。

　　你可能已经猜到，信息系统已成为组织对其价值链进行变革和改进的主要方式之一。例如，许多组织正在使用互联网与供应商和客户交换重要商业信息，例如订单、发票和收据等。为了展开对组织的价值链分析，可将组织看成一个大的输入 / 输出过程 (参见图 4.2)。一端是组织的输入 (例如购买的物资)。组织内部以某种方式对这些物资和资源进行整合，从而生产产品和服务。另一端是输出，代表进行市场营销、销售并运输 / 分发给客户的产品和服务。在价值链分析中，首

价值链分析

(value chain analysis)

分析一个组织制造产品和 / 或服务的活动，确定哪里为产品和 / 服务增加了价值以及会发生多少成本。一般还要与其他组织的活动、附加值和成本进行比较，以改善组织的运营和绩效。

先必须了解存在价值或应增加价值的每个活动、功能和过程。接着，确定每个领域的成本 (以及驱动成本或导致成本波动的因素)。了解了价值链和成本之后，可将价值链和相关成本与其他组织 (最好是竞争对手) 的价值链和相关成本进行比较。通过比较来确定以什么优先次序来应用信息系统项目。

图 4.2

将组织看成是一个将原材料转化为产品的价值链

将原材料   产品仓储   市场营销、销
转化为产品   和物流   售和客户支持

(来源：从左到右：Bram van Broekhoven/Shutterstock; Alexey Fursov/Shutterstock; Hacohob/ Shutterstock; Syda Productions/Shutterstock)

3. 选择 IS 开发项目

项目确定和选择过程的最后一项活动是实际选择项目以进行下一步开发。要同时考虑短期和长期项目，并选择最有可能实现业务目标的那些项目。此外，随着业务情况的变化，任何一个项目的相对重要性都可能发生重大变化。所以，项目的确定和选择是一项非常重要和持续的活动。

选择项目时必须考虑多种因素。图 4.3 表明，必须综合考虑组织的需求、现有的系统和正在进行的项目、资源可用性、评估标准、当前的业务情况以及决策人的观点来做出项目决策。该决策过程可能出现多种结果。当然，项目可能被接受或拒绝。一个项目被接受，通常意味着进行 SDLC 下一阶段的资金已被批准。拒绝意味着该项目将不再被考虑开发。然而，项目也可能被有条件地接受：可能要等待批准或提供所需的资源，或证明系统一个特别困难的方面能够被开发出来。项目也可能被退回给最初的申请者，他们被告知要自己开发或采购所申请的系统。最后，项目申请者可能被要求修改，并在做出建议的修改或澄清后重新提交申请。

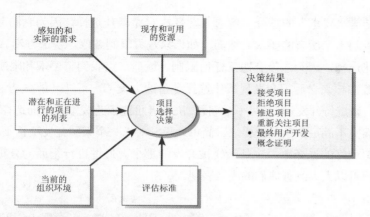

图 4.3
在决定选择哪个项目时，必须考虑多
方面的因素，而且可能有多种结果

　　图 4.4 展示了在不同项目之间做出决定的一种方法，或者说在考虑特定系统的备选设计时做出决定的方法。例如，假设一个已被确定并选中的系统有三个备选设计：A，B 或 C。我们还假设，初期的计划会议确定了三项关键的系统要求和四项关键的限制条件，需根据这些要求和限制来决定采用哪个备选设计。图 4.4 的左栏列出了这三项系统要求和四项限制条件。由于并非所有要求和限制都同等重要，所以根据它们的相对重要性进行了加权。换言之，要求和限制的权重可以不一样；要求可能比限制更重要，也可能更不重要。权重由分析团队和用户（有时还会加入上级主管）讨论得出。权重往往相当主观，所以要通过公开讨论的过程来确定，以揭示出一些基础性的前提假设。然后，尝试在利益相关方之间达成共识。注意，要求和约束的权重总和是 100%。

　　接着，每项要求和限制都按 1~5 的标准进行评级。1 表示备选方案没有很好地满足要求，或者违反了限制条件。5 表示备选方案满足或超出了要求，或明显符合限制条件。评级比权重更主观，也应通过用户、分析师和上级主管之间的公开讨论来确定。对于每项要求和限制，都将其评级乘以其权重来计算分数。最后一步是将每个备选方案的加权分数相加。注意，有三组总分：要求、限制和两者相加。如果只是看"要求"的总分，备选方案 B 或 C 是最佳选择，因为它们都满足或超出了所有的要求。然而，如果只是看限制条件，备选方案 A 是最佳选择，因为它没有违反任何限制。最后，当我们将要求和限制的分数加起来之后，会发现最佳选择是备选方案 C。不过，最终是否选择 C 来进行开发，则是另一个问题。决策者可能因为成本最低而选择 A，虽然它不满足两项关键要求。简单地说，对于一个系统开发项目来说，看似最好的选择不一定是最终被开发的那个。通过进行全面的分析，组织可以大大改善他们的决策表现。

图 4.4
通过加权的多标准分析过程来做出项目和系统设计决策

标准	权重	备选 A		备选 B		备选 C	
		评级	分数	评级	分数	评级	分数
要求:							
实时数据录入	18	5	90	5	90	5	90
自动重新排序	18	1	18	5	90	5	90
实时数据查询	14	1	14	5	70	5	70
	50		122		250		250
限制:							
开发人员成本	15	4	60	5	75	3	45
硬件成本	15	4	60	4	60	3	45
运行成本	15	5	75	1	15	5	75
培训的便利性	5	5	25	3	15	3	15
	50		220		165		180
总计	100		342		415		430

交付物和成果

计划阶段第一部分的主要交付物是围绕特定 IS 开发项目建立的一个日程表，这些项目来自于自上而下和自下而上的来源。有了日程表之后，就可进入计划阶段的下一部分，即项目启动和计划（参见图 4.5）。该阶段的结果是保证对项目的选择进行了仔细考虑，同时清楚理解了每个项目如何帮助组织达成其目标。基于增量承诺 (incremental commitment) 的原则，被选中的项目不一定会生成一个能工作的系统。

增量承诺
(incremental commitment)

系统分析与设计的一种策略，在每个阶段后对项目进行审查，对项目是否继续进行重新论证。

在后续每个 SDLC 阶段之后，你、项目团队的其他成员以及上级领导将重新评估项目，以确定业务情况是否有变，或者在对系统的成本、收益和风险有了一个更详细的理解之后，是否表明该项目并不像之前想的那么有价值。

　　许多组织发现，为了做出良好的项目选择决策，需对组织的总体业务战略和目标有一个清晰的了解。这意味着，清楚了解业务和信息系统在实现组织目标方面的预期角色，是改进项目确定和选择过程的前提条件。下一节将简单介绍许多组织在制定业务战略和目标以及定义信息系统在其计划中的角色时所遵循的过程，这涉及到企业战略计划和信息系统计划。

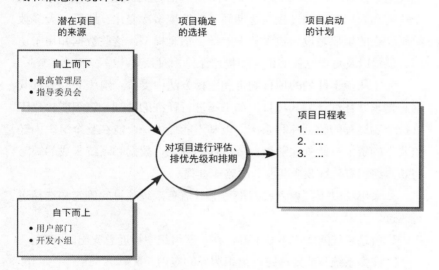

图 4.5

信息系统开发项目来自于自上而下和自下而上的倡议

企业和信息系统计划

　　虽然出于多种动机需要仔细计划项目的确定和选择（参考 Atkinson, 1990; Dyche, 2015; Harvard Business Review, 2011; Luftman, 2011; Weill & Ross, 2009; Windpassinger, 2017），但组织在决定如何分配 IS 资源时，传统上并没有使用系统性的计划过程。相反，项目往往

是因为要解决组织的个别问题而产生的。组织实际是在问："需要什么过程（应用程序）来解决目前存在的这个特殊问题？"这种方法的难点在于，需要的组织过程可能随环境的变化而变。例如，一家公司可能决定改变其向客户收费的方法，或者一所大学可能改变其注册学生的程序。当这种变化发生时，通常需要再次修改现有的信息系统。

相反，如果是基于计划的方法，问的则是"什么信息（或数据）需求能满足企业今天和未来的决策需求或业务过程？"这种方法的一个主要优点是，组织的信息需求比它的业务过程更不可能改变（或改变得更慢）。例如，除非组织从根本上改变了它的业务，否则它的基础数据结构可能在10年以上的时间里保持合理的稳定。相比之下，用于访问和处理数据的过程在这期间可能发生多次变化。所以，大多数组织面临的挑战是设计包含数据的综合信息模型，这些数据和用于访问、创建以及更新它们的语言和程序保持相对独立。

为了从基于计划的项目确定和选择方法中受益，组织必须分析其信息需求并仔细计划其项目。如果不进行仔细的计划，组织能构建出支持个别过程的数据库和系统，但却不能提供一个能在整个组织内轻松共享的资源。此外，随着业务过程的变化，数据和系统集成的缺乏将妨碍组织有效地改变其业务战略或过程。

如果出现以下现象，就值得考虑对信息系统项目的确定和选择进行改进。

1. 信息系统的成本不断上升，在一些组织中接近总支出的40%。

2. 许多系统不能处理跨越组织边界的应用。

3. 许多系统经常不能解决关键的业务问题或支持战略应用。

4. 数据冗余往往无法控制，用户可能对数据的质量没有信心。

5. 系统维护成本失控，因为老旧且计划不周的系统肯定得不断改。

6. 应用程序的待办事项列表（backlog）往往延续三年或更长时间，沮丧的最终用户被迫创建（或采购）他们自己的系统，在此过程中往往会产生冗余的数据库和不兼容的系统。

　　仅靠仔细的项目计划和选择肯定不能解决所有这些问题。但我们相信，在最高管理层承诺的推动下，一种有纪律的方法是最有效地应用信息系统以实现组织目标的前提条件。本节重点是让你清楚理解如何确定和选择具有更广泛组织重点的特定开发项目。具体地说，要描述企业战略计划和信息系统计划，这两个过程可显著提高项目确定和选择决策的质量。本节还概述了有关业务方向和一般系统要求的信息类型，它们会影响选择决策并对已批准项目的方向进行指引。

企业战略计划

　　做出有效的项目选择决策的前提是清楚了解组织的现状、它对未来的愿景以及如何转变为它期望的未来状态。图 4.6 展示了这个三步走的过程。第一步的重点是了解企业现状。换言之，不知道自己在哪，就不可能知道要去哪里。接着，最高管理层必须确定企业的未来发展方向。最后，在理解企业目前和未来的情况后，就可制定一个战略计划来指导这一转变。开发并完善当前和未来企业的模型以及一个转变战略，这一过程通常称为"企业战略计划"(corporate strategic planning)。在此过程中，高管们通常会制定一份使命宣言、关于未来企业目标的声明以及旨在帮助组织达成其目标的战略。

企业战略计划
(corporate strategic planning)
确定组织的使命、目标和战略的一个持续过程。

　　所有成功的组织都有一个使命。一家公司的使命宣言 (mission statement) 通常用简单的话说明该公司从事什么业务。例如，松谷家具 (PVF) 的使命宣言如图 4.7 所示。从 PVF 的使命宣言可以清楚地看出，该公司的业务是制造高品质的木制家具，并向普通大众、企业以及大学和医院等机构出售。同样清楚的是，PVF 并不从事钢制文件柜的生产，也不通过批发经销商销售其产品。基于该使命宣言，可以得出结论，PVF 不需要一个零售信息系统；相反，一个高质量的人力资源信息系统与其目标一致。

使命宣言
(mission statement)
清楚说明公司所从事的是什么业务的一个声明。

图 4.7
松谷家具 (PVF) 的使命宣言

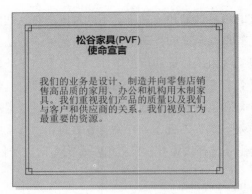

松谷家具(PVF)
使命宣言

我们的业务是设计、制造并向零售店销售高品质的家用、办公和机构用木制家具。我们重视我们产品的质量以及我们与客户和供应商的关系。我们视员工为最重要的资源。

目标声明
(objective statement)

一系列声明，表达了一个组织为达到其理想的未来状态而制定的定性和定量目标。

定义好使命后，组织可以接着定义目标。目标声明 (objective statement) 是指组织"广泛而永恒"(broad and timeless) 的目标。这些目标可以表达为一系列定性或定量的声明，但通常不包含可能随时间推移而发生重大变化的细节。目标通常被称为关键成功因素，但这里直接使用目标 (objective) 一词。图 4.8 展示了 PVF 的目标，其中大部分与组织使命的某些方面有关。例如，第二个目标与 PVF 如何看待它与客户的关系有关。该目标表明，PVF 可能想投资一个基于网络的订单跟踪系统，这将有助于提供高质量的客户服务。一旦公司定义了其使命和目标，就可以开始制定竞争战略。

图 4.8
公司目标声明（松谷家具）

松谷家具(PVF)

目标声明

1. PVF将努力提高市场份额和盈利能力（首要目标）。

2. PVF将被视为客户服务的市场领导者。

3. PVF将在技术应用方面进行创新，以帮助我们比竞争对手更快地将新产品推向市场。

4. PVF将雇用实现我们的首要目标所需的最少的高素质人才。

5. PVF将在员工、供应商和客户之间营造一个重视性别、种族、价值观和文化多样性的环境。

　　竞争战略 (competitive strategy) 是组织尝试实现其使命和目标的方法。本质上，战略是组织在竞争性商业世界中的游戏计划。1980 年，Michael Porter 在其关于竞争战略的经典著作中定义了用于实现企业目标的三个常规战略：低成本生产商、产品差异化和产品聚焦 (或利基)，如表 4.3 所示。这些常规战略使你能够更容易地比较同一行业中可能没有采用相同竞争战略的两家公司。此外，采用不同竞争战略的组织往往有不同的信息需求来帮助决策。例如，劳斯莱斯和起亚是两家采用了不同战略的汽车制造商。一家为超豪华利基市场生产高价车，而另一家面向普通汽车市场生产相对低价的车。劳斯莱斯可以建立信息系统来收集和分析客户满意度的信息，以帮助管理公司的关键目标。而起亚可能建立系统来跟踪工厂和材料的使用情况，以管理与其低成本战略有关的活动。

竞争战略
(competitive strategy)
组织尝试实现其使命和目标的方法。

表 4.3　常规竞争战略

战略	说明
低成本生产商	该战略反映了在一个行业中，是基于向消费者提供的产品或服务的成本来展开竞争。例如，在汽车行业，韩国产的现代汽车是一个以低成本为竞争特色的产品线
产品差异化	该竞争战略强调的是市场所需要的关键产品标准 (例如，高质量、时尚、性能、空间)。在汽车行业，许多制造商都在尝试让自己的产品在质量上区别于别人的产品。例如，"在福特，质量是第一要务"(At Ford,　quality is job one)
产品聚焦或利基	战略与低成本和差异化战略相似，但其市场焦点要窄得多。例如，汽车行业的一个利基市场是敞篷跑车市场。在这个市场上，一些制造商可能采用低成本战略，而另一些制造商可能采用基于性能或时尚的差异化战略

(来源：Based on The Free Press, a Division of Simon & Schuster Adult Publishing Group, from Porter, 1980. Copyright © 1980, 1998 by The Free Press. All rights reserved)

　　为了有效地部署资源，比如建立一个市场和销售组织，或者建立最有效的信息系统，组织必须清楚地理解其使命、目标和战略。如果缺乏理解，就不可能知道哪些活动对实现商业目标至关重要。从信息系统开发的角度来看，通过了解哪些活动对实现业务目标最关键，组织有更大的机会来确定那些需要由信息系统支持的活动。换句话说，只有对组织的使命、目标和战略有了清晰的理解，才能确定和选择 IS 开发项目。下一节的重点是计划如何利用信息系统来帮助组织实现其目标。

信息系统计划

信息系统计划
(information systems planning,
ISP)
评估组织信息需求并定义最能满足这些需求的信息系统、数据库和技术的一种有条理的手段。

对项目识别和选择决策的质量起重要作用的第二个计划过程称为信息系统计划 (information systems planning，ISP)。ISP 是评估组织信息需求并定义最能满足这些需求的信息系统、数据库和技术的一种有条理的手段 (Amrollahi, Ghapanchi, & Talaei & Khoei, 2014; Carlson, Gardner, & Ruth, 1989; Cassidy, 2005; Luftman, 2011; Parker & Benson, 1989; Segars & Grover, 1999; Weill & Ross, 2009; Windpassinger, 2017)。这意味着在 ISP 期间，你 (或者更有可能是负责 IS 计划的高级 IS 经理) 必须对当前和未来的组织信息需求进行建模，并制定战略和项目计划，将当前的信息系统和技术过渡到他们期望的未来状态。ISP 是一个自上而下的过程，它考虑了对公司成功至关重要的外部力量，包括行业、经济、相对规模、地理区域等等。这意味着 ISP 必须根据信息系统和技术如何帮助企业实现其在企业战略计划中定义的目标来审视信息系统和技术。

图 4.9 展示了该建模过程的三项关键活动。和企业战略计划一样，ISP 也是一个三步走的过程，第一步是评估当前与 IS 相关的资产，包括人力资源、数据、过程和技术。接着开发这些资源的目标蓝图。这些蓝图反映了组织实现其战略计划中定义的目标所需的资源的未来理想状态。最后定义了一系列计划中的项目，以帮助组织从当前状态向未来的理想状态过渡。当然，来自 ISP 过程的计划项目只是项目的一个来源。其他来源还有来自经理和业务部门的自下而上的请求，例如图 3.2 展示的 SSR。

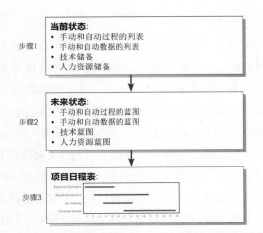

图 4.9

信息系统计划是一个三步过程

例如，一个项目可能侧重于电信网络的重新配置以加快数据通信，也可能侧重于重组业务领域之间的工作和数据流。项目不仅可以包括新信息系统的开发或者对现有系统的修改，还可以包括新的系统、技术和平台的采购及管理。这三项活动与企业战略计划的活动并行开展，图 4.10 展示了这种关系。人们开发了多种方法来支持 ISP 过程 (参见 Amrollahi et al., 2014; Segars & Grover, 1999)，例如业务系统计划 (business systems planning，BSP) 和信息工程 (information engineering，IE)。其中大多数都包含以下三项关键活动。

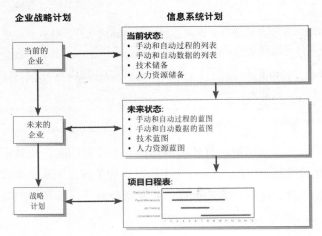

图 4.10

在企业战略计划和信息系统计划之间并行的活动

1. 描述当前情况

描述组织现状最广泛使用的方法一般被称为自上而下计划。自上而下计划 (top-down planning) 旨在对整个组织的信息需求有一个更全面的了解。这种方法首先对组织的使命、目标和战略进行全面分析，并确定实现每个目标对信息的需求。这种 ISP 的方法顾名思义就知道是来自组织的高层视角，需要最高管理层的积极参与。与其他计划方法相比，自上而下的 ISP 方法有几个优点，表 4.4 对此进行了总结。

与自上而下计划方法相比，自下而上计划 (bottom-up planning) 方法要求确定用于定义项目的业务问题和机会。用这种方法创建 IS 计划，比使用自上而下的方法更快，成本也更低；它还有一个优点，就是可以确定紧迫的组织问题。然而，自下而上的方法往往没有考虑到整个组织的信息需求。这可能导致创建分散的信息系统和数据库，容易造成冗余，而且除非花大量时间和精力来返工，否则不容易集成。

自上而下计划
(top-down planning)
一种常规 ISP 方法，旨在获得对整个组织的信息系统需求的一个更全面的理解。

自下而上计划
(bottom-up planning)
一种常规信息系统计划方法，为了解决业务问题或利用一些业务机会而确定并定义 IS 开发项目。

表 4.4　自上而下的计划方法相比其他计划方法的优势

优势	说明
视野更宽	不从上往下看，就无法先从一般管理层的角度了解业务，再进行信息系统的实现
增强集成	不从上往下看，可能会贸然实现全新的管理信息系统，而不是计划如何改进现有系统
提高管理层的支持度	不从上往下看，计划者可能在管理层那里缺乏足够的支持，导致管理层不相信信息系统能帮助其实现业务目标
更好的理解	不从上往下看，计划者可能缺少大局观，不理解如何在整个企业的范围内实现信息系统。相反，只知道如何在个别部门中实现

（来源：基于 IBM, 1982; Slater, 2002; Overby, 2008）

为了描述当前情况，首先需要选择一个计划团队，在其中加入被特许对现状进行建模的高管。 为了获得这种了解，团队需要审查公司文档；和经理、高管和客户面谈；并对竞争对手、市场、产品和财务状况进行详细审查。需要收集的用于表示当前情况的信息类型包括所有组织地点、单位、职能、过程、数据(或数据实体)以及信息系统。

　　例如，在 PVF 内部，组织地点是该组织运营的所有地理区域的一个列表(例如，总部和分支机构的位置)。组织单位是在组织内运作的人员或业务部门的一个列表。所以，组织单位将包括生产副总(vice president of manufacturing)、销售经理(sales manager)、销售人员(salesperson)和职员(clerk)。职能是用于执行日常业务运作的跨组织的活动集合，例如研发、员工发展、采购和销售。过程是为支持业务职能而设计的手动或自动过程的一个列表。业务过程的例子包括工资处理、客户计费和产品运输。数据实体是在业务过程中生成、更新、删除或使用的信息项的一个列表。信息系统是将数据转化为信息以支持业务过程的自动化和非自动化系统。例如，图 4.11 展示了 PVF 的部分业务职能、数据实体和信息系统。收集好高层次的信息后，在进行更详细的计划时，通常可以将每一项分解成更小的单元。图 4.12 将 PVF 的几个高级业务职能分解为更详细的支持职能。

松谷家具 (PVF)

职能	数据实体	信息系统
● 商业计划	● 客户	● 工资处理
● 产品开发	● 产品	● 应付账款
● 市场和销售	● 供应商	● 应收账款
● 生产经营	● 物料	● 考勤卡处理
● 财务和会计	● 订单	● 库存管理
● 人力资源	● 发票	……
……	● 设备	
	……	

图 4.11

计划信息系统需要的信息(松谷家具)

　　创建这些列表之后，可以开发一系列的矩阵来交叉引用组织的各种元素。一般可以开发以下矩阵类型。

- **地点到职能**。该矩阵确定不同的组织地点执行的是哪些业务职能。

- **地点到单位**。该矩阵确定哪些组织单位位于特定的业务地点或与之互动。
- **单位到职能**。该矩阵确定组织单位和每种业务职能之间的关系。

图 4-12

计划信息系统时所需信息的职能分解（松谷家具）

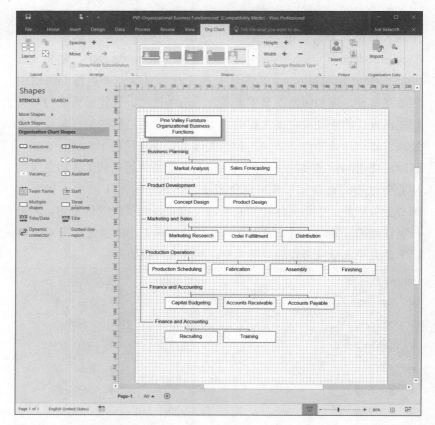

(来源：Microsoft Corporation)

- **职能到目标**。该矩阵确定哪些职能在实现每个组织目标时是必不可少的或者是希望要有的。
- **职能到过程**。该矩阵确定哪些过程被用来支持每个业务职能。
- **职能到数据实体**。该矩阵确定哪些业务职能使用了哪些数据实体。

- **过程到数据实体**。该矩阵确定哪些数据在每个过程中被采集、使用、更新或删除。
- **过程到信息系统**。该矩阵确定哪些信息系统被用来支持每个过程。
- **数据实体到信息系统**。图 4.13 展示的矩阵确定哪些数据在每个系统中被创建、更新、访问或删除。
- **信息系统到目标**。该矩阵确定哪些信息系统用于支持组织计划期间确定的每个业务目标。

	客户	产品	供应商	原材料	订单	工作中心	设备	员工	发票	工单	...
市场和销售											
市场研究	✗	✗									
订单履行	✗	✗			✗				✗		
分销	✗	✗									
生产经营											
生产调度						✗	✗	✗		✗	
制造						✗	✗	✗		✗	
组装						✗	✗	✗		✗	
完成						✗	✗	✗		✗	
财务和会计											
资本预算					✗	✗	✗				
应收账款	✗	✗	✗	✗	✗				✗		
应付账款											
...											

图 4.13　"数据实体到职能"矩阵（松谷家具）

不同矩阵有不同的关系，具体取决于所表示的内容。例如，图 4.13 显示了 PVF 的 "数据实体到职能" 矩阵的一部分。在该矩阵中，单元格中的 "X" 代表哪些业务职能使用了哪些数据实体。要更详细地了解数据利用情况，应查看 "过程到数据实体" 矩阵（此处未显示）。在这种矩阵中，标记为 "C" 的单元格代表相应的过程会为相应的数据实体创建 (Create) 或捕获 (Capture) 数据。"R" 代表检索（或使用）数据，"U" 代表更新数据，"D" 则代表删除数据。这意味着不同的矩阵根据表示的内容的不同，可以有不同的关系。由于这种灵活性和表示信息的便利性，分析人员使用多种多样的矩阵来清楚地了解一个组织的现状，并为其未来进行计划(Kerr, 1990; Venkatraman, 2017)。图 4.14 提供了一个使用矩阵进行 ISP 的入门指引。

图 4.14
巧用计划矩阵

> 　　计划信息系统时，在确定和选择单独的项目之前，需进行大量的"幕后"分析。在这个可能跨越 6 个月到 1 年的计划期内，IS 计划团队成员要开发和分析大量矩阵，例如正文中描述的那些。开发矩阵是为了表示组织的当前和未来状态。反映"当前"情况的矩阵称为"现状"(as is) 矩阵。换句话说，它们描述世界当前的样子。反映目标或"未来"情况的矩阵称为"未来"(to be) 矩阵。通过对比当前和未来的状态，可以更深入了解重要业务信息中存在的关系。最重要的是，可以为确定和选择具体要开发的项目打下良好的基础。许多 CASE 工具都提供了相应的功能，允许至少通过以下三种方式利用这些矩阵。
> 1. 信息管理。处理复杂矩阵时，一个重要的方面是信息的管理。利用 CASE 工具库的字典功能，术语 (如业务职能、过程和数据实体) 可在一个地方统一定义或修改。这样，所有制定计划的人员都能拿到最新信息。
> 2. 矩阵构造。可利用 CASE 存储库中的报表系统轻松生成矩阵报表。由于计划信息可能被许多团队人员在任何时候改变，所以需要用一种简单的方法来记录更改并生成最新报表。
> 3. 矩阵分析。CASE 工具为计划制定者提供的最重要的功能或许就是在矩阵内和跨矩阵执行复杂分析的能力。这种分析通常称为"相似度聚类"(affinity clustering)。相似度 (affinity) 是指信息拥有共同事物的程度。所以，相似度聚类是指排列矩阵信息，使具有某种预设等级或类型的相似度的信息群组在矩阵报表上彼此相邻。以"过程到数据实体"矩阵为例，其相似度聚类将创建一个大致的块对角线矩阵，使用类似数据实体的过程出现在相邻的行中，相同过程共同使用的数据实体则被归入相邻的列。利用这种常规形式的分析，计划制定者可识别经常 (或者应该！) 一起出现的项。可利用这种信息最有效地分组和关联信息 (例如数据到过程、职能到地点等)。例如，一组过程都要用到的数据实体可考虑放到一个特定的数据库中。而在相关领域的主管请求对系统进行变动时，那些与一个战略目标相关的业务过程会受到更多关注。

相似度聚类
(affinity clustering)

排列矩阵信息，使具有某种预设等级或类型的相似度的信息群组在矩阵报表上彼此相邻。

　2. 描述目标情况、趋势和限制

　　将当前情况描述清楚后，ISP 过程的下一步是定义目标情况来反映组织的未来状态。这意味着要在目标情况中说清楚地点、单位、职能、

过程、数据和 IS 的理想状态 (参见图 4.9)。例如，假定组织未来的理
想状态是拥有几个新的分支机构或者一条新的产品线，需要几个新的
员工职位、职能、过程和数据，那么大多数列表和矩阵都需要更新以
反映该愿景。除了组织上的限制，还必须依据技术和业务趋势来制定
目标情况。这意味着还应该构建业务趋势和制约因素的列表，确保目
标情况能反映出这些问题。

　　总之，为了制定目标情况，计划制定者必须首先编辑他们的初始
列表，并基于组织环境的限制和趋势 (如时间、资源、技术演变、竞争等)
记录期望的地点、单位、职能、过程、数据和信息系统。接着对矩阵
进行更新，以和期望的未来状态一致的方式将信息关联起来。然后，
计划制定者将重点放在当前和未来的列表 / 矩阵之间的差异，以确定
项目和过渡战略。

Ⅰ . 组织的使命、目标和战略
　　简单说明组织的使命、目标和战略。还要简单说明公司现在和未来的状态 (我们在哪里，我们要去
　　哪里)。
Ⅱ . 信息化目录
　　本节总结企业的各种业务过程、职能、数据实体和信息需求。该目录要兼顾当前和未来需求。
Ⅲ . IS 的使命和目标
　　描述 IS 在企业从现在的状态过渡为未来的状态时发挥的主要作用。虽然将来可能会进行修改，但
　　它代表了目前对 IS 在组织中的整体作用的最佳估计。例如，这种作用可以是必要的成本、投资或
　　战略优势。
Ⅳ . IS 开发的限制
　　简单说明技术和公司内部当前资源水平所带来的限制，财务、技术和人事方面。
Ⅴ . 整体系统需求和长期的 IS 战略
　　总结公司的整体系统需求以及 IS 部门为满足需求而选择的一系列长期 (2~5 年) 战略。
Ⅵ . 短期计划
　　列出现有项目和系统的详细清单，以及本年度将要开发或推进的项目的详细计划。这些项目可能
　　是长期 IS 战略的结果，也可能是管理人员提出的要求，这些要求已经被批准，并处于生命周期的
　　某个阶段。
Ⅶ . 总结
　　列出可能影响计划但尚未确定的事件、目前已知的业务变化因素以及它们预计会对计划的产生的影响。

图 4.15　信息系统计划大纲

3. 开发过渡战略和计划

摸清楚当前和目标情况后，IS 计划团队要制定一个详细的过渡战略和计划。该计划应该非常全面，除了反映广泛的、长期的问题外，还应提供足够的细节来指导各级管理部门需要做什么，如何做，何时做，由谁做。图 4.15 展示了一个典型的信息系统计划的组成部分。

IS 计划通常是着眼于短期和长期组织发展需求的一份非常全面的文档。计划中确定的短期和长期发展需求通常表述为一系列项目（参见图 4.16）。长期计划中的项目往往要为以后的项目打下基础（如将数据库从旧技术转变为新技术）。短期计划中的项目由具体步骤组成，以填补当前系统和期望系统之间的差距，或对动态变化的业务情况做出响应。自上而下（或计划驱动）的项目和一组由经理作为系统服务请求而提交的自下而上（或需求驱动）的项目结合到一起，形成了短期系统开发计划。短期和长期项目作为一个整体，为项目选择过程设定了明确的方向。短期计划不仅包括从计划过程中确定的项目，还包括从自下而上的请求中选出的项目。总体 IS 计划也可能影响所有开发项目。例如，IS 使命和限制可能造成项目在设计系统时选择某些特定的技术，或者强调某些特定的应用程序功能。

图 4.16
系统开发项目源于信息系统计划

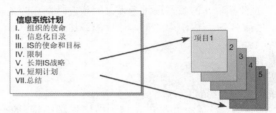

本节概述了制定 IS 计划的一般过程。ISP 是一个非常具体的过程，也是决定如何最好地部署信息系统和技术以帮助实现组织目标的一个组成部分。然而，对 ISP 的全面讨论超出了本章的范围。但是，从我们的讨论中可以清楚地看出，基于计划的项目确定和选择将为组织带来实质性的好处。你可能也清楚，作为系统分析师，你通常不会参与

IS 计划，因为此过程需要高级 IS 和公司管理层的参与。另一方面，IS 计划的结果，如图 4.13 中的计划矩阵，在确定和论证项目时，可以成为一个非常有价值的信息来源。

电商应用：确定和选择系统开发项目

为基于互联网的电子商务应用确定和选择系统开发项目与为更传统的应用所遵循的过程没有什么不同。但是，开发基于互联网的应用时有一些特殊的考虑。本节强调了一些与确定和选择互联网相关系统开发项目的过程直接相关的问题。

互联网基础

互联网 (Internet) 的名称源自"网络互相连接"(internetworking) 的概念；也就是说，将主机和它们的网络连接起来，形成一个更大的全球网络。而这正是互联网的本质——一个大型的、世界性的、由网络构成的网络，使用通用的协议来相互通信。互联网是全球网络的最突出的一个代表。互联的网络有大型和小型计算机，也有平板电脑和智能手机。此外，物联网 (Internet-of-Things，IoT) 正在迅速崛起，它是指一大类具有互联网地址和连接性的物件，这些物件能与其他具有互联网功能的设备和系统进行通信。物联网设备包括可穿戴设备（如健身追踪装置）、联网汽车（如特斯拉）、工业设备（如机器监测）、智能城市（如实时停车位查找应用、交通灯）和智能家居设备（如亚马逊 Echo）。使用互联网来支持日常的政府、商业和消费者活动被宽泛地称为"电子商务"(Electronic Commerce，EC)。有广泛的 EC 商业模式，具体如下。

- 企业到企业 (Business-to-Consumer，B2B)
- 企业到消费者 (Business-to-Consumer，B2C)
- 消费者到消费者 (Consumer-to-Consumer，C2C)

互联网
(Internet)

使用通用协议来相互通信的一个大型的、世界性的、由网络构成的网络。

物联网
(Internet-of-Things，IoT)

一大类具有互联网地址和连接性的物件，这些物件能与其他具有互联网功能的设备和系统进行通信

电子商务
(Electronic Commerce，EC)

通过基于互联网的通信来支持日常的政府、商业和消费者活动。

- 消费者到企业 (Consumer-to-Business，C2B)
- 企业到政府 (Business-to-Government，B2G)
- 政府到企业 (Government-to-Business，G2B)
- 政府到公民 (Government-to-Citizen，G2C)
- 物到物 (Thing-to-Thing，T2T)

例如，当一个企业 (作为供应商) 将其产品卖给另一个企业时，它展示的是 B2B 商业模式；当一个企业将产品卖给最终客户时，它展示的是 B2C 商业模式。政府在各种电子商务模式中也发挥着越来越大的作用。最后，随着物联网的加入，所有传统的物理产品和信息供应商和消费者都从互联网时代中受益，这通常称为 "万物互联" (Internet of Everything)，如图 4.17 所示。

图 4.17

万物互联

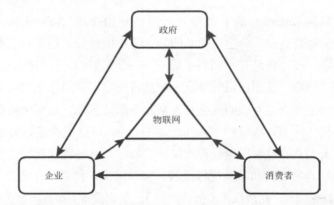

开发任何类型的电子商务应用时，开发人员需考虑各种因素以创建一个具有高可用性的系统。例如，用户一般是使用桌面、笔记本、平板电脑还是智能手机？支持该应用程序的连接是使用 Wi-Fi 还是蜂窝 (智能手机) 网络？开发基于互联网的电子商务应用时，首先要做的是清楚了解各种未知因素以构建一个真正有用的系统。表 4.5 列举了一些应考虑的未知因素。了解了这些未知因素后，再根据用户是谁、他们可能在何处、他们使用的设备以及他们可能如何连接到互联网来做出权衡。即使有所有这些困难需要解决，世界各地的互联网电子商务应用仍然在蓬勃发展。有一家公司也决定在网上建立自己的电子商务网站，它就是 PVF。

表 4.5　设计和构建互联网应用时必须处理的未知因素

用户	<ul><li>关注：谁是用户？</li><li>示例：用户位于何处？用户的专长或教育程度？用户的期望是什么？</li></ul>
连接速度	<ul><li>关注。连接的速度有多少，什么信息能有效传输？</li><li>示例：Wi-Fi 和蜂窝</li></ul>
访问方式	<ul><li>关注：用什么设备连接？</li><li>示例：网页浏览器、平板、智能手机、智能手表</li></ul>

松谷家具网店

PVF 董事会已要求成立一个项目团队来探索开发电子商务系统的机会。具体地说，通过市场研究发现，网购家具现在出现了一个好的市场机遇，尤其是以下领域：

松谷家具
(PVF)

- 企业家具
- 家庭办公家具
- 学生家具

董事会希望将所有这三个目标市场纳入其长期电子商务计划，但希望最开始将重点放在企业家具购买系统上。董事会成员认为，该细分市场最有可能提供足够的投资回报，并成为进入消费者市场的良好基石。由于企业家具购买系统专门针对企业家具市场，所以更容易确定该系统的工作要求。此外，该电子商务系统应该能与现有的两个系统很好地集成：采购履行 (Purchasing Fulfillment) 和客户跟踪 (Customer Tracking)。综合这两个方面的考量，它成为启动 PVF 网上战略的理想候选系统。本书剩余部分将跟踪 WebStore(网店) 项目的发展，直到它成为 PVF 的运营项目。

小结

本章描述了 SDLC 计划阶段的第一项主要活动：项目确定和选择。项目确定和选择包括三项主要活动：确定潜在的开发项目、对项目进行分类和排名以及选择要开发的项目。各种组织成员或单位都可以被指派来执行该过程，包括最高管理层、各种指导委员会、业务单位和职能经理、开发组或最高级的 IS 主管。潜在的项目可根据众多标准进行评估和选择，例如价值链分析、与企业战略的一致性、潜在利益、资源的可用性和要求以及风险。

如果决策在企业战略计划和 ISP 的指导下进行，项目确定和选择过程的质量会得到提高。企业战略计划是确定一个组织的使命、目标和战略的过程。在此过程中，最关键的是选择一个有竞争力的战略，声明组织计划如何实现其目标。

ISP 是一种有条理的手段，用于评估一个组织的信息需求，并定义能最好地满足这些需求的系统和数据库。ISP 是一个自上而下的过程，它考虑到了驱动企业的外部力量和对企业成功至关重要的因素。ISP 评估当前的系统储备以及组织及其系统未来的理想状态，然后确定需要通过哪些项目来转变系统以满足组织未来需求。

企业和 IS 计划具有高度的相关性。这些关系可通过各种矩阵来概念性地查看。这些矩阵显示了组织目标、地点、单位、职能、过程、数据实体和系统之间的关系。最后被选中的项目是那些被认为在支持组织战略方面最重要的项目。

互联网是一个全球性的网络，由无数个相互连接的网络构成，使用通用的协议进行通信。电子商务 (EC) 是指通过互联网来支持日常的政府、商业和消费者活动。企业到消费者 (B2C) 电子商务是指个人消费者和商家之间的交易。在这个快速增长和不断发展的领域，还存在着其他许多商业模式，包括企业对企业 (B2B) 电子商务、政府到企业 (G2B) 电子商务以及物到物 (T2B) 电子商务等等。

本章重点在于让你对组织如何确定和选择项目有一个更清晰的了解。出于以下原因，需要改进项目的确定和选择：信息系统的成本正在迅速上升，系统不能处理跨越组织边界的应用，系统往往不能满足关键的组织目标，数据冗余往往无法控制，系统维护成本也在不断上升。因此，如果组织要从信息系统中获得最大的利益，有效的项目确定和选择至关重要。

关键术语

将上述每个关键术语与以下定义配对。

____ 评估组织信息需求并定义最能满足这些需求的信息系统、数据库和技术的一种有条理的手段。

____ 一种常规信息系统计划方法，为了解决业务问题或利用一些业务机会而确定并定义 IS 开发项目。

____ 系统分析与设计的一种策略，在每个阶段后对项目进行审查，对项目是否继续进行重新论证。

____ 一种常规 ISP 方法，旨在获得对整个组织的信息系统需求的一个更全面的理解。

____ 一系列声明，表达了一个组织为达到其理想的未来状态而制定的定性和定量目标。

____ 一大类具有互联网地址和连接性的物件，这些物件能与其他具有互联网功能的设备和系统进行通信

____ 组织尝试实现其使命和目标的方法

____ 排列矩阵信息，使具有某种预设等级或类型的相似度的信息群组在矩阵报表上彼此相邻。

____ 使用通用协议来相互通信的一个大型的、世界性的、由网络构成的网络。

____ 通过基于互联网的通信来支持日常的政府、商业和消费者活动。

____ 分析一个组织制造产品和 / 或服务的活动，确定哪里为产品和 / 服务增加了价值，以及会发生多少成本。

____ 确定组织的使命、目标和战略的一个持续过程。

____ 清楚说明公司从事什么业务的一个声明。

复习题

4.14 比较以下术语：

    a. 使命；目标声明；竞争战略

    b. 企业战略计划；ISP

    c. 自上而下计划；自下而上计划

    d. 低成本生产商；产品差异化；产品聚集或利基

4.15 说明项目确定和选择过程。

4.16 列举几个项目评估标准。

4.17 描述价值链分析以及组织如何利用该技术来评估和比较项目。

4.18 列出当前需要改进 ISP(信息系统计划) 的几点理由。

4.19 列出涉及企业战略计划的步骤。

4.20 列出三个常规的竞争战略。

4.21 说明 ISP 的含义 (信息系统计划) 及其涉及的步骤。

4.23 简单说明在 ISP 和项目确定和选择过程中使用的 9 个计划矩阵。

4.24 讨论在设计和构建互联网应用时必须考虑的一些因素。

问题和练习

4.25 为你想创办的企业写一份使命宣言。应在使命宣言中说明你将从事的业务，以及你最重视业务的哪一方面。

4.26 对上个问题的使命宣言满意后，描述实现这一使命的目标和竞争战略。

4.27 找一个你认为没有进行充分战略 IS 计划的组织。至少列出 6 个原因，说明为什么这种计划做得不恰当 (或者根本就没做)。这些原因合理吗？这种不充分的战略 IS 计划的影响是什么？这可能带来哪些限制、问题、弱点和障碍？

4.28 如本章所述，IS 计划与企业战略计划高度相关。如 IS 计划的负责人在没有制定正式企业计划过程的一个组织内工作，他们可能必须做什么？

4.29 在系统开发生命周期的"项目确定和选择"阶段进行的经济分析其实相当粗略。为什么？你认为一个潜在的项目要想在生命周期的这一阶段存活下来，什么因素最重要？

4.30 在那些在 IS 计划方面做得很好的组织中，为什么通过自下而上的过程确定的项目仍会进入生命周期的项目启动和计划阶段？

4.31 图 4.14 展示了相似度聚类 (affinity clustering) 的概念。假设通过相似度聚类，我们发现三个业务职能大量用到了五个数据实体。这对项目确定以及系统开发生命周期的后续步骤有什么影响？

4.32　Timberline 科技公司在其北加利福尼亚的工厂制造薄膜电路。所有电路设计和研发工作也在此地进行。所有财务、会计和人力资源职能都放到了中西部的母公司总部。销售通过分布于全国各地的六个销售代表处进行。工资处理、应付账款和应收账款的信息系统位于母公司办公室，而用于库存管理和计算机集成制造的系统位于加州的工厂。请尽你的最大努力列出该公司的地点、单位、职能、过程、数据实体和信息系统。

4.33　请为问题和练习 4.32 所描述的 Timberline 科技公司创建最合理的计划矩阵：职能到数据实体、过程到数据实体、过程到信息系统、数据实体到信息系统。Timberline 可能还需要哪些没列出的信息系统？

4.34　Timberline 科技公司 (参见问题和练习 4.32) 的所有人正在考虑在蒙大拿州和亚利桑那州各增加一个工厂，并在全国各地再增加六个销售代表处。更新问题和练习 4.33 中的矩阵，使矩阵反映这些变化。

实战演练

4.35　找一份组织的使命声明。(通常可在组织的年报中找到。此类报告通常可从大学图书馆或企业营销手册中获取。如发现很难找到这种材料，可以直接写信或打电话给目标组织，要求提供其使命宣言的一份副本。) 该组织从事什么行业？该组织高度重视什么 (例如高品质的产品和服务、为消费者提供廉价产品、员工成长和发展等等)？如果使命宣言写得好，这些概念应该都很清楚。你对这家公司的信息系统是否了解，这些信息系统是否反映了该组织的使命？说明你的理由。

4.36　与某个组织的信息系统部门经理面谈，了解其战略 ISP 的水平和性质。它看起来是否足够？为什么？为什么不够？获取该组织的一份使命宣言。IS 战略计划和组织战略计划在多大程度上一致？这两个计划在哪些方面合适，哪些方面不合适？如果不适合，对组织的成功会有什么影响？对其信息系统有效性的影响？

4.37　选择一个和你有联系的组织，也许是你的雇主或大学。按照如图 4.15 所示的 "信息系统计划大纲"，为你选择的组织完成一份简短的信息系统计划。分别为大纲中的七个类别至少写一个简短的段落。如果 IS 员工和经理有空，与他们面谈以获得你需要的信息。将你的模拟计划提交给该组织的 IS 经理，请他/她反馈你的计划是否符合该组织的 IS 实际。

4.38　选择一个你有联系的组织，也许是你的雇主或大学。为用于创建规划矩阵的每一项都列出能说明问题的例子。接着，列出各项之间的可能关系，并用一系列计划矩阵显示这些关系。

4.39　针对微软、苹果和 Facebook，你认为自己可以制定什么样的使命宣言。将你的使命宣言和这些公司的真实使命宣言进行比较。他们的使命宣言通常可以在年报中找到。你的宣言和它们真实的宣言能媲美吗？为什么？三个公司的使命宣言有什么不同和相似之处？

哪些信息系统是帮助这些公司实现其使命宣言所必需的？

4.40　选择一个和你有联系的组织，也许是你的雇主或大学。了解其信息系统项目是如何被确定的。项目是否得到了充分的确认？是作为 ISP 或公司战略计划过程的一部分来确定的吗？为什么是或为什么不是？

参考资料

Amrollahi, A., Ghapanchi, A. H., & Talaei-Khoei, A. (2014). Three decades of research on strategic information system plan development. *Communications of the Association for Information Systems, 34*(84). Retrieved March 22, 2018 from http://aisel.aisnet.org/cais/vol34/iss1/84.

Atkinson, R. A. (1990). The motivations for strategic planning. *Journal of Information Systems Management, 7*(4), 53–56.

Bass, L., Weber, I., & Zhu, L. (2015). *Dev ops: A software architect's perspective.* New York: Addison-Wesley Professional.

Burd, S. D. (2015). *Systems Architecture* (7th Ed.). Boston, MA: Course Technology.

Carlson, C. K., Gardner, E. P. & Ruth, S. R. (1989). Technologydriven long-range planning. *Journal of Information Systems Management. 6*(3), 24–29.

Cassidy, A. (2005). *A practical guide to information systems strategic planning.* London: CRC Press.

Culbreth, D.N. (2017). *Dynamic value chains: Visualizing and optimizing your business.* Business Visualization and Optimization. Denver, CO.

Dewan, S., Michael, S. C., & Min, C. K. (1998). Firm characteristics and investments in information technology: Scale and scope effects. *Information Systems Research, 9*(3), 219–232.

Dyche, J. (2015). *The new IT: How technology leaders are enabling business strategy in the digital age.* NY: McGraw Hill.

Foss, N.J., & T. Saebi (eds). 2015. *Business Model Innovation: The Organizational Dimension*. Oxford, UK: Oxford University Press.

Fuller, M. A., Valacich, J. S., George, J. F., & Schneider, C. (2018). *Information systems project management. Burlington*, VT: Prospect Press.

GAO. (2000). *Information technology investment management: A framework for assessing and improving process maturity*. U.S. Government Accountability Office. Retrieved March 22, 2018 from http://www.gao.gov/special.pubs/ai10123.pdf.

Harvard Business Review. (2011). *Aligning technology with strategy*. Boston, MA: Harvard Business Review Press.

IBM. (1982). Business systems planning. In J. D. Couger, M. A. Colter, and R. W. Knapp (eds.), *Advanced system development/Feasibility techniques* (pp. 236–314). New York: Wiley.

Kerr, J. (1990). The power of information systems planning. *Database Programming & Design*, 3(12), 60–66.

Luftman, J. N. (2011). *Managing the Information Technology Resource*. 3rd Edition. Amazon Digital Services.

McKeen, J. D., Guimaraes, T., & Wetherbe, J. C. (1994). "A Comparative Analysis of MIS Project Selection Mechanisms." Data Base 25(2): 43–59.

Newbold, D. L., & Azua, M. C. (2007). A model for CIO-led innovation. *IBM Systems Journal, 46*(4), 629–37.

Overby, S. (2008). How to Get Real About Strategic Planning.cio Magazine. Retrieved June 24, 2018 from https://www.cio.com/article/2437070/leadership-management/how-toget-real-about-strategic-planning.html.

Parker, M. M., & R. J. Benson. (1989). Enterprisewide information management: State-of-the-art strategic planning. *Journal of Information Systems Management, 6* (Summer), 14–23.

Porter, M. (1980). *Competitive strategy: Techniques for analyzing industries and competitors*. New York: Free Press.

Porter, M. (1985). *Competitive advantage*. New York: Free Press.

Sanders, N. R. (2017). *Supply chain management*. Hoboken, NJ: Wiley.

Segars, A. H., & Grover, V. (1999). Profiles of strategic information systems planning. *Information Systems Planning*, 10(3), 199–232.

Slater, D. (2002). Mistakes: Strategic Planning Don'ts (and Do's).cio Magazine. Retrieved June 24, 2018. https://

www.cio.com/article/2440785/project-management/mistakes–strategic-planning-don-ts--and-dos-.html.

Thomas, G., & Fernandez, W. (2008). Success in IT projects: A matter of definition? *International Journal of Project Management*, 26(7), 733–42.

Van den Berg, G., & Pietersma, P. (2015). 25 *need-to-know management models*. Upper Saddle River, NJ: FT Press.

Venkatraman, V. (2017). *The digital matrix: New rules for business transformation through technology*. Vancouver, Canada: Life Tree Media.

Weill, P., & Ross, J. W. (2009). *IT savvy: What top executives must know to go from pain to gain*. Boston, MA: Harvard Business Review Press.

Westerman, G., Bonnet, D., & McAfee, A. (2014). *Leading digital: Turning technology into business transformation*. Boston, MA: Harvard Business Review Press.

Windpassinger, N. (2017). *Internet of things: Digitize or die: Transform your organization. Embrace the digital revolution. Rise above the competition*. Amazon Digital Services.

案例学习：确定和选择系统开发项目

新出场人物：

J.K. Choi(首席财务官，CFO)

Julie(CFO 助理)

Petrie Electronics 的首席财务官 J. K. Choi 早早地来到了 IS 指导委员会的季度会议。担任委员会主席的 Choi 在会议室的大桌子前就座。他打开笔记本电脑的盖子，看了看当天会议的议程。今天只有几个提议的系统项目需要考虑。他对其中大多数项目的细节都很熟悉。他简单看了一下每个申请的文件。他真的不认为今天有什么太有争议的事情需要考虑。大多数申请都相当常规，涉及对现有系统的升级。提议开发的一个全新系统是一个客户忠诚度系统，内部代号是 "留住客户" (No Customer Escapes)。

阅读提案文件时，Choi 看到这个名称时笑了笑。他想："这东西可是朝思暮想好长时间了。"

大约 15 分钟后，他的行政助理 Julie 进来了。"是我晚了还是你早了？"她问。

"不，你没有迟到，"Choi 说，"我想早点进来看下这些提案。昨天没能像我想的那样花那么多时间在这些上面。"

Julie 正准备回答时，委员会的其他成员陆续到达。首先来的是首席运营官 Ella Whinston。Choi 知道 Ella 是客户忠诚度项目的倡导者。就 Choi 所知，她谈这个项目很多年了。等下就会有她的一

个人做演示以争取对该项目的支持。Choi 知道，她已获得其他大多数最高管理层成员对这个项目的认可。他还知道，Petrie 的 IT 主管 Joe Swanson 也支持这个项目。Joe 不在，但他的助理总监 Jim Watanabe 将代替他出席会议。Ella 已经让人知道，她希望 Jim 成为客户忠诚度系统项目的项目经理。Jim 刚加入公司，但他在百老汇娱乐公司 (BEC) 史诗般的倒闭之前已经有了五年的经验。"还好我在 BEC 倒闭前把他们的股票都卖了。"Choi 想。这让他想起了今天晚些时候要召开的年度股东大会。"最好不要让指导委员会开太久的会，"他想："今天还有更重要的事情。"

下一个来的是市场部主管 John Smith。John 也是指导委员会的成员，他职业生涯的大部分时间都在 Petrie 工作。他在公司的时间比指导委员会的其他任何人都长。

就在这时，Jim Watanabe 快步走进会议室，差点撞到 John Smith，害得 John Smith 的平板电脑差点儿掉地上，咖啡也险些洒在 Smith 身上。Choi 又笑了起来。

"欢迎大家，"Choi 说，"我想我们都到齐了。你们都有今天上午会议的议程副本。让我们开始吧。"

"抱歉打断一下，JK，"Ella 说，"Bob

Petroski 还没来。他要演示客户忠诚度系统项目的提案。我不知道他在哪里。可能堵车了。"

"客户忠诚度系统是我们今天要讨论的最后一个项目,所以我们可以先继续其他议程。除了这个项目,Bob 没有其他事吧?"Choi 解释说。

Choi 再次环视了一下桌子。"好的,那么,我们开始吧。尽可能遵守议程,而且要注意时间。我知道我们都很忙,但我今天下午有一个非常重要的会议。Julie,你看能不能找到 Bob?"

案例问题

4.41 什么是 IS 指导委员会?其主要职能是什么?通常谁会在这种委员会中任职?为什么会有这种委员会?

4.42 在组织中,新的信息系统的想法从哪里来?

4.43 通常用什么标准决定要开发的新信息系统项目?Bob Petroski 为开发提议中的客户忠诚度系统可能会提出哪些论据?

4.44 需要什么样的信息才能制作图 4.4 这样的表格并提交给指导委员会?这些信息中有多少是客观的?多少是主观的?说说你的理由。

第 5 章

启动和计划系统开发项目

学习目标

5.1　理解项目启动和计划过程涉及的步骤

5.2　理解评估项目可行性的各种方法

5.3　理解制定和审查基线项目计划所需的活动

5.4　理解结构化演练中的活动以及参与者的角色

导言

系统开发生命周期 (SDLC) 计划的第一阶段有两项主要活动。第一项活动是项目确定和选择，重点是确认对一个新的或增强的系统的需求。该活动不涉及某个具体项目，而是确定组织要实施的项目的组合 (portfolio)。因此，项目确定和选择通常被认为是生命周期中的一个"项目前"步骤。这种对潜在项目的确认可能是一个更大的计划过程 (信息系统计划) 的一部分，也可能是来自经理和业务部门的要求。无论一个项目是如何被确定和选择的，下一步是在项目启动和计划期间进行更详细的评估。评估的重点不是提议的系统将如何运作，而是了解项目的范围以及在现有资源条件下完成项目的可行性。组织了解是否应该为一个项目投入资源是至关重要的；否则，可能会犯非常昂贵的错误 (Fuller, Valacich, George, & Schneider, 2018; Laplante, 2006; Nash, 2008)。所以，本章将重点放在这个过程上。项目启动和计划是决定项目开发、拒绝还是重新调整方向 (redirect) 的地方，也是作为系统分析师的你开始在系统开发过程中发挥重要作用的地方。

下一节将简要回顾项目的启动和计划过程。然后描述了许多评估项目可行性的技术。

然后，我们讨论了制定基线项目计划的过程，这种计划用于组织可行性分析中发现的信息。一旦制定了这种计划，就可开始对项目进行正式审查。然而，在项目可以发展到系统开发生命周期的下一个阶段——分析——之前，项目计划必须被审查和接受。本章最后一节概述了项目审查过程。

启动和计划系统开发项目

进行项目启动和计划 (Project Initiation and Planning，PIP) 时，一项关键的考虑是决定 PIP 何时结束，分析 (SDLC 的下一个阶段) 何时开始。这是一个问题，因为在 PIP 期间进行的许多活动也可以在分析期间完成。Pressman(2014) 认为，决定如何划分 PIP 和分析时必须考虑下面三个重要问题。

1. 在项目启动和计划过程中应花费多少精力？
2. 谁负责执行项目启动和计划过程？
3. 为什么项目启动和计划是一项具有挑战性的活动？

对于第一个问题，即在 PIP 过程中应该花费多少精力，通常很难找到答案。然而，实践经验表明，在项目启动和计划活动上花费的时间和精力很容易在项目后期得到回报。正确而有见地的项目计划，包括确定项目范围以及确定项目活动，可以很容易地避免项目后期时间的浪费。例如，通过仔细的可行性分析，决定一个项目不值得继续进行，可以节省大量的资源支出。实际花费的时间将受项目的规模和复杂性以及组织在建立类似系统方面的经验的影响。一个经验法则是，整个开发工作的 10% 到 20% 应该花在 PIP 研究上。因此，为了充分认识所提议的系统是否值得开发，应该考虑在 PIP 上多花费一点时间。

对于第二个问题，即谁负责执行 PIP，大多数组织会指派一名有经验的系统分析师 (如果是大型项目，则可能是一个分析师团队) 来执行 PIP。分析师与提议开发系统的客户 (经理和用户) 以及其他技术开发人员合作来准备最终的计划。有经验的分析师与充分了解其信息服务需求的客户一起工作，应该就能完成 PIP，而不必像生命周期的分析阶段那样进行非常详细的分析。经验不足的分析师如果与只是模糊了解其需求的客户一起工作，那么为了确定项目的范围和工作计划是可行的，他们在 PIP 期间则有可能花费较多的精力。

至于第三个问题，PIP 被视为一项具有挑战性的活动，因为 PIP 研究的目标是将模糊的系统请求文档转化为切实的项目描述。这是一个开放式过程。分析师必须清楚理解提议中的系统的动机和目标。所以，为了创建一个有意义的项目计划，系统分析师、用户和管理层之间的有效沟通至关重要。对于跨部门的项目，让各方在项目的方向上达成一致可能有些困难，因为各方有不同的业务目标。所以，对于一个项目，组织设置越复杂，就需要越多的时间在 PIP 中分析当前的系统和提议中的系统。

本章剩余部分将描述用于回答这些问题的必要活动。下一节将重新审视最初在第 3 章中"管理信息系统项目"一节所概述的项目启动和计划活动。随后，将简要介绍这一过程的交付物和成果。

启动和计划开发项目的过程

顾名思义，项目启动和计划 (PIP) 期间会发生两项主要活动 (参见图 5.1)。由于 PIP 过程的步骤已在第 3 章进行了解释，所以本章将重点放在执行此过程时使用的几种技术上。这里只是简单回顾一下 PIP 过程。

图 5.1

**强调项目启动和计划的系统开发生
命周期**

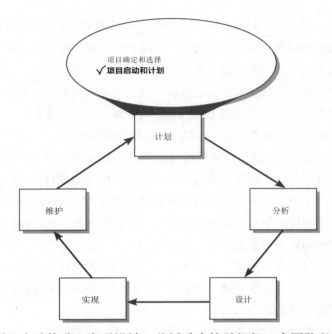

项目确定和选择
✓ **项目启动和计划**

计划

维护

分析

实现

设计

　　项目启动的重心在于设计一些活动来协助组织一个团队以开展项
目计划。在启动过程中，一个或多个分析师被指派与客户（即请求发
起项目或将受项目影响的业务组成员）一起工作，以建立工作标准和
沟通程序。表 5.1 总结了要进行的一些活动类型。取决于项目的规模、
范围和复杂性，有的项目启动活动可能不必要，也可能非常牵扯精力。
另外，许多组织已制定好了规程，列出了启动时要进行的一些常规活
动。项目启动的一项关键活动是制定项目章程（已在第 3 章定义）。

表 5.1　项目启动期间的活动

- 建立项目启动团队
- 与客户建立关系
- 制定项目启动计划
- 制定管理程序
- 建立项目管理环境和项目工作手册
- 制定项目章程

PIP 的第二项主要活动是项目计划，它有别于常规的信息系统计划，后者主要是评估整个组织的信息系统需求（已在第 4 章讨论）。项目计划是定义明确的、独立的活动以及在一个项目中完成每项活动所需工作的过程。项目计划过程的目标是制定一个基线项目计划(Baseline Project Plan, BPP) 和项目范围说明(Project Scope Statement, PSS)(Morris & Sember, 2008)。BPP 将成为开发项目剩余部分的基础。由团队制作的 PSS 向客户清楚概述了项目的目标和限制。和项目启动过程一样，项目的规模、范围和复杂性将决定项目计划过程和最终文档的全面性。此外，还必须对资源的可用性和潜在的问题做出许多假设。对这些假设以及系统成本效益的分析构成了一个商业案例 (business case)。表 5.2 总结了项目计划期间进行的一系列活动。

商业案例
(business case)
针对所提议的信息系统，从有形和无形的经济效益和成本以及技术和组织的可行性方面进行的论证。

表 5.2   项目计划期间的活动

- 描述项目范围、备选方案和可行性
- 将项目分解为可管理的任务
- 估算资源并创建资源计划
- 制定初步的日程表
- 制定沟通计划
- 确定项目标准和程序
- 识别和评估风险
- 创建初步预算
- 制定项目范围说明
- 制定基线项目计划

交付物和成果

项目启动和计划阶段的主要成果和交付物是"基线项目计划"和"项目范围说明"。基线项目计划 (baseline project plan，BPP) 包含在项目启动和计划期间收集和分析的所有信息。该计划基于当前对项目的理解，反映了对项目范围、收益、成本、风险和资源要求的最佳估计。BPP 为生命周期的下一阶段——分析——指定了详细的项目活动，并为后续项目阶段指定了较少的细节（因为这些要取决于分析阶段的

基线项目计划
(baseline project plan，BPP)
项目启动和计划阶段的一个主要成果和交付物，包含对项目范围、收益、成本、风险和资源要求的最佳估计。

结果)。类似地，随着项目的进展，收益、成本、风险和资源需求将变得更加具体和可量化。项目选择委员会用 BPP 来帮助决定该项目是应该接受，重新调整方向，还是取消。如被选中，BPP 将成为所有后续 SDLC 活动的基础文档；然而，它也应该随着项目的发展而发展。换言之，随着 SDLC 后续阶段新信息的获得，基线计划也将被更新。本章稍后会描述如何构建 BPP。

　　项目范围说明 (project scope statement，PSS) 是为客户准备的一份简短文档，描述了项目将交付什么，并概括了完成项目所需的全部工作。PSS 确保你和你的客户对项目有一个共同的认识。它还是一个非常有用的沟通工具。PSS 文档很容易创建，因其基本上就是对 BPP 信息的高级摘要 (后面会说明)。取决于你和客户的关系，PSS 的角色可能有所区别。在一个极端，PSS 可作为正式合同协议的基础，概述明确的截止日期、费用和规格。而在另一个极端，PSS 可能只是作为一个沟通工具使用，概述当前对项目交付物、何时完成以及可能消耗的资源的最佳估计。例如，一个合同编程或咨询公司可能与客户建立非常正式的关系，并使用一个全面和正式的 PSS。而一个内部开发小组可能开发只有一到两页的 PSS，目的只是为了告知客户，而不是为了设定合同义务和期限。

项目范围说明
(project scope statement，PSS)
为客户准备的文档，描述项目将交付什么，而且通常从较高的层次概括完成项目需要的全部工作。

评估项目可行性

　　如果有无限的资源和时间，所有项目都可行 (Pressman，2014)。不幸的是，大多数项目必须在严格的预算和时间限制下开发。这意味着评估项目可行性是所有信息系统项目的必要活动，也是一项潜在的大工程。它要求作为系统分析员的你评估一系列广泛的因素。这些因素的相对重要性通常因项目而异。虽然项目的具体情况决定了哪些因素最重要，但大多数可行性因素都可以用以下几个类别来表示：

- 经济
- 技术
- 运营
- 日程安排
- 法律和合同
- 政治

这些可行性分析的最终结果是商业案例，它对项目资源花费的合理性进行了论证。本节剩余部分将研究各种可行性问题。首先讨论与经济可行性有关的问题，然后介绍用于进行这种分析的技术。接着讨论评估技术项目风险的技术。最后将讨论与经济和技术可行性不直接相关、但对确保项目成功同样重要的问题。

松谷家具
(PVF)

为了帮助更好地理解可行性评估过程，我们将研究松谷家具(PVF)的一个项目。PVF 的营销副总裁 Jackie Judson 已就该项目提交了一份系统服务请求 (SSR)，要求开发一个如图 5.2 所示的客户跟踪系统 (Customer Tracking System，CTS)。Jackie 认为，这个系统可以让 PVF 的营销团队更好地跟踪客户的购买活动和销售趋势。她还认为，一旦建成，CTS 将为 PVF 带来许多有形和无形的收益。该项目被 PVF 的系统优先委员会选中开展项目启动和计划研究。在项目启动期间，高级系统分析师 Jim Woo 被指派与 Jackie 合作以启动和计划该项目。项目发展至今，所有项目启动活动都已完成。Jackie 和 Jim 正专注于项目计划活动以完成 BPP(基线项目计划)。

图 5.2

松谷家具的客户跟踪系统 SSR(系统服务请求)

```
Pine Valley Furniture
System Service Request

REQUESTED BY      Jackie Judson                           DATE:  August 20, 2020

DEPARTMENT        Marketing

LOCATION          Headquarters, 570c

CONTACT           Tel: 4-3290   FAX: 4-3270   E-Mail: jjudson

TYPE OF REQUEST              URGENCY
  [ X ]  New System            [   ]  Immediate: Operations are impaired or opportunity lost
  [   ]  System Enhancement     [   ]  Problems exist, but can be worked around
  [   ]  System Error Correction [ X ]  Business losses can be tolerated until new system installed

PROBLEM STATEMENT

Sales growth at PVF has caused a greater volume of work for the marketing department.  This volume
of work has greatly increased the volume and complexity of the data we need to deal with and
understand.  We are currently using manual methods and a complex PC-based electronic spreadsheet
to track and forecast customer buying patterns.  This method of analysis has many problems: (1) we are
slow to catch buying trends as there is often a week or more delay before data can be taken from the
point-of-sales system and manually enter it into our spreadsheet; (2) the process of manual data entry is
prone to errors (which makes the results of our subsequent analysis suspect); and (3) the volume of
data and the complexity of analyses conducted in the system seem to be overwhelming our current
system—sometimes the program starts recalculating and never returns, while for others it returns
information that we know cannot be correct.


SERVICE REQUEST

I request a thorough analysis of our current method of tracking and analysis of customer purchasing
activity with the intent to design and build a completely new information system.  This system should
handle all customer purchasing activity, support display and reporting of critical sales information, and
assist marketing personnel in understanding the increasingly complex and competitive business
environment.  I feel that such a system will improve the competitiveness of PVF, particularly in our
ability to better serve our customers.


IS LIAISON    Jim Woo,  4-6207  FAX: 4-6200  E-Mail: jwoo

SPONSOR       Jackie Judson, Vice President, Marketing

----------------- TO BE COMPLETED BY SYSTEMS PRIORITY BOARD -----------------
  [   ]  Request approved       Assigned to _____
                                Start date _____
  [   ]  Recommend revision
  [   ]  Suggest user development
  [   ]  Reject for reason_____
         _____
```

经济可行性

(economic feasibility)

确定与开发项目关联的财务收益和成本的一种过程。

评估经济可行性

评估经济可行性 (economic feasibility) 的目的是确定与开发项目关联的财务收益和成本 (Laplante, 2006; Shim & Henteleff, 1994)。经济可行

性通常被称为"成本效益分析"(cost-benefit analysis)。在项目启动和计划期间，你不可能精确定义与某个项目有关的所有收益和成本。但重要的是，要花足够的时间来确定和量化这些内容，否则就无法进行充分的经济分析，也无法在竞争项目之间进行有意义的比较。这里将描述开发一个信息系统所带来的典型收益和成本，并提供几个有用的工作表来记录成本和收益。此外，还介绍了几种进行成本效益计算的常用技术。在SDLC 的每个阶段结束后，在对项目进行审查以决定项目是继续、重新调整方向或者终止时，这些工作表和技术都会被用到。

确定项目收益

信息系统可为组织带来许多好处（效益、收益）。例如，一个新的或改造的信息系统可以自动化单调的工作并减少错误；为客户和供应商提供创新服务；或者提高组织的效率、速度、灵活性和士气。一般来说，收益可以是有形和无形的。有形收益 (tangible benefit) 是指可以用钱来衡量并具有确定性的那些收益。有形收益的例子包括减少人员开支、降低交易成本或者提高利润率等。值得注意的是，并非所有有形收益都能轻易量化。例如，一个有形收益如果能使公司完成某项任务的时间减半，那么也许很难硬性地用省了多少钱来量化。大多数有形收益都属于以下类别之一：

- 减少和避免成本
- 减少错误
- 提高灵活性
- 加快活动速度
- 改善管理计划和控制
- 开拓新市场，增加销售机会

在 PVF 的 CTS 中，Jim 和 Jackie 确定了几个有形收益，图 5.3 的有形收益工作表对此进行了总结。Jim 和 Jackie 必须从当前客户跟踪系统用户那里收集信息，才能建立如图 5.3 所示的表格。他们首先要

有形收益
(tangible benefit)
创建信息系统所带来的能够用钱来衡量并具有确定性的收益。

和负责收集、输入和分析当前客户跟踪数据准确性的人进行会面。据此人估计，她 25% 的时间都花在纠正数据输入错误上面。鉴于此人的工资是 100 000 美元，Jackie 和 Jim 估计从减少错误带来的收益是 25000 美元。Jim 和 Jackie 还和了使用当前客户跟踪报告的经理进行了会面。利用这些信息，他们可以估计出其他有形收益。他们了解到，改善库存管理能减少或避免一些成本。另外，由于减少了通常为不同目的而手动重组数据的时间，所以灵活性也许也能提高。此外，通过对新系统更广泛的分析，应该能改善计划或控制。总的来说，通过此次分析，预测该系统带来的收益每年约为 500 000 美元。

图 5.3
客户跟踪系统的有形收益

有形收益工作表 客户跟踪系统(CTS)项目	
	1到5年
A. 减少或避免成本	$ 45,000
B. 减少错误	25,000
C. 提高灵活性	75,000
D. 加快活动速度	105,000
E. 改善管理计划和控制	250,000
F. 其他	0
有形收益总计	$500,000

无形收益

(intangible benefit)

创建信息系统所带来的不容易用钱或确定的方式来衡量的收益。

Jim 和 Jackie 还确定了该系统的几种无形收益。虽然这些收益无法量化，但仍将在最终的 BPP 中加以描述。无形收益 (intangible benefit) 是那些不容易用钱或确定的方式来衡量的收益。无形收益可能为组织带来直接的好处，如提高员工的士气，或者具有更广泛的社会影响，如减少废物产生或资源消耗。在项目启动和计划期间，潜在的有形收益可能必须被视为无形的，因为在生命周期的这个阶段，你可能无法用金钱或确定的方式来量化它们。在后期阶段，在更好地理解了所设计的系统的影响时，这些无形的东西可以成为有形的收益。在这种情况下，BPP 会被更新，商业案例会被修改，以证明项目可以继续下一阶段。表 5.3 列出了许多与信息系统的开发相关的无形收益。实际收益因系统而异。在确定项目的收益之后，必须确定项目的成本。

表 5.3　开发信息系统带来的无形收益

• 竞争的必要性 • 更及时的信息 • 改善组织计划 • 增加组织的灵活性 • 促进组织的学习和理解 • 提供新的、更好的或更多的信息 • 调查更多备选方案的能力 • 更快的决策	• 对决策质量更有信心 • 提高处理效率 • 提高资产利用率 • 改善资源控制 • 提高文职工作的准确性 • 改善工作流程，提高员工士气或客户满意度 • 对社会的积极影响 • 提高社会责任感 • 更好地利用资源（"更环保"）

（来源：基于 Parker & Benson, 1988; Brynjolfsson & Yang, 1997; Keen, 2003; Cresswell, 2004）

确定项目成本

　　和收益类似，信息系统存在有形和无形的成本。有形成本 (tangible cost) 是很容易地用钱来衡量并具有确定性的成本。从信息系统开发的角度来看，有形成本包括硬件成本、劳动力成本和运营成本（包括员工培训和建筑装修）。相应地，无形成本 (intangible cost) 是不容易用钱或确定的方式来衡量的成本。无形成本包括客户商誉、员工士气或运营效率的下降。

有形成本
(tangible cost)
信息系统所产生的很容易地用钱来衡量并具有确定性的成本。

无形成本
(intangible cost)
信息系统所产生的不容易用钱或确定的方式来衡量的成本。

表 5.4　信息系统可能的成本

成本类型	例子	成本类型	例子
采购	硬件、软件、设施 基础设施 管理层和员工 咨询和服务	项目	基础设施更换和升级 项目人员 培训 开发活动 服务和采购 组织干扰 管理层和员工
启动	初始运营成本 管理层和员工 人员招聘	运营	基础设施更换和升级 系统维护 管理层和员工 用户培训和支持

（来源：基于 King & Schrems, 1978; Sonje, 2008）

　　表 5.4 列出了涉及信息系统开发和运行的常见成本。预测与信息系统的开发相关的成本是一门不精确的科学。然而，IS 研究人员已确定了几条改善成本估算过程的准则 (参见表 5.5)。要避免低估和高估成本 (Laplante, 2006; Lederer & Prasad, 1992; Nash, 2008; White & Lui, 2005)。低估会导致成本超支，高估则会导致不必要的资源分配，而这些资源本可被更好地利用。

表 5.5　改善成本估算的一些准则

1. 有做估算的明确准则。 2. 使用有经验的开发人员和 / 或项目经理来做估算。 3. 发展一种文化，让所有项目参与者为定义准确的估算负责。 4. 使用历史数据来帮助建立更好的成本、风险、进度和资源估算。 5. 随着项目的进展更新估算。 6. 监测进展并记录差异，以改进未来的估算。

(来源：基于 Lederer & Prasad, 1992; Hubbard, 2007; Sonje, 2008)

总体拥有成本
(total cost of ownership，TCO)
拥有和运行系统的总成本，包括购入成本及持续使用和维护所产生的成本。

一次性成本
(one-time cost)
与项目启动和开发或者系统启动相关的成本。

经常性成本
(recurring cost)
系统持续发展和使用所产生的成本

　　成本效益分析的一个目标是准确判断一项投资的总体拥有成本 (total cost of ownership，TCO)(Nash, 2008)。TCO 的重点是不仅要了解购买的总成本，还要了解涉及系统持续使用和维护的全部成本。所以，除了有形和无形成本，还可将与 IS 相关的开发成本区分为一次性的和经常性的 (收益也是如此，虽然我们不讨论收益的这种区别)。一次性成本 (one-time cost) 是与项目启动和开发以及系统启动 (start-up) 相关的成本。这些成本通常包括系统开发、新硬件和软件采购、用户培训、场地准备 (site preparation) 和数据 / 系统转换等活动。进行经济成本效益分析时，应创建一个工作表来记录这些费用。对于非常大的项目，一次性成本可能在一年或几年内分阶段支出。在这种情况下，应该为每一年都创建一个独立的一次性成本表。像这样分开后，我们更容易进行现值计算 (稍后描述)。经常性成本 (recurring cost) 是系统的持续发展和使用所产生的成本。这些成本的例子如下：

- 应用软件维护
- 递增的数据存储费用
- 递增的通信费用
- 新软件和硬件租赁
- 办公用品和其他费用（例如，纸张、表格、数据中心人员）

一次性成本和经常性成本都可以包含性质固定或可变的成本。固定成本是定期计费或发生的成本，而且通常按固定费率（例如设施租金）。可变成本是随使用情况而变的成本（例如长途电话费）。

在确定项目成本的过程中，Jim 和 Jackie 确定了项目的一次性和经常性成本。这些成本在图 5.4 和图 5.5 进行了总结。这些数字表明，该项目将产生 425 000 美元的一次性成本和每年 285 000 美元的经常性成本。一次性成本是通过与 Jim 的老板讨论而确定的，他认为该系统大约需要四个月的时间来开发（每月 100 000 美元）。为了有效地运行新系统，市场部需要升级其目前至少 5 个工作站（每个 3000 美元）。此外，还有每个工作站的软件许可证（每个 1000 美元）和适当的用户培训费 (10 个用户，每个 500 美元)。

一次性成本工作表 客户跟踪系统(CTS)项目	
	0年
A. 开发成本	$400,000
B. 新硬件	15,000
C. 新(采购)软件, 包括:	
1. 套装软件	5,000
2. 其他 _____	0
D. 用户培训	5,000
E. 场地准备	0
F. 其他 _____	0
一次性成本总计	$425,000

图 5.4

客户跟踪系统的一次性成本（松谷家具）

经常性成本工作表 客户跟踪系统(CTS) 项目	
	1到5年
A. 软件维护	$280,000
B. 递增的数据存储: 20 GB X $50 (估计费用/GB = $50)	1,000
C. 递增的通信费用(座机、短信，...)	2,000
D. 新软件或硬件租赁	0
E. 办公用品	2,000
F. 其他 _____	0
经常性成本总计	$285,000

从图 5.5 可以看出，Jim 和 Jackie 认为提议的是一个高度动态的系统，每年平均需要 5 个月的维护，主要是随着用户对系统期望值的提高而增强功能。其他持续的开支，如增加的数据存储、通信设备和办公用品，也应在预料之中。你现在应该了解了涉及信息系统项目的收益和成本类别。任何项目都存在潜在的收益和成本。此外，由于系统的开发时间和使用寿命可能跨越数年，所以为了进行有意义的成本效益比较，这些收益和成本必须被规范化为现值。下一节将讨论时间和金钱之间的关系。

金钱的时间价值

大多数用于确定经济可行性的技术都包含了金钱的时间价值 (time value of money，TVM) 概念，它反映了 "今天能用的钱比明天同样多的钱更有价值" 的概念。如前所述，信息系统的开发既有一次性成本，也有经常性成本。此外，系统开发的好处可能会在未来某个时候出现。由于可能有多个项目竞争同一笔投资资金，并且可能有不同的预期使用寿命，所以在比较投资方案时，必须根据其现值来看待所有成本和收益。

一个简单的例子将有助于理解 TVM。假设你想从一个熟人那里买一辆二手车，她要求你从明年起，分三年每年支付 1500 美元，共计

金钱的时间价值
(time value of money，TVM)
今天能用的钱比明天同样多的钱更有价值。

4500 美元。如果她同意一次性付款（如果你有钱！），你认为她会同意多少钱？是 4500 美元吗？应该更多还是更少？要回答这个问题，必须考虑金钱的时间价值。大多数人都愿意今天就拿到 4500 美元，而不是分三次每次拿 1500 美元，因为但凡有投资收益，今天的一美元（共4500 美元）就比明天或明年的一美元更"值钱"。可以借入或投资的利率称为"资本成本"(cost of capital)，在 TVM 计算中称为"贴现率"(discount rate)。假定卖家将卖车所得的钱存入银行，并获得 10%的投资回报。在计算三笔 1500 美元付款的现值 (present value) 时，可以使用一个简单的公式：

贴现率
(discount rate)
用来计算未来现金流现值的回报率。

现值
(present value)
未来现金流当前的价值。

$$PV_n = Y \times \frac{1}{(1+i)^n}$$

其中，PV_n 是 Y 美元从现在起 n 年后的现值，i 是贴现率。

　　就本例来说，假定贴现率为 10%，则三笔 1500 美元付款的现值如下：

$$PV_1 = 1500 \times \frac{1}{(1+.10)^1} = 1500 \times .9091 = 1363.65$$

$$PV_2 = 1500 \times \frac{1}{(1+.10)^2} = 1500 \times .8264 = 1239.60$$

$$PV_3 = 1500 \times \frac{1}{(1+.10)^3} = 1500 \times .7513 = 1126.95$$

其中，PV1，PV2 和 PV3 分别是第 1 年、第 2 年和第 3 年每一笔 1500付款的现值。

　　要计算三笔 1500 美元付款的净现值 (Net Present Value，NPV)，只需将之前计算的现值相加 (NPV = PV1+PV2+PV3 = 1363.65+1239.60+1126.95 = 3730.20)。换言之，在贴现率为 10% 的情况下，卖方能接受 3730.20 美元（而不是 4500 美元！）的一次性付款，等同于三笔 1500 美元的分期付款。

　　知道了时间和金钱的关系后，进行经济分析的下一步是创建一个反映所有收益和成本的现值以及所有相关分析的汇总工作表。考虑到商业环境的快速变化，PVF 的系统优先委员会认为，许多信息系统的使用寿命都不会超过 5 年。所以，所有成本效益分析计算都将以 5 年的时间范围作为所有与时间有关的分析的上限。除此之外，PVF 的管理层将其资本成本设为 12%(即 PVF 的贴现率)。Jim 构建的工作表如图 5.6 所示。

图 5.6

反映客户跟踪系统 (CTS) 所有收益和成本现值的汇总电子表格 (松谷家具)。

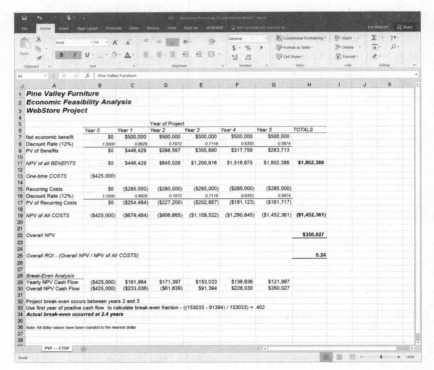

(来源：Microsoft Corporation)

其中，单元格 H11 汇总了项目总有形收益的净现值 (NPV)。单元格 H19 汇总了项目总成本的净现值。单元格 H22 则汇总了项目的总 NPV($350,027)，即项目收益超出成本的部分。

项目的总体投资回报率 (Return On Investment，ROI) 在单元格 H25 中显示。由于多个备选项目可能有不同的收益和成本值，还可能有不同的预期寿命，所以基于经济考量对不同的项目进行比较时，总体 ROI 值非常有用。当然，本例显示的是整体项目的 ROI；可为项目的每一年执行 ROI 分析。

图 5.6 最后一项分析是**收支平衡分析** (break-even analysis)。收支平衡分析的目的是发现在什么时候（如果会的话）收益等于成本（即什么时候发生收支平衡）。为进行这种分析，需确定每年现金流的 NPV。这里，每年现金流是通过从每年收益的现值中减去一次性成本和经常性成本的现值来计算。现金流的总 NPV 反映了之前所有年份的总现金流。查看工作表的行 30，发现收支平衡发生在第 2 年和第 3 年之间。由于第 3 年是总 NPV 现金流为非负值的第一年，所以可以像下面这样确定在这一年中哪个点会发生收支平衡：

$$\text{收支平衡率} = \frac{\text{年NPV现金流 - 总NPV现金流}}{\text{年NPV现金流}}$$

代入图 5.6 的数据：

$$\text{收支平衡率} = \frac{153033\text{-}91394}{153033} = .403$$

所以，项目收支平衡发生在约 2.4 后，如图 5.7 所示。利用经济分析的信息，PVF 的系统优先级委员会能够更好地了解 CTS 潜在的经济影响。从这个分析可以看出，如果没有这样的信息，几乎不可能知道一个提议中的系统的成本效益，也不可能对批准或拒绝服务请求做出明智的决定。

收支平衡分析
(break-even analysis)
发现在什么时候（如果会的话）收益等于成本的一种成本效益分析。

图 5.7
客户跟踪系统的收支平衡分析（松谷家具）

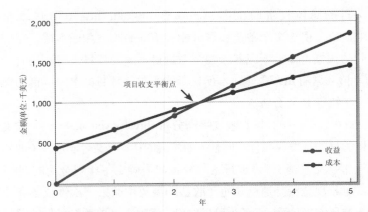

可以使用许多技术来计算一个项目的经济可行性。由于大多数信息系统的使用寿命都超过一年，并且会在一年以上的时间里提供收益和产生成本，所以大多数分析经济可行性的技术都采用了 TVM 的概念。其中一些成本效益分析技术相当简单，另一些则比较复杂。表 5.6 介绍了三种常用的经济可行性分析技术。要更详细地了解 TVM 或一般的成本效益分析技术，鼓励有兴趣的读者查阅金融或管理会计的入门课本。

一个系统项目在项目启动和计划期间进行估算时，即使没有达到收支平衡，或者有高于某个组织门槛的投资回报率，也可能被批准继续。在项目的这一阶段，许多收益或成本可能无法量化，所以项目并不见得会出现财务上的问题。在这种情况下，直接做一次尽可能全面的经济分析，包括制作一个长的无形资产清单，可能就足以让项目取得进展。另一个方案是在项目启动和计划期间，使用悲观、乐观和预期的收益和成本估计，运行如图 5.7 所示的经济分析类型。利用可能的结果范围，加上无形收益的清单和提出申请的业务部门的支持，往往足以让项目继续并进入分析阶段。然而，必须尽可能精确地进行经济分析，尤其是在投资资本匮乏的情况下。在这种情况下，也许有必要在项目启动和计划期间就进行一些通常在分析阶段进行的活动，以便清楚了解现有系统的在哪些地方存在低效率和缺陷，并解释新系统将如何克服这些问题。所以，为系统项目建立经济案例是一种开放式的活动；需要多少分析取决于特定的项目、利益相关方和业务情况。此外，对新类型的信息系统进行经济可行性分析往往是非常困难的。

表 5.6　常用的经济成本效益分析技术

分析技术	说明
净现值 (NPV)	NPV 使用从公司的资本成本中确定的贴现率来确定项目的现值。贴现率被用来确定现金收入和支出的现值
投资回报率 (ROI)	ROI 是项目的净现金收入除以项目的现金支出的比率。通过比较有代表性的投资回报率，可在竞争投资的项目之间进行权衡分析
收支平衡分析 (BEA)	BEA 发现一个项目的累计现金流等于其初始和持续投资所需要的时间

评估技术可行性

评估技术可行性 (technical feasibility) 的目的是了解组织构建所提议系统的能力。这种分析应包括评估开发小组对可能用到的目标硬件、软件和操作环境的理解，以及系统的规模、复杂性和开发小组对类似系统的经验。本节要讨论一个用于评估项目技术可行性的框架。回答了几个基本问题后，就可以确定项目的风险水平。

注意，所有项目都存在风险，而且不一定是要避免的风险。当然，由于组织通常期望风险较高的项目有更大的投资回报，所以评估项目时需了解技术风险的来源和类型。另外，风险需要被管理，将其最小化；所以，应该在项目中尽早识别潜在的风险。如果不评估和管理风险，可能会有以下后果。

- 未能实现项目的预期收益
- 项目成本估算不准确

技术可行性
(technical feasibility)
评估开发组织构建所提议系统的能力的一种过程。

- 不准确的项目期限估计
- 未能达到足够的系统性能水平
- 未能将新系统与现有硬件、软件或组织过程充分整合

为了管理项目风险，可修改项目计划来避免风险因素，指派项目组成员仔细管理风险环节，并设置监测方法来判断潜在的风险是否正在形成。

与特定项目相关的技术风险多寡取决于四个主要因素：项目规模、项目结构、开发组在应用和技术领域的经验以及用户组在系统开发项目和应用领域的经验 (Kirsch, 2000)。表 5.7 总结了这些风险领域的各个方面。使用这些因素进行技术风险评估时要遵循以下 4 个一般规则。

1. 大项目比小项目风险更大。当然，项目规模与开发组平时处理的相对项目规模有关。一个开发组的"小"项目在另一个开发组那里可能就是"大"项目。表 5.7 列出了影响项目规模的各类因素。

2. 一个需求容易获得且高度结构化的系统比一个需求杂乱无章、结构不清晰、定义不明确或受制于个人判断的系统风险要小。例如，由于存在法律报告的要求和标准的会计程序，所以开发一个工资系统的要求可能很容易获得。另一方面，开发一个行政支持系统需要根据组织的特定行政决策风格和关键成功因素进行定制，从而使其开发更具风险性 (参见表 5.7)。

3. 采用常用或标准技术开发一个系统，风险比采用新的或非标准技术小。若开发小组缺乏对于技术环境某一方面相关知识的了解，项目就更有可能遇到不可预见的技术问题。风险较小的方法是使用标准开发工具和硬件环境。有经验的系统开发者经常谈到使用前沿技术 (用他们的话则是超前沿技术) 的困难 (参见表 5.7)。

4. 当用户组熟悉系统开发过程和应用领域时，项目的风险要比用户组不熟悉它们时风险小。成功的 IS 项目需要用户组和开发组的积极

译注

前沿技术 (leading-edge)、超前沿技术或血刃科技 (bleeding-edge)，是指具有较高风险的，且不一定可靠的技术，先行者导入此项技术需要大量的投入。

参与和合作。熟悉应用领域和系统开发过程的用户更有可能理解他们
参与的必要性，以及这种参与会如何影响项目的成功（参见表 5.7）。

表 5.7　项目风险评估因素

风险因素	示例
项目规模	项目团队成员数量 项目持续时间 参与项目的组织部门的数量 编程工作量（例如，时数、功能点） 外包合作伙伴的数量
项目结构	新系统或对现有系统进行改造 系统带来的组织、过程、结构或人事变化 用户的看法和参与的意愿 管理层对系统的承诺 系统开发工作中的用户信息量
开发组	对目标硬件、软件开发环境、工具和操作系统的熟悉度 对提议的应用领域的熟悉度 对构建类似规模的类似系统的熟悉度
用户组	对信息系统开发过程的熟悉度 对提议的应用领域的熟悉度 对使用类似系统的熟悉度

（来源：基于 Applegate, Austin, & Soule, 2009; Fuller et al., 2018）

　　高风险的项目仍可进行。许多组织把风险看成是一个组合问题：
考虑到所有项目，拥有合理比例的高、中、低风险项目是可行的。鉴
于一些高风险的项目会陷入困境，组织不能允许太多这样的项目。拥
有太多的低风险项目则可能显得不够积极，无法在系统的创新使用方
面取得重大突破。每个组织都必须决定自己能接受的不同风险项目的
组合。

图 5.8

项目结构化程度、项目规模以及对应用领域的熟悉程度对项目实施风险的影响

		结构化程度低	结构化程度高
对技术或应用领域的高熟悉度	大项目	(1) 低风险 (很容易受到管理不善的影响)	(2) 低风险
	小项目	(3) 极低风险 (很容易受到管理不善的影响)	(4) 极低风险
对技术或应用领域的低熟悉度	大项目	(5) 极高风险	(6) 中风险
	小项目	(7) 高风险	(8) 中低风险

（来源：基于 Applegate, Austin, & Soule, 2009; Fuller et al., 2018)

松谷家具
(PVF)

图 5.8 展示了一个矩阵，它用于评估和刚才描述的一般规则有关的相对风险。使用风险因素规则来评估 CTS 的技术风险水平，Jim 和 Jackie 对他们的项目得出以下结论。

1. 对于 PVF 的开发组织来说，这是一个相对较小的项目。系统的基本数据是现成的，所以建立该系统不会是一个大工程。

2. 项目的要求是高度结构化的，很容易获得。事实上，现有的基于电子表格的系统可供分析人员检查和研究。

3. 开发组熟悉可能用于构建系统的技术，因为只是对现有系统能力的一个扩展。

用户组熟悉应用领域，因为他们已经在使用图 5.8 描述的基于 PC 的电子表格系统。

鉴于这一风险评估，Jim 和 Jackie 将他们的信息映射到图 5.8 的风险框架中。结论是，该项目应被视为具有"极低"的技术风险（图中的单元格 4）。尽管这种方法对了解技术可行性很有帮助，但还有其他许多问题会影响项目的成功。这些非财务和非技术的问题将在下一节描述。

评估其他影响可行性的因素

本节探讨在项目计划期间为一个系统制定商业案例时应考虑的其他形式的可行性，从而结束我们对项目可行性问题的讨论。

评估运营可行性

要知道项目实现其预期目标的可能性，需要评估运营可行性 (operational feasibility)。其目的是了解提议的系统能在多大程度上解决业务问题，或者能在多大程度上利用 SSR 或项目确定研究所提出的机会。对于一个以信息系统计划为出发点的项目，运营可行性涉及项目是否与信息系统计划一致，或者是否能完成信息系统计划。事实上，任何项目的商业案例都可通过显示与商业或信息系统计划之间的联系来加强。对运营可行性进行评估时，还应分析提议的系统将如何影响组织结构和过程。如果一个系统对组织的结构或过程有实质性和广泛的影响，那么通常属于风险较大的项目。所以，必须清楚了解一个信息系统将如何融入组织当前的日常运营。

运营可行性
(operational feasibility)
评估提议的系统能在多大程度上解决业务问题或利用业务机会。

评估日程表可行性

另一个可行性问题与项目工期有关。系统分析师要评估日程表可行性 (schedule feasibility)，从而了解所有潜在的时间框架和完成日期是否能被满足，以及满足这些日期是否足以处理组织的需求。例如，一个系统可能必须在政府规定的最后期限前投入使用，在商业周期的特定时间点（如开始推广新季产品的时候）投入使用，或者至少在竞争对手预计推出类似系统前投入使用。此外，日程表中的一些具体活动仅在相关资源可用时才能进行。例如，日程表不应安排在繁忙的业务期间进行系统测试，或者在年假或法定节假日期间召开关键的项目会议。项目启动和计划期间生成的活动安排对于分析阶段来说将是非

日程表可行性
(schedule feasibility)
评估一个项目的所有主要活动的潜在时间框架和完成日期在多大程度上符合组织的最后期限和限制条件。

常精确和详细的。为分析阶段之后估计的活动和相关时间则一般没那么详细（例如，要花两周的时间对工资报表模块进行编程），安排在生命周期阶段的水平即可（例如，花 6 周物理设计，花 4 个月编程等）。这意味着，在项目启动和计划期间，评估日程表的可行性更像是一种"粗略"的分析，即系统是否能在业务机会的限制下或用户的愿望下完成。评估日程表可行性的同时，也应评估对于进度的权衡。例如，诸如项目团队的规模、关键人员的可用性、分包或外包活动以及开发环境的变化等因素都可能对最终进度产生影响。和所有形式的可行性一样，在每个阶段之后，在能够更确定地说明下一阶段的每个步骤的细节时，都要对日程表可行性进行重新评估。

评估法律和合同可行性

法律和合同可行性
(legal and contractual feasibility)
评估因系统的构建而带来的任何潜在的法律和合同后果的一种过程。

第三个要评估的是法律和合同可行性 (legal and contractual feasibility)。在这个领域，你需要了解由于系统的建立而带来的任何潜在的法律后果。可能的考虑因素包括版权或保密侵权行为、劳动法、反垄断法（可能限制建立与其他组织共享数据的系统）、外贸法规（例如，一些国家限制外国公司访问员工数据）和财务报告标准，以及当前或未决的合同义务。合同义务可能涉及合资企业使用的软件的所有权、硬件或软件的使用许可协议、与合作伙伴的保密协议或者劳动协议的内容（例如，工会协议可能不允许用户想在系统中引入的某些补偿或工作监视功能）。一个常见的情况是，为了开发一个新的应用系统并在新的计算机上使用，可能需要购买新的或扩展的、更昂贵的系统软件许可证。

如果组织之前一直在使用外部组织提供的系统或服务，而你现在考虑自己开发，就更要考虑法律和合同的可行性。在这种情况下，另一方对程序源代码的所有权可能使你难以扩展现有系统或将新系统与现有系统链接到一起。

评估政治可行性

最后还要评估政治可行性 (political feasibility)。在这个过程中，你要了解组织的关键利益相关方如何看待提议的系统。由于一个信息系统可能影响组织内部的信息分配，从而影响到权力的分配，所以一个信息系统的建设会产生政治影响。那些不支持项目的利益相关方可能会采取步骤阻止、破坏或改变项目的预期重点。

总之，取决于特定情况，在计划项目时必须考虑许多可行性问题。这种分析应考虑与项目有关的经济、技术、运营、日程表、法律、合同和政治问题。除了这些考虑，组织对于项目的选择还可能受到这里讨论的之外的其他问题的影响。例如，虽然项目成本高、技术风险大，但如果该系统被认为是战略上的必需品，即组织认为该项目对组织的生存至关重要，那么项目就可能被选中进行构建。另外，项目也可能是因为需要的资源少、风险小而被选中，或者因为经理的权力或说服力而被选中。这意味着，项目的选择可能会受到这里讨论的之外的其他因素的影响，有的因素甚至无法提前分析。理解到这一现实之后，你作为系统分析员的作用就是对能够评估的因素进行彻底检查。你的分析将确保项目审查委员会在做出项目审批决定时拥有尽可能多的信息。下一节将讨论一般如何对项目计划进行审查。

制定和审查基线项目计划

在项目启动和计划期间获取的所有信息都会被收集并整理成一份名为"基线项目计划"(BPP) 的文档。一旦完成了 BPP，就可与项目客户和其他相关方一起对项目进行正式审查。本章稍后会讨论具体的演练 (walk-through) 过程。审查的重点是在推进项目之前验证基线计划中的所有信息和假设。

政治可行性
(political feasibility)
评估组织的关键利益相关方如何看待提议的系统的一种过程。

制定基线项目计划

如前所述，项目的规模和组织的标准将决定项目启动和计划过程以及 BPP 的全面性。然而，大多数有经验的系统构建团队都发现，清晰的项目计划是项目取得成功的关键。图 5.9 展示了 BPP 的大纲，其中主要有四节：

1. 导言
2. 系统说明
3. 可行性评估
4. 管理问题

基线项目计划 (BPP) 报告

1.0　导言

　A. 项目概述——提供一个执行摘要来说明项目的范围、可行性、理由、资源需求和日程表。此外，还简要说明了问题、系统的实现环境以及会对项目产生影响的限制。

　B. 建议——对计划过程中的重要发现进行汇总，并为后续活动提供建议。

2.0　系统说明

　A. 备选方案——简单说明备选的系统配置。

　B. 系统说明——描述所选的配置，并描述输入信息、所执行的任务以及最终生成的信息。

3.0　可行性评估

　A. 经济分析——通过成本效益分析对该系统进行经济论证。

　B. 技术分析——讨论相关的技术风险因素，并对项目的总体风险进行评级。

　C. 运营分析——分析提议的系统将如何解决业务问题或利用业务机会，并评估新系统会使当前的日常活动发生什么改变。

　D. 法律和合同分析——说明与项目相关的任何法律或合同风险 (例如，版权或保密问题、数据采集或传输等)。

　E. 政治分析——说明组织内的主要利益相关方如何看待提议的系统。

　F. 日程表、时间线和资源分析——说明使用各种资源分配方案的潜在时间框架和完成日期

4.0　管理问题

　A. 团队配置和管理——说明团队成员角色和上下级关系。

　B. 沟通计划——说明管理层、团队成员和客户应遵循的沟通过程。

　C. 项目标准和过程——说明交付物如何评估并被客户接受。

　D. 其他项目相关主题——说明计划期间发现的与项目有关的任何其他问题。

图 5.9　**基线项目计划 (BPP) 的大纲**

BPP 的"导言"小节

　　"导言"的目的是对整个文档进行概述，并为项目建议一个行动方案。完整导言通常只有几页。虽然这是 BPP 的第一节，但它往往最后才写。只有在执行了大部分的项目计划活动后，才能形成一个清晰的概述和建议。最初应进行的一项活动是定义项目的范围。

松谷家具
(PVF)

　　在 PVF 内部确定 CTS 的范围时，Jim Woo 首先需要对项目的目标有一个清晰的理解。为此，Jim 和 Jackie Judson 以及她的几个同事进行了简短的会面，以清楚地了解他们的需求。他还花了几个小时审查现有系统在执行客户跟踪活动时的功能、过程和数据使用需求。这些活动为他提供了定义项目范围和发现潜在备选解决方案所需的信息。备选系统解决方案可能涉及不同的系统范围、部署平台或获取系统的方式。我们在讨论生命周期的分析阶段时，将详细阐述备选解决方案的思路，这称为"设计策略"。在项目启动和计划阶段，设计策略最关键的因素是系统的范围。总体而言，范围的确定取决于以下因素。

- 哪些组织单位 (业务职能和部门) 可能会使用提议的系统？会受该系统的影响？或者会因为系统的变化而受影响？
- 提议的系统可能需要与哪些现有的系统互动或保持一致，或者哪些现有的系统可能会因为替换系统而发生变化？
- 提出申请的组织 (或整个组织) 内部和外部的哪些人可能关心提议的系统？
- 要考虑什么范围的潜在系统能力？

　　图 5.10 展示了 CTS 项目的"项目范围说明"。对于 CTS 来说，项目范围的定义只用到了文本信息。但是，使用数据流和实体关系模型等图表来定义项目范围也很常见。例如，图 5.11 用一个环境数据流图 (context-level data flow diagram) 定义 PVF 采购履行系统的系统范围。BPP"导言"小节的剩余内容只是文件其余小节的执行摘要。

松谷家具 项目范围说明	准备人：Jim Woo 日期：2020 年 9 月 10 日
常规项目信息 　　项目名称： 　　发起人： 　　项目经理：	客户跟踪系统 (Customer Tracking System，CTS) Jackie Judson, VP Marketing Jim Woo
问题 / 机会说明： 　　销售的增长速度已经超过了市场部准确跟踪和预测客户购买趋势的能力。为了达到公司的目标， 　　必须找到改进这一过程的方法。	
项目目标： 　　使市场部门能准确跟踪和预测客户的购买模式，以便用最佳的产品组合更好地服务客户。这还会 　　使 PVF 能够确定生产和物料资源的合理运用。	
项目说明： 　　将构建一个新的信息系统，负责收集所有客户购买活动，支持销售信息的显示和报告，汇总数据， 　　并显示趋势，以协助营销人员了解动态变化的市场状况。项目将遵循 PVF 的系统开发生命周期。	
商业效益： 　　提高对客户购买模式的理解 　　提高市场和销售人员的利用率 　　提高生产和物料的利用率	
项目交付物： 　　客户跟踪系统的分析与设计 　　客户跟踪系统的程序 　　客户跟踪系统的文档 　　培训过程	
预计项目工期： 　　5 个月	

图 5.10　**客户跟踪系统 (CTS) 的项目范围说明 (松谷家具)**

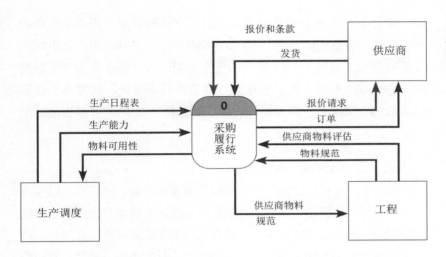

图 5.11
显示了"采购改造系统"项目范围
的环境数据流图（松谷家具）

BPP 的"系统说明"小节

BPP 的第二节是"系统说明"，除了被认为最适合特定情况的解决方案外，还概述了其他备选方案。注意，这是从一个很高的层级上进行的说明，主要是叙述性的。下面这些例子演示了如何简单地说明备选方案：

1. 基于 Web 的在线系统

2. 带有中心数据库的大型主机

3. 带有分散式数据库的局域网

4. 带有在线检索的批量数据输入

5. 购买套装软件

如果项目被批准构建或采购，就需要在分析阶段以更详细和严格的方式收集和结构化信息，并更深入地评估这些以及其他备选的系统方向。就目前来说，目标只是确定最明显的备选方案。

当 Jim 和 Jackie 考虑 CTS 的备选方案时，他们主要关注两个问题。首先，他们讨论了系统的获得方式，并考虑了三种选择：如果能找到符合 PVF 需求的系统，就采购它；将系统的开发外包给某个外部组织；或者在 PVF 内部构建该系统。第二个问题着眼于确定系统功能的全面性。为完成该任务，Jim 要求 Jackie 写一系列说明，列出她所设想的营销人员能用 CTS 完成的任务类型。这个列表成为"系统说明"的基础，有助于他们选择以什么方式获得系统。在考虑了营销团队的独特需求后，两人都认为最好的选择是在 PVF 内部构建这个系统。

BPP 的"可行性评估"小节

第三节"可行性评估"概述了项目成本和收益、技术难点以及其他涉及可行性的问题。还要在这里用网络图和甘特图指定高级别的项目日程表。第 3 章讲过，这个过程称为"工作分解结构"。项目启动和计划期间通常不详细地估计任务和活动。只能为接下来的一到两个生命周期活动进行准确的工作分解。在定义了项目的主要任务后，可以对资源需求进行估计。类似于任务和活动的定义，这项活动主要是为了获得对人力资源需求的粗略估计，因为人是最昂贵的资源要素。一旦定义了主要任务和资源需求，就可以制定一个初步的日程表。为了定义一个可接受的日程表，你可能需要找到额外的或不同的资源，或者需要改变项目的范围。项目计划最多的精力通常都花在这些可行性评估活动上了。

BPP 的"管理问题"小节

最后一节"管理问题"概述了和项目相关的一些管理方面的问题。如提议的项目完全按照组织的标准系统开发方法进行，这会是一个非常简短的小节。但大多数项目都有一些特殊之处，和标准方法有一些或轻微或严重的偏差。在"团队配置和管理"部分，要确定在项目中工作的人员类型、谁将负责哪些任务以及如何对工作进行监督和审查（参见图 5.12）。在"沟通计划"部分，要解释如何让用户了解项目进展（如定期召开审查会议，甚至用上简报，即 newsletter)，以及将用什么机制来促进团队成员之间的思想交流，如某种形式的基于计算机的会议设施（参见图 5.13)。在"项目标准和过程"部分，可以描述提交和批准项目变更请求的过程以及其他任何对项目的成功至关重要的问题。

现在，你应该对 BPP 的结构及其包含的信息类型有了一定的认识。它的创建并不是一个独立的项目，而是总体系统开发过程的一个步骤。开发 BPP 有两个主要目标。首先，它有助于确保客户和开发小组对项目有共同的理解。其次，它有助于为项目发起人 (sponsor) 提供一个关于项目范围、收益和工期的清晰概念。

图 5.12

任务责任矩阵

项目： WebStore(网店) 经理： Juan Gonzales	准备人： Juan Gonzales 第 1 页，共 1 页		图例： P = Primary(主要) S = Support(支持)				
	责任矩阵						
任务 ID	任务	Jordan	James	Jackie	Jeremy	Kim	Juan
A	收集需求	P	S				S
B	开发数据模型			P		S	S
C	开发程序界面			P		S	S
D	构建数据库			S		P	S
E	设计测试场景	S	S	S	P	S	S
F	运行测试场景	S	S	S	S	S	P
G	创建用户文档	P	S				S
H	安装系统	S	P			S	S
I	开发客户支持	S	P			S	S

相关方	文档	格式	团队联系人	日期
团队成员	项目状态报告	项目内网	Juan 和 Kim	每月第一个周一
管理层主管	项目状态报告	硬拷贝	Juan 和 Kim	每月第一个周一
用户组	项目状态报告	硬拷贝	James 和 Kim	每月第一个周一
内部 IT 员工	项目状态报告	电子邮件	Jackie 和 James	每月第一个周一
IT 经理	项目状态报告	硬拷贝	Juan 和 Jeremy	每月第一个周一
签约程序员	软件规范	电子邮件 / 项目内网	Jordan 和 Kim	2020 年 10 月 4 日
培训承包商	实现和培训计划	硬拷贝	Jordan 和 James	2021 年 1 月 10 日

图 5.13　项目沟通矩阵对沟通计划进行了高级摘要

审查基线项目计划

在 SDLC 的下一阶段开始之前，用户、管理层和开发小组必须审查 BPP。这种审查是在 BPP 被提交到或者向项目审批主体 (比如 IS 指导委员会或者为项目出资人) 进行演示之前进行的。审查的目的是确保提议的系统符合组织标准，而且所有相关方都理解并同意 BPP 中的信息。进行这种审查 (以及生命周期后续阶段的其他审查) 的一种常见方法是结构化演练。演练 (walk-through) 是指对系统开发过程中创建的任何产品进行的同行小组评审，在专业的开发组织中被广泛使用。经验表明，演练是确保信息系统质量的一个非常有效的方法，并已成为许多系统分析师的日常活动。

大多数演练都不是非常正规，持续时间也不长。但重要的是，要为演练制定一个具体的议程，使所有与会者都了解要涵盖的内容和预期的完成时间。在演练会议上，有必要让个人扮演特定的角色。这些角色包括 (Yourdon, 1989)。

- **协调人 (Coordinator)**。负责计划会议并保证会议的顺利进行。可以是项目负责人，或者负责当前生命周期步骤的首席分析师。

演练

(walk-through)

对系统开发过程中创建的任何产品进行同行小组评审，也称结构化演练。

- 演示人 (Presenter)。向小组描述工作成果。通常是已完成了全部或部分要演示的工作的一个分析师。
- 用户 (User)。这个人（或小组）确保工作成果符合项目客户的需求。通常是不在项目团队中的人。
- 秘书 (Secretary)。负责记笔记，并记录小组做出的决定或建议。可以是指派给项目团队的一个职员，也可以是项目团队的一个分析师。
- 标准制定者 (Standards bearer)。负责确保工作成果符合组织的技术标准。许多大型组织都在部门中建立了专门的团队来负责建立标准过程、方法和文件格式。这些标准制定者对工作进行验证，使其能由开发组织中的其他人所用。
- 维护主管 (Maintenance oracle)。从未来维护活动的角度审查工作成果。目标是使系统及其文档易于维护。

　　Jim 和 Jackie 完成了 CTS 的 BPP 后，Jim 找到他的老板，要求安排一次演练会议，并为项目指派一名演练协调人。PVF 通过提供如图 5.14 所示的"演练审查表" (Walk-Through Review Form) 来协助协调人的工作。使用该表格，协调人可以更容易地为每种演练角色分配一个合格的人；确保每个成员都拿到一份审查材料；而且每个成员都清楚会议的议程、日期、时间和地点。在会议上，Jim 演示了 BPP，Jackie 从用户的角度补充了意见。结束演示后，协调人向每个代表征求他 / 她对工作成果的建议。投票结果可能是确认工作成果，确认会议期间提出的修改意见，或者建议工作成果在提交批准前需进行重大修改。如果是最后一种情况，通常会要求对工作成果进行重大修改，而且在项目提交给系统优先级委员会（指导委员会）之前，必须安排另一次演练。就 CTS 的情况来说，BPP 获得了演练与会者的支持，但还需对日程表估计的工期做一些小的修改。这些建议的修改由秘书记录在如图 5.15 所示的一个"演练行动列表" (Walk-Through Action List) 上，并交给 Jim，让他将其纳入要提交给指导委员会的最终版本的基线计划中。

松谷家具(PVF)
演练审查表

会议协调人：

项目/Segment：

协调人核对清单：

1. 与生产商确认物料就绪且稳定：＿＿＿＿＿＿＿＿＿＿＿＿＿＿＿＿＿＿＿＿＿＿＿
2. 发出邀请函，分配职责，分发材料： [ ] Y　　　　　　　　　　[ ] N
3. 设定会议日期、时间和地点：

　　日期：＿＿＿/＿＿＿/＿＿＿　　　　时间：＿＿＿＿＿＿＿＿＿ A.M. / P.M. (圈一个)

　　地点：＿＿＿＿＿＿＿＿＿＿＿＿＿＿＿＿＿＿＿＿＿

职责	与会者	能否参加		是否收到材料	
协调人	＿＿＿＿＿＿＿＿＿	[ ] Y	[ ] N	[ ] Y	[ ] N
演示人	＿＿＿＿＿＿＿＿＿	[ ] Y	[ ] N	[ ] Y	[ ] N
用户	＿＿＿＿＿＿＿＿＿	[ ] Y	[ ] N	[ ] Y	[ ] N
秘书	＿＿＿＿＿＿＿＿＿	[ ] Y	[ ] N	[ ] Y	[ ] N
标准	＿＿＿＿＿＿＿＿＿	[ ] Y	[ ] N	[ ] Y	[ ] N
维护	＿＿＿＿＿＿＿＿＿	[ ] Y	[ ] N	[ ] Y	[ ] N

议程：
＿＿＿ 1. 所有与会者都同意遵守PVF的"演练规则"
＿＿＿ 2. 新材料：过一遍所有材料
＿＿＿ 3. 旧材料：逐项核对之前的行动列表
＿＿＿ 4. 创建新行动列表(每个与会者都要做贡献)
＿＿＿ 5. 团体决定(见下)
＿＿＿ 6. 将此表的副本分发给项目控制经理

小组决议：
＿＿＿＿ 接受目前成果
＿＿＿＿ 修订(无后续演练)
＿＿＿＿ 审查并安排下一次演练

签名		

图 5.14

演练审查表（松谷家具）

松谷家具(PVF) 演练行动列表	
会议协调人:	
项目/市场细分	
演练日期和时间: 日期: ____ /____ /____ 时间: _____ A.M. / P.M. (圈一个)	
固定（√）	审查期间发现的问题:

图 5.15

演练行动列表（松谷家具）

如前所述，大多数系统开发小组都会经常性地举行演练会议。它除了用于审查 BPP，还可用于更多的活动，如下所示：

- 系统规范
- 逻辑和物理设计
- 代码或程序段
- 测试过程和结果
- 手册和文档

使用结构化审查过程的一个主要优点是，它可以确保在项目进行期间有正式的审查点。在项目的每一个后续阶段，都应进行一次正式的审查（并显示在项目日程表中），以确保在向项目分配额外的资源之前，项目的所有方面都能令人满意地完成。对每个主要项目活动进行的这种保守审查方法要求上一阶段成功完成才能继续，这称为"增量承诺"(incremental commitment)。采用这种方法，在任何时候停止项目或调整项目的方向 (redirect) 都会容易得多。

在项目的整个过程中，会频繁通过"演练"向团队成员和外部利益相关方介绍情况。这些演示能为团队带来很多好处，但以前由于条件所限，经常都做得不够好。随着计算机技术的普及和强大的软件的出现，进行一次有效的演示变得从所未有的简单。Microsoft PowerPoint 已成为创建基于计算机的演示文稿的事实上的标准。虽然该程序相对易用，但也可能被滥用。要预防在演示文稿中添加一些"花里胡哨"的东西减弱演示的效果。和任何项目一样，要进行一次有效的演示，必须要有良好的计划、精心的设计以及良好的表达。演示文稿的计划与设计和你表达它的方式同等重要。如幻灯片布局很差，难以阅读，或前后不一致，那么演示再好也无益。你的听众会更多地觉得幻灯片的质量很差，而不在乎你说什么。幸好，只要遵循表 5.8 概括的几个简单步骤，就能轻松设计出高质量的演示文稿。

表 5.8　进行有效演示的一些准则

演示计划	
谁是听众？	为了设计最有效的演示，你需要和听众感同身受（例如，他们对你的主题了解多少？他们的教育水平如何？）
你要传达的信息是什么？	你的演示要有特定的目标
演示的环境如何？	了解房间大小、形状和灯光
演示设计	
安排好顺序	组织演示，在一个地方就能找到类似的元素或主题，不要东一处、西一处。
保持简单	一张幻灯片不要有太多信息，否则难以阅读。另外，尽量减少幻灯片数量。换言之，只提供绝对必要的信息
保持一致	字体、字号、颜色、设计方法和背景都要保持一致
形式多样化	要兼顾文字和图形幻灯片，以最有意义的形式传达信息
不要单纯依赖拼写检查器	要自己确定演示文稿在打字和措辞上没有错误，不要只是依赖自动化工具
少用花里胡哨的东西	使用熟悉的图标来引导和增强幻灯片，不要被花里胡哨的东西遮掩了你要强调的主题。此外，幻灯片和元素之间的过渡效果不要过于夸张，否则有喧宾夺主之嫌
合理使用补充材料	使用补充材料时要注意，不要让它们分散听众的注意力。例如，除非你真的想让听众去看讲义，否则不要提供
有一个明确的开场和结束	开场时介绍你自己和你的队友（如果有的话），感谢听众到场，并提供一个清晰的大纲，说明演示期间要涉及到的内容。结束时，要有一张总结性的幻灯片，让听众明白演示已经结束
演示进行	
练习	确保已在自己和别人身上全盘测试了你已完成的工作，确保其覆盖了你的观点，并在要求的时间内以有效的方式呈现
早点到场并做好准备	如果可行，应该在听众到来之前准备好你的演示
学会使用软件的快捷键	利用快捷键在演示文稿中导航，专注于你想传达的信息，而不是纠结于软件的操作
制定备案	制定一个备案，防止技术故障或在旅行途中丢失演示文稿
以有效的方式传达信息	为了进行有效的演示，必须通过练习成为一名有效的公开发言人
个人形象还是很重要的	你的仪态和举止可在很大程度上提高听众对你的演示的接受度

电商应用：启动和计划系统开发项目

松谷家具
(PVF)

　　为基于互联网的电子商务应用启动和计划系统开发项目，这一过程和开发传统应用的过程很相似。第 4 章描述了 PVF 的管理层如何开始 WebStore(网上商店) 项目，其目的是在网上销售家具。本节将强调一些和确定与选择系统开发项目的过程直接相关的问题。

为松谷家具网店启动和计划系统开发项目

　　鉴于 WebStore 项目的高优先级，营销副总裁 Jackie Judson 和高级系统分析师 Jim Woo 被指派进行该项目。与本章之前描述的 CTS 一样，他们最开始要进行项目的启动和计划。

启动和计划 PVF 的电子商务系统

　　为了开始启动和计划过程，Jim 和 Jackie 在几天内举行了多次会议。在第一次会议上，他们同意将 "WebStore" 作为提议的这个系统项目的名称。接着，他们致力于确定潜在的收益、成本和可行性问题。为此，Jim 制定了一份开发基于 Web 的系统的潜在成本清单，并和 Jackie 以及其他项目组成员分享 (参见表 5.9)。

表 5.9　基于 Web 的系统的成本

成本类别	设计	开发	营销
示例	☐ 页数 / 内容 ☐ 设计风格 / 图形设计 ☐ 系统的全面性 / 功能 ☐ 网页的版权问题 ☐ 灵活响应的设计 (移动设备)	☐ 编程 ☐ 数据库集成 ☐ 主机托管 ☐ 技术站点经理 ☐ 内容 / 支持人员	☐ 搜索引擎优化 (SEO) ☐ 启动和持续的公共关系 ☐ 搜索引擎广告 / 其他网站的付费链接 ☐ 促销活动 ☐ 营销 / 广告人员

WebStore 项目演练

与项目团队会面后，Jim 和 Jackie 建立了一个初步的效益和成本清单 (表 5.10) 以及一些可行性方面的考虑 (表 5.11)。接着，Jim 和 PVF 的几位技术专家合作，制定了一个初步的项目日程表。图 5.16 是这个为期 84 天的日程表的甘特图。最后，Jim 和 Jackie 向 PVF 的董事会和最高管理层演示了他们的初步项目计划。所有人都对这个项目计划感到兴奋，并批准将 WebStore 项目推进到"分析"阶段。

表 5.10　PVF WebStore：项目收益和成本

有形收益	无形收益
☐ 降低每笔交易的管理费	☐ 市场先入
☐ 重复业务 1	☐ 为完整的基于 Web 的信息系统打下基础
☐ 新的客户	☐ 简化客户操作
有形成本 (一次性)	**无形成本**
☐ 网站和可用性设计	☐ 不再有面对面的交互
☐ 编程	☐ 并非所有客户都使用互联网
☐ 初始营销 / 搜索引擎优化 (SEO)	
☐ 数据库集成	
有形成本 (经常性)	
☐ 托管费	
☐ 站点管理	
☐ 年度营销 / 搜索引擎优化 (SEO)	
☐ 维护	
☐ 传统渠道销售下降	

表 5.11　PVF WebStore：可行性方面的考虑

可行性	说明
运营	网上商店一年 365 天，每天 24 小时开放 退换货 / 客户支持
技术	开发、维护和运营都需要一套新的技能
日程表	必须在 2021 年第 1 季度开放
法律	信用卡欺诈
政治	传统的分销渠道失去了业务

图 5.16
松谷家具的 WebStore 项目日程表

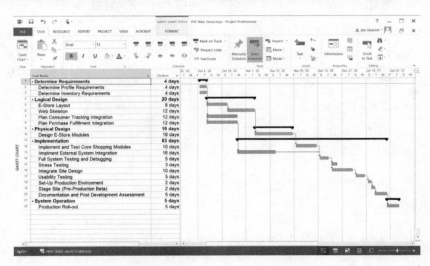

（来源：Microsoft Corporation）

小结

项目启动和计划 (PIP) 阶段是项目生命周期的一项关键活动。在这一阶段，项目被接受进行开发，因不可行而被拒绝，或被重新调整方向。该过程的目的是将模糊的系统要求转化为有形的系统描述，明确概括项目的目标、可行性问题、效益、成本和时间安排。

项目启动包括组建项目启动团队、建立客户关系、制定项目启动计划、制定项目管理过程以及创造一个总体的项目管理环境。项目计划的一项关键活动是评估与项目相关的许多可行性问题。应检查的可行性类型包括经济、技术、运营、日程表、法律和合同以及政治。这些问题受项目规模、提议的系统类型、开发小组的经验以及系统的潜在客户的影响。项目成本高、风险大并不一定是坏事，更重要的是，在继续之前，组织要对该项目和正在进行的其他项目组合相关的成本和风险有一个清醒的认识。

完成所有分析后，可以创建一个 BPP。BPP 包含对提议的系统或系统变化的高级描述、对各种可行性的概括以及对项目的特定管理问题的概述。正式开发一个信息系统之前，用户、管理层和开发小组必须审查并同意该规范。这种"演练"审查的重点是评估项目的优点，并确保该项目 (如果被接受进行开发) 符合组织的标准和目标。该过程的一个目标是确保所有相关方在后续开发活动开始前理解并同意计划中的信息。

项目的启动和计划是一项具有挑战性和耗时的活动，需要组织内多方的积极参与。一个开发项目的最终成功，以及整个信息系统的成功，取决于是否有效地使用了有纪律的、合理的方法 (例如本章描述的技术)。本书随后各章会讲到如何利用其他许多工具帮助自己成为一名有效的信息系统设计者与开发者。

关键术语

5.1	基线项目计划 (BPP)	5.8	法律和合同可行性	5.15	日程表可行性
5.2	收支平衡分析	5.9	一次性成本	5.16	有形收益
5.3	商业案例	5.10	运营可行性	5.17	有形成本
5.4	贴现率	5.11	政治可行性	5.18	技术可行性
5.5	经济可行性	5.12	现值	5.19	金钱的时间价值 (TVM)
5.6	无形收益	5.13	项目范围说明 (PSS)	5.20	总体拥有成本 (TCO)
5.7	无形成本	5.14	经常性成本	5.21	演练

将上述每个关键术语与以下定义配对。

_____ 今天能用的钱比明天同样多的钱更有价值。

_____ 评估组织的关键利益相关方如何看待提议的系统的一种过程。

_____ 为客户准备的文档，描述项目将交付什么，而且通常从较高的层次概括完成项目需要的全部工作。

_____ 针对所提议的信息系统，从有形和无形的经济效益和成本以及技术和组织的可行性方面进行的论证。

_____ 确定与开发项目关联的财务收益和成本的一种过程。

_____ 评估提议的系统能在多大程度上解决业务问题或利用业务机会。

_____ 系统持续发展和使用所产生的成本

_____ 用来计算未来现金流现值的回报率。

_____ 信息系统所产生的不容易用钱或确定的方式来衡量的成本。

_____ 评估一个项目的所有主要活动的潜在时间框架和完成日期在多大程度上符合组织的最后期限和限制条件。

_____ 信息系统所产生的很容易地用钱来衡量并具

有确定性的成本。

_____ 对系统开发过程中创建的任何产品进行的同行小组评审，也称为结构化演练。

_____ 评估开发组织构建所提议系统的能力的一种过程。

_____ 与项目启动和开发或者系统启动相关的成本。

_____ 未来现金流当前的价值。

_____ 创建信息系统所带来的能够用钱来衡量并具有确定性的收益。

_____ 评估因系统的构建而带来的任何潜在的法律和合同后果的一种过程。

_____ 创建信息系统所带来的不容易用钱或确定的方式来衡量的收益。

_____ 该计划是项目启动和计划阶段的一个主要成果和交付物，包含对项目范围、收益、成本、风险和资源要求的最佳估计。

_____ 发现在什么时候（如果会的话）收益等于成本的一种成本效益分析。

_____ 拥有和运行系统的总成本，包括购入成本以及持续使用和维护所产生的成本。

复习题

5.22　比较以下术语：

　　a. 收支平衡分析；现值；净现值；投资回报率

　　b. 经济可行性；法律和合同行性；运营可行性；政治可行性；日程表可行性

　　c. 无形收益；有形收益

　　d. 无形成本；有形成本

5.23　列出并说明项目启动和计划过程中的步骤。

5.24　BPP 中包含什么内容？所有基线计划的内容和格式是否都一样？请说明你的理由。

5.25　描述三种常用的经济成本效益分析方法。

5.26　列出并讨论不同类型的项目可行性因素。任何因素都重要吗？请说明你的理由。

5.27　如果不对与信息系统开发项目有关的技术风险进行评估，潜在后果是什么？

5.28　可从哪些方面确定一个 IS 项目比另一个项目风险更大？

5.29　IS 项目的收益有哪些类型或哪些类别？

5.30　一个组织能从信息系统的开发中获得哪些无形的收益？

5.31　描述一下金钱的时间价值概念。贴现率是如何影响今天的 1 美元与一年后 1 美元的价值的？

5.32　描述结构化演练过程。在此过程中需要哪些角色的参与？

问题和练习

5.33　考虑购买一台 PC 和激光打印机在家里使用，利用表 5.7 的项目风险评估因素评估该项目的风险。

5.34　考虑一下你在家庭或工作中使用 PC 的情况，列出信息系统能带来的有形收益。基于自己的分析，你平时使用 PC 有好处吗？为什么有或为什么没有？现在用表 5.3 做同样的分析，同样列出信息系统带来的无形收益。和你之前的分析相比，用表 5.3 进行的分析是支持你之前的分析，还是与之相矛盾？兼顾这两次分析，你最后认为 PC 对你有益吗？

5.35　假设你负责为一家本地的非营利组织启动新的网站项目。你要考虑哪些成本？列出项目的预期成本和收益清单。不需要列出具体的数额，只需要列出开支的来源。兼顾一次性和经常性成本。

5.36　基于问题和练习 5.35 的例子，为你列出的每一项成本建立数值成本估算。计算净现值和投资回报率。包括一个收支平衡分析。假定贴现率为 10%，时间跨度为 5 年。

5.37　基于问题和练习 5.35 的例子，基于图 5.10 的结构创建一份示例性的项目范围说明。

5.38　假设一个信息系统的现金收益为每年 85 000 美元，一次性成本为 75 000 美元，经常性成本为每年 35 000 美元，贴现率为 12%，时间跨度为 5 年，计算信息系统所有这些成本和收益的净现值。再计算项目的总体投资回报率，进行一次收支平衡分析。收支平衡在什么时候发生？

5.39　基于图 5.9 的 BPP 大纲，为你在问题和练习 5.35 中选择的信息系统列出系统规范。

5.40　将问题和练习 5.38 的贴现率改为 10% 并重新分析。

5.41　将问题和练习 5.38 的经常性成本改为每年

40 000 美元并重新分析。

5.42 将问题和练习 5.38 的时间跨度改为 3 年并重新分析。

5.43 假设一个信息系统第一年的现金收益为 40 000 美元，接着 5 年每年增加 10 000 美元（第 1 年 = 50 000 美元，第 2 年 = 60 000 美元，第 3 年 = 70 000 美元，第 4 年 = 80 000 美元，第 5 年 = 90 000 美元）。一次性开发成本为 80 000 美元，在系统的使用期限内，经常性成本每年为 45 000 美元。公司定的贴现率为 11%。使用 6 年的时间跨度，计算这些成本和收益的净现值。再计算总的投资回报率，并进行一次收支平衡分析。收支平衡在什么时候发生？

5.44 将问题和练习 5.43 的贴现率改为 12% 并重新分析。

5.45 将问题和练习 5.43 的经常性成本改为每年 40000 美元并重新分析。

5.46 针对问题和练习 5.43 所选择的系统，完成 BPP 报告的 1.0 A 部分"项目概述"（参见图 5.9）。做好 BPP 报告的这个初始部分有多重要？如果这一部分不完整或不正确，会出什么问题？

5.47 针对问题和练习 5.43 所选择的系统，完成 BPP 报告的 2.0 A 部分"备选方案"（参见图 5.9）。在不进行全面的可行性分析的前提下，你直觉上认为该系统的可行性如何？

5.48 针对问题和练习 5.43 所选择的系统，完成 BPP 报告的 3.0 A-F 部分"可行性评估"。和上一题你的直觉相比，此次可行性分析的结果有什么不同？如纯粹依赖直觉来判断系统的可行性，可能会出什么问题？

5.49 针对问题和练习 5.43 所选择的系统，完成 BPP 报告的 4.0 A-C 部分"管理问题"。为什么人们有时觉得项目计划中的这些额外步骤是在浪费时间？怎么什么说服他们这些步骤其实并非可有可无？

实战演练

5.50 描述参与或计划实施的几个项目，无论它们是与自己的教育有关，还是与自己的职业或个人生活有关（例如，买一辆新车、学习一门新语言、装修房屋）。对于每一个项目，请整理一个类似于图 5.9 的 BPP。重点放在 1.0（导言）和 2.0（系统说明）上。

5.51 针对上一题列出的每个项目，评估经济、运营、技术、日程表、法律和合同以及政治方面的可行性。

5.52 找到正在开展项目的某个组织中的联系人（可以是信息系统项目，但也可以是建筑、产品开发、研发或其他任何类型的项目）。采访项目经理，了解对方构建的是什么类型的 BPP。对于一个典型的项目，基线计划在项目生命期内发生了哪些改变？为什么会在项目开始后改变计划？这对你在项目计划方面有什么启发？

5.53　找到正在使用套装软件的某个组织中的联系人，采访负责套装软件的一名 IS 经理。该组织在使用套装软件期间遇到过什么合同限制？如有可能，查看软件的许可协议，列出对该软件的用户的所有限制。

5.54　选一个自己熟悉的组织，确定他们为启动信息系统项目所做的工作。谁负责启动项目？这个过程是正式的还是非正式的？是一个自上而下还是自下而上的过程？你认为如何改进这一过程？

5.55　找到一个不使用 BPP 进行 IS 项目的组织。该组织为什么不使用这种方法？如果不使用这种方法，优势和劣势是什么？实施 BPP 可以获得什么好处？实施这种方法存在哪些障碍？

参考文献

Applegate, L. M., Austin, R. D., & Soule, D. L. (2009). *Corporate information strategy and management* (8th ed.). New York: McGraw-Hill.

Brynjolfsson, E., & Yang, S. (1997). The intangible benefits and costs of investments: Evidence from financial markets. In *Proceedings of the International Conference on Information Systems* (pp. 147–66). Retrieved March 22, 2018 from http://aisel.aisnet.org/cgi/viewcontent.cgi?article=1053&context=icis1997.

Cresswell, A. M. (2004). *Return on investment in information technology: A guide for managers center for technology in government*. University at Albany, SUNY. Retrieved March 22, 2018 from http://www.ctg.albany.edu/publications/guides/roi/roi.pdf.

Fuller, M. A., Valacich, J. S., George, J.F., & Schneider, C. (2018). *Information systems project management*. Prospect Press: Burlington, VT.

Hubbard, D. (2007, June 13). The IT Measurement Inversion. Retrieved March 22, 2018 from http://www.cio.com/article/2438748/it-organization/the-it-measurement-inversion.html.

Keen, J. (2003). Intangible benefits can play key role in business case. Retrieved March 22, 2018 from http://www.cio.com/article/2442083/it-organization/intangible-benefits-canplay-key-role-in-business-case.html.

King, J. L., and Schrems, E. (1978). Cost–benefit analysis in information systems development and operation. *ACM Computing Surveys, 10*(1), 19–34.

Kirsch, L. J. (2000). Software project management: An integrated perspective for an emerging paradigm. In R. W. Zmud (ed.), *Framing the domains of IT management: Projecting the future from the past* (pp. 285–304). Cincinnati, OH: Pinnaflex Educational Resources.

Laplante, P. A. (2006). Software return on investment (ROI). In P. A. Laplante and T. Costello (eds.), *CIO wisdom II* (pp. 163–76). Upper Saddle River, NJ: Prentice Hall.

Lederer, A. L., & Prasad, J. (1992). Nine management guidelines for better cost estimating. *Communications of the ACM, 35*(2), 51–59.

Morris, R., & Sember, B. M. (2008). *Project management that works*. New York, NY: American Management Association.

Nash, K. S. (2008, April 9). TCO Versus ROI. Retrieved March 22, 2018 from http://www.cio.com/article/2436828/ metrics/tco-versus-roi.html.

Parker, M. M., & Benson, R. J. (1988). *Information economics*. Upper Saddle River, NJ: Prentice Hall.

Pressman, R. S. (2014). *Software engineering* (8th ed.). New York: McGraw-Hill.

Shim, J.K. & Henteleff, N. (1994). *What every engineer should know about accounting and finance*. New York: Marcel Dekker.

Sonje, R. (2008). Improving project estimation effectiveness. Retrieved March 22, 2018 from http://www. projectperfect. com.au/white-paper-improving-project-estimation-effectiveness. php.

White, S., & Lui, S. (2005). Distinguishing costs of cooperation and control in alliances. *Strategic Management Journal, 26*(10), 913–32.

Yourdon, E. (1989). *Structured walkthroughs* (4th ed.). Upper Saddle River, NJ: Prentice Hall.

案例学习：启动和计划系统开发项目

现在，"留住客户"项目组已经成立，并制定了分发项目信息的一个计划，Jim 可以开始制定项目的范围说明、工作簿和基线项目计划。他首先起草了项目的范围说明，并将其发布到项目内网上（参见 PE 图 5.1）。发布到内网后，他向所有团队成员发送了一封简短的电子邮件，要求他们提供反馈。

发布项目章程几分钟后，Jim 的办公室电话响了。

"Jim，我是 Sally。我刚看了一下范围说明，有一些意见。"

"好的，"Jim 回答说，"这只是草案。你有什么想法？"

"嗯，我觉得我们需要详细解释这个系统的工作方式，以及为什么我们认为新系统值得投入。"

"好主意，其他许多人也肯定想知道这些信息。但是，范围说明是很高级的文档，不涉及太多细节。基本上，它的作用就是正式宣布项目，提供非常高级的说明，并简要列出目标、关键假设和利益相关方。我正在处理其他文档，包括工作簿和基线项目计划，它们会详细说明具体的交付物、成本、收益等等。所以，无论如何，你想要的细节接下来都是有的。"

"哦，好的，有道理。我从没参与过这样的项目，所以有些地方不懂得。"Sally 说。

"别担心，"Jim 回答说，"从你和团队其他成员那里获得反馈对我们进行全面的可行性分析非常重要。我需要你的大量帮助来确定系统可能的成本和收益。制定基线项目计划的时候，我们会进行非常全面的可行性分析。到时会检查财务、技术、运营、进度、法律和合同的可行性，以及在开发系统的过程中可能存在的政治问题。"

"哇，我们要做那么多吗？为什么不能直接开发系统？我想我们都知道我们想要什么。"Sally 回答。

"问得好！"Jim 回答，"我过去也有同样的想法，但我从上一份工作学到的是，开发一个新系统的时候，遵循相当正式的项目管理过程有很大好处。谨慎推进，才更有可能按时、按预算拥有正确的系统。"

"那么，"Sally 问，"下一步是什么？"

"嗯，要做我刚才说的那些可行性分析，它会成为基线项目计划的一部分。这个完成后，我们就向管理层进行一次整体演示，确保他们同意并理解与实现'留住客户逃逸'相关的范围、风险和成本。"Jim 说。

"工作好多，但我相信能从中学到很多东西。"Sally 回答。

"那么，我先开始进行可行性分析。"Jim 说。

"我会向所有团队成员发送请求来了解他们的想法。我应该在一小时左右准备好电子邮件。"

"太好了，我会尽快回复。"Sally 回答。

"谢谢，我们越快完成这个后台工作，就能越快地进行到系统功能的开发上。"Jim 回答。

"不错，空了再聊。再见。" Sally 说。

"再见，Sally，谢谢你的快速反馈。"Jim 回答。

案例问题

5.56　看 一 下 范 围 说 明 (PE 图 5.1)。 如 果 你 是 Petrie Electronics 的员工，愿意做这个项目吗？请说明你的理由。

5.57　如果你是 Petrie Electronics 管理团队的一员，你会批准 PE 图 5.1 的范围说明所概述的项目吗？你认为需要对该文档做哪些修改？

5.58　初步判断该项目及其描述的系统会发生的有形和无形成本。你预计该系统会有哪些无形收益？

5.59　根据自己目前的理解，你认为项目的风险是什么？这是一个低、中、还是高风险的项目？说明你的理由。如果你是 Jim 团队的一员，会有什么特别的风险吗？

5.60　如果你被指派帮助 Jim 完成这个项目，你会如何在设计基线项目计划时利用增量承诺的概念？

5.61　如果你被指派到 Jim 的团队参与这个项目，你认为可以在项目日程表的什么时候（在哪个阶段或哪些活动完成后）对提议的系统进行经济分析？你认为需要考虑哪些经济可行性因素？

5.62　如果你被指派到 Jim 的团队参与这个项目，为了准备基线项目计划的细节，你会进行哪些活动？解释每项活动的目的，并为这些活动制定一个时间线或日程表。

5.63　在案例问题 5.59 中，你分析了与这个项目有关的风险。在部署之后，提议的这个系统存在哪些潜在的运营风险？你如何在系统开发计划中考虑运营风险？

Petrie Electronics	Prepared: February 6, 2020

Scope Statement

Project Name:	No Customer Escapes
Project Manager:	Jim Watanabe (jwatanabe@petries.com)

Customer:	Operations
Project Sponsor:	Ella Whinston (ewhinston@petries.com)
Project Start/End (projected):	2/5/2020 – 7/30/2021

Project Overview:

This project will design and implement a customer relationship management system in order to provide superior customer service by rewarding our most loyal customers. Specifically, the system will track customer purchases, assign points for cumulative purchases, and allow points to be redeemed for "rewards" at local stores. This goal of this system is to provide an incentive to customers to choose Petrie Electronics as their first and only choice for making electronic purchases. The system will provide Petrie management with improved information on the purchase behavior of our most loyal customers.

Objectives:

- Track customer purchases
- Accumulate redeemable points
- Reward customer loyalty and provide incentives to remain loyal customers
- Provide improved management information

Key Assumptions:

- System development will be outsourced
- Interface will be a Web browser
- System will access existing customer sales databases

Stakeholders and Responsibilities:

Stakeholder	Role	Responsibility	Signatures
Ella Whinston	Chief Operating Officer	Project Vision, Executive Sponsor	*Ella Whinston*
Bob Petroski	Senior Operations Manager	Monitoring, Resources	**Bob Petroski**
Jim Watanabe	Project Manager	Plan, Monitor, Execute Project	*Jim Watanabe*
Sally Fukuyama	Assistant Director, Marketing	System Functionality	*Sally Fukuyama*
Sanjay Agarwal	Lead Analyst	Technical Architect	*Sanjay Agarwal*

PE 图 5.1

Petrie 的客户关系管理系统的范围说明

第 III 部分

分析

分析是系统开发生命周期 (SDLC) 的第一个阶段。从这一阶段开始，将深入理解对系统变化的需求。系统分析涉及大量工作和成本，所以仅当管理层认为该系统开发项目有价值，并应继续进入这一阶段才会进行。分析团队不要觉得分析过程理所当然，也不要试图加速完成。事实证明，在各种已开发的系统中，许多错误都能直接追溯到生命周期分析与设计阶段中的失误。由于分析是一个庞大而复杂的过程，我们将其划分为以下两个主要活动，使整个过程更容易理解。

- 需求确定：这主要是一项事实调查活动。
- 需求结构化：这项活动为当前的业务运作和新的信息处理服务创建一个全面而清晰的描述。

分析的目的是确定需要哪些信息和信息处理服务来支持组织选择的目标和功能。收集这些信息的过程称为需求确定，是第 6 章的主题。第 6 章介绍的事实调查技术被用于了解当前系统、替代系统要支持的组织以及用户对替代系统的要求或期望。

第 6 章还讨论了新系统的一个主要来源：业务过程重组 (BPR)。与推动系统开发项目的增量改进相比，BPR 的结果是对信息系统旨在支持的过程进行全盘重新设计。我们在第 7 章讲述了 BPR 与信息系统分析的关系，届时将用数据流图来支持重组过程。第 6 章还将了解到新的需求确定技术，这些技术有时被用作敏捷方法的一部分，其中包括规划游戏 (来自极限编程) 和以使用为中心的设计。

有关当前运行情况的信息以及替代系统的需求必须组织起来以进行分析与设计。对系统需求进行组织 (或者说结构化) 将生成一些图表和描述 (模型)。可对这些内容进行分析以显示当前业务运行

和信息系统存在的缺陷、不足、缺失的元素和不合逻辑的组件。与用户需求一道，它们被用于确定替代系统的策略。

可以根据当前和替代信息系统的三个基本视图对 "需求确定" 的结果进行组织。

- 过程：系统内的数据流动和处理操作的顺序。
- 逻辑和时序：数据的转换和处理规则，以及对于是什么触发了数据转换的提示。
- 数据：与处理方式和处理时间无关的数据固有结构。

系统的过程视图可用数据流图来表示，这是第 7 章的主要内容。本章还专门用一节解释了决策表，它用于描述数据流图的过程框内所发生的事情的逻辑和时序。第 7 章最后提供了三个补充内容。前两个附录专门介绍面向对象开发所涉及的技术。第一个附录介绍的是用例建模，这是一种用于映射系统功能的面向对象的方法，第二个附录介绍的是活动图。这些面向对象的模型专注于系统逻辑和时序。第三个附录介绍了业务过程建模，这不是面向对象方法的一部分。最后，第 8 章讨论了系统的数据视图，展示了管理数据结构和完整性的规则，并强调了在系统内必须访问哪些业务实体的数据以及这些实体之间的关系。第 8 章的特点是在正文中介绍了实体关系技术，章末则专门用一个面向对象的小节介绍了用于数据建模的类图技术。在第 7 章和第 8 章之后，Petrie 案例学习演示了对新系统进行描述的过程、逻辑和数据模型。这些案例还展示了系统这三个视图各自的图表和模型相互之间的关联，从而形成对提议系统的一致和全面的结构化描述。

第 6 章

确定系统需求

导言

系统分析是系统开发生命周期的一部分，在这一过程中，你要确定当前信息系统的功能并评估用户希望在新系统中看到什么。分析有两个子阶段：确定需求和需求结构化。在本章中，你将学习如何确定系统需求。我们将首先学习更传统的需求确定方法，包括访谈，在工作环境中观察用户，收集程序和其他书面文件。然后，我们将讨论收集系统需求的最新方法。这些方法中的第一个是联合应用设计 (JAD)。接下来，你将读到分析师如何越来越多地依靠信息系统来帮助他们进行分析。正如你将看到的，原型设计已经成为某些需求确定工作的关键工具。最后，你将了解到需求分析如何继续成为系统分析与设计的一个重要部分，无论该方法是否涉及业务过程的重新设计、敏捷技术 (如持续的用户参与或以使用为中心的设计) 或互联网应用的开发。

执行需求确定

如前所述，系统分析有两个子阶段：需求确定和需求结构化（参见图 6.1)。虽然我们将这些作为独立的步骤来解释，但你应该将这些步骤看作是并行的、迭代的。例如，当你确定了当前和所需系统的某些方面后，你开始构建这些需求或建立原型，向用户展示系统可能的表现。通过结构化和原型设计发现的不一致和缺陷会引导你进一步探索当前系统的运行情况和组织的未来需求。最终，你的想法和发现汇聚成了对当前运行情况和新系统需求的全面而准确的描述。考虑开始分析阶段时，你可能想知道需求确定到底涉及什么。我们将在下一节讨论这个过程。

图 6.1
强调分析阶段的系统开发生命周期

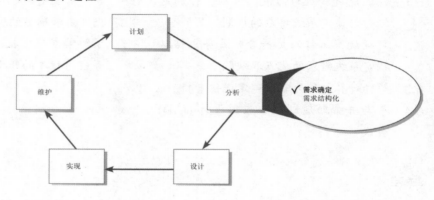

确定需求的过程

一旦管理层批准开发一个新系统（这是在 SDLC 的项目识别和选择阶段结束时完成的），并且一个项目被启动和计划时（参见第 5 章），你就要开始确定这个新系统应该做什么了。在确定需求的过程中，你和其他分析师一起从尽可能多的渠道（从当前系统的用户那里、从对用户的观察中以及从报表、表单和程序那里）收集关于系统应该做什么的信息。所有的系统需求都被仔细地记录下来，并为结构化做准备，这就是第 7 章和第 8 章的主题。

在许多方面，收集系统需求就像进行各种调查一样。读过《福尔摩斯探案集》或类似的悬疑故事吗？喜欢解谜吗？从这些经验中，我们可以发现一个好的系统分析师在确定需求这一子阶段有些相似的特征，示例如下。

- **刨根问底**。应该质疑一切。需要问一些问题，比如：所有的交易都以同样的方式处理吗？是否有人会被收取标准价格以外的费用？我们是否有一天要允许并鼓励员工为一个以上的部门工作？

- **不偏不倚**。你的角色是为商业问题或机会找到最佳解决方案。举个例子，不要想方设法为购买新硬件寻找借口，也不要坚持将用户觉得他们想要的东西纳入新系统要求。必须面面俱到地考虑各方提出的问题，并努力找到最佳的组织解决方案。

- **放宽限制**。假设一切皆有可能，没有什么是不可行的。举个例子，不要接受这样的说法："我们一直都是这样做的，所以我们必须继续这么做。"传统与规则和政策不同。传统形成之初可能有着充分的理由，但随着组织和组织的环境发生了变化，传统可能演变成了一种习惯，而不是个合情合理的程序。

- **关注细节**。每一个事实都必须与其他的事实相合。仅仅一个不合适的元素，都会导致一个最好的系统在某些时候失败。例如，对客户身份的不精确定义可能会导致没有活跃订单的客户的数据被清除，但这些曾经的客户可能是未来销售的重要联系人。

- **重新构思**。分析在某种程度上是一个创造性的过程。必须挑战自己，以新的方式看待组织。必须考虑每个用户如何看待他或她的需求。注意，不要一拍脑袋得出下面的结论："我曾经做过这样的系统，这个新系统的工作方式肯定和我以前做的一样。"

交付物和成果

确定需求的主要交付物是在确定过程中收集的各种形式的信息：访谈记录；观察和分析文件的笔记；一系列的表单、报表、职位描述和其他文件；计算机生成的输出，比如系统原型。简而言之，分析小组作为确定系统需求的一部分所收集的任何东西，都包括在系统开发生命周期的这一子阶段的交付物中。表 6.1 列出了在确定需求的过程中可能收集到的一些具体信息的例子。

这些交付物包含在开发的系统范围内进行系统分析所需的信息。此外，还需要了解组织的以下组成部分。

- 推动工作的内容和方式的业务目标。
- 人们完成工作所需的信息。
- 组织内为支持工作而处理的数据（定义、数量、大小等）。
- 何时、如何、由谁或什么来移动、转换和存储数据。
- 不同数据处理活动之间的顺序和其他依赖关系。
- 管理如何处理数据的规则。
- 描述企业性质和市场及运营环境的政策和准则。
- 影响数据价值的关键事件以及这些事件发生的时间。

显而易见，如此大量的信息必须被组织起来才能发挥作用。这就是下一个子阶段的目的——需求结构化。

从这个分析子阶段开始，你可能已经意识到，需要收集的信息量可能是巨大的，特别是在开发中的系统范围很广的情况下。收集和构建大量信息所需的时间可能很长，而且由于牵涉到大量的人力物力，花费也相当昂贵。太多的分析是没有成效的，"分析瘫痪"一词被用来描述一个被大量的分析工作所困扰的系统开发项目。由于过度分析的危险性，现今的系统分析师更多地关注将要开发的系统，而不是当前系统。在本章后面将学到的技术，JAD 和原型设计，是为了使分析工作保持在最低限度，但仍然保持有效。还开发了最新的技术，以保持确定需求快速而灵活，包括持续的用户参与，以使用为中心的设计，以及极限编程的规划游戏。传统的事实收集技术是下一节的主题。

表 6.1 确定需求的过程中的交付物

1. 从与用户的交谈或观察中收集的信息：访谈记录、观察笔记以及会议记录
2. 现有的书面信息：业务任务和战略声明；业务表单和报表以及计算机显示的样本；程序手册；职位描述；培训手册；现有系统的流程图和文件；顾问报告
3. 基于计算机的信息：JAD 会议的结果、现有系统的报告以及系统原型的展示和报告

表 6.2 收集系统需求的传统方法

- 单独与了解当前系统的操作和问题以及未来系统需求的人进行访谈
- 与具有不同需求的人群进行访谈，以发现系统需求之间的协同作用和对比
- 在选定的时间观察员工，了解数据是如何处理的，以及人们完成工作需要哪些信息
- 研究业务文档以发现报告的问题、政策、规则和方向以及在组织中使用数据和信息的具体示例

确定需求的传统方法

系统分析的核心在于收集信息。首先，你必须收集有关目前正在使用的信息系统的信息，以及用户希望如何通过新的或替换的信息系统来改善当前系统和组织的运作。获取这些信息的最好方法之一是与直接或间接地与受可能的系统变化影响的组织相关联的不同部分的人交谈：用户、经理、股东等。另一个了解当前系统的方法是收集与当前系统和业务过程相关的文件副本。在本章中，你将了解到直接从利益相关者那里获得信息的各种方法：访谈、小组访谈、名义小组法和直接观察。你将学习如何以书面程序、表单、报表和其他硬拷贝的形式收集关于当前系统和组织运作的文件。这些收集系统要求的传统方法列在表 6.2 中。

访谈和倾听

访谈是分析师收集信息系统项目信息的主要方式之一。在项目的早期，分析师可能会花大量的时间来与人们进行访谈，了解他们的工作，他们用来工作的信息，以及可能对他们的工作起到帮助作用的信息处理类型。对其他利益相关者进行访谈，以了解组织的方向、政策、管理者对他们所管理的单位的期望，以及组织运作的其他非程序性方面。在访谈过程中，你将收集事实、意见和猜测，观察身体语言、情绪和其他迹象，了解人们的需求和他们对当前系统的评价。

有许多方法可以有效地对某人进行访谈，没有哪种方法一定比另一种更好。接下来讨论一些在访谈时应该牢记的准则，总结如表 6.3 所示。

表 6.3　高效访谈的准则

制定访谈计划
● 让受访者做好准备：预约时间、引导性问题
● 准备好清单、议程和问题
仔细聆听并做笔记 (如果允许的话，可以录音)   在访谈后的 48 小时内复习笔记   保持中立   寻求不同的意见

首先，应该在访谈前做好充分准备。在方便受访者的时间和期限内安排会面。应该事先向受访者解释访谈的基本性质。可以要求受访者思考特定的问题或议题，或查阅某些文件，为访谈做准备。应该花一些时间思考需要找出什么，并写下问题。不要觉得自己能预料到所有可能的问题。理想中，访谈的过程是自然的，而且，在某种程度上，你希望在探索受访者带来的专业意见时，能自发地引导访谈。

应该准备一份访谈指南或清单，这样就能了解按照什么顺序提问，以及在访谈的每个方面花多少时间。清单上可以包括一些值得探讨的问题，如果收到了某些预料之中的回答，可以作为后续问题提出。在一定程度上，可以将访谈指南与在访谈中所做的笔记结合起来，如图 6.2 中的指南示例所示。指南也同样可以作为在访谈中发现的问题的总结大纲。

访谈指南示例的第一页包含一个访谈大纲。除了关于受访者和时间的基本信息外，还要列出访谈的主要目标。这些目标通常包括需要收集的最重要的数据，需要寻求一致的问题清单（例如，某些系统报告的内容），以及需要探索的领域，不一定是具体的问题。你还可以提醒自己注意受访者的关键信息（例如，工作历史，对问题的已知立场，以及在当前系统中的作用）。这些信息能帮你显得更有针对性，表明你对受访者的重视，并可能帮助你解读一些回答。此外，还包括一份访谈议程，其中有访谈的不同部分的大致时间限制。你可能不会精确地遵守时间限制，但议程有助于你在受访者有空的时候覆盖所有领域。此外，第一页还留出了一些空间，用于记录那些不适合具体问题的一般性观察，以及在访谈过程中对跳过的话题或提出的无法解决的问题。

在接下来的几页中，列出具体的问题；图 6.2 的示例表单留出了对这些问题进行记录的空白。由于会出现意料之外的信息，你很可能不会严格按照指南的顺序进行访谈。但是，可以划掉已经问过的问题，并写下提醒，以便在访谈的动态推进中返回或跳过某些问题。

访谈大纲	
受访者： 　接受访谈的人的名字	**访谈主持人：** 　主持访谈的人的名字
地点 / 媒介： 　办公室、会议室或电话　开始时间：	**预约日期：** 　开始时间： 　结束时间：
目标： 　需要收集什么数据 　需要在什么事情上达成一致 　需要探索什么领域	**提醒：** 　受访者的背景 / 经历 　受访者的已知观点

图 6.2

访谈指南示例

图 6.2

访谈指南示例（续）

议程：	大约花费时间：
介绍	1 分钟
项目背景	2 分钟
访谈概览	
涉及的话题	1 分钟
是否允许录音	
话题 1 的问题	5 分钟
话题 2 的问题	7 分钟
……	……
主要观点总结	2 分钟
受访者提问	5 分钟
收尾	1 分钟

总体看法：
受访者看起来很忙，或许需要过几天再打电话进行补充提问，因为他这次回答问题答得很简短。电脑被直接关机了，或许他不常用电脑

未解决的问题，未涉及的话题：
他需要浏览 1999 年以来的销售数据。他提出了如何处理退还商品的问题，但我们没时间讨论了。

访谈主持人：	**日期：**
问题：	笔记：
在提问时，如果符合条件的话 **问题：1** 你用过现在的销售跟踪系统吗？ 如果用的话，使用频率高吗？ **如果回答"是"的话，提出问题 2**	回答： 用过。我每周都会要一份我的产品线的报告。 观察结论： 受访者看起来很紧张，或许他夸大了使用频率。
问题：2 系统的哪一点是你最不喜欢的？	回答： 销售额是按照单位显示的，而不是按照美元显示的。 观察结论： 系统能够以美元显示销售额，但用户不知道这一点。

选择访谈问题

你需要决定将使用的开放式和封闭式问题的组合和顺序。开放式问题 (open-ended question) 通常用于探寻那些你无法预料到所有可能的回答，或者你不知道要问的确切问题的信息。鼓励受访者在问题的大体范围内谈论他或她感兴趣的事情。例如，"你认为你目前工作上用的信息系统最好的地方是什么？"或"列出三个最常用的菜单选项。"你必须对答案做出快速反应，并确定是否需要提出后续问题来进一步地明确或阐述。有时肢体语言会暗示用户给出的答案不完整，或是不愿意透露一些信息；提出后续问题可能会带来额外的见解。开放式问题的一个好处是，之前未知的信息可以浮现出来。然后，你可以顺着出乎意料的思路继续探索，来揭示更多的新信息。开放式问题也常常使受访者感到放松，因为他们能够用自己的话和自己的结构来回答；开放式问题使受访者在访谈中更有参与感和控制感。开放式问题的一个主要缺点是回答问题可能需要很长的时间。此外，开放式问题可能很难总结。

封闭式问题 (closed-ended question) 提供了一系列的答案，受访者可以从中选择。下面是一个例子。

你认为以下哪项是工作时所用的信息系统的最大优点（单选）？

A. 可以方便地访问你所需要的所有数据

B. 系统响应时间

C. 能够远程访问该系统

当问题的主要答案众所周知的时候，封闭式问题就能很好地发挥作用。另一个好处是，基于封闭式问题的访谈不一定需要投入大量的时间，这样就可以涵盖更多的话题。你可以观察肢体语言，聆听语音语调，这有助于对受访者的回答进行分析。封闭式问题也可以成为开始访谈的一种简单方法，并确定继续进行开放式问题的路线。可以包括一个"其他"选项，以鼓励受访者说出未曾想到的回答。封闭式问题的一个主要缺点是，由于受访者是做出选择，而不是提供他或她的最佳答案，因此不符合既定答案的有用信息可能会被忽略。

开放式问题
(open-ended question)
访谈中没有预设答案的问题。

封闭式问题
(closed-ended question)
访谈中要求回答者从一组特定的答案中进行选择的问题。

封闭式问题，就像考试中的客观题一样，可以采用几种形式，包括以下选择。

- 判断正误题。
- 选择题（单选或多选）。
- 在一个量表上对一个行动或想法进行评分，例如从坏到好，或从非常同意到非常不同意。对每个人来说，量表上的每一个点都应该有明确而一致的含义，而且通常在量表中间有一个中立点。
- 按重要程度为事项排序。

访谈准则

首先，无论是开放式还是封闭式的问题，都不要用暗示了正确或错误答案的方式来表述问题。受访者必须感觉到，他或她可以说出自己的真实意见和观点，而且他或她的想法将会和其他人的想法一样得到考虑。像"系统是否应该继续提供覆盖默认值的能力，即使大多数用户现在不喜欢这个功能？"这样的问题应该避免，因为这样的措辞预设了一个普遍认可的答案。

访谈时要记住的第二条准则是要非常仔细地听别人说什么。认真做笔记，或者如果可能的话，录下访谈过程（一定要事先征求同意！）。这些回答可能包含着对项目极为重要的信息。此外，这可能是你从这个人那里获取信息的唯一机会。如果时间用完了，但仍需从访谈对象那里获取信息，请要求安排一次后续访谈。

第三，访谈结束后，回到办公室，在 48 小时内将笔记录入电脑。如果你录制了访谈，将录音和你笔记中的材料对照一下。48 小时后，你对访谈的记忆会迅速消退。当录入和整理笔记时，记下任何可能由笔记中的漏洞或模棱两可的信息产生的额外问题。将事实与你的观点和解读分开。把需要澄清的不明确之处列出来。给受访者打电话，获得这些新问题的答案。利用这次电话的机会来验证笔记的准确性。还可以把笔记的复印件寄给受访者，这样他就可以检查笔记是否准确。最后，请确保为对方付出的时间表示感谢。你可能会与受访者再次交谈。如果受访者将成为你的系统的用户，或者以其他方式促成了系统的成功，给他留下一个好印象是有必要的。

　　第四，访谈中注意不要对新系统或替代系统设定预期，除非可确定这些功能将成为最终交付的系统的一部分。要让受访者知道，项目有很多步骤，需要考虑很多人的观点，还要考虑技术上是否可行。要让受访者明白，他们的想法将被仔细考虑，但由于系统开发过程的迭代性，现在下定论说最终的系统要做什么或不做什么还为时过早。

　　第五，从访谈中找寻各种不同的观点。了解系统的潜在用户、可能受变化影响的其他系统的用户、经理和上级、对当前系统有经验的信息系统工作人员还有其他人认为当前的问题和机会是什么以及哪些新的信息服务可以更好地为组织服务。要了解所有可能的观点，这样在以后的审批步骤中，就有信息作为建议或设计决定的依据，而所有的利益相关者都能接受。

小组访谈

　　使用访谈来收集系统需求的一个缺点是，分析师需要调和所收集的信息中明显的矛盾之处。一系列的访谈可能会发现关于当前系统或其替代品的不一致的信息。你必须通过所有这些不一致的信息来弄清楚什么是对当前和未来系统最准确的表述。这样的过程需要几个后续电话和额外的访谈。对于重要人物，要想在他们的办公室找到他们，往往是困难和令人沮丧的，而安排新的访谈可能会变得非常耗时。此外，新的访谈可能会发现新的问题，又需要再与先前的受访者进行额外的访谈。显然，通过一系列个人访谈和后续电话来收集有关信息系统的信息并不是一个高效率的过程。

　　可以选择的另一个方法是小组访谈。在小组访谈中，几个关键人物会同时接受访谈。为了确保收集到所有的重要信息，你可以和一个或多个分析师一起进行访谈。在有多个访谈主持人的情况下，一位分析师可能负责提出问题，而另一位则负责做笔记，或者不同的分析师专注于不同类型的信息上。例如，其中一位分析师可以倾听数据需求，而另一位则注意关键事件的时间和触发。参与这个过程的受访者的数量可以是两个，也可以是你认为合适的人数。

小组访谈有几个优点。首先，相比一系列的个人访谈，它能更有效地利用你的时间（尽管让受访者的时间达成一致可能是个更重要的问题）。第二，与几个人一起访谈，可以让他们听到其他关键人物的意见，让他们有机会表达是否支持这些意见。协同作用也经常发生。例如，一个人提出的意见可能会引得另一个人说，"这让我想起……"或"我不觉得这是个问题"。你可以从这样的讨论中受益，因为它可以帮助确定在哪些问题上存在普遍共识以及在哪些领域还有巨大分歧。

小组访谈的主要缺点是难以安排。参与的人越多，就越难找到一个大家都方便的时间和地点。现代视频会议技术可以最大限度地减少会导致会议安排困难的地理分散因素。小组访谈是 JAD 过程的核心，我们在本章后面讨论。接下来将讨论一种与小组合作的具体技术，即名义小组法。

名义小组法

多年来，人们开发了许多不同的技术来改善群体工作的过程。让小组中的成员产生主意的一种比较流行的技术被称为"名义小组法"（nominal group technique）。顾名思义，NGT 意味着一起工作解决问题的人只是名义上的小组。小组成员可能会因为 NGT 聚集在同一个房间里，但他们都会单独工作一段时间。通常情况下，小组成员会将他们的想法写下来。在写下想法后，小组成员在训练有素的主持人的指导下把他们各自的想法汇集起来。在汇集想法时，主持人通常会让每个人轮流说一个没有被提出过的想法。当一位组员大声念出一个想法时，就会有个人在黑板或挂图上写下这个想法。在说完所有想法后，主持人会要

名义小组法
(nominal group technique)
一个支持众智的促动引导过程。在过程开始时，小组成员独立工作以产生想法。然后，训练有素的主持人引导着大家把这些想法汇集起来。

求小组公开讨论每个想法，主要是为了进一步阐明想法。

　　一旦所有参与者都理解了所有的想法，主持人就会尝试减少小组想法的数量，以便进一步考虑。有许多方法可以减少想法的数量。主持人可以要求参与者只选择他们认为重要的一部分想法。然后，主持人在房间里转一圈，要求每个人大声朗读一个对他或她来说很重要、但其他人没有意识到重要性的想法。或者，主持人可以与小组一起确定并删去或合并那些非常相似的想法。或迟或早，主持人和小组最终会得到一组易于处理的想法，并能够进一步确定优先级。

　　在确定需求的背景下，在 NGT 活动中寻求的想法通常适用于现有系统的问题，或是有关正在开发的系统中新功能。最终得到的将是一个由小组成员自己提出和优先考虑的问题或功能的列表。至少对参加 NGT 活动的小组来说，这样的列表应该有很高的主导权。

　　使用 NGT 能够帮助集中和完善小组的工作是有理有据的，因为一般来讲，和无人主持的小组会议中得到的想法相比，从 NGT 中产生的想法的数量和质量很可能更高。NGT 活动可以作为小组访谈的补充，或者作为联合应用设计工作的一部分，本章后面将详细介绍。

直接观察用户

　　到目前为止，我们所讨论的所有收集信息的方法都涉及到让人们回忆和传达他们关于组织领域和支持这些过程的信息系统的信息。然而，人并不总是非常可靠的信息提供者，即使他们努力试着做到可靠，说出他们认为的真相。说来奇怪，但人们往往不能完全准确地理解他们做了什么或他们是如何做的。尤其是对于不经常发生的事件、过去的问题或人们比较狂热的问题而言。由于不能总相信人们能够可靠地解释和报告他们自己的行为，可以通过观察他们的行为或通过获得人们在工作环境中的表现这样相对客观的措施来补充和证实人们所述的情况。（"损失的软饮料销售"一节说明了系统分析师亲自了解他们要设计系统都有哪些业务的重要性）。

例如，一位经理可能会告诉你，她一天的工作内容是：精心策划自己的个人活动，长时间地工作，坚持不懈地解决问题，并掌控自己的工作节奏。经理可能会说，她就是这样度过她的一天的。然而，当 Mintzberg(1973 年) 观察经理如何工作时，他发现经理的一天实际上会受到数不清的干扰。经理以一种碎片化的方式工作，只在很短的时间内专注于一个问题或一次交流，然后他们就会被下属和其他经理的电话、电子邮件或拜访打断。一个为适应这位经理所描述的工作环境而设计的信息系统无法有效地支持这位经理所处的实际工作环境。

作为另一个例子，想想一位员工雇员告诉你的他使用电子邮件的频率，和你通过更客观的方式发现的电子邮件使用频率之间，会有多大的差异。一个员工可能会告诉你，他快要被电子邮件淹没了，他花了很多时间回复电子邮件。然而，如果你能够查看电子邮件记录，你可能会发现这个员工平均每天只收到三封电子邮件，而且他在 8 小时内收到的最多邮件的一次是 10 封。在这种情况下，你能够获得一个准确的衡量标准，也就是这个员工要处理多少电子邮件，而不必监视他到底读了多少电子邮件。

损失的软饮销售额

一位系统分析师非常惊讶地发现，在安装了一个新的送货卡车路线系统后，所有软饮产品的销售额不但没有增加，反而减少了。这个系统的设计初衷是通过让司机使用更高效的送货路线，更频繁地造访每个客户，来达到减少客户现场缺货的目的。

由于对结果感到困惑，管理层要求分析师推迟预定的假期，但他坚持认为只有在过了几天的休息和放松之后，他才能重新审视这个系统。

然而，这位分析师并没有休息，而是打电话给他在设计系统时进行过访谈的送货调度员，要求给自己分配一条路线，送几天货。分析师按照新系统制定的时间表，驾驶了一条路线 (负责该路线的司机实际上正在休假)。分析师发现，正如预期的那样，这条路线的效率非常高，因此，一开始，分析师看不出为什么会出现销售损失。

在他 "休假" 的第三天，也是最后一天，分析师在一家商店多停留了一会儿，询问经理对最近几周销售额下降是否有想法。经理也不知道原因，但提出了自己观察到的看似无关的一点：平时负责这条路线的那位司机在商店里停留的时间变少了。他好像对产品的展示位置没有那么大的兴趣了，也没有像以前那样要求展示促销标志。

从这次谈话中，分析师得出结论，从某种意义上说，新的送货卡车路线系统过于好了。它把司机安排在一个非常紧张的日程上，以至于他没有时间去 "闲聊"，来获得特殊待遇，让公司的产品在竞争中占据优势。

如果没有通过作为系统用户取得第一手观察，分析师可能永远不会发现系统设计中的真正问题。一旦在送货所需时间的基础上，为必要的营销工作分配了时间，产品的销售额就可以恢复并很快超过了新系统引入前的水平。

然而，调查系统记录和直接观察的目的是相同的，那就是获得更多关于员工与信息系统互动的第一手客观数据。在某些情况下，行为衡量所反映的现实将比员工所认为的更准确。在其他情况下，虽然观察和获得客观的衡量方法是收集相关信息的理想方式，但这种方法在实际的组织环境中并不总是可行的。因此，这些方法并不是绝对客观的，没有任何一种收集数据的方法是绝对客观的。

举个例子，观察会导致人们改变他们的正常行为表现。知道自己在被观察的员工可能会紧张，并比正常情况下犯更多的错误，可能会小心翼翼地遵循他们平时不遵循的程序，并可能比正常情况下工作得更快或更慢。此外，由于通常无法连续进行观察，你只能获得你所观察的人或任务的一个快照，其中可能不包括重要的事件或活动。观察是非常耗时的，你不仅要在有限的时间内观察，观察的人数和场所也有限制。同样，观察也只能从可能的大量数据源中获得一小部分数据。到底要观察哪些人或场所是一个困难的选择问题。你要同时选择典型和非典型的人和场所，在日常和非日常的情况下进行观察，以便从观察中获得最丰富的数据。

分析过程和其他文档

如前所述，向每天使用一个系统的人或对一个系统感兴趣的人提问是收集有关当前和未来系统信息的有效方法。观察当前的系统用户是一种更直接的方法，可以看到一个现有系统是如何运作的，但即使是这种方法，对当前运作的所有方面的接触也是有限的。这些确定系统需求的方法可以通过检查系统和组织文件来发现更多关于当前系统和这些系统支持的组织的细节。

尽管我们在这里讨论了几种对了解未来可能的系统需求有用的重要文件类型，但这并非全部。你应该尝试找到组织领域中所有与重新设计的系统有关的书面文件。除了我们讨论的几份具体文件外，组织使命宣言、商业计划、组织结构图、商业政策手册、职位描述、内部和外部通信以及以前的组织研究报告都可以提供有价值的见解。

对文件的分析可以告诉你对于一个新系统有什么要求。在文件中，可以找到以下方面的信息。

- 现有系统的问题（例如，缺少信息或多余的步骤）。
- 如果有了某些信息或信息处理，就有机会满足新的需求（例如，基于客户类型的销售分析）。
- 会对信息系统要求产生影响的组织方向（例如，试着将客户和供应商与组织更紧密地联系起来）。
- 对相关系统感兴趣的关键人物的职位和姓名（例如，领导研究重要客户购买行为的销售经理的姓名）。
- 组织或个人的价值观，可以帮助确定不同用户所期望的不同能力的优先次序（例如，维持市场份额，即使这意味着较低的短期利润）。
- 不定期发生的特殊信息处理状况，可能无法通过任何其他的需求确定技术来确定（例如，要对少数的大客户进行特殊处理，需要使用定制的客户订购程序）。
- 当前系统被设计成这样的原因。这可以表明，当前软件中没有的一些功能现在或许可行并且更适宜（例如，在设计当前系统时，无法取得客户购买竞争对手产品的相关数据；现在可以从几个来源得到这些数据）。
- 数据、处理数据的规则以及信息系统必须执行的组织运作原则（例如，如果客户有任何问题，每个客户都会有一个指定的销售部门的工作人员作为主要联系人）。

一种有用的文件是个人或工作小组的书面工作程序。这一程序描述了如何执行一项特定的工作或任务，包括在执行工作的过程中使用和创建的数据和信息。例如，图 6.3 所示的程序包括了准备一项发明的披露所需要的数据 (特征和优点清单、图纸、发明人姓名和见证人姓名)。它还表明，除发明人外，负责研究的副校长、系主任和院长必须审查这些材料，而且任何发明公开的申请都需要一名见证人。这些信息清楚地影响到哪些数据必须被保存，信息必须发送给谁，以及管理有效表单的规则。

　　然而，程序并不是无懈可击的信息来源。有时对几个书面程序进行分析后，会发现在两个或更多的工作中存在重复性工作。作为系统设计前需要解决的一个问题，你应该提醒管理层注意这种重复。也就是说，在重新设计一个信息系统之前，可能有必要重新设计组织，以最大化其利益。在程序中，你可能遇到的另一个问题是程序的缺失。同样，为缺失的程序创建文件不是你的任务，那是管理层的事。书面程序的第三个常见的问题是，程序已经过时了。当与负责执行程序中所述任务的人进行访谈时，你可能会意识到程序已经过时了。再次强调，改写程序使其符合现状的决定是由管理层做出的，但你可以根据自己对组织的理解提出建议。书面程序经常遇到的第四个问题是，正式程序可能与你从访谈和观察中收集到的关于组织如何运作以及需要什么信息的情报相矛盾。和其他情况一样，解决这个问题的关键在于管理层。

　　所有这些问题都说明了正式系统 (formal system) 和非正式系统 (informal system) 之间的区别。正式系统在组织的被官方文件认可，而非正式系统是组织实际工作的方式。非正式系统的发展是由正式程序的不足、个人的工作习惯和偏好、对控制的抵触以及其他因素促成的。了解正式系统和非正式系统是很重要的，因为从每个系统中，都能深入了解信息需求以及从现在到未来的信息服务所需要的东西。

正式系统
(formal system)
组织文件中所描述的系统的正规工作方式。

非正式系统
(informal system)
系统实际上的工作方式。

图 6.3

程序示例

发明披露准备指南
（详细的专利政策和申请程序可以参见学院和教职员工手册）

(1) 每张表只披露一项发明。

(2) 准备完整披露。

只有当你的发明披露能使本领域的技术人员了解该发明时，才足以达到专利目的。

(3) 在准备完整公开时要考虑以下几点。

(a) 发明的所有基本要素，它们之间的关系，以及它们的操作方式。

(b) 可以替代任何要素的等价物。

(c) 被认为是新颖的特征清单

(d) 本发明相对于现有技术的优势。

(e) 本发明是否已经完成了建造和 / 或测试。

(4) 提供适当的补充材料。

应根据需要提供图纸和描述性材料以澄清披露的内容。该材料的每一页都必须由每个发明人签字和注明日期，并被妥善地见证。材料中还应包括与该发明有关的任何当前和 / 或计划中的出版物的副本。

(5) 说明先前的知识和信息。

应列出相关的出版物、专利或以前的装置，以及相关的研究或工程活动。

(6) 见证披露。

除共同发明人外，其他人员应作为见证人，并应在阅读和理解披露内容后再在每张表上签字。

(7) 将原件和一份副本 (如果有资助 / 合同支持，则为两份副本) 通过系主任和院长转交给主管研究的副院长。

第二种对系统分析师有用的文件类型是业务表单 (参见图 6.4)。表单被用于所有类型的业务功能，从记录确认支付账单的订单到表明哪些货物已经被运出。表单对理解一个系统非常重要，因为它们明确指出了哪些数据流入或流出一个系统，哪些是系统运行所必需的。在图 6.4 的发票表单样本中，我们看到了一些数据的位置，比如客户的姓名和账单地址、发票号码、关于发票上每一项的数据 (数量、描述、数额) 以及总和这种计算出来的数据。

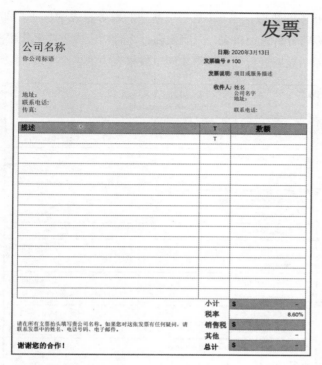

图 6.4

来自 Microsoft Excel 的发票表单

(来源：Microsoft Corporation)

　　表单给了我们关于组织性质的关键信息。例如，公司可向不同的地址发货和开票；客户可以申请折扣；运费由客户承担。在计算机显示屏上，系统可以供人输入和维护数据或向在线用户显示数据，一个打印出来的表单可能与之对应。包含实际组织数据的表单是最有用的，因为这可以让你确定应用程序实际使用的数据的特征。人们使用表单的方式会随着时间的推移而改变，最初设计表单时需要的数据可能不再需要了。你可以使用第 7 章和第 8 章中预先介绍的系统分析技术来帮助你确定哪些数据已经不再需要了。

　　第三种有用的文件类型是由当前系统产生的报表。作为某些类型系统的主要输出，报表使你能够从报表上的信息向上追溯到生成这些信息所必须的数据。图 6.5 是一个典型的财务报表的例子，即现金流量表。你将分析这类报表，以确定在什么时间段内需要采集哪些数据，对这些原始数据进行什么操作才能生成报表中的各个字段。

图 6.5

报表示例：现金流量表

Mellankamp Industries Statement of Cash Flows October 1 through December 31, 2020	
	Oct 1–Dec 31, 2020
OPERATING ACTIVITIES	
Net Income	$38,239.15
Adjustments to reconcile Net Income to net cash provided by operations:	
Accounts Receivable	–$46,571.69
Employee Loans	–62.00
Inventory Asset	–18,827.16
Retainage	–2,461.80
Accounts Payable	29,189.66
Business Credit Card	70.00
BigOil Card	–18.86
Sales Tax Payable	687.65
Net cash provided by Operating Activities	$244.95
INVESTING ACTIVITIES	
Equipment	–$44,500.00
Prepaid Insurance	2,322.66
Net cash provided by Investing Activities	–$42,177.34
FINANCING ACTIVITIES	
Bank Loan	–$868.42
Emergency Loan	3,911.32
Note Payable	–17,059.17
Equipment Loan	43,013.06
Opening Balance Equity	–11,697.50
Owner's Equity: Owner's Draw	–6,000.00
Retained Earnings	8,863.39
Net cash provided by Financing Activities	$20,162.68
Net cash increase for period	–$21,769.71
Cash at beginning of period	–$21,818.48
Cash at end of period	–$43,588.19

如果当前系统是基于计算机的，那么第四类有用的文件是那些描述当前信息系统是如何设计，以及如何工作的文件。从流程图到数据字典再到用户手册，很多不同类型的文件都符合这个描述。能够接触到这些文件的分析师是幸运的，因为许多内部开发的信息系统缺乏完整的文件。

对组织文件的分析和观察，以及访谈，是收集系统需求最经常使用的方法。表 6.4 总结了观察和分析组织文件的特点对比。

表 6.4　观察和文件分析的比较

特征	观察	分析文件
信息丰富程度	高（渠道丰富）	低（被动）并且过时
需要花费的时间	可能会很多	低到中等
花销	可能会很高	低到中等
跟进和探索的机会	很多。可以在观察期间或之后提出探索性和澄清性问题	有限：只有在原始作者可用的情况下才能进行探索
保密性	被观察者为访谈官所了解；被观察者可能会在被观察时改变行为表现	取决于文件的性质；不会因为被阅读而改变
目标参与性	受访者可能会也可能不会参与和承诺，这取决于他们是否知道他们是否被观察	无，没有明确的承诺
潜在受众	每次的数量和时间有限（快照）	有可能因保存不同文件或因文件不是为此目的而创建而产生偏差

确定系统需求的现代方法

尽管我们称访谈、观察和文件分析为确定系统需求的传统方法，但所有这些方法仍然经常被分析师用来收集重要信息，要想收集关于当前系统、要求建立新系统的组织以及新系统应该是什么样子的信息的话，还有一些其他的技术。在本节中，你将了解到用于分析的几种现代信息收集技术（列于表 6.5）：JAD 和原型设计。正如我们前面所说，这些技术可以支持高效的信息收集和结构化，同时减少分析所需的时间。

表 6.5 确定系统需求的现代方法

- 在 JAD 会议中，将用户、赞助人、分析师和其他人员聚集在一起，讨论和审查系统需求。
- 迭代开发系统原型，通过展示系统功能的工作版本来完善对系统需求的具体理解。

联合应用设计

联合应用设计

(joint application design, JAD)

一个结构化的过程，在这个过程中，用户、管理人员和分析师在一系列密集的会议中共同工作数天，以明确或审查系统需求。

联合应用设计 (joint application design, JAD) 始于 20 世纪 70 年代末的 IBM 公司，从那之后，JAD 的实践就扩散到了许多公司和行业。举个例子，它在康涅狄格州的保险业相当流行，那里已经成立了一个 JAD 用户小组。事实上，一些通用的 JAD 方法已经被记录和推广了起来 (Wood and Silver，1995)。JAD 的主要思想是把参与分析当前系统的主要用户、经理和系统分析师聚集在一起。在这方面，JAD 类似于小组访谈；然而，JAD 遵循一种特殊的角色和议程结构，与小组访谈完全不同，在小组访谈中，分析师掌控着用户回答问题的顺序。在分析阶段使用 JAD 的主要目的是为了同时从与系统有关的各个关键人物那里收集系统需求。其结果是一个紧张的、结构化的、但非常有效的过程。与小组访谈一样，让所有关键人物在同一时间聚集在一起，可以让分析师发现哪些地方一致，哪些地方有冲突。与所有这些重要人物会面，进行为期一周的紧凑会议，可以让你有机会解决冲突，或者至少了解为什么冲突可能不好解决。

JAD 会议通常在相关人员平时的工作场所之外的地方进行。这种做法背后的想法是让参与者尽可能地远离干扰，以便他们集中精力进行系统分析。一次 JAD 可能会持续 4 个小时到一整个星期，并可能由几个会议组成。一次 JAD 需要动用数千美元的公司资源，其中最宝贵的是相关人员的时间。其他费用包括与会人员的机票钱和食宿费用。

JAD 的典型参与者列举如下。

- **JAD 会议负责人**。JAD 会议负责人 (JAD session leader) 负责组织和管理 JAD。这个人接受过小组管理和促进以及系统分析方面的培训。他或她在问题上保持中立，不提出想法或意见，而是专注于让小组保持在议程上，解决冲突和分歧，并征集所有人的意见。

- **用户**。正在考虑中的系统的主要用户是联合评估的重要参与者。他们是唯一对日常使用该系统的含义有清楚了解的人。

- **管理者**。使用该系统的工作小组的管理者可以提供对新的组织方向、系统的动机和组织影响的见解，以及对在联合评估中确定的要求的支持。

- **赞助人**。由于花费了宝贵的人力物力，JAD 是一项重要的工作，必须由公司中相对较高级别的人赞助。赞助者可能通常只会在最开始或最后参加一下会议。

- **系统分析师**。系统分析小组的成员也会参加 JAD，尽管他们实际参与的程度可能很有限。分析师在那里是为了从用户和经理身上学习，而不是为了运行或主导这个过程。

- **记录员**。记录员 (scribe) 在 JAD 会议期间做记录。这通常是在笔记本电脑上完成的。

- **IS 人员**。除了系统分析师，其他信息系统 (IS) 人员，比如程序员、数据库分析师、IS 规划员和数据中心人员，也可能参加会议，从讨论中学习，并可能对提议的想法的技术可行性或当前系统的技术限制提出自己的看法。

JAD 会议通常在为特殊用途设计的房间里举行，与会者围着一张马蹄形的桌子坐着，如图 6.6 所示。这些房间通常配备了白板。也可

JAD 会议负责人
(JAD session leader)
计划和领导 JAD 会议的受过训练的人员。

记录员
(scribe)
在 JAD 会议上对发生的事情做详细记录的人。

以使用其他影音设备，比如，可以在白板上方便地重新排列的磁贴，活动挂图，还有投影屏。挂图纸通常用于记录在联合辩论期间无法解决的问题，或者用于记录那些需要额外信息的问题，这些信息可以在辩论间的休息时间收集到。电脑以及投影仪可以用来创建和显示表单或报表设计，绘制现有或替代系统的图表或创建原型。

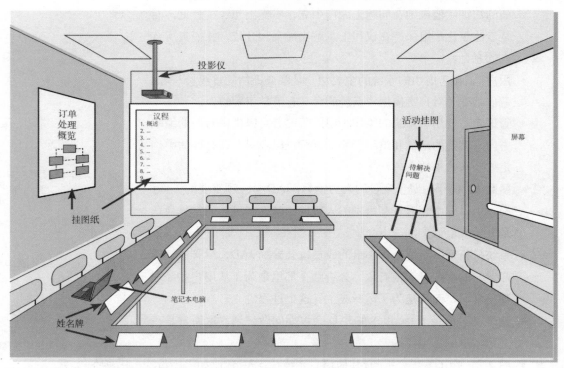

图 6.6　**JAD 的典型房间布局图示**（来源：基于 Wood and Silver，1995)

当联合评估完成后，最终得到的是一套文件，详细说明了与替代系统研究有关的现有系统的工作。根据 JAD 的确切目的，分析人员也可以从 JAD 中获得一些关于替代系统所需的详细信息。

参加 JAD

　　想象一下，你是一位系统分析师，正在参加你的第一次 JAD。参加 JAD 是什么样子的？一般来说，JAD 是在场外舒适的会议设施中进行的。在 JAD 的第一个早上，你和其他分析师走进一个和图 6.6 很相似的房间。JAD 负责人已经在那里了；她正在挂图上写当天的议程。记录员带着他的笔记本电脑坐在一个角落里，准备记录当天的活动。用户和经理们开始分批进入，围着 U 型桌坐下。你与其他分析师一起回顾你的笔记，这些笔记记录了到目前为止你在这里讨论的信息系统的情况。会议负责人在会议开始时表示欢迎，并简要介绍会议议程。第一天将专门介绍当前系统的总体情况和与之相关的主要问题。接下来的两天将专门分析现有系统的屏幕。最后两天将专门对报表进行分析。

　　接着，会议负责人将企业赞助人介绍给大家，赞助人讲述了与系统分析研究有关的企业单位和当前系统，以及升级当前系统以满足不断变化的业务条件的重要性。他离开后，由 JAD 会议负责人接手。负责人把发言权交给高级分析师，后者开始介绍已经发现了系统的哪些关键问题。演讲结束后，会议负责人让在场的用户和经理开始讨论。

　　经过几分钟的讨论，两位来自不同公司地点的用户开始了激烈的辩论。一位用户代表了为原始系统设计模型的办公室，他认为，系统缺乏灵活性这件事实际上是一种资产，而不是问题。另一位用户代表的办公室在合并前是另一家公司的一部分，他认为当前的系统非常不灵活，几乎无法使用。会议负责人进行了干预，试图帮助用户分离出系统中可能导致了系统缺乏灵活性的特定方面。

　　关于原始开发者的意图的问题出现了。会议负责人询问分析小组关于他们对原始系统设计的印象。由于这些问题在这次会议上无法回答（没有原始设计者在场，也没有现成的原始设计文件），会议负责人将关于意图的问题列入"待办事项"清单。这个问题成为了"待办事项"挂图上的第一个问题，会议负责人给你的任务是找出原始设计师的意图。她把你的名字写在清单上的"要做"项目旁边，然后继续会议。在联合评估结束之前，你必须得到这个问题的答案。

在会议期间内，JAD 将像这样继续下去。分析师们将进行演讲，帮助引导关于表单和报表设计的讨论，回答用户和管理者的问题，并记录下所讲的内容。每次会议结束后，分析小组都会开会（通常是非正式的）讨论当天发生的事情，并巩固他们所学到的东西。在会议期间，用户将继续做出贡献，会议负责人将提供便利，干预冲突并确保小组遵守议程。当 JAD 结束时，会议负责人和她的助手必须准备一份报告，记录 JAD 中的发现，并在用户和分析人员中分发。

确定需求期间使用原型设计

原型

(prototyping)

一个迭代的系统开发过程，在这个过程中，需求被转化为一个能够工作的系统，并通过分析师和用户之间的紧密合作不断地被修改。

原型 (prototyping) 是一个涉及分析师和用户的迭代过程，根据用户的反馈建立和重建一个信息系统的初级版本。原型设计可以取代系统开发周期，也可以增强它。我们在这里更感兴趣的是，原型设计如何能够强化需求确定过程。

为了收集最初的一系列基本需求，你仍然要与用户进行访谈并收集文件。然而，尽管比较有限，原型设计将使你能够快速地将基本需求转化为所需的信息系统的可工作版本。然后，该原型将被用户查看和测试。通常情况下，看到口头描述的需求被转换成一个实际存在的系统，将促使用户修改现有的需求并提出新的需求。例如，在最初的访谈中，一个用户可能说他希望所有相关的公用事业账单信息（例如，客户的名字和地址，服务记录和支付历史）都在计算机屏幕上的一个表单中。一旦这个用户看到这样的设计在原型中显得多么拥挤和混乱，他可能会改变主意，转而要求把信息整理到几个界面上，但要有从一个界面到另一个界面的简单过渡。他也可能会想起一些在最初的访谈中没有提到的重要要求 (数据、计算等)。

然后，根据修改建议重新设计原型 (图 6.7)。一经修改，用户将再次查看和测试原型。你会再次采纳他们的修改建议。通过这样一个迭代的过程，你很有可能更好地捕捉到系统需求。

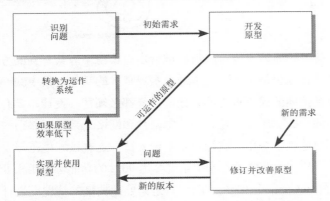

(来源：基于 Naumann, J. D. & Jenkins, A. M. (1982). Prototyping: The New Paradigm for Systems Development. MIS Quarterly, 6(3), 29–44)

图 6.7

原型设计法

随着原型在一次又一次的迭代中变化，越来越多的系统设计规范被捕捉到了原型中。原型可以作为生产系统的基础，这个过程被称为"进化型原型"。另外，原型也可以只作为一个模型，然后被当作实际系统建造的参考依据。在这个过程中，原型在被使用后就被抛弃了，被称为"抛弃型原型"。

进化型原型

在进化型原型设计中，首先要做的是从目标系统的各个部分开始建模，如果成功了，就能将这些部分进化为完整的系统 (McConnell, 1996)。进化型原型设计的生命周期模型说明了这一过程的迭代性和完善原型的趋势，直到原型准备好发布为止 (图 6.8)。这种方法的关键在于，原型会成为真正的生产系统。正因如此，往往要从系统中最困难和最不确定的部分开始切入。

图 6.8

McConnell 的进化型原型模型

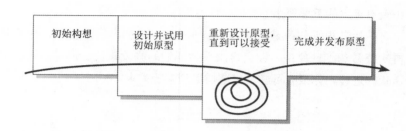

尽管一个原型系统可以很好地展现出系统中容易看到的方面，比如用户界面，但是生产系统本身会实现更多的功能，其中的一些对用户来说是透明的或不可见的。任何系统都必须精心设计，要有利于数据库访问、数据库完整性、系统安全性和网络。系统还必须被设计为支持可扩展性、多用户支持和多平台支持。这些设计规范很少会被编码到一个原型中。此外，一个系统多达 90% 的功能都是用来处理特殊情况的 (McConnell, 1996)。原型只是为处理典型的情况而设计的，所以特殊情况处理必须被添加到原型中，因为它会被转化进生产系统中。显然，原型只捕捉到了系统需求的一部分。

抛弃型原型

与进化型原型不同，抛弃型原型并不会把已经开发的原型留下来。在抛弃型原型设计中，从一开始就不打算把原型转化为一个工作系统。相反，原型的开发是为了快速阐明系统设计中某些不明确的方面，或者帮助用户在不同功能或界面特征中做出决定。原型中不明确的地方减少了之后，原型就可以被丢弃，而从创建和测试中学到的准则就可以成为需求确定的一部分。

在下列情况下，原型验证对确定需求是最有用的。

- 用户需求不明确或没有被很好地理解，对于全新的系统或支持决策的系统而言通常如此。
- 一位或几位用户和其他利益相关者参与了该系统。

- 可能的设计比较复杂，需要具体形式来进行全面评估。
- 用户和分析师之间曾经存在沟通问题，双方都想确保系统要求尽可能的具体。
- 工具（如表单和报表生成器）和数据是现成的，可以快速建立工作系统。

作为确定需求的工具，原型也有下面这些缺点。

- 原型有避免创建正式的系统需求文件的倾向，这可能会使系统更难发展成一个完整的工作系统。
- 原型可能会针对最初的用户变得非常独特，而且很难与其他潜在用户相融合或适应。
- 原型通常是作为独立的系统建立的，因此会忽略共享数据和与其他现有系统的交互问题，也容易忽略应用扩展的问题。
- 绕过了 SDLC 中的检查，因此一些更细微但仍然重要的系统要求可能被遗忘（例如，安全性、一些数据输入控制或跨系统的数据标准化）。

确定需求的激进方法

无论是传统的还是现代的，你在本章中读到的确定系统需求的方法适用于任何需求确定的工作，无论其动机是什么。但是，你所学到的大部分内容通常被应用于涉及自动化现有过程的系统开发项目。分析师使用系统需求确定来了解当前的问题和机会，并确定未来系统的需要和期望。一般来说，当前的行事方式对新系统有很大的影响。不过，在一些组织中，管理层正在寻找执行现有任务的新方式。这些新方式可能与当前的工作方式完全不同，但其回报可能是巨大的。同样的工作可能只用更少的人就可以做，与客户的关系可能大大改善，过程可能变得更加高效和有效，所有这些都会导致利润的增加。用全新的方法取代现有方法的整体过程通常被称为"业务过程重组"(business process reengineering, BPR)。虽然 BPR 这个词通常与 20 世纪 90 年代

业务过程重组

(business process reengineering, BPR)

寻求并实施业务过程中的根本性改革，以实现产品和服务的突破性改进。

出现的管理时尚有关，但各组织仍然关注业务过程以及如何改进它们。即使业务过程重组这个词现在有点过时了，但 "以过程为导向" 仍是 BPR 运动的一个宝贵遗产。

　　为了更好地理解 BPR，请考虑以下例子。假设你是一个成功的欧洲高尔夫球手，为了适应欧洲的高尔夫球场和天气的风格，你已经调整了你的球技。你学会了如何在大风中控制球的飞行轨迹，如何在宽阔的果岭上滚动球，如何在大而起伏的果岭上推杆，以及如何在没有北美球场常见的景观设计的帮助下瞄准目标。当你来到美国，想在美国巡回赛上挣钱时，你会发现：逐步提升你的推杆、远距离发球准确度和沙坑杆会有帮助，但新的比赛环境根本不适合你的比赛风格。你需要重新设计整个方法，学习如何瞄准目标，在果岭上旋转和停球，并应对人群和媒体的干扰。如果你足够优秀，你可能会在赛场上生存下来，但如果不重新设计打高尔夫的方法，你将永远不会成为赢家。

　　就像高尔夫运动的竞争性迫使优秀的球手适应不断变化的条件一样，我们全球经济的竞争性也促使大多数公司不断提高其产品和服务的质量 (Dobyns & Crawford-Mason, 1991)。各个组织意识到，创造性地使用信息技术可以在大多数业务过程中产生重大的改进。BPR 背后的理念不仅仅是改善每个业务过程，而是在系统模型的意义上，重新组织一个组织的主要部分的完整数据流，以消除不必要的步骤，让曾经分离开的步骤之间的实现协同作用，并更能应对未来的变化。诸如 IBM、宝洁、沃尔玛和福特等公司正在积极进行业务过程重组的尝试，并取得了巨大的成功。然而，许多其他公司发现在应用 BPR 原则方面有困难 (Moad, 1994)。尽管如此，BPR 的概念还是被积极地应用到了公司的战略规划和信息系统规划中，作为彻底改善业务过程的一种方式 (如第 4 章所述)。

　　BPR 的提倡者认为，通过对信息技术的创造性应用，可以实现业务过程质量的根本性提升。BPR 提倡者还建议，只是调整现有的过程不能实现彻底的改进，而是要用一张干净的纸，问："如果我们是一个新成立的组织，我们将如何完成这项活动？"改变工作方式也会改变信息共享和存储的方式，这意味着许多业务过程重组的结果是提出了信息系统维护或系统替换的需求。在你所属的组织中，很可能会遇到或已经有了 BPR 倡议。

确定要重新设计的过程

　　任何 BPR 工作的第一步都与了解哪些过程需要改变有关。要做到这一点，你必须首先了解哪些过程是组织的关键业务过程。关键业务过程 (key business process) 是一组结构化的、可测量的活动，旨在为特定的客户或市场产生特定的产出。这个定义的重要方面是，关键过程的重点是某种类型的组织结果，如产品的创造或服务的交付。关键业务过程也以客户为中心。换句话说，关键业务过程包括所有用于为特定客户设计、建造、交付、支持和服务特定产品的活动。因此，BPR 工作首先要了解那些属于组织的关键业务过程的活动，然后改变活动的顺序和结构，以实现速度、质量和客户满意度的根本性改进。你所学到的用于确定系统需求的技术也可以用来发现和了解关键业务过程。与关键人物进行访谈，观察活动，阅读和研究组织文件，以及进行 JAD，都可以用来发现和理解关键业务过程。

　　在确定了关键业务过程之后，下一步就是要确定那些可以通过重新设计而得到彻底改善的具体活动。Hammer and Champy(1993) 是与 BPR 这个术语和过程本身关系最为密切的人，他们建议提出三个问题来确定需要彻底改变的活动。

　　1. 该活动对成果的交付有多重要？

　　2. 改变该活动的可行性如何？

　　3. 该活动有多严重的功能失调？

　　对这些问题的回答为选择对哪些活动进行改革提供了指导。那些

关键业务过程

(key business process)

旨在为某一特定客户或市场产生特定产出的结构化的、经过衡量的一系列活动。

被认为是重要的、可改变的、但功能失调的活动，是首要的候选对象。为了识别出功能失调的活动，他们建议寻找以下活动：个人之间存在过多的信息交流，信息被重复记录或需要重新录入，存在过多的缓冲库存或检查，以及存在大量的返工或较高的复杂性。在 IS 开发过程中，许多对数据、过程、事件和逻辑进行建模的工具和技术也被应用在 BPR 工作中的业务过程建模上，(参见 Davenport, 1993)。因此，系统分析师的技能往往是许多业务过程重组工作的核心。

颠覆性技术

一旦关键业务过程和活动被确定下来，就必须应用信息技术来彻底改善业务过程。为了做到这一点，Hammer and Champy(1993) 建议组织对信息技术进行"归纳式"思考。归纳是一个从个别到一般的推理过程，这意味着管理者必须了解新技术有什么样的作用，并思考改变工作方式的创新方法。这与演绎思维相反，在演绎思维中，首先要确定问题，然后再制定解决方案。

Hammer and Champy(1993) 建议，管理者在应用演绎思维时，要特别考虑颠覆性技术。颠覆性技术 (disruptive technology) 是那些能够打破由来已久的业务规则的技术，这些规则阻碍了组织进行根本性的商业改革。例如，宝洁公司作为日用消费品类的巨头，利用信息技术进行"创新" (Teresko，2004)。科技帮助不同的组织单位在新产品上进行紧密合作。宝洁公司还使用计算机模拟来加速产品设计，并在设计过程的早期就让消费者测试可能的产品。表 6.6 展示了一些由来已久的业务规则和信念，这些规则和信念限制了组织进行彻底的过程改进。例如，第一个规则表明，信息在同一时间只能出现在一个地方。然而，分布式数据库(见第 12 章)和无处不在的无线网络的出现"颠覆"了这个由来已久的业务信念。

颠覆性技术

(disruptive technology)

能够打破长期以来抑制组织进行根本性业务变革的业务规则的技术。

表 6.6　正在被颠覆性技术倾覆的由来已久的组织规则

规则	颠覆性技术
信息在同一时间只能出现在一个地方	分布式数据库允许信息共享
企业必须在集中化和分散化之间做出选择	先进的电信网络可以支持动态的组织结构
所有决策必须由管理者做出	决策支持工具为非管理者提供帮助
外勤人员需要办公室，以便能够接收、储存、检索和传送信息	无线数据通信和便携式电脑为员工提供"虚拟"办公室
与潜在买家的最好是面对面接触	交互通信技术让我们可以进行复杂的信息传递
必须精准定位	自动识别和跟踪技术可以做到精准定位
计划定期进行修改	高性能计算可以提供对计划的实时更新

用敏捷方法确定需求

前面介绍了确定系统需求的许多不同方法。然而，新的方法和技术正在不断地被开发出来。本节将介绍三种需求确定技术。第一种是在开发过程中持续的用户参与，这种技术在小规模的专项开发团队中特别有效。第二种方法是一个类似于 JAD 的过程，即"以使用为中心的敏捷设计"。第三种方法是规划游戏，它是作为极限编程的一部分开发的。

持续的用户参与

在第 1 章中，你读到了对传统瀑布式 SDLC 的批评。其中一个批评意见指出，瀑布式 SDLC 只允许用户在分析的早期阶段参与开发过程。一旦从他们那里收集到了需求，用户就不会再参与到开发过程中来，直到系统被安装时他们被要求签字确认。通常，当用户再次看到这个系统时，它与他们想象中的截然不同。另外，考虑到他们的业务过程在分析结束后发生了变化，系统很可能没有充分满足用户的需求。这种对传统瀑布式 SDLC 和用户参与的看法是对这一过程的一种刻板印象，并不是每个使用瀑布模式的系统开发项目都是这样的。然而，用户参与过于有限的现象的确非常普遍，以至于被认为是系统开发中一个真实而严重的问题。

解决用户参与有限问题的一个方法是让用户持续地参与整个分析与设计过程。当开发能够遵循敏捷方法所提倡的"分析 - 设计 - 编码 - 测试"周期时，这种方法效果最好 (图 6.9)，因为用户可以提供需求信息，然后观察和评估这些需求的设计、编码和测试。这个迭代的过程可以持续很多次，直到系统的大部分主要功能都被开发出来。在分析与设计过程中，用户的广泛参与是许多敏捷方法的一个关键部分。

图 6.9
迭代的"分析 - 设计 - 编码 - 测试"
周期

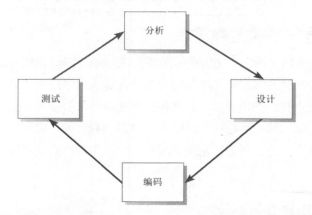

持续的用户参与是波音公司 757 飞机电线设计和电线安装系统成功的一个很关键的方面 (Bedoll, 2003)。该系统旨在支持为客户定制飞机配置的工程师，让他们能够分析可能安装在 757 飞机上的所有 50 000 条电线。以前曾花了三年多时间试图建立一个类似的系统，结果最终的系统从未被使用过。而依靠着敏捷方法的第二次尝试，仅用

了六个星期就完工了。成功的关键之一在于一位用户联络员，他一半时间与小型开发团队在一起，一半时间与其他终端用户在一起。除了遵循"分析—设计—编码—测试"周期外，该团队还每周发布一次产品。用户联络员参与了工作的每一步。很明显，为了使这样的需求确定能够成功，与开发团队一起工作的用户必须知识渊博，但他或她也必须能够放弃自己的正常业务职责，以便密切地参与系统的开发。

以使用为中心的敏捷设计

在系统开发中持续的用户参与是一个很好的方法，可以确保需求可以得到准确捕捉并立即在系统设计中得到实现。然而，这种持续的互动只在开发团队较小的时候效果最好，就像波音公司的例子一样。而且，在一个开发项目的过程中，并不总是能够持续接触到用户。因此，敏捷开发人员想出了其他的方法来有效地让用户参与到需求确定的过程中。其中一种方法是"以使用为中心的敏捷设计"(Agile Usage-Centered Design)，最初是由 Larry Constantine (2002) 开发的，并由《用户故事地图》(Jeff Patton，2002) 为敏捷方法做了调整。作者用 9 个步骤描述了这个过程，我们将其改编为表 6.7 中的 8 个步骤。

请注意，整个过程与 JAD 会议非常相似。所有专家都聚集在一起，在主持人的帮助下工作。以使用为中心的敏捷设计的独特之处在于支持它的过程，它关注于用户角色、用户目标以及实现这些目标所需的任务。然后，任务被分门别类，并在会议结束前变成用纸和笔勾勒出的原型。从用户和开发者那里获得的需求被捕捉为系统屏幕原型。Patton (2002) 认为，这种方法两个最有效的方面分别是发泄会议（让每个人都把自己的不满公之于众和使用 3×5 的卡片，非常有效的沟通工具）。然而，与所有分析与设计过程或技术一样，以使用为中心的敏捷设计并不适用于每个项目或每个公司。

表 6.7　以使用为中心的敏捷设计中的需求确定步骤

1. 召集一群人，包括分析师、用户、程序员和测试人员，把他们集中在一个房间里，就这个设计进行合作。包括一个了解这个过程的主持人。

2. 让每个人都有机会发泄对当前系统的不满，并讨论每个人在新系统中想要的功能。在白板或挂图上记录所有的不满和改变的建议，让大家都能看到。

3. 确定最重要的用户角色是什么。确定谁将使用该系统，以及他们使用该系统的目的是什么。把这些用户角色写在 3×5 的卡片上。对卡片进行排列，让类似的角色彼此靠近。Patton (2002) 将此称为角色模型。

4. 确定用户角色为了实现他们的目标必须完成哪些任务，把这些任务写在 3×5 的卡片上。按重要性为任务排序，然后按频率排列。根据任务之间的相似程度，将卡片放在一起。巴顿 (Patton) 将此称为任务模型。

5. 在桌子上根据相似性为任务卡分组。拿起一叠卡片。这就是所谓的互动环境。

6. 对于互动环境中的每张任务卡，直接在任务卡上写下任务描述。列出完成该任务的必要步骤。保持描述的口语化，使其易于阅读。尽量简明扼要。

7. 把每个任务堆看作是一组暂定的任务，由用户界面的一个方面来支持，如屏幕、页面或对话，并为界面的这一部分用纸和笔创建出一个原型。展示屏幕组件的基本尺寸和位置。

8. 扮演一个用户角色，在纸笔原型所模拟的交互环境中完成每个任务。确保用户角色能够通过使用原型实现其目标。对原型进行相应的改进。

极限编程中的规划游戏

你在第 1 章中读到了极限编程，你知道它是肯特·贝克 (Kent Beck) 提出的一种软件开发方法 (Beck & Andres, 2004)。你还知道它的特点是周期短，采用增量计划方法，注重由程序员和客户编写的自动测试，以监控开发过程，并依赖于在系统生命周期内持续进化的开发方法。极限编程的一个关键点是它使用由两个人构成的编程小组，并在开发过程中让客户到场。极限编程中有两个部分与需求确定有关：(1) 规划、分析、设计和生成 (build) 是如何融合到一个活动阶段中的；

(2) 其捕捉和展示系统需求和设计规格的独特方式。生命周期的所有阶段都汇聚成一系列基于编码、测试、聆听和设计等基本过程的活动。

　　然而，这里值得关注的是处理需求和规格的方式。这两种活动都是在贝克 (Beck) 所说的"规划游戏"中进行的。规划游戏实际上只是一种风格化的开发方法，它尝试让需要新系统的人和构建新系统的人之间最大限度地进行卓尔有效的互动。那么，"规划游戏"中的参与者是企业和开发部门。企业是客户，最好是由了解正在开发的系统所要支持的过程的人作为代表。开发这边则由实际设计和构建系统的人作为代表。游戏卡片是贝克所说的"故事卡"。这些卡片是由企业创建的，包含了对系统中的一个程序或功能的描述。每张卡片都有日期和编号，并在上面留有空白，以便在整个开发工作中对其状态进行跟踪。

　　规划游戏有三个阶段：探索、计划和调整 (图 6.10)。在探索阶段，企业为其希望新系统能做的事情创建一张故事卡。开发部则对实施该程序所需的时间进行估计。在这一点上，将一张故事卡分成多张故事卡可能是有意义的，因为功能和程序的范围在讨论中能变得更加清晰。在计划阶段，业务部门将故事卡分为三堆：一堆是基本功能，一堆是不重要但仍能增加价值的功能，一堆是锦上添花的功能。然后，基于开发团队对开发每个功能所需时间的估计，他们会根据准时交付的风险大小对故事卡进行分类。接着，业务部门选择有哪些卡片要包含在产品的下一个版本中。在最后一个阶段，也就是调整阶段，业务部门有机会了解开发的进展情况，并与开发部门合作，对计划进行相应的调整。调整的频率可以是每三周一次。

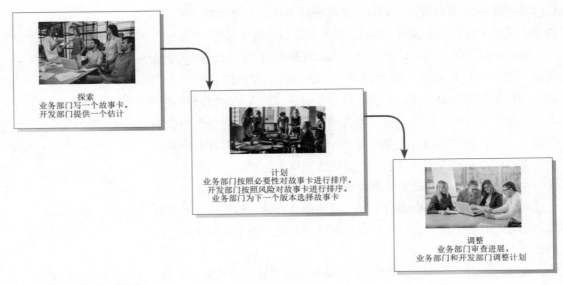

图 6.10　极限编程的规划游戏

(来源：从上到下：George Rudy/Shutterstock; Rawpixel.com/Shutterstock; Denis Simonov/Shutterstock)

业务部门和开发部门之间的计划游戏之后则是迭代计划游戏，只由程序员参与。程序员不写故事卡，而是写基于故事卡的任务卡。通常情况下，每张故事卡都会产生数张任务卡。迭代规划游戏与规划游戏有相同的三个阶段：探索、计划和调整。在探索过程中，程序员将故事卡转换成任务卡。在计划阶段，他们承担任务的责任并将工作量平均分配。在调整过程中，程序员为功能编写代码并进行测试。如果成功了，他们就将该功能整合到正在开发的产品中。迭代规划游戏是在规划游戏中的调整阶段会议的间隔时间里进行的。

可以看出，规划游戏在某些方面与以使用为中心的敏捷设计很相似。尽管这些方法与一些更传统的确定需求的方法不同，如访谈和原型设计，但许多核心原则是相同的。客户，或者说用户，仍然是系统应该做的事情的源头。需求仍然是要被捕获和协商的。整个过程仍会被记录下来，尽管记录的范围和形式可能有所不同。鉴于需求被识别和记录以及从故事到任务的分解的方式，设计规范可以很容易地结合质量要求的特征：完整性、一致性、可修改性和可追溯性。

电商应用：确定系统需求

　　确定电子商务应用的系统需求与其他应用的过程没有什么不同。在上一章中，你读到了 PVF 的管理层是如何开始 WebStore 项目的，这是一个在互联网上销售家具产品的项目。在这一节中，我们研究了 PVF 确定系统需求的过程，并强调了一些你在开发自己的基于互联网的应用时可能要考虑的问题和功能。

确定松谷家具网店的系统需求

　　为了尽快收集系统需求，Jim 和 Jackie 决定举行为期三天的 JAD 会议。为了从这些会议中获得最大收益，他们邀请了各种各样的人，包括来自销售和市场、运营和信息系统的代表。此外，他们还邀请了一位经验丰富的 JAD 主持人 Cheri Morris 来主持会议。Jim 和 Jackie 与 Cheri 一起为会议制定了一个非常野心勃勃且详细的议程。他们的目标是收集以下项目的需求。

松谷家具
(PVF)

- 系统布局和导航特征
- WebStore 和网站管理系统的功能
- 客户和库存信息
- 系统原型的演变

在本节的其余部分，我们将简要地强调 JAD 会议的结果。

系统布局和导航特征

　　作为准备 JAD 会议过程的一部分，所有参与者都被要求访问几个成熟的购物网站，包括 www.amazon.com，www.landsend.com，www.sony.com 和 www.pier1.com。在 JAD 会议中，参与者被要求指出这些网站中他们认为有吸引力的特征和他们认为繁琐的特征。这让参与者能够确定并讨论他们希望网上商店拥有哪些特点。表 6.8 总结了这项活动的结果。

表 6.8 期望的网上商店 (WebStore) 的布局和导航特征

布局和设计:
- 导航菜单和标志的位置应在整个网站上保持一致 (这能让用户在使用网站时保持熟悉感，并让用户在网站上 "迷路" 的情况尽可能地减少)。
- 图形应该是轻量级的，以便快速显示页面。
- 应尽可能地使用文本而不是图形。

导航:
- 从任何其他部分都应该可以通过导航菜单进入商店的任何部分。
- 用户应始终知道他们目前在哪个部分。

WebStore 和网站管理系统的能力

在网店的一般布局和导航特点上达成一致后，会议的重点转向了基本的系统功能。为了帮助这个过程，信息系统部的系统分析师开发了一个网络商店的骨架草案。这个骨架是基于流行的零售网站所共有的屏幕类型和能力。例如，许多购物网站都有一个 "购物车" 功能，允许顾客在结账前累加多件商品，而不是一次只买一件。经过一番讨论，与会者认为表 6.9 所示的系统结构将成为 WebStore 系统的基础。

除了 WebStore 的功能外，市场和销售部门的成员还描述了一些有效管理客户账户和销售交易所需的报告。此外，该部门希望能够对网站访问者、销售跟踪等进行详细分析。这些要求和活动被整理到一个被称为网站管理系统的系统设计结构中，其概要见表 6.9。WebStore 和网站管理系统的结构将被交给信息系统部门，作为进一步分析与设计活动的基准。

表 6.9 WebStore 和网站管理系统的系统结构

WebStore 系统	网站管理系统
☐ 主页	☐ 用户资料管理器
• 产品系列 (目录)	☐ 订单维护管理器
√ 办公桌	☐ 内容 (目录) 管理器
√ 椅子	☐ 报告
√ 桌子	• 总点击量
√ 文件柜	• 被浏览频率最高的页面
• 购物车	• 用户 / 一天中的某时间
• 结账	• 用户 / 一周中的某天
• 帐户资料	• 未付款的购物者 (加入购物车但未结账)
• 订单状态 / 历史	• 反馈分析
• 客户评论	
☐ 公司信息	
☐ 反馈	
☐ 联系方式	

客户和库存信息

WebStore 将被设计为支持以下三种不同类型的客户购买家具：

- 公司客户
- 家庭办公客户
- 学生客户

为了高效地追踪这些不同类型的客户的销售情况，系统必须采集和存储不同的信息。表 6.10 总结了在 JAD 会议中确定的每种客户类型的信息。除了客户信息外，还必须采集和存储有关订购产品的信息。订单反映了执行销售交易时必须指定的产品信息范围。因此，除了捕捉客户信息外，产品和销售数据也必须被捕捉和存储。表 6.10 列出了这项分析的结果。

表 6.10 Webstore 的客户和库存信息

公司客户	家庭办公客户	学生客户	库存信息
• 公司名称 • 公司地址 • 公司电话 • 公司传真 • 公司偏好的运输方式 • 买家姓名 • 买家电话 • 买家电子邮件	• 姓名 • 以 ____（公司名称）的名义开展业务 • 地址 • 电话 • 传真 • 电子邮件	• 姓名 • 学校 • 地址 • 电话 • 电子邮件	• 存货单位 • 名称 • 描述 • 成品尺寸 • 成品重量 • 可用材料 • 可用颜色 • 价格 • 交付时间

系统原型的演变

作为最后一项活动，得益于信息系统人员的详尽意见，JAD 的参与者讨论了系统的实现应该如何发展。在完成了分析与设计活动后，大家一致认为系统的实现应该分三个主要阶段进行，以便更容易识别和贯彻需求的变化。表 6.11 总结了这些阶段以及在每个实现阶段会纳入的功能。

在联合评估会议结束时，所有与会者都感觉良好。所有人都认为已经取得了很大的进展，并且已经确定了清晰的需求。有了这些需求后，Jim 和信息系统工作人员现在可以开始把这些需求清单变成正式的分析与设计规范了。为了展示信息是如何在 WebStore 中流动的，我们将创建数据流图（第 7 章）。为了显示 WebStore 中使用的数据的概念模型，将创建一个实体关系图（第 8 章）。这些分析文件都将成为详细系统设计和实施基础的一部分。

表 6.11　WebStore 的系统实现阶段

第一阶段：基本功能
- 简单的目录导航；每个部分有两个产品，有限的属性集
- 25 名样本用户
- 模拟信用卡交易
- 完整的购物车功能

第二阶段：外观和感觉
- 完整的产品属性集和媒体（图片、视频），通常称为"产品数据目录"
- 完整的网站布局
- 完成购买和客户跟踪系统的模拟整合

第三阶段：分期 / 预生产
- 完成购买和客户跟踪系统的全面整合
- 完整的信用卡处理集成
- 完整的产品数据目录

小结

正如我们在第一章所看到的，在系统开发生命周期的系统分析阶段有两个子阶段：需求确定和需求结构化。第 6 章集中讨论了需求确定，也就是收集关于当前系统的信息和替代系统的需求。第 7 章和第 8 章将讨论在需求确定过程中对需求进行结构化的技术。

对于需求确定，关于系统的传统信息来源包括访谈、观察、小组访谈以及程序、表单和其他有用的文件。通常情况下，许多甚至所有的信息来源都被用来收集关于当前系统的适当性的看法和对替代系统的要求。每种信息收集方式都有其优势和劣势。方法的选择取决于对丰富或彻底的信息的需求，可用的时间和预算，收集到初步信息后是否需要深入探究，那些提供对系统需求的评估的人是否需要保密以及是否希望让人们共同参与并致力于一个项目，以及应该收集需求的潜在受众。

在访谈中可以提出开放性和封闭性的问题。无论是哪种问题，你都必须非常明确地提问，以避免出现歧义，并确保得到恰当的回答。在观察过程中，你必须尽量不侵入或干扰正常的业务活动，这样被观察的人就不会改变其活动的正常进程。所有需求收集方法的结果都要进行比较，因为正式或官方系统与人们实际工作的方式，也就是非正式系统之间可能存在差异。

你还了解了收集需求信息的现代方法，其中很多都利用了信息系统。JAD 始于小组访谈的理念开始，增加了结构和 JAD 会议负责人。典型的 JAD 参与者包括会议负责人、记录员、关键用户、管理者、赞助人和系统分析师。JAD 会议通常在公司之外的地方举行，可能持续一周之久。

系统分析通常依靠原型设计来支持需求确定。作为原型设计过程的一部分，用户和分析师紧密合作，确定需求，然后分析师将需求建立在模型中。然后，分析师和用户一起工作，重新修改这个模型，直到它贴近于用户的要求。

BPR 是一种从根本上改变业务过程的方法。BPR 行动是新信息需求的来源。信息系统和技术往往通过让组织消除或放宽传统业务规则中的限制来实现 BPR。敏捷需求确定技术是另一种现代方法，用于弄清一个崭新的或改进版的系统应该做什么。持续的客户参与依赖于用户参与。以使用为中心的敏捷设计和规划游戏依赖于用户和开发者之间的新型互动，以发现新系统应该囊括的基本任务和功能。

大多数用于传统系统的需求确定技术也可以有效地应用于在线应用的开发。及时准确地捕捉网络应用的需求与传统系统一样重要。

需求确定的结果是得到一套全面的信息，包括一些图表，描述了对当前系统的研究和需要在替代系统中囊括的新的和不同的功能。然而，这些信息并不是以分析真正的问题或是明确表示有哪些可能的新功能的形式存在的。因此，你和其他分析师将研究这些信息，并将其结构化为适合识别问题和明确描述新系统规范的标准格式。在接下来的两章中，我们将讨论各种流行的需求结构化技术。

关键术语

6.1	业务过程重组 (BPR)	6.5	非正式系统	6.9	名义小组法 (NGT)
6.2	封闭式问题	6.6	JAD 会议负责人	6.10	开放式问题
6.3	颠覆性技术	6.7	联合应用设计 (JAD)	6.11	原型设计
6.4	正式系统	6.8	关键业务过程	6.12	记录员

将上述每个关键术语与以下定义配对。

_____ 访谈中，要求回答者从一组特定的答案中进行选择的问题。

_____ 能够打破长期以来抑制组织进行彻底业务改革的业务规则的技术。

_____ 一个支持群体产生想法的促进过程。在过程开始时，小组成员独立工作以产生想法。然后在训练有素的主持人的指导下把这些想法汇集起来。

_____ 旨在为某一特定客户或市场产生特定产出的结构化的、经过衡量的一系列活动。

_____ 一个迭代的系统开发过程，在这个过程中，需求被转化为一个能够工作的系统，并通过分析师和用户之间的紧密合作不断地被修改。

_____ 组织文件中描述的系统的正规工作方式。

_____ 寻求并实施业务过程的根本性变革，以实现产品和服务的突破性改进。

_____ 系统的实际运作方式。

_____ 在 JAD 会议上对发生的事情做详细记录的人。

_____ 访谈中没有预设答案的问题。

_____ 计划和领导 JAD 会议的受过训练的人员。

_____ 一个结构化的过程，在这个过程中，用户、经理和分析师在一系列密集的会议中共同工作数天，以明确或审查系统需求。

复习题

6.13 描述系统分析和发生在系统开发生命周期这一阶段的主要活动。

6.14 描述四种在分析过程中收集信息的传统技术。什么时候一个会比另一个更好？

6.15 什么是 JAD？比起传统的信息收集技术，它的优势和劣势是什么？

6.16 如何利用 NGT 来确定需求？

6.17 描述在需求确定过程中如何进行原型设计。它比传统的方法更好还是更差？为什么？

6.18 在研究业务过程重组，试图确定要改变的业务过程时，你应该注意什么？为什么？

6.19 为什么组织要从根本上改变业务过程？

6.20 为什么持续的用户参与是发现系统需求的一个有用的方法？在什么条件下可以使用它？在什么情况下不能使用？

6.21 描述以使用为中心的敏捷设计和"计划游戏"。对这两种需求确定技术进行对比。

问题和练习

6.22 从公众媒体和学术研究文献中找到并浏览关于原型设计的相关文章。总结这两篇文章，并根据你的阅读，准备一份论据清单，说明为什么这种类型的系统在 JAD 会议上是有用的。同时，说明在 JAD 环境中应用这种类型的系统有什么局限性。

6.23 如本章所述，通过观察潜在的系统用户来收集信息需求的可能问题之一是，人们在被观察时可能会改变他们的行为。为了准确确定信息需求，你可以采取什么措施来克服这个潜在的影响因素？

6.24 总结分析业务文件作为收集信息需求的方法的可靠性和有用性方面的问题。你如何应对这些问题，以有效地将业务文件用为洞悉系统需求的渠道？

6.25 假设要求你负责举办一次 JAD 会议。列出能帮助你扮演好 JAD 会议负责人角色的 10 条准则。

6.26 准备一个类似于图 6.2 的规划，与你的学术顾问进行访谈，以确定为了顺利找到工作，你应该学习哪些课程来发展一名程序员 / 分析师所需要的技能。

6.27 写出至少三个封闭式问题，你可以在与文字处理软件包的用户进行访谈时使用这些问题，以便为该软件包的下一个版本提出想法。请一位朋友回答这些问题，以测试这些问题。然后与你的朋友进行访谈，以确定她为什么会做出这样的回答。根据这次访谈，确定她是否误解了你的任何问题，如果是，就改写这些问题，让它们不那么有歧义。

6.28 图 6.2 显示了访谈指南的一部分。在进行小组访谈时，访谈指南可能有什么不同？

6.29 小组访谈和 JAD 会议是收集系统需求的强力方法，但是在小组需求收集过程中会出现特殊的问题。总结这种在小组会议中会出现哪些特殊访谈和小组问题，并提出你作为小组主持人可能会如何处理这些问题。

6.30 回顾第 4 章关于公司和信息系统战略计划的材料。这些过程和 BPR 有什么不同？BPR 可能会带来哪些传统战略计划方法可能不会有的新视角？

6.31 研究其他敏捷方法，写一份报告，说明这些方法是如何确定系统需求的。

实战演练

6.32　有效的访谈不是光读书就能学会的东西。必须真正做一些访谈，最好是大量的访谈，因为只有在有了经验的基础上，访谈技巧才能提高。为了了解访谈是什么样子的，请尝试以下方法。找三个朋友或同学来帮助你完成这个练习。先结成两对。再写下一系列问题，用来了解你的伙伴现在或曾经从事的工作。提什么问题由你决定，但至少要了解以下内容：(1) 工作名称；(2) 工作职责；(3) 你的搭档的上级是谁；(4) 如果有的话，你的搭档是谁的上级；(5) 你的搭档使用什么信息来完成他或她的工作。同时，你的搭档应该准备问你关于你的工作的问题。现在进行访谈。认真做笔记。把你发现的东西整理成另一个人可以理解的清晰形式。现在重复这个过程，但这一次，轮到你的搭档对你进行访谈。

当你们两个人互相访谈的时候，你的另外两个朋友也应该在做同样的事情。当你们四个人都完成后，交换搭档，重复整个过程。当全部完成后，每个人都应该访谈了两个人，而每个人都应该接受了两个人的访谈。现在，你和采访你原来伙伴的人应该对比一下你们的发现。极有可能的是，你的发现与另一个人的发现不一致。如果你们的发现不同，请找出原因。你们是否提出了相同的问题？另一个人是否对你的第一个搭档做了更彻底的访谈，因为这是他或她第二次进行访谈？你们都提出了后续问题吗？你们花在访谈上的时间是否相同？和这个人一起准备一份报告，说明你们的调查结果为何不同。现在找到访谈你的那两个人。两者的发现是否有所不同？如果是的话，试着找出原因。他们中的一个人（或两个人）是否歪曲或误解了你告诉他们的内容？现在，每个人都应该写一份关于他们本次经历的报告，来解释为什么访谈有时会不一致和不准确，以及为什么让两个人就一个主题进行访谈要比只让一个人进行访谈好。解释你所学到的东西对系统开发生命周期的需求确定阶段有什么影响。

6.33　在自己的工作单位或大学里选择一个工作团队，以小组的形式采访他们。询问他们目前执行工作的系统（无论是否基于电脑）。询问他们每个人会用到和 / 或需要什么信息，以及他们从哪里 / 谁那里获得这些信息。这种方法对你了解他们的工作是否有用？这种方法与对每个团队成员的一对一访谈相比，有什么相对优势和劣势？

6.34　对于你在实战演练 6.33 中使用的同一个工作团队，检查任何相关书面文件的副本（例如，书面程序、表单、报告和系统文件）。这些书面文件是否存在遗漏？这些遗漏会产生什么后果？这些书面文件与你在小组访谈中得到的信息是否一致？

6.35 与参与过 JAD 会议的系统分析师、用户和管理者进行访谈。确定他们每次 JAD 会议的地点、结构和成果。征求他们对会议的评价。会议是否富有成效？为什么或为什么不？

6.36 调查学术界和大众媒体中关于 JAD 的文献，确定"尖端技术"。JAD 是如何被用来帮助确定系统需求的？在这个过程中使用 JAD 是否有好处？为什么或为什么不？把你的分析报告提交给你工作单位或大学的信息系统经理。你对 JAD 的分析是否符合他或她的想法？他或她目前是否使用 JAD 或类似

JAD 的方法来确定系统需求？为什么，或为什么不？

6.37 在其他学生或自己老师的帮助下，联系一位在组织中进行过 BPR 研究的人。这以研究对信息系统有什么影响？信息技术，特别是颠覆性技术，在哪些方面促进了 BPR 研究中所发现的根本性的改革？

6.38 找到一个使用敏捷技术来确定需求的组织。他们使用了什么技术？他们是如何发现这些技术的？他们以前使用的是什么技术？他们是如何评价自己使用的敏捷技术的？

参考资料

Beck, K., & Andres, C. (2004). *eXtreme Programming eXplained*. Upper Saddle River, NJ: Addison-Wesley.

Bedoll, R. (2003, August). A tale of two projects: How 'agile' methods succeeded after 'traditional' methods had failed in a critical system-development project. In *Proceedings of 2003 XP/Agile Universe Conference* (pp. 25–34). Berlin: Springer-Verlag, 25–34.

Constantine, L. (2002, August/September). Process agility and software usability: Toward lightweight usage-centered design. *Information Age*. Retrieved February 12, 2004 from http://www.infoage.idg.com.au/index.php?id=244792583.

Davenport, T. H. (1993). *Process innovation: Reengineering work through information technology*. Boston: Harvard Business School Press.

Dobyns, L., & Crawford-Mason, C. (1991). *Quality or else*. Boston: Houghton-Mifflin.

Hammer, M. (1996). *Beyond reengineering*. New York: Harper Business.

Hammer, M., & Champy, J. (1993). *Reengineering the corporation*. New York: Harper Business.

McConnell, S. (1996). *Rapid development*. Redmond, WA: Microsoft Press.

Mintzberg, H. (1973). *The nature of managerial work*. New York: Harper & Row.

Moad, J. (1994). After reengineering: Taking care of business. *Datamation, 40*(20), 40–44.

Naumann, J. D., & Jenkins, A. M. (1982). Prototyping: The new paradigm for systems development. *MIS Quarterly*, 6(3), 29–44.

Patton, J. (2002). Designing requirements: Incorporating usagecentered design into an agile SW development process. In D. Wells and L. Williams (eds.), *Extreme Programming and Agile Methods – XP/Agile Universe 2002, LNCS 2418* (pp. 1–12). Berlin: Springer-Verlag.

Teresko, J. (2004). P&G's secret: Innovating innovation. *Industry Week, 253*(12), 27–34.

Wood, J., & Silver, D. (1995). *Joint application development* (2nd ed.). New York: John Wiley & Sons.

 案例学习：确定系统需求

项目经理 Jim Watanabe 认为，尽管公司的客户忠诚度项目起初进展缓慢，但过去几周的工作节奏很快，很忙碌。他花了很多时间来计划和进行与公司内部关键利益相关者的访谈。他还与营销小组合作，组建了一些由忠实客户组成的焦点小组，以了解他们在客户忠诚度项目中比较看重什么方面。Jim 还花了一些时间研究其他大型零售连锁店和其他行业的客户忠诚度计划，例如航空公司，它们以花样百出的客户忠诚度计划而闻名。作为项目经理，Jim 还监督了他的团队成员的工作。他们一起收集了大量的数据。Jim 刚刚完成了对这些信息的高度概括，并将其制成表格准备发给他的团队成员（参见 PE 表 6.1）。

从需求清单中可以看出，他和他的团队不赞成在内部从头开始建立一个系统。Jim 很高兴团队有这种想法。在内部建立一个这样的系统不仅是种过时的做法，而且相当昂贵和耗时。尽管为 Petrie 开发一个独特的系统可能很不错，但"重新发明轮子"是没有意义的。IT 人员将定制系统界面，而为了将新系统及其相关组件与 Petrie 的现有系统整合，Sanjay 的员工要干的活儿有很多，但系统的核心已经由其他人开发好了。

PE 表 6.1　Petrie 的客户忠诚度项目的需求和限制因素

需求：

- 有效的客户激励——系统应能高效地存储客户活动，并转换为奖励和其他激励措施
- 易于客户使用——界面应该是直观的，便于客户使用
- 通过验证的性能——建议的系统应该已经被其他客户成功使用过了
- 易于实施——不需要外部顾问或我们员工的特殊技能，也不需要专门的硬件，就能实施
- 可扩展性——随着参与客户数量的增加，系统应易于扩展
- 供应商支持——供应商应该有可靠的支持记录，并有提供支持的完善基础设施

限制因素：

- 购买成本——一年的许可证应低于 50 万美元
- 运营成本——总运营成本应不超过每年 100 万美元。
- 实施的时间——实施的时间不应超过三个月
- 实施的人员——以我们现有的工作人员和他们已经掌握的技能，应该能成功实施

PE 表 6.2　Petrie 客户忠诚度系统的备选方案

备选方案 A：
由 Standard Basic Systems Inc. (SBSI) 设计并授权的以数据仓库为中心的系统。作为系统核心的数据仓库工具是由 SBSI 设计和开发的，并与标准的关系数据库管理系统和关系 / 对象关系混合数据库管理系统一起工作。SBSI 的工具和方法已经使用了很多年，在业界很有名气，但是必须由 SBSI 认证的工作人员来进行实施、操作和维护。许可证是相对昂贵的。使用了 SBSI 数据仓库工具的客户忠诚度应用是一个成熟的应用，被其他行业的许多零售企业使用。

备选方案 B：
以客户关系管理为中心的系统由 XRA 公司设计和授权。XRA 是客户关系管理系统的先驱，所以它的客户关系管理系统被公认为是行业的领导者。该系统包括支持客户忠诚度计划的工具。客户关系管理系统本身是庞大而复杂的，但本建议的定价仅基于用在客户忠诚度应用上模块。

备选方案 C：
由 Nova Innovation Group, Inc. 设计和授权的专有系统。该系统是相对较新和领先的，所以它只在少数地点实施过。该供应商是真正的创新企业，但规模小，经验不足。客户界面是为标准 Web 浏览器设计的，其设计令人叹为观止，客户可以很简单地使用它来查看他们的忠诚度计划状态。该软件在云端远程运行，与客户忠诚度计划有关的数据也将被储存在云端。

就在 Jim 写完要发给团队的关于新系统的要求和限制的电子邮件时，他收到了 Sanjay 的新消息。他之前拜托 Sanjay 带头寻找 Petrie 可以使用的现成客户忠诚度系统后，Sanjay 进行了一次初步调查，现在已经调查完成了。Sanjay 的邮件包含了他对他发现和研究的三个系统的描述 (PE 表 6.2)。显然，Jim 和他的团队需要获取关于这些备选方案的更多信息，但 Jim 对这些可能性很感兴趣。他给 Sanjay 回了一封邮件，请他把这些备选方案转交给团队，并为团队准备一份包括关于每个备选方案的更多详细信息的简报。

案例问题

6.39　你认为 Jim 和他的团队所收集信息的来源是什么？你认为他们是如何收集到所有这些信息的？

6.40　查看 PE 表 6.1。是否有任何你能想到的需求或限制条件被忽略了？列出它们。

6.41　如果你要为 Petrie 的客户忠诚度计划寻找其他方案，你会在哪里寻找信息？你会从哪里开始？你怎么确定自己的任务已经完成了？

6.42　利用网络，找到三个由供应商出售的可定制的客户忠诚度计划系统。创建一个类似 PE 表 6.2 的表格，对它们进行比较。

6.43　为什么 Petrie 的员工不应该在公司内部建立他们自己的独特系统？

第 7 章

结构化系统过程需求

导言

在上一章中，你了解了系统分析师用于收集确定信息系统需求所需的各种信息的各种方法。本章重点在于"数据流图"这一工具，我们用它有条理地表示需求确定过程中收集到的信息。可以用数据流图模拟数据如何在信息系统中流动、数据流之间的关系以及数据如何被存储在特定的位置。数据流图还显示了更改或转换数据的过程。由于数据流图重点关照的是过程之间的数据移动，所以这种图被称为"过程模型"。

顾名思义，数据流图是一种图形工具，允许分析师（以及用户）描述信息系统中的数据流。该系统可以是物理的或逻辑的，也可以是人工的或基于计算机的。本章要讨论如何绘制和修改数据流图。我们介绍了这种图使用的基本符号以及这种图的绘制规则。还要讨论在绘制数据流图时应该做什么和不应该做什么。另外，还会介绍和数据流图有关的两个重要概念：平衡和分解。在本章要结束的时候，我们介绍了如何将数据流图作为信息系统分析的一部分来使用，以及如何作为支持业务过程重组的工具来使用。你还会了解到过程建模对于电子商务应用分析的重要性。本章还讨论了决策表，它允许你表示条件逻辑。这种逻辑是一些数据流图过程的一部分。本章最后用几个小节讨论了过程和逻辑建模的面向对象开发方法。这些小节介绍了用例、活动图和顺序图。本章还有一个关于业务过程建模的附录。

过程建模

数据流图
(data flow diagram，DFD)
对数据在外部实体和系统内的过程 /
数据存储之间移动情况的一种图示。

过程建模是对功能或过程进行图示，这些功能或过程在系统及其环境之间以及系统内的组件之间捕获、操作、存储和分发数据。过程模型的一个常见形式是数据流图 (data flow diagram，DFD)。人们多年来已为过程建模开发了几种不同的工具。本章重点讨论 DFD，它是结构化分析与设计的传统过程建模技术，也是目前最常用的过程建模的技术之一。还讨论了决策表，这是对许多 DFD 过程中包含的条件逻辑进行建模的一种著名方法。

为结构化分析建模系统的过程

如图 7.1 所示，系统开发生命周期的分析阶段有两个子阶段：需求确定和需求结构化。分析团队带着在“需求确定”阶段收集的大量信息进入“需求结构化”阶段。在需求结构化过程中，你和其他团队成员对这些信息进行组织，用有意义的形式表示现有信息系统以及对替代系统的需求。除了对信息系统的处理元素和数据在系统中的转换方式进行建模，还必须对系统中的数据的处理逻辑（决策表）和结构进行建模（第 8 章）。对于传统的结构化分析，过程模型只是信息系统的三个基本视图之一。过程、逻辑和数据模型共同提供了一个信息系统的完整规范。而且通过适当的支持工具，还能为许多信息系统组件的自动生成建立基础。

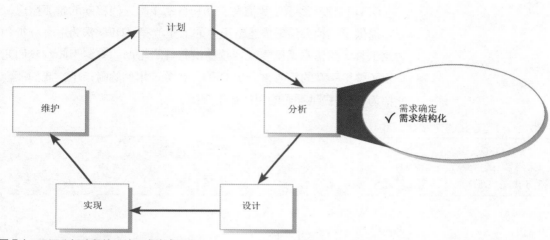

图 7.1　强调分析阶段的系统开发生命周期

交付物和成果

在结构化分析中，过程建模的主要交付物是一组连贯的、相互关联的 DFD。表 7.1 详细列出了使用 DFD 来研究和记录系统过程时的可交付成果。首先，一个环境图显示了系统的范围，指出哪些元素在系统内，哪些在系统外。其次，系统的 DFD 说明了哪些过程可以移动和转换数据，可以接受输入和生成输出。这些图提供了足够多的细节来帮助你了解当前的系统，并最终决定如何将当前的系统转换为其替代品。这种在逻辑上渐进的交付物使你能理解现有的系统。然后，可将该系统提炼为它的基本元素，以显示新系统如何满足在需求确定期间定下来的信息处理需求。记住，过程建模的交付物只是说明你在需求确定过程中了解到的东西；在系统开发生命周期的后续步骤中，你和项目团队的其他成员还要决定新系统如何通过特定的手动和自动功能来交付这些新需求。由于需求的确定和结构化通常是并行的步骤，所以随着对当前和替代系统的理解越来越好，开始较常规的 DFD 会变得越来越详细。

DFD 标记并展示了数据在手动和自动步骤之间移动的重要概念，而且提供了一种方法来描述组织中的工作流程。DFD 作为一种分析和沟通工具，为信息系统专家持续提供有益的帮助。有鉴于此，我们几乎用了整整一章的篇幅来介绍 DFD。在关于用例的附录中，我们还会介绍为 DFD 提供补充的用例和用例图。

表 7.1　过程建模的交付物

1. 环境 DFD
2. 系统（充分分解）的 DFD
3. 对每个 DFD 组件的全面描述

数据流绘图机制

DFD 是多功能的图表工具。DFD 只用 4 个符号就能表示物理和逻辑信息系统。DFD 在描述物理系统的细节方面不如流程图好。但另一方面，流程图在描述纯粹的逻辑信息流方面没什么用。事实上，流程图一直受到结构化分析与设计支持者的批评，认为它过于面向物理层面。流程图的符号主要用于表示物理计算设备，如终端和永久存储。系统流程图的一个重要缺点在于，对这种图表的过度依赖往往会导致物理系统设计过早地固化。与系统开发生命周期 (SDLC) 的增量承诺理念相一致，你应该在确定所有功能需求都是正确的，而且被用户和其他利益相关方接受之后，才做出技术上的抉择并决定信息系统的物理特征。

DFD 不存在这种物理设计过早固化的问题，因其不依赖于任何符号来表示具体的物理计算设备。也比流程图更容易使用，因其只涉及 4 个不同的符号。

定义和符号

DFD 符号有两套不同的标准（参见图 7.2）。每套都用 4 个符号表示数据流、数据存储、过程和源 / 汇（或外部实体）。本书使用的这套符号由 Gane and Sarson(1979) 设计。另一套标准则由 DeMarco(1979) 和 Yourdon(Yourdon & Constantine, 1979) 开发。

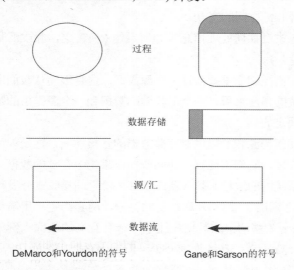

图 7.2
对比 DeMarco/Yourdon 和 Gane/Sarson 的 DFD 符号集

过程

数据存储

源/汇

数据流

DeMarco和Yourdon的符号　　　Gane和Sarson的符号

(来源：基于 Celko, 1987)

　　数据流可理解为运动中的数据，它们从系统的一个地方移动到另一个地方。数据流可代表客户订单或工资支票上的数据；也可代表数据库查询结果、打印报告中的内容或者计算机数据录入表单中的数据。数据流由一起移动的数据组成，所以可由许多同时产生的、一起流向共同目的地的独立的数据片断组成。数据仓储 (data store) 是静止的数据。数据存储可代表数据的许多不同的物理位置之一，例如一个文件夹、一个或多个计算机文件或者一个笔记本。为了理解系统中的数据移动和处理，不需要理解系统的物理配置。一个数据存储可能包含关于客户、学生、客户订单或供应商发票的数据。过程 (process) 是对数据进行的工作或行动，对其进行转换、存储或分发。对系统的数据处理进行建模时，一个过程是由人工还是由计算机执行并不重要。最后，源 / 汇 (source/sink) 是数据的起源和 / 或目的地。源 / 汇有时也称为外部实体，因为它们在系统外部。一旦处理完毕，数据或信息就会离开

数据仓储
(data store)

静止的数据，可能具有多种不同的物理形式。

过程
(process)

对数据进行的工作或行动，对其进行转换、存储或分发。

源 / 汇
(source/sink)

数据的起源和 / 或目的地，有时称为外部实体。

系统并去到其他地方。由于源和汇都在我们研究的系统的外部，所以我们不会关注源和汇的许多特性，尤其是下面这些。

- 源和汇之间的交互。
- 源或汇如何处理信息或如何运作 (换言之，源或汇是一个 "黑盒")。
- 如何控制或重新设计一个源或汇，这是因为从我们所研究的系统的角度来看，一个汇收到的数据和一个源提供的数据往往是固定的。
- 如何为源和汇提供对存储数据的直接访问，这是因为作为外部代理，它们不能直接访问或操作系统中存储的数据。换言之，系统内的过程必须在系统及其环境之间接收或分发数据。

图 7.2 列出了每套 DFD 约定的符号。两套约定都用箭头表示数据流。箭头上为移动中的数据标注了一个有意义的名称，例如客户订单 (Customer Order)、销售收据 (Sales Receipt) 或工资单 (Paycheck)。这个名称代表作为数据包一部分移动的所有单独数据元素的集合，即同时移动的所有的数据。两套约定都用正方形表示源 / 汇，也有一个名称来描述外部代理是什么，例如客户 (Customer)、出纳 (Teller)、环保局 (EPA Office) 或者库存控制系统 (Inventory Control System)。Gane 和 Sarson 用圆角矩形表示过程，DeMarco 和 Yourdon 则用圆。Gane 和 Sarson 的圆角矩形顶部画了一条线。上部分写过程的编号。下部分写过程名称，例如生成工资单 (Generate Paycheck)、计算加班费 (Calculate Overtime Pay) 或者计算平均绩点 (Compute Grade Point Average)。Gane 和 Sarson 用缺少右垂直边的矩形表示数据存储。左侧的小框用于对数据存储进行编号，矩形的主要部分内是数据存储的一个有意义的标签，例如学生档案 (Student File)、成绩单 (Transcripts) 或班级名册 (Roster of Classes)。DeMarco 和 Yourdon 的数据存储符号由两条平行线组成，可以水平，也可以垂直。

　　如前所述，源 / 汇总是位于信息系统外部，并定义了系统的边界。数据必须来自系统外的一个或多个源，系统则必须向一个或多个汇提供信息 (这些是开放系统的原则，几乎所有信息系统都是开放系统)。发生在源 / 汇内部的数据处理对我们没有意义，因其是在我们所描绘的系统外部发生的。一个源 / 汇 (source/sink) 可能包含下面这些内容。

- 另一个向你正在分析的系统发送数据或从该系统接收信息的组织或组织单位 (例如，某个供应商或学术部门；在这两种情况下，组织都位于该系统的外部)。
- 在系统所支持的业务单位内部或外部，与该系统进行交互的人 (例如，客户或贷款专员)。
- 与你正在分析的系统交换信息的另一个信息系统。

　　刚开始接触 DFD 的时候，学生经常搞不清楚一样东西是源 / 汇还是系统内的一个过程。当系统中的数据流跨越办公室或部门边界时，经常会产生这样的困惑。这是因为一些处理在一个办公室发生，而处理后的数据被转移到另一个办公室，在那里发生更多的处理。学生很想将第二个办公室定为源 / 汇，以强调数据从一个物理位置转移到了另一个位置的事实，(参见图 7.3 a)。然而，我们并不关心数据的物理位置。我们更感兴趣的是它们如何通过系统移动，以及它们是如何处理的。如果另一个办公室的数据处理可能由你的系统自动进行，或者那里的数据处理可能要重新设计，就应将第二个办公室表示为一个或多个过程，而不是表示为一个源 / 汇 (参见图 7.3 b)。

图 7.3

源 / 汇和过程的区别：(a) 该 DFD
错将过程画成源 / 汇；(b) 该 DFD
显示了过程的正确使用

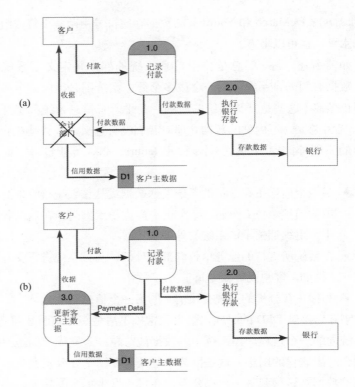

(来源：基于 Celko, 1987)

开发 DFD：一个例子

Hoosier
Burger

　　下面用一个例子来说明如何用 DFD 建模信息系统中的数据流逻辑。Hoosier Burger 是一家位于印第安纳州布卢明顿的虚构餐厅，由 Bob 和 Thelma Mellankamp 夫妇拥有。一些人认为它的汉堡是整个布卢明顿最好的，甚至是整个南印第安纳州最好的。许多人，特别是印第安纳大学的学生和教职员工，都经常在 Hoosier Burger 用餐。餐厅使用一个信息系统接受顾客的订单，将订单发送到厨房，监控销售和库存，并为管理层生成报告。

　　图 7.4 用 DFD 描述了该信息系统。图中显示的是该系统的最高级

环境图

(context diagram)

组织系统的一种概览，显示了系统边
界、与系统交互的外部实体以及实体
与系统之间的主要信息流。

（最高层级）视图，它称为"环境图"(context diagram)。注意该环境图包含单一的过程、无数据存储、四个数据流和三个源 / 汇。标记为 0 的过程代表整个系统；所有上下文图都只有一个标记为 0 的过程，源 / 汇代表系统的环境边界。由于系统的数据存储在概念上位于一个过程内，所以数据存储没有在上下文图中出现。

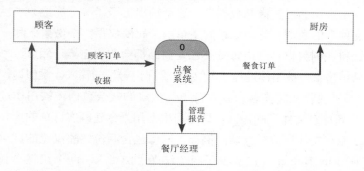

图 7.4

Hoosier Burger 点餐系统的环境图

分析师必须确定环境图中的单一过程统一代表哪些过程。如图 7.5 所示，我们确定了四个单独的过程。这些主要过程代表系统的主要功能，而这些主要功能对应如下所示的行动。

1. 从不同来源获取数据（例如，过程 1.0）。

2. 维护数据存储（例如，过程 2.0 和 3.0）。

3. 生成数据并将其分发给不同的汇（例如，过程 4.0）。

4. 数据转换操作的高级描述（例如，过程 1.0）。

这些主要功能通常对应于主系统菜单上显示的活动。

我们看到，系统从一个顾客的订单开始，这和环境图是一样的。在标记为 1.0 的第一个过程中，我们看到顾客订单被处理。其结果是四个数据流：(1) 餐食订单传送到厨房；(2) 顾客订单转换为已售商品清单；(3) 顾客的订单转换为库存数据；(4) 该过程为客户生成一份收据。

注意，环境图和本图的源 / 汇是相同的，都是顾客、厨房和餐厅经理。这个图被称为"0 级图"(level-0 diagram)，因其代表系统中最高层级的主要单个过程。每个过程都有一个以 .0 结尾的编号（对应

0 级图

(level-0 diagram)

代表系统主要过程、数据流和数据存储的高级细节的一个 DFD。

DFD 的层级编号)。

　　第一个过程生成两个数据流，即"接收"和"转换客户餐食订单"，都流向外部实体，所以我们不再需要关心它们。不用关心在我们的系统外部发生的事情。现在来追踪另外两个数据流。首先，标有"已售商品"的数据进入过程 2.0"更新已售商品文件"。该过程的输出被标记为"格式化的已售商品数据"。这个输出更新了一个标记为"已售商品文件"的数据存储。如顾客下单两个奶酪汉堡、一份薯条和一个大杯饮料，则数据存储中每一类已售商品都会相应递增。然后，"每日商品销售量"被用作过程 4.0"生成管理报告"的输入。类似地，由过程 1.0"接收和转换客户餐食订单"生成的其余数据流被用作过程 3.0"更新库存文件"的输入。该过程根据用于创建顾客订单的库存来更新"库存文件"数据存储。例如，一份包含两份奶酪汉堡的订单意味着 Hoosier Burger 现在减少了两个汉堡"肉饼"、两个汉堡"胚"和四片美式奶酪。然后，"每日库存耗损量"被用作过程 4.0 的输入。离开过程 4.0"生成管理报告"的数据流向名为"餐厅经理"的汇 (sink)。

　　图 7.5 展示了关于信息移动的几个重要概念。以数据流"库存数据"从过程 1.0 移动到过程 3.0 为例。如图所示，过程 1.0 生成这个数据流，过程 3.0 接收它。但是，我们不知道该数据流的生成时间、频率或数据量。所以，这个 DFD 隐藏了它所描述的系统的许多物理特征。不过，我们确实知道该数据流是过程 3.0 所需要的，且由过程 1.0 提供。

　　"库存数据"数据流还暗示每当过程 1.0 生成该流时，过程 3.0 必须准备好接受它。换言之，过程 1.0 和 3.0 相互耦合。相反，来看看过程 2.0 和过程 4.0 之间的链接。过程 2.0 的输出"格式化的已售商品数据"被放到数据存储"已售商品文件"中。然后，每当过程 4.0 需要这些数据时，它就从该数据存储读取"每日商品销售量"。本例的过程 2.0

和4.0通过在它们之间放置一个缓冲区（即数据存储）而被解耦。现在，这些过程中的每一个都可以按照自己的节奏工作，过程 4.0 不需要随时准备接受输入。此外，"已售商品文件"成为一种数据资源，其他过程都可从中获取数据。

图 7.5

Hoosier Burger 点餐系统的 0 级 DFD

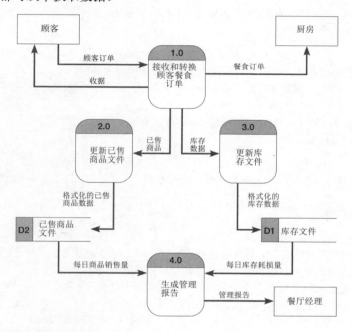

数据流绘图规则

绘制 DFD 时需遵守一系列规则。和系统流程图不同，可根据这些规则评估 DFD 的正确性。表 7.2 列出了 DFD 的规则。图 7.6 展示了不正确的 DFD 绘制方法和相应的规则的正确应用。图 7.6 没有展示命名规则（规则 C，G，I 和 P）以及如何对数据存储的进出数据流进行解释的规则（规则 N 和 O）。

表 7.2 数据流绘图规则

过程:
    A. 任何过程都不能只有输出,不能无中生有地生成数据 (否则是奇迹!)。如果一个对象只有输出,则必须是一个源。
    B. 任何过程都不可能只有输入 (否则是黑洞!)。如果一个物体只有输入,则一定是一个汇 (sink)。
    C. 过程要有一个动词短语标签。

数据存储:
    D. 数据不能直接从一个数据存储移动到另一个数据存储。数据必须由过程移动。
    E. 数据不能从外部源直接移动到数据存储。数据必须由一个从源获取数据并将数据放入数据存储的过程来移动。
    F. 数据不能直接从数据存储移动到外部的汇。数据必须由过程移动。
    G. 数据存储要有一个名词短语标签。

源 / 汇:
    H. 数据不能直接从源移动到汇。和系统相关的数据必须由过程移动。否则 DFD 不需要显示该数据流。
    I. 源 / 汇要有一个名词短语标签。

数据流:
    J. 数据流在符号之间只有一个流动方向。它可以在过程和数据存储之间双向流动,以显示更新前的读取。但是,后者通常由两个独立的箭头表示,因其发生在不同的时间。
    K. 数据流中的分叉意味着完全相同的数据从一个共同的位置流向两个或多个不同的过程、数据存储或源 / 汇 (这通常表示同一数据的不同副本流向不同的位置)。
    L. 数据流中的联接 (join) 意味着完全相同的数据从两个或多个不同的过程、数据存储或源 / 汇中的任何一个来到一个共同的位置。
    M. 一个数据流不能直接回到它离开的那个过程。必须有至少一个其他过程来处理数据流,生成一些其他的数据流,并将原始数据流返回给开始的过程。
    N. 到数据存储的数据流意味着更新 (删除或更改)。
    O. 来自数据存储的数据流意味着检索 (获取) 或使用。
    P. 数据流要有一个名词短语标签。只要同一箭头上的所有数据流都作为一个包一起移动,一个箭头上就可出现多个数据流名词短语。

(来源:基于 Celko, 1987)

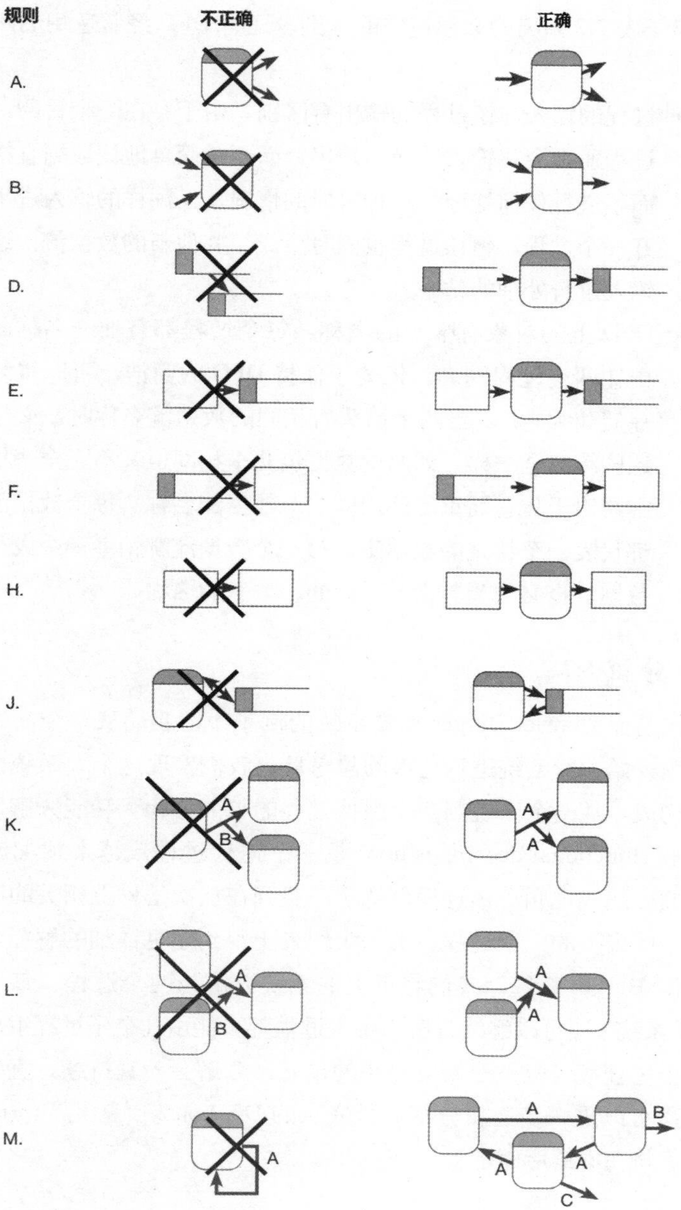

图 7.6

DFD 的不正确和正确绘制方式

除了表 7.2 列出的必须遵守的规则，还有 DFD 经常适用的两个指导原则。

- 过程的输入与该过程的输出有区别。由于存在一个目的，所以过程通常会将输入转换为输出，而不是简单地让数据直接通过而不进行任何处理。一种可能的情况是，同样的输入进出并离开一个过程，但该过程也同时生成了其他新的数据流，这是对输入进行处理的结果。
- DFD 上的对象有唯一的名称。每个过程都有唯一名称。没理由让两个过程同名。但为了保持 DFD 的简洁，可以重复数据存储和源 / 汇。当两个箭头有相同的数据流名称时，必须确保这些流完全一样。如两个数据包几乎相同但又不完全一样，很容易出于疏忽而重复使用同一个数据流名称。每个数据流名称都代表一个特定的数据集。另一个数据流哪怕多一个或少一个数据，也必须为其指定不同的、唯一的名称。

DFD 分解

在前面 Hoosier Burger 点餐系统的例子中，我们从一个高层级的环境图开始。对系统进行更多的思考后，我们发现这个大系统由四个过程构成。从一个系统到四个组件过程的行为称为"功能分解"。功能分解 (functional decomposition) 是一个迭代过程，越来越细地分解系统的描述或视角。该过程创造了一系列在层次结构上相关的图表，在给定图表上的一个过程在另一个图表上得到了更详细的解释。对于 Hoosier Burger 系统，我们将更大的系统分解为四个过程。每个过程（或子系统）还可以继续分解。每个过程都可能由几个子过程组成。而每个子过程都可以被分解成更小的单元。分解会一直持续，直到没有子过程可以进一步逻辑分解。最底层的 DFD 称为"基元"(primitive) DFD，将在本章后面定义。

功能分解
(functional decomposition)
越来越细地分解系统描述一个迭代过程，创造了一系列图表，一个给定图表上的过程在另一个图表上得到了更详细的解释。

让我们继续讨论 Hoosier Burger 的点餐系统，看看 0 级 DFD 是如何被进一步分解的。图 7.5 的第一个过程是"接收和转换顾客餐食订单"，它将客户口头上的点单（例如，"我要两个奶酪汉堡、一份小薯条和一杯普通橙味汽水"）转换为 4 个不同的输出。过程 1.0 很适合进一步分解。想想过程 1.0 必须执行的各种任务：(1) 接收顾客的订单；(2) 将输入的订单转化为对厨房系统有意义的形式；(3) 将订单转换为顾客的打印收据；(4) 将订单转换为商品销售数据；以及 (5) 将订单转换为库存数据。过程 1.0 至少可以出现 5 个逻辑上独立的功能。我们可将过程 1.0 的分解表示为另一个 DFD，如图 7.7 所示。

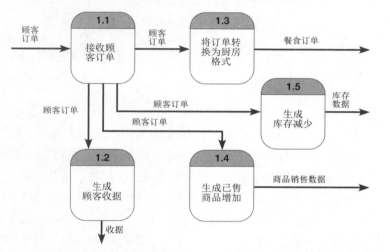

图 7.7
对 Hoosier Burger 点餐系统的 0 级图中的过程 1.0 进行分解的 1 级图

注意，图 7.7 中的 5 个过程中的每一个都被标记为过程 1.0 的子过程：过程 1.1，过程 1.2……以此类推。还要注意，如同我们看过的其他 DFD 一样，每个过程和数据流都被命名。另外，没有显示源或汇。虽然也能包含源和汇，但环境图 0 级图已显示了源和汇。图 7.7 的 DFD 称为 1 级图。如决定以类似的方式分解过程 2.0，3.0 或 4.0，则创建的 DFD 也是 1 级图。总之，n 级图 (level-n diagram) 是 0 级图的第 n 次嵌套分解所生成的 DFD。

n 级图
(level-n diagram)
对 0 级图上的一个过程进行第 n 次嵌套分解所生成的 DFD。

过程 2.0 和 3.0 执行类似的功能，都用数据输入来更新数据存储。由于更新数据存储是单一的逻辑功能，所以这些过程都不需要进一步分解。但是，可将过程 4.0，即生成管理报告，至少分解为三个子过程：访问已售商品和库存数据、汇总已售商品和库存数据以及准备管理报告。图 7.8 展示了对过程 4.0 的分解。

图 7.8
对 Hoosier Burger 点餐系统的 0 级图中的过程 4.0 进行分解的 1 级图

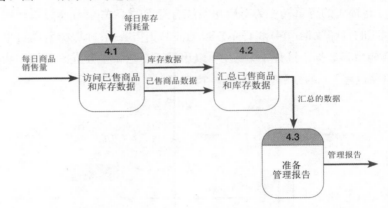

每个 1 级、2 级或 n 级 DFD 都代表 n-1 级 DFD 上的一个过程；每个 DFD 都应该在单独一页上。一个经验法则是，任何 DFD 都不应超过 7 个过程，因为过多的过程会使图表过于拥挤，难以理解。为了继续分解 Hoosier Burger 的点餐系统，我们检查之前生成的两个 1 级图 (一个针对过程 1.0，一个针对过程 4.0) 中的每个子过程。如认为其中任何子过程需进一步分解，就创建一个 2 级图来显示该分解。例如，如决定进一步分解图 7.8 的过程 4.3，就创建一个类似于图 7.9 的图。同样，注意，所有子过程都进行了标注。

图 7.9
对 Hoosier Burger 点餐系统的过程 4.0 的 1 级图中的子过程 4.3 进行分解的 2 级图

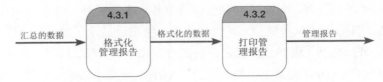

正如过程标签必须遵循编号规则以澄清一样，过程名称也应该是清晰而简洁的。过程名称通常以一个动作动词开始，如接收、计算、转换或生成。过程名称通常与许多计算机编程语言所用的动词相同，例如合并 (Merge)、排序 (Sort)、读取 (Read)、写入 (Write) 和打印 (Print)。过程名称通常用几个字来反映过程的基本行动，同时足以说明过程的作用，使人一眼就能看出该过程要做的事情。DFD 的初学者喜欢用执行过程的人的姓名或部门名称来作为过程名称。这其实没什么用，因为我们更关心是过程所执行的操作，而不是由谁执行。

平衡 DFD

将 DFD 从一级分解到下一级时，有一个保留原则在起作用。必须将一个过程的输入和输出保留到下一级分解。换言之，0 级图中的过程 1.0 在分解成 1 级图后，必须有相同的输入和输出。这种对输入和输出的保留称为"平衡" (balancing)。

下面来看对一组 DFD 进行平衡的例子。图 7.4 是 Hoosier Burger 点餐系统的环境图。注意，该系统有一个输入，即顾客订单，它源自顾客。还有三个输出：顾客的收据、打算给厨房的餐食订单以及管理报告。再来看看图 7.5，这是点餐系统的 0 级图。记住，所有数据存储及其流入和流出都在系统内部。注意，0 级图同样出现了环境图中的一个系统输入和三个输出。另外，系统没有引入新的输入或输出。所以，我们说环境图和 0 级 DFD 是平衡的。

再来看看图 7.7，0 级 DFD 中的过程 1.0 已被分解。如前所述，过程 1.0 有一个输入和四个输出。单个输入和多个输出都出现在图 7.7 的 1 级图上。没有引入新的输入或输出。将图 7.5 的过程 4.0 和图 7.8 对它的分解进行比较，你可以看到输入和输出同样都被保留了。

平衡
(balancing)
一个 DFD 过程分解到较低级时保留该过程的输入和输出。

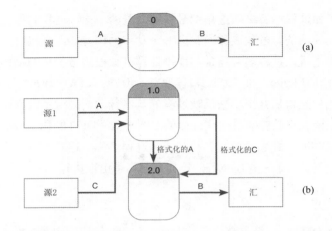

图 7.10 是不平衡的 DFD 的一个例子。环境图显示系统有一个输入 A 和一个输出 B。但在 0 级图中，出现了另一个输入 C，而且流 A 和 C 来自不同的源。这两个 DFD 是不平衡的。0 级图出现的输入必然会在环境图中出现。这个例子发生了什么？或许，在绘制 0 级 DFD 时，分析师意识到系统还需要 C 来计算 B。在 0 级 DFD 中画好 A 和 C 后，分析师忘了更新环境图。如果要进行更正，分析师还应在环境图中包含"源 1"和"源 2"。从环境图一直到你创建的每一级图表，DFD 都要平衡。

由 n 级图上的几个子流构成的一个数据流可在接收该复合数据流作为输入的 n 级图上拆开。以图 7.11 展示的 Hoosier Burger 的部分 DFD 为例。在图 7.11(a) 中，一个复合（或打包）数据流"付款和优惠券"被输入到过程中。换言之，付款和优惠券总是一起流动，并同时输入到过程。在图 7.11(b) 中，过程被分解（有时称为拆分或嵌套）为两个子过程，每个子过程都从较高级的 DFD 中接收复合数据流的一个组成部分。这些图仍是平衡的，因为每个图都包含完全相同的数据。

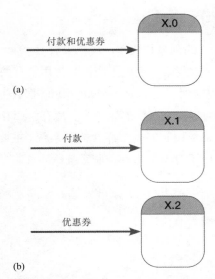

图 7.11

数据流拆分示例：(a) 复合数据流；
(b) 拆分的数据流

　　平衡原则和保持 DFD 尽量简单，这引出了绘制 DFD 的另外四个高级规则，表 7.3 对此进行了总结。规则 Q 涉及图 7.11 展示的情况。规则 R 涉及过程输入和输出的保留原则。规则 S 涉及到平衡的一个例外情况。规则 T 则告诉你如何尽量减少 DFD 上的杂乱。

表 7.3　数据流绘图高级规则

Q. 一个层级上的复合数据流可在下一个层级上被拆分为子流，但不能添加新的数据，而且复合数据流中的所有数据必须在一个或多个子流中出现。
R. 一个过程的输入必须足以生成该过程的输出 (包括放在数据存储中的数据)。所以，所有输出都可以生成，而且输入中的所有数据都会移动到某个地方——到另一个过程，到过程外部的数据存储，或者到对该过程进行分解的一个更详细的 DFD。
S. 可在 DFD 最底层添加新的数据流来表示在特殊情况下传输的数据；这些数据流通常代表错误信息 (例如，"未知客户；要创建一名新客户吗？") 或者确认通知 (例如，"确定删除该记录？")。
T. 为避免数据流线交叉，可在 DFD 上重复数据存储或源 / 汇。用一个额外的符号，例如在数据存储符号的中间垂直线上画双线，或者在汇 / 源方块的角落里画一条对角线，来表示这是重复的符号。

(来源：基于 Celko, 1987)

一个示例 DFD

为了说明 DFD 的创建和败露，现在来看 Hoosier Burger 的另一个例子。我们看到，点餐系统生成了两种和使用量有关的数据：已售商品和库存。每天结束时，经理 Bob Mellankamp 都会生成库存报告，告诉他每笔销售中的每样东西都消耗了多少库存。库存报告上显示的数量只是 Bob 每天都要用到的一个库存控制系统（主要是手动操作）的输入。图 7.12 列出了 Bob 的库存控制系统所涉及的步骤。

图 7.12

Bob Mellankamp 使 用 的 Hoosier Burger 库存控制系统所涉及的活动

1. 在餐厅开门前迎接送货车。
2. 卸下并存放货物。
3. 记录发票，并归入文件夹。
4. 向库存记录表手动添加收到的货物数量。
5. 关店后，打印库存报告。
6. 清点实物库存量。
7. 对比库存报告的数和实物清点总数。
8. 将实物清点总数与最低订货量进行比较。如数量较少，就下订单；否则不做任何事情。
9. 支付到期的账单，并将其记录为已付。

在 Hoosier Burger 的库存系统中，有三个数据源来自外部：供应商、点餐系统的库存报告和存货。供应商提供发票作为输入，系统则将付款和订单作为输出返回给供应商。无论库存报告还是现有存货，都提供库存计数作为系统输入。当 Bob 收到供应商的发票时，他在一个发票记录表上记录他们的收据，并将实际发票归入他自己的文件夹。利用这些发票，Bob 在库存记录表上记录交付的库存量。库存记录表是在每种库存物品的存储点附近张贴的纸质表格。图 7.13 展示了 Hoosier Burger 的库存记录表的一个例子（仅部分）。注意，最低订货量（为避免某种物品的缺货而必须下订单的库存水平）出现在记录表中。库存记录表留有一些空白供输入起始数量、交付数量和每种物品的用量。当 Bob 将交付量输入表中；在 Bob 根据实物清点，并根据点餐系统生成的库存报告上的数字比较了存货用量后，就将实际用量输入。要注意的是，Hoosier Burger 对一些每天都要用到的易腐物品（如汉堡胚、肉类和蔬菜）有长期的每日交货订单。Bob 根据最小订单量和手头的库存量来确定需要下哪些单。他用发票来确定哪些账单需要支付，并仔细记录每一笔付款。

库存记录					
日期：		1月1日			1月2日
物品	重新下单量	起始数量	交付量	用量	起始数量
汉堡面包胚	50打	5	50	43	12
热狗	25打	0	25	22	3
英式松饼	10打	6	10	12	4
餐巾纸	2箱	10	0	2	8
吸管	1箱	1	0	1	0

图 7.13

Hoosier Burger 的库存记录表

　　为了创建 DFD，我们需要确定 Bob 所建立的库存系统的本质。追踪库存和支付账单所需的关键数据是什么？所涉及的关键过程是什么？至少有四个关键过程构成了 Hoosier Burger 的库存系统：(1) 核算加入库存的任何东西；(2) 核算从库存中取出的任何东西；(3) 下单；以及 (4) 支付账单。该系统使用的关键数据包括库存 (inventories) 和现有存货 (stock-on-hand) 计数，无论它们是如何确定的。系统的主要输出仍然是订单和付款。将注意力集中在系统的基本要素上，就会得到图 7.14 所示的环境图和 0 级 DFD。

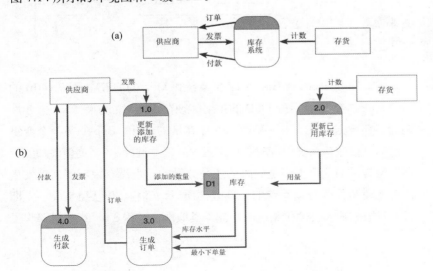

图 7.14

环境图和 0 级 DFD：(a) Hoosier Burger 库存控制系统的环境图；(b) Hoosier Burger 库存控制系统的 0 级 DFD

这时可根据系统想要添加的任何新功能对 DFD 进行修订。就 Hoosier Burger 的库存系统来说，Bob Mellankamp 想要添加三个功能。首先，Bob 希望将每次新的发货数据输入一个自动系统中，从而取消纸质的库存记录表。Bob 希望发货数据一直保持最新，因为新货一到餐厅就会被录入系统。其次，Bob 希望系统能自动判断是否要下新的订单。自动下单使 Bob 不必担心 Hoosier Burger 是否一直有足够的存货。最后，Bob 希望随时知道每种货物的大致库存水平。对于某些货物（如汉堡胚），Bob 可以目视检查库存量，并确定大约还剩多少，以及在关店前还需要多少。但对于其他商品，Bob 可能需要用比目测更快的速度来获得对存货量的一个粗略估计。

图 7.15

Hoosier Burger 库存控制系统修订过的 0 级 DFD

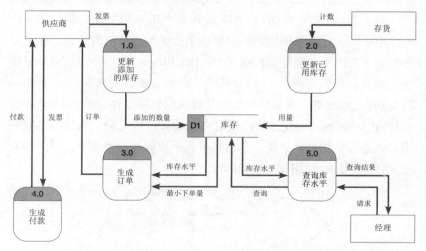

图 7.15 是 Hoosier Burger 库存系统修订后的 DFD。图 7.14(b) 的 DFD 和图 7.15 修订后的 DFD 的主要区别在于新增的过程 5.0，它允许查询库存数据以获得对一种物品的库存量的估计。Bob 的另两个变更请求都可在库存系统现有的逻辑视图中处理。过程 1.0 "更新添加的库存" 没有说明这个更新是实时的还是分批的，也没有说明更新是发生在纸上还是作为自动系统的一部分。所以，过程 1.0 已经集成了立即将发货数据输入自动化系统的功能。类似地，过程 3.0 "生成订单" 没

有说明是由 Bob 还是计算机生成订单，也没有说明订单是实时还是分批生成。所以，过程 3.0 已经表示了 Bob 对系统自动生成订单的请求。

在分析过程中使用数据流绘图

学习 DFD 的绘制机制非常重要，因为 DFD 已被证明是结构化分析过程的重要工具。除了绘制机制正确的 DFD 所涉及的问题，还有其他与过程建模有关的问题。作为一个分析师，你必须关注这些问题。这些问题，包括 DFD 是否完整并在所有层次上保持一致，将在下一节讨论 DFD 绘制指导原则的时候讨论。另一个要考虑的问题是，你如何将 DFD 作为一个有用的分析工具。在本章最后这些小节中，我们还会演示如何利用 DFD 支持业务过程的重组 (reengineering)。

DFD 绘制指导原则

本节要讨论绘制 DFD 时的一些额外原则，这些原则覆盖的范围超出了简单的绘图机制，并确保表 7.2 和表 7.3 列出的规则得以遵守。这些指导原则包括：(1) 完整性；(2) 一致性；(3) 时间的考虑；(4) 绘制 DFD 天生的迭代性；(5) 基元 DFD。

完整性

DFD 完整性 (DFD completeness) 是指是否在 DFD 中包含了当前建模的系统所需的全部组件。假如 DFD 包含没有去到任何地方的数据流，或者包含未连接到其他任何东西的数据存储、过程或外部实体，则该 DFD 不完整。

不仅 DFD 的所有必要元素都必须存在，而且每个组件都必须在项目字典中得到充分描述。针对 DFD 上的四种类型的元素，可以分别保留不同的描述信息。另外，组织所采用的每个项目字典标准都有不同的条目信息。数据流存储库的条目通常包括以下内容。

DFD 完整性
(DFD completeness)
当前建模的系统所需的全部组件是否都已包含并充分描述。

- 在 DFD 上输入的数据流的标签或名称 (注意，标签的大小写和标点符号很重要，但如果在多个 DFD 上使用完全相同的标签，无论是否嵌套，那么同一个存储库条目适用于每个引用)。
- 对数据流进行定义的简短描述。
- 按对象类型归类的其他存储库对象的列表。
- 数据流中包含的数据元素的组成或列表。
- 一些补充说明，它们超越了数据流的定义，解释了该存储库对象的背景和性质。
- 该数据流出现位置 (DFD 的名称) 的列表，以及该数据流在每个 DFD 上的来源和目的地的名称。

一致性

DFD 一致性

(DFD consistency)

一组嵌套的 DFD 中的某一层级所包含的信息在多大程度上也被包含在其他层级中。

　　DFD 一致性 (DFD consistency) 是指在一组嵌套的 DFD 中的某一层级显示的系统描述是否与其他层级显示的系统描述兼容。一个严重违反一致性的例子是没有 0 级图的 1 级图。另一个不一致的例子是一个数据流出现在较高层级的 DFD 上，但没有出现在较低层级上 (这同时违反了平衡原则)。另一个不一致的例子是，一个数据流同较低层次的图上的一个对象相连，同时也与较高层级的另一个对象相连；例如，一个名为"付款"的数据流，在 0 级 DFD 上作为过程 1 的输入，在过程 2 的 1 级图上作为过程 2.1 的输入。

时机

　　你可能已经发现，在之前展示的一些 DFD 例子中，DFD 并没有很好地表示时间。在一个给定的 DFD 中，没有说明一个数据流是实时、不断发生的，还是每周或每年一次。也没有说明一个系统在什么时候运行。例如，许多大型的、基于事务处理 (transaction) 的系统可能在晚上以批处理模式运行几个大型的、计算密集型的工作，此时计算机系统的负担较小。DFD 没办法显示这种夜间进行的批处理。画这种 DFD 的时候，要假装所建模的系统从未启动过，也永远不会停止。

迭代开发

　　上手画的第一个 DFD 很少能完美捕捉到你要建模的系统。应考虑以迭代的方式一次又一次地绘制同一个图。每次尝试，你都更接近于所建模的系统或系统的某一方面。迭代 DFD 开发的出发点在于，需求确定和需求结构化是 SDLC 分析阶段的相互作用（而不是顺序进行）的子阶段。

基元 DFD

　　绘制 DFD 时，需要做的一个比较困难的决定是何时停止分解过程。最低层级的 DFD 称为基元 DFD(primitive DFD)，即分无可分的 DFD。一个规则是，一旦达到最低的逻辑层次就停止绘制。但是，要知道最低的逻辑层次是什么并不容易。下面列出何时停止分解的一些更具体的规则。

- 每个过程都缩减为单一的决策或计算，或缩减为单一的数据库操作，如检索、更新、创建、删除或读取。
- 每个数据存储都代表单一实体的数据。这些实体包括客户、员工、产品或订单。
- 系统用户不关心更多细节，或者你和其他分析师已记录了足够的细节来做后续的系统开发任务。
- 每个数据流无需进一步拆分来显示不同的数据如何以不同方式处理。
- 当你认为已将每个业务表单或事务处理、计算机在线显示和报表作为单一数据流来显示时（例如，这意味着每个系统显示和报表标题都对应于一个单独的数据流的名称）。
- 当你认为系统的所有最低层级的菜单选项上的每个选择都有一个单独的过程时。

　　显然，之前讨论的迭代准则和 SDLC 中的各种反馈循环（参见图 7.1）表明，每当你认为已满足了停止的规则时，都可能进而发现系统的微妙之处，从而不得不进一步分解一组 DFD。

基元 DFD
(primitive DFD)
DFD 最低层级的分解。

　　停止分解一个 DFD 的时候，它可能已经相当详细了。看似简单的操作，如生成一张发票，都可能会从几个实体提取信息，也可能根据具体情况返回不同的结果。例如，发票的最终形式可能基于客户的类型（还会决定诸如折扣率之类的东西）、客户的居住地（决定诸如销售税之类的东西）以及货物的运输方式（决定诸如运费和处理费用之类的东西）。在最低级的 DFD（即基元 DFD）上，所有这些条件都必须得到满足。鉴于基元 DFD 所要求的细节量，或许你能明白为什么许多专家认为，分析师不应花时间完整绘制当前的物理信息系统。这是因为在创建当前的逻辑 DFD 时，许多细节都会被抛弃。

　　根据本节介绍的指导原则创建的并非仅仅是机制上正确的 DFD。你的 DFD 还会成为所建模的信息系统的一个健壮和准确的表示。基元 DFD 有利于检查与其他需求结构化技术所生成的文档的一致性，并使你更容易过渡到系统设计步骤。掌握了绘制好的 DFD 的技巧后，就可以开始用它们来支持分析过程，这是下一节的主题。

DFD 作为分析工具使用

差异分析

(gap analysis)

发现两组或更多 DFD 之间的差异，或者发现单一 DFD 中的差异的过程。

　　如你所知，DFD 是过程建模的多面手，可用它对物理或逻辑、当前或新的系统进行建模。DFD 还可用于一个称为差异分析 (gap analysis) 的过程。分析师可通过差距分析来发现两组或更多 DFD 之间的差异（表示信息系统两个或更多的状态）或者单一 DFD 中存在的差异。

　　一旦 DFD 完成，你可以检查个别 DFD 的细节，从而发现冗余的数据流，被捕获但不被系统使用的数据，以及数据在多个地方以完全一样的方式更新等等。创建 DFD 时，分析小组的成员或分析过程中的其他参与者可能没有发现这些问题。例如，创建 DFD 时，冗余的数据流可能被标以不同的名称。等分析小组对建模的系统有了更多的了解后，就会发现这种冗余。根据这些过程的标签，你可以确定数据是否被冗余地捕获，或者是否有多个过程在维护相同的数据存储。在这种情况下，DFD 也许能很准确地反映组织中发生的活动。由于被建模的业务过程需要多年的开发，有时组织的部分参与者会采用和其他参与者隔离的过程，所以很可能产生冗余，并发生职责重叠的情况。作为分析的一部分，对 DFD 的仔细研究可揭示出这些过程上的冗余，并允许它们作为系统设计的一部分得到纠正。

通过研究 DFD 还可发现效率低下的问题，而且完全可能存在各种各样效率低下的问题。一些低效率与违反 DFD 绘制规则有关。例如，过时的数据被捕获，但从未在系统中使用，就违反了表 7.3 的规则 R。其他的低效率是由于过多的处理步骤造成的。以图 7.6 中 M 项的正确 DFD 为例。虽然该流程在机制上正确，但这样的循环可能表明在处理数据时存在潜在的延迟或不必要的审批操作。

类似地，一组建模当前逻辑系统的 DFD 可与建模新逻辑系统的 DFD 进行比较，从而更好地确定系统开发人员在构建新系统时需增加或修改哪些过程。那些输入、输出和内部步骤没有发生变化的过程可在构建新系统时重用。可对备选的多个逻辑 DFD 进行比较，看哪些在评估不同的系统需求意见时必须讨论的要素更少。新系统的逻辑 DFD 也可作为开发新的物理系统的备选设计策略的基础。如 Hoosier Burger 的例子所示，DFD 上的一个过程可用几种不同的方式来物理性地实现。

将 DFD 用于业务过程重组

DFD 对于第 6 章讲到的业务过程重组 (BPR) 中的过程建模也很有用。为了理解 DFD 之于 BPR 的用处，让我们看看来自 Hammer 和 Champy(1993) 的另一个例子。书中以 IBM Credit Corporation 为例，该公司成功重组了其主要业务过程。该公司为大批量购买 IBM 电脑设备的客户提供融资。它的工作是分析销售人员建议的交易，并撰写这些交易的最终合同。

按照书中的说法，IBM Credit Corporation 每笔融资交易通常需要

6 个工作日来处理。具体过程是：首先，销售人员打电话回公司来描述一笔建议的交易。这通电话由会议桌旁的 6 个人中的一个接听。接电话的人将其记录下来，将细节写到一张纸上。然后，一个职员把纸拿给另一个人，后者开始该过程的下一步，将数据输入电脑并检查客户的征信。然后，这个人将细节写到一张纸上，并将这张纸和原始文档一起交给信贷员 (loan officer)。第三步，信贷员为客户修改标准的 IBM 贷款协议。这一步要用到另一台电脑 (和第二步用的不同)。

第四步，修改好的贷款协议的细节以及其他文档被发送到该过程的下一站。在那里，一个不同的职员确定恰当的贷款利率。这一步也涉及他 / 她自己的专用信息系统。在第五步，最终利率和到目前为止的所有文档被送到下一站，在那里生成报价信 (quote letter)。完成后，报价信通过隔夜邮件寄回给销售人员。

光是读这个过程就觉得复杂得不行。可用 DFD 来描述整个过程 (参见图 7.16)。DFD 帮我们明白这个过程虽然显得烦琐和浪费，但却并不是特别复杂，尤其是考虑到有这么多人和计算机系统来支持每一步的工作。

图 7.16

IBM Credit Corporation 在 BPR 之前的主要工作过程

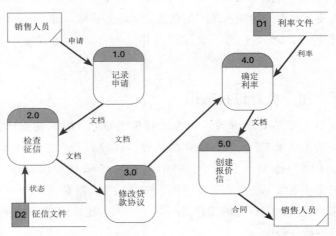

(来源：基于 Hammer and Champy, 1993)

　　按照 Hammer and Champy(1993) 的说法，两位 IBM 经理决定看看他们是否能改善 IBM Credit Corporation 的总体过程。他们接了一通销售人员的电话，亲自过了一遍系统。这些经理发现，在一份合同上进行的实际工作只需要 90 分钟。在处理这笔交易所需的 6 天里，大部分时间都是各种文档放在某人的收件箱里等待处理。

　　IBM Credit Corporation 的管理层决定对其整个过程进行重组。五组任务专家被换成了普通人。现在，从现场打来的每个电话都会转到一个职员那里，由其负责全部合同处理事宜。不再由不同的人检查征信、修改基础贷款协议以及确定利率。相反，一个人搞定这一切！IBM Credit Corporation 仍然保留了专家来处理少数和平常有很大区别的案子。另外，该过程现在由单一的计算机系统支持。图 7.17 的 DFD 建模了这个新的过程。图 7.16 和图 7.17 两个 DFD 最明显的区别除了过程框的数量之外，还在于图 7.17 拿掉了文档流。由此产生的过程要简单得多，并大大减少了文件在各种步骤之间丢失的概率。从头到尾重新设计过程，使 IBM Credit Corporation 将其能处理的合同数量增加到了原先的 100 倍，而不是增加 100%，那只增加了一倍。BPR 使 IBM Credit Corporation 在同样的时间内，用更少的人处理了 100 倍的工作！

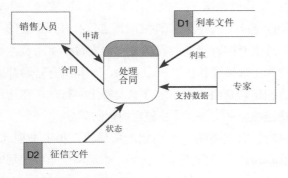

图 7.17

IBM Credit Corporation 在 BPR 之后的主要工作过程

（来源：基于 Hammer and Champy, 1993）

用决策表建模逻辑

决策表 (decision table) 是过程逻辑的一个图表,其中的逻辑相当复杂。所有可能的选择和选择所依赖的条件都以表格的形式表示。图 7.18 是一个示例决策表。

	条件 / 行动方案	规则					
		1	2	3	4	5	6
条件桩	员工类型	S	H	S	H	S	H
	工作时数	<40	<40	40	40	>40	>40
行动桩	支付基本工资	X		X		X	
	计算时薪		X		X		X
	计算加班费						X
	生成缺勤报告		X				

图 7.18 的决策表对一个通用工资系统的逻辑进行了建模。该表分为三个部分:条件桩、行动桩和规则。其中,条件桩包含适用于该表所建模的情况的各种条件。图 7.18 有两个关于员工类型和工作时数的条件桩。员工类型有两个值:S 代表受薪员工 (salaried),H 代表小时工 (hourly)。工作时数有三个值:小于 40 小时,恰好 40 小时,以及大于 40 小时。行动桩包含对条件桩的值进行合并而产生的所有可能的行动方案。该表有四种可能的行动方案:支付基本工资、计算时薪、计算加班费和生成缺勤报告。可以看出,并非所有行动都由所有条件组合触发。相反,是由特定的组合触发特定的行动。在这种表中,将条件和行动链接起来的部分就是包含规则的部分。

看规则时,首先看第一列指定的条件值。员工类型为 "S",即受薪员工 (salaried),工作时数少于 40。当这两个条件出现时,工资系统将支付基本工资。下一列的值为 "H" 和 "<40",意味着工作时数少于 40 的小时工。在这种情况下,工资系统会计算时薪,并在缺勤

报告中记录。规则 3 强调的是受薪员工正好工作 40 小时的情况。此时系统支付基本工资，与规则 1 的情况相同。对于正好工作 40 小时的小时工，规则 4 计算时薪。对于工作超过 40 小时的受薪员工，规则 5 支付基本工资。规则 5 所采取的行动与规则 1 和规则 3 相同，针对的都是受薪员工。工作时数并不影响规则 1、规则 3 和规则 5 的结果。对于这些规则，工作时数是一个无关紧要的条件 (indifferent condition)，因其值不会影响所采取的行动。规则 6 计算工作超过 40 小时的小时工的时薪和加班费。

由于规则 1、规则 3 和规则 5 的条件无关紧要，所以可将这些规则简化为一个，如图 7.19 所示。无关紧要的条件用短划线（－）表示。最初的决策表有 6 个规则，现在仅用 4 个就能传达相同的信息。

无关紧要的条件
(indifferent condition)
决策表中的一种条件，其值不会影响为两个或更多规则所采取的行动。

条件 / 行动方案	规则			
	1	2	3	4
员工类型	S	H	H	H
工作时数	—	<40	40	>40
支付基本工资	X			
计算时薪		X	X	X
计算加班费				X
生成缺勤报告		X		

图 7.19
工资系统例子简化过的决策表

构建这些决策表时，我们实际上遵循了一套基本过程。

1. 对条件和条件的值进行命名。确定和你的问题相关的所有条件，然后确定每个条件所有可能的值。对于某些条件，这些值是简单的"是"或"否"（称为有限条目）。对于其他条件，如图 7.18 和图 7.19 中的条件，这些条件可能有更多的值（称为扩展条目）。

2. 命名所有可能采取的行动。创建决策表的目的就是确定在符合一组特定条件的时候要采取的正确行动方案。

3. 列出所有可能的规则。首次创建决策表时，必须创建一个详尽的规则集。每个可能的条件组合都必须表示出来。最终可能发现某些规则多余或者没有意义，但这些判断应在你列出每个规则后才做出，这样才不会遗漏任何可能性。为了确定所需规则的数量，将每个条件的值的数量乘以其他每个条件的值的数量。例如图 7.18 有两个条件，一个有两个值，一个有三个值，所以需要 2×3，即 6 个规则。假如增加第三个有三个值的条件，则需要 2×3×3，即 18 个规则。创建表格时，第一个条件的值要交替使用，如图 7.18 的员工类型。第二个条件的值同样交替使用，但其第一个值针对第一个条件的所有值重复使用，第二个值再针对第一个条件的所有值重复使用……以此类推。基本上，后续所有条件都遵循这一过程。注意图 7.18 是如何交替使用工作时数值的。我们为两个员工类型值 "S" 和 "H" 重复 "<40"（第二个条件的第一个值）。再重复 "40"（第二个条件的第二个值），再重复 ">40"（第二个条件的第三个值）。

4. 定义每个规则的行动。确定了所有可能的规则后，要为每个规则都提供一个行动。在本例中，我们清楚每个行动应该是什么，以及所有的行动是否有意义。但是，如果一个行动没有意义，可在表格的 "行动桩" 中创建一个 "不可能" 行，以跟踪不可能的行动。如无法判断系统在这种情况下应该做什么，就为该规则的 "动作桩" 打一个问号。

5. 简化决策表。删除所有具有 "不可能" 行动的规则来尽量简化决策表。如系统应采取的行动不明确，请咨询用户的意见。要么决定一项行动，要么删除该规则。寻找规则中的模式，特别是那些无关紧要的条件。本例将工资系统的规则数量从 6 个减少到 4 个，但经常都可以进行更大幅度的精简。

我们来看看 Hoosier Burger 的一个例子。Mellankamp 夫妇想要确定他们如何对食品和餐厅使用的其他物品进行补货 (reorder)。如决定在 Hoosier Burger 实现库存控制功能的自动化，就需阐明他们的补货过程。思考这个问题时，Mellankamp 夫妇意识到，他们具体如何补货，实际要取决于物品是否易腐。对于易腐烂的食物，比如肉类、蔬菜或面包，Mellankamp 夫妇与当地供应商签订了一个长期订单，规定每个工作日运送预先指定了数量的食品供当天使用，每星期六则送一次货供整个周末使用。对于不易腐烂的物品，如吸管、杯子和餐巾纸，当手头的库存达到某个预先确定的最低补货量时，就会补货。Mellankamp 夫妇也意识到他们的生意是季节性的。在学生离校的整个夏季，Hoosier Burger 的生意没有学期正在进行时那么好。他们还注意到，在圣诞节和春假期间，生意会有所下降。他们与所有供应商的长期订单在暑假和假期时都会减少特定的量。基于这一系列的条件和行动，Mellankamp 夫妇制定了一个初步的决策表，如图 7.20 所示。

图 7.20
Hoosier Burger 的库存补货功能的
完整决策表

条件 / 行动方案	规则											
	1	2	3	4	5	6	7	8	9	10	11	12
物品类型	P	N	P	N	P	N	P	N	P	N	P	N
工作日或周末	D	D	W	W	D	D	W	W	D	D	W	W
季节	A	A	A	A	S	S	S	S	H	H	H	H
长期每日订单	X				X				X			
长期周末订单		X				X				X		
最小补货量		X		X		X		X		X		X
假日减少									X		X	
夏季减少					X		X					

物品类型：
P = 易腐 (perishable)
N = 非易腐 (nonperishable)
H = 假日

工作日或周末：
D = 工作日 (weekday)
W = 周末 (weekend)

季节：
A = 学年
S = 夏季

图 7.20 有三点需要注意。首先，注意第三个条件的数值是如何重复的，它清楚地展示了如何将全部三个条件的值关联起来，从而清楚

提供了每个可能的规则。其次，注意总共有 12 个规则。第一个条件（物品类型）的两个值乘以第二个条件（工作日或周末）的两个值乘以第三个条件（季节）的三个值等于 12 个可能的规则。第三，注意为非易腐物品采取的行动全都一样，无论是在星期几还是在一年的什么时候。对于非易腐物品，与时间有关的两个条件均无关紧要。对决策表进行相应的折叠，就得到了如图 7.21 所示的决策表。现在仅 7 个规则，而不是 12 个。

图 7.21
Hoosier Burger 库存补货功能的简化过的决策表

条件 / 行动方案	规则						
	1	2	3	4	5	6	7
物品类型	P	P	P	P	P	P	N
工作日或周末	D	W	D	W	D	W	–
季节	A	A	S	S	H	H	–
长期每日订单	X		X		X		
长期周末订单		X		X		X	
最小补货量							X
假日减少					X	X	
夏季减少			X	X			

现在，你已经学会了如何绘制和简化决策表。也可以使用决策表来指定额外的决策相关信息。例如，如果一个特定的规则应采取的行动比一两行文字所能表达的更复杂，或者一些条件只有在满足其他条件时才需要检查（嵌套条件），可考虑使用单独的、链接的决策表。例如，可在原始决策表的"行动桩"中指定一个"执行表 B"行动。表 B 可包含一个行动桩来返回原始表，而返回将是表 B 的一个或多个规则的行动。另一种在决策表中传达更多信息的方法是在规则和行动桩相交处使用表示顺序的数字，而不是使用 X。例如，对于图 7.21 的规则 3 和规则 4，Mellankamp 夫妇考虑的是夏季需要减少下单量，所以对要

现有的长期订单进行修改。所以，可在规则 3 和规则 4 中将"夏季减少"标记为"1"。然后，在规则 3 中，将"长期每日订单"标记为"2"。在规则 4 中，将"长期周末订单"也标记为"2"。

到目前为止，你已了解了如何用决策表对一个过程的相对复杂的逻辑进行建模。决策表非常紧凑，可将许多信息装进一个小小的表格。还可利用决策表检查逻辑是否完整、一致和没有冗余。

电商应用：使用数据流图进行过程建模

基于互联网的电子商务应用的过程建模与其他应用的过程没有什么不同。我们通过第 6 章了解了松谷家具 (PVF) 为其网店 (WebStore) 项目确定系统需求的过程，该项目旨在通过互联网销售其家具产品。本节将分析 WebStore 的高级系统结构，并针对这些需求开发一个 0 级 DFD。

松谷家具网店的过程建模

在完成联合应用设计 (JAD) 会议后，高级系统分析师 Jim Woo 着手将 WebStore 系统结构转换为 DFD。他的第一步是确定 0 级 (主系统) 过程。首先，他仔细检查了 JAD 会议的结果，此次会议的重点是定义 WebStore 系统的结构。通过分析，他确定了六个高级过程，它们将成为 0 级 DFD 的基础。如表 7.4 所示，这些过程是网站的"工作"或"行动"部分。注意，这些过程中的每一个都与 系统结构中列出的主要处理项对应。

接下来，Jim 确定最有效的方式是 WebStore 系统与现有的 PVF 系统交换信息，而不是捕捉和存储冗余的信息。所以，WebStore 应与采购履行系统 (第 3 章介绍的订单跟踪系统) 和客户跟踪系统 (客户信息管理系统) 交换信息。这两个现有的系统将成为 WebStore 系统的信息"源"(提供方) 和"汇"(接收方)。当客户开设账户时，他 / 她的信

松谷家具
(PVF)

息将从 WebStore 系统传递到客户跟踪系统。下单时,信息将被储存到采购履行系统中。如客户请求之前的一个订单的状态信息,信息将从采购履行系统中检索出来。

表 7.4 WebStore 的系统结构及其对应的 0 级过程

WebStore 系统	过程
□ 主页	信息显示 (少量 / 无过程)
● 产品线 (目录)	1.0 浏览目录
√ 办公桌	2.0 选择要购买的商品
√ 椅子	
√ 桌子	
√ 文件柜	
● 购物车	3.0 显示购物车
● 结账	4.0 结账 / 处理订单
● 账户资料	5.0 添加 / 修改账户资料
● 订单状态 / 历史	6.0 订单状态请求
● 客户评论	信息显示 (少量 / 无过程)
□ 公司信息	
□ 反馈	
□ 联系信息	

最后,Jim 发现该系统需要访问另外两个数据源。首先,为了生成在线产品目录,系统需要访问库存数据库。其次,为了在 WebStore 的购物车中存储客户想要购买的物品,需要创建一个临时数据库。交易完成,购物车的数据可被删除。根据掌握的这些资料,Jim 为 WebStore 系统开发了如图 7.22 所示的 0 级 DFD。可根据这个 DFD 很好地理解信息如何在 WebStore 中流动、客户如何与系统交互以及 WebStore 如何与现有 PVF 系统共享信息。在进行系统设计之前,这些高级过程最后还需要进一步分解。但在此之前,Jim 想清楚地了解整个系统到底需要哪些数据。我们将在第 8 章讨论这一分析活动 (概念数据建模) 的结果。

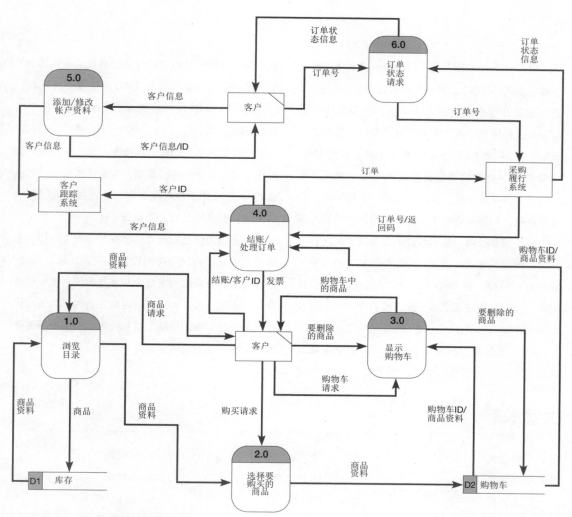

图 7.22　WebStore 的 0 级 DFD

小结

过程可通过多种方式进行建模，但本章重点在于数据流图，即 DFD。DFD 特别适合表示数据进入、通过和离开信息系统的总体情况。DFD 用 4 个符号表示过程模型的 4 个概念性组成部分：数据流、数据存储、过程和源 / 汇。DFD 天生就是层次化的，DFD 的每一层级都可在较低级的图上分解成的更小的、更简单的单元。我们从构建一个环境图开始过程建模。环境图将整个系统显示为单一过程。下一步是生成 0 级图，显示系统最重要的高级过程。然后，根据需要对 0 级图中的每个过程进行分解，直至分无可分。将 DFD 从一个层级分解为下一层级时，注意，图必须保持平衡。换言之，一个层级的输入和输出必须在下一级予以保留。

DFD 不仅要在机制上正确，同时也要准确反映被建模的信息系统。为此，需要检查 DFD 的完

整性和一致性，并假装被建模的系统是永恒的（不要考虑启动和停止时间）。DFD 可能要多次修改。一套完整的 DFD 应扩展到基元层级，其中每个组件都反映了特定的、无法继续分解的属性。例如，一个过程代表单一的数据库操作，而每个数据存储都代表关于单一实体的数据。基于这些指导原则生成的 DFD 可用于分析现有和目标过程之间以及当前系统和新系统之间的差异 (gap)。

分析师为信息系统建模已有 30 多年的历史（至少能追溯到结构化分析与设计方法的开端），但它之于电子商务应用的重要性与那些传统系统一样重要。和本章一样，本书后续各章还会展示为结构化分析与设计开发的传统工具和技术如何为电子商务的开发提供强有力的帮助。

关键术语

7.1 行动桩	7.7 决策表	7.13 0 级图
7.2 平衡	7.8 DFD 完整性	7.14 n 级图
7.3 条件桩	7.9 DFD 一致性	7.15 基元 DFD
7.4 环境图	7.10 功能分解	7.16 过程
7.5 数据流图 (DFD)	7.11 差异分析	7.17 规则
7.6 数据存储	7.12 无关紧要的条件	7.18 源 / 汇

将上述每个关键术语与定义配对。

_____ 对数据在外部实体和系统内的过程/数据存储之间移动情况的一种图示。

_____ 决策表的一部分，列出在一组给定条件下应采取的行动。

_____ 一个 DFD 过程分解到较低级时保留该过程的输入和输出。

_____ 代表系统主要过程、数据流和数据存储的高级细节的一个 DFD。

_____ 数据的起源和/或目的地，有时称为外部实体。

_____ 决策表中的一种条件，其值不会影响为两个或更多规则所采取的行动。

_____ 组织系统的一种概览，显示了系统边界、与系统交互的外部实体以及实体与系统之间的主要信息流。

_____ DFD 最低层级的分解。

_____ 当前建模的系统所需的全部组件是否都已包含并充分描述。

_____ 决策逻辑的一种矩阵表示，指定了决策的前提条件和因此产生的行动。

_____ 一组嵌套的 DFD 中的某一层级所包含的信息在多大程度上也被包含在其他层级中。

_____ 对 0 级图上的一个过程进行第 n 次嵌套分解所生成的 DFD。

_____ 决策表的一部分，列出和决策相关的条件。

_____ 对数据进行的工作或行动，对其进行转换、存储或分发。

_____ 静止的数据，可能具有多种不同的物理形式。

_____ 发现两组或更多 DFD 之间的差异，或者发现单一 DFD 中的差异的过程。

_____ 决策表的一部分，规定特定条件下的特定行动。

_____ 越来越细地分解系统描述一个迭代过程，创造了一系列图表，一个给定图表上的过程在另一个图表上得到了更详细的解释。

复习题

7.19 什么是 DFD？为什么系统分析师需要用 DFD？

7.20 解释一下画好 DFD 的规则。

7.21 什么是分解？什么是平衡？如何判断 DFD 是否不平衡？

7.22 解释不同层级的 DFD 的命名规则。

7.23 为什么分析师要绘制多套 DFD？

7.24 如何将 DFD 作为分析工具？

7.25 解释根据什么原则决定何时停止分解 DFD。

7.26 如何确定一个系统组件是应该表示成源/汇还是过程？

7.27 描述绘制环境图时要遵循的规则？

7.28 创建决策表的步骤是什么？如何减少决策表的大小和复杂性？

7.29 决策表中的有限条目是什么意思？

7.30 用什么公式来计算决策表必须覆盖多少规则？

问题和练习

7.31 以商场中的服装店为例,列出相关的数据流、数据存储、过程和源/汇。观察几次交易。绘制环境图和 0 级图来表示该店的销售系统。解释你为什么选择特定的元素作为过程和源/汇。

7.32 选一个你可能会遇到的交易(例如为毕业典礼订购帽子和礼服),创建一个高级 DFD 或环境图。将其分解为 0 级图。

7.33 根据本章描述的 DFD 绘制规则评估上一题创建的 0 级 DFD。编辑 DFD 以避免违反这些规则。

7.34 选一个类似于问题和练习 7.32 的例子,画一个环境图。分解该图,直至分无可分。确保你的图是平衡的。

7.35 图 7.23 是一个大学课程注册系统的环境图和 0 级 DFD 草稿。判断并解释这些图可能存在的违反规则和指导原则的地方。

图 7.23

问题和练习 7.35 的课程注册系统

环境图

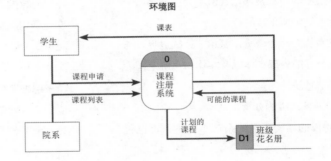

0级图

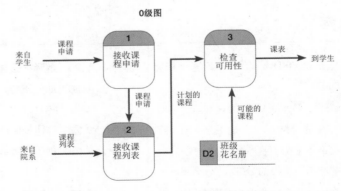

7.36 DFD 和项目字典中的条目有何关系?

7.37 列出图 7.24 的 DFD 的三个错误(违反规则)。

7.38 列出图 7.25 的三个 DFD 的三个错误(违反规则)。

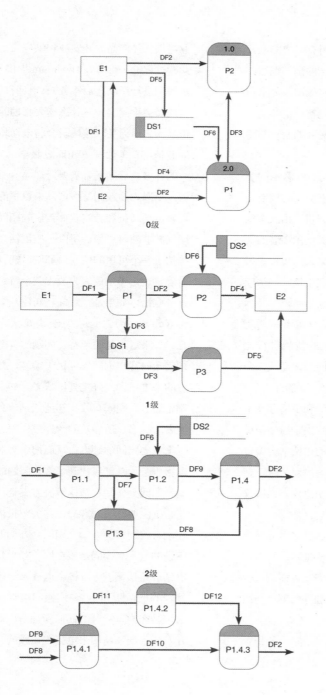

0级

1级

2级

图 7.24
问题和练习 7.37 的 DFD

图 7.25
问题和练习 7.38 的 DFD

7.39 从环境图开始，画出你认为所有必要的嵌套 DFD 来表示下述员工招聘系统的全部细节。至少要画一个环境图和一个 0 级图。如果在画这些图的时候发现描述不完整，请编造合理的理由进行补全。将这些额外的解释与图表一起提供。

Projects 工程公司拥有约 500 名不同类型的工程师。公司记录了所有员工的技能、分配的项目及其工作部门。新员工由人事经理根据申请表中的数据和从面试求职者的其他经理那里收集到的评估结果来雇用。未来的员工可在任何时候提出求职申请。一个职位空缺时，工程经理会通知人事经理，并列出与该职位相符的必要特质。人事经理将现有申请人的资格与空缺职位的特质进行比较，然后安排负责空缺职位的经理面试三个最佳候选人。收到经理对每个面试的评价后，人事经理根据对候选人的评价和申请以及工作的特点做出聘用决定，并将决定通知面试者和经理。被拒绝的申请人的申请书会保留一年，之后申请书会被清除。被雇用时，新入职的工程师需填写一份保密协议，该协议与有关该员工的其他信息一起存档。

7.40 从环境图开始，画出你认为所有必要的嵌套 DFD 来表示下述系统的全部细节。如果在画这些图的时候发现描述不完整，请编造合理的理由进行补全。将这些额外的解释与图表一起提供。

Maximum Software 是一家向个人和企业提供软件产品的开发商和供应商。作为其运营过程的一部分，Maximum 提供了 1-800 热线来进行产品售后服务。有电话打进来时，接线员会询问客户有什么需要帮助的。如果跟产品售后无关，接线员会将电话转到公司的其他部门（如订单处理或账单）。由于客户的许多售后问题都需要对产品有深入的了解，所以售后顾问是按产品来组织的。接线员将电话转给和特定软件对应的顾问。由于顾问并非随时可用，所以一些电话必须排队等待下一个可用的顾问。顾问在接听电话时，会确定这是不是该客户关于某个特定问题的首个电话。如果是，顾问将新建一个来电报告 (call report) 来记录关于该问题的全部信息。如果这不是关于特定问题的首个电话，顾问会向客户询问来电报告编号，并检索开放的来电报告以确定具体状态。如来电者不确定编号，顾问会收集其他识别信息，如来电者的姓名、所涉及的软件或处理过该问题的上一名顾问的姓名，从而搜索到对应的来电报告。如果已经找到了客户问题的解决方案，顾问会告知客户该解决方案是什么，在报告上注明已通知客户，并关闭报告。如果还没有找到解决方案，顾问会查询处理过该问题的上一名顾问是否在岗。如果是，就将电话转给该顾问（或将来电放入等待该顾问处理的电话队列中）。该顾问接听电话时，会记录客户可能有的任何新细节。对于继续存在的问题和新的来电报告，顾问尝试使用恰当的软件和在参考手册中查找信息来找出问题的答案。如果顾问现在就能解决问题，会告诉客户如何处理该问题并关闭来电报告。否则，顾问将报告归档以继续研究，并告诉客户 Maxim 公司的某个人稍后会给他/她答复；另外，如客户发现了关于该问题的新信息，他/她应致电 Maxim 公司来告知这些信息，同时说明和该问题对应的来电报告编号。

分析你为该题的第一部分创建的 DFD。基于该 DFD，你认为 Maximum 公司的售后服务系统可进行哪些改进？绘制新的逻辑 DFD 来反映你的改进。记住，这些是逻辑 DFD，所以要独立于具体的售后支持技术来提出改进意见。

7.41　为下述医院药房系统绘制环境图和 0 级图。如果在画这些图的时候发现描述不完整，请编造合理的理由进行补全。将这些额外的解释与图表一起提供。

仁爱医院 (Mercy Hospital) 的药房为所有病人填写处方，并将药物分发给负责照料病人的护士站。处方由医生开出并送到药房。药房的一名技师审查每张处方，并将其送到对应的站点 (pharmacy station)。必须配制（现场制作）的处方被送到配药室 (lab station)，现成药物的处方被送到货架站 (shelving station)，麻醉剂处方则被送到安全站 (secure station)。在每个站点，药剂师都会审查处方并查验病人的病历，以确定处方是否适当。

如剂量处于安全水平，且不会对病历中记录的其他药物或过敏症产生负面影响，就开始配药。如药剂师决定暂不配药，会与开处方的医生联系来讨论这一情况。在这种情况下，最终要么配药，要么医生根据讨论的结果开出另一个处方。配好药后会生成一个处方标签 (prescription label)，列出病人的姓名、药物类型和剂量、失效日期以及其他任何特殊说明。该标签被贴在药物容器上，并将配好的药发送到对应的护士站。病人的入院编号、药物类型/剂量以及处方的费用随后被送到财务 (Billing) 部。

7.42　为下述合同系统绘制环境图和 0 级图。如果在画这些图的时候发现描述不完整，请编造合理的理由进行补全。将这些额外的解释与图表一起提供。

Government Solutions Company(GSC) 向美国联邦政府机构销售计算机设备。每当一个联邦机构需要从 GSC 采购设备时，就会根据之前与该公司谈好的长期合同发出采购订单。GSC 与多个联邦机构签订了几份长期合同。当 GSC 的合同官员收到订单时，订单上引用的合同号会被输入到合同数据库中。根据数据库中的信息，合同官员审查合同的条款和条件，确定采购订单是否有效。如合同没有过期，订购的设备类型列在原始合同上，且设备总价未超过预定限额，该采购订单就是有效的。如订单无效，合同官员将订单发送回发出请求的联邦机构，附信说明订单不能履行的原因，并将该信的副本存档。如订单有效，合同官员将订单号输入合同数据库，并将该订单标记为未完成。然后，订单被发送给订单履行 (Order Fulfillment) 部门。在这里，需对订购的每样物品进行库存检查。任何物品没有存货，订单履行部门会创建一份报告，列出缺货的物品，并将其附在采购订单上。所有采购订单都被转发到仓库。在这里，有存货的物品从货架上拉下来，运给客户。然后，仓库在采购订单上附一份发货单，并将其发送回合同官员。如所有物品都已发运，合同官员会在数据库中关闭未完成的采购订单记录。然后，采购订单、发货单和异常报告 (如果有的话) 一并在合同办公室存档。

7.43 绘制环境图和你认为有必要的尽可能多的嵌套 DFD 来表示下述培训后勤系统的全部细节。如果在画这些图的时候发现描述不完整，请编造合理的理由进行补全。将这些额外的解释与图表一起提供。

Training 公司在美国主要城市举办培训研讨会 (training seminars)。对于每个研讨会，后勤 (Logistics) 部门必须安排好会议场地、培训顾问的旅行以及任何研讨会材料的运输。对于每个计划的研讨会，预订 (Booking) 部门要通知后勤协调员 (logistics coordinator) 研讨会的类型、日期和城市地点，以及负责培训的顾问的名字。为了安排会议场地，后勤协调员收集预定城市中可能的会议场地的信息。会议场地的确定要基于日期的可用性、费用、场地类型以及地点的便利性。一旦确定了场地，协调员就会和会议场地的销售经理交谈、预订会议室、安排座位并预订任何必要的视听设备。协调员根据后勤数据库中关于研讨会类型和一次预订的预期注册人数的信息，估计所需的会议室数量和大小、座位安排的类型以及每个研讨会需要的视听设备。在后勤协调员和会议场地的销售经理进行谈判后，销售经理制定了一份合同协议，明确了谈判的安排，并向后勤协调员发送协议的两个副本。协调员审查协议，如果不需要修改，则予以批准。协议的一份被存档，另一份被送回给销售经理。如需修改，则修改协议副本并返回给销售经理批准。该审批过程一直持续到双方都批准协议为止。协调员还要和培训顾问联系，以做出旅行安排。首先，协调员审查物流数据库中顾问的旅行信息并研究航班时刻表。然后与顾问联系，讨论可能的旅行安排；随后，协调员在旅行社为顾问预订航班。一旦顾问的旅行安排完成，将向顾问发送书面确认和行程表。在研讨会召开前两周，协调员确定需要将哪些研讨会材料 (如幻灯片、培训指南和小册子等) 送至会议场地。每种类型的研讨会都有一套特定的材料。对于某些材料，协调员必须知道有多少人登记参加研讨会，以确定发送多少材料。材料申请书被送到材料处理 (Materials-Handling) 部门，在那里材料被收集、装箱并被送到申请书上列出的会议地址。一旦申请的材料发运，就会向后勤协调员发出通知。

7.44 研究本章为 Hoosier Burger 的点餐系统创建的一组 DFD。用决策表来表示一个或多个过程的决策逻辑。

7.45 为了收集逻辑建模所需的信息，在需求确定期间需要问哪些类型的问题？举例说明。

7.46 某公司采购个人电脑的制度是：如采购金额超过 15000 美元，就必须进行招标，而且招标书 (RFP) 必须由采购 (Purchasing) 部门批准。如采购金额低于 15000 美元，个人电脑可直接从任何被批准的供应商处采购；但是，采购订单 (Purchase Order) 仍然必须由采购部门批准。要进行招标，必须至少收到三份投标书。如果没有，招标书必须再次发出。如果仍然没有足够的投标，则该过程可以继续与已提交标书的一家或两家供应商进行。中标者必须在公司批准的供应商名单上，而且必须没有任何针对他们的平权或环保投诉。这时，如投标完成，采购部门就可以发出采购订单。画一个决策表来描述该过程的逻辑。注意本题的文字说明和你的答案格式之间的相似性。

7.47 有一家销售薄膜键盘和开关的小公司，不同的销售代表负责全国不同大区。业务主要来自主动电话行销 (cold calling)、转介 (referrals) 或现有客户的新订单。其业务有相当一部分来自较大规模的竞争对手的转介。这些竞争对手会将他们多余和/或"麻烦"的项目转给该公司。公司跟踪这些转介，并一样通过转介自己拿到的业务来回报对方。销售代表从其所在地区的实际购买（而非订单）金额中获得 10% 的佣金。他们可与其他地区的销售代表合作以分享佣金，其中 8% 归"本地" (home) 代表，2% 归"来访" (visiting) 代表。如超出之前声明并批准的个人年度销售目标，销售代表将获得此超额部分 5% 的佣金，并由管理层决定额外的年终奖以及为销售代表全家提供的特别假期。客户每年购买超过 100000 美元的产品，超出的部分可获得 10% 的折扣，这些都会影响销售代表的佣金。此外，公司注重客户对产品和服务的满意度，因此每年都会对客户进行调查，让他们对销售代表进行评分。这些评分也会影响奖金。高评分会增加奖金额，中等评分不会有任何影响，而低评分则会降低奖金额。公司还希望确保销售代表实际完成所有销售。订单金额和实际购买金额之间的任何差异也会会影响销售代表的奖金额。尽你所能，用决策表来描述该业务过程的逻辑。记录你必须做出的任何假设。

7.48 下例说明许多大学采用的终生教职审批流程的规则。用决策表来描述该业务过程的逻辑。记录必须做出的任何假设。

教职员工在其第六年提交一份总结其工作的成果汇总来申请终身教职。极少数情况下，教员可在第六年之前申请终身教职，但前提是必须获得系主任和学院院长的批准。在担任目前工作之前在其他大学工作过的新教授很少 (如果有的话) 以终身教职的身份开始新的工作。他们通常被要求接受一年的试用期，在试用期内对其进行评估；只有在此之后才能被授予终身教职。然而，来新大学工作的高级行政人员通常可以通过谈判获得退职权利 (retreat rights)，使他们在行政职位结束后能够成为终身教职员工。这些退职安排通常必须获得教职员工的批准。终身教职审查过程始于由候选人所在院系的教师组成的一个委员会对候选人的工作成果汇总进行评估。然后，委员写出关于任期的建议，并将其发送给系主任。系主任再提出建议，并将工作成果汇总和自己的建议传递给下一级，即全院教师委员会。该委员会和各个系的委员会一样，会把自己的建议、系里的建议和作品集交给下一级，即全校教师委员会。该委员会的工作和其他两个委员会一样，会将所有材料传递给教务长 (有时是学术副校长)。然后，教务长写下自己的建议，并将所有材料交给院长，即最终的决策者。这个过程，从候选人创建工作成果汇总到院长做出最终决定，可能需要整个学年。评估的重点是研究，可以是拨款、演讲和出版物，但优先考虑的是在一流权威期刊上发表的、对该领域有贡献的经验性研究。候选人还必须在教学和服务 (即对大学、社区或学科) 方面表现良好，但重点是研究。

7.49　某组织要为所有员工升级电脑硬件和软件。每个员工分配到三套硬件方案中的一套。第一套硬件包括一台标准 PC、中等分辨率显示器和中等规模的存储设备。第二套硬件包括一台高端 PC、高分辨率显示器和大容量 RAM 和硬盘。第三套方案是一台高端的笔记本电脑。每台计算机都能接入网络以进行打印和发送电子邮件。所有新员工和现有员工都根据其计算需求 (例如执行的任务类型、对电脑的依赖程度和使用方式) 进行评估。轻度用户获得第一套硬件。重度用户收到第二套方案。一些中度用户收到第一套硬件，另一些则收到第二套，具体视他们的需求而定。任何需要机动的员工 (例如大多数销售人员) 将收到第三套硬件。还会考虑员工是否需要额外的硬件。例如，那些需要扫描仪和 / 或打印机的人将得到它们。将确定用户收到的是彩色还是黑白扫描仪，以及是收到低速还是高速、彩色还是黑白打印机。此外，每个员工都会收到一套软件，包括字处理、电子表格和演示文稿软件。所有员工都将被评估是否有额外的软件需求。根据其需求，一些人将收到一套桌面出版软件，一些人将收到一个数据库管理系统 (一些人还将收到数据库管理系统的开发人员工具包)，一些人将收到一种编程语言。每隔 18 个月，那些拥有高端系统的员工将收到新的硬件，他们的旧系统则被转给之前拥有标准系统的员工。所有需要机动的员工将收到新的笔记本电脑。用一个决策表来描述该业务过程的逻辑。记录你必须做出的任何假设。

7.50 参考以下描述，按针对各人的指示提供答案。如果发现描述不完整，请编造合理的理由进行补全。将这些额外的解释与你的答案一起提供。

a. Samantha 必须决定这学期要注册哪些课程。她有一份兼职，在等着确定本学期每周要工作多少小时。如果每周工作 10 小时或更少，她将注册三门课。但是，如每周工作超过 10 小时，就只注册两门课。如注册两门课，她会选择一门专业课和一门选修课。如注册三门课，就选择两门专业课和一门选修课。用决策表表示该逻辑。

b. Jerry 计划在本学期注册五门课：英语写作、物理、物理实验、Java 和音乐欣赏。然而，他不确定这些课是否在本学期开设，或是否存在时间上的冲突。另外，其中两门课，物理和物理实验，必须在同一学期一起上。所以，如果只能注册其中一门，他两门课都不选。如果由于任何原因，他不能注册某门课，他将选择并注册另一门适合他时间安排的课来代替。用显示了全部规则的决策表来表示该逻辑。

7.51 Mary 决定申请研究生项目。她想留在美国东南部地区，但如果是全国排前十的项目，她愿意搬到美国的任何地方。玛丽对 MBA

和 MIS 硕士项目都感兴趣。MBA 项目必须至少有一位知名的教授且符合对地点的要求，她才会考虑申请。此外，除非获得奖学金，否则她申请的任何项目都必须提供助学金。用决策表来表示该逻辑。

7.52 一家本地银行的贷款官员必须在批准或拒绝贷款申请之前对其进行评估。在此评估过程中，关于贷款申请和申请人的背景的许多因素都要考虑。如贷款金额低于 2000 美元，贷款官员会审查申请人的信用报告。如信用报告被评为良好或优秀，贷款官员会批准贷款。如信用报告被评为一般，贷款官员会检查申请人是否在银行有一个账户。如申请人有账户，申请就会被批准；否则，申请会被拒绝。如信用报告被评为差，则申请被拒绝。金额在 2000 美元至 20 万美元之间的贷款申请被分为四类：汽车、抵押贷款、教育和其他。对于汽车、抵押贷款和其他贷款申请，会审查申请人的信用报告，并进行就业检查以核实申请人报告的工资收入。如信用报告评级不佳，贷款将被拒绝。如信用报告评级为一般、良好或优秀，并且工资收入得到核实，贷款将被批准。如工资收入无法核实，则与申请人联系并要求提供额外资料。在这种情况下，贷款申请和补充资料一并送到副总那里进行审查，并由其做出最终的贷款决定。对于教育贷款，将与申请人将要就读的教育机构联系，以确定就读的估计费用。然后将这一数额与申请所要求的贷款数额进行比较。如申请的金额超过就学费用，贷款将被拒绝。否则，如申请人的信用等级为一般、良好或优秀，金额在 2000 美元至 34 999 美元之间的教育贷款申请将被批准。对于金额在 35 000 美元至 200 000 美元的教育贷款申请，仅在信用评级为良好或优秀的情况下才会被批准。所有金额超过 200 000 美元的贷款申请都会被送到副总那里进行审查和批准。用决策表来表示该逻辑。

实战演练

7.53 与在某组织工作的系统分析师交谈。要求分析师向你展示当前项目中的一套完整的 DFD。采访分析师，了解他 / 她对 DFD 的看法及其对分析的作用。

7.54 采访某组织的几个人对一个特定系统的看法。该系统现在的情况如何，他们想要看到什么改变？为该系统创建一套完整的 DFD。将你的 DFD 展示给一些你采访过的人，并询问他们的反应。他们有什么评价？提出了什么建议？

7.55 了解你的大学或公司支持的绘图、文字处理、表单设计和数据库管理系统软件（如果有的话）。研究这些软件，确定如何用它们制作项目字典。例如，绘图软件是否提供了一套标准的 DFD 符号？

7.56 在一个与你有联系的组织中，请一名或多名员工画出他们在该组织中与之互动的某个业务过程的"图画"。要求他们用任何适合他们的格式来画这个过程。要求他们在图中尽可能详细地描述过程的每个组成部分以及这些组成部分之间的信息流。他们画的是什么类型的图？它在哪些方面类似（或不类似）于 DFD？为什么？当他们完成后，帮助员工将他们的图转换成标准 DFD。和原图相比，DFD 在哪些方面更强和 / 或更弱？

参考资料

Celko, J. (1987, January). I. Data flow diagrams. *Computer Language*, 4, 41–43.

DeMarco, T. (1979). *Structured analysis and system specification*. Upper Saddle River, NJ: Prentice Hall.

Gane C., & Sarson, T. (1979). *Structured systems analysis*. Upper Saddle River, NJ: Prentice Hall.

Hammer, M., & Champy, J. (1993). *Reengineering the corporation*. New York: Harper Business.

Vessey, I., & Weber, R. (1986). Structured tools and conditional logic. *Communications of the ACM, 29*(1), 48–57.

Yourdon, E., & Constantine, L. L. (1979). *Structured design*. Upper Saddle River, NJ: Prentice Hall.

补充材料 7A
面向对象分析与设计：用例

学习目标

7A.1　解释用例和用例图，以及如何使用它们来建模系统功能

7A.2　介绍创建书面用例的基础知识

7A.3　讨论如何用电子商务应用的用例来进行过程建模

导言

　　本附录将介绍用例和用例图。用例是对业务过程的功能进行建模的一种不同的方式，其目的是方便开发支持该过程的信息系统。虽然在面向对象的系统分析与设计中更常见，但用例建模也可与更传统业务过程建模方法一起使用。在学习了用例的基础知识（包括用例图和书面用例）后，你还将学习如何用用例进行过程建模以分析电子商务应用。

用例

　　如第 7 章所述，DFD 是强大的建模工具，可用它来显示系统的功能以及系统执行其功能所需的数据流。当然，DFD 并非显示功能的唯一方式。还有一种方式是用例建模。用例建模帮助分析师分析系统的功能需求。它帮助开发人员理解系统的功能需求，而不必担心这些需求如何实现。该过程本质上是迭代的，分析师和用户在整个模型开发过程中一起工作，进一步完善其用例模型。虽然用例建模经常和面向对象的系统分析与设计联系到一起，但这个概念足够灵活，也可在更传统的方法中使用。本节将讨论用例、用例图及其组成部分以及书面用例。

---

*　这里的补充材料原始版本由 Atish P. Sinha 教授撰写。

什么是用例？

如图 7.26 所示，用例 (use case) 显示了系统的行为或功能。它由系统和用户在特定环境下的一组可能的交互序列构成，这些可能的序列与特定目标有关。用例描述了系统在响应来自主要参与者 (principal actors) 的请求时在各种条件下的行为。主要参与者向系统发起与目标相关的请求，系统则做出响应。用例可表述为一个现在时动词短语，其中包含动词 (系统要做什么) 和动词的宾语 (系统对什么采取行动)。下面是一些示例用例名称：输入销售数据 (Enter Sales Data)、计算佣金 (Compute Commission) 和生成季度报告 (Generate Quarterly Report)。和 DFD 一样，用例并不能反映全部系统需求。它们必须由对需求进行了细化的文档来补充。这些需求包括业务规则、数据字段 / 格式以及复杂公式。

用例

(use case)

显示系统在响应来自用户的请求时，于各种条件下的行为或功能。

图 7.26

大学注册系统用例图

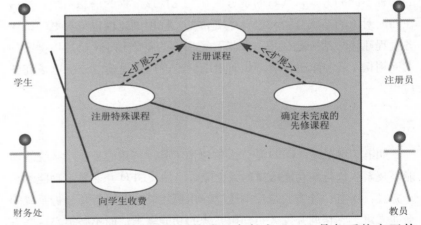

参与者

(actor)

与系统交互的外部实体。

用例模型由参与者和用例构成。参与者 (actor) 是与系统交互的外部实体，是与系统交换信息的人或物。大多数时候，用例代表的是由参与者发起的一系列相互关联的行动，目的是完成一个特定的目标，代表一种特定的系统使用方式 (Jacobson Christerson, Jonsson, & Overgaard, 1992)。注意，参与者和用户存在区别。用户是使用系统的任何人。参与者代表用户可扮演的角色。参与者的名字应表明该角色。可认为参与者是一种用户类型或类别；用户则是扮演参与者角色的一个实例。注意，同一用户可扮演多个角色。例如，假定 William Alvarez 同时扮演了两个角色，一个是教员 (instructor)，另一个是顾问 (adviser)，我们可把他表示成一个"教员"参与者的实例和另一个"顾问"参与者的实例。由于参与者在系统外部，所以不需要详细描述。事先确定参与者的好处在于，它可帮助你确定这些人要执行的用例。

Jacobson 等人 (1992) 建议在确定用例时问以下问题：

- 每个参与者执行的主要任务是什么？
- 参与者是否会读取或更新系统中的信息？
- 参与者是否要将系统外部的变化告知系统？
- 是否要告知参与者意外的变化？

用例图

用例帮助你捕捉系统的功能需求。如第 6 章所述，在需求分析阶段，分析师坐下来和系统的预期用户面谈，彻底分析他们希望从系统获得的功能。需要结构化这些需求时，确定的系统功能被表示成用例。例如，大学的注册系统有一个用于课程注册的用例，还有一个用于学生收费的用例。这些用例代表了系统与用户的典型交互。

如图 7.26 所示，用例图 (use case diagram) 是以图表的形式描述的。它显示了系统的行为以及与系统交互的关键参与者。图 7.26 的用例图针对的是一个大学的注册系统，它被显示为一个方框。方框外有四个参与者：学生、注册员、教员和财务处，他们要参加和系统的交互。参与者用一个火柴人符号表示，下面写上名称。框内有四个用例：注册课程、注册特殊课程、确定未完成的先修 (预修) 课程和向学生收费。用例用椭圆表示，下面写上名称。这些用例是由系统外的参与者执行的。

用例通常由一个参与者发起。例如，"向学生收费"由"财务处"

用例图
(use case diagram)

显示了系统行为以及与系统互动的关键参与者的一张图。

发起。用例可与发起它的参与者以外的其他参与者进行交互。例如，虽然"向学生收费"用例由"财务处"发起，但它通过向学生邮寄学费发票与学生进行交互。"注册课程"这一用例则由两个参与者发起：学生和注册员。该用例执行一系列相关的行动来为学生注册一门课。虽然用例通常由参与者发起，但在某些情况下，用例也可能由另一个用例发起。这样的用例称为抽象用例，本附录稍后会详述。

一个用例代表的应是完整的功能。如某个行动是整体功能的一部分，就不应把它表示为用例。例如，虽然提交注册表和支付学费是用户(学生)在大学注册系统中执行的两个行动，但我们没有把它们显示为用例，因其没有指定一个完整的事件过程。相反，每个行动都只是作为整体功能或用例的一部分被执行。可将"提交注册表"视为"注册课程"用例的一个行动，将"支付学费"视为"向学生收费"用例的一个行动。

定义和符号

用例图相对简单，因其只涉及几个符号。然而，类似于 DFD 和其他相对简单的图表工具，这几个符号可用来表示相当复杂的情况。掌握用例图的绘制需要大量的练习。用例图中的关键符号如图 7.26 所示，下面进行具体解释。

- **参与者**。如前所述，参与者是角色而非个体。个体是参与者的实例。一个特定的个体可同时扮演许多角色。参与者在某些基本层面参与了系统的运作。参与者用火柴人表示。
- **用例**。每个用例都表示成一个椭圆。每个用例都代表单一的系统功能。用例名称可放到椭圆内，也可放到椭圆下方。
- **系统边界**。系统边界被表示为包括所有相关用例的一个方框。注意，参与者要放到系统边界外部。
- **连接**。在图 7.26 中，注意，参与者用线连接到用例，用例之间则用箭头连接。将参与者连接到用例的一条实线表明该参与者参与了该特定的系统功能。实线不是说要在参与者和用例之间收发数据。注意，并不是说用例图中的所有参与者都要参与系统中的所有用例。连接不同用例的虚线箭头也有标签（图 7.26 的虚线箭头上有一个 << 扩展 >> 标签）。稍后就会解释用例之间的连接及其标签。注意，用例不一定要和其他用例连接。用例之间的箭头不代表数据流或过程流。

- **扩展关系**。扩展关系 (extend relationship) 通过添加新的行为或行动来扩展一个用例。它显示为虚线箭头，指向被扩展的用例，并用 << 扩展 >> 符号进行标注。虚线箭头并不表示用例之间存在任何形式的数据流或过程流。例如在图 7.26 中，"注册特殊课程"用例通过捕捉为学生注册特殊课程时需要执行的额外行动来扩展"注册课程"用例。除了一般注册过程需要的步骤，注册特殊课程还需事先获得教员的许可。可将"注册课程"看成是基本行动，它总是得到执行——与是否执行扩展无关。同时，将"注册特殊课程"看成是备选行动，仅在特殊情况下执行。

还要注意，注册特殊课程需要教员这一参与者。注册课程则不需要教员的参与，它只需要学生和注册员的参与。之所以一般的注册不需要教员，但特殊课程的注册需要教员，原因是特殊课程需要教员采取一些额外的行动。仅仅为了创建一个特殊课程的实例，就可能需要教员的批准，而且可能还要满足其他特殊要求才能创建课程。这些特殊的安排对于正常的注册都是不必要的，所以在正常情况下不需要教员的参与。

扩展关系的另一个例子是发生在"确定未完成的先修课程"和"注册课程"用例之间，前者对后者进行了扩展，针对的学生注册一门课，但未完成先修课程的情况。

- **包含关系**。用例之间还可能存在包含关系 (include relationship)，当一个用例使用另一个用例时就会产生这种关系。

扩展关系
(extend relationship)
存在于两个用例之间的一种关系，一个为另一个添加新的行为或行动。

包含关系
(include relationship)
存在于两个用例之间的一种关系，一个使用另一个包含的功能。

用指向被使用的用例的一个虚线箭头来表示包含关系。这个箭头用 << 包含 >> 符号进行标注。虚线箭头并不表示用例之间存在任何形式的数据流或过程流。包含关系意味着，发出箭头的用例在执行过程中要使用箭头指向的用例。通常，被"包含"的用例代表许多业务功能都要用到的常规功能。不是在需要它的每个用例内部重复该功能；相反，将该功能提取为一个单独的用例，供其他用例使用。图 7.27 显示了一个包含关系的例子。

图 7.27

具有包含关系的用例图

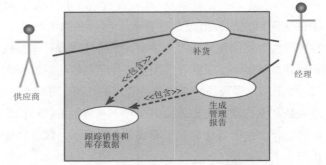

图 7.27 是一个通用的用例图，适用于任何需要定期补货的企业，如零售店或餐馆。由于这是一个通用的用例图，所以它的用例处于较高的层级。图中确定了三个不同的用例：补货、生成管理报告和跟踪销售和库存数据。确定了两个参与者：供应商和经理。补货涉及经理和供应商角色。经理发起用例，后者向供应商发出对各种货物的请求。生成管理报告用例只涉及经理。在图 7.27 中，"补货"和"跟踪销售和库存数据"用例之间的包含关系意味着，前者在执行时要用到后者。简单地说，当经理重新订购货物时，销售和库存数据会被跟踪。生成管理报告时，同样的数据也会被跟踪，所以"生成管理报告"和"跟踪销售和库存数据"用例之间也存在一个包含关系。

"跟踪销售和库存数据"是常规用例，代表在特殊用例"补货"和"生成管理报告"之间共同的行为。执行"补货"和"生成管理报告"

时，整个"跟踪销售和库存数据"都会被用到。但要注意，它仅在执行某个特殊用例时才会被用到。这种永远不会独立执行的用例称为抽象用例 (Eriksson & Penker, 1998; Jacobson et al., 1992)。抽象用例不直接和一个参与者交互。

　　图 7.28 展示了 Hoosier Burger 的用例图。可确定几个参与者和用例。首先想到的参与者就是顾客，它代表在 Hoosier Burger 点餐的所有顾客；所以，点餐被表示为一个用例。参与该用例的另一个参与者是服务员。一个具体的场景是一个顾客（"顾客"的一个实例）向一个服务员（"服务员"的一个实例）下单。每天结束时，Hoosier Burger 的经理向供应商打电话要求补货。我们用一个称为"向供应商补货"的用例来表示，它涉及经理和供应商这两个参与者。经理发起该用例，后者向供应商发送对各种货物的请求。

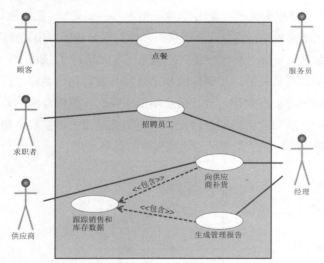

图 7.28
Hoosier Burger 的用例图

　　Hoosier Burger 也时常招聘员工。所以，我们确定了一个称为"招聘员工"的用例，其中涉及两个参与者，即经理和求职者。一个人申请 Hoosier Burger 的工作时，经理会做出雇用的决定。

　　图 7.28 展示了包含关系的另一个例子，图中显示为指向要使用的用例的一条虚线，上面标注了 << 包含 >> 符号。在图 7.28 中，"向供

应商补货"和"跟踪销售和库存数据"用例之间的包含关系意味着前者在执行时要用到后者。经理补货时，销售和库存数据会被跟踪。生成管理报告时，同样的数据也会被跟踪，所以在"生成管理报告"和"跟踪销售和库存数据"用例之间也存在一个包含关系。

书面用例

用例图通过显示用例名称和与之相关的参与者来表示系统的功能。但是，仅仅是用例的名称并不能提供很多继续分析和进入设计阶段所需的信息。我们还需知道每个用例内部发生的事情。用例的内容可以用简单的文字来写，就像之前为图 7.26 的"注册课程"用例所解释的那样。还有人建议用模板来强制考虑用例所需的全部重要信息。

Cockburn (2001) 推荐了一个用于书写用例的特定模板 (参见图 7.29)。实际使用的模板可能比 Cockburn 推荐的更简单，也可能更复杂。重点不在于模板的格式，而在于模板如何鼓励分析师写出完整的用例。每个标题都会提醒分析师应提供的信息。在图 7.29 的模板中，要寻求的信息是显而易见的。用例标题和主要参与者的角色名称，这两个在讨论用例图时都有介绍，可直接从用例图获取。模板要求的其他信息则是新的，后面会更详细地讨论。下一节先讨论一个重要概念，即用例的"级别"。之后会继续讨论模板中的其他术语。

图 7.29

书面用例的一个模板

用例标题：
主要参与者：
级别：
相关方：
前置条件：
最小保证：
成功保证：
触发事件：
主要成功场景：
扩展：

级别

级别 (level) 与用例的描述详细程度有关。级别从高到低，其中高是一般的和抽象的，越低则越详细。Cockburn(2001) 建议了五个不同的细节级别：

- 白色：从云层中看到的，就像在三万五千英尺的高空飞行一样。
- 风筝：仍在空中，但比云层中的细节多。
- 蓝色：也称为海平面。
- 鱼：在海平面以下，有很多细节。越往下细节越多。
- 黑色。大海的底部，提供最大的细节。

白色级和风筝级都提供了对用例目标的一个摘要。这些目标处于一个非常高的级别。白色级别的目标针对的是整个企业，而风筝级的目标针对的是单一业务部门。这两个级别的用例有时被称为摘要用例 (summary use cases)。摘要用例不含功能需求。蓝色级的用例，或称为海平面用例，关注的是用户的目标。也就是说，用户通过与系统的交互要想实现什么？在鱼和黑色级别（有时称为蛤蜊级别）书写的用例则要详细得多，它们关注的是子功能目标。为了理解这些级别之间的关系，试想乘坐 757 这样的大飞机飞过加勒比海，你会看到什么样的景色。此时看不到海底，在这个高度上，甚至看不清水面的很多细节。这就是白色级。再想想从 100 英尺高的地方看加勒比海的同一片海域是什么样子。这是风筝级。从风筝的高度，你能看到比从 757 飞机上看到的更多的水面细节。但是，依然看不到海底的许多细节，即使在加勒比海的大多数地方，水是那么的清澈。再想想从划艇上看同一个地方的景色。这是用户目标或海平面视图。虽然现在能更清楚地看到海底，但依然不完全清晰。现在潜入海底，下潜约 50 英尺。这时更接近海底（鱼的级别），所以能看到海底更多的细节。但是，只有坐到海底本身（黑色或蛤蜊级），才能看到最多的细节。

为了从业务功能的角度来理解所有这些内容，让我们想象一下为福特汽车公司书写这五级用例。白色级的用例将服务于企业的总体目

级别

(level)

书写用例说明的不同角度，从高级到低级越来越详细。

标（"买零件来造车"），而风筝级的用例将服务于某个业务部门（"买零件来造福睿斯"）。如某个系统用户的角色是福睿斯 (Escort) 车型的采购经理，则海平面上的用户目标可能是"从供应商处采购福睿斯的零件"和"支付账单"。采购系统的鱼级目标可能包括"为零件选择供应商"。同一系统的黑色或蛤蜊级目标可能包括"为安全传输加密数据"。图 7.30 展示了各个级别之间的关系。

图 7.30

从上向下的用例级别和细节程度

	买零件来造车
	买零件来造福睿斯
	从供应商处采购福睿斯的零件
	为零件选择供应商
	为安全传输加密数据

模板的其余内容

在级别之后，用例模板接着列出的是相关方 (stakeholder) 的名单。所谓相关方，是指在开发的系统中拥有关键利益的人，包括系统的用户和经理、公司其他经理、客户、相关方和供应商等。必须很好地确定相关方，因其通常会对系统要做的事情和设计方式有一定的影响。很明显，一些相关方比其他相关方有更多的利益，而涉足最深的相关方可能是应该首先被倾听的人。

在 Cockburn(2001) 的模板（图 7.29）中，下一个术语是前置条件 (precondition)，即用例启动之前系统必须满足的条件。以图 7.26 的"注册课程"用例为例，如学生还存在任何应向学校支付的未偿债务，将不允许他们注册。在书面用例模板中，"无未偿债务"将被列在"注册课程"的前置条件下。

相关方
(stakeholder)

在开发的系统中拥有关键利益的人。

前置条件
(precondition)

用例启动之前必须满足的条件。

接着是最小保证 (minimal guarantee)。按照 Cockburn(2001) 的说法，最小保证是用例对相关方的最低承诺。为了确定最小保证，可以问这样的一个问题："什么会让相关方不高兴？" 对于一些用例，最小保证可能只是什么都不发生。如系统没有做它应该做的事，相关方会感到不高兴。但是，这也可能没什么害处：没有坏的数据输入系统，没有数据丢失，系统也没有崩溃。对于许多用例，提供最小保证的最好办法是将事务处理回滚到起始位置；没有收获，也没有伤害。

成功保证 (success guarantee) 列出在用例成功完成的情况下使相关方感到满意所需采取的行动。以图 7.26 的 "向学生收费" 用例为例，成功保证涉及两点：(1) 成功生成学生应缴费用；(2) 成功创建反映这些收费的发票。这并不是说学生肯定对结果满意；他 / 她可能认为费用过高或过低（虽然后一种情况很少见）。重要的是，该用例成功实现了其功能，并实现了其目标。

模板中的下一项是触发事件 (trigger)，即发起用例的事件。触发事件可以是一通电话，一封信，甚至是来自另一个用例的调用。例如在 "向学生收费" 用例中，触发事件可以是告知课程注册成功完成的一条消息。

Cockburn(2001) 的书面用例模板的最后一项是扩展 (extension)。可将其想象为 if 语句之后的一个 else 语句。只有满足相关条件，才会调用一个扩展。在书面用例中，调用扩展的条件通常是某种类型的系统故障 (system failure)。例如，假定某个用例涉及互联网访问。一旦出现网络故障，互联网连接丢失，会发生什么？如系统需要登录，而用户提供了错误的用户名，会发生什么？如用户提供了错误的密码，会发生什么？在这些条件下发生的行动都要在用例模板中作为 "扩展" 列出。

最小保证
(minimal guarantee)
用例对相关方的最低承诺。

成功保证
(success guarantee)
用例必须做什么才能使相关方感到满意。

触发事件
(trigger)
发起用例的事件。

扩展
(extension)
用例中的一组行为或功能，描述主要成功场景的例外情况。

图 7.31

预订系统的常规用例图

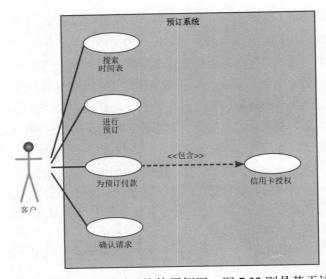

图 7.31 展示了一个预订系统的用例图。图 7.32 则是基于该用例图的一个完成的书面用例。该用例描述是在风筝级 (或摘要级) 上书写的。这意味着它只显示用户目标而不显示功能需求。注意其中描述了五个用户目标，其中四个由客户执行，反映了图 7.31 这个用例图的内容。虽然图 7.31 适用于任何预订系统，但图 7.32 中的书面用例专门针对酒店 (hotel) 预订。针对网上的酒店预订，我们做了一些酒店预订特有的简化假设。例如，客户需提供一晚的押金来保留房间。另外要注意，书面用例的最后有一个扩展列表。每个用户目标至少有一个扩展，虽然第一个功能 (在特定酒店搜索目标时间段可用的房间) 有两个扩展。用户目标没有预设的扩展数量。事实上，用户目标甚至可以无任何扩展。

图 7.32
风筝级书面用例：预订酒店房间

用例标题: 浏览目录
主要参与者: 客户
级别: 风筝(摘要)
相关方: 客户、信用机构
前置条件: 客户访问订房网站
最小保证: 回滚任何未完成的交易
成功保证: 支付一晚的押金来保留房间
触发事件: 客户访问酒店主页

主要成功场景:

1. 客户搜索酒店位置和目标时间段的房间可用性。

2. 客户预订目标时间段内的目标房间。

3. 客户通过授权一晚的押金来保留房间。

4. 信用机构核实客户有支付押金的信用。

5. 客户请求对预订进行确认。

扩展:

1a. 无法搜索酒店所在位置。
    1a1. 客户退出网站。
1b. 想要的房间在目标时间段不可用。
    1b1. 客户退出网站。
    1b2. 客户搜索目标时间段可用的其他酒店。
    1b3. 客户在同一家酒店搜索不同时间段可用的房间。
2a. 预订被中断。
    2a1. 交易回滚。客户重新开始。
    2a2. 交易回滚。客户退出网站。
3a. 保留房间被中断。
    3a1. 交易回滚。客户重新开始。
    3a2. 交易回滚。客户退出网站。
4a. 信用机构无法验证客户有足够的信用。
    4a1. 向客户告知问题。交易回滚。客户退出网站
    4a2. 向客户告知问题。交易回滚。客户用另一张信用卡订房。.
5a. 在确认交易时中断。
    5a1. 客户寻求其他确认方式。
    5a2. 客户退出网站。

电商应用：通过用例进行过程建模

　　Jim Woo 想尝试用一个用例图来建模 PVF WebStore 应用程序的功能。他确定了 6 个要包括在用例图中的高级功能。Jim 先创建了一个

松谷家具
(PVF)

表格，在其中一列中列出了 WebStore 网站的主要导航特征，在另一列中列出了对应的系统功能 (参见表 7.5)。注意这些功能和系统结构中列出的主要导航特征的对应关系。这些功能代表网站的"工作"或"行动"部分。Jim 注意到，表格列出的所有功能都涉及到客户，所以 Jim 意识到"客户"将是他的用例图中的一个关键参与者。

表 7.5　WebStore 的系统结构及其对应的功能

WebStore 系统	网站管理系统
□ 主页	浏览目录
• 产品系列 (目录)	
√ 办公桌	
√ 椅子	
√ 桌子	
√ 文件柜	
• 购物车	下单
• 结账	下单
• 账户资料	维护账户
• 订单状态 / 历史	检查订单
• 客户评论	
□ 公司信息	
□ 反馈	
□ 联系方式	

但通过查看表格，Jim 意识到在 JAD 中确定的一项关键功能"履行订单" (fill order) 并没有在他的表格中体现。他不得不把它包括在用例图中，但他很清楚，这是一个后台 (back-office) 功能，需要向用例图添加一个"发货员" (Shipping Clerk) 参与者。Jim 在用例图的右侧添加了发货员。完成后的图如图 7.33 所示。

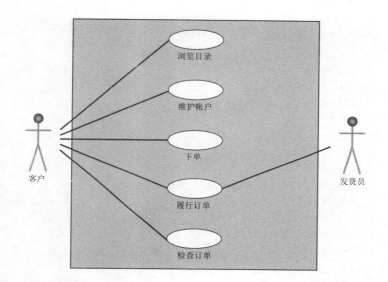

图 7.33
WebStore 用例图

为松谷家具网店写用例

Jim Woo 对他为 WebStore 创建的用例图很满意（图 7.33）。他认为自己已确定了所有必要的用例，现在可以开始写用例了。PVF 信息系统部门的管理层要求分析师用一个标准模板来写用例。根据自己的用例图，Jim 决定创建两种类型的书面用例。第一种像他在用例图中描述的那样处理在 WebStore 上购买 PVF 产品的全过程。这是风筝级的书面用例。换言之，它是摘要型的，不含功能需求。最终成果如图 7.34 所示。

完成风筝级用例的书面说明后，Jim 继续为图中的单独用例创建书面用例。Jim 想在海平面级（或用户目标）级写这些用例。他从图中第一个用例"浏览目录"开始。图 7.35 是 Jim 为该用例完成的模板。

图 7.34

Jim Woo 的风筝级书面用例,描述在 PVF 的网上商店购买产品的过程

用例标题: 浏览目录
主要参与者: 客户
级别: 风筝(摘要)
相关方: 客户、信用机构
前置条件: 客户访问订房网站
最小保证: 回滚任何未完成的交易
成功保证: 支付一晚的押金来保留房间
触发事件: 客户访问酒店主页

主要成功场景:

1. 客户搜索酒店位置和目标时间段的房间可用性。

2. 客户预订目标时间段内的目标房间。

3. 客户通过授权一晚的押金来保留房间。

4. 信用机构核实客户有支付押金的信用。

5. 客户请求对预订进行确认。

扩展:

1a. 无法搜索酒店所在位置。
　　1a1. 客户退出网站。
1b. 想要的房间在目标时间段不可用。
　　1b1. 客户退出网站。
　　1b2. 客户搜索目标时间段可用的其他酒店。
　　1b3. 客户在同一家酒店搜索不同时间段可用的房间。
2a. 预订被中断。
　　2a1. 交易回滚。客户重新开始。
　　2a2. 交易回滚。客户退出网站。
3a. 保留房间被中断。
　　3a1. 交易回滚。客户重新开始。
　　3a2. 交易回滚。客户退出网站。
4a. 信用机构无法验证客户有足够的信用。
　　4a1. 向客户告知问题。交易回滚。客户退出网站
　　4a2. 向客户告知问题。交易回滚。客户用另一张信用卡订房。.
5a. 在确认交易时中断。
　　5a1. 客户寻求其他确认方式。
　　5a2. 客户退出网站。

图 7.35

Jim Woo 为 PVF 的"浏览目录"
用例完成的模板

用例标题: 浏览目录
主要参与者: 客户
级别: 海平面 (用户目标)
相关方: 客户
前置条件: 客户必须能上网，能访问网站
最小保证: 回滚任何未完成的交易；系统记录交易失败前的所有操作
成功保证: 客户希望的文件被正确加载
触发事件: 客户访问WebStore主页

主要成功场景:

1. 在客户硬盘上创建cookie。
2. 客户从列表中选择要查看的商品类别（如家庭、办公、凉台）。
3. 客户从列表中选择要查看的商品子类别（例如，"家庭"被细分为厨房、餐厅、卧室、客厅和书房等）。
4. 客户从子类别列表中选择要查看的一种商品（例如，书房的电视柜）。
5. 客户从产品列表中选择具体商品（例如，Smith & Wesson电视柜）。
6. 客户点击商品的缩略图，查看全尺寸照片。
7. 客户选择"产品规格"来获得产品的详细信息。
8. 客户使用网络浏览器的"后退"按钮，返回查看其他产品、其他居室类型或其他类型的家具。
9. 客户从菜单栏中选择去其他地方，可选"其他家具类型"、"网店主页"或"PVF公司主页"。

扩展:

1.a. 无法创建cookie。
　1.a.1. 向客户显示消息，告诉对方的Web浏览器不允许创建cookies, 造成无法继续浏览。
　1.a.2. 要么客户调整浏览器的cookie设置并重试，要么退出网站。
6.a. 全尺寸照片无法加载。
　6.a.1. 客户看到一个链接中断的符号。
　6.a.2. 客户刷新网页，照片成功加载。
　6.a.3. 客户刷新网页，照片仍然无法加载；客户退出网站。
2-7.a. 请求的网页无法加载，或者出现404错误（网页不存在）。
　2-7.a.1. 向客户显示一个"网页不存在"错误提示页面。
　2-7.a.2. 客户刷新网页，请求的网页成功加载。
　2-7.a.3. 客户刷新网页，请求的网页仍然无法加载；客户退出网站。

对于客户浏览产品目录这种看似简单的事情，居然产生了如此多的细节，Jim 感到有点惊讶。但他知道仍然遗漏了许多细节，这些细节可在用例的不同层级中指定，如鱼级或更低。尽管如此，Jim 还是对他在目录浏览这个用例上取得的进展感到高兴。现在，他将注意力转移到为 WebStore 确定的其他四个用例上（图 7.33），并为它们写海平面级的用例。完成后，他给 PVF 的其他两个分析师打电话，让他们审查他的工作。

小结

用例建模的特点是用例图和书面用例，是另一种业务过程建模方法。用例着眼于系统功能和业务过程，几乎不会或者很少提供数据在系统中如何流动的信息。在许多方面，用例建模是对 DFD 建模的补充。用例方法为分析师提供了结构化系统需求的另一种工具。

关键术语

7A.1　参与者	7A.5　级别	7A.9　成功保证
7A.2　扩展关系	7A.6　最小保证	7A.10　触发事件
7A.3　扩展	7A.7　前置条件	7A.11　用例
7A.4　包含关系	7A.8　相关方	7A.12　用例图

将上述每个关键术语与定义配对。

____　在开发的系统中拥有关键利益的人。

____　用例对相关方的最低承诺。

____　存在于两个用例之间的一种关系，一个为另一个添加新的行为或行动。

____　与系统交互的外部实体。

____　发起用例的事件。

____　显示系统在响应来自用户的请求时，于各种条件下的行为或功能。

____　用例中的一组行为或功能，描述主要成功场景的例外情况。

____　显示了系统行为以及与系统互动的关键参与者的一张图。

____　用例必须做什么使相关方满意。

____　存在于两个用例之间的一种关系，一个使用另一个包含的功能。

____　用例启动之前必须满足的条件。

____　书写用例说明的不同角度，从高级到低级越来越详细。

复习题

7A.13　什么是用例？

7A.14　什么是用例建模？

7A.15　什么是用例图？

7A.16　什么是书面用例？把它和用例图比较。

7A.17　解释包含关系。

7A.18　解释扩展关系。

7A.19　将 DFD 和用例图比较

7A.20　用例的书面说明能提供用例图不能提供的什么东西？

7A.21　说明书面用例的 Cockburn 模板。

7A.22　列出并解释写用例说明的 5 个级别。

7A.23　最小保证和成功保证的区别是什么？

7A.24　什么是扩展？

问题和练习

7A.25　为问题和练习 7.39 描述的情况画用例图。

7A.26　为问题和练习 7.40 描述的情况画用例图。

7A.27　为问题和练习 7.41 描述的情况画用例图。

7A.28　为问题和练习 7.42 描述的情况画用例图。

7A.29　为问题和练习 7.43 描述的情况画用例图。

7A.30　基于图 7.23 的 0 级图画一个用例图。你画的用例图与图 7.26 的用例图有什么区别，后者也是关于课程注册的？你把这些区别归结为什么？

7A.31　开发一个使用 ATM 机取金的用例图。

7A.32　开发一个使用 ATM 机取现的书面用例。

7A.33　选择一个你可能会遇到的交易，或许是为毕业典礼订购帽子和礼服，为其开发一个用例图。

7A.34　选择一个你可能会遇到的交易，为其开发一个书面用例。

7A.35　图 7.33 包括五个用例。在本章中，Jim Woo 为其中一个用例"浏览目录"写了书面说明。为图 7.33 的其他用例写书面说明。

7A.36　一家汽车租赁公司希望开发一个能处理汽车预订、客户记账和汽车拍卖的自动化系统。通常，客户预订一辆车，取车，然后在一定时间内归还。取车时，客户可选择购买或放弃车险。归还汽车时，客户会收到一份账单，并支付指定的金额。除了租车业务，每过大概 6 个月的时间，汽车租赁公司会拍卖那些累积里程超过 20 000 英里的汽车。画一个用例图来捕捉将要开发的系统的需求。包括一个抽象用例来捕捉任何两个用例之间的共同行为。扩展该图以捕捉公司记账功能，这里不直接向客户收费。相反，是向他们工作的企业开具账单，允许在之后的某个时间付款。

实战演练

7A.37　在一个你有联系的组织中，找一名使用
　　　　用例建模的分析师。了解他/她写用例的
　　　　时间，以及他/她认为的用例和DFD的
　　　　区别。

参考资料

Cockburn, A. (2001). *Writing effective use cases*. Reading, MA: Addison-Wesley.

Eriksson, H., & Penker, M. (1998). *UML toolkit*. New York: Wiley.

Jacobson, I., Christerson, M., Jonsson, P., & Overgaard, G. (1992). *Object-oriented software engineering: A use-case-driven approach*. Reading, MA: Addison-Wesley.

补充材料 7B

面向对象分析与设计：活动图

学习目标

7B.1　理解如何用活动图表示系统逻辑

导言

活动图 (activity diagram) 显示完成一个业务过程所需的系统活动序列的条件逻辑。一个单独的活动可能是手动或自动的。另外，每个活动都由一个特定的组织单位负责。

基本的活动图符号只有几个 (参见图 7.36)。每个活动用一个圆角矩形表示，里面写着该活动执行的活动。该图本身代表由一系列活动构成的总体过程。过程的开始用一个实心圆表示。一个箭头将该圆与第一个活动连接起来。过程的结束也用一个实心圆表示，但它被另一个圆包围。活动图被设计用来显示条件逻辑。菱形代表必须做出的选择，它称为分支 (Branch)。菱形跟一个活动，所以有一个箭头进入它。另外有两个活动跟它，所以针对每个可能的活动方案，都有一个箭头离开它。这些箭头上标注了每个分支所遵循的条件。不同的活动方案在某一点上结束，所以它们汇合 (Join) 在一起，整个过程继续。它们的汇合点被称为合并 (Merge)，其符号也是一个菱形。在合并菱形上，会有两个进入的箭头，但只有一个离开的箭头。活动图也可显示并行的活动。我们用一个分叉来显示并行活动的开始。分叉 (fork) 用一条水平线表示，有两个箭头从它那里出来。并行的活动完成后，它们在汇合点处汇合。汇合点显示为一条水平线，有两个箭头进入，一个箭头离开。汇合之后，整个过程继续。

活动图
(activity diagram)
显示完成一个业务过程所需的系统活动序列的条件逻辑。

---

*　这里补充材料的原始版本由 Atish P. Sinha 教授撰写。

图 7.36

活动图基本记号

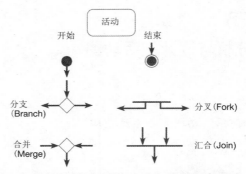

图 7.37 用一个简单的活动图展示了条件逻辑。假定用户要登录一个系统，它可能是一个网站或其他信息系统。如用户已经注册，则活动流就会转向左边。如没有注册，活动流转向右边。如没有注册，用户必须点击"注册"按钮。随后会打开一个注册表单，用户必须填写该表单。然后，系统检查表单是否正确完成。如果是，行动进行到合并点。否则，用户必须再次完成注册表单。一旦用户成功登录，活动流就会转到活动图的末尾 (结束位置)。在实践中，该活动图只演示了系统所涉及的更大过程中的一小部分。开始登录分支之前，通常还有其他一些活动。另外，在图底部的合并点之后，通常还有其他一些活动。

图 7.37

显示了条件逻辑的箭头活动图

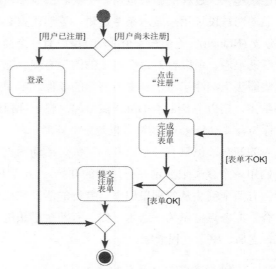

　　图 7.38 是另一个简单的活动图，它显示了如何订购比萨。过程从第一个活动开始，即浏览你喜欢的比萨店或外卖服务的菜单。下一步是打电话订比萨。第三步是取外卖。但是，如果送来的比萨和你点不一样，你就不想要了。所以有一个条件分支包括在内。如果订单正确，你就为比萨付款。如果不是你要的比萨，就把它退回。注意该分支后的两个活动都引导你来到活动图的末尾。

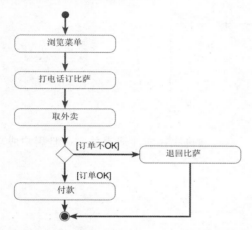

图 7.38
订比萨的简单活动图

　　这两个活动图都比较简单，只涉及一个参与者。但是，组织过程很少有如此简单的，它们几乎总是涉及多个参与者，而且深深位于不同的组织部门。图 7.39 展示了这样的一个过程。这是一个典型的客户订购流程，适合按订单生产的企业，如目录销售或互联网销售公司。其中没有显示其他业务过程（比如补充库存、预测销售或分析盈利能力）的交互。

　　图 7.39 的每一栏都称为一个泳道，代表负责特定活动的组织单位。纵轴是时间，但没有时间刻度（也就是说，符号之间的距离并不对应绝对的时间流逝量）。和之前一样，过程从实心圆开始。该活动图包括一个分叉（在"接收订单"活动之后），意味着要发起几个并行的、独立的活动序列。而汇合（在"寄送发票"活动之前）意味着这些独立的活动流必须全部完成才能进入下一步。

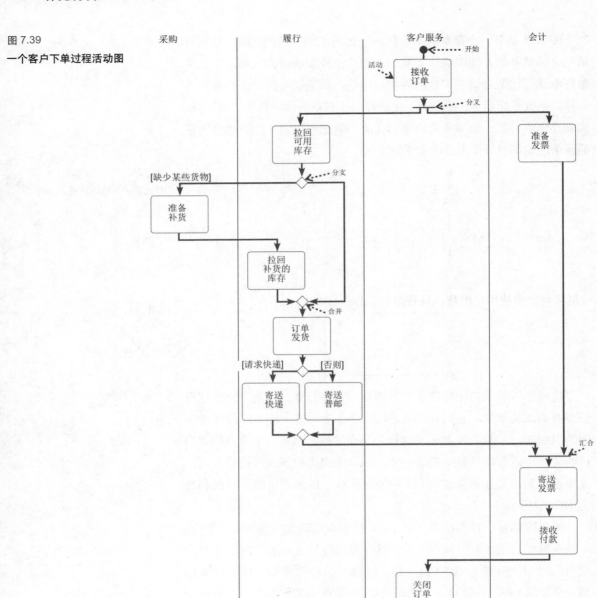

图 7.39

一个客户下单过程活动图

　　"履行"泳道中的分支表示条件逻辑。从仓库拉回可用的库存后，必须确定是否所有订购的货物都齐备。如果不是，"采购"必须准备一份补货或者延期交货订单 (back order)。在延期交货的库存到达并被拉出后，或者原始订单完全准备好后，过程流就会合并，继续到"订单发货"活动。

　　这个多参与者的活动图清楚显示了并行和替代行为 (Fowler & Scott, 1999)。它为组织提供了一种很好的工作或流程记录方式。但是，它没有突出对象，对象之间的联系也没有显示。活动图可用来显示一个用例的逻辑。

何时使用活动图

　　活动图是一个灵活的工具，可在各种情况下使用。它可以在高级或低级抽象中使用。但是，只有当它能为项目增加价值时才可以使用。我们的建议是少用。要问自己以下问题：它是增加了价值，还是纯属多余？具体地说，可以用活动图完成以下任务。

1. 描绘活动到活动的控制流。
2. 帮助进行用例分析，以理解要采取的行动。
3. 帮助识别用例中的扩展。
4. 建模工作流和业务过程。
5. 建模计算过程中的顺序和并发步骤。

　　对活动一词的解释取决于从什么角度绘制图表。在概念层面上，活动是一项需要完成的任务，不管由人还是计算机完成 (Fowler & Scott, 1999)。而在实现层面上，活动是类中的一个方法。

问题和练习

7B.1　画活动图来建模以下员工报销过程。

　　　　西尼罗河谷大学的员工必须遵循特定的程序来报销其差旅费。首先，必须收集和准备所有收据。同时，还要填一个正式的报销表格。然后，将收据和表格提交给各自院系的秘书。如果表格内容不正确，秘书会将表格退给员工修改。如表格正确，会要求员工确定实际的报销金额，这是通过对报销申请的分析决定的。如金额不正确，员工必须指出。如金额正确，报销过程结束。

7B.2 画活动图来建模以下报销过程。为过程中的三个参与者各使用一个泳道。

西尼罗河谷大学员工的差旅费报销过程涉及三个不同的参与者：员工、员工所在院系的秘书以及财务处。首先，员工必须收集和准备准备报销的所有收据。同时，还要填写正式的报销表格。然后，将收据和表格都提交给院系里的秘书。如表格内容不正确，秘书会将表格退给员工修改。如表格正确，秘书会准备一份大学要求的表格。然后，该表格被提交给财务处，并由财务处将报销金额输入大学的系统。然后，会要求员工确定实际的报销金额。如金额不正确，员工必须指出。如果金额正确，财务处向员工的银行账户汇款，完成这一过程。

7B.3 画活动图来建模以下员工招聘过程。

Projects 工程公司拥有约 500 名不同专业的工程师。人事经理根据申请表的数据以及从其他经理那里收集到的候选人面试评估结果来雇用新员工。求职者可在任何时候申请。一个职位空缺时，工程经理会通知人事经理，并列出符合该职位的要求。人事经理将现有申请人的资格与空缺职位的要求进行比较，然后安排负责空缺职位的经理与三个最佳候选人选进行面试。收到经理的面试评估结果后，人事经理根据评估结果、候选人的申请以及该职位的特点做出聘用决定，并将决定通知被面试者和经理。被拒绝的申请人的申请被保留一年，之后申请被清除。如被雇用，新入职的工程师需填写一份保密协议，该协议与新员工的其他资料一起存档。

7B.4 为以下情况画活动图。

作为其运营过程的一部分，Maximum 提供了 1-800 热线来进行产品售后服务。有电话打进来时，接线员会询问客户有什么需要帮助的。如果跟产品售后无关，接线员会将电话转到公司的其他部门（如订单处理或账单）。由于客户的许多售后问题都需要对产品有深入的了解，所以售后顾问是按产品来组织的。接线员将电话转给和特定软件对应的顾问。由于顾问并非随时可用，所以一些电话必须排队等待下一个可用的顾问。

顾问在接听电话时，会确定这是不是该客户关于某个特定问题的首个电话。如果是，顾问将新建一个来电报告 (call report) 来记录关于该问题的全部信息。如果这不是关于特定问题的首个电话，顾问会向客户询问来电报告编号，并检索开放的来电报告以确定具体状态。如来电者不确定编号，顾问会收集其他识别信息，如来电者的姓名、所涉及的软件或处理过该问题的上一名顾问的姓名，从而搜索到对应的来电报告。如果已经找到了客户问题的解决方案，顾问会告知客户该解决方案是什么，在报告上注明已通知客户，并关闭报告。如果还没有找到解决方案，顾问会查询处理过该问题的上一名顾问是否在岗。如果是，就将电话转给该顾问（或将来电放入等待该顾问处理的电话队列中）。

该顾问接听电话时，会记录客户可能有的任何新细节。对于继续存在的问题和新的来电报告，顾问尝试使用恰当的软件和在参考手册中查找信息来找出问题的答案。如顾问现在就能解决问题，会告诉客户如何处理该问题并关闭来电报告。否则，顾问将报告归档以继续研究，并告诉客户 Maxim 公司的某个人稍后会给他 / 她答复；另外，如客户发现了关于该问题的新信息，他 / 她应致电 Maxim 公司来告知这些信息，同时说明和该问题对应的来电报告编号。

参考资料

Fowler, M., & Scott, K. (1999). *UML distilled* (2nd ed.). Reading, MA: Addison-Wesley.

补充材料 7C
业务过程建模

学习目标

7C.1 理解如何用业务过程图来表示业务过程

导言

在为组织开发的几乎所有信息系统的核心,都存在一个业务过程。业务过程 (business process) 是完成组织运作所需的一个特定任务的标准方法。业务过程可来自任何业务功能,从会计到供应链管理,再到售后服务。它也可以跨越多个业务功能。业务过程可简单也可复杂。但是,越复杂,就越难自动化。复杂性会使一个过程对于那些不熟悉它的人来说更难理解。需通过沟通工具向那些需要了解业务过程、但对其没有第一手认知的人 (如系统分析师) 描述业务过程。有许多方法可用于表示业务过程,从数据流图到活动图都可以。对象管理组织 (OMG) 已为业务过程制定了一种特定的建模方法,称为业务过程建模标记法 (BPMN,Business Process Modeling Notation)。注意该组织同时还负责制定面向对象编程标准。该附录对 BPMN 进行了非常简要的介绍。首先介绍 BPMN 的基本符号,然后要提供几个例子。如果想深入学习 BPMN,有许多材料可供参考,参见参考资料列表)。

基本符号

业务过程建模符号比数据流图符号复杂得多。它要用到更多符号,而且每个符号都有多种变化。有兴趣的读者可以参考 BPMN 标准和许多其他文献来了解完整 BPMN 标准的各个方面。参见本附录末尾的参考资料列表。刚开始只需掌握 BPMN 的四个基本概念及其对应的基本符号。这些基本概念包括:事件、活动、网关和流。其符号如下所示。

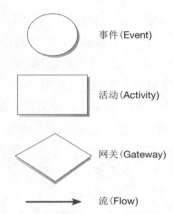

事件（Event）

活动（Activity）

网关（Gateway）

流（Flow）

　　所有业务过程都以一个事件 (event) 开始和结束。事件的符号是一个圆。对于一个开始的事件，圆圈的壁是薄的。对于结束的事件，圆壁则比较厚。开始事件可以是绿色的，结束事件可以是红色的。活动 (activity) 是为完成该过程而必须采取的一些行动。活动可由人或计算机系统来完成，用带有圆角的矩形来表示。用菱形表示的网关 (gateway) 代表一个决策点。最后一个主要概念是流 (flow)，用箭头表示。流显示了活动发生的顺序。下面这个无内容的简单例子展示了用 BPMN 表示的一个过程。

事件
(event)
在业务过程建模中，事件触发过程的开始或结束。

活动
(activity)
在业务过程建模中，完成一个过程必须采取的行动。

网关
(gateway)
业务过程建模中的一个决策点。

流
(flow)
在业务过程建模中显示一个过程中的活动序列。

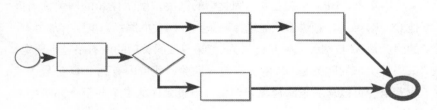

　　在这个简单的例子中，业务过程从一个事件 (最左侧显示的事件符号) 开始。BPMN 图总是从左向右看。事件之后是第一个活动。象征流的箭头将事件连接到活动。第一个活动的后面是一个网关。这是决策点，由两个选择表示："是"和"否"。通常会有一些条件与网关关联。该条件要么满足 (是)，要么不满足 (否)。条件是满足还是不满足，决定了流在图中的下一步走向。在本例中，两个条件都会导致一个额外的活动。但是，如果流从图的顶部走，那么在过程结束前，还会多发生一个活动。如果流从图的底部走，则只需一个活动，过程就结束了。注意代表结束事件的圆壁比代表开始事件的圆壁要厚得多。

网关一般都是排他性的；换言之，流只沿一条路径流出网关，而且只发生一个下游活动。但也存在包容性的网关，这意味着可发生多个下游活动。如果网关是包容性的，在它的下游活动之后必须跟随一个合并网关，并在那里汇合所有流，如下所示。

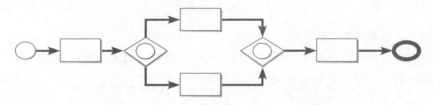

在本例中，第一个网关后可能发生两个活动中的一个或全部。合并网关跟在这些活动后面，将两个可能的流重新合并为单一的流。注意，包容性网关的符号是在菱形内部添加一个圆。如果必须表示一个排他性的网关，可在菱形内部添加一个"X"。

事实上，BPMN 有三种不同类型的网关。里面有 X 的网关称为排他 (XOR) 网关，意味着只能选择一条离开网关的路径。里面有加号 (+) 的网关是 AND 网关或称并行网关，意味着该网关后的所有路径都要走。第三种类型的网关是 OR 网关或包容网关，菱形内有一个 O 符号，意味着至少可以从一条路径离开网关，但也允许从多个甚至全部路径离开网关。

图 7.40 展示了包括 XOR 网关的一个过程。在活动 N 完成后，要排他性地选择其中一个行动。在本例中，如果在网关处发现的值是"a"，就执行活动 A；如果值是"b"，就执行活动 B；如果值是"c"，就执行活动 C。但是，这些路径最多只能选一条来走。一旦活动 A、B 或 C 被执行，所有路径都在第二个网关处合并，此时可以执行活动 D。

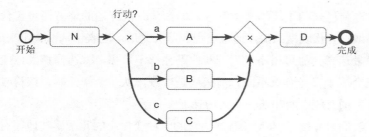

图 7.40

XOR（排他）网关

图 7.41 的过程包含 AND 网关和一个 XOR 网关。还是从左向右看图。活动 N 完成后来到一个 AND 网关。这意味着该网关后的两条路径都要走。最上面的那条通向一个 XOR 网关。如前所述，XOR 网关意味着只能选一条路径来走。在 XOR 网关处发现的值是"a"，就执行活动 A；值是"b"就执行活动 B。活动 C 与活动 A 或 B 并行执行。执行了 A 或 B 之后，路径在 XOR 结束网关处合并。离开该 XOR 网关的路径和离开活动 C 的路径在下一个 AND 网关处合并。之后可执行活动 D，过程完成。

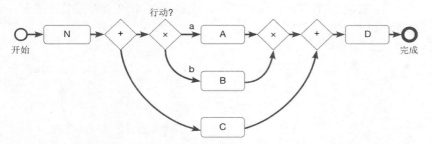

图 7.41

该过程同时含有 AND（并行）网关和 XOR（排他）网关

虽然受篇幅所限，我们无法涵盖 BPMN 四个基本概念的全部专业变化形式，但了解其中一些还是很有用的。例如，有两种类型的事件符号虽然都用基本的圆来表示，但每个圆里面都是不同的东西。第一个里面是信封，代表消息。过程以这种事件开始，意味着过程以一条消息开始。消息是某种基本的信息流，例如收到一个订单或客户咨询。另一个事件符号里面是时钟。过程以这种事件开始，意味着过程要在一个特定时间开始。在这两种情况下，过程都由外部的一个行动触发，要么是一条消息，要么一个特定的时间。

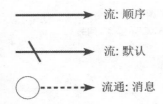

流: 顺序

流: 默认

流通: 消息

之前已介绍了流的基本符号，即箭头。流开始的地方还可包含一条斜线，它代表默认流，通常出现在网关之后。它表示从网关出来后，先尽量选择其他可用路径；若其他路径都不可用，就选择该默认流。第三个流量符号有点不同。箭头线是虚线，从一个圆开始。该符号表明这是消息流，而非从一个活动到下一个活动的顺序流。

我们只介绍了 BPMN 基本概念的多种变化中的几个。其他还有许多，所有这些都是为了解决非常具体的情况而设计的。拥有所有这些变化使 BPMN 非常精确，因此也非常强大。然而，由于变化太多，也造成 BPMN 相对复杂。与较少变化的绘图符号相比，它显得更难学习。

图 7.42 展示 BPMN 图的一个简单例子，它描述的是比萨订购过程。第一个活动是浏览你喜欢的比萨店或外卖服务的菜单。选好后，就打电话订比萨。然后，外卖员到你住的地方，你接收外卖。接着有一个 XOR 网关，所以只能做后面两件事中的一件。你想知道送来的比萨是否和你点的一样。如果是，你就为比萨付款。如果不是，就把它退给外卖员。从两个活动选一个执行后，两条路径在 XOR 合并网关处结束。整个过程结束。

图 7.42
一个简单的 BPMN 例子

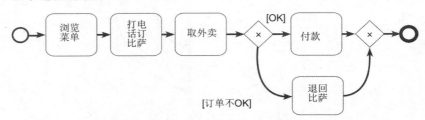

泳道
(swimlane)
在业务过程建模中，可视化封装一个过程的方式。

池
(pool)
在业务过程建模中，对有两个或更多参与者的过程进行封装的方式。

结束关于符号的这一节之前，我们还要强调一个概念：泳道。过程图可以用泳道来描述，也可以不用泳道。泳道 (swimlane) 是可视化封装一个过程的方式。可以画垂直的泳道，也可以画水平的。无论是否使用泳道，图中只显示一个过程和一个参与者。如多个参与者都是过程的一部分，过程图就显示为一个池 (pool)。池由至少两个泳道组成，每个泳道都专注于一个参与者的行动。参与者不一定是个人，也可以是参与过程某一部分的团队或部门。池可以垂直，也可以水平。使用了一个池的业务过程图也被称为协作图 (collaboration diagram)。

业务过程示例

图 7.43 是描述招聘过程的一个示例业务过程图，其中同时用到了泳道和池。有三个参与者：求职者 (显示在泳道中)、一个经理和一个人力资源 (HR) 部门。经理和 HR 部门在同一个公司，所以出现在一个池中。公司 (池) 和求职者 (泳道) 通过消息传递来沟通。注意，这里用中间画了一个信封的虚线来表示求职者与组织之间的沟通。信封象征着消息 (邮件)，或信息。

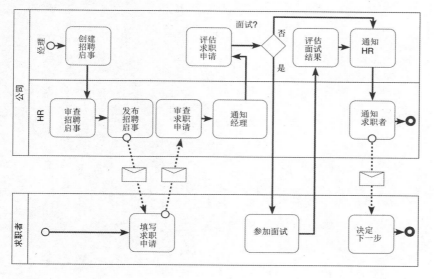

图 7.43

用 BPMN 描述招聘过程

这张图要从左上角开始看。在那里，公司池的经理泳道画了一个事件符号。再从左向右看。跟着朝上、朝下和横穿的箭头走。经理需要为某个职位招聘某人，所以他/她创建招聘启事。流来到了 HR 部门。HR 审查启事并发布。在这个时候，一名求职者看到了启事，填写并提交求职申请。HR 收到申请，进行评估并传给经理。经理评估申请，决定是否对求职者进行面试。该决定用网关符号表示。有两个可能的结果：是，面试求职者；或者否，不面试。如决定不面试，经理通知HR。HR 通知求职者，求职者决定下一步要做什么。此时，过程无论对于公司还是求职者来说都结束了。如决定面试，则求职者参加面试。面试结果由经理进行评估。在这个时候，无论经理是否决定聘用求职者，都要将决定告诉 HR，再由 HR 告诉求职者。求职者决定下一步要做什么，过程对于所有参与者来说都结束了。

本例显然大幅度简化了招聘过程。在真实的招聘中，往往涉及更多活动，比如对求职者进行征信和背景调查。我们拿掉了大量细节，使这个例子更容易理解和绘制。

小结

本附录介绍了业务过程建模标记法 (BPMN)。BPMN 是一种描述业务过程的标准化方式。它由对象管理组织 (OMG) 制定，该组织同时也负责面向对象标准的制定。我们介绍了 BPMN 的四个基本概念：事件、活动、网关和流以及和每个概念对应的符号。还介绍了泳道和池的概念。BPMN 是一种非常精确和复杂的建模标记法，这使它非常强大。BPMN 本质上不是技术性的，能有效地用于系统分析师与系统用户之间的沟通。

关键术语

7C.1　活动　　　　　　7C.3　流　　　　　　　7C.5　池

7C.2　事件　　　　　　7C.4　网关　　　　　　7C.6　泳道

将上述每个关键术语与以下定义配对。

＿＿＿　可视化封装一个过程的方式。

＿＿＿　触发过程的开始或结束。

＿＿＿　对有两个或更多参与者的过程进行封装的方式。

＿＿＿　一个决策点。

＿＿＿　显示一个过程中的活动序列。

＿＿＿　完成一个过程必须采取的行动。

复习题

7C.7　什么是业务过程？为什么业务过程图的绘制很重要？

7C.8　什么是 BPMN？谁在负责它？

7C.9　列出并定义属于 BPMN 的四个主要概念。

7C.10　泳道和池的区别是什么？各自在什么情况下使用？

7C.11　BPMN 的关键概念有多种变化形式。本附录介绍了流的三种变化。请对每一种进行解释。

问题和练习

7C.12　BPMN 的关键概念有多种变化形式。请访问 http://www.bpmn.org(以及参考资料中列出的其他 BPMN 网站)，了解每个概念的各种变化。写一篇报告，为四个主要概念中的每一个列出六个可能的变化。

7C.13 本附录有两个 BPMN 的例子显示了符号但缺乏内容。想想可将这些"空"过程图套用在什么实际的例子上。由于这些图都很小、很简单，所以过程也必须相当简单。

7C.14 使用 BPMN 将图 7.5 的 Hoosier Burger 点餐系统描述为一个业务过程模型。

7C.15 使用 BPMN 将图 7.15 的 Hoosier Burger 库存控制系统描述为一个业务过程模型。

7C.16 画 BPMN 图来建模以下员工报销过程。西尼罗河谷大学的员工必须遵循特定的程序来报销其差旅费。首先，必须收集和准备所有收据。同时，还要填一个正式的报销表格。然后，将收据和表格提交给各自院系的秘书。如表格内容不正确，秘书会将表格退给员工修改。如果表格正确，会要求员工确定实际的报销金额，这是通过对报销申请的分析决定的。如金额不正确，员工必须指出。如金额正确，报销过程结束。

7C.17 画 BPMN 图来建模以下员工报销过程。过程中的三个参与者每个一条泳道。

西尼罗河谷大学员工的差旅费报销过程涉及三个不同的参与者：员工、员工所在院系的秘书以及财务处。首先，员工必须收集和准备准备报销的所有收据。同时，还要填写正式的报销表格。然后，将收据和表格都提交给院系里的秘书。如表格内容不正确，秘书会将表格退给员工修改。如表格正确，秘书会准备一份大学要求的表格。然后，该表格被提交给财务处，并由财务处将报销金额输入大学的系统。然后，会要求员工确定实际的报销金额。如果金额不正确，员工必须指出。如金额正确，财务处向员工的银行账户汇款，完成这一过程。

实战演练

7C.18 在当地找一家使用 BPMN 的公司。采访分析师和用户来了解这种业务过程建模方法。他们有什么看法？它有多大作用？要求他们提供一些他们所创建的图作为例子。

7C.19 想想你以客户身份经常参与的几个业务过程，例如从 ATM 取钱、在网上买电影光盘和下载电影、用信用卡在大卖场购物。使用 BPMN 来描述你想到的每个过程。

参考资料

Freund, J., & Rucker, B. (2004). *Real-life BPMN: Using BPMN 2.0 to analyze, improve, and automate processes in your company*. Create Space Independent Publishing Platform.

http://www.bpmn.org/

http://en.wikipedia.org/wiki/Business_Process_Modeling_ Notation

http://www.omg.org/spec/BPMN/1.2/

http://www.omg.org/spec/BPMN/2.0/

https://www.omg.org/cgi-bin/doc?dtc/10-06-02.pdf

http://www.sparxsystems.com/platforms/business_process_modeling.html.

 案例学习：结构化系统过程需求

Jim 在办公室和 Sanjay 聊天，他们在等 Sally。

"这些备选方案研究得不错喔。"Jim 说。

"谢谢。"Sanjay 回答，"有许多方案。我想我们找到了最好的三个，考虑到我们的费用的话"。

就在这时，Sally 走了进来。"对不起，我迟到了。现在市场部变得很忙。我整个上午都在救火。"

Sally 在 Jim 对面坐下。

"我知道。"Jim 说，"但为了跟上进度，现在必须关注系统做什么的细节了。还记得你想要更详细地说明系统能做什么吗？现在这个问题必须重视了。"

"真棒！"Sally 回答说，她从自己超大的包包里掏出一瓶红牛，并打开了它。

"我这里列出了系统必须执行的四个核心功能。"Sanjay 说，他从桌子上的文件夹中取出一些拷贝 (PE 表 7.1)。"让我们看看这些。"

看了 Sanjay 给的清单后，Jim 说："干得好，Sanjay。但我们需要把这些东西以图形的形式表现出来，这样每个人都可以看到每个功能的输入和输出是什么，以及它们之间的关系。我们还需要看到新系统如何与我们现有的数据源配合。我们需要……"

"一些数据流图。"Sanjay 打断了他的话。

"正是如此。"Jim 说。

"它们都做好了。"Sanjay 回答说，把图递给了 Jim 和 Sally。"这是环境图 (PE 图 7.1) 和一级图 (PE 图 7.2) 的初稿。你可以看到我对系统边界的定义，原来的产品和市场数据库已经包括在里头了。"

"我能说什么呢？"Jim 说，"再一次，你做得很好。这些图是我们开始的好地方。让我们把它们都复印给团队。"

"我马上回来。"Sally 站了起来，"我要去买咖啡。"

PE 表 7.1　Petrie 客户忠诚度系统的四个核心功能

功能	说明
记录客户活动	客户忠诚度系统必须记录客户的每次购物，因为该系统提供的奖励是根据购买行动来计算的。类似地，客户每次使用一张系统生成的优惠券都要记录下来，以便更新客户活动记录，以显示已被使用、当前无效的优惠券
发送促销	客户活动数据提供了关于客户购买倾向和数量的信息。这些信息有助于确定哪些促销信息最适合哪些客户。例如，购买大量视频游戏的客户应收到关于游戏、游戏平台和高清电视的促销信息
生成积分兑换券	客户活动数据被用来生成供未来购买的兑换券/优惠券。兑换券可以是纸质(寄给客户)或电子券(放到客户账户中)。一旦创建兑换券，客户活动数据库需进行更新以反映优惠券的创建。创建优惠券所需的忠诚度积分必须从客户的总积分中扣除
生成客户报告	需不时通过邮件或电子方式向客户发送账户报告，显示他们最近的购物、已发放但尚未兑换的优惠券以及从购物中积下来的总积分

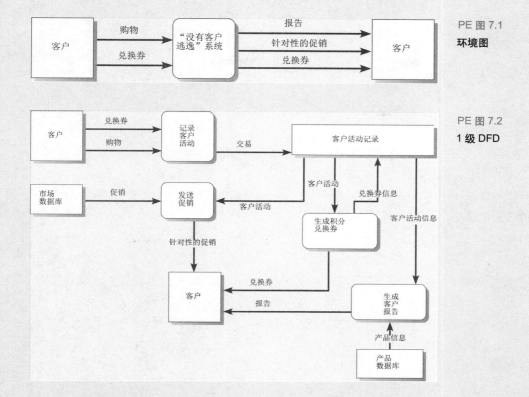

PE 图 7.1

环境图

PE 图 7.2

1 级 DFD

案例问题

7.57　PE 图 7.1 和 7.2 中的 DFD 是否平衡？解释你的回答。如果不平衡，如何修复？

7.58　对 PE 图 7.2 中的每个核心过程进行分解，并为每个核心过程绘制一个新的 DFD。

7.59　团队是否在 PE 表 7.1 和 PE 图 7.2 中忽略了系统的任何核心过程？它们会是什么？把它们添加到 PE 表 7.1 和 PE 图 7.2 中。

7.60　重新设计 PE 图 7.1 和 PE 图 7.2，使其更容易理解、更有效、更全面。

7.61　既然团队不打算自己写实际的系统代码，为什么还要创建 DFD？

第 8 章

结构化系统数据需求

学习目标

8.1 解释概念数据建模在信息系统的总体
分析与设计中的作用

8.2 理解概念数据建模的信息收集过程

8.3 理解如何表示实体关系模型，并能定
义以下术语：实体类型、属性、标识符、
多值属性和关系

8.4 区分一元、二元和三元关系以及关联

实体，并能分别提供例子

8.5 定义超类型和子类型，说明如何用实
体关系图符号来表示这些实体类型

8.6 定义概念数据模型中的四种基本的业
务规则

8.7 理解预打包数据库模型（模式）在数
据建模中的作用。

导言

第 7 章学习了如何建模信息系统的两个重要视图：(1) 手动或自动步骤之间的数据流；(2) 数据处理决策逻辑。但到目前为止，我们讨论的所有技术都没有关注必须留下来为数据流和数据处理提供支持的数据。例如，你学会了如何在数据流图 (DFD) 中显示数据存储或静止数据。但是，数据的自然结构并未显示。DFD、用例和各种处理逻辑技术显示

了数据在信息系统中的使用或改变的方式、地点和时间，但这些技术并没有显示数据内部的定义、结构和关系。数据建模的目的就是开发这些缺失的、关键的、描述性的系统组成部分。

事实上，一些系统开发人员认为，数据模型是信息系统需求说明中最重要的部分。这种信念基于以下理由。首先，数据建模过

程中捕获的数据的特征在数据库、程序、计算机屏幕和打印报告的设计中至关重要。例如，像这样的事实——数据元素是数值格式，一种产品同时只能出现一个产品系列中，一个客户订单上的商品永远不能移到另一个客户订单上，客户所在地区的名称被限制为一组特定的值——都是确保信息系统中的数据完整性的重要信息。

其次，数据——而不是过程——是许多现代信息系统中最复杂的方面，因此需要在结构化系统需求方面发挥核心作用。事务处理系统在校验数据、纠错以及协调数据向各个数据库的移动方面可能存在相当大的过程复杂性。目前的系统开发更侧重于管理信息系统（比如销售跟踪），决策支持系统（比如短期现金投资）以及商业智能系统（比如市场篮子分析）。此类系统的数据密集度更高。与事务处理系统相比，处理的确切性质也更具有临时性，所以处理步骤的细节无法预测。因此，我们的目标是提供一个丰富的数据资源，希望它能够支持任何类型的信息查询、分析和汇总。

第三，数据的特征（例如长度、格式以及与其他数据的关系）是永久性的（这很合理），而且在从事同一业务的不同组织中具有很大的相似性。相比之下，数据流的路径和设计则相当动态。数据模型解释的是组织的固有性质，而非其瞬间的形式。所以，以数据为导向的信息系统设计（而不是过程或逻辑导向）应具有更长的使用寿命，而且对于不同组织中的相同应用或领域，应具有共同的特点。最后，数据的结构信息对于自动程序生成至关重要。例如，一个客户订单上有许多项，而非只有一个，这一事实影响了供输入客户订单的计算机屏幕的自动设计。虽然数据模型具体记录了信息系统的文件和数据库要求，但数据模型所包含数据的业务含义（或语义）对系统的设计与构建具有更广泛的影响。

数据建模最常见的格式是实体关系 (entity-relationship，E-R) 图。面向对象的分析与设计方法则采用了一种类似的格式，称为"类图"，本章末尾的补充材料将给出解释。使用 E-R 和类图符号的数据模型解释了数据的特征和结构，它们与数据在计算机内存中的存储方式无关。数据模型通常以迭代方式开发，要么从头开发，要么直接购买。信息系统 (IS) 的计划者使用这个初步的数据模型来开发企业范围内的数据模型，其中有非常广泛的数据类别和少量细节。接着，在项目的定义过程中，开发一个具体的数据模型，帮助解释一项特定的系统分析与设计工作的范围。在需求结构化期间，数据模型代表了一个特定系统的概念数据需求。然后，在逻辑设计期间，系统的输入和输出被完整描述后，数据模型先细化再转换为逻辑格式（通常是某个关系数据模型）。至此就完成了数据库定义和物理数据库设计。数据模型代表特定类型的业务规则，它们管理着数据的属性。业务规则是业务政策的重要声明，最好是通过你所设计的应用程序最后要使用的数据库和数据库管理系统来强制。因此，你将在许多系统开发项目步骤中使用 E-R 和类图。另外，大多数 IS 项目成员都要知道如何开发和观看数据模型图。所以，掌握本章描述的需求结构化方法和技术对你是否能在系统开发项目团队中取得成功至关重要。

概念数据建模

概念数据模型 (conceptual data model) 是对组织的数据进行表示的一种方式，旨在尽可能多地显示和数据的含义和相互关系有关的规则。

在系统分析过程中，概念数据建模通常与前几章描述的其他需求分析和结构化步骤同时进行（参见图 8.1）。在较大的系统开发团队中，项目团队的一个子集将重点放在数据建模上，其他团队成员则重点进行过程或逻辑建模。分析师为当前系统开发一个概念数据模型（或沿用以前的），然后自己构建或者完善购买的概念数据模型，以支持新系统或增强系统的范围和要求。

所有团队成员的工作都通过项目字典或存储库来协调和共享。该存储库通常由一个通用的计算机辅助软件工程 (CASE) 或数据建模软

概念数据模型
(conceptual data model)
用于捕捉组织数据的整体结构的一种详细模型，它独立于任何数据库管理系统或其他有关具体实现的考虑。

件工具来维护，但有些组织仍然使用电子表格和其他类型的文件来存储数据描述和其他重要信息。无论信息如何存储，系统的过程、逻辑和数据模型描述都必须是一致和完整的，它们分别描述了同一个信息系统不同但又互补的视图。例如，基元级 DFD 上的数据存储的名称往往与 E-R 图中的数据实体的名称相对应，DFD 上与数据流相关的数据元素必须由 E-R 图中的实体和关系的属性来说明。

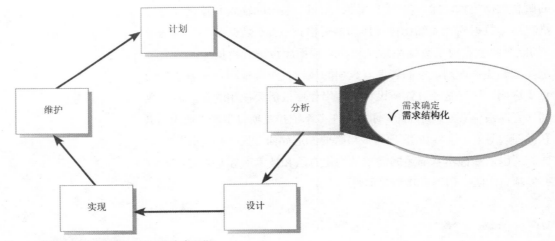

图 8.1 强调了分析阶段的系统开发生命周期

概念数据建模过程

在系统已经存在的前提下，概念数据建模的过程始于为被替换的系统开发一个概念数据模型。计划将当前文件或数据库转换为新系统的数据库时，这个操作至关重要。另外，为了理解新系统的数据需求，这是一个好的（虽然不完美）起点。然后，再构建一个新的概念数据模型（或购买一个标准的），在其中包含新系统的所有数据需求。这些需求是在"需求确定"期间通过各种事实收集方法发现的。如今，随着快速开发方法的流行（比如使用预定义的模式），从购买的应用程序或数据库设计的某个起点开始，这些需求会通过多次迭代而不断变化。

即使一切从头开发，数据建模也是一个存在许多检查点的迭代过程。

概念数据建模是在整个系统开发过程中进行的一种数据建模和数据库设计。图 8.2 展示了在整个系统的开发生命周期 (SDLC) 中进行的不同种类的数据建模和数据库设计。本章讨论的概念数据建模方法适用于计划和分析阶段。这些方法既可用于从头开发的数据模型，也可基于购买的数据模型。SDLC 的计划阶段解决的问题涉及系统范围、常规要求以及独立于具体技术实现的内容。E-R 和类图适合这个阶段，因其可转化为各种各样的数据技术架构，如关系型、网络型和层次结构型。数据模型从计划的早期阶段一直发展到分析阶段，变得越来越具体，并被越来越详细的系统需求分析所验证。

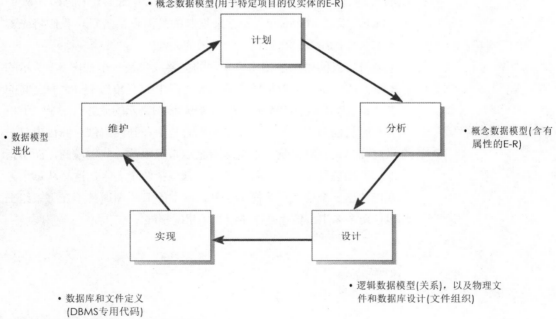

图 8.2　**数据建模和 SDLC 之间的关系**

分析阶段开发的最终数据模型在设计阶段与系统输入／输出设计匹配，并被转换为可供做出物理数据存储决定的一种格式。选好具体的数据存储架构后，随着系统在实现阶段进行编码，文件和数据库被定义下来。利用项目存储库 (project repository)，一条物理数据记录中的一个字段可被追溯到数据模型图上与之对应的概念数据属性。这样，SDLC 每一阶段的数据建模和设计步骤都通过项目存储库联系起来。

交付物和成果

如今，大多数组织都用 E-R 建模来进行概念数据建模，它用一组特殊符号来表示关于数据尽可能多的意义。随着人们对面向对象方法的兴趣日增，使用 UML(统一建模语言) 绘图工具 (例如 IBM 的 Rational 产品或 Microsoft Visio) 来绘制的类图也很流行。我们将先着眼于 E-R 图的绘制，再讨论它和类图的区别。

分析阶段的概念数据建模步骤的主要成果是一个如图 8.3 所示的 E-R 图。该图显示了数据的主要类别 (图中的三角形) 和它们之间的业务关系 (连接矩形的线)。例如，针对该图表示的业务，一个 "供应商" 有时会向公司供货，而 "货物" 总是由一到四家供应商供应。一个供应商只是有时供货，这意味着企业希望跟踪一些供应商，而不指定他们能供应什么。该图每一条线上都包括两个名字，这样从每个方向都能读出一个关系。为简单起见，本书的 E-R 图通常不在每条线上都包括两个名字；但这是许多组织采用的标准。

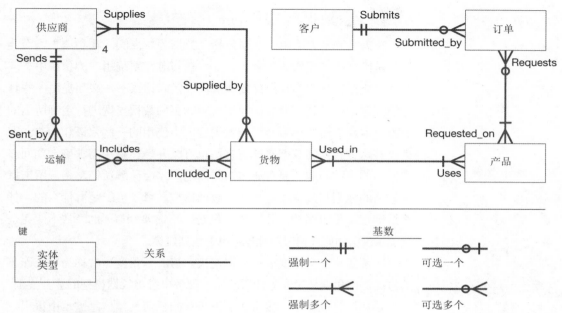

图 8.3　示例概念数据模型

　　概念数据建模的另一个交付物是关于数据对象的全套条目，这些条目将被存储在项目字典、存储库或数据建模软件中。存储库(repository) 是将信息系统的数据、过程和逻辑模型联系起来的一种机制。例如，数据模型和 DFD 有明确的联系。下面简要解释了一些重要联系：

　　数据流中的数据元素也会出现在数据模型中，反之亦然。数据模型必须包含在数据存储中捕获并保留的任何原始数据，而且数据模型只能包含已捕获或从捕获的数据中计算出来的数据。由于数据模型展示的是数据常规业务视图，所以手动和自动数据存储都要包括在其中。

　　过程模型中的每个数据存储都必须和数据模型中表示的业务对象（称为"数据实体"）关联。例如图 7.5 中的"库存文件"数据存储必须对应于数据模型中的一个或多个数据对象。

收集概念数据建模所需的信息

在需求确定方法中，必须包括以数据为重点的问题和调查，而非仅仅是以过程和逻辑为重点。例如，在与潜在系统用户的访谈中——在联合应用设计 (JAD) 会议期间或通过需求访谈——必须提出一些具体的问题，以了解开发数据模型或对购买的数据模型进行定制所需的数据。本章后面的小节会介绍数据建模中使用的一些术语和构造。即便没有这种特定的数据建模语言，也可以开始理解在需求确定期间必须回答的各种问题。只有通过这些问题，才能理解新信息系统所支持的领域的规则与政策。换言之，数据模型解释了组织是做什么的，什么规则在支配组织的工作方式。但是，不需要知道（也经常不能完全预测）数据如何或何时被处理／用于数据建模。

通常要从多个角度进行数据建模。第一个角度通常称为自上而下的方法。该角度从对业务性质的深入理解中得出数据模型的业务规则，而不是从计算机显示、报告或业务表单的任何具体信息需求中得出。这个角度通常是选购现成数据模型的基础。在 Gottesdiener(1999)、Herbst(2013) 和 Witt(2012) 中可找到引出数据建模所需业务规则几个非常有用的经典问题。表 8.1 总结了你应该问系统用户和业务经理提出的几个关键问题。可根据对这些问题的回答，开发出适合特定情况的一个准确和完整的数据模型。这个表中的问题是特意用业务术语提出。无论是从头开发，还是购买现成的数据模型，你都可以问这些问题。但通常情况下，从一个买回来的数据模型开始自己的数据建模，这些问题会显得更加明显和周全。本章将学习每组问题后面加粗的更多技术术语。当然，业务经理并不是十分明白这些技术术语，所以必须学会如何用业务术语来建构调查问题。

表 8.1　用于数据建模的需求确定问题

1. 什么是业务主体 / 目标？什么类型的人、地方、事物、材料、事件等在该业务中使用或交互，需维护哪些相关数据？每个对象可能存在多少个实例？——**数据实体及其描述**

2. 同一类型的每个对象有什么独特的特征？这个区别性的特征可能会随着时间的推移而改变，还是永久性的？即使我们知道对象会存在，但对象的这些特征可能丢失吗？——**主键**

3. 每个对象用哪些特征描述？基于什么对对象进行引用、选择、限定、排序和分类？为了让业务运作起来，我们需知道每个对象的什么？——**属性和次要键**

4. 你如何使用这些数据？换言之，你是组织的数据来源吗？你引用这些数据吗？你修改它们吗？你销毁它们吗？谁不允许使用这些数据？谁负责为这些数据建立合法的值？——**安全性控制，理解谁真正了解数据的意义**

5. 在什么时间段内对这些数据感兴趣？是否需要历史趋势、当前"快照"值以及 / 或者估计或预测？如对象的特征随时间而变，你必须知道过时的值吗？——**数据的基数和时间维度**

6. 每个对象的所有实例都一样吗？换言之，每个对象是否有特殊的种类，由组织以不同的方式描述或处理？是否存在一些对象是更详细的对象的摘要或组合？——**超类型、子类型和聚合**

7. 哪些事件的发生意味着多个对象之间的关联？业务的哪些自然活动或事务处理要求对相同或不同类型的多个对象的数据进行处理？——**关系及其基数和度**

8. 每个活动或事件的处理方式是总是一样，还是存在特殊情况？一个事件的发生是只涉及一些相关联的对象，还是必须涉及全部对象？对象之间的关联是否可以随着时间的推移而改变（例如，员工改变部门）？数据特征的值是否存在任何限制？——**完整性规则、最小和最大基数、数据的时间维度**

　　也可通过审查在系统内部处理的具体业务文档（计算机显示、报告和业务表单）来收集数据建模所需的信息。这种数据理解过程通常称为"自下而上的方法"。这些项将以数据流的形式出现在 DFD 上，并会显示系统所处理的数据。所以，它们可能是必须在系统的数据库中维护的数据。以图 8.4 为例，它显示了松谷家具 (PVF) 使用的客户订单表。可通过这张表确定以下数据必须保存到数据库中：

松谷家具
(PVF)

图 8.4

松谷家具的示例客户订单表

订单编号　　　　　　　　　　　　客户编号
订单日期　　　　　　　　　　　　姓名
送达日期　　　　　　　　　　　　地址
产品编号　　　　　　　　　　　　城市 - 州（省）- 邮编
说明
购买数量
单价

PVF 客户订单			
订单号：613 84　客户编号：1273			
姓名：　Contemporary Designs 地址：　123 Oak St. 城市 - 州（省）- 邮编：　　Austin, TX 28384			
下单日期：11/04/2021　　送货日期：11/21/2021			
产品编号	说明	购买数量	单价
M128	书架	4	200.00
B381	柜子	2	150.00
R210	桌子	1	500.00

　　还可以看出，每个订单都来自一个客户，一个订单可以有多个数据项，每个产品一个。我们将根据对组织的运作方式的理解来开发数据模型。

E-R 建模基础

　　基本 E-R 建模符号由三个主要部分构成：数据实体、关系及其相关属性。存在多套不同的 E-R 符号，它们在许多 CASE 和 E-R 绘图程序中都得到了支持。为简化我们的讨论，本书采用的是一种常见的乌鸦脚符号，并将数据属性名称放到实体矩形中。这种符号与许多 E-R

绘图工具（包括 Microsoft Visio 所使用的符号非常相似。如果在课程或工作中使用的是另一套符号，应该能很容易地在不同的符号之间进行转换。

　　实体关系数据模型 (entity-relationship data model，E-R 模型）是组织或业务领域所用数据的一种详细的、逻辑性的表示。E-R 模型表示了业务环境中的实体、实体之间的关系或关联以及实体及其关系的特性或属性。E-R 模型通常表示成实体关系图 (entity-relationship diagram，E-R 图），它是 E-R 模型的一种图形化表示。本书将使用如图 8.5 所示的 E-R 图符号，后续小节会具体解释这种标记法。

实体关系数据模型
(entity-relationship data model,
E-R 模型)
组织或业务领域所用实体、关联和数据元素的一种详细的、逻辑性的表示。

实体关系图
(entity-relationship diagram,
E-R 图)
E-R 模型的图形化表示。

图 8.5
E-R 基本符号

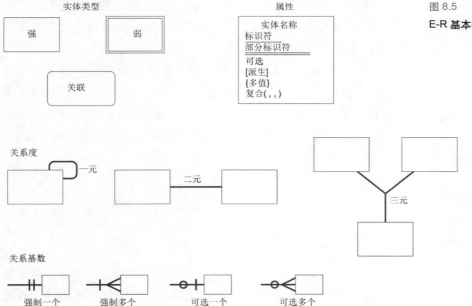

实体

　　实体（参见表 8.1 的第一个问题）是用户环境中的一个人、地点、对象、事件或概念，组织希望维护关于它的数据。实体有将自己与其他实体区分开来的身份。下面是一些实体的例子：

- 人：员工、学生、病人
- 地点：商店、仓库、州 / 省
- 对象：机器、建模、汽车、产品
- 事件：销售、注册、续费
- 概念：账户、课程、工作中心

实体类型

(entity type)

具有共同属性或特征的实体的集合。

实体类型和实体实例存在一处重要区别。实体类型 (entity type，有时也称为"实体类")是具有共同属性或特征的实体的集合。E-R 模型中的每个实体类型都被赋予了一个名称。由于该名称代表一个类或集合，所以是单数（如果用英语的话）。同时，由于实体是一个对象，所以我们用一个简单的名词来命名实体类型。我们用大写字母命名实体类型（如果用英语的话），在 E-R 图中，该名称被放在代表实体的矩形内，如图 8.6(a) 所示。

实体实例

(entity instance)

实体类型的单一具现。有时直接称为实例。

实体实例 (entity instance，有时也简单地称为"实例")是实体类型的单一具现。一个实体类型在数据模型中只被描述一次，而该实体类型的多个实例可被存储在数据库中的数据所表示。例如，大多数组织只有一个"员工"实体类型，但数据库中可能有数百（甚至数千）个该实体类型的实例。

图 8.6

表示实体类型：(a) 三个实体类型；
(b) 有疑虑的实体类型

许多人刚开始学习画 E-R 图的时候，尤其是在已经知道如何画数据流图的情况下，常犯的一个错误是将数据实体与源 / 汇混淆，或将系统输出或关系与数据流混淆。避免这种混淆的一个简单规则是：真正的数据实体会有许多可能的实例，每个实例都有一个区别性的特征，以及一个或多个其他描述性的数据。图 8.16(b) 展示了与一个女生联谊会开支系统相关的实体类型。在本例中，联谊会的财务主管负责管理账户并记录每个账户的支出。但是，作为会计系统的一部分，是否需要对财务主管的数据以及她对账户的监督进行跟踪？财务主管负责输入账户和支出数据，并按类别查询账户余额和支出交易。由于只有一个财务主管，所以不需要跟踪"财务主管"数据。另一方面，如果每个账户都有一个账户管理员（例如一个联谊会官员），她负责指定的一批账户，那么我们可能希望有一个"账户管理员"实体类型，它具有相关的属性以及与其他实体类型的关系。

　　在同一个例子中，开支报告算是一种实体类型吗？由于开支报告是根据支出交易和账户余额计算出来的，所以它是数据流而非实体类型。虽然随着时间的推移，开支报告会有多个实例，但报告的内容已由"账户"和"开支"实体类型表示了。

　　后续小节提到实体类型时，一般会直接说实体。这是数据建模人员常见的说法。至于实体的一个具体的实例，我们会用"实体实例"一词来澄清。

命名和定义实体类型

　　要清楚地命名和定义像实体类型这样的数据，这是需求确定和结构化期间的重要任务。实体类型的命名和定义遵循以下准则。

- 如果用英语命名，实体类型名称应该是一个单数名词（如CUSTOMER，STUDENT 或 AUTOMOBILE)。
- 实体类型的名称应该具有描述性的，且适合组织。例如，向供应商下单的"采购订单"要和客户所下的"客户订单"区分。两种实体类型都不要直接命名为"订单"。
- 实体类型的名称应该简洁。例如，大学数据库可以直接用"注册"来表示学生注册课程的事件，而不必用"学生注册课程"。
- 事件实体类型应该以事件的结果来命名，而不是以事件的活动或过程来命名。例如，项目经理分配一个员工去做项目，该事件的结果是"分配"。

以下是定义实体类型的一些具体准则。

- 实体类型的定义应包括对该实体类型的每个实例的独特特征的说明。

- 实体类型的定义应明确哪些实体实例要包括到实体类型中，哪些不包括。例如，"客户是向我们订购产品的个人或组织，或者我们与之有联系，并向其宣传或推广我们的产品的个人或组织。客户不包括只通过我们的客户、分销商或代理商购买我们产品的个人或组织。"

- 实体类型的定义通常包括对该实体类型的实例何时被创建和删除的描述。

- 对于某些实体类型，定义中必须说明一个实例何时会变成另一个实体类型的实例；例如，建筑公司的投标一旦被接受就会变成合同。

- 对于某些实体类型，定义中必须说明必须保留实体实例什么历史记录。和保留历史记录有关的说明可能影响我们如何在 E-R 图上表示实体类型，并最终影响为实体实例存储数据的方式。

属性

每个实体类型都有一组与之相关的属性（参见表 8.1 的第三个问题）。属性 (attribute) 是组织感兴趣的实体的属性或特征（以后会讲到，关系也可以有属性）。下面是一些典型的实体类型及其相关属性。

- 学　生：Student_ID, Student_Name, Home_Address, Phone_Number, Major
- 汽车：Vehicle_ID, Color, Weight, Horsepower
- 员工：Employee_ID, Employee_Name, Payroll_Address, Skill

属性名称是名词，首字母大写，后跟小写字母；可以用、也可以不用下划线来分隔单词。在 E-R 图中，我们将属性名称放到相关实体的矩形内来表示属性（参见图 8.5）。会面会讲到，不同类型的属性用不同的符号来区分。我们使用的符号类似于许多 CASE 和 E-R 绘图工具 (如 Microsoft Visio 或 Oracle Designer) 所用的符号。不同类型的属性的准确显示方式因工具而异。

命名和定义属性

经常会出现几个属性的名称和含义大致相同的情况。所以，有必要遵循以下准则来仔细地命名属性。

- 属性名称是名词 (比如 Customer_ID，Age 或 Product_Minimum_Price)。
- 属性名称应该唯一。同一实体类型的两个属性不能有相同的名称，而且为清晰起见，所有实体类型的属性最好不要重名。
- 为了使属性名称独特和清晰，每个属性名称应遵循一个标准格式。例如，大学可能使用 Student_GPA 而非 GPA_of_Student 作为属性命名的标准。
- 不同实体类型的类似属性应使用相似但有区别的名称。例如，教师和学生的居住城市应分别为 Faculty_Residence_City_Name 和 Student_Residence_City_Name。

以下是定义属性的一些具体准则。

- 属性定义说明了该属性是什么，还可能说明了它有何重要性。
- 属性定义应清楚说明属性值中包括和不包括什么。例如，"Employee_Monthly_ Salary_Amount 是每月以员工所在国的货币支付的工资，其中不包括任何福利、奖金、报销或特殊付款。"
- 可以在定义中指定该属性的任何别名 (或替代名称)。
- 可以在定义中说明该属性值的来源。对来源进行澄清，也许能使数据的含义更清晰。
- 属性定义应指出该属性的值是必须要有的还是可选的。属性的这个业务规则对维护数据的完整性很重要。
- 属性定义可以指出，一旦提供了一个值，在实体实例被删除之前，该属性的值是否可以改变。这个业务规则也控制着数据的完整性。

属性
(attribute)
组织感兴趣的实体之具名属性或特征。

- 属性定义可指出该属性与其他属性的任何关系；例如，"Employee_Vacation_Days_Number 是 雇 员 的 带 薪 休 假 天数。如员工的 Employee_Type 值是 'Exempt'（豁免），则 Employee_Vacation_Days_Number 的最大值由涉及员工服务年限的公式决定。"

候选键和标识符

每个实体类型都必须有一个或一组属性来区分该类型的不同实例（参见表 8.1 的第二个问题）。**候选键** (candidate key) 是唯一性标识实体类型的不同实例的一个属性（或多个属性的组合）。例如，STUDENT（学生）实体类型的候选键可能是 Student_ID（学生 ID)。

有时需要结合多个属性来标识一个独特的实体。例如，以篮球联赛的实体类型 GAME（比赛）为例。属性 Team_Name 显然不能成为它的候选键，因为每支球队都要打好几场比赛。如每支球队都刚好和其他球队打一场主场比赛，则属性 Home_Team（主队）和 Visiting_Team（客队）的组合就是 GAME 的复合候选键。

有的实体可能有多个候选键。EMPLOYEE 的一个候选键是 Employee_ID；第二个候选键是 Employee_Name 和 Address 的组合（假设没有两个同名雇员住在同一个地址）。如果有超过一个可能的候选键，设计师必须选择其中一个作为标识符。**标识符** (identifier) 是被选为实体类型唯一标识性特征的候选键。我们在标识符下方显示一条实心下划线来表示这是标识符属性（参见图 8.5)。

Bruce(1992) 建议参照以下条件来选择标识符。

- 候选键的值在实体类型的每个实例存在期间不应发生变化。例如，如选择 Employee_Name 和 Payroll_Address 的组合来作为 EMPLOYEE 的标识符，那么可能是一个糟糕的选择，因为 Payroll_Address 和 Employee_Name 的组合值在员工的工作期限内很容易发生改变。
- 针对实体的每个实例，候选键都要保证有一个有效的值，且不

候选键

(candidate key)

对实体类型的不同实例进行区分的一个属性（或多个属性的组合）。

能为空。为确保值的有效性，可能要在数据输入和维护程序中加入特殊的控制以避免出错。如候选键是两个或多个属性的组合，需确保键的所有组成部分都有一个有效的值。

- 避免使用所谓的智能标识符（其结构表示分类、位置等等）。例如，对于一个 PART（零件）实体，其键的前两位数字可能表示仓库位置。这样的代码经常会随情况的变化而变，使主键值变得无效。
- 考虑用单属性的代理键来来代替大的复合键。例如，GAME（比赛）实体可使用一个名为 Game_ID 的属性，而不要用 Home_Team（主队）和 Visiting_Team（客队）的组合。

图 8.7 是使用我们的 E-R 符号来表示的一个 STUDENT（学生）实体类型。STUDENT 有一个标识符 Student_ID 和其他三个简单的属性。

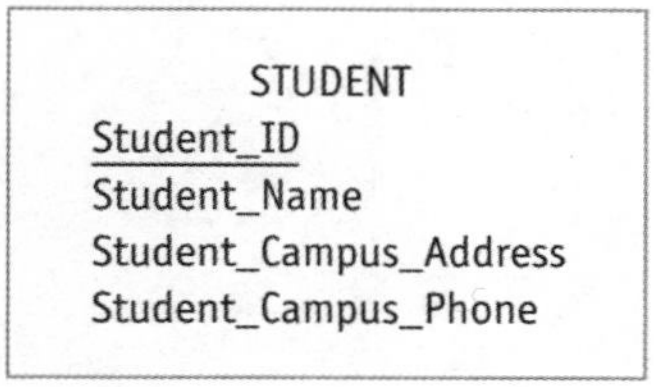

标识符
(identifier)

选择作为实体类型唯一标识性特征的候选键。

```
┌─────────────────────────────┐
│           STUDENT           │
│   Student_ID                │
│   Student_Name              │
│   Student_Campus_Address    │
│   Student_Campus_Phone      │
└─────────────────────────────┘
```

图 8.7
STUDENT 实体类型及其属性

其他属性类型

对于每个实体实例，多值属性 (multivalued attribute) 的值可能不止一个。假定 EMPLOYEE 的一个属性是 Skill（技能）。如每个员工都有多项技能，则 Skill 应该设为多值属性。有两种常见的显示多值属性的方法。第一种是将多值属性与其他属性一起列出，但用一个特殊符号表示它是多值的。这就是图 8.8 所采取的方法，多值属性 Skill 被包含在大括号中。

有时，一组数据会一起重复。如图 8.8(b) 所示，EMPLOYEE 实体用多值属性来提供有关员工家属的数据。在这种情况下，像家属姓名、年龄以及与雇员的关系（配偶、子女以及父母等）这样的数据是员工的多值属性，而且这些属性一起重复（我们用大括号来包含一起重复

多值属性
(multivalued attribute)

在每个实体实例中，其值都可能不止一个的属性。

的数据）。几个一起重复的属性称为重复组 (repeating group)。

　　从概念上说，家属也可被认为是实体。所以，许多数据分析师更喜欢用第二种方法来表示一个重复组。这种方法是将重复的数据分离成另一个实体，称为弱（或属性）实体（用带双线边框的矩形指定），再用一个关系（下一节讨论）将弱实体及其相关的常规实体联系起来（这种特殊关系也用双线表示）。弱实体必须依赖强实体存在。图 8.8c 展示了弱实体 DEPENDENT(家属) 及其与强实体 EMPLOYEE 的关系。DEPENDENT 旁边的乌鸦脚意味着同一个 EMPLOYEE 可能有多个 DEPENDENT。DEPENDENT 的标识符是家属姓名 (Dep_Name) 和作为其家属的员工的 ID(Employee_ID) 的组合。为此，在弱实体中为 Dep_Name 加上双下划线，将其指定为部分标识符即可。

图 8.8
多值属性和重复值；(a)Skill 是多值属性；(b) 家属 (Dep) 数据的重复组；(c) 家属数据的弱实体

```
        EMPLOYEE
Employee_ID
Employee_Name
Payroll_Address
{Skill}
```

(a) Skill 是多值属性

```
        EMPLOYEE
Employee_ID
{Dep_Name,
 Dep_Age,
 Dep_Relation}
```

(b) 家属 (Dep) 数据的重复组

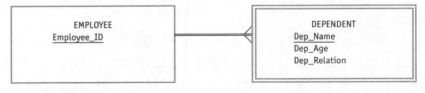

(c) 家属数据的弱实体

有时需要指定针对每个实体实例，一个属性是否必须有一个值(**必须属性**，required attribute)，还是允许没有一个值(**可选属性**，optional attribute)。另外，有的属性(例如 Name 或 Adress)含有一些有意义的组成部分(Name 包含姓和名，Address 包含州/省、市、街道、小区、单元、门牌号)，我们将这种属性称为"**复合属性**"(composite attribute)。在一些应用中，人们希望简单地用一个复合名称来引用各个组成属性的集合，而在另一些应用中，可能只想用其中一些组成部分来显示或计算。另外，在概念建模中，用户可能引用一些能从数据库中的其他数据计算出来的数据，即所谓的**派生属性**(derived attribute)。为了表示属性的这些独特特征，许多 E-R 绘图工具都提供了特殊符号来表示这些类型的属性。本书采用的是图 8.5 的符号。图 8.9 展示了一个具有这些属性的 EMPLOYEE 实体，它采用了我们的符号。所有必须要有的标识符都加粗，注意我们将复合属性 Employee_Name(其组成部分是 First_Name 和 Last_Name)也指定为必须。未加粗的 Date_of_Birth 是可选属性。Employee_Age 也可选，而且因为可根据今天的日期和出生日期计算出来，所以它是一个派生属性。

必须属性
(required attribute)
每个实体实例都必须有值的属性。

可选属性
(optional attribute)
不用每个实体实例都有值的属性。

复合属性
(composite attribute)
包含有意义的组成部分的属性。

派生属性
(derived attribute)
其值可以从相关属性值计算出来的属性。

```
                EMPLOYEE
Employee_ID
Employee_Name(First_Name, Last_Name)
Date_of_Birth
[Employee_Age]
```

图 8.9
必须、可选、复合和派生四类属性

关系

关系是维系 E-R 模型各个组成部分的粘合剂(参见表 8.1 中的第 5 个、第 7 个和第 8 个问题)。**关系**(relationship)是组织感兴趣的一个或多个实体类型的实例之间的关联。关联(association)通常意味着一个事件已经发生，或实体实例之间存在某种自然联系。考虑到这个原因，关系要用动词短语来标记。例如在图 8.10(a)中，一家公司的培训部门对跟踪每个员工完成了哪些培训课程感兴趣。这导致

关系
(relationship)
组织感兴趣的一个或多个实体类型的实例之间的关联。

了 EMPLOYEE(员工) 和 COURSE(课程) 实体类型之间的一个名为
Completes(完成) 的关系。

如箭头所示，本例展示的是一个多对多关系。每个员工都可完成
多门课程，而每门课程都可由一个以上的员工完成。更重要的是，可
用 Completes 关系来确定某个员工已完成的具体课程。反过来，还可
确定每门课程都有哪些员工完成。例如图 8.10(b) 展示的员工和课程，
可看到 Melton 已完成了三门课 (C++，COBOL 和 Perl)，完成了 SQL
课程的员工则有 Celko 和 Gosling。

图 8.10

关系类型和实例：(a) 关系类型
(Completes)；(b) 关系实例

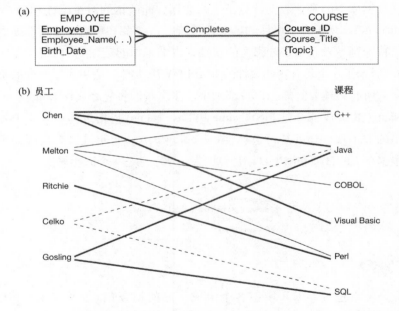

有时会为一个关系名称使用两个动词短语，这样在每个方向都有
一个明确的关系名称。具体用什么增值由你的组织决定。

概念数据建模和 E-R 模型

上一节介绍了 E-R 数据建模符号的基础，包括实体、属性和关系。概念数据建模的目标是捕捉数据尽可能多的含义。对数据的细节（业务规则）建模越多，设计和构建的系统就越好。另外，如果能将所有这些细节都纳入 CASE 存储库，而且 CASE 工具能自动生成数据定义和程序代码，那么我们对数据的了解越多，自动生成的代码就越多。这使系统的构建更准确、更快。更重要的是，如果维护了一个全面的数据描述库，业务规则改变时就可以轻松重新生成系统。由于维护是任何信息系统最大的开支，所以在规则层面而不是代码层面上维护系统所获得的效率将大幅降低成本。

本节将探讨对数据进行更全面建模所需的更多高级概念，并学习 E-R 符号如何表示这些概念。

关系度

关系度（参见表 8.1 的第 7 个问题）是参与该关系的实体类型的数量。所以，图 8.10(a) 所展示的 Completes 关系是一个 2 度关系，因为有两个实体类型：EMPLOYEE 和 COURSE。E-R 模型中最常见的三种关系是一元（1 度）、二元（2 度）和三元（3 度）。还可能存在更高度的关系，只是实践中很少遇到。所以，我们的讨论只限于这三种情况。图 8.11 展示了一元、二元和三元关系的例子。

度
(degree)
参与一个关系的实体类型的数量。

图 8.11
不同度的关系示例：(a) 一元关系；
(b) 二元关系；(c) 三元关系

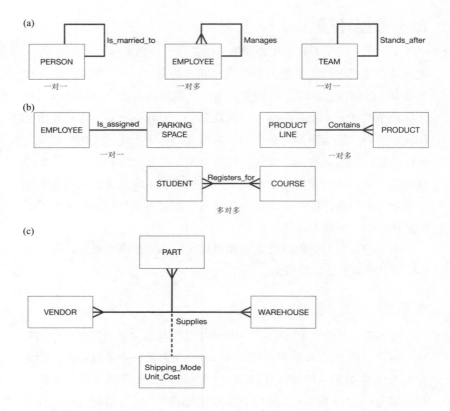

一元关系

一元关系
(unary relationship)
一个实体类型的不同实例之间的关系，也称为"递归关系"。

一元关系 (unary relationship) 也称为递归关系，是单一实体类型的多个实例之间的关系。图 8.11 展示了这种关系的三个例子。在第一个例子中，Is_married_to 被显示为 PERSON 实体类型的不同实例之间的一对一关系。也就是说，(当前) 每个人只能与另一个人结婚。在第二个例子中，Manages 被显示为 EMPLAYEE 实体类型的实例之间的一对多关系。利用该关系，可确定哪些员工向一个特定主管汇报。在反方向，则可确定某个员工的主管是谁。在第三个例子中，Stands_after 被显示为 TEAM 实体类型的实例之间的一对一关系。该关系代表一个联赛中的球队顺序；这种顺序可基于任何标准，例如胜率。

　　图 8.12 展示了另一个常见一元关系的例子，称为"物料清单结构"(bill-of-materials structure)。许多制品都由小部件 (subassembly) 装配而成，而小部件又由其他小部件和零部件 (parts) 组成，以此类推。如图 8.12(a) 所示，可将这种结构表示为多对多的一元关系。该图用 Has_components(有零部件) 作为关系名称。Quantity(数量) 是该关系的一个属性，它表示一个给定总成中的每个零部件的数量。

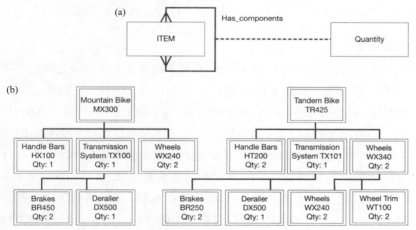

图 8.12
一个物料清单结构：(a) 多对多关系；(b) 两个 ITEM 物料清单结构的实例

　　图 812(b) 展示了该结构的两个实例。每张图都显示了每个 ITEM 的直接组件以及该组件的数量。例如，ITEM TX100 由 ITEM BR450(数量 2) 和 ITEM DX500(数量 1) 组成。可轻松验证这些关联实际上是多对多的。几个 ITEM 存在多个组件类型 (例如，ITEM MX300 有三个直接组件类型：HX100，TX100 和 WX240)。另外，有的组件在几个更高级的总成中使用。例如，ITEM WX240 同时用于 ITEM MX300 和 ITEM WX340，即使它位于物料清单结构的不同层级。在这个例子中，多对多关系确保了每次需要用 WX240 来制造其他 ITEM 时，用到的都是 WX240 的同一子总成结构 (本图未显示)。

二元关系
(binary relationship)

两个实体类型的不同实例之间的关系,是数据建模时最常用的一种关系。

三元关系
(ternary relationship)

三个实体类型的实例之间同时存在的一种关系。

二元关系

二元关系 (binary relationship) 是两个实体类型的不同实例之间的关系,是数据建模中最常见的关系类型。图 8.11(b) 显示了三个例子。第一个 (一对一) 表示一个员工被分配到一个停车位,每个停车位都只被分配给一个员工。第二个 (一对多) 表示一个产品系列可能包含几个产品,而每个产品只属于一个产品系列。第三个 (多对多) 表示一个学生可注册一个以上的课程,每个课程允许多个学生注册。

三元关系

三元关系 (ternary relationship) 是三个实体类型的实例之间同时存在的一种关系。如图 8.11(c) 所示,名为 Supplies(供应) 的关系跟踪的是由一个特定供应商 (VENDOR) 运到一个特定仓库 (WAREHOUSE) 的一种特定零件 (PART) 的数量。每个实体都可以是三元关系中的一个或多个参与者 (在图 8.11(c) 中,全部三个实体都是多个参与者)。

注意,三元关系不等同于三个二元关系。例如,Shipping_Mode (运输方式) 是图 8.11(c) 的 Supplies 关系的一个属性。Shipping_Mode 不能与三个实体类型之间可能存在的三种二元关系 (如 PART 和 VENDOR 之间的关系) 适当地关联起来,因为 Shipping_Mode 是从特定 VENDOR 运到特定 WAREHOUSE 的特定 PART 的运输载体类型。强烈建议将所有三元 (和更高度) 关系表示为关联实体 (稍后讲述)。接下来,我们将讨论关系的基数。

关系中的基数

假定两个实体类型 A 和 B 由一个关系来连接。一个关系的基数 (crdinality,参见表 8.1 的第 5 个、第 7 个和第 8 个问题) 是可以 (或必须) 与实体 A 的每个实例关联的实体 B 的实例数量。以图 8.13(a) 展示的一家音像店的 DVD 关系为例。

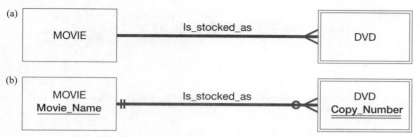

图 8.13

基数约束：(a) 基本关系；(b) 有基数约束的关系

音像店一部电影的 DVD 数量显然不止一张。根据我们到目前为止使用的术语，本例在直觉上属于一种"多"关系。但是，该店也确实存在一部电影无任何 DVD 的情况。我们需要用一个更精确的符号来表示一个关系的基数范围。图 8.5 其实已展示了这种符号。

最小和最大基数

关系的最小基数是指实体 B 可以和实体 A 的每个实例关联的最小数量。在上例中，和电影关联的 DVD 最小数量是零。在这种情况下，我们说 DVD 是 Is_stocked_as 关系的可选参与者 (optional participant)。若某个关系的最小基数是 1，则说实体 B 是该关系的强制参与者。最大基数是实例的最大数量。在本例中，该最大数量是"多个"（大于 1 的未指定数字）。利用图 8.5 展示的符号，我们在图 8.13(b) 中描绘了这种关系。靠近 DVD 实体的那条线上的 0 意味着最小基数为 0，而乌鸦脚符号意味着最大基数为"多个"。Copy_Number(拷贝数，即光盘数量) 的双下划线意味着该属性是 DVD 的标识符的一部分，但完整的复合标识符还必须包含 MOVIE 的标识符 Movie_Name(片名)。

图 8.14 是三种关系的例子，它们显示了所有可能的最小和最大基数组合。下面简单说明每种关系：

基数

(cardinality)

可以（或必须）与实体 A 的每个实例关联的实体 B 的实例数量。

图 8.14

基数约束的例子：(a) 强制基数；
(b) 一个可选基数、一个强制基数；
(c) 可选基数

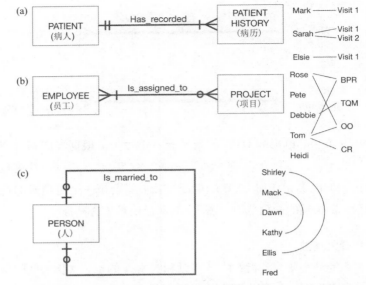

1. PATENT Has_recorded PATIENT HISTORY，参见图 8.14(a)。每个病人都记录了一份或多份病历 (假定病人首次来看病时都记录为 PATIENT HISTORY 的一个实例)。PATIENT HISTORY 的每个实例都恰好对应一个 PATIENT。

2. EMPLOYEE Is_assigned_to PROJECT，参见图 8.14(b)。每个 PROJECT 都至少分配了一个 EMPLOYEE(有的项目需要多个)。每个 EMPLOYEE 可以分配、也可以不分配给任何现有的 PROJECT(可选)，或者可以同时分配给几个 PROJECT。

3. PERSON Is_married_to PERSON，参见图 8.14(c)。两个方向上可选零个或一个基数，因为一个人要么已婚，要么未婚。

最大基数可能是一个固定数字，而不是一个可为随意数字的 "多个" 值。例如，假定公司政策规定，一个员工最多允许在五个项目上工作。可通过在图 8.14(b) 的 PROJECT 实体旁边的乌鸦脚上方或下方添加一个 "5" 来显示该业务规则。

命名和定义关系

关系可能是 E-R 图中最难理解的部分。所以，应根据一些特殊的准则来命名关系，示例如下。

- 关系名称是一个动词短语（如 Assigned_to，Supplies 或 Teaches)。关系代表行动，通常用现在时。关系名称反映的是要采取的行动而非行动的结果（例如，使用 Assigned_to 而非 Assignment)。
- 避免模糊的名称，如 Has 或 Is_related_to。使用描述性的动词短语，从关系的定义摘取行动动词。

以下是定义关系的具体准则。

- 关系定义要解释所采取的行动，可能还要解释它为什么重要以及是谁或什么负责采取该行动。但是，不必解释如何采取该行动。
- 可能要通过例子对行动进行澄清。例如，对于学生和课程之间的 Registered_for 关系，可解释一下该关系同时覆盖现场注册和在线注册以及在退课 (drop)/ 加课 (add) 期间进行的注册。
- 要在定义中解释任何可选的参与。要解释什么条件会导致关联的实例数量为零而且这种情况是只在实体实例首次创建时发生，还是可以在任何时候发生。
- 关系定义还应解释为什么不将基数设为"多个"，而是设为一个明确的最大值。
- 关系定义应解释对于参与该关系的任何限制。例如，"Supervised_by 关系将一个员工和他 / 她监督的其他员工联系起来，并将一个员工和监督他 / 她的其他员工联系起来。一个员工不能监督他 / 她自己，工作分类等级低于 4 级的员工不能监督其他员工"。
- 关系定义应解释关系中要保留多长时间的历史记录。
- 关系定义应解释涉及一个关系实例的实体实例是否能将这个参与

转移到另一个关系实例。例如，"Places(下单)关系将客户与他们向我司下的订单联系起来。一个订单不能转移给另一个客户"。

关联实体

如图 8.11 的 Supplies(供应)关系和图 8.12 的 Has_components(有零部件)关系所示，属性可以和一个多对多关系关联，也可以和一个实体关联。例如，假定组织想要记录员工完成每门培训课程的日期(年月)。以下是样本数据：

Employee_ID	Course_Name	Date_Completed
549-23-1948	Basic Algebra	March 2020
629-16-8407	Software Quality	June 2020
816-30-0458	Software Quality	February 2020
549-23-1948	C Programming	May 2020

从这些有限的数据中可得出结论，Date_Completed(完成日期)不是 EMPLOYEE 实体的属性，因为其中一名特定的员工，即 549-23-1948，在不同的日期完成了不同的课程。Date_Completed 也不是 COURSE 实体的属性，因为其中一门特定的课程，即 Software Quality，可能在不同的日期完成。相反，Date_Completed 是 EMPLOYEE 和 COURSE 之间的关系的一个属性。该属性与关系关联，如图 8.15 所示。

图 8.15

一个关联实体：(a) 关系上的属性；
(b) 一个关联实体 (CERTIFICATE)；
(c) 使用 Microsoft Visio 的一个关联实体

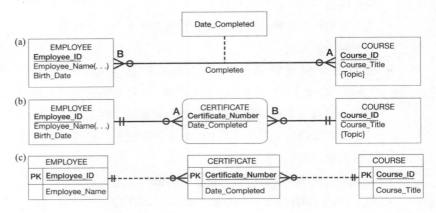

　　由于多对多和一对一关系可能有关联的属性，所以 E-R 数据模型遇到了一个有趣的问题：多对多关系实际是一个变相的实体吗？通常，实体和关系之间的区别仅取决于你如何看待数据。**关联实体**(associative entity，有时称为一个 gerund) 是数据建模者选择作为实体类型来建模的一种关系。图 8.15(b) 展示了将 Completes 关系表示为关联实体的 E-R 符号，图 8.15(c) 则展示了如何用 Microsoft Visio 对此进行建模。从 CERTIFICATE 到两个实体的连线不是两个独立的二元关系，所以它们没有标签。注意，EMPLOYEE 和 COURSE 强制基数为1，因为 Completes 关系的一个实例必须有一个关联的 EMPLOYEE 和COURSE。标签 A 和 B 显示来自 Completes 关系的基数现在应出现在什么地方。我们为 CERTIFICATE 创建了名为 Certificate_Number(证书编号) 的标识符，而不是用 EMPLOYEE 和 COURSE 的标识符 (分别是 Employee_ID 和 Course_Name) 的组合。

　　图 8.16 展示了为一个三元关系以使用关联实体的例子，是图 8.11的三元 Supplies 关系的另一种 (和更明确的) 表示。在图 8.16 中，名为 SHIPMENT SCHEDULE 的实体类型 (关联实体) 取代了图 8.11 的Supplies 关系。SHIPMENT SCHEDULE(运输计划) 的每个实例都代表特定供应商向特定仓库发运一种特定零件的一次现实世界中的运输。Shipment_Mode(运输方式) 和 Unit_Cost(单价) 是 SHIPMENTSCHEDULE 的属性。这里没有为 SHIPMENT SCHEDULE 指定标识符，所以它默认是三个相关实体的标识符构成的复合标识符。在这张图中，还说明了关于供应商、零件和仓库参与供应关系的业务规则。记住，从关系到实体之间的连线并不代表三个独立的关系。

关联实体
(associative entity)
将一个或多个实体类型的实例关联起来的一种实体类型，可包含这些实例实例之间的关系所特有的属性。

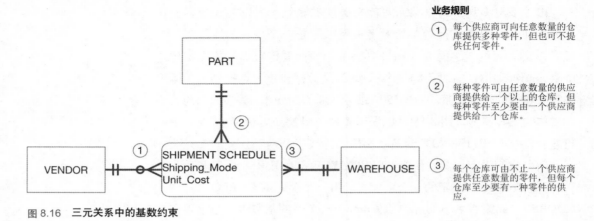

① 每个供应商可向任意数量的仓库提供多种零件，但也可不提供任何零件。

② 每种零件可由任意数量的供应商提供给一个以上的仓库，但每种零件至少要由一个供应商提供给一个仓库。

③ 每个仓库可由不止一个供应商提供任意数量的零件，但每个仓库至少要有一种零件的供应。

图 8.16　三元关系中的基数约束

　　有的时候，一个关系必须转化成一个关联实体。例如，关联实体除了导致它被创建的关系，还存在与实体的其他关系。以图 8.17(a) 的 E-R 图为例，它表示的是不同供应商对 PVF 库存零件的报价。现在，假定我们还需知道针对收到的每一批零件，具体是哪个报价在生效。该额外的数据需求使 Quotes_price(报价) 关系必须被转化为一个关联实体，如图 8.17(b) 所示。

图 8.17
必须使用关联实体的例子：(a) 多对多关系及其属性；(b) 具有单独关系的关联实体

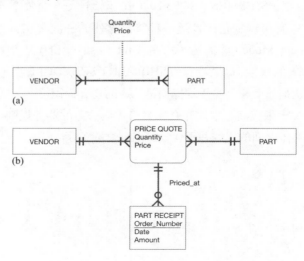

在本例中，PRICE QUOTE(报价) 不是三元关系。相反，它是 VENDOR 和 PART 之间的一个二元多对多关系 (关联实体)。此外，每个 PART RECEIPT(零件收据) 都基于 Amount(金额) 有一个适用的、协商好的 Price(价格)。每个 PART RECEIPT 针对的都是一个特定 VENDOR(供应商) 的特定 PART(零件)，收据的 Amount(金额) 通过与 Quantity(数量) 属性的匹配来决定实际生效的采购价格。由于 PRICE QUOTE 和一个给定的 PART 和一个给定的 VENDOR 绑定，所以 PART RECEIPT 不需要与这些实体有直接关系。

使用 E-R 图进行概念数据建模的小结

E-R 图旨在尽可能丰富地理解信息系统或组织需要的数据的含义。除了本章展示的那些，E-R 图还可表示其他许多数据语义。其中一些更高级的功能在 Hoffer, Ramesh, & Topi (2016), Hills (2016) 或 Kroenke, Auer, Vandenberg, & Yoder (2017) 中进行了解释。还可以在 Hoberman, Burbank, & Bradley(2012) 中找到有效概念数据建模的一般准则。以下小节将介绍了概念数据建模的最后一个方面：捕捉类似实体类型之间的关系。

表示超类型和子类型

经常会遇到两个或多个实体类型看起来很相似 (或许它们有几乎一样的名字) 但又有些许区别的情况。换言之，这些实体类型有共通的属性，但又有一个或多个不共通的属性或关系。为强调这种情况，E-R 模型进行了扩展以包含超类型 / 子类型关系。子类型 (subtype) 是在一个实体类型中，对于组织来说有意义的实体的一个子分组。例如，STUDENT 是某个大学的实体类型。STUDENT 的两个子类型是 GRADUATE STUDENT(研究生) 和 UNDERGRADUATE STUDENT(本科生)。超类型 (supertype) 则是一个常规的实体类型，它与一个或多个子类型有关系。

子类型
(subtype)

对组织来说有意义的一个实体类型的实体子分组，具有一些共通的属性，但又有一个或多个不共通的属性或关系。

超类型
(supertype)

与一个或多个子类型有关系的常规实体类型。

图 8.18

某医院的超类型 / 子类型关系

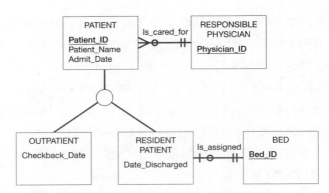

图 8.18 展示了超类型 / 子类型关系的基本符号。超类型
PATIENT(病人)用一条线连接到一个圆,后者再分别用一条线连接到
两个子类型:OUTPATIENT(门诊病人)和 RESIDENT PATIENT(住院
病人)。所有病人共享的属性(包括标识符)与超类型关联;某个子类
型独有的属性(例如 OUTPATIENT 的 Checkback_Date)与该子类型关
联。所有类型的病人都参与的关系 (Is_cared_for) 与超类型关联;仅一
个子类型参与的关系 (RESIDENT PATIENT 的 Is_assigned,即住院病
人分配到哪个床位)只与相应的子类型关联。

有几个重要的业务规则管理着超类型 / 子类型关系。完全特化规
则 (total specialization rule) 规定,超类型的每个实体实例都必须是关系
中某个子类型的成员。部分特化规则 (partial specialization rule) 规定,
超类型的实体实例可以不从属于任何子类型。在 E-R 图上,完全特化
通过一条从超类型到圆的双线表示,而部分特化由一条单线表示。分
离规则 (disjoint rule) 规定,如超类型的实体实例是一个子类型的成员,
那么它不能同时是其他任何子类型的成员。重叠规则 (overlap rule) 规
定,一个实体实例可以同时是两个(或更多)子类型的成员。分离和
重叠关系用圆中的 "d" 或 "o" 表示。

图 8.19 展示了在某大学数据库中的超类型 / 子类型层次结构中,
这些规则的几种组合方式。

完全特化规则

(total specialization rule)

超类型的每个实体实例都必须是关系
中某个子类型的成员。

部分特化规则

(partial specialization rule)

超类型的实体实例可以不从属于任何
子类型。

分离规则

(disjoint rule)

如超类型的实体实例是一个子类型的
成员,那么它不能同时是其他任何子
类型的成员。

重叠规则

(overlap rule)

一个实体实例可以同时是两个(或更
多)子类型的成员。

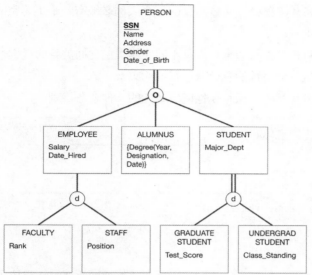

图 8.19
超类型 / 子类型层次结构的例子

- 一个 PERSON 必须是 (完全特化) 一个 EMPLOYEE(员工)、一个 ALUMNUS(校友) 或者一个 STUDENT(学生)，或者是这些子类型的任意组合 (重叠)。

- EMPLOYEE(员工) 必须是 FACULTY(教师) 或 STAFF(职员) (分离)，或者可以只是一个 EMPLOYEE(部分特化)。

- STUDENT(学生) 只能是 GRADUATE STUDENT(研究生) 或 UNDERGRADUATE STUDENT(本科生)，不能是其他任何类型 (完全特化和分离)。

业务规则

　　概念数据建模是记录信息需求的一个逐步过程，它既关注数据的结构，也关注这些数据的完整性规则 (参见表 8.1 的第 8 个问题)。业务规则 (business rule) 是维护逻辑数据模型完整性的规范。下面列举四种基本的业务规则。

业务规则
(business rule)
旨在维护逻辑数据类型完整性的一系列规范。

- 实体完整性。实体类型的每个实例必须有一个不为空的唯一标识符。
- 引用完整性约束。涉及不同实体类型之间关系的规则。
- 域。对属性的有效值进行的约束。
- 触发操作。保护属性值有效性的其他业务规则。

图 8.20

业务规则的例子：(a) 简单的银行关系；(b) 典型的域定义；(c) 典型的触发操作

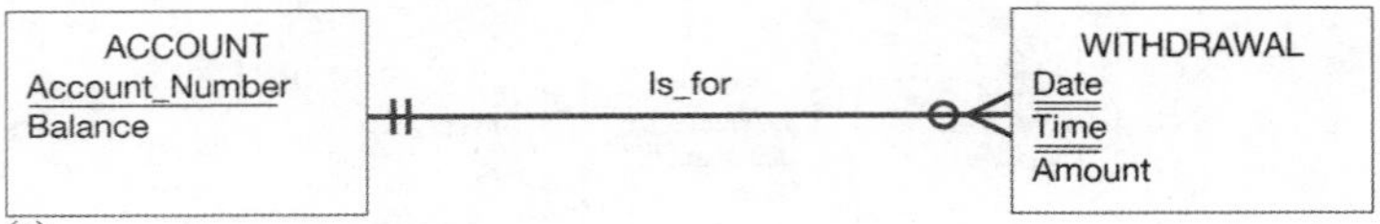

(a)

```
名称:Account_Number          名称: Amount
含义:客户在银行的账户        含义:交易金额
数据类型: 字符              数据类型:数值
格式: nnn-nnnn             格式: 小数点后2位
唯一性: 必须唯一            范围: 0-10000
是否允许为空:不能为空        唯一性: 不唯一
                          是否允许为空:不能为空
```
(b)

```
用户规则: WITHDRAWAL Amount(取款金额)不能超过ACCOUNT Balance
(账户余额)
事件: Insert(插入)
实体名称: WITHDRAWAL
条件: WITHDRAWAL Amount > ACCOUNT Balance(取款金额大于账户余额)
行动: 拒绝插入交易
```
(c)

本章描述的 E-R 模型主要关注的是数据结构，而非表达业务规则（尽管 E-R 模型隐含了一些基本规则）。一般来说，业务规则是在需求确定过程中捕获的，并在记录时存储到 CASE 存储库中。本章之前介绍了实体完整性，引用完整性将在第9章介绍，因其适用于数据库设计。本节简单介绍了两种规则类型：域和触发操作。图 8.20(a) 用银行环境下的一个简单例子来说明这些规则。在这个例子中，ACCOUNT(账户)实体和 WITHDRAWAL(取款)实体之间存在一个 Is_for 关系。

域

域 (domain) 是属性可能具有的所有数据类型和取值范围的集合 (Hoffer et al., 2016)。在域的定义中，通常要指定属性的以下部分 (或全部) 特征：数据类型、长度、格式、范围、允许的值、含义、唯一性和是否支持空 (一个属性值是否允许为空)。

图 8.20(b) 展示了银行业务例子的两个域定义。第一个定义针对的是 Account_Number(账户)。由于 Account_Number 是一个标识符属性，所以在定义中规定了 Account_Number 必须唯一，而且不能为空 (这些规范适用于所有标识符)。在定义中，规定了该属性的数据类型为字符，格式为 nnn-nnn。所以，为该属性输入不符合其字符类型或格式的值的任何行为都会被拒绝，并显示一条错误消息。

Amount 属性 (请求的取款金额) 的域定义也要求不能为空，但可以不唯一。格式允许有两个小数位，这是货币金额的通行做法。取值范围有一个零的下限 (以防止负值) 和一个 10000 的上限。后者指定了单笔取款的上限。

使用域有以下几个方面的好处。

* 域验证一个属性的值 (通过插入或更新操作来存储) 是否有效。
* 域确保各种数据处理操作 (如关系数据库系统的 join 或 union 操作) 是合乎逻辑的。
* 域免却了描述属性特征的工作。

域可以帮我们节省一些精力，因为可以定义域，然后将数据模型中的每个属性与一个适当的域关联。为了说明这一点，假定某银行有三种类型的账户，其标识符如下。

账户类型	标识符
CHECKING	Checking_Account_Number
SAVINGS	Savings_Account_Number
LOAN	Loan_Account_Number

如果不使用域，则必须分别描述三个标识符属性的特征。但是，假定所有三个属性的特征都一样，那么在定义一次 Account_Number

域
(domain)
属性可能具有的所有数据类型和值的集合。

域之后，如图 8.13(b) 所示，只需将这三个属性的每一个与 Account_Number 关联即可。其他常见的域，如 Date(日期)、Social_Security_Number(社会安全号码) 和 Telephone_Number(电话号码) 也只需在模型中定义一次。

触发操作

触发操作
(triggering operation)
控制数据操作 (比如插入、更新或删除) 有效性的一种断言或规则，也称为触发器 (trigger)。

触发操作 (triggering operation，也称为 trigger 或 "触发器") 是控制数据操作 (比如插入、更新或删除) 有效性的一种断言或规则。触发操作的范围可能仅限于一个实体内的属性，也可能扩展到两个或多个实体的属性。复杂业务规则通常可用触发操作来表述。

一个触发操作通常包含以下组成部分。

- 用户规则。要由触发操作来强制的一个业务规则的简要说明。
- 事件。发起该操作的一个数据操作 (插入、删除或更新)。
- 实体名称。被访问和 / 或修改的实体的名称。
- 条件。导致操作被触发的条件。
- 行动。操作被触发时采取的行动。

图 8-20(c) 展示了银行环境中的触发操作的例子。业务规则很简单 (也很熟悉)：取款金额不能超过当前账户余额。所关注的事件是试图插入 WITHDRAWAL 实体类型的一个实例 (可能来自 ATM)。条件为：

"WITHDRAWAL Amount > ACCOUNT Balance(取款金额大于账户余额)"。如果触发该条件，采取的行动是拒绝交易。该触发操作要注意两件事情。首先，它跨越了两种实体类型；其次，业务规则不能通过域的使用来加以强制。

触发操作的使用是数据库策略的一个越来越重要的组成部分。有了触发操作，数据完整性的责任就落实给数据库管理系统 (DBMS)，而不是落实给应用程序或操作人员。在银行业务的例子中，柜员自然可以在处理每笔取款之前都检查账户余额。但是，人容易犯错，而且在任何时候，自动柜员机 (ATM) 都是独立运行的系统，跟人工处理不沾边。当然，也可以在相应的应用程序中建立完整性检查逻辑，但完整性检查要求在每个程序中都重复逻辑。我们无法保证逻辑的一致性（因为应用程序可能由不同的人在不同的时间开发），也无法保证应用程序会随着条件的变化而保持更新。

如前所述，业务规则应被记录在 CASE 存储库中。理想情况下，这些规则将被数据库软件自动检查。将业务规则从应用程序中移除并集成到存储库中（以域、引用完整性约束和触发操作的形式）有几个重要优势，具体如下。

- 加快应用程序的开发速度，减少错误，因为这些规则可在程序中自动生成，或由数据库管理系统予以强制。
- 减少维护工作和开支。
- 更快地响应业务变化。
- 方便最终用户参与新系统的开发和数据处理。
- 提供一致的完整性约束应用。
- 减少培训程序员所需的时间和精力。
- 增强数据库的易用性。

要想更全面地了解业务规则，请参考 Hoffer et al. (2016)。

预打包概念数据模型的角色：数据库模式

幸好，数据建模技术已发展到组织很少有必要完全由自己开发数据模型的程度。相反，针对不同业务情况的通用数据库模式可在打包的数据模型（或模型组件）中找到。这些模型以相对较低的成本购买，并在适当定制后，组装成完整的数据模型。这些通用数据模型由行业专家、顾问和数据库技术供应商基于他们在多种行业的几十个组织中的专业知识及经验开发。模型通常作为数据建模软件包（例如 Computer Associates 的 ERWin) 的内容提供。软件能生成 E-R 图，维护关于数据模型的所有元数据，并能生成各种报告，以帮助根据具体情况定制数据模型，比如定制数据名称、改变关系特征或添加特定环境中的特定数据。一旦根据本地环境对设计进行了完全定制，软件就可以生成计算机代码，在数据库管理系统中自动定义数据库。一些简单而有限的通用数据模型可在本书或互联网上找到。

主要有两种类型的打包数据模型：通用数据模型（几乎适用于任何企业或组织）以及行业专用数据模型。下面简单讨论每一种类型，并提供每种类型的参考资料。

统一数据模型

许多（甚至大多数）组织都有许多核心主题领域，如客户、产品、账户、文档和项目。虽然在细节上有所不同，但这些主题的基础数据结构往往很相似。另外，一些核心业务功能，如采购、会计、收货和项目管理，也遵循共同的模式。统一数据模型 (Universal data models) 是一个或多个这些主题领域和 / 或功能的模板。所有预期的数据模型组件通常都包括在内：实体、关系、属性、主键和外键，甚至还包括样本数据。Hoberman(2009)、Marco and Jennings(2004) 以及 Silverston and Agnew(2008) 提供了两个通用数据模型集的例子。

行业专用数据模型

行业专用数据模型 (industry-specific data models) 为特定行业中的组织设计的常规数据模型。几乎每种主要的行业都有专用的数据模型，包括医疗保健、电信、离散制造、加工制造、银行、保险和高等教育。这些模型的前提是，在一个特定行业内，组织的数据模型模式非常相似（"银行就是银行"）。然而，一个行业（如银行业）的数据模型与另一个行业（如医院）的数据模型有很大不同。Inmon(2005)、Keller and

Keller(2013)、Kimball and Ross(2013) 以及 Silverston and Agnew(2008)
提供了行业专用数据模型的一些典型例子。

数据库模式和预打包数据模型的优点

数据建模领域的大多数人将购买的统一或行业专用数据库模式称
为逻辑数据模型 (logical data model，LDM)。从技术上讲，逻辑数据
模型是指一个概念数据模型，它具有与最流行的数据库技术类型——
关系型数据库——相关的一些附加属性。事实上，本章讨论的这种类
型的数据计划与分析可用一个概念或逻辑数据模型来完成。过程一样，
只是起点不同。

LDM 是模式、组件和预打包应用程序的数据库版本，可利用它更
快、更可靠地构建新应用程序。LDM 的一个优势是，现在几乎每个行
业和应用领域都存在打包的数据模型，从特定的操作系统到企业系统，
如企业资源计划 (ERP) 和数据仓库。它们可从数据库软件供应商、应
用软件供应商和咨询公司获得。并不是说使用预打包数据模型，就不
需要本章讨论的方法和技术；它们只是改变了这些方法和技术的使用
环境。

现在很重要的一点是，即使要从头构建一个应用程序，也要考虑
提前购买一个预打包的数据模型。下面列举从购买的数据模型开始逐
渐对其进行调整的好处。

- 已通过验证。购买的模型经由广泛的经验而得到了验证。
- 降低成本。使用购买的模型的项目花费更少的时间和成本，因
  为不再需要最初的发现步骤，只需根据自己的情况进行反复调
  整和完善。
- 预测未来需求，而非仅仅是初始需求。购买的模型预测了未来
  的需求,而非仅仅是在应用程序的第一个版本中认识到的需求。

由于数据库结构不需要结构上的改变 (否则就要对使用了数据库的应用程序进行重新编程，从而产生高昂的代价)，所以它们的好处是经常性的，而非一次性的。

- 促进了系统分析。购买的模型实际上促进了数据库的计划与分析，它提供了第一个数据模型，可根据它来生成特定的分析问题以及具体的 (而非假想或抽象的) 的例子，从而理解在适当的数据库中都有什么东西。

- 一致性和完整性。购买的数据模型有很强的通用性，几乎涵盖了相关功能领域或行业的所有选项。所以，它们提供的结构在完成定制后，将是一致和完整的。

请参考 Hoffer 等人 (2016) 了解在数据建模和数据库开发中使用打包数据模型的更多细节。当然，打包的数据模型不能取代完善的数据库分析与设计。熟练的分析和设计人员仍需确定数据库需求并选择、修改、安装和集成他们选用的任何预打包系统。

电商应用：概念数据建模

基于互联网的电子商务应用的概念数据建模与分析其他类型应用的数据需求的过程没有什么不同。本书之前讨论了 Jim Woo 如何分析 WebStore 中的信息流并开发 DFD。本节将讨论他在开发 WebStore 的概念数据模型时所遵循的过程。

松谷家具网店的概念数据建模

为了更好地了解 WebStore 需要哪些数据，Jim Woo 仔细审查了 JAD 会议上的信息和他之前开发的 DFD。表 8.2 列出了在 JAD 会议上确定的客户和库存信息的摘要。Jim 不确定这些信息是否完整，但他

知道这是确定 WebStore 需要捕捉、存储和处理哪些信息的一个很好的
起点。为了确定其他信息，他仔细研究了如图 8.21 所示的 DFD。可
从该图清楚地识别两个数据存储：库存和购物车；两者都适合成为概
念数据模型中的实体。最后，Jim 检查了 DFD 中的数据流，想了解实
体的其他可能来源。通过此次分析，确定了 5 个需要考虑的常规信息
类别：

表 8.2　WebStore 的客户和库存信息

家庭办公客户	学生客户	库存信息
名称	名称	SKU
以 (公司名称) 的身份做生意	学校	名称
	地址	说明
地址	电话	成品尺寸
电话	电子邮件	成品重量
传真		可用材料
电子邮件		可用颜色
		价格
		前置期或交货期

- 客户
- 库存
- 订单
- 购物车
- 临时用户 / 系统消息

图 8.21

WebStore 的 0 级 DFD

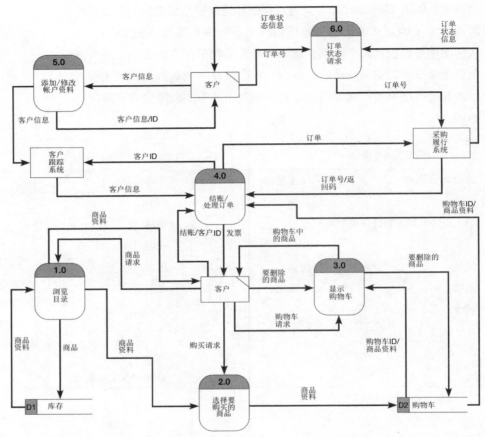

松谷家具
(PVF)

确定了多个类别的数据后，Jim 的下一步是仔细定义每一项。为此，他再次检查 DFD 中的所有数据流，并记录了所有数据流的来源和目的地。通过仔细列出这些数据流，他可以更容易地从整体上理解 DFD，并更彻底地了解从点到点需要哪些信息。这一活动的结果是建立了两个表格，记录了他对 WebStore 需求的不断理解。第一个表（表 8.3）列出了每个数据类别中的每个数据流及其相应的说明。第二个表（表 8.4）列出了每个数据类别中的每个独特数据流。他现在觉得可以开始为 WebStore 构建一个 E-R 图了。

表 8.3　WebStore 的数据类别、数据流和数据流说明

数据类别 / 数据流	说明
客户相关	
客户 ID(Customer ID)	每个客户的唯一标识符 (由客户跟踪系统生成)
客户信息 (Customer Information)	详细客户信息 (存储在客户跟踪系统中)
库存相关	
商品 (Product Item)	每种产品的唯一标识符 (存储在库存数据库中)
商品资料 (Item Profile)	详细产品信息 (存储在库存数据库中)
订单相关	
订单编号 (Order Number)	订单的唯一标识符 (由采购履行系统生成)
订单 (Order)	详细订单信息 (存储在采购履行信息系统中)
退货码 (Return Code)	处理客户退货的唯一代码 (由采购履行系统生成并存储)
发票 (Invoice)	详细订单汇总信息 (根据订单信息生成，存储在采购履行系统中)
订单状态信息 (Order Status Information)	关于订单状态信息的详细汇总 (由采购履行系统生成 / 存储)
购物车	
购物车 ID(Cart ID)	购物车的唯一标识符
临时用户 / 系统消息	
商品请求 (Product Item Request)	请求查看目录商品的信息
购买请求 (Purchase Request)	请求将一个商品移至购物车
查看购物车 (View Cart)	请求查看购物车内容
购物车中的商品 (Items in Cart)	购物车中所有商品的汇总报告
删除商品 (Remove Item)	请求从购物车移除商品
结账 (Check Out)	请求结账并处理订单

表 8.4　WebStore DFD 中的数据类别、数据流和数据流的来源 / 目的地

数据流	来源 / 目的地
客户相关	
客户 ID(Customer ID)	从客户到过程 4.0
	从过程 4.0 到客户跟踪系统
	从过程 5.0 到客户
客户信息 (Customer Information)	从客户到过程 5.0
	从过程 5.0 到客户
	从过程 5.0 到客户跟踪系统
	从客户跟踪系统到过程 4.0
库存相关	
商品 (Product Item)	从过程 1.0 到数据存储 D1
	从过程 3.0 到数据存储 D2
商品资料 (Item Profile)	从数据存储 D1 到过程 1.0
	从过程 1.0 到客户
	从过程 1.0 到过程 2.0
	从过程 2.0 到数据存储 D2
	从数据存储 D2 到过程 3.0
	从数据存储 D2 到过程 4.0
订单相关	
订单编号 (Order Number)	从采购履行系统到过程 4.0
	从客户到过程 6.0
	从过程 6.0 到采购履行系统
订单 (Order)	从过程 4.0 到采购履行系统
返回码 (Return Code)	从采购履行系统到过程 4.0
发票 (Invoice)	从过程 4.0 到客户
订单状态 (Order Status)	从过程 6.0 到客户
	从采购履行系统到过程 6.0
购物车 (Shopping Cart)	
购物车 ID(Cart ID)	从数据存储 D2 到过程 3.0
	从数据存储 D2 到过程 4.0
临时用户 / 系统消息	
商品请求 (Product Item Request)	从客户到过程 1.0
购买请求 (Purchase Request)	从客户到过程 2.0
查看购物车 (View Cart)	从客户到过程 3.0
购物车中的商品 (Items in Cart)	从过程 3.0 到客户
删除商品 (Remove Item)	从客户到过程 3.0
	从过程 3.0 到数据存储 D2
结账 (Check Out)	从客户到过程 4.0

　　Jim 得出结论，客户、库存和订单都是一个独特的实体，将成为他的 E-R 图的一部分。之前讲过，实体是一个人、地点或对象；所有这三项都符合该标准。由于"临时用户 / 系统消息"数据不是永久存储的项，也不是一个人、地点或对象，所以他得出结论，这不应该是概念数据模型中的一个实体。另外，虽然购物车也是一个临时存储的项，但它的内容至少需要在客户访问 WebStore 期间内被存储，所以应被视为一个对象。如图 8.21 所示，过程 4.0 "结账 / 处理订单"将购物车的内容转移至采购履行系统，并在那里存储订单详情。所以，他得出结论，购物车连同客户、库存和订单都将是他的 E-R 图中的实体。

　　最后一步是确定这四个实体的相互关系。在仔细研究了所有相关信息后，Jim 得出以下结论。

- 每个客户都拥有零个或一个购物车实例；每个购物车实例都由一个、且只有一个客户拥有。
- 每个购物车实例包含一个、且只有一个库存商品；每个库存商品包含在零个或多个购物车实例中。
- 每个客户下零个到多个订单；每个订单都由一个、且只有一个客户下。
- 每个订单都包含一个到多个购物车实例；每个购物车实例都包含在一个、且只有一个订单中。

　　定义好这些关系后，Jim 绘制了如图 8.22 所示的 E-R 图。他现在对需求、WebStore 内部的信息流、WebStore 和现有 PVF 系统之间的信息流以及当前的概念数据模型有了很好的理解。接着几小时，Jim 计划进一步完善他的理解，列出每个实体的具体属性，再将这些列表与现有的库存、客户和订单数据库表进行比较。着手选择最终设计策略之前，概念数据建模的最后一项活动是确保所有属性都被考虑在内。

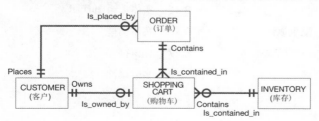

图 8.22

WebStore 系统的 E-R 图

小结

本章介绍了对信息系统的数据需求进行建模的过程和基本符号，概括了使用 E-R 符号的概念数据模型的结构，并讨论了概念数据模型的各个组成部分与数据流和数据存储的关系。

概念数据建模基于数据构造而非数据的使用方式。这些构造包括实体、关系、度和基数。数据模型显示了对组织的性质进行定义的、相对不变的业务规则。规则定义了数据的特征，比如数据属性的取值范围（域）、实体的唯一特征（标识符）、不同实体之间的关系以及在数据维护期间保护属性有效性的触发操作（触发器）。

数据模型显示了数据的主要类别（在 E-R 标记法中称为实体）、实体之间的关联或关系以及实体和关系的属性。为表示实体之间的多对多关系，通常需要一种特殊的实体类型，称为关联实体。实体类型有别于实体实例。每个实体实例通过一个标识符属性与同类型的其他实例区分开来。

关系是维系数据模型各个组成部分的粘合剂。三种常见的关系类型是一元、二元和三元。参与一个关系的实体实例的最小和最大数量代表了关于组织性质的重要规则，这些数据是在需求确定期间捕获的。超类型/子类型关系可用于显示从较一般到较具体的相关实体类型的层次结构，这些实体具有共同的属性和关系。超类型和子类型之间的完全和部分特化规则以及子类型之间的分离 (disjoint) 和重叠 (overlap) 规则阐明了相关实体类型的含义。

现代系统分析的基础在于重用，而重用的一种形式是预打包的概念数据模型。这些数据模型可从多个供应商处购买，对于学习同一行业或具有相同业务功能的其他组织的最佳实践很有帮助。比起从头构建复杂的数据模型，它们能节省大量时间。

关键术语

8.19	可选属性	8.23	重复组	8.27	三元关系
8.20	重叠规则	8.24	必须属性	8.28	完全特化规则
8.21	部分特化规则	8.25	子类型	8.29	触发操作（触发器）
8.22	关系	8.26	超类型	8.30	一元关系

将上述每个关键术语与定义配对。

＿＿＿ 用于捕捉组织数据的整体结构的一种详细模型，它独立于任何数据库管理系统或其他有关具体实现的考虑。

＿＿＿ 组织或业务领域所用实体、关联和数据元素的一种详细的、逻辑性的表示。

＿＿＿ E-R 模型的图形化表示。

＿＿＿ 具有共同属性或特征的实体的集合。

＿＿＿ 实体类型的单一具现。

＿＿＿ 组织感兴趣的实体的具名属性或特征。

＿＿＿ 对实体类型的不同实例进行区分的一个属性（或多个属性的组合）。

＿＿＿ 选择作为实体类型唯一标识性特征的候选键。

＿＿＿ 在每个实体实例中的值都可能不止一个的属性。

＿＿＿ 两个或更多在逻辑上相关的多值属性。

＿＿＿ 组织感兴趣的一个或多个实体类型的实例之间的关联。

＿＿＿ 参与一个关系的实体类型的数量。

＿＿＿ 一个实体类型的不同实例之间的关系。

＿＿＿ 两个实体类型的不同实例之间的关系。

＿＿＿ 三个实体类型的实例之间同时存在的一种关系。

＿＿＿ 可以（或必须）与实体 A 的每个实例关联的实体 B 的实例数量。

＿＿＿ 将一个或多个实体类型的实例关联起来的一种实体类型，可包含这些实体实例之间的关系所特有的属性，也称为一个 gerund。

＿＿＿ 对组织来说有意义的一个实体类型的实体子分组，具有一些共通的属性，但又有一个或多个不共通的属性或关系。

＿＿＿ 与一个或多个子类型有关的常规实体类型。

＿＿＿ 超类型的每个实体实例都必须是关系中某个子类型的成员。

＿＿＿ 超类型的实体实例可以不从属于任何子类型。

＿＿＿ 如超类型的实体实例是一个子类型的成员，那么它不能同时是其他任何子类型的成员。

＿＿＿ 一个实体实例可以同时是两个（或更多）子类型的成员。

＿＿＿ 旨在维护逻辑数据类型完整性的规范。

＿＿＿ 属性可能具有的所有数据类型和值的集合。

＿＿＿ 控制数据操作（如插入、更新或删除）有效性的一种断言或规则。

＿＿＿ 在每个实体实例中都必须有值的属性。

＿＿＿ 不用在每个实体实例中都有值的属性。

＿＿＿ 包含有意义的组成部分的属性。

＿＿＿ 其值可从相关属性值计算出来的属性。

复习题

8.31　一些系统开发人员为什么认为数据模型是信息系统需求说明中最重要的部分。

8.32　区分在 SDLC 的信息系统计划、项目启动和计划以及分析阶段所做的数据建模。

8.33　作为数据建模的一部分，要对 DFD 的哪些元素进行分析？

8.34　解释三元关系为何不等同于三个二元关系。

8.35　什么时候必须将多对多关系建模成一个关联实体？

8.36　在信息系统的分析与设计中，触发操作和业务规则的意义是什么？

8.37　以下哪种类型的关系——一对一、一对多、多对多——可以有关联的属性？

8.38　DFD、决策表和 E-R 图之间有什么联系？

8.39　什么是关系的度？为本章介绍的每种关系度给出一个例子。

8.40　给出一个三元关系的例子，要和本章的例子有区别。

8.41　列出在系统开发过程"分析"阶段的"概念数据建模"部分的交付物。

8.42　请解释最小基数与可选和强制参与之间的关系。

8.43　列出一个实体标识符属性的理想特征。

8.44　解释相较于从无到有构建数据模型，从一个预打包的数据模型开始进行的概念数据建模过程有什么区别。

8.45　比较以下术语：

a. 子类型；超类型

b. 完全特化规则；部分特化规则

c. 分离规则；重叠规则

d. 属性；操作

问题和练习

8.46　假设 PVF 的每种产品 (由产品编号、描述和成本来描述) 至少由三部分构成 (零件编号、描述和计量单位) 组成，并且零件被用于制造一种或多种产品 (换言之，至少要在一种产品中使用)。此外，假设零件还被用于制造其他零件,而且原材料也被视为零件。在"零件被用于制造产品"和"零件被用于制造其他零件"这两种情况下，我们要跟踪

有多少零件被用于制造其他东西。为这种情况画一个 E-R 图，并在图上标出最小和最大基数。

8.47　类似于 PVF 的产品销售，股票经纪公司也销售股票，而且价格不断变化。画一个考虑到股票价格不断变化的 E-R 图。

8.48　假定要开发一个基于计算机的工具来帮助分析师对用户进行访谈并能快速、方便地创建

和编辑 E-R 图，你要构建的工具是什么类型？它有哪些功能？它如何工作？

8.49　一个软件培训项目被分为多个培训模块，每个模块都有模块名称和大致的练习时间。有的模块存在先决（预修）模块。用一个 E-R 图来模拟这种培训项目和模块的情况。

8.50　每学期都要为每个学生分配一名顾问(adviser)，他 / 她帮助学生了解学位要求，并帮助学生注册课程。学生必须在顾问的帮助下注册课程，但如果为其分配的顾问暂时没空，他们也可以在其他任何顾问的帮助下注册。我们必须跟踪学生、为其分配的顾问以及学生在本学期具体由哪个顾问帮助注册。用一个 E-R 图来表示这种学生和顾问的情况。

8.51　假设实体 PART(零件) 的属性包括 Part_Number(零件编号)、Drawing_Number(图号)、Weight(重量)、Description(说明)、Storage_Location(储放地点) 和 Cost(成本)。其中哪些属性是候选键？为什么？你会选择哪个属性作为 PART 的标识符？为什么？或

者是否需要创建另一个属性来作为标识符？为什么？

8.52　对于图 8.15b 的 E-R 图来说：

a. 如果不包括 Certificate_Number(证书编号)，那么 CERTIFICATE(证书) 关联实体的标识符将是什么？

b. 现在假设同一个员工可在不同的日期多次参加同一个课程。这是否会改变你对问题和练习 8.52a 的答案？为什么？

8.53　根据图 8.23 的 E-R 图回答以下问题：

a. 员工可从事多少 PROJECT(项目)？

b. Includes 是几度关系？

c. 该图有任何关联实体吗？如果有，请进行命名。

d. Skill(技能) 还可以如何建模？

e. 可以为 Includes 关系附加任何属性吗？

f. TASK 可建模成关联实体吗？

g. 员工收入根据每个项目不同的小时工资来计算。在 E-R 图中，你会在哪里表示新属性"小时工资"(Hourly pay rate)？

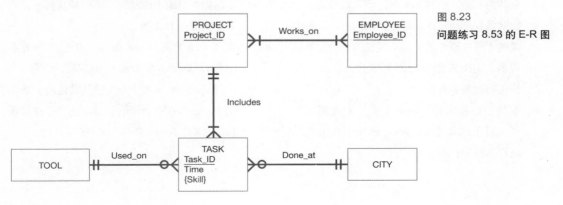

图 8.23
问题练习 8.53 的 E-R 图

图 8.24

问题和练习 8.54 和 8.55 的 E-R 图

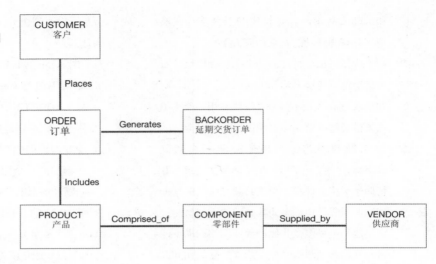

8.54 为图 8.24 的 E-R 图画出关系基数并进行描述。列出你必须对相关的业务规则做出的任何假设。能否对这张图进行任何修改或增补使其变得更好？为什么？

8.55 对于图 8.24 的 E-R 图，假定该公司现在决定将每个销售代表分配给一小组特定的客户。部分客户现可成为"会员"，并享受独特的利益。组建小的制造团队，指定每个团队进行小规模的、特定产品的生产。每个采购人员被分配给一组小规模的、特定的供应商。对 E-R 图进行必要的修改，画出并描述新的关系基数。

8.56 取得一份在你最近的商业交易中使用的发票、订单或账单的副本。创建 E-R 图来描述你取得的样本文件。

8.57 以表 8.1 为指导，针对 PVF 的订单输入功能，为分析师与用户之间的访谈制定完整的脚本（问题和可能的答案）。

8.58 一场音乐会的门票预订是一名顾客、一场音乐会和一个座位之间的关联。为这些实体类型中的每一个选择几个相关的属性，并用 E-R 图来表示一个预订。

8.59 根据你在组织中的经验，为一种具有三元关系的情况画 E-R 图。

8.60 在图 8.25 的海运 E-R 图中，全部三种关系 (Holds、Goes_on 和 Transports) 都是必要的吗？也就是说，是否其中一个能从其他两个推导出来？是否存在合理的假设，使这三种关系都是必要的？如果存在，这些假设是什么？

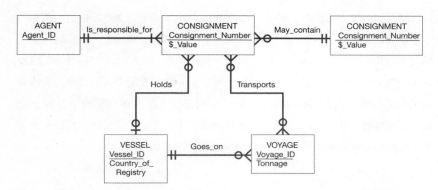

图 8.25

问题和练习 8.60 的 E-R 图

8.61　画 E-R 图来表示图 8.4 的示例客户订单。

8.62　某中介的房地产数据库有一个名为 PROPERTY 的实体，代表该中介所出售的房产。每次有潜在的买家对房产提出购买要约时，中介都会记录日期、要约价格和客户姓名。

　a. 使用多值属性的符号表示 PROPERTY 实体及其购买要约 (purchase offer) 属性。

　b. 使用两个实体类型表示 PROPERTY 实体及其购买要约属性。

　c. 假定该中介决定同时保存关于买家和潜在买家的数据，包括他们的姓名、电话号码和地址。买家通常有多个电话号码和地址，它们之间不一定有联系。对问题和练习 8.62b 的答案进行补充，以适应这种新的实体类型。

　d. 最后，假定对于每个购买要约，需知道哪个买家的电话号码和地址与该要约关联。对问题和练习 8.62c 的答案进行补充，以适应这个新的要求。

8.63　针对图 8.14c 的一元关系 Is_married_to：

　a. 假定我们想知道结婚日期。扩充该 E-R 图以包括一个 Date_married 属性。

　b. 人有时会在配偶死亡或离婚后再婚，重画该 E-R 图以显示人的整个婚史（而不仅仅是当前的婚姻）。在该图上显示 Date_married 属性。

　c. 在你对问题和练习 8.63b 的回答中，是否能表示同两个人多次和对方结婚的情况？解释一下。

8.64　针对图 8.20：

　a. 为 Balance 写一个域完整性规则。

　b. 针对插入新 ACCOUNT(账户) 的事件，为 Balance 属性写一个触发操作。

8.65　E-R 图和决策树有什么相似和不同之处？数据和逻辑建模技术在哪些方面是互补的？如数据或逻辑建模技术在系统开发过程中没有得到很好的执行或根本没有执行，可能会遇到什么问题？

8.66　某公司的"采购"部门可为采购申请分配一名联系人 (expediter)。该联络员在整个采购过程中跟踪采购申请，是公司内发出采购申请的人或单位的唯一联系人。采购部门将需要采购货物和服务的员工称为客户。采购过程中，来自一些特殊客户的采购申请必须对外向供应商招标，相关的招标书必须由采购部门批准。如果不是来自特殊客户的采购，产品或服务可以简单地从任何经批准的供应商处购买，但采购申请仍然必须由采购部门批准，而且该部门必须签发一个采购订单。对于"特殊客户"的采购，一旦中标被接受，采购部门就可以签发一个采购订单。为该业务过程列出相关的实体和属性，并画一个 E-R 图。列出为了定义标识符、评估基数等等而必须做出的任何假设。

实战演练

8.67　和一个朋友或家庭成员面谈，了解他／她在工作中接触到的每个实体、属性、关系和相关的业务规则。根据这些信息画一个 E-R 图，并把它拿给这个人看。修改该图，直到你和你的朋友或家人都满意为止。

8.68　访问主要提供某项服务的一个组织，如干洗店。再访问一家主要生产实体产品的公司。和这些组织的员工面谈，了解他们公司经常遇到的实体、属性、关系和相关业务规则。根据这些信息来画 E-R 图。服务型公司和产品型公司的图有什么不同和相似之处？E-R 绘图技术对于这两种情况是否都能很好地处理？为什么？如果在公立机构使用这种技术会有什么不同？

8.69　和一位系统分析师讨论概念数据建模在其公司信息系统的总体系统分析与设计中的作用。他们的概念数据建模如何进行，由谁执行？公司为该技术提供了什么培训？在开发过程的哪个环节进行？为什么？

8.70　请一个系统分析师为你列举他们听说过或在其公司亲自处理过的一元、二元和三元关系的例子。问他／她哪种最常见？为什么？

8.71　与各种组织的 MIS 专家交谈，了解他们对于使用预打包的数据模型的兴趣（而不是从头开始做数据建模）。如果他们已采用了某种预打包的数据模型，记录他们如何根据自己的需求进行定制。

8.72　请一个系统分析师给你一套他／她用来绘制 E-R 图的标准符号。这套符号与本书采用的符号有什么不同？你喜欢哪种符号，为什么？如果有任何多的符号，它们的意义是什么？

8.73　请一家制造公司的系统分析师向你展示他们为包含物料清单数据的数据库画的 E-R 图。将该图与图 8.12 的图进行对比。这些图有什么不同？

参考资料

Bruce, T. A. (1992). *Designing quality databases with IDEF1X information models*. New York: Dorset House Publications.

Gottesdiener, E. (1999). Turning rules into requirements. *Application Development Trends, 6*(7), 37–50.

Herbst, H. (2013). *Business rule-oriented conceptual modeling*. Heidelberg, Germany: Physica-Verlag.

Hills, T. (2016). *NoSQL and SQL data modeling: Bringing together data, semantics, and software*. Basking Ridge, NJ: Technics Publications.

Hoberman, S. (2009). *Industry logical data models serve as maps to an organization's information*. Retrieved April 9, 2018 from http://www.teradata.com/Resources/White-Papers/Leveraging-the-Industry-Logical-Data-Model-as.

Hoberman, S., Burbank, D., & Bradley, C. (2012). *Data modeling for the business*. Bradley Beach, NJ: Technics Publications.

Hoffer, J. A., Ramesh, V., & Topi, H. (2016). *Modern database management* (12th ed.). Upper Saddle River, NJ: Prentice Hall.

Inmon, W. H. (2005). *Building the data warehouse*. Indianapolis, IN: Wiley.

Keller, S. B, and Keller, B. C. (2013). *The definitive guide to warehousing*. Upper Saddle River, NJ: Pearson.

Kimball, R., & Ross, M. (2013). *The data warehouse toolkit: The complete guide to dimensional data modeling* (3rd ed.). New York: John Wiley & Sons, Inc.

Kroenke, D.M., Auer, D.J., Vandenberg, S.L., & Yoder, R.C. (2017). *Database concepts* (8th ed.). New York: Pearson.

Marco, D., & Jennings, M. (2004). *Universal meta data models*. New York: John Wiley & Sons, Inc.

Silverston, L., & Agnew, P. (2008). *The data model resource book, vol. 3: Universal patterns for data modeling*. New York: John Wiley & Sons, Inc.

Witt, G. (2012). *Writing effective business rules*. Burlington, MA: Morgan Kaufmann.

补充材料 8A

面向对象分析与设计：对象建模之类图

学习目标

8.1 理解对象图和类图的区别

8.2 理解类图中三种类型的操作

8.3 理解类图如何表示关联

8.4 理解如何在类图中画关联类

8.5 理解类图如何表示泛化和聚合

导言

这部分内容主要讨论如何开发类图，这是面向对象的数据建模标记法。我们描述了对象建模所涉及的主要概念和技术，包括对象和类、属性和操作的封装、聚合关系、多态性和继承。我们展示了如何使用 UML 标记法开发类图，从而提供被建模系统的一个概念视图。要更全面地了解对象建模，请参考 George, Batra, Valacich, and Hoffer. (2007), Daoust (2012), Seidl, Scholz, Huemer, and Kappel (2015) 或 Unhelkar (2017)。

对象

(object)

在应用领域有一个良好定义的角色的实体，具有状态、行为和身份标识特征。

状态

(state)

由对象的属性（属性和关系）以及那些属性的值构成。

表示对象和类

在面向对象的方法中，我们是用对象对世界进行建模。在将这种方法应用于现实世界的问题之前，我们需了解对象到底是什么。与实体实例类似，对象 (object) 在应用领域有一个经过了良好定义的角色，它有自己的状态（数据）、行为和身份特征。对象是类的单一具现（稍后会详细定义类）。

对象有一个状态，并通过可以检查或影响其状态的操作表现出行为。对象的状态 (state) 由它的属性（属性和关系）和这些属性的值构成。其行为 (behavior) 代表对象如何行动和反应 (Booch, Maksimchuk, Engle, Young, & Conallen, 2007; Unhelkar, 2017)。对象的状态由其属性值以及与其他对象的联系决定。对象的行为取决于它的状态和正在进行的操作。操作一个对象对另一个对象执行的动作，目的是获得响应。可以将操作看作是对象 (供应商) 向其客户提供的服务。客户向供应商发送一个消息，供应商通过执行相应的操作来提供所需的服务。

下面来看一个学生的例子，假定将学生 Mary Jones 表示成对象。该对象的状态由它的属性 (姓名、出生日期、年级、地址和电话号码) 和这些属性当前的值来描述。例如，姓名是 "Mary Jones"，年级是 "大三"(junior)，等等。其行为是通过诸如 "计算 GPA" 这样的操作来表示，该操作用于计算学生当前的平均绩点。这样，Mary Jones 对象把它的状态和行为都打包在一起。

所有对象都有一个身份；换言之，没有两个对象是相同的。例如，如果有两个同、同出生日期 (甚至所有属性都相同) 的 Student 实例，它们本质上还是两个不同的对象。对象在其生命期间保持自己的身份。例如，如果 Mary Jones 结婚并改变了她的名字、地址和电话，她仍然由同一个对象表示。该固有身份的概念与之前看到的 E-R 建模的标识符概念不同。

我们使用术语**对象类** (object class，或简称类，即 class) 来指代具有相同 (或类似) 属性、关系和行为 (方法) 的对象的逻辑分组 (这和本章之前使用的实体类型和实体实例一样)。所以，在我们的例子中，Mary Jones 是一个对象实例，而 Student 是一个对象类 (就像在 E-R 图中，Student 是一个实体类型)。

如图 8.26 所示，可用类图来图形化地表示类。**类图** (class diagram) 显示一个面向对象模型的静态结构，包括对象类、它们的内部结构以及它们参与的关系。在 UML 中，类用一个矩形表示，它有三个用水平线隔开的格子。类名放在顶部的格子中，属性列表在中间的格子中，操作列表则在底部的格子中。图 8.26 显示了两个类：Student(学生) 和课程 (Course) 及其属性和操作。

行为
(behavior)
表示对象如何行动和反应。

对象类
(object class)
具有相同 (或类似) 属性、关系和行为的对象的逻辑分组，也称为类。

类图
(class diagram)
显示一个面向对象模型的静态结构，包括对象类、它们的内部结构以及它们参与的关系。

图 8.26

显示了两个类的 UML 类图

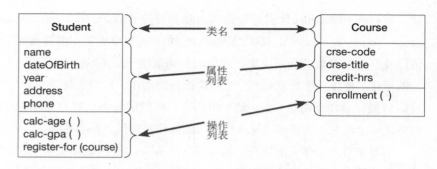

Student 类是一组拥有共同结构和共同行为的 Student 对象。每个对象都知道自己属于哪个类；例如，Mary Jones 知道自己属于 Student 类。同一类的对象也可参与与其他对象的类似关系；例如，所有学生都会注册课程，所以 Student 类可与另一个名为 Course 的类参与一种名为"registers-for"（学生注册课程）的关系（参见稍后的"表示关联"一节）。

操作 (operation)，例如 Student 中的 calc-gpa(图 8.26)，是类的所有实例都提供的函数（功能）或服务，它通过传递消息来调用一个对象中的行为。只有通过这样的操作，其他对象才能访问或操作存储在一个对象中的信息。所以，操作为类提供了一个外部接口；接口呈现的是类的外部视图，不显示其内部结构或操作具体如何实现。这种将对象的内部实现细节从其外部视图中隐藏起来的技术称为封装 (encapsulation) 或信息隐藏 (Booch et al., 2007; Seidl et al., 2015; Unhelkar, 2017)。所以，虽然我们通过接口提供了类的所有实例所共有的行为的一个抽象，但我们在类中封装了它的结构及其具体行为的秘密。

操作的类型

有三种作用于对象的操作：(1) 构造器；(2) 查询；(3) 更新 (Bell, 2004; Seidl et al.，2015；Unhelkar, 2017)。 构造器操作 (constructor operation) 创建类的一个新实例。例如，可以在 Student 类中设计一个名为 create-student(创建学生) 的操作，它负责新建一个学生对象并初

操作

(operation)

类的所有实例都提供的函数（功能）或服务。

封装

(encapsulation)

将对象的内部实现细节从其外部视图中隐藏起来的技术。

构造器操作

(constructor operation)

新建类的实例的一种操作。

始化其状态。所有类都有这种构造器操作，所以不在类图中明确显示。

　　查询操作 (query operation) 是没有任何副作用的一种操作。它访问但不改变对象的状态 (Unhelkar, 2017)。例如，Student 类可以有一个名为 get-year(获取年级) 的操作 (图中未显示)，它的作用很简单，就是检索查询所指定的 Student 对象的年级 (大一、大二、大三或大四，即 freshman，sophomore，junior 或 senior)。注意，没有必要在类图中明确显示像 get-year 这样的查询，因其检索的是一个独立的基础属性的值。但是，再来考虑一下 Student 中的 calc-age(计算年龄) 操作。这也是一个查询操作，因其无任何副作用。注意，该查询的唯一参数是目标 Student 对象。这样的查询可表示成一个派生属性 (Seidl et al., 2015；Unhelkar, 2017)。例如，可将"age"(年龄) 表示为 Student 的一个派生属性。由于目标对象肯定是一个操作的隐含 (隐式) 参数，所以不需要在操作声明中显式 (明确) 显示它。

　　更新操作 (update operation) 则有副作用，因其会改变对象的状态。以 Student 类的"promote-student"(升年级) 操作为例 (图中未显示)。该操作将一个学生升到一个新年级，例如从大三升到大四，从而改变学生对象的状态 (年级属性的值)。更新操作的另一个例子是 register-for(course)，当它被调用时，(副) 作用是建立一个从 Student 对象到特定 Course 对象的连接。注意，除了有目标 Student 对象作为隐式参数，该操作还有一个名为"course"(课程) 的显式参数，用于指定学生想要注册的课程。显式参数要在括号中显示。

　　类范围操作 (class-scope operation) 是指作用于类而非某个对象实例的操作。例如，Student 类的 avg-gpa(平均 GPA，图 8.26 未显示) 计算所有学生的平均 GPA(操作名称加下划线，表示是一个范围操作)。

表示关联

　　与 E-R 模型的"关系"定义类似，关联 (association) 是对象类的实例之间的关系。和 E-R 模型一样，关联关系的度可以是 1(一元)、

查询操作
(query operation)
访问但不改变对象状态的一种操作。

更新操作
(update operation)
会改变改变对象状态的一种操作。

类范围操作
(class-scope operation)
作用于类而非某个对象实例的操作。

关联
(association)
对象类之间的具名关系。

2(二元)、3(三元) 或更高 (n 元)。图 8.27 展示了如何用面向对象模型来表示不同度的关联关系。关联被显示为各个参与类之间的实线。关联与类连接的一端的名称叫关联角色 (Bell, 2004)。每个关联都有两个或更多角色。可用位于关联末端的标签来明确命名一个角色 (例如图 8.27 中的 manager 角色)。角色名称表示在名称所在位置附近的那个类所扮演的角色。角色名称可以有，也可以没有。可指定角色名称来代替或补充关联名称。在关联名称旁边，可用一个实心三角形来明确显示关联的方向。

关联角色
(association role)
关联与类连接的那一端。

图 8.27
不同度的关联关系的例子

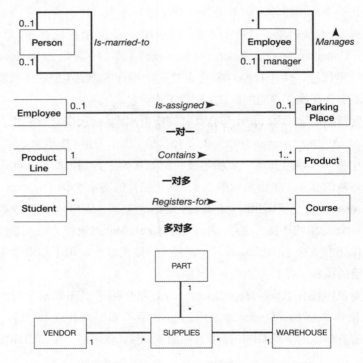

图 8.27 显示了两个一元关系，分别是 Is-married-to 和 Manages。在 Manages 关系的一端，我们将角色命名为 "manager"，意味着一

个员工可以扮演经理的角色。没有命名其他角色，但是我们命名了关联。如果没有角色名称，可认为角色名称是连接到这一端的类的名称 (Unhelkar, 2017)。例如，可将图 8.27 的 Is-assigned 关系右端的角色称为 "Parking Place"（车位）。

　　每个角色都具有一个**多重性** (multiplicity)，代表有多少个对象参与给定的关联关系。例如，2...5 的多重性代表至少有两个对象、最多有五个对象参与一个给定的关系。所以，多重性其实就是 E-R 图中的基数约束。除了指定整数值，多重性的上限还可以是 *（星号），表示无限上限。如指定单个整数值，那么只能有这个数量的参与者。

> 多重性
> (multiplicity)
> 指定有多少对象会参与一个给定的关系。

　　在图 8.27 的 Is-married-to 关系中，两个角色的多重性都是 0...1，表示一个人可能是单身或与另一个人结婚。在 Manages 关系中，经理角色的多重性是 0...1，另一个角色的多重性是 0...*，这意味着一个员工只能被一个经理管理，但一个经理可以管理零到多个员工。

　　图 8.27 还展示了 Vendor(供应商)、Part(零件) 和 Warehouse(仓库) 之间的三元关系，称为 Supplies(供应)。按照 E-R 图的惯例，我们用一个类来表示三元关系，并将关系名称放在那里。

　　图 8.28 的类图展示了几个二元关联。图中显示，一个学生可以有一个顾问 (adviser)，而一个教员 (Faculty) 最多能为 10 个学生提供建议。另外，虽然一门课 (Course) 可能有多个课程安排 (Course offering。例如，一门课每个学期的安排都是一个 course offering)，但一个给定的课程安排只针对一门课。UML 允许用数字指定任何多重性。例如，图中显示，一个课程安排可由一个或两个教员讲授 (1, 2)。可指定单一数字 (例如，2 代表桥牌队的成员)、一个范围 (例如，11-14 代表参加某场比赛的足球队队员) 或者一组离散的数字和范围 (例如，3, 5, 7 代表委员会成员数量，20-32, 35-40 代表公司员工每周的工作时数)。

二元关联的例子

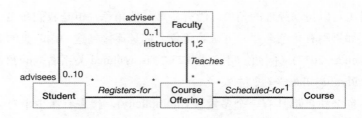

图 8-28 还显示，一个教员既扮演教员的角色，也扮演顾问的角色。adviser(顾问) 角色标识的是与一个 Student 对象关联的 Faculty 对象，而 advisee(被提供顾问服务的人) 角色标识的是与一个 Faculty 对象关联的 Student 对象集合。我们也可将这个关联命名为 Advises；但就本例来说，角色名称足以表达这种关系的语义。

表示关联类

关联类

(associative class)

有自己的属性或操作的一个关联，或参与了与其他类的关系。

若一个关联有自己的属性或操作，或参与了与其他类的关系，可考虑将其建模为一个关联类 (如同在 E-R 图中使用关联实体)。例如在图 8.29 中，属性 term(学期) 和 grade(成绩) 实际属于 Student 和 Course 之间的多对多关系。除非学生和课程都已知，否则无法确定学生在某门课程中的成绩。与此类似，为了检索学生选课的学期，学生和课程都必须已知。checkEligibility() 操作检查一个学生是否有资格注册某门课程。该操作也从属于关联，而不从属于两个参与类 (学生和课程) 中的任何一个。我们还捕获了这样一个事实：对于某些课程的注册，会向学生发放一个计算机账户。考虑到这些原因，我们将 Registration(注册) 建模为一个关联类，它有自己的特性 (功能) 集，并有和另一个类 (Computer Account，计算机账户) 的关联。类似地，对于一元 Tutors 关联，beginDate(开始日期) 和 numberOfHrs(辅导的小时数) 真正从属于关联，所以它们出现在一个单独的关联类中。

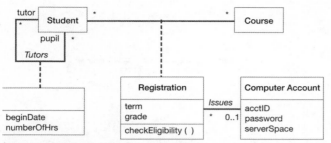

图 8.29

显示了关联类的类图

关联类的名称可在关联路径上显示，可在类符号上显示，也可同时在两者上显示。若一个关联只有属性而无任何操作，或不参与其他关联，那么推荐在关联路径上显示名称，在关联类符号上则省略，这样可强调其"关联性质"(Bell, 2004)。这正是我们显示 Tutors 关联的方式。另一方面，我们在代表类的矩形中显示了 Registration(注册) 关联的名称，因其有两个自己的属性和一个操作，以及和 Computer Account(计算机账户) 的一个关联 (称为 Issues，或颁发)，这样就强调了其"类的性质"。

图 8.30 展示了 Student(学生)、软件 (Software) 和课程 (Course) 类之间的三元关系。它捕获了学生在不同课程中使用各种软件工具的事实。例如，可以存储这样的信息：Mary Jones 在数据库管理课程中使用 Microsoft Access 和 Oracle，在面向对象建模课程中使用 Rational Rose 和 Visual C++，在专家系统 (Expert Systems) 课程中使用 Jess。现在，假定我们想计算 Mary 每周在数据库管理课程中使用 Oracle 的小时数。该过程实际从属于三元关系，而不从属于任何一个单独的类。所以，我们创建了一个名为 Log 的关联类。在该类中，我们声明了一个名为 estimateUsage() 的操作。除了该操作，我们还指定了从属于关联的三个属性：beginDate(开始日期)、expiryDate(到期日期) 和 hoursLogged(记录时数)。另外，如图 8.30 所示，关联类 Log 可以放到关联线的交叉点上；在这种情况下，Log 类旁边的所有线都需要写上多重性。

图 8.30

关联类的三元关系

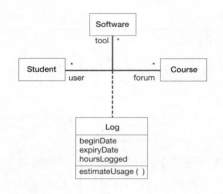

表示属性构造型

在 E-R 图中，我们将属性指定为主键，并将其指定为多值、派生和其他类型。在类图中，可在属性旁边放一个构造型 (stereotype) 来表示相同的意思。构造型扩展了常规的 UML 词汇表。例如在图 8.31 中，age(年龄) 是 Student 的一个派生属性，因其可从出生日期和当前日期计算出来。由于该计算是对象类上的一个约束，所以在图中靠近 Student 对象类的大括号内显示该计算。另外，crseCode(课程编号) 是 Course 类的主键。其他属性也可用类似的方式显示。

图 8.31

构造型

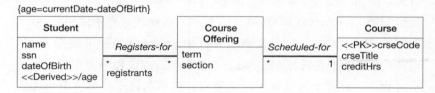

表示泛化

在面向对象的方法中，可将多个类之间的共同特征 (属性和操作) 及其参与的关系抽象为一个更常规的类，这类似于 E-R 图中的超类型 / 子类型关系。被泛化的类称为子类 (subclass)，它们泛化成的类则称为 "超类"(superclass)。

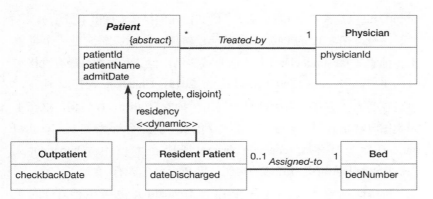

图 8.32

泛化、继承和约束的例子

以图 8.32 的类图为例，它等价于图 8.18 的 E-R 图。有两种病人：门诊病人 (Outpatient) 和住院病人 (Resident Patient)。所有病人都共享的属性是 patientId(病人 ID)、patientName(病人姓名) 和 admitDate(就诊日期)。这些属性存储在 Patient(病人) 超类中。某种病人特有的属性则存储在相应的子类中 (例如 Outpatient 的 checkbackDate 属性，即门诊病人的复诊日期)。泛化路径显示为一条从子类到超类的实线，末端有一个指向超类的箭头。我们还规定泛化是动态的；换言之，对象可改变其所属的子类。泛化也是完整的 (complete，无其他子类) 和分离的 (disjoint，子类互斥，不会重叠)。虽然没有使用完全一致的术语，但在类图中可表示和 E-R 图一样的泛化业务规则。

可在路径旁指定一个判别器 (discriminator) 来声明泛化的基础。判别器显示对象类的哪个属性被特定的泛化关系所抽象。一次只能对一个属性进行判别。例如在图 8.32 中，我们在 residency(是否住院) 的基础上对 Patient(病人) 类进行判别。

子类的实例亦是其超类的实例。例如在图 8.32 中，一个 Outpatient(门诊病人) 实例亦是一个 Patient(病人) 实例。有鉴于此，泛化也被称为 Is-a(属于) 关系。另外，子类继承了其超类的所有特性。例如在图 8.32 中，Outpatient(门诊病人) 子类除了有它自己的特性 (checkbackDate，复诊日期) 外，还继承了 PatientId、patientName、 admitDate 以及来自 Patient(病人) 的其他任何操作 (这里未显示)。

抽象类
(abstract class)
没有直接实例，但其派生类可能有直
接实例的类

具体类
(concrete class)
可以有直接实例的类。

注意，图 8.32 的 Patient 类显示成斜体，这意味着它是一个抽象类。抽象类 (abstract class) 是没有直接实例，但其派生类可能有直接实例的类 (Booch et al., 2007; Seidl et al., 2015；Unhelkar, 2017)。注意，也可在类名下方在一对大括号中写上"抽象"(abstract) 一词，这在手画类图时特别有用。可以有直接实例的类 (例如 Outpatient 或 Resident Patient) 称为具体类 (concrete class)。所以在本例中，Outpatient 或 Resident Patient 可以有直接的实例，但 Patient 不能有。

Patient 抽象类参与了一个称为 Treated-by(由医生治疗) 的关系，这意味着所有病人 (无论门诊还是住院病人) 都由医生治疗。除了这种继承的关系，Resident Patient 类有它自己的特殊关系，称为 Assigned-to(分配到病床)，意味着仅住院病人才可以分配到床位。所以，除了完善一个类的属性和操作，子类还可对它参与的关系进行特化 (具体化)。

在图 8.32 中，complete(完整) 和 disjoint(分离) 这两个词被放到泛化旁边的大括号中。它们表示的是子类之间的语义约束。complete 对应扩展实体关系 (Extended Entity Relationship，EER) 标记法中的"完全特化"(参见 Hoffer et al., 2016)，而 imcomplete 对应部分特化。可使用以下任何 UML 关键字。

- overlapping(重叠)。一个派生类可从一个以上的子类继承 (与 EER 图的重叠或 overlap 规则相同)。
- disjoint(分离)。一个派生类不能从一个以上的子类继承 (与 EER 图的分离或 disjoint 规则相同)。
- complete(完整)。所有子类都已指定 (无论是否显示)。没有额外的子类被期待 (与 EER 图的完全特化或 total specialization 规则相同)。
- incomplete(不完整)。部分子类已指定，但已知该列表不完整。

有额外的子类还没有在模型中出现（与 EER 图的部分特化或 partial specialization 规则相同）。

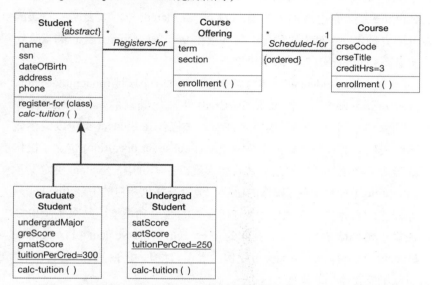

图 8.33 在为学生收费模型中表示了研究生（Graduate Student）和本科生（Undergrad Student）。其中，calc-tuition（计算学费）操作计算学生必须支付的学费。该值取决于每学分的学费（tuitionPerCred）、所选课程以及每门课的学分数（creditHrs）。而每学分的学费又取决于学生是研究生还是本科生。在本例中，所有研究生的每学分学费为 300 美元，而所有本科生的每学分学费为 250 美元。为表示这一点，我们为两个子类中的 tuitionPerCred 属性添加下划线，并写上值。这样的属性称为"类范围属性"（class-scope attribute），它指定了通用于整个类的值，该值不会随实例而变（Seidl et al., 2015; Unhelkar, 2017）。

可在属性名称后面用等号（=）指定一个属性的初始默认值（参见图 8.33 中 Course 类的 creditHrs 属性）。初始值和类范围属性的区别在于，前者允许一个类的实例有不同的属性值，而后者强制所有实例共享一个共同的值。

类范围属性
(class-scope attribute)
类的一种属性，指定了通用于整个类的值，该值不会随实例而变。

除了指定关联角色的多重性，还可指定其他属性。例如，扮演该角色的对象是否排好序。图 8.33 在 Scheduled-for 关系的 Course Offering 一端旁边添加了关键字约束"{ordered}"，以表明一门课的具体安排用一个列表来排序，例如根据 term 和 section。角色的默认约束是"{unordered}"，即不排序。

Graduate Student(研究生)子类通过增加 4 个属性(undergradMajor，greScore，gmatScore 和 tuitionPerCred)并细化继承的 calc-tuition 操作对抽象类 Student 进行了特化。注意，该操作在 Student 类中以斜体显示，表明它是一个抽象操作。抽象操作 (abstract operation) 定义了操作的形式或者协议，但不定义其具体实现。在本例中，Student 类定义了 calc-tuition(计算学费)操作的协议，但没有提供相应的方法 (method，即操作的具体实现)。协议中包括参数的数量和类型、结果类型以及该操作预期的语义。两个具体的子类，Graduate Student 和 Undergrad Student，自己提供 calc-tuition 操作的实现。注意，由于这些类是具体的，所以不能存储抽象操作。

值得注意的是，尽管 Graduate Student 和 Undergraduate Student 类都继承了 calc-tuition 操作，但它们可能会以完全不同的方式实现该操作。例如，为研究生实现该操作时，可能会为学生的每门课增加一笔特殊的研究生费用。同一操作可能以不同的方式应用于两个或多个类，这一事实称为多态性 (polymorphism)，是面向对象系统的一个关键概念 (Booch et al., 2007; Seidl et al., 2015; Unhelkar, 2017)。图 8.33 的 enrollment(注册)操作展示了多态性的另一个例子。"Course Offering"(课程安排)中的 enrollment 操作计算的是一个特定课程安排或 section 的注册人数，而"Course"(课程)中的同名操作计算的是一个特定课程所有 section 的合并注册人数。

抽象操作
(abstract operation)

定义操作的形式或者协议，但不定义其具体实现。

方法
(method)

操作的具体实现。

多态性
(polymorphism)

同一操作可能以不同的方式应用于两个或多个类。

表示聚合

聚合 (aggregation) 表达了一个组件对象和一个聚合对象之间的组成 (part-of) 关系。它是关联关系的更强形式，增加了"组成" (part-of) 语义。聚合端用一个空心菱形表示。

图 8.34 展 示 了 某 大 学 的 聚 合 结 构。在 Building(建 筑) 和 Room(房间) 的关系中，一端的菱形是实心的，而不是空心的。实心菱形代表一种更强的聚合形式，称为"复合" (composition)。在复合中，一个组成对象 (part object) 只属于一个整体对象 (whole object)。例如，一个房间只是一栋建筑的一部分。所以，聚合端上的多重性不超过 1。组成对象可在创建整体对象之后创建。例如，房间可添加到一栋现有的建筑中。但是，一旦复合中的某一部分被创建，就会与整体共存亡；若删除集合对象，它的组成部分会被连带删除。例如，一栋建筑被拆除，它的所有房间也会被拆除。但是，允许在集合体死亡之前删除一部分，就像可以拆除一个房间而不会使建筑物倒塌一样。

聚合
(aggregation)
组件对象和聚合对象之间的组成 (part-of) 关系

复合
(composition)
一种组成 (part-of) 关系，其中各个组成部分只从属于一个整体对象，这些部分与整体对象共存亡。

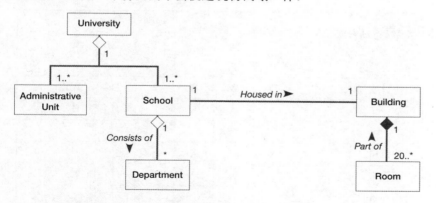

图 8.34
聚合和复合

Hoosier Burger 概念数据建模的例子

第 7 章为 Hoosier Burger 新的库存控制系统结构化了过程和逻辑需求。DFD 和决策表 (图 8.35 和图 8.36) 描述了这个新系统的需求。

该系统的目的是监测和报告原材料库存水平的变化，并向供应商发出原材料订单和付款。所以，系统的中心数据实体是一个库存物品 (INVENTORY ITEM)，对应于图 8.21 中的数据存储 D1。

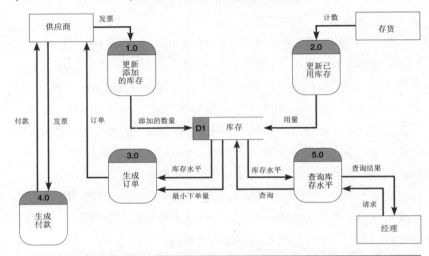

图 8.35
Hoosier Burger 新的逻辑库存控制系统的 0 级数据流图

图 8.36
Hoosier Burger 库存补货功能的简化过的决策表

条件 / 行动方案	规则						
	1	2	3	4	5	6	7
物品类型	P	P	P	P	P	P	N
工作日或周末	D	W	D	W	D	W	–
季节	A	A	S	S	H	H	–
长期每日订单	X		X		X		
长期周末订单		X		X		X	
最小补货量							X
假日减少					X	X	
夏季减少			X	X			

库存水平的变化由两类事务处理引起：从供应商处收到新的物品以及从产品的销售中消耗物品。库存是在收到新的原材料时增加的，为此，Hoosier Burger 公司收到了供应商的"发票"（图 8.35 的过程

1.0)。每张发票都表明供应商已发送了特定数量的一个或多个"发票物品"(INVOICE_ITEMS)，它们和 Hoosier 的"库存物品"对应。有顾客订购产品 (PRODUCTS) 并付款时，就会消耗库存。换言之，Hoosier 为一个或多个 ITEM SALES 进行了一次 SALE，每个 ITEM SALES 都对应一种食品 PRODUCT。由于实时客户订单处理系统和库存控制系统是分开的，所以在图 8.35 中，名为"存货"(STOCK ON HAND) 的源代表数据如何从订单处理流向库存控制系统。最后，由于食品 PRODUCTS 由各种 INVENTORY ITEMS(库存物品) 组成(反之亦然)，Hoosier 公司保留了一个"配方"(RECIPE) 来表明每种 INVENTORY ITEM 要用多少来制造一个 PRODUCT。通过以上讨论，我们确定了新的 Hoosier Burger 库存控制系统的数据模型需要的数据实体：库存物品 (INVENTORY ITEM)、发票 (INVOICE)、发票物品 (INVOICE ITEM)、产品 (PRODUCT)、销售 (SALE)、物品销售 (ITEM SALE) 和配方 (RECIPE)。为了完成数据模型，我们必须确定这些实体之间的必要关系以及每个实体的属性。

通过前面的描述，我们已经知道了确定关系所需的大部分内容。

- 一个发票 (INVOICE) 包括一个或多个发票物品 (INVOICE ITEMS)，每个物品都对应一个库存物品 (INVENTORY ITEM)。显然，一个发票物品不能脱离于关联的发票而存在。另外，随着时间的推移，一个库存物品会有零到多个收据，或发票物品。

- 每个产品 (PRODUCT) 都有发票物品 (INVENTORY ITEMS) 的一个收据 (RECIPE)。所以，收据是一个关联实体，支持产品和库存物品之间的物料清单类型关系。

- 销售 (SALE) 表示 Hoosier 进行了一个或多个物品销售 (ITEM SALES)，每个 ITEM SALES 都对应一个 PRODUCT。一个 ITEM SALE 不可能脱离于一个关联的 SALE 而存在。另外，随着时间的推移，一个产品会有零到多个 ITEM SALES。

图 8.37 的类图展示了类及其关系 (稍后详述)。我们有时会包括角色名称。例如，"销售"(Sale) 在"出售"(Sells) 关联中扮演了"事务处理"(transaction) 的角色。"配方"(RECIPE) 被显示为一个关联类，而非简单地显示成"产品"(PRODUCT) 和库存物品 (INVENTORY ITEM) 之间的一个关系，因其可能有属性和行为。现在，我们理解了数据类和关系，接着必须确定哪些数据元素和行为与该图中的数据类关联。我们选择使用 UML 符号而不是 E-R 符号来开发概念数据模型，但你应该能很容易地将 UML 类图转换成 E-R 图 (作为本附录最后的练习)。

图 8.37

Hoosier Burger 库存控制系统的初步类图

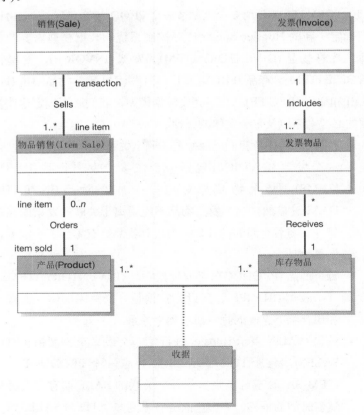

　　这时你可能会问，为什么图 8.35 只显示了"库存"(INVENTORY)数据存储，类图中却有 7 个数据类？"库存"数据存储对应于图 8.37 的"库存物品"(INVENTORY ITEM) 数据类应。其他的数据类都隐藏在其他过程中，我们还没为这些过程显示较低级的图。在实际的需求结构化步骤中，必须将所有数据类与数据存储相匹配：每个数据存储都代表一个类或一个 E-R 图的某个子集，而且每个数据类或实体都包含在一个或多个数据存储中。理想情况下，基元 DFD 上的每个数据存储都是一个单独的数据类或实体。

　　为确定一个数据类的数据元素，我们调查了与该数据类相对应的数据存储的进出数据流，并研究使用或改变该数据类的数据的决策逻辑和时序逻辑。在图 8.35 中，6 个数据流与"库存"(INVENTORY)数据存储相关。在项目字典或 CASE 存储库中，对每个数据流的描述将包括数据流的组成，然后告诉我们哪些数据流入或流出数据存储。例如，来自过程 2.0 的"用量"(Amounts Used) 数据流表明，由于使用 INVENTORY ITEM 来完成对客户的销售，Quantity_in_Stock 属性需要减少多少。所以，"用量"数据流意味着过程 2.0 将首先读取相关的 INVENTORY ITEM 记录，再更新其 Quantity_in_Stock 属性，最后在记录中存储更新的值。过程 2.0 的结构化说明将描述这个逻辑。每个数据流都被类似地分析 (受篇幅所限，这里无法显示每个数据流的分析)。

　　我们通过研究决策逻辑来补充对数据元素的数据流分析。例如图 8.36 的决策表。为了确定重新排序一个 INVENTORY ITEM 的过程，所用的一个条件涉及物品类型 (Type_of_Item)。所以，图 8.35 的过程 3.0(该决策表与之相关)需要知道每个 INVENTORY ITEM 的这一特性，这样就确定了该数据类的另一个属性。

　　对 DFD 和决策表的分析还揭示了每个类可能的操作。例如，"库存物品"类需要的操作包括更新存货数量、生成补货订单以及接收库存计数。

在考虑了所有与数据类相关的数据存储的数据流入流出，以及所有与库存控制相关的决策和时序逻辑后，我们推导出完整的类图，其中包括了属性和操作，如图 8.38 所示。

图 8.38

Hoosier Burger 库存控制系统的最终类图

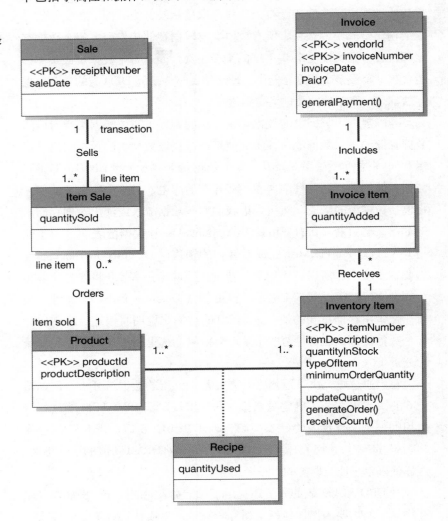

小结

本附录介绍了使用类图对信息系统的数据需求进行建模的过程和基本符号。数据模型显示了定义组织性质的相对永久的业务规则。规则定义了数据的特征，例如数据类的独特特征和不同数据类之间的关系。数据模型显示了主要数据类别（在 UML 标记法中称为类）、类之间的关联或关系以及属性（类图中只有类才有属性）。为了表示类之间的多

对多关系，通常需要一种特殊类型的类，称为关联类。类有别于对象。每个对象通过一个（或多个）标识符属性与同类型的其他实例区分开来。关系负责将数据模型粘合到一起。参与一个关系的最小和最大对象数量代表了关于组织性质的重要规则，这些是在需求确定期间捕获的。

关键术语

8.74　抽象类	8.82　类范围属性	8.90　对象
8.75　抽象操作	8.83　类范围操作	8.91　对象类（或类）
8.76　聚合	8.84　复合	8.92　操作
8.77　关联	8.85　具体类	8.93　多态性
8.78　关联角色	8.86　构造器操作	8.94　查询操作
8.79　关联类	8.87　封闭	8.95　状态
8.80　行为	8.88　方法	8.96　更新操作
8.81　类图	8.89　多重性	

将上述每个关键术语与以下定义配对。

____　一种组成 (part-of) 关系，其中各个组成部分只从属于一个整体对象，这些部分与整体对象共存亡。

____　组件对象和聚合对象之间的组成 (part-of) 关系

____　同一操作可能以不同的方式应用于两个或多个类。

____　操作的具体实现。

____　定义操作的形式或者协议，但不定义其具体实现。

____　类的一种属性，指定了通用于整个类的值，该值不会随实例而变。

____　可以有直接实例的类。

_____ 没有直接实例，但其派生类可能有直接实例的类。

_____ 有自己的属性或操作的一个关联，或参与了与其他类的关系。

_____ 指定有多少对象参与一个给定的关系。

_____ 关联与类连接的那一端。

_____ 对象类之间的具名关系。

_____ 作用于类而非某个对象实例的操作。

_____ 会改变改变对象状态的一种操作。

_____ 访问但不改变对象状态的一种操作。

_____ 新建类的实例的一种操作。

_____ 将对象的内部实现细节从其外部视图中隐藏起来的技术。

_____ 类的所有实例都提供的函数（功能）或服务。

_____ 这种图显示一个面向对象模型的静态结构，包括对象类、它们的内部结构以及它们参与的关系。

_____ 具有相同（或类似）属性、关系和行为的对象的逻辑分组。

_____ 代表对象如何行动和反应。

_____ 由对象的属性（属性和关系）以及那些属性的值构成。

_____ 在应用领域有一个良好定义的角色的实体，具有状态、行为和身份标识特征。

复习题

8.97　给出聚合的一个例子。你的例子应该至少包括一个聚合对象和三个组成对象。在所有聚合关系的每一端指定多重性。

8.98　比较以下术语：

a. 对象类与对象

b. 抽象类与具体类

问题和练习

8.99　画类图来显示适合以下每种情况的类、属性、操作和关系（如认为需要做额外的假设，请针对每种情况说明这些假设）：

a. 某公司有多名员工。员工的属性包括 employeeID（员工 ID，这是主键）、姓名、地址和出生日期。该公司还有几个项目。项目的属性包括 projectName（项目名称）和 startDate（开始日期）。每名员工可被分配到一个或多个项目，或者不分配到任何项目。一个项目至少分配一名员工，但员工数量没有上限。员工的费率(billing rate) 因项目而异，公司希望记录每个雇员被分配给特定项目时的适用费率。每个月底，公司会给当月从事项目的每个员工邮寄一张支票。支票金额基于费率和分配给员工的每个项目的记录时长。

b. 某大学开设了多门课程。课程的属性包括 courseNumber(课程编号，这是主键),courseName(课程名称) 和 units(单位)。每门课程都可能有一门或多门不同的课程作为先修课程，也可能没有任何先修课程。类似地，一门特定的课程可能是任何数量的课程的先修课程，也可能不是其他任何课程的先修课程。只有某门课程的负责人提出正式申请，学校才会增加或取消该课程的先修课程。

c. 某实验室有几个化学家从事一个或多个项目。化学家可能在每个项目中使用某些种类的仪器。化学家的属性包括name(姓名) 和 phoneNo(电话号码)。项目的属性包括 projectName(项目名称) 和 startDate(开始日期)。仪器的属性包括 serialNo(序列号) 和 cost(费用)。组织希望记录分配日期 (assign-date)，即某一仪器被分配给某一特定项目的一个特定化学家的日期。还希望记录总时数 (totalHours)，即该化学家在该项目中使用该仪器的总小时数。组织还希望跟踪化学家对每种仪器的使用情况。为此，要计算化学家在分配的项目中使用该仪器的平均时数。一个化学家必须被分配到至少一个项目和一个仪器。一个给定的仪器可以无任何分配，而一个给定的项目也不需要分配到一个化学家或一个仪器。

d. 一门大学课程可能有一个或多个计划的 section，也可能没有一个计划的 section。课程的属性包括 courseID、courseName 和 units。Section 的属性包括 sectionNumber(节号) 和 semester(学期)。sectionNumber 的值是一个整数 (如 1 或 2)，用于区分同一课程的不同 section，但不能唯一性地标识一个 section。有一个名为 findNumSections 的操作，可以计算在给定学期为一门给定的课程分配的所有 section 的数量。

e. 某医院有多名注册医师。医师的属性包括 physicianID(医师 ID，这是主键) 和 specialty(专业)。病人由医生收治。病人的属性包括 patientID(病人 ID，这是主键) 和 patientName(病人姓名)。任何被收治的病人必须有一个 (而且只能一个) 收治医师。一个医师可选择收治任何数量的病人。一经收治，一个给定的病人必须由至少一个医师治疗。一个特定的医师可以治疗任何数量的病人，也可不治疗任何病人。每当病人被医生治疗，医院希望记录治疗的细节，包括治疗的日期、时间和结果。

8.100　一个学生，其属性包括 studentName、

Address、phone 和 age，可以参与多种校园活动。大学记录某个学生在多少年参加了一个特定的活动，并在每学年结束时向该学生邮寄一份活动报告，显示他 / 她参加的各种活动。为这种情况画一个类图。

8.101 银行有三种类型的账户：checking(支票)、储蓄 (savings) 和贷款 (loan)。以下是每种账户的属性：

- 支票：账号，开户日期，余额，服务费
- 储蓄。账号，开户日期，余额，利率
- 贷款：账号，开户日期，余额，利率，付款额

假定每个银行账户都必须有上述子类型的一个（而且只能一个）成员。在每个月的月底，银行计算每个账户的余额，并向持有该账户的客户邮寄一份报表。余额的计算取决于账户类型。例如，支票账户的余额可能反映了一笔服务费，而储蓄账户的余额可能包括一个利息金额。画类图来表示这种情况。图中应包括一个抽象的类和一个计算余额的抽象操作。

8.102 将图 8.37 的类图转换成等价的 E-R 图。比较两张图，说明每张图显示了什么不同的系统规范。

参考资料

Bell, D. (2004). UML basics: The class diagram. Retrieved April 9, 2018 from http://www.ibm.com/developerworks/rational/library/content/RationalEdge/sep04/bell/index.html.

Booch, G., Maksimchuk, R. A., Engle, M. W., Young, B. J., Conallen, J., & Houston, K. A. (2007). *Object-oriented analysis and design with applications* (3rd ed.). Reading, MA: Addison-Wesley.

Daoust, N. (2012). *UML Requirements Modeling for Business Analysts*. Westfield, NJ: Technics Publications.

George, J., Batra, D., Valacich, J., & Hoffer, J. (2007). *Object-oriented systems analysis and design* (2nd ed.). Upper Saddle River, NJ: Prentice Hall.

Hoffer, J. A., Ramesh, V., & Topi, H. (2016). *Modern database management* (12th ed.). Upper Saddle River, NJ: Prentice Hall.

Seidl, M., Scholz, M., Huemer, C., & Kappel, G. (2015). *UML@ Classroom: An introduction of object-oriented Modeling*. Heidelberg, Germany: Springer.

Unhelkar, B. (2017). *Software engineering with UML*. Boca Raton, FL: CRC Press.

案例学习：结构化系统数据需求

Jim Watanabe 作为"留住客户"项目的经理，也是 Petrie Electronics 的 IT 主管助理，正坐在公司的食堂里。他刚用完食堂的招牌沙拉，正准备回办公室，Stephanie Welch 在他的桌子旁坐了下来。Jim 见过 Stephanie 一次，那是在他开始在 Petrie 工作时。他记得她是为数据库管理员工作的。

"嗨，Jim，记得我吗？"她问。

"当然，Stephanie，你好吗？数据库的事情怎么样了？"

"不能抱怨。Sanjay 让我跟你谈谈新的客户忠诚度系统的数据库需求。" Stephanie 的电话响了。她从她的特大号包包里掏出手机，看了看。她开始发短信，同时继续和 Jim 说话，"你们的数据库需求到什么程度了？"

这有点儿不太尊重人吧，一心二用，Jim 想。"哦，好吧。我们仍处在早期阶段。我可以给你发一个我们非常初步的 E-R 图 (PE 图 8.1) 以及主要实体的描述。"

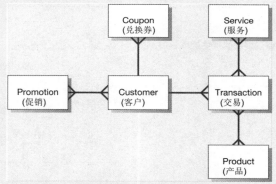

PE 图 8.1　**Petrie 客户忠诚度系统的初步 E-R 图**

PE 表 8.1　Petrie 客户忠诚度系统初步 E-R 图的实体描述

实体	描述
兑换券 / 优惠券 (Coupon)	兑换券是专为个别客户创建的特别促销。券的金额固定，例如 10 美元。顾客在购买产品或服务时，可以像使用现金一样使用它。兑换券只能根据客户忠诚度账户中的积分为个人客户创建。对于券上的每一美元价值，必须有一定数量的积分被赎回。优惠券在创建和兑换时进行核算
客户 (Customer)	客户是从 Petrie Electronics 购买产品和 / 或服务的人。客户包括线上的，也包括线下的
产品 (Product)	产品是出售给 Petrie 客户的一种商品。例如，一件 "40 寸 Sony LCD HD 电视机" 产品。产品可从线上购买，也可从线下实体店购买
促销 (Promotion)	促销是向客户提供的一种特殊激励措施，目的是吸引客户购买特定的产品或服务。例如，一个旨在销售蓝光光盘的促销活动可能涉及买 2 送 1 的优惠。促销的对象是所有客户，或客户的子集，而不仅仅是个别客户

（续表）

实体	描述
服务 (Service)	服务是 Petrie 的一个同事为客户完成的工作。例如，通过安装新的内存条来升级计算机内存是 Petrie 提供的一项收费服务。服务只能在实体店订购和执行，不能在线上
交易 (Transaction)	交易是特定产品或服务在特定日期被出售给特定客户的一笔记录。一个交易可能涉及一个以上的产品或服务，而且可能涉及一个以上的特定种类的产品或服务。例如，一个交易可能涉及空白 DVD 和预录 DVD，而预录 DVD 可能都是同一部电影。对于忠诚度计划的会员，每个交易都价值一定数量的积分，具体取决交易的美元价值。

PE 图 8.2

客户忠诚度提案的评估矩阵

标准	权重	方案A: 评级	SBSI 分数	方案B: 评级	XRA 分数	方案C: 评级	Nova 分数
要求：							
有效的客户激励	15	5	75	4	60	4	60
易于客户使用	10	3	30	4	40	5	50
可靠的表现	10	4	40	5	50	3	30
易于实现	5	3	15	4	20	3	15
可扩展	10	3	30	4	40	3	30
厂商支持	10	3	30	4	40	3	30
	60		220		250		215
限制：							
购买成本	15	3	45	4	60	5	75
运行成本	10	3	30	4	40	4	40
实现时间	5	3	15	3	15	3	15
实现人员	10	3	30	4	40	3	30
	40		120		155		160
总计	100		340		405		375

"好的，那很有帮助。我猜你们不会加太多的新实体。"Stephanie 回应道，仍然看着她的手机，仍然在发短信。她短暂地抬头看了看 Jim，微微一笑，然后又继续发短信。"把 E-R 发给我吧，有问题我再告诉你。"她站了起来，仍然看着她的手机。"我得走了。"她说，然后匆匆离开。

好吧，Jim 想，我得记得把这个初步的 E-R 发给她。或许还应该把实体描述也发给她 (PE 表 8.1)，以免麻烦。Jim 站了起来，把托盘端到食堂的回收区，然后回到自己的办公室。

Jim 回到办公室时，Sanjay 正在那里等着他。

"关于我们之前说的那些备选方案，我已经拿到了更多信息，"Sanjay 说，"我让我的一个员工收集了一些关于备选方案如何满足我们需求的数据。"(参见第 6 章末尾的备选方案说明。)Sanjay 递给 Jim 一份简短的报告。"这个矩阵显示了每个备选方案的要求和限制，现在可以很容易地比较它们。"（参见 PE 图 8.2）。

"矩阵倾向于 XRA 的客户关系管理系统，"Jim 在看完表格后说，"看来他们的方案最能满足我们的要求，但是，Nova 集团的方案在限制条件下做得最好。"

"是的，但也只能说勉强。"Sanjay 说，"XRA 和 Nova 只有 5 分的差距，所以在限制条件方面，它们是相当的。但我认为 XRA 系统在满足我们的要求方面有相当明显的优势。"

"在你的矩阵中，XRA 在满足所有要求方面似乎有相当高的评级。他们在实现、可扩展性和厂商支持方面的评级都高于其他两个提案，"Jim 说，"你在'可靠的表现'方面给了他们评了 5 级，这是整个矩阵中为数不多的 5 级之一。"

"那是因为他们是业内最好的合作公司之一。"Sanjay 回答，"他们名声很好。"

"这看起来真的不错，"Jim 说，"让我们看看现实是否与我们这里的情况相符。现在是时候搞正式的招标书了。我今天就开始这项工作。我希望这三家公司都决定投标。"

案例问题

8.103　回顾你在第 7 章最后为 Petrie Electronics 案例中的问题开发的数据流图（或由老师给你的图）。研究这些图上的数据流和数据存储，你是否同意团队的结论，即只需要案例中和 PE 图 8.1 列出的 6 个实体类型。

如果不同意，请定义额外的实体类型，解释为什么说它们需要，并相应地修改 PE 图 8.1。

8.104　还是回顾你为 Petrie Electronics 案例开发的 DFD（或由老师给你的图）。用这些 DFD 来确定本案例列出的 6 个实体（以及上一题你新增的实体）的属性。为每个属性写一个明确的定义。然后重画 PE 图 8.1，将本案例的 6 个（和新增）实体与它们的关联属性一起放到图上。

8.105　根据你对上一题的回答，说明哪个（或哪些属性）构成了每种实体类型的标识符。解释选择每个标识符的依据是什么。

8.106　根据你对上一题的回答，画出系统需要的实体类型之间的关系。记住，只有在系统想要获得关联的实体实例的数据时才需要关系。给每个关系取一个有意义的名字。为每个关系指定基数，并解释你如何确定每个关系的每一端的最小和最大基数。如果到目前为止的 Petrie Electronics 案例和你对案例问题的回答没有提供证据来支持你选择的基数，请说明你做出的任何假设。用 Microsoft Visio 重画你的最终 E-R 图。

8.107　通过对上一题的回答，你已经为 Petrie Electronics 的数据库制定了一个完整的 E-R 图。如果这个图中如果没有员工实体类型，后果是什么？假设只有你当前在 E-R 图上显示的属性，如果图中有员工实体类型，是否有任何属性能从和当前关联的实体转移到员工实体类型？为什么？

8.108　为案例问题 8.106 的 E-R 图显示的所有实体、属性和关系撰写项目字典条目（用你的老师给你的标准）。就目前来说，这些条目能有多详细？还有哪些细节需要填充？在你为案例问题 8.106 画的 E-R 图中，是否有任何实体是弱实体？为什么？特别是，服务 (SERVICE) 实体类型是一个弱实体吗？如果是的话，为什么是？如果不是，又是为什么？

8.109　在对案例问题 8.106 的回答中，你在各个实体类型中确定了哪些与日期相关的属性？为什么需要这些属性？你能否根据你对该数据库的分析，常规性地说明数据库中为什么必须保留日期属性？

第 IV 部分

设计

第Ⅳ部分的重点是系统设计，这通常是系统开发生命周期的第一个阶段。在这一阶段，你和用户将对系统的运行方式有一个具体的了解。设计阶段的活动没有严格的顺序。例如，数据、系统输入 / 输出以及接口 (界面) 的设计是相互影响的，使你能够发现缺陷和缺失的元素。这意味着项目字典或 CASE 库在设计期间成为系统开发管理的一个积极的、不断发展的组成部分。只有当每个设计元素与其他元素一致，而且每个元素都能让最终用户满意时，设计阶段才能宣告完成。

数据是系统的核心元素。所有系统开发方法对于数据设计和结构都有研究。你之前已学习了如何用数据流图 (DFD) 和实体关系 (E-R) 图 (以及前几章最后面向对象附录中的用例和类图) 来描述系统的数据需求。这些图很灵活，为数据的表示方式提供了很大的自由度。例如，可在 DFD 中为一个过程使用一个或多个数据存储。E-R 图提供了更多的结构，但一个实体既可以非常详细，也可以相当聚合。设计数据库时，要以最基本的形式定义数据，称为规范化数据。规范化是一种经过了良好定义的方法，用于标识每个数据属性之间的关系，并规范地表示所有数据，使其在逻辑上无法再分解成更多细节。其目的是使数据设计摆脱不必要的异常现象，这些异常现象会使数据库容易出错和变得低效。这是第 9 章的主题。

第 10 章将讨论可用的系统输入 / 输出的原则 (principle) 和准则 (guideline)。格式化向用户展示的数据时，你的总体目标应该是可用性，即帮助各类用户有效、准确和满意地使用系统。为实现该目标，在业务表单、屏幕、印刷文档和其他类型的媒体上展示数据时应遵循特定的准则。幸好，人们对于如何向用户展示数据已经有了相当多的研究。第 10 章总结并解释了这些准则中最有用的一些。第 11 章和第 10 章密切相关，讨论了在将所有系统输入和输出联系到一起，形成用户和系统之间的总体交互模式时应遵循的原则。系统界面和对话 (dialogue) 形成了一个会话 (conversation)，为用户提供了对每个系统功能的访问和导航。第 11 章重点在于设计有效的系统界面和对话规范，以及一种表示这些设计的技术，称为 "对话图解" (dialogue diagramming)。

对于传统的开发工作，在开发者开始实现过程之前，必须考虑关于多用户、多平台以及程序和数据分配的问题。系统对互联网的依赖度也会对许多设计问题产生影响。第 12 章的重点是设计分布式和互联网系统时的一些错综复杂的问题。

设计阶段的交付物包括系统输入、输出、界面、对话和数据库的详细功能规范。通常，这些元素在原型或者能实际工作的版本中得以体现。项目字典或 CASE 库会被更新，以包括每一个表单、报告、界面、对话和关系设计。由于在设计过程中，有相当多的用户参与审查原型和规范，而且由于设计中的活动在项目基线计划中的安排可能有相当多的重叠，所以正式的审查里程碑或演练 (walk-through) 往往不会在每个活动之后都发生。但是，如果没有做原型设计，应该在系统设计阶段完成时做一些正式的演练。

第 IV 部分所有章都以 Petrie Electronics 案例学习作为结尾。这些案例说明了该公司内部正在进行的系统开发项目的许多相关设计活动。

第 9 章

数据库设计

导言

第 8 章学习了如何用实体关系 (E-R) 图或类图来表示一个组织的数据。本章将学习结构良好和高效的数据库文件的准则，并将学习逻辑和物理数据库设计。如图 9.1 所示的系统开发生命周期 (SDLC) 中，人机界面和数据库设计步骤很可能是同步进行的。

数据库设计有以下五个目的。

- 将数据结构化为稳定的结构，称为规范化表 (normalized table)，这些表不太可能随着时间的推移而改变，而且冗余度最小。

- 开发逻辑数据库设计，以反映存在于信息系统的表单 (硬拷贝和计算机显示) 和报告中的实际数据需求。这就是为什么数据库设计经常与信息系统的人机界面设计同时进行的原因。

- 开发逻辑数据库设计，以便根据它进行物理数据库设计。由于
  今天大多数信息系统都使用关系数据库管理系统，所以逻辑数
  据库设计通常使用一个关系数据库模型，它用简单的表来表示
  数据，并通过共同的列将相关的表联系起来。
- 将关系数据库模型转换为技术文件和数据库设计，以平衡几个
  性能方面的因素。
- 选择能够高效、准确、安全地处理数据库活动的数据存储技术
  (例如可读写 DVD 光盘)。
- 数据库的实现(即创建和加载数据到文件和数据库)在系统开
  发生命周期的下一阶段进行。由于实现涉及具体的技术，所以
  第 13 章只在一般层面上讨论实现问题。

图 9.1

强调了设计阶段的系统开发生命周期

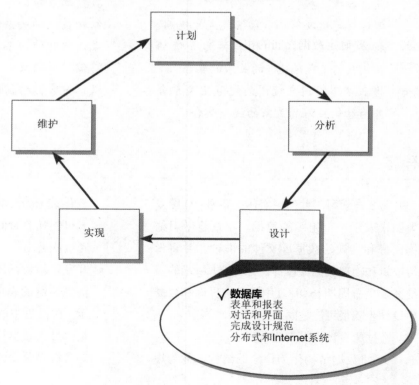

数据库设计

　　文件和数据库设计分两步进行。首先开发一个逻辑数据库模型，它通过与数据库管理系统所用的数据组织对应的符号来描述数据。数据库管理系统是一种系统软件，负责存储、检索和保护数据（例如 fMicrosoft Access，Oracle 或 SQL Server)。逻辑数据库模型最常见的风格就是关系数据库模型。一旦建立清晰和准确的逻辑数据库模型，就可为存储数据的计算机文件和数据库制定技术规范了。我们在物理数据库设计中提供这些技术规范。

　　逻辑和物理数据库设计一般和其他系统设计步骤同步进行。所以，在设计系统输入和输出时，要收集逻辑数据库设计所需的详细数据规范。逻辑数据库的设计不仅来自于先前为应用程序或企业开发的 E-R 数据模型，也来自于表单和报告布局。研究这些系统输入/输出的数据元素，并确定数据之间的相互关系。和概念数据建模一样，所有系统开发团队成员的工作都通过项目字典或存储库来协调和共享。逻辑数据库和系统输入/输出的设计随后被用于物理设计活动，向计算机程序员、数据库管理员、网络管理员和其他人员说明如何实现新的信息系统。本书假设计算机程序、分布式信息处理以及数据网络的设计是其他课程的主题，所以将重点放在系统分析师最常进行的一个方面的物理设计上，即物理文件和数据库设计。

数据库设计过程

　　图 9.2 展示了在系统开发过程的所有阶段发生的数据库建模和设计活动。本章将讨论在设计阶段帮助你最终完成逻辑和物理数据库设计的各种方法。在逻辑数据库设计中，我们使用的是一个称为"规范化"(normalization) 的过程，这是建立数据模型的一种方法，特点是简单、无冗余和维护成本小。

图 9.2

数据建模和 SDLC 之间的关系

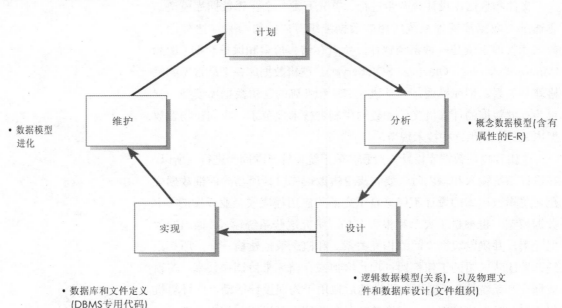

- 企业范围的数据模型(仅实体的E-R)
- 概念数据模型(用于特定项目的仅实体的E-R)

- 概念数据模型(含有属性的E-R)

- 数据模型进化

- 逻辑数据模型(关系)，以及物理文件和数据库设计(文件组织)

- 数据库和文件定义(DBMS专用代码)

    大多数时候，为应用程序选好要用的数据管理技术后，许多物理数据库设计决策要么是隐含的，要么被直接排除。我们专注于你最常做出的一些决策，并使用 Oracle 来说明你必须管理的物理数据库设计参数。有兴趣的读者可参考 Hoffer, Ramesh, & Topi (2016) 对逻辑和物理数据库设计技术的更深入探讨。

    逻辑数据库建模与设计有四个关键步骤。

    1. 利用规范化原则，为应用程序的每个已知的用户界面（表单和报告）开发一个逻辑数据模型。

    2. 将来自所有用户界面的规范化数据需求合并到一个统一的逻辑数据库模型中，该步骤称为"视图集成"(view integration)。

3. 在不考虑具体的用户界面的情况下，将应用程序或企业的概念性 E-R 数据模型转换为规范化的数据需求。

4. 将合并后的统一逻辑数据库设计与转换的 E-R 模型进行比较，并通过视图集成，为应用程序生成最终的逻辑数据库模型。

这四个关键的逻辑数据库设计步骤的结果要在物理数据库设计期间用到。另外，还要考虑每个属性的定义；描述数据在何时何地输入、检索、删除和更新；对响应时间和数据完整性有什么期望；并说明准备使用的文件和数据库技术。我们基于这些输入做出关键的物理数据库设计决策，具体如下。

- 为逻辑数据库模型中的每个属性选择存储格式（称为数据类型），旨在最小化存储空间和最大限度地提高数据质量。数据类型涉及为每个属性选择长度、编码方案、小数位数、最小值 / 最大值以及其他可能的许多参数。
- 将来自逻辑数据库模型的属性分组到物理记录中。这通常称为选择用什么记录（或数据）结构来存储。
- 在辅助存储器（硬盘和磁带）中安排相关的记录，使单个记录和记录组能被快速存储、检索和更新（称为文件组织）。还应考虑保护数据和在发现错误后恢复数据。
- 选择存储数据的媒体和结构，使访问更有效率。介质的选择会影响不同文件组织方式的实用性。目前使数据访问更迅速的主要结构是唯一键和非唯一键上的键索引 (key indexes)。

本章展示了如何逻辑数据库设计的每个步骤如何进行，并讨论了在做出每个物理文件和数据库设计决策时需考虑的因素。

交付物和成果

在逻辑数据库设计期间，必须将系统输入 / 输出（表单或报告）和 E-R 图上的每个数据元素都考虑在内。每个数据元素（例如，客户名称、产品描述或购买价格) 都必须是系统数据库中保存的原始数据；或者，如果是系统输出上的一个数据元素，该元素可从数据库中的数据衍生。图 9.3 展示了之前列出的四步逻辑数据库设计过程的成果。其中，图 9.3(a) 和图 9.3(b) 中的步骤 1 包含松谷家具 (PVF) 的客户订单处理系统的两个示例系统输出。每个输出图的下方描述了相关的数据库需求 (以我们称之为规范化关系的形式)。每个关系 (将关系想象成一个有行和列的表) 都被命名，其属性 (列) 被包含在圆括号中。主键 (primary key) 属性 (其值在关系的所有实例中唯一) 用下划线表示。若某个关系的属性是另一个关系的主键，就为其添加虚线下划线。

主键

(primary key)

其值在关系的所有实例中均唯一的某个属性 (或多个属性的组合)。

图 9.3

逻辑数据建模的简单例子： (a) 查询订货量最大的客户；(b) 积压订单汇总报告；(c) 关系的集成集合；(d) 概念数据模型和转换的关系；(e) 最终的规范化关系集合

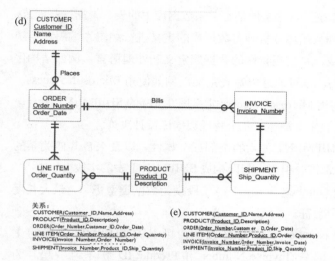

图 9.3

逻辑数据建模的简单例子：(a) 查询订货量最大的客户；(b) 积压订单汇总报告；(c) 关系的集成集合；(d) 概念数据模型和转换的关系；(e) 最终的规范化关系集合

(续)

　　图 9.3(a) 显示了关于客户、产品以及客户订单 / 产品的数据。每个关系的每个属性要么直接显示，要么通过虚线下划线来连接关联的关系。例如，由于订单针对的是一个客户，所以 ORDER 的一个属性是关联的 Customer_ID。图 9.3(b) 显示的数据更复杂。当与订单关联的发票的订购量 (Order_Quantity) 小于发货量 (Ship_Quantity) 时，就会出现积压或未消化 (backlogged) 的订单。该查询只引用一个指定的时间段，所以需要 Order_Date(下单日期)。INVOICE Order_Number(订单号) 将发票与关联的订单联系起来。

　　图 9.3(c) 中的步骤 2 显示了集成这两套独立的规范化关系的结果。图 9.3(d) 中的步骤 3 显示了一个客户订单处理应用程序的 E-R 图，该图可在概念数据建模期间开发。另外还显示了等价的规范化关系。最后，图 9.3(e) 中的步骤 4 显示了一个规范化关系集合，这组关系通过协调图 9.3(c) 和 9.3(d) 的逻辑数据库设计而生成。像图 9.3(e) 这样的规范化关系是逻辑数据库设计的主要交付物。

　　记住一个重点，关系和计算机文件没有对应关系。在物理数据库设计中，你将来自逻辑数据库设计的关系转换为计算机文件规范。对于大多数信息系统，这些文件都是关系数据库中的表。根据这些规范，足以使程序员和数据库分析师对数据库的定义进行编码。编码在系统实现过程中完成，可使用特殊的数据库定义和处理语言，例如结构化查询语言 (SQL)，也可通过填写表定义，例如使用 Microsoft Access。图 9.4 展示如何用 Microsoft Access 定义图 9.3(e) 的 SHIPMENT 关系。该 SHIPMENT 表定义描述了几个物理数据库设计决策。

- 来自 SHIPMENT 关系的全部三个属性，以及来自其他关系的属性，都被分组到一起以构成 SHIPMENT 表的字段。

- Invoice Number(发票号码) 字段设为数据类型 Text，最大长度为 10 个字符。

- Invoice Number 字段是必须的，因其是 SHIPMENT 表的主键的一部分 (Invoice Number 和 Product ID 组合到一起，为 SHIPMENT 表的每一行赋予了唯一性)。

- 为 Invoice Number 字段定义了一个索引，但由于 SHIPMENT 表中同一张发票可能有多行 (同一张发票上有多个不同的产品)，所以允许有重复的索引值 (所以 Invoice Number 就是我们所说的次要键)。

图 9.4

SHIPMENT 表定义

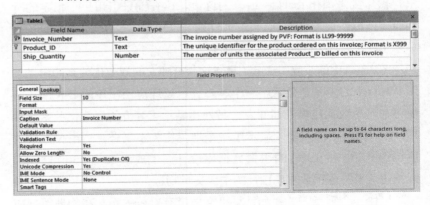

（来源：Microsoft Corporation)

还为 SHIPMENT 表做出了其他许多物理数据库设计决策，只是图 9.4 的显示并不明显。此外，这只是松谷家具订单录入 (Order Entry) 数据库中的一个表，图中没有展示数据库的其他表和结构。

关系数据库模型

目前有许多不同的数据库模型，它们是数据库技术的基础。虽然层次和网络模型在过去很流行，但今天这些模型在新的信息系统中并不常用。面向对象的数据库模型虽已出现，但仍不常见。今天，绝大多数信息系统都使用关系数据库模型。关系数据库模型 (Codd, 1970; Date, 2012; Elmasri & Navathe, 2015; Umanath & Scamell, 2014) 以相关的表 (或关系) 的形式来表示数据。关系 (relation) 是一个具名的、二维的数据表。每个关系 (或表) 由一组具名的列和任意数量未具名的行构成。关系中的每一列都对应该关系的一个属性。关系中的每一行都对应包含一个实体的数据值的记录。

图 9.5 展示了一个名为 EMPLOYEE1 的关系。该关系包含以下对员工进行描述的：Emp_ID，Name，Dept 和 Salary。表中有 5 个示例行，对应于 5 名员工。

关系数据库模型
(relational database model)
将数据表示为一组相关联的表 (或关系)。

关系
(relation)
一个具名的二维数据表。每个关系都由一组具名的列和任意数量未具名的行构成。

EMPLOYEE1

Emp_ID	Name	Dept	Salary
100	Margaret Simpson	Marketing	75,000
140	Allen Beeton	Accounting	95,000
110	Chris Lucero	Info Systems	90,000
190	Lorenzo Davis	Finance	90,000
150	Susan Martin	Marketing	62,000

图 9.5
带有样本数据的 EMPLOYEE1 关系

为了表达关系的结构，可在关系名称后面的一对圆括号中写上关系中的属性名称。其中，标识符属性 (称为关系的主键) 要添加下划线。例如，可以这样表达 EMPLOYEE1：

EMPLOYEE1(Emp_ID,Name,Dept,Salary)

并非所有表都是关系。关系的以下几个特征使其区别于非关系表。

1. 单元格中的条目很简单。每个行列交叉点上的条目只有单一的值。

2. 在一个给定的列中，条目来自同一组值。

3. 每行都唯一。唯一性之所以得到保证，是因为关系有一个非空的主键值。

4. 列的顺序可以互换而不改变关系的意义或用途。

5. 行可以互换，或以任何顺序存储。

结构良好的关系

结构良好的关系
(well-structured relation)

包含最少冗余，并允许用户在不出错或者不会出现不一致的情况下插入、修改和删除行的一种关系，也称为一个表。

结构良好的关系 (well-structured relation，也称为一个表) 由什么构成？直观地说，结构良好的关系包含最少的冗余，并允许用户在不出错或者不会出现不一致的情况下插入、修改和删除表中的行。图 9.5 的 EMPLOYEE1 就是这样一个关系。表中每一行都包含对一名员工进行描述的数据，对员工数据的任何修改 (比如工资的变化) 都仅限于表的一行。

再来看看图 9.6 的 EMPLOYEE2，其中包含了和员工及其完成的课程有关的数据。表中每一条记录对于 Emp_ID 和 Course 的组合都是唯一的，这也是该表的主键。但这并不是一个结构良好的关系。检查表中的样本数据，会发现有相当多的冗余。例如，对于编号为 100，110 和 150 的员工来说，Emp_ID，Name、Dept 和 Salary 值在两个单独的行中都有出现。所以，如果员工 100 的工资发生了变化，就必须在两行中记录这一事实 (对于某些员工，甚至要更多行)。

EMPLOYEE2

Emp_ID	Name	Dept	Salary	Course	Date_Completed
100	Margaret Simpson	Marketing	42,000	SPSS	6/19/2020
100	Margaret Simpson	Marketing	42,000	Surveys	10/7/2020
140	Alan Beeton	Accounting	39,000	Tax Acc	12/8/2020
110	Chris Lucero	Info Systems	41,500	SPSS	1/22/2020
110	Chris Lucero	Info Systems	41,500	C++	4/22/2020
190	Lorenzo Davis	Finance	38,000	Investments	5/7/2020
150	Susan Martin	Marketing	38,500	SPSS	6/19/2020
150	Susan Martin	Marketing	38,500	TQM	8/12/2020

图 9.6　有冗余的关系

这个关系的问题在于，它包含两个实体的数据：EMPLOYEE 和 COURSE。你将学习如何使用规范化原则将 EMPLOYEE2 分解成两个关系。在这两个关系中，其中一个是图 9.5 的 EMPLOYEE1。另一个我们将之称为 EMP COURSE，图 9.7 展示了这个关系及其样本数据。这个关系的主键是 Emp_ID 和 Course 的组合（我们为这些属性的列名称添加下划线来强调这一点）。

EMP COURSE

Emp_ID	Course	Date_Completed
100	SPSS	6/19/2020
100	Surveys	10/7/2020
140	Tax Acc	12/8/2020
110	SPSS	1/22/2020
110	C++	4/22/2020
190	Investments	5/7/2020
150	SPSS	6/19/2020
150	TQM	8/12/2020

图 9.7
EMP COURSE 关系

规范化

前面对结构良好的关系进行了直观上的讨论，但我们需要设计这种关系的规则以及一个过程。规范化 (normalization) 是将复杂数据结构转换为简单、稳定的数据结构的过程 (Date，2012)。例如，我们使用规范化原则将带有冗余的 EMPLAYEE2 表转换为 EMPLAYEE1(图 9.5) 和 EMP COURSE(图 9.7)。

规范化
(normalization)
将复杂数据结构转换为简单、稳定的数据结构的过程。

规范化规则

规范化基于一些公认的原则和规则。有许多规范化规则，本书受篇幅所限无法全面讲述（详情可参考 Hoffer et al.[2016] 或 Kroenke, Auer, Vandenberg, & Yoder[2017]）。除了之前概括的五个关系特征，还有两个常用的规则。

- 第二范式 (Second normal form，2NF)。每个非主键属性都由整个键来标识 (我们称之为完全函数依赖)。例如在图 9.7 中，Emp_ID 和 Course 都标识了 Date_Completed 的值，因为同一个 Emp_ID 可能与多个 Date_Completed 关联，Course 亦是如此。
- 第三范式 (Third normal form，3NF)。非主键属性之间不相互依赖 (我们称之为无传递性依赖)。例如在图 9.5 中，Name，Dept 和 Salary 不保证彼此唯一。

规范化的结果是每个非主键属性都依赖于整个主键，除了主键之外不依赖其他任何属性。接着将更详细地讨论第二和第三范式。

函数依赖和主键

规范化基于对函数依赖的分析。函数依赖 (functional dependency) 是两个属性之间的特定关系。在一个给定的关系中，如果属性 A 的每一个有效值都唯一决定了属性 B 的值，则 B 对 A 是函数依赖的 (Date，2012；Hoffer 等人，2016；Kroenke 等人，2017)。B 对 A 的函数依赖用一个箭头表示，即 A → B(例如图 9.5 的关系中的 Emp_ID → Name)。函数依赖并不暗示着数学意义的依赖。换言之，不是说一个属性的值能从另一个属性的值计算出来。相反，B 对 A 函数依赖，是指针对 A 的每一个值，都只存在一个 B 的值。所以，一个给定的 Emp_ID 值只能有一个 Name 值与之关联；但是，Name 值并不能从 Emp_ID 值推导出来。在图 9-3 中，其他函数依赖的例子出现在 ORDER，Order_Number，Order_Date 中，以及在 INVOICE，Invoice_Number，Invoice_Date 和 Order_Number 中。

一个属性允许函数依赖于两个或更多属性，而不是只能依赖于一个属性。以图 9.8 的 EMP COURSE 关系为例 (Emp_ID,Course,Date_Completed)。我们这样表示该关系中的函数依赖：

Emp_ID,Course → Date_Completed(有时写成 Emp_ID + Course → Date_Completed)

在本例中，Date_Completed 不能由 Emp_ID 或 Course 中的任何一个单独决定，因其是参加课程的员工的一项特征。

注意，关系中的实例（或样本数据）并不能证明函数依赖的存在。只有通过全面的需求分析来了解问题领域，才能可靠地确定函数依赖。但是，可利用样本数据来证明两个或多个属性之间不存在函数依赖。以图 9.8 的 EXAMPLE(A,B,C,D) 关系中的样本数据为例，它们证明属性 B 不函数依赖于属性 A，因为 A 不能唯一决定 B（在 A 值相同的两行上有不同的 B 值）。

EXAMPLE

图 9.8 **EXAMPLE 关系**

第二范式

如果每个非主键属性都函数依赖于整个主键，一个关系就处于**第二范式**(second normal form，2NF)。换言之，没有任何非主键属性函数依赖于主键的一部分（而非全部）。满足以下任何条件就满足第二范式。

1. 主键仅由一个属性构成（如 EMPLOY-EE1 关系中的 Emp_ID 属性）。

2. 关系中不存在非主键属性。

3. 每个非主键属性都函数依赖于整个主键属性集。

图 9.6 的 EMPLOYEE2 关系就不处于第二范式。该关系可以这样速记：

EMPLOYEE2(Emp_ID,Name,Dept,Salary,Course,Date_Completed)

该关系的函数依赖如下：

Emp_ID → Name,Dept,Salary
Emp_ID,Course → Date_Completed

该关系的主键是合成键 Emp_ID,Course。所以，非主键属性 Name，Dept 和 Salary 函数只函数依赖于 Emp_ID，但不依赖于 Course。EMPLOYEE2 存在冗余，会在更新表的时候出问题。

第二范式
(second normal form，2NF)

如每个非主键属性都函数依赖于整个主键，则一个关系处于第二范式。

为了将一个关系转换成第二范式，要根据决定其他属性的属性（称为决定因素或 determinants）将关系分解为新的关系；决定因素是这些关系的主键。例如，EMPLOYEE2 被分解为以下两个关系。

1. EMPLOYEE(Emp_ID,Name,Dept,Salary)：该关系满足第二范式的第一个条件（样本数据请参见图 9.5）。

2. EMP COURSE(Emp_ID,Course,Date_Completed)：该关系满足第二范式的第三个条件（样本数据请参见图 9.7）。

第三范式

如某个关系处于第二范式，而且在两个（或更多）非主键属性之间没有函数依赖（非主键属性之间的函数依赖也称为传递性依赖，即 transitive dependency），则该关系处于第三范式 (third normal form)。以图 9.9a 的 SALES (Customer_ID,Customer, Name,Salesperson,Region) 关系为例。

第三范式
(third normal form，3NF)
处于第二范式而且两个（或更多）非主键属性之间没有函数（传递性）依赖的一个关系。

SALES

Customer_ID	Customer_Name	Salesperson	Region
8023	Anderson	Smith	South
9167	Bancroft	Hicks	West
7924	Hobbs	Smith	South
6837	Tucker	Hernandez	East
8596	Eckersley	Hicks	West
7018	Arnold	Faulb	North

(a)

SALES1

Customer_ID	Customer_Name	Salesperson
8023	Anderson	Smith
9167	Bancroft	Hicks
7924	Hobbs	Smith
6837	Tucker	Hernandez
8596	Eckersley	Hicks
7018	Arnold	Faulb

SPERSON

Salesperson	Region
Smith	South
Hicks	West
Hernandez	East
Faulb	North

(b)

图 9.9　消除传递性依赖：(a) 有传递性依赖的关系；(b) 处于第三范式的关系

SALES 关系存在以下函数依赖。

1. Customer_ID → Customer_Name,Salesperson,Region(Customer_ID 是主键)。

2. Salesperson → Region(每个销售人员都分配到唯一的地区)。

注意，SALES 处于第二范式，因其主键仅一个属性 (Customer_ID)。但是，Region 函数依赖于 Salesperson，而 Salesperson 函数依赖于 Customer_ID。所以，SALES 中存在数据维护问题。

1. 在一个新的销售人员 (例如 Robinson) 被分配到 North 地区之前，不能输入该销售人员 (因为必须提供一个 Customer_ID 的值才能在表中插入一行)。

2. 如客户 6837 从表中删除，就失去了销售人员 Hernandez 被分配到 East 地区的信息。

3. 如销售人员 Smith 被重新分配到 East 地区，必须修改多行以反映这一事实 (图 9.9a 显示了两行)。

如图 9.9b 所示，可基于两个决定因素将 SALES 分解为两个关系，从而解决这些问题。这两个关系如下：

SALES1(Customer_ID,Customer_Name,Salesperson)
SPERSON(Salesperson,Region)

注意，Salesperson 是 SPERSON 的主键，也是 SALES1 的外键。外键 (foreign key) 是指在一个关系 (如 SALES1) 中作为非主键属性出现，而在另一个关系中作为主键属性 (或主键的一部分) 出现的属性。我们用虚线下划线来指定一个外键。

外键必须满足引用完整性 (referential integrity)，它规定一个关系中的属性值依赖于另一个关系中相同属性的值。所以在图 9.9b 中，SALES1 表中每一行的 Salesperson 值只限于 SPERSON 表中 Salesperson 的当前值。如果有的销售不需要销售人员，则 Salesperson 值可能为空 (即没有值)。引用完整性是关系模型中最重要的原则之一。

外键
(foreign key)

在一个关系 (如 SALES1) 中作为非主键属性出现，而在另一个关系中作为主键属性 (或主键的一部分) 出现的属性。

引用完整性
(referential integrity)

一种完整性约束，规定一个关系中的一个属性的值 (或存在) 取决于另一个关系中同一属性的值 (或存在)。

E-R 图转换为关系

正规化生成了一组结构良好的关系，包含了在人机界面设计过程中开发的系统输入和输出中提到的所有数据。由于这些具体的信息需求可能不代表所有未来的信息需求，所以在概念数据建模中开发的 E-R 图是洞察新应用系统可能的数据需求的另一个来源。为了比较概念数据模型和到目前为止开发的规范化关系，E-R 图必须转换为关系标记法，规范化，并与现有的规范化关系合并。

可通过四个步骤将 E-R 图转换为规范化关系，并将所有关系合并为最终的统一关系集。下面简要地总结了这些步骤，并在本章其余部分详细讨论了步骤 1，2 和 4。

1. 表示实体。E-R 图中的每个实体类型都成为一个关系。实体类型的标识符成为关系的主键，实体类型的其他属性成为关系的非主键属性。

2. 表示关系。E-R 图的每个关系都必须在关系数据库设计中予以表示。一个关系具体如何表示取决于它的性质。例如，在某些情况下，我们使一个关系的主键成为另一个关系的外键来表示一个关系。在其他情况下，我们创建一个单独的关系来表示一个关系。

3. 规范化关系。在步骤 1 和 2 中创建的关系可能存在不必要的冗余。所以要对这些关系进行规范化，使其结构良好。

4. 合并关系。在到目前为止的数据库设计中，我们通过对用户视图自下而上的规范化和将一个或多个 E-R 图转换为关系集来创建了各种关系。在这些不同的关系集中，可能存在冗余的关系（两个或多个关系描述的是同一实体类型），这些关系必须被合并和重新规范化以消除冗余。

表示实体

E-R 图中的每个常规实体类型都转换为一个关系。实体类型的标识符成为对应关系的主键。实体类型的每个非键属性成为关系的一个非键属性。要确保主键满足以下两个要求。

1. 键的值必须唯一地 关系中的每一行。

2. 键应该是非冗余的；换言之，键中的任何属性都可在不破坏其唯一标识 (身份) 的前提下删除。

有的实体的键可能包含其他实体的主键。例如，一个 EMPLOYEE DEPENDENT(员工家属) 可能包含每个家属的 Name(姓名)，但是为了形成该实体的主键，必须包含来自关联的 EMPLOYEE 实体的 Employee_ID 属性。如实体的主键依赖于另一个实体的主键，这种实体就称为弱实体 (weak entity)。

(a)

```
CUSTOMER
Customer_ID
Name
Address
City_State_Zip
Discount
```

(b) CUSTOMER

Customer_ID	Name	Address	City_State_ZIP	Discount
1273	Contemporary Designs	123 Oak St.	Austin, TX 28384	5%
6390	Casual Corner	18 Hoosier Dr	Bloomington, IN45821	3%

图 9.10　将实体类型转换为关系：(a)E-R 图；(b) 关系

可以很直接地将实体表示为关系。图 9.10(a) 展示了 PVF 的 CUSTOMER 实体类型。相应的 CUSTOMER 关系表示如下：

CUSTOMER(Customer_ID, Name, Address, City_State_ZIP, Discount)

在这个符号中，实体类型的标签被转换为关系名称。首先列出实体类型的标识符，并添加下划线。在主键后面列出所有非键属性。该关系在图 9.10(b) 中显示为一个带有样本数据的表格。

表示关系

具体如何表示关系取决于关系的度 (一元、二元或三元) 以及关系的基数。

二元 1:N 和 1:1 关系

为表示 E-R 图中的二元一对多 (1:N) 关系，需要添加关系一侧的实体的主键属性 (可能有多个) 作为关系另外许多侧的外键。

作为此规则的例子，图 9.11(a) 展示了 PVF 的 Places(下单) 关系 (1:N)，它将 CUSTOMER 和 ORDER 联系起来。CUSTOMER 和 ORDER 这两个关系由各自的实体类型形成，参见图 9.11(b)。Customer_ID 是 CUSTOMER(关系的一侧) 的主键，它作为 ORDER(关系的另外许多侧) 的外键添加。上一节提到了该规则的一个特殊情况。如 "许多侧" 的实体需要另一侧的实体的键作为其主键的一部分 (所谓的弱实体)，就作为主键的一部分 (而不是作为非键) 添加该属性。

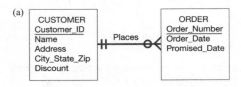

(a)

CUSTOMER — Places — ORDER

(b) CUSTOMER

Customer_ID	Name	Address	City_State_ZIP	Discount
1273	Contemporary Designs	123 Oak St.	Austin, TX 28384	5%
6390	Casual Corner	18 Hoosier Dr.	Bloomington, IN 45821	3%

ORDER

Order_Number	Order_Date	Promised_Date	Customer_ID
57194	3/15/2020	3/28/2020	6390
63725	3/17/2020	4/01/2020	1273
80149	3/14/2020	3/24/2020	6390

图 9.11　表示 1:N 关系：(a)E-R 图；(b) 关系

对于实体 A 和 B 之间的二元或一元一对一 (1:1) 关系 (对于一元关系，A 和 B 是相同的实体类型)，可以通过以下任何方式来表示该关系。

1. 将 A 的主键作为 B 的外键添加。

2. 将 B 的主键作为 A 的外键添加。

3. 上述两者都可以。

二元和更高度的 M:N 关系

假设两个实体类型 A 和 B 之间存在一个二元多对多 (M:N) 关系 (或关联实体)。对于这种关系，我们创建一个单独的关系 C。该关系的主键由关系中的两个实体的主键合成。任何与 M:N 关系关联的非键属性都包含在关系 C 中。

图 9.12(a) 是该规则的一个例子，它展示了 PVF 的实体类型 ORDER 和 PRODUCT 之间的 Request 关系 (M:N)。图 9.12b 展示了由实体类型和 Requests 关系形成的三个关系 (ORDER，ORDER LINE 和 PRODUCT)。在图 9.12(b) 的 ORDER LINE 关系是为 Requests 关系创建的。ORDER LINE 的主键是组合而成的 (Order_Number,Product_ID)，分别是 ORDER 和 PRODUCT 的主键。非键属性 Quantity_Ordered 也出现在 ORDER LINE 中。

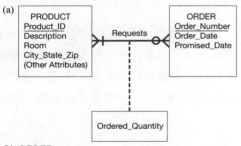

图 9.12

表示 M:N 关系：(a)E-R 图；(b) 关系

(b) ORDER

Order_Number	Order_Date	Promised_Date
61384	2/17/2014	3/01/2020
62009	2/13/2014	2/27/2020
62807	2/15/2014	3/01/2020

ORDER LINE

Order_Number	Product_ID	Quantity_Ordered
61384	M128	2
61384	A261	1

PRODUCT

Product_ID	Description	Room	(其他属性)
M128	Bookcase	Study	—
A261	Wall unit	Family	—
R149	Cabinet	Study	—

对于从 M:N 关系创建的关系，其主键偶尔不仅仅要包含两个相关关系的主键。例如，考虑以下情况：

在这种情况下，Date 必须是 SHIPMENT 关系的键的一部分，以唯一地区分 SHIPMENT 表中的每一行，如下所示：

SHIPMENT(Customer_ID,Vendor_ID,Date,Amount)

如每个 SHIPMENT 都有一个单独的非智能键（例如运单号或 Shipment_Number），则 Date 就成了一个非键，而 Customer_ID 和 Vendor_ID 成为外键，如下所示：

SHIPMENT(Shipment_Number,Customer_ID,Vendor_ID,Date,Amount)

某些时候，三个或更多实体之间可能存在着一种关系。在这种情况下，我们创建一个单独的关系，其主键是每个参与实体的主键的组合（加上其他任何必要的键元素）。这是二元 M:N 关系规则的一种简单的广义化概括。

一元关系

第 8 章讲过，一元关系是单一实体类型的实例之间的关系，也称为递归关系。图 9.13 展示了两个例子。其中，图 9.13(a) 是名为 Manages(管理) 的一对多关系，它将员工和另一个作为其经理的员工关联起来。图 9.13(b) 展示的是多对多关系，它将特定的物料 (ITEM) 与它们的组成物料关联起来。这种关系被称为"物料清单结构"(bill-of-materials structure)。

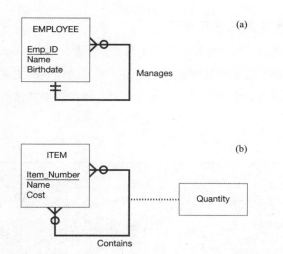

图 9.13

两个一元关系：(a) 有 Manages 关系的 EMPLOYEE 实体 (1:N)；(b) 物料清单结构 (M:N)

对于一元 1:N 关系，我们将实体类型 (例如 EMPLAYEE) 建模为一个关系。关系的主键和实体类型的主键一样，再添加一个递归外键。递归外键 (recursive foreign) 是一个关系中的外键，它引用的是同一关系的主键值。图 9.13(a) 的关系可以这样表示：

EMPLOYEE(Emp_ID,Name,Birthdate,Manager_ID)

在这个关系中，Manager_ID 就是递归外键 (reursive foreign)，它的值来自和 Emp_ID 一样的员工 ID 集合。

对于一元 M:N 关系，我们将实体类型建模为一个关系。再创建一个单独的关系来表示 M:N 关系。新关系的主键是一个合成键，由两个属性组成 (不需要同名)，都从同一主键取值。任何与关系关联的属性，例如图 9.13(b) 的 Quantity，都作为非键属性包含在这个新关系中。图 9.13(b) 的结果可以这样表示：

ITEM(Item_Number,Name,Cost)
ITEM-BILL(Item_Number,Component_Number,Quantity)

递归外键
(recursive foreign)
关系中的一个外键，引用了同一关系的主键值。

E-R 图转换为关系的总结

前面描述了如何将 E-R 图转化为关系。表 9.1 对本节讨论的将 E-R 图转化为等价关系的规则进行了总结。要对转换后的关系进行检查，以确定其是否处于第三范式。如有必要，可按照本章之前的描述进行规范化。

表 9.1　E-R 图到关系的转换

E-R 结构	关系表示
普通实体	创建一个有主键和非键属性的关系
弱实例	创建一个有合成主键 (将弱实体所依赖的实体的主键包括进来) 和非键属性的关系
二元或一元 1:1 关系	将任何一个实体的主键放在另一个实体的关系中，或者对两个实体都这样做
二元 1:N 关系	将关系"一侧"(1) 的实体的主键作为关系"许多侧"(N) 的实体的外键
二元或一元 M:N 关系或者关联实体	使用相关实体的主键，加上关系或关联实体的任何非键属性，创建一个具有合成主键的关系
二元或一元 M:N 关系或者有额外键的关联实体	使用相关实体的主键以及与关系或关联实体相关的额外主键属性，加上关系或关联实体的任何非键属性，创建一个具有合成主键的关系
二元或一元 M:N 关系或者有自己的键的关联实体	使用与关系或关联实体关联的主键，加上关系或关联实体的任何非键属性和相关实体的主键 (作为外键属性) 创建一个关系
超类型 / 子类型	为超类创建一个关系，其中包含主关系键和所有子类共有的全部非键属性，再为每个子类创建一个单独的关系，它们有相同的主键 (可以同名，也可以使用本地名称)，但只有和该子类相关的非键属性

关系合并

作为逻辑数据库设计的一部分，规范化关系可能是从许多单独的 E-R 图和各种用户界面中创建的。一些关系可能多余——它们可能引用相同的实体。如果是这样，应合并这些关系以消除冗余。本节描述了关系合并 (或者称为"视图集成")，这是逻辑数据库设计的最后一步，应在物理文件和数据库设计之前完成。

关系合并的例子

假定建模用户界面或转换 E-R 图生成了以下 3NF 关系：

EMPLOYEE1(Emp_ID,Name,Address,Phone)

建模第二个用户界面生成了以下关系：

EMPLOYEE2(Emp_ID,Name,Address,Jobcode,Number_of_Years)

由于两个关系有相同的主键 (Emp_ID)，描述的也是相同的实体，所以应合并为一个关系，如下所示：

EMPLOYEE(Emp_ID,Name,Address,Phone,Jobcode,Number_of_Years)

注意，被合并的两个关系中的属性 (例如 Name) 在合并后的关系中仅出现一次。

视图集成问题

集成关系时，必须理解数据的含义，并准备好解决过程中可能出现的任何问题。本节描述了在视图集成中出现的四个问题：同义词、同名异义词、非键之间的依赖以及类 / 子类关系。

同义词

在某些情况下，两个或更多属性可能有不同的名字，但有相同的含义，比如在它们描述一个实体的相同特征时。这样的属性称为同义词 (synonym)。例如，Emp_ID 和 Employee_Number 可能是同义词。

合并包含同义词的关系时，如有可能，应从用户那里获得该属性的单一标准化名称，并消除其他同义词。另一个选择是选择第三个名称来代替同义词。例如以下关系：

STUDENT1(Student_ID,Name)
STUDENT2(Matriculation_Number,Name,Address)

在本例中，分析师确定 Student_ID 和 Matriculation_Number 都是

同义词
(synonym)

具有不同名称的同一属性。

一个人的社会安全号码 (SSN) 的同义词。一个解决方案是从两个属性名中选一个作为标准，例如 Student_ID。另一个方案是使用一个新的属性名 (例如 SSN) 来代替两者。下面是采用第二个方案合并两个关系的结果：

STUDENT(SSN,Name,Address)

同名异义词

在其他情况下，一个单一的属性名称，称为"同名异义词" (homonym)，可能具有多个含义或描述了多个特征。例如，"账户"一词可能是指银行的支票账户、储蓄账户、贷款账户或其他类型的账户。所以，账户引用的是不同的数据，具体由它的使用方式决定。

合并关系时要注意同名异义词，例如：

STUDENT1(Student_ID,Name,Address)
STUDENT2(Student_ID,Name,Phone_Number,Address)

通过和用户的讨论，系统分析师可能发现 STUDENT1 中的 Address 引用的是学生的校园地址，而 STUDENT2 中的同名属性引用学生的家庭地址。为解决这个冲突，可能需要创建新的属性名称，合并后的关系变成：

STUDENT(Student_ID,Name,Phone_Number,Campus_Address,Permanent_Address)

非键之间的依赖

当两个 3NF 关系合并为单一的关系时，可能导致非键之间的依赖。例如以下两个关系：

STUDENT1(Student_ID,Major)
STUDENT2(Student_ID,Adviser)

由于 STUDENT1 和 STUDENT2 有相同的主键，所以两个关系可合并为：

STUDENT(Student_ID,Major,Adviser)

但是，假定每个专业 (major) 都只有一个顾问 (adviser)，那么 Adviser 就函数依赖于 Major：

Major → Adviser

如存在这种依赖，新合并的 STUDENT 关系就处于 2NF 而不是 3NF，因其包含非键之间的函数依赖。分析师为了创建 3NF 关系，可创建两个关系，并在 STUDENT 中将 Major 作为外键：

STUDENT(Student_ID,Major)
MAJOR ADVISER(Major,Adviser)

类 / 子类

类 / 子类关系可能隐藏于用户视图或关系中。假定有两个医院场景下的关系：

PATIENT1(Patient_ID,Name,Address,Date_Treated)
PATIENT2(Patient_ID,Room_Number)

从表面看，这两个关系似乎能合并为一个 PATIENT 关系。但是，假定有两种不同类型的病人：住院病人 (inpatients) 和门诊病人 (outpatients)。PATIENT1 实际包含所有病人共同的属性。PATIENT2 包含的 Room_Number(房号) 属性仅适合住院病人。在这种情况下，应该为这些实体创建类 / 子类关系：

PATIENT(Patient_ID,Name,Address)
INPATIENT(Patient_ID,Room_Number)
OUTPATIENT(Patient_ID,Date_Treated)

Hoosier Burger 的逻辑数据库设计

图 9.14 是为 Hoosier Burger 新的库存控制系统开发的 E-R 图。我们已在第 7 章为该系统创建了一个 DFD 和决策表。本节将展示如何将这个 E-R 模型转换为规范化的关系，以及如何将一个新报告的关系规范化，并与来自 E-R 模型的关系合并。

图 9.14

Hoosier Burger 库存控制系统最终的 E-R 图

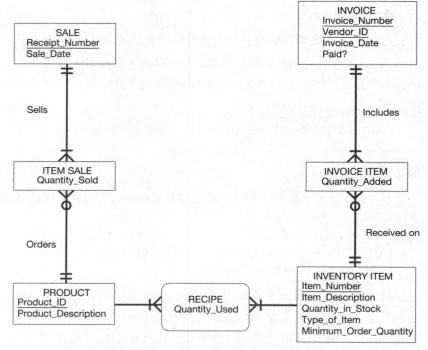

在这个 E-R 模型中，有四个实体独立于其他实体：SALE，PRODUCT，INVOICE 和 INVENTORY ITEM。基于图 9.14 显示的属性，可用以下四个关系来表示这些实体：

SALE(Receipt_Number,Sale_Date)
PRODUCT(Product_ID,Product_Description)
INVOICE(Vendor_ID,Invoice_Number,Invoice_Date,Paid?)
INVENTORY ITEM(Item_Number,Item_Description,Quantity_in_Stock,
　　　　　Minimum_Order_Quantity,Type_of_Item)

实体 ITEM SALE 和 INVOICE ITEM 以及关联实体 RECIPE 都有
一个合成主键，取自它们所关联的实体，所以可用下面三个关系表示
这三个实体：

ITEM SALE(Receipt_Number,Product_ID,Quantity_Sold)

INVOICE ITEM (Vendor_ID,Invoice_Number,Item_Number,Quantity_
Added)

RECIPE(Product_ID,Item_Number,Quantity_Used)

由于没有多对多、一对一或一元关系，我们现已表示了来自 E-R
模型的所有实体和关系。另外，上述每个关系都处于 3NF，因为所
有属性都是简单的，所有非键都完全依赖于整键，而且 INVOICE 和
INVENTORY ITEM 关系中的非键之间没有依赖关系。

现在，假定 Bob Mellankamp 想要一份额外的报告，该报告是为
Hoosier Burger 设计库存控制系统的分析师以前不知道的。图 9-15 是
这份新报告的粗略草图，它按物品类型列出了某月从每个供应商处采
购的数量。在这份报告中，如果多个供应商提供同一类型的商品，同
一类型的商品可能会出现很多次。

图 9.15 概括了新报告，它按商品类型列出给定月份从每个供应商
的采购量。在这份报告中，假如多个供应商提供同一类型的商品，则
同类型的商品可能出现很多次。

Monthly Vendor Load Report　　　　　　　Page x ofn
for Month: xxxxx

Vendor		Type of Item	Total Quantity Added
ID	Name		
V1	V1name	aaa	nnn1
		bbb	nnn2
		ccc	nnn3
V2	V2name	bbb	nnn4
		mmm	nnn5
x			
x			
x			

图 9.15
Hoosier Burger 月度供应商负荷报
告 (Monthly Vendor Load Report)

报告中包含和分析师已知的几个关系有关的数据，具体如下。

- INVOICE(Vendor_ID,Invoice_Number,Invoice_Date)：选择指定报告月份中的发票所需的主键和日期。
- INVENTORY ITEM(Item_Number,Type_of_Item)：报告中的主键和一个非键。
- INVOICE ITEM (Vendor_ID, Invoice_Number, 0Item_Number, Quantity_Added)：报告中的主键和已开票商品的原始数量，按供应商和商品类型小计。

此外，该报告还包括一个新属性 Vendor_Name。经过一番调查，分析师确定 Vendor_ID → Vendor_Name。INVOICE 关系的完整主键是 Vendor_ID 和 Invoice_Number，所以如果 Vendor_Name 是 INVOICE 关系的一部分，这个关系就违反了 3NF 规则。所以，必须创建一个新的 VENDOR 关系，如下所示：

VENDOR(Vendor_ID,Vendor_Name)

现在，Vendor_ID 不仅是 INVOICE 的主键的一部分，还是引用了 VENDOR 关系的外键。所以，从 VENDOR 到 INVOICE 必然存在一个一对多关系。系统分析员判断，发票必然来自某家供应商，所以除非供应商向 Hoosier Burger 开出发票，否则没有必要保留供应商的数据。图 9.16 展示了更新后的 E-R 图，反映了针对月度供应商负荷报告需要的新数据进行的改进。该数据库的规范化关系如下：

SALE(Receipt_Number,Sale_Date)
PRODUCT(Product_ID,Product_Description)
INVOICE(Vendor_ID,Invoice_Number,Invoice_Date,Paid?)
INVENTORY ITEM(Item_Number,Item_Description,Quantity_in_Stock,
         Minimum_Order_Quantity,Type_of_Item)
ITEM SALE(Receipt_Number,Product_ID,Quantity_Sold)
INVOICE ITEM(Vendor_ID,Invoice_Number,Item_Number,Quantity_Added)
RECIPE(Product_ID,Item_Number,Quantity_Used)
VENDOR(Vendor_ID,Vendor_Name)

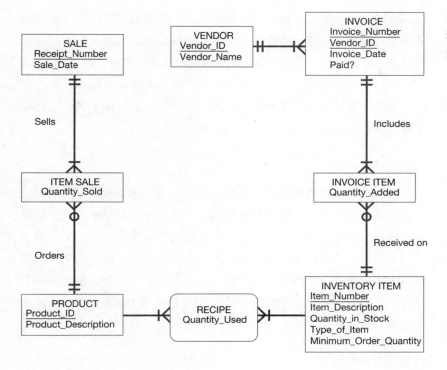

图 9.16

和 Hoosier Burger 库存控制系统的规范化关系对应的 E-R 图

物理文件和数据库设计

设计物理文件和数据库需要应已在之前的 SDLC 阶段收集和生成好的信息，具体如下。

- 规范化的关系，包括对数据量的估计。
- 每个属性的定义。
- 数据使用地点和时间的描述：输入、检索、删除和更新（包括操作频率）。
- 对响应时间和数据完整性的期望或要求。
- 对用于实现文件和数据库的技术的描述，以便了解每种技术需要做出的决定和选择的范围。

当然, 规范化的关系是逻辑数据库设计的结果。在系统分析的需求确定过程中, 可能已经收集了每个表的行数统计以及上面列出的其他信息。如果没有, 就在查漏补缺后再继续数据库设计。

我们采用一种自下而上的方法来审查物理文件和数据库设计。所以, 在物理设计阶段, 我们首先解决逻辑数据模型中每个属性的物理字段设计。

设计字段

字段
(field)

系统软件所能识别的最小单位的具名应用程序数据。

字段 (field) 是系统软件 (例如某种编程语言或数据库管理系统) 所能识别的最小单位的应用程序数据。逻辑数据库模型中的一个属性可能由几个字段表示。例如, 在一个规范化的学生关系中, 一个学生的名字属性可能表示为三个字段: 姓、名和中间名。通常情况下, 要将每个规范化关系中的每个属性表示为一个或多个字段。指定每个字段时, 必须做出的基本决策涉及字段的数据类型 (或存储类型) 以及字段的数据完整性控制。

选择数据类型

数据类型
(data type)

一种被系统软件识别的、用于表示有组织的数据的编码方案。

数据类型 (data type) 是一种被系统软件识别的、用于表示有组织的数据的编码方案。编码方案的比特模式 (bit pattern) 对你来说一般不重要, 但物理文件和数据库设计会影响存储数据的空间和访问数据所需的速度。你使用的特定文件或数据库管理软件将决定你有哪些选择可以使用。例如, 表 9.2 列出了 Oracle 10g 中最常用的数据类型。

数据类型的选择需权衡以下四个目标。取决于具体应用, 这些目标有不同的权重。

1. 最小化存储空间。
2. 表示字段所有可能的值。
3. 增强字段的数据完整性。
4. 支持预期要对字段执行的所有数据操作。

表 9.2　Oracle 10g 的常用数据类型

数据类型	说明
VARCHAR2	可变长度的字符数据，最大长度 4000 字符；必须指定字段的最大长度 (例如，VARCHAR2(30) 表示一个最大长度为 30 字符的字段)。小于 30 个字符的值需要多少空间就消耗多少
CHAR	固定长度的字符数据，最大长度为 255 字符；默认长度是 1 字符 (例如，CHAR(5) 表示一个固定长度 5 字符的字段，能容纳 0~5 字符长度的一个值)
LONG	能存储最多 2GB 的一个可变长度字符数据字段 (例如，用于容纳医嘱或客户评论)
NUMBER	范围在 10-130~10126 之间的正数和负数；可指定精度 (小数点左右的总位数) 和小数位数 (小数点右边的位数)。例如，NUMBER(5) 指定最大为 5 位的一个整数字段，NUMBER(5, 2) 指定总共不超过 5 位而且小数点右边恰好两位的字段
DATE	从公元前 4712 年 1 月 1 日到公元 4712 年 12 月 31 日的任何日期，可存储世纪、年、月、日、小时、分钟和秒
BLOB	BLOB 是 "二进制大对象"(Binary large object) 的简称，可存储多达 4GB 的二进制数据 (例如，一张照片或声音剪辑)

为字段选择的数据类型要最大程度地减少存储空间，表示关联属性的每个可能的合法值，并允许根据需要对数据进行操作。例如，假定一个销量字段可以用 Number 数据类型表示。为该字段选择的长度要能处理最大值，再为预期的业务增长留出一定空间。此外，Number 数据类型将限制用户输入不恰当的值 (例如文本)，但它确实允许负数 (如果这是一个问题，需要通过应用程序代码或表单设计来限制值为正数)。

注意，数据类型必须和应用程序的生命周期匹配，否则将来需要付出维护成本。通过预测增长，选择符合未来需求的数据类型。另外，要注意可以进行日期运算，使日期可以被减去，或者在日期中加减时间段。

一些数据库技术提供了数据类型的其他一些功能。接着将讨论这些功能中最常见的几个：计算的字段以及编码和压缩技术。

计算字段

一个属性经常在数学上与其他数据相关。例如，发票可能包括一个应付总额字段，它表示发票上每一项的应付金额之和。可从数据库的其他字段派生的字段被称为"计算字段"（或派生字段）。记住，属性之间的函数依赖并不意味着一个计算字段。有的数据库技术允许将计算字段与其他原始数据字段一起明确地定义。如指定一个字段为计算字段，通常会提示你输入计算公式；该公式可能涉及同一记录中的其他字段，也可能涉及来自相关文件的记录中的字段。数据库技术要么直接存储计算好的值，要么在需要时计算。

编码和压缩技术

有些属性在很大的可能值范围内只有很少的值。例如，假设 PVF 的每个产品都有一个饰面 (Finish) 属性，可能的值是桦木、胡桃木、橡木等等。将这个属性存储为文本可能需要 12、15、甚至 20 个字节来表示最长的饰面值。假设即使是一个宽松的估计，PVF 也不会有超过 25 个饰面。因此，一个字母或字母数字字符就足够了。我们不仅减少了存储空间，而且还增强了完整性（将输入限制为只有几个值），这有助于实现物理文件和数据库设计的两个目标。代码也有弊端。如果在系统输入和输出中使用，用户可能更难记住，如果不显示代码，必须编写程序对字段进行解码。

有的属性在很大的取值范围内只有极少数可能的值。例如，假定 PVF 的每个产品都有一个饰面属性，可能的值包括桦木、胡桃木、橡木等等。将该属性存储为文本可能需要 12、15、甚至 20 个字节来表示最长的饰面值。假定即便是最宽松的估计，PVF 也不会有超过 25 种饰面。那么，一个字母或字母 / 数字字符代码就足够了。这样不仅减少了存储空间，还增强了完整性（限制只能输入几个值），这对物理文件和数据库设计的两个目标都有益。当然，代码也有弊端。如果在系统输入和输出中使用，用户可能更难记住。如果不要让用户接触代码，必须写程序对字段进行解码。

控制数据完整性

准确的数据对于遵守新的国家和国际法规至关重要，如萨班斯 - 奥克斯利法案 (Sarbanes-Oxle，SOX) 和新巴塞尔协议 (Basel II)。COBIT(Control Objectives for Information and Related Technologies，信息和相关技术的控制目标) 和 ITIL(IT Infrastructure Library，IT 基础设施库) 为企业治理、风险评估、安全和数据控制提供了标准、指南和规则。这些预防性控制如果设计到数据库中，并由数据库管理系统 (DBMS) 来执行，它们就能得到最好的、一致的应用。在合规审计过程中，数据完整性控制是非常重要的环节。为此，需要对基础字段的数据进行良好的控制。

之前解释过，数据类型通过限制一个字段的取值范围来帮助控制数据完整性。还可通过一些额外的物理文件和数据库设计选项来确保更高质量的数据。虽然这些控制可通过应用程序进行，但最好是将其作为文件和数据库定义的一部分，这样可确保这些控制一直被应用，而且在所有程序中都保持一致。有四种流行的数据完整性控制方法：默认值、范围控制、引用完整性和空值控制。

- 默认值。默认值 (default value) 是除非显式输入，否则就为字段认定的一个值。例如，对于一家特定的零售店，大多数顾客的城市和州可能与该店的城市和州一致。为字段指定默认值可减少数据输入时间 (输入时可简单地跳过) 和数据输入错误。例如，避免为印第安纳州输入 IM 而不是 IN。

- 范围控制。数值和字母数据可能有一组有限的容许值。例如，已售产品数量字段可能有一个零的下限，而代表产品销售月份的字段可能被限制为一月、二月等值。

- 引用完整性。本章前面说过，最常见的引用完整性的例子是关系之间的交叉引用。以图 9.17(a) 的一对关系为例。在这种情况下，客户订单中的外键 Customer_ID 字段的值必须限制为 CUSTOMER 关系中的 Customer_ID 值集合。我们不想接受

默认值
(default value)

除非显式输入，否则就为字段认定的一个值。

一名不存在或未知客户的订单。引用完整性在其他时候也可能有用。以 9.17(b) 的员工关系为例。在本例中，EMPLOYEE 关系有一个 Supervisor_ID 的字段。该字段引用的是员工的主管的 Employee_ID，应该对同一关系中的 Employee_ID 字段具有引用完整性。注意本例中，Supervisor_ID 字段的值可能为空，因为有的员工没有主管。所以，这是一个弱的引用完整性约束。

- 空值控制。空值 (null value) 是特殊的字段值，与零值、空白或任何其他值不同，它表示该字段的值缺失或未知。需要输入数据时——例如一名新客户——你可能不知道客户的电话号码，这种情况并不少见。问题是，一名客户是否必须有这个字段的值才算有效？对于该字段，答案最开始可能是否定的，因为大多数数据处理可以在不知道客户电话号码的情况下继续。后来，当你准备向客户运送产品时，则可能不允许出现空值。另一方面，必须始终知道 Customer_ID 字段的值。由于引用完整性，如果不知道现有的 Customer_ID 值，就不能为该新客户输入任何客户订单。另外，客户的名字对于数据输入的可视化验证至关重要。除了在字段缺失时使用一个特殊的空值外，还可以估计该值，生成报告来指出存在关键缺失值的表行，或者在计算所需信息时确定缺失的值是否重要。

空值
(null value)
一种特殊的字段值，与零值、空白或任何其他值不同，它表示该字段的值缺失或未知。

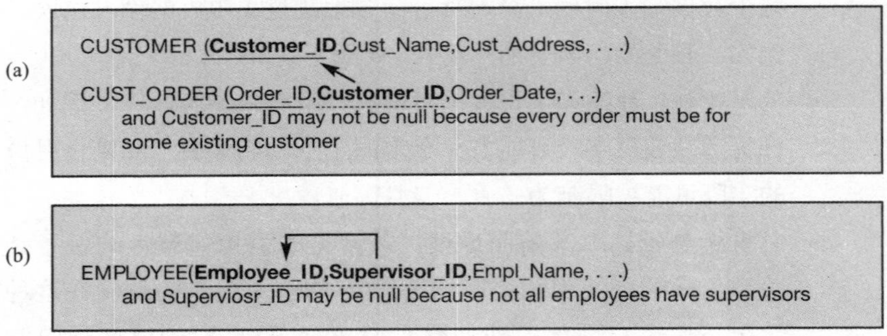

图 9.17
引用完整性字段控制的例子：(a) 关系间的引用完整性；(b) 关系内部的引用完整性

(a)
CUSTOMER (**Customer_ID**,Cust_Name,Cust_Address, . . .)

CUST_ORDER (Order_ID,**Customer_ID**,Order_Date, . . .)
and Customer_ID may not be null because every order must be for some existing customer

(b)
EMPLOYEE(**Employee_ID**,**Supervisor_ID**,Empl_Name, . . .)
and Superviosr_ID may be null because not all employees have supervisors

设计物理表

关系数据库是一组相关表的集合 (各个表通过引用了主键的外键联系起来)。逻辑数据库设计是指将涉及统一、规范化业务概念的属性 (例如客户、产品或员工) 分组到一个关系中。相比之下，物理表 (physical table) 是一个具名的行、列集合，指定了每个表行的字段。物理表可能对应、也可能不对应一个关系。虽然规范化关系拥有结构良好的关系的属性，但物理表的设计有两个不同于规范化的目标：辅助存储的高效利用和数据处理速度。

辅助存储 (磁盘空间) 的高效利用与数据从磁盘的加载方式有关。磁盘在物理上被划分为可以在一次机器操作中读取或写入的单元 (称为页)。如果表行的物理长度可均匀划分为接近于存储单元的长度，空间就得到了最高效的利用。对于许多信息系统，这种均匀的划分是很难实现的，因为它要取决于多种因素 (比如操作系统参数)，而这些因素是任何数据库都无法控制的。所以，本书不讨论物理表设计的这一因素。

选择物理表设计时，第二个也是更重要的考虑是高效的数据处理。若数据在辅助存储器连续存储，则数据处理最高效。因为这会使必要的输入 / 输出 (I/O) 操作量降至最低。通常，一个物理表的数据 (所有行以及这些行中的所有字段) 都被紧密地存储在磁盘上。去规范化 (denormalization) 是指根据行和字段的使用亲和性，将规范化关系拆分或合并为物理表的过程。在图 9.18(a) 中，一个规范化的产品关系被分割为单独的物理表，每个表只包含工程、会计或营销产品数据；主键必须包含在每个表中。注意，Description 属性和 Color 属性在工程表和营销表中都重复，因为这些属性与这两种数据都有关。图 9.18(b) 中通过将不同地区的行放入单独的表中，从而对客户关系进行了去规范化。在这两种情况下，我们的目标都是创建只包含要程序中一起使用的数据的表。在磁盘上使一起使用的数据紧密相连，程序检索程序所需的全部数据的磁盘 I/O 操作量将降到最低。

物理表
(physical table)
一个具名的行、列集合，指定了每个表行的字段。

去规范化
(denormalization)
根据行和字段的使用亲和性，将规范化关系拆分或合并为物理表的过程。

图 9.18

去规范化的例子：(a) 按列去规范化；(b) 按行去规范化

规范化的**Product**关系
    Product(Product_ID,Description,Drawing_Number,Weight,Color,Unit_Cost,
        Burden_Rate,Price,Product_Manager)

将**Product**关系反规范为针对不同功能领域的表
    Engineering: E_Product(Product_ID,Description,Drawing_Number,Weight,Color)
    Accounting: A_Product(Product_ID,Unit_Cost,Burden_Rate)
    Marketing: M_Product(Product_ID,Description,Color,Price,Product_Manager)

(a) 规范化的 Customer 表

CUSTOMER

Customer_ID	Name	Region	Annual_Sales
1256	Rogers	Atlantic	10,000
1323	Temple	Pacific	20,000
1455	Gates	South	15,000
1626	Hope	Pacific	22,000
2433	Bates	South	14,000
2566	Bailey	Atlantic	12,000

(b) 反规范化的地区 Customer 表

A_CUSTOMER

Customer_ID	Name	Region	Annual_Sales
1256	Rogers	Atlantic	10,000
2566	Bailey	Atlantic	12,000

P_CUSTOMER

Customer_ID	Name	Region	Annual_Sales
1323	Temple	Pacific	20,000
1626	Hope	Pacific	22,000

S_CUSTOMER

Customer_ID	Name	Region	Annual_Sales
1455	Gates	South	15,000
2433	Bates	South	14,000

大多数关系数据库产品都可将一个表分割为不同的部分，通常称为分区。Oracle 有三种类型的表分区。

1. 范围分区。分区由指定属性值的非重叠范围来定义（所以，单独的表由指定属性值落在指定范围内的行组成）。

2. 哈希分区。表行通过一个算法被分配给一个分区，再将指定的属性值映射到一个分区。

3. 复合分区。结合了范围和哈希分区，首先通过指定属性的范围来隔离数据，然后在每个分区中，通过对指定属性进行哈希处理来进一步分区。

每个分区都存储在一个单独的、连续的磁盘空间中，Oracle 称之为"表空间"(tablespace)。

去规范化会增大规范化所避免的错误和不一致的机率。此外，去规范化虽然优化了某些数据处理活动，但牺牲了其他活动。所以，一旦各种处理活动的频率发生变化，去规范化的好处就可能不存在了(Hoffer et al.，2016)。

可进行多种形式的去规范化（涉及到合并来自几个规范化表格的数据），但没有一个通行的规则来决定何时对数据进行去规范化。在下面列举三种常见情况中 (Microsoft，2015)，跨表的去规范化通常会使获取相关数据的速度更快（参见图 9.19）。

1. 具有一对一关系的两个实体。图 9.19(a) 展示了学生数据，以及可选的标准奖学金申请数据。在这种情况下，可用 STUDENT 和 SCHOLARSHIP APPLICATION FORM(奖学金申请表) 规范化关系中的四个字段形成一条记录。注意，在这种情况下，来自可选实体的字段必须允许空值。

2. 带有非键属性的多对多关系 (关联实体)。图 9.19(b) 展示了不同供应商对于不同商品的报价。在这种情况下，来自 ITEM 和 PRICE QUOTE 关系的字段可合并到一个物理表中，以避免将所有三个表合并到一起。注意，这可能造成相当多的重复数据。在本例中，ITEM

的字段 (如 Description) 会在每个报价中重复。如存在重复的数据需要修改，会严重增加更新的工作量。

3. 引用数据。图 9.19(c) 展示了具有相同 STORAGE INSTRUCTIONS(储放指令) 的几个 ITEM(商品)，而且该 STORAGE INSTRUCTIONS 只与 ITEM 相关。在这种情况下，商品的储放指令数据可存储到 ITEM 表中，从而减少需要访问的表的数量。但是，这也可能造成冗余和额外的数据维护。

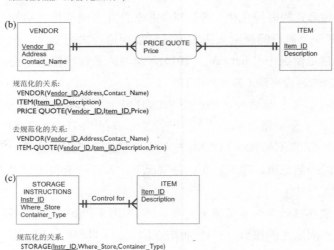

图 9.19

可能需要去规范化的情况：(a) 具有一对一关系的两个实体；(b) 带有非键属性的多对多关系；(c) 引用数据

(a)

STUDENT
Student_ID
Campus_Address

Submits

SCHOLARSHIP
APPLICATION
FORM
Application_ID
Application_Date
Qualifications

规范化的关系：
STUDENT(Student_ID,Campus_Address,Application_ID)
APPLICATION(Application_ID,Application_Date,Qualifications,Student_ID)

去规范化的关系：
STUDENT(Student_ID,Campus_Address,Application_Date,Qualifications)
Application_Date和Qualifications可空

(注意: 如所有字段都存储在一条记录中，我们认为Application_ID是没有必要的，但如果是必须的应用程序数据，该字段可包括在内。)

(b)

VENDOR

Vendor_ID
Address
Contact_Name

PRICE QUOTE
Price

ITEM

Item_ID
Description

规范化的关系：
VENDOR(Vendor_ID,Address,Contact_Name)
ITEM(Item_ID,Description)
PRICE QUOTE(Vendor_ID,Item_ID,Price)

去规范化的关系：
VENDOR(Vendor_ID,Address,Contact_Name)
ITEM-QUOTE(Vendor_ID,Item_ID,Description,Price)

(c)

STORAGE
INSTRUCTIONS
Instr_ID
Where_Store
Container_Type

Control for

ITEM
Item_ID
Description

规范化的关系：
STORAGE(Instr_ID,Where_Store,Container_Type)
ITEM(Item_ID,Description,Instr_ID)

去规范化的关系
ITEM(Item_ID,Description,Where_Store,Container_Type)

排列表行

去规范化的结果是一个或多个物理文件的定义。计算机操作系统将数据存储到物理文件 (physical file) 中，该文件是在辅助存储的连续区域存储的一个具名的表行集合。在一个文件中，包含由去规范化而产生的一个或多个表中的行／列。对于操作系统 (如 Windows、Linux 或 UNIX)，可能每个表一个文件，也可能整个数据库都在一个文件中，具体取决于数据库技术和数据库设计者如何组织数据。操作系统在文件中排列表行的方式称为"文件组织" (file organization)。某些数据库技术允许系统设计人员从几种文件组织方案中选择一个。

如数据库设计人员有所选择，他／她可针对特定的文件选择一种文件组织来实现以下目标。

1. 快速数据检索。
2. 提高事务处理的吞吐量。
3. 高效利用存储空间。
4. 防止故障或数据丢失。
5. 最小化对重新组织的需求。
6. 适应增长。
7. 提高安全性，防止未经授权的使用。

这些目标往往存在冲突，必须为每个文件选择一种组织，在可用资源的限制下合理平衡这些目标。

为实现这些目标，许多文件组织都使用了指针。**指针** (pointer) 是用来定位相关字段或数据行的一个数据字段。大多数时候，指针包含的是所关联的数据的地址，它没有业务上的含义。在文件组织中，如果无法做到相关数据的连续存储，就会使用指针。由于这种情况时常发生，所以指针很常用。幸好，指针在大多数时候对程序员是隐藏的。但是，由于数据库设计人员可能需要决定是否以及如何使用指针，所以这里简单介绍了这一概念。

从字面上看，已经有数百种不同的文件组织和变化，但我们概述了大多数文件管理环境中使用的三个文件组织系列的基本情况：顺序

物理文件
(physical file)
在辅助存储的连续区域存储的一个具名的表行集合。

文件组织
(file organization)
对文件中的记录进行物理排列的一种技术。

指针
(pointer)
用来定位相关字段或数据行的一个数据字段。

的、索引的和散列的，如图 9.20 所示。需要了解在你设计文件的环境中每种方法的特殊变化。

目前有数百种不同的文件组织及其变化形式，这里只概述了大多数文件管理环境中都会用到的其中三种：顺序、索引和哈希（参见图 9.20）。你需要了解每种方法在自己的设计环境中的特殊变化。

图 9.20

文件组织的对比：(a) 顺序；(b) 索引；(c) 哈希

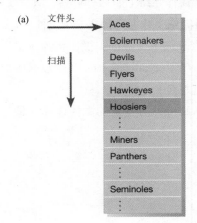

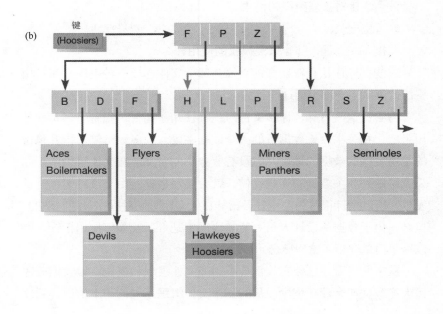

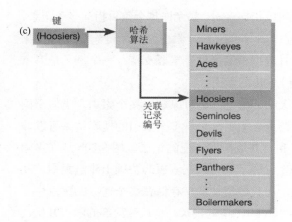

图 9.20
文件组织的对比：(a) 顺序；(b) 索
引；(c) 哈希
（续）

顺序文件组织

在顺序文件组织 (sequential file organization) 中，文件中的行基于主键值按顺序存储，参见图 9.20(a)。为了定位一个特定的行，程序通常必须从头开始扫描文件，直到找到目标行。顺序文件的一个常见例子是电话簿白页中按字母顺序排列的人员名单（暂时忽略电话簿中可能提供的任何索引）。如果本来就要按顺序处理行，顺序文件的速度非常快。但是，这种文件对于随机的行检索来说不实际。如删除行，会造成空间的浪费或需要压缩文件。如新增行，则需要重写文件，至少要从插入点开始重写。更新一个行可能也需要重写文件，除非文件的组织结构允许只重写更新的行。在行不重复的前提下，只能维持一个序列。

索引文件组织

在索引文件组织 (indexed file organization) 中，行可以按顺序存储，也可以不按顺序存储。会创建一个索引，使应用程序能直接定位行，参见图 9.20(b)。和图书馆的卡片目录一样，索引是一种结构，用来确定文件中满足特定条件的行。索引中的每个条目都与一个或多个行的键值匹配。索引 (index) 可以指向唯一的行（称为主键索引，如产品表

顺序文件组织
(sequential file organization)
采用这种文件组织方式，文件中的行基于主键值按顺序存储。

索引文件组织
(indexed file organization)
如果采用这种文件组织方式，行可以按顺序存储，也可以不按顺序存储。结果会创建一个索引，使应用程序能够直接定位行。

索引
(index)
用于判断文件中满足特定条件的行所在位置的一个表。

辅助键
(secondary key)

一个或多个字段的组合，这些字段可能在多行中有相同的值组合。

的 Product_ID 字段)，也可以指向多行。如允许每个条目指向多条记录，这种索引称为"辅助键"(secondary key) 索引。辅助键索引为许多报表需求和提供快速的临时数据检索提供了重要支持。一个例子是对家具产品表的 Finish(饰面) 字段的索引。

索引文件组织最强大的能力之一是可以创建多个索引，类似于图书馆的书名、作者和主题混合索引。来自多个索引的搜索结果可以非常快地合并，准确找到和合并值精确匹配的记录。图 9.20b 是许多索引结构的一个典型例子，它展示了可以在索引的基础上建立索引，从而创建索引的层次结构，而且数据按顺序存储在多个连续的区段中。例如，为了找到键值为 "Hoosiers" 的记录，将从最顶部的索引开始，并取得条目 P 后的指针，该指针指向另一个索引，对应的是以 G~P 开头的所有键。然后，软件会跟随该索引中的 H 之后的指针，它代表所有键值以 G~H 开头的记录。最终，通过索引进行的搜索要么找到目标记录，要么表明不存在这样的记录。将数据存储在多个连续的区段中，原因是为了给一些新数据留出空间，确保能在不重新排列所有数据的情况下按顺序插入。

采用索引文件组织，最主要的缺点是需要额外的空间来存储索引，还要花额外的时间来访问和维护索引。但一般情况下都是利大于弊。由于索引是顺序存储的，所以无论随机还是顺序访问都很快。另外，由于索引独立于数据，所以可就同一数据文件建立多个索引结构 (和图书馆一样，可就作者、书名、主题等建立多个索引)。有了多个索引，软件就能快速找到和复合条件匹配的记录，例如"汤姆·克兰西"的"间谍"小说。

对于关系数据库技术 (如 Microsoft Access、Oracle、DB2 和其他类似系统)，决定创建哪些索引可能是最重要的物理数据库设计任务。可为主键和辅助键创建索引。使用索引后，虽然提高了检索性能，但在插入、删除和更新文件中的行时，性能则可能有所下降。需对两者

译注

汤姆·克兰西 (Tom Clancy)，做过保险的非专业作家，处女作《追猎红色十月号》一出版就取得巨大的成功，销量达到 500 万册，1990 年被改编为电影，版权收入超过 130 万美元。1997 年，这位著名的冷战军事作家两部新书的全球版权收入超过 5 000 万美元。晚年时，他将冠名权售给了育碧开发 40 款游戏。他的书总销量超过 1 亿册。他于 2013 年去世于巴尔的摩。

进行权衡。所以，对于主要用于支持数据检索的数据库（如决策支持应用），不妨大胆地使用索引。相反，由于索引会带来额外的开销，所以对于支持事务处理的数据库以及有大量更新需求的其他应用，使用索引则需谨慎。

下面列出了为关系数据库选择索引时的一些准则 (Gibson, Hughes, & Reming-ton, 1989)。

1. 为每个表（文件）的主键指定唯一索引。这确保了主键值的唯一性，并加快了基于这些值的检索。基于主键值的随机检索在回答涉及多个表的查询以及简单的数据维护任务中很常见。

2. 为外键指定一个索引。和第一条准则一样，这能加速处理涉及多个表的查询。

3. 为出于数据检索的目的而执行的限定和排序指令中引用的非键字段指定一个索引。

为了演示这些规则的运用，请考虑 PVF 的以下关系：

PRODUCT(Product_Number,Description,Finish,Room,Price)
ORDER(Order_Number,Product_Number,Quantity)

一般会为每个主键指定唯一索引。这些主键包括 PRODUCT 中的 Product_Number 以及 ORDER 中的 Order_Number。其他索引根据数据的使用方式来分配。例如，假设某个系统模块需要查询 PRODUCT 和 ORDER 数据来检索低于 500 美元的产品，并按 Product_Number 排序。为加快检索速度，可考虑为以下非键属性指定索引。

1. PRODUCT 中的 Price，因其满足规则 3。

2. ORDER 中的 Product_Number，因其满足规则 2。

由于用户可能对数据库执行巨量的、形式不一的查询，尤其是可能发生大量临时查询的系统，你可能必须选择性地指定索引，以支持最常见或最常用的查询。请参考 Hoffer et al. (2016)，更全面地了解在选择索引时的考虑因素和规则。

哈希文件组织

在哈希文件组织 (hashed file organization) 中，每个数据行的位置由一个算法确定，该算法将主键值转换为行地址，参见图 9.20(c)。虽然哈希文件有多种变化，但大多数时候，行的位置都由哈希算法确定，不按顺序存储。所以，顺序数据处理不实际。但另一方面，随机行的检索非常快。哈希文件组织的设计存在一些问题，例如怎样处理转换为同一地址的两个主键。但同样地，这些问题超出了本书的范围。更全面的讨论请参考 Hoffer et al. [2016]。

文件组织小结

设计物理文件和数据库时，顺序、索引和哈希是最常用的文件组织方式。表 9.3 对这些文件组织的特点进行了对比。利用这个表，可将文件特征和文件处理要求与各种组织方式的特点进行匹配，帮助自己选择最合适的一种文件组织。

表 9.3　对比顺序、索引和哈希文件组织

因素	文件组织		
	顺序	索引	哈希
存储空间	无浪费的空间	数据空间不会浪费，但索引需要额外的空间	可能需要额外空间，为记录的增删留出余地
基于主键的顺序检索	非常快	一般快	不实际
基于主键的随机检索	不实际	一般快	非常快
基于多个键的检索	也许可行，但需要扫描整个文件	多个索引的速度非常为快	不可能
删除行	可能造成空间浪费，或需要重新组织	空间能动态分配就很容易，但需要对索引进行维护	非常容易
添加行	需要重写文件	空间能动态分配就很容易，但需要对索引进行维护	非常我，只是同一地址的多个键需要额外的处理
更新行	一般需要重写文件	容易，但需要维护索引	非常容易

设计文件控制

之前提到，物理表有两个设计目标是防止故障或数据丢失，以及提高安全性，防止未经授权的使用。这两个目标主要通过对每个文件实施控制来实现。其中一种主要的控制是数据完整性控制，这在本章前面已经介绍过。另外两种重要的控制是文件备份和安全。

由于软件或人为错误，文件损坏或丢失几乎不可避免。一个文件损坏时，它必须恢复到一个准确和合理的最新状态。文件和数据库设计人员可选择几种文件恢复技术，具体如下。

- 定期备份文件。
- 在事务处理日志或审计跟踪中存储对文件每次修改的副本。
- 在每一行修改前后存储其副本（映像）。

例如，利用文件备份和行的变动日志，可将一个文件从之前的某个状态（备份）重建为最新状态。如当前文件发生损坏以至于无法使用，就必须执行这一过程。如当前文件可用，但不准确，则可利用行映像之前的一个日志将文件还原到之前的一个准确状态。然后，对还原的文件重新应用事务处理日志，将其恢复到最新状态。这里的重点在于，信息系统的设计者要为备份、审计跟踪和行映像文件做出规定，以便在发生错误和损坏时可以重建数据文件。

信息系统的设计者可通过几种方式建立文件的数据安全性，具体如下。

- 对文件中的数据进行编码或加密，除非知道如何解密，否则无法读取。
- 要求数据文件的用户通过输入用户名和密码来确认自己的身份，然后可能只允许特定用户对文件中的特定数据进行特定的文件操作（读取、添加、删除、更改）。
- 禁止用户直接操作文件中的任何数据。相反，只允许程序和用户操作数据的副本（无论真实还是虚拟的副本）；该副本只包含用户或程序被允许操作的数据。只有在对该副本的更改被彻底检查后，数据的原始版本才会改变。

诸如此类的安全规程都会增加信息系统的开销，所以，非必要不要用。

Hoosier Burger 的物理数据库设计

本章前面的"Hoosier Burger 的逻辑数据库设计"一节介绍了 Hoosier Burger 的一组规范化关系及其对应的 E-R 图 (图 9.16)。该数据库的完整设计还需要更多文档，本书受篇幅所限无法一一列出，本节只简单说明了完整物理数据库的几项关键决策。

如前所述，为了将逻辑数据库设计转换为物理数据库设计，需要做出以下决策。

1. 为每个属性创建一个或多个字段，并确定每个字段的数据类型。

2. 针对每个字段，决定它是否可以通过计算得出；是否需要被编码或压缩；是否必须有默认值；是否必须有范围、引用完整性或空值控制。

3. 针对每个关系，决定它是否应该进行去规范化，以达到所需的处理效率。

4. 为每个物理文件选择一种文件组织。

5. 为每个文件和数据库选择合适的控制。

记住，这些决策是在物理数据库设计中制定的，再在实现阶段通过所选的数据库技术对这些规范进行编码。最后选用的数据库技术决定了你现在要做出什么样的物理数据库设计决策。例如，如选择 Oracle 作为本例的实现环境，则文件组织的唯一选择就是索引。所以，针对文件组织的决策变成了应该选择哪些主键和辅助键属性来建立索引。

我们只是针对 INVOICE 表说明了这些物理数据库的设计决策。第一个决策很可能是是否要对该表进行去规范化。根据本章介绍的去规范化建议，该表唯一可能的去规范化就是将其与 VENDOR 表合并。

由于每张发票都肯定有一家供应商，而在 INVOICE 表中，唯一缺失的关于供应商的额外数据就是 Vendor_Name 属性，所以很适合去规范化。由于 Vendor_Name 基本不怎么变，所以在同一家供应商的每张发票中重复 Vendor_Name 不会引起过多的更新维护。如果在显示发票数据时，Vendor_Name 经常与其他发票数据一起使用，这就是一个很好的去规范化的候选者。所以，要转换为物理表的去规范化的关系如下：

INVOICE(Vendor_ID,Invoice_Number,Invoice_Date,Paid?,Vendor_Name)

下一个决策是要创建什么索引。本章推荐为主键、所有外键以及排序 / 限定所用的辅助键创建索引。所以，我们为合并的 Vendor_ID 和 Invoice_Number 字段创建一个主键索引。INVOICE 没有外键。为了确定哪些字段在查询的排序和限定子句中被用作辅助键，我们需要知道查询的内容。此外，了解查询频率也很有帮助，因为对于不经常执行的查询，创建索引并不能带来多少性能提升。为了简化问题，我们假定只有两个经常执行的查询要引用 INVOICE 表，如下所示。

1. 显示本周到期的所有未付发票的全部数据。

2. 显示所有按供应商排序的发票，先显示所有未付发票，再显示所有已付发票。每种发票按发票日期倒序显示。

在第一个查询中，Paid? 和 Invoice_Date 两个字段都被用来进行限定。但是，Paid? 可能不是一个很好的索引候选者，因为该字段只有两个值。系统分析师需发现未付发票的百分比。如该值大于 10%，那么对 Paid? 的索引可能没有帮助。Invoice_Date 是一个更具识别性的字段，所以就该字段建立索引会有帮助。

第二个查询用 Vendor_ID，Paid? 和 Invoice_Date 来排序。Vendor_ID 和 In-voice_Date 是有识别性的字段（大多数值出现在不到 10% 的行中），所以就这些字段建立索引会有帮助。假定文件中不到 10% 的发票未支付，那么创建以下索引可以使这两个查询尽可能高效地运行。

1. 主键索引：Vendor_ID 和 Invoice_Number

2. 辅助键索引：Vendor_ID，Invoice_Date 和 Paid?

我们不准备讨论安全性和其他类型的控制，因为这些决策非常依赖于你选择的技术，并需对哪些用户有权读取、修改、添加或删除哪些数据进行复杂的分析。

电商应用：设计数据库

松谷家具
(PVF)

与其他许多分析与设计活动一样，为基于互联网的电子商务应用设计数据库，和为其他类型的应用设计数据库的过程没有什么不同。上一章描述离 Jim Woo 和 PVF 开发团队如何为 WebStore 设计人机界面。本节讨论 Jim 在将 WebStore 的概念数据模型转化为一组规范化关系时所遵循的过程。

为松谷家具网上商店设计数据库

Jim 在为 WebStore 设计数据库时采取的第一个步骤是回顾在 SDLC 的分析阶段开发的概念数据模型，即 E-R 图（参见图 8.22）。鉴于该图中没有关联实体（多对多关系），他首先确定了四种不同的实体类型，将其命名为 CUSTOMER，ORDER，INVENTORY 和 SHOPPING_CART。

重新熟悉了概念数据模型后，他检查了每个实体的属性列表。他注意到，在概念数据建模过程中确定了三种类型的客户，即公司客户、家庭办公客户和学生客户。但所有这些都被简单地称为"客户"。但是，由于每种类型的客户都有一些区别于其他类型的客户的信息（属性），所以 Jim 创建了客户的三种额外的实体类型（或子类型）：CORPORATE，HOME_OFFICE 和 STUDENT。

表 9.4 每种客户类型的共同和独特信息

所有客户类型共同的信息		
公司客户	**家庭办公客户**	**学生客户**
客户 ID	客户 ID	客户 ID
电话号码	电话号码	电话号码
E-Mail 地址	E-Mail 地址	E-Mail 地址
每种客户类型独特的信息		
公司客户	**家庭办公客户**	**学生客户**
公司名称	客户名称	客户名称
运输方式	公司名称	学校
买家名称	传真号码	
传真号码		

表 9.4 列出了每种客户类型的共同和独特信息。从这个表可以看出，需要四个独立的关系来跟踪客户信息才不会造成异常。其中，CUSTOMER 关系用于捕获共同的属性，其他关系用于捕获每种不同的客户类型所特有的信息。为了在 CUSTOMER 关系中更容易地识别客户类型，CUSTOMER 关系添加了一个 Customer_Type 属性。所以，CUSTOMER 关系由以下部分构成：

CUSTOMER(Customer_ID,Address,Phone,E-mail,Customer_Type)

为了将 CUSTOMER 关系与每种单独的客户类型 (CORPORATE, HOME_OFFICE 和 STUDENT) 联系起来，除了每种客户特有的属性，所有客户都共享同一个主键，即 Customer_ID。这就生成了以下关系：

CORPORATE(Customer_ID,Corporate_Name,Shipping_Method,Buyer_Name,Fax)

HOME_OFFICE(Customer_ID,Customer_Name,Corporate_Name,Fax)
STUDENT(Customer_ID,Customer_Name,School)

除了确定客户的所有属性，Jim 还确定了其他实体类型的属性。表 9.5 总结了这项调查的结果。如第 8 章所述，许多有关订单的信息都是在 PVF 的采购履行系统中捕获和跟踪的。这意味着 ORDER 关系不需要跟踪订单的所有细节，因为采购履行系统会生成一张详细的发票，其中含有所有订单细节，如所购产品清单、所用材料、颜色、数量以及其他此类信息。为了访问这些发票信息，只需在 ORDER 关系中包含一个外键 Invoice_ID。为了方便识别哪些订单属于一个特定的客户，ORDER 中还包含 Customer_ID 属性。两个额外的属性，Return_Code 和 Order_Status，也被包含在 ORDER 中。其中，Return_Code 方便跟踪订单（或订单中的一个产品）的退货。Order_Status 代码则用于表示订单在采购履行过程中的状态。这就生成了以下的 ORDER 关系：

ORDER(Order_ID,Invoice_ID,Customer_ID,Return_Code,Order_Status)

表 9.5   Order，Inventory 和 Shopping Cart 三个实体的属性

Order	Inventory	Shopping_Cart
Order_ID（主键）	Inventory_ID（主键）	Cart_ID（主键）
Invoice_ID（外键）	Name	Customer_ID（外键）
Customer_ID（外键）	Description	Inventory_ID（外键）
Return_Code	Size	Material
Order_Status	Weight	Color
	Materials	Quantity
	Colors	
	Price	
	Lead_Time	

INVENTORY 实体的两个属性——Materials 和 Colors——可以有多个值，但被表示为单一属性。例如，Materials 表示一种特定的库存商品可由哪些材料构成。类似地，Colors 用于表示可能的产品颜色范围。PVF 用一套成熟的代码来代表材料和颜色。这些复杂的属性每个都表示为单一属性。例如，Colors 字段中的值 "A" 代表胡桃木、深橡木、浅橡木和天然松木，而值 "B" 代表樱桃木和胡桃木。使用这种编码方案，PVF 可用一个字符码来代表众多的颜色组合。这就生成了以下 INVENTORY 关系：

INVENTORY(Inventory_ID,Name,Description,Size,Weight,Materials,Colors, Price,Lead_Time)

最后，除了 Cart_ID 之外，每个购物车还包含 Customer_ID 和 Inventory_ID 属性，这样购物车中的每件商品都可以和特定的库存商品和特定的客户联系起来。换言之，Customer_ID 和 Inventory_ID 属性都是 SHOPPING_CART 关系的外键。记住，SHOPPING_CART 是临时的，仅在客户购物时保留。客户实际下单时，会创建 ORDER 关系，订购的商品（购物车中的商品）被转移到采购履行系统中，并作为发票的一部分存储。由于我们还需要知道为 SHOPPING_CART 中的每种商品选择的材料、颜色和数量，所以这些属性也被包含在该关系中，如下所示：

SHOPPING_CART(Cart_ID,Customer_ID,Inventory_ID,Material,Color, Quantity)

Jim 现在已经完成了 WebStore 的数据库设计，他和项目团队分享了全部设计资料，这样就可以在实现阶段将设计转换为一个能实际工作的数据库，具体将在下一章讨论。

小结

数据库在系统开发生命周期的设计阶段定义，通常是与系统界面的设计同步进行。为了设计数据库，系统分析师必须了解应用程序的概念数据库设计（通常由 E-R 图指定）以及每个系统界面（报告、表格、屏幕等）的数据需求。所以，数据库设计是自上而下（由 E-R 图驱动）和自下而上（由系统界面的具体信息需求驱动）过程的结合。除了数据需求，系统分析师还必须知道物理数据的特征（如长度和格式）、系统界面的使用频率以及数据库技术的特殊能力。

E-R 图遵循良好定义的原则转化为规范化关系，表 9.1 总结了这些原则。例如，每个实体成为一个关系，每个多对多关系（或关联实体）也成为一个关系。这些原则还规定了如何向关系添加外键以表示一对多关系。

独立的规范化关系集被合并（该过程称为视图集成），以创建统一的逻辑数据库设计。不同的关系集来自应用程序的概念性 E-R 图、已知的人机系统界面（报告、屏幕、表单等）以及已知或预期的符合某些条件的数据查询。合并的结果是应用程序的一个全面的、规范化的关系集。合并不是一个机械化的过程。系统分析师必须要解决同义词、同名异义词以及在视图集成过程中非键之间的函数依赖问题。

物理数据库设计中的字段代表逻辑数据库设计中关系的属性（列）。每个字段必须有一个数据类型，而且可能具有其他潜在的特征，例如为了简化业务数据的存储而制定的编码方案、默认值、映像（或模板）控制、范围控制、引用完整性控制或空值控制。要选择一种存储格式来权衡四个目标：(1) 最小化存储空间；(2) 表示字段所有可能的值；(3) 增强字段的数据完整性；(4) 支持字段预期的全部数据操作。

虽然规范化关系具有结构良好的关系的特征，但物理表的设计想要达成的是和规范化不同的两个目标：高效使用辅助存储和保证数据处理速度。

存储的高效使用要求额外的信息（或开销）最小化。所以，顺序文件组织在使用存储方面非常高效，因为除了有意义的业务数据，很少或没有额外的信息需要保留。将一起使用的数据紧密存储在一起，并在数据库中构建额外的信息，使数据能根据主键/辅助键值或按顺序快速找到，从而保证了数据处理速度。

表 9.3 总结了各种类型的文件组织的性能因素。系统分析师必须确定哪些性能因素对每个应用程序和相关的数据库最重要。这些因素包括存储空间；顺序检索速度；随机行检索速度；基于多个键的数据检索速度；以及执行行的删除、添加和更新等数据维护活动的速度。

索引是关于一个文件的主键或辅助键的信息。每个索引条目都包含键值和一个指针（指向包含该键值的行）。利用索引，涉及键值 AND，OR 和

NOT 限定的查询可以实现快速检索（例如，所有具有枫木饰面且单价大于 500 美元的所有产品，或者办公家具产品系列中的所有产品）。使用索引虽然提高了检索性能，但同时降低了行插入、删除和更新的性能，这两者需取得一个平衡。对于主要用于支持数据检索的数据库（如决策支持应用），应尽量使用索引。但是，由于索引会带来额外的开销，所以如果数据库用于支持事务处理和其他有大量更新要求的应用，则应谨慎使用索引。一般情况下，要为一个文件的主键、外键和在查询、表单、报表和其他系统界面中用于限定和排序子句的其他属性创建索引。

关键术语

将上述每个关键术语与以下定义配对。

_____ 一个具名的二维数据表。每个关系都由一组具名的列和任意数量未具名的行构成。

_____ 包含最少冗余，并允许用户在不出错或者不会出现不一致的情况下插入、修改和删除行的一种关系；也称为一个表。

_____ 将复杂数据结构转换为简单、稳定的数据结构的过程。

_____ 两个属性之间的一种约束，其中一个属性的值唯一决定了另一个属性的值。

_____ 每个非主键属性都函数依赖于整个主键的一个关系。

_____ 处于第二范式而且两个（或更多）非主键属性之间没有函数（传递性）依赖的一个关系。

_____ 在一个关系中作为非主键属性出现，而在另

_____ 一个关系中作为主键属性(或主键的一部分)出现的属性。

_____ 一种完整性约束,规定一个关系中的一个属性的值(或存在)取决于另一个关系中同一属性的值(或存在)。

_____ 关系中的一个外键,引用的是同一关系的主键值。

_____ 具有不同名称的同一属性。

_____ 具有同一名称的两个或更多不同的属性。

_____ 系统软件所能识别的最小单位的具名应用程序数据。

_____ 一种被系统软件识别的、用于表示有组织的数据的编码方案。

_____ 可从数据库的其他字段派生的字段。

_____ 除非显式输入,否则就为字段认定的一个值。

_____ 一种特殊的字段值,与零值、空白或任何其他值不同,它表示该字段的值缺失或未知。

_____ 一个具名的行、列集合,指定了每个表行的字段。

_____ 根据行和字段的使用亲和性,将规范化关系

_____ 拆分或合并为物理表的过程。

_____ 在辅助存储的连续区域存储的一个具名的表行集合。

_____ 对文件中的记录进行物理排列的一种技术。

_____ 用来定位相关字段或数据行的一个数据字段。

_____ 采用这种文件组织方式,文件中的行基于主键值按顺序存储。

_____ 采用这种文件组织方式,行可以按顺序存储,也可以不按顺序存储。会创建一个索引,使应用程序能直接定位行。

_____ 用于判断文件中满足特定条件的行所在位置的一个表。

_____ 一个或多个字段的组合,这些字段可能在多行中有相同的值组合。

_____ 采用这种文件组织方式,每一行的位置由某个算法确定。

_____ 其值在关系的所有实例中均唯一的一个属性(或多个属性的组合)。

_____ 将数据表示为一组相关的表(或关系)。

复习题

9.29 规范化的目的是什么?

9.30 列出关系的五个属性。

9.31 合并关系(视图集成)时可能会出现什么问题?

9.32 在关系数据模型中,实体之间的关系是如何表示的?

9.33 一个关系的主键和该关系中所有属性之间的函数依赖是什么关系?

9.34 外键用什么关系符号来表示?

9.35 关系的实例(样本数据)能否证明函数依赖的存在?为什么?

9.36 为字段选择恰当的数据类型,会从什么方面控制字段的完整性?

9.37　文件管理系统处理范围控制语句和引用完整性控制语句的方式有什么不同?

9.38　去规范化的目的是什么? 为什么有时可能不想为逻辑数据模型中的每个关系创建一个物理表或文件?

9.39　哪些因素会影响到就一个字段创建索引的决定?

9.40　解释数据压缩技术的目的。

9.41　物理表的设计目标是什么?

9.42　选择文件组织方式时应考虑哪 7 个因素?

问题和练习

9.43　假定 PVF 的产品由零件构成,产品被分配给销售人员,零件由供应商生产。还假定在关系 PRODUCT(Prodname, Salesperson, Compname, Vendor) 中, Vendor 在函数依赖于 Compname(零件名称),而 Compname 函数依赖于 Prodname。消除该关系中的传递性依赖以形成 3NF 关系。

9.44　将图 8.23 的 E-R 图转换为一组 3NF 关系。

如有必要,为每个实体建立一个主键和一个或多个非键属性。

9.45　考虑图 9.21 的 E-R 图。

a. 将该 E-R 图转换为一组 3NF 关系。

b. 列出你在问题和练习 9.45(a) 中创建的 3NF 关系的所有引用完整性规则,并说说自己的理由。

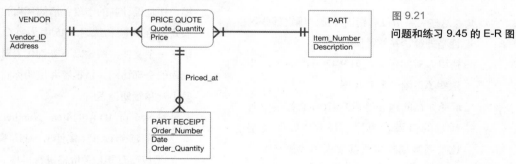

图 9.21

问题和练习 9.45 的 E-R 图

9.46　考虑以下单独的 3NF 关系列表。这些关系是通过几个独立的规范化活动开发的。

PATIENT(Patient_ID,Room_Number, Admit_Date,Address)

ROOM(Room_Number, Phone, Daily_Rate)

PATIENT(Patient_Number, Treatment_Description, Address)

TREATMENT(Treatment_ID,Description, Cost)

PHYSICIAN(Physician_ID,Name, Department)

PHYSICIAN(Physician_ID,Name, Supervisor_ID)

a. 将这些关系合并为一个统一的 3NF 关系集。列出你认为必要的假设 (包括但不限于外键) 以解决你在合并过程中发现的任何潜在问题。

b. 为你对问题和练习 9.46(a) 的回答画一个 E-R 图。

9.47 请考虑以下关于姊妹会或兄弟会的 3NF 关系。

MEMBER(Member_ID,Name,Address,Dues_ Owed)

OFFICE(Office_Name,Officer_ID,Term_Start_Date,Budget)

EXPENSE(Ledger_Number,Office_Name,Expense_Date,Amt_Owed)

PAYMENT(Check_Number,Expense_Ledger_Number,Amt_Paid)

RECEIPT(Member_ID,Receipt_Date,Dues_Received)

COMMITTEE(Committee_ID,Officer_in_Charge)

WORKERS(Committee_ID,Member_ID)

a. 在这些关系中没有指出外键。确定哪些属性是外键，并解释你的理由。

b. 利用你对问题和练习 9.47(a) 的回答，为这些关系画一个 E-R 图。

c. 解释你在问题和练习 9.47(b) 的答案中对基数的假设。为什么说 E-R 数据模型比关系数据模型更具表现力或语义更丰富？请说说你的理由。

9.48 考虑以下函数依赖：

Applicant_ID → Applicant_Name

Applicant_ID → Applicant_Address

Position_ID → Position_Title

Position_ID → Date_Position_Opens

Position_ID → Department

Applicant_ID + Position_ID → Date_Applied

Applicant_ID + Position_ID → Date_ Interviewed

a. 用 3NF 关系表示这些属性。提供有意义的关系名称。

b. 用 E-R 图表示这些属性。提供有意义的实体和关系名称。

9.49 假定你要为大学的就业指导处 (placement office) 设计一个学生记录文件。会出现在该文件中的一个字段是学生的专业 (major)。为该字段制定一个编码方案，以达到本章概述的字段编码目标。

9.50 在问题和练习 9.46 中，你开发了集成的规范化关系。为用于容纳这些关系的数据的文件选择主键。你是用来自关系的属性作为主键，还是设计新的字段？请解释你的理由。

9.51 假定你在问题和练习 9.45 中为每个关系创建了一个文件。假定以下查询代表对这个数据库的全部访问，请推荐并说明你将建立哪些主键和辅助键索引。

a. 针对 Vendor_ID 中的 Item_Number 订单列表中的每个 PART(零件)，对该零件的所有供应商及其相关价格进行排序。

b. 列出所有 PART RECEIPTS(零件收据)，包括特定日期收到的所有零件的相关 PART 字段。

c. 针对特定 VENDOR，列出该供应商能提供的所有 PART 及其相关价格。

9.52 假定你要为大学学生记录中的婚姻状况 (marital status) 字段设计一个默认值。你会考虑哪些可能的值，为什么？根据其他因素，如学生类型 (本科生、研究生和专业人员)，默认值会有什么变化？

9.53 针对图 9.19(b)，解释一个使用去规范化关系而不是规范化关系能更快处理的查询。

9.54 在单一 3NF 关系中建模一组典型的家庭关系 (配偶、父亲和母亲)。同时包括非键属性 "姓名" 和 "生日"。假定每个人只有一个配偶、一个父亲和一个母亲。用虚线下划线表示外键。

实战演练

9.55 在图书馆寻找讨论除第二和第三范式之外的其他范式的书籍或文章。对每种额外的范式进行描述，并各自举一个例子。这些额外的范式与本章介绍的范式有什么不同？使用它们能带来什么额外的好处？

9.56 联系使用了数据库管理系统的一家公司的系统分析师或数据库管理员。请对方说明他们如何使用规范化的，以及每个数据库表使用的是哪一级的范式。是否所有表都处于第三范式？如果是的话，他们为什么要进行去规范化？

9.57 联系使用了数据库管理系统的一家公司的系统分析师或数据库管理员。请对方说明在需求分析期间应收集文件和数据库设计所需的哪些 "额外信息"，这些信息在系统开发的早期阶段用处不大。

9.58 调查你的大学有哪些数据库管理系统可供学生使用。调查这些 DBMS 支持哪些数据类型。根据支持的数据类型，对这些数据库管理系统进行比较，并在此基础上说明每个数据库管理系统最适合哪种类型的应用。另外，还要调查这些 DBMS 在创建索引方面的能力。对索引的创建有什么限制？这些限制包括每个表的最大索引数、哪些字段或字段的组合可被索引以及在查询处理中如何使用索引。

9.59 调查你的大学有哪些数据库管理系统可供学生使用。调查需要做出哪些物理文件和数据库设计决策。将这个决策清单与本章中讨论的决策进行比较。对于本章没有讨论的物理数据库和设计决策 (或选项)，调查你有哪些选择以及你应该如何选择。向老师提交一份报告，说明你的发现。

参考资料

Codd, E. F. (1970). A relational model of data for large relational databases. *Communications of the ACM, 13*(6), 77–87.

Date, C. J. (2012). *Database design and relational theory.* Sebastopol, CA: O' Reilly Media.

Elmasri, R., & Navathe, S. B. (2015). *Fundamentals of database systems* (6th ed.). Upper Saddle River, NJ: Addison-Wesley.

Gibson, M., Hughes, C., & Remington, W. (1989, January). Tracking the trade-offs with inverted lists. *Database Programming & Design, 2*, 28–34.

Hoffer, J. A., Ramesh, V., & Topi, H. (2016). *Modern database management* (12th ed.). Upper Saddle River, NJ: Prentice Hall.

Kroenke, D.M., Auer, D.J., Vandenberg, S.L., & Yoder, R.C. (2017). *Database concepts* (8th Ed.). New York: Pearson.

Microsoft. (2015). Lesson 3: Optimizing the database design by denormalizing. Microsoft Developer Network. Retrieved April 10, 2018 from http://msdn.microsoft.com/en-us/library/cc505841.aspx.

Umanath, N. S., and Scamell, R. W. (2014). *Data modeling and database design.* Independence, KY: Cengage Learning.

案例学习：设计数据库

Jim Watanabe, Petrie Electronics 的 IT 助理总监，也是"留住客户"项目的经理，正从他的办公室走到食堂。现在是下午 4 点，但 Jim 还没来得及回家。他为这个项目规定的最后期限就快到了。他的团队已经落后。在接下来的一周里，为了让事情回到正轨，他有很多工作要做。他要为即将到来的熬夜买些咖啡。

Jim 快要到食堂的时候，他看到 Sanjay Agarwal 和 Sam Waterston 向他走来。Sanjay 负责 Petrie 的系统集成，而 Sam 是公司的顶级界面设计师之一。他们都是客户忠诚度计划团队的成员。Jim 走近时，他们正在进行激烈的交谈。

"你们好啊。"Jim 打了个招呼。

"哦，你好，Jim，"Sanjay 回答，"很高兴能碰到你，我们在推进初步的数据库设计。要将早期的概念设计转化为物理设计。"

"谁在做这件事？Stephanie 吗？"Jim 问道。Stephanie Welch 为 Petrie 的数据库管理员工作。

"是的，"Sanjay 回答，"但她正在带几个实习生，他们就为了这个任务分配给她的。"

"那进展如何？她认可了他们的工作没？"

"是的，我想是的。一切似乎都在掌控之中。"

"我不是怀疑 Stephanie，但我对他们的工作很好奇。"

"你真有时间来检查实习生的工作？"Sanjay 问道。"好吧，要不要把 Stephanie 发给我的备忘录 (PE 图 9.1) 发给你？"

"你说得对，我确实没有太多时间。"Jim 说，"但我很好奇。看看备忘录不会花很长时间，对吧？"

"好的，我一回到办公室就把它发给你。"

"好，谢谢！"Jim 继续走到食堂，给自己倒了一大杯咖啡。

MEMO

To: Stephanie Welch
From: Xin Zhu & Anton Washington
Re: Preliminary physical database design for "No Customer Escapes"
Date: June 1, 2020

We were charged with converting the conceptual database designs for the customer loyalty system to physical database designs. We started with one of the initial ERDs (see PE Figure 8-1), designed at a very high level. The ERD identified six entities: Customer, Product, Service, Promotion, Transaction, and Coupon. We discovered that all of these entities are already defined in Petrie's existing systems. The only entity not already defined is Coupon. Product and Service are defined as part of the product database. Promotion is defined as part of the marketing database. Customer and Transaction are defined as part of the core database.

However, after considerable consideration, we are not sure if some of these already identified and defined entities are the same as those identified in the preliminary ERD we were given. Specifically, we have questions about Customer, Transaction and Promotion.

Customer: The Customer entity is more complex than it appears. There are several ways to think about the instances of this entity. For example, we can divide Customers into those who shop online and those who shop in the brick-and-mortar stores. And there is of course some overlap. The biggest distinction between these two groups is that we know the names of (and other information about) the Customers who shop online, but we may have very little identifying information about those who shop only in the stores. For example, if an individual shops only at a store and pays only with cash, that individual meets the definition of Customer (see PE Table 8-1), but we collect no data on that individual at all. We raise these issues to call attention to the relationship between Customers and members of the customer loyalty program: All members are Customers, but not all Customers are members. We suggest that the entity called Customer in the preliminary ERD be renamed 'Member,' as we think that is a better name for this entity. We are prepared to map out the table design when this change is approved.

Transaction: Petrie already has a relational table called Transaction, but that applies to all transactions in all stores and online. The customer loyalty program focuses on the transactions of its Members, so the program involves only a subset of Transactions. We suggest that the ERD be redesigned to take this fact into account, and that what is now called Transaction be renamed 'Member Transaction.' The relational tables should then be designed accordingly.

Promotion: Petrie already has a relational table called Promotion. Again, the customer loyalty program, while having some interest in general promotions, focuses primarily on promotions created specifically for Members of the program. What is called Promotion in the ERD is really a subset of all of Petrie's promotions. We recommend a name change to 'Member Promotion' with the associated relational table design.

Finally, for the Coupon entity, which is new, we note from the ERD that Coupon only has one relationship, and that is with Customer. As it is a one-to-many relationship, the PK from Customer will be an FK in Coupon. We recommend the following table design: COUPON (Coupon ID, Customer ID, Creation Date, Expiration Date, Value)

PE 图 9.1

Petrie Electronic 客户忠诚度计划的物理数据库设计相关问题的备忘录

案例问题

9.60 第 8 章末尾与 Petrie Electronics 案例相关的问题要求你修改 PE 图 8.1 的 E-R 图，以包括你从 Petrie 案例中确定的任何其他实体和属性。回顾你对这些问题的回答并在 PE 图 9.1 的文档中添加其他任何需要的关系。

9.61 研究你对案例问题 9.60 的回答。验证你回答的代表 Petrie Electronics 数据库的关系处于第三范式。如果是，请解释原因。如果不是，请修改它们，使之成为第三范式。

9.62 你在第 8 章末尾为 Petrie Electronics 案例问题开发的 E-R 图应在每个关系的两端都显示最小基数。在对案例问题 9.61 的回答中，最小基数是否以某种方式体现在关系中？如果没有，如何在数据库中强制最小基数？

9.63 基于你对案例问题 9.61 的回答，为每个关系的每个属性选择数据类型、格式和长度。使用 Microsoft Access 支持的数据类型和格式。对于非智能主键，应该使用什么样的数据类型？

9.64 用 Microsoft Access 完成 Petrie Electronics 案例数据库的所有表和字段的定义。除了你在回答前面的问题时做出的决策，还要为每个表的每个字段填写其他所有字段定义参数。

9.65 对于关系型数据库，对效率影响最大的一个决策通常是索引定义。针对这个数据库，你推荐为它创建哪些索引？说说你选择每个索引的理由。

9.66 使用 Microsoft Visio 为你在案例问题 9.60~9.65 中所做出的决策开发一个 E-R 图，其中包含所有数据库支持属性。你所做的所有数据库设计决策都能在 Visio 中记录下来吗？最后，用 Visio 生成 Microsoft Access 表定义。自动生成的表和你手动创建的表定义是否匹配？

第 10 章

表单和报表设计

学习目标

10.1 理解表单和报表设计过程及其交付物

10.2 应用表单和报表格式化的常规准则

10.3 会使用颜色，并理解在什么时候颜色能提高信息的可用性

10.4 有效地格式化文本、表格和列表

10.5 解释如何评估可用性，并描述用户、任务、技术和环境特征的变化对表单和报表可用性的影响

10.6 理解基于互联网的电子商务系统的表单和报表设计准则

导言

本章要学习表单和报表的设计准则。一般用表单展示或收集单独一个项目（例如客户、产品或事件）的信息。输入和输出都可使用表单。另一方面，报表则用来传达关于一系列项目的信息。表单和报表的设计是成功系统的一个关键因素。用户经常将系统的质量等同于其输入和输出方法的质量，所以表单和报表的设计过程相当重要。由于信息的收集和格式化有多种方式，所以所有系统分析师都有必要了解设计的注意事项，并要在各种格式化选项之间做出权衡。

下一节将简要介绍设计表单和报表的设计过程，并描述该过程所产生的交付物。然后，我们讨论了信息的格式化准则，它们是所有表单和报表设计的基础。然后，我们描述了评估表单和报表设计的可用性的方法。本章最后讨论如何为基于互联网的电子商务应用设计表单和报表。

设计表单和报表

这是专注于系统开发生命周期的系统设计阶段的第 2 章（参见图 10.1）。本章讨论与系统输入和输出（表单和报表）设计有关的问题。第 11 章将专注于对话和界面设计，即用户与系统进行交互的方式。这两章讨论的主题和准则存在相当大的关系，它们共同指导了系统输入和输出各方面的设计。在这两章中，你的目标是了解如何将分析过程中收集到的信息转换为一致的设计。虽然所有系统设计问题都互有关联，但本章讨论的关于表单和报表设计的主题与下一章的主题——对话和界面设计——特别有关系。

图 10.1

强调设计阶段的系统开发生命周期

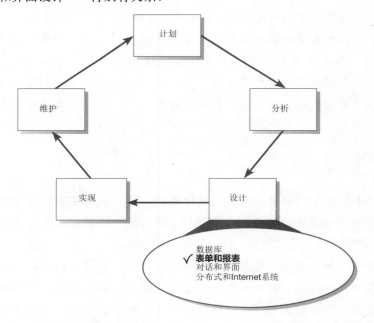

系统输入和输出——表单和报表——是在需求结构化期间确定的。系统要处理什么种类的表单和报表，是在系统开发过程的分析阶段结束时形成的设计策略的一部分。但是，在分析过程中，你可能并不关心表单和报表具体要用什么外观。相反，你关注的是需要哪些表单或报表以及它们的内容。为了和用户一起确认需求，你可能已经分发了分析过程中生成的表单和报表的原型。表单和报表与需求结构化过程中开发的各种图表密切相关。例如，每个输入表单都与数据流图 (DFD) 上进入一个过程的数据流关联，而每个输出表单或报表是 DFD 上的一个过程生成的数据流。这意味着表单或报表的内容与关联的数据流中包含的数据元素对应。此外，所有表单和报表中的数据必须由应用程序的数据存储和 E-R 模型中的数据元素构成，或者必须从这些数据元素计算出来。(极少数情况下，数据直接从系统输入到系统输出，中途不存储到系统)。设计表单和报表时，经常会发现 DFD 和 E-R 图存在的缺陷。本来就应该这样，这些图应随着设计的发展而更新。

　　如果不熟悉基于计算机的信息系统，就有必要澄清一下我们所说的表单或报表的确切含义。表单 (form) 是一种业务文档，包含一些预定义的数据，而且通常提供了一些地方供填写额外的数据。大多数表单都有自己的样式，而且通常不是简单的行、列格式。业务表单的例子包括产品订单、就业申请和课程注册表等。传统表单用纸质媒介印刷，但今天的视频显示技术使我们能在显示器上复制几乎任何印刷表单的布局，包括组织的 logo 或其他任何图形。在显示器上显示的表单中，我们可以显示或输入数据。表单的其他例子还有电子表格、计算机登录或菜单以及自动取款机的交易界面。消费者在网上下单、请求产品信息或查询账户状态时，与表单的互动是收集和显示信息的标准方式。

　　报表 (report) 是一种业务文档，只包含预定义的数据；是仅供查阅一种被动 (非互动) 文档。报表的例子包括发票、按地区和销售人员划分的每周销售汇总表或者按年龄段划分的人口饼状图 (参见表 10.1)。我们一般认为报表是打印在纸上的，但它也可能被打印到计算机文件、显示器或其他一些媒介 (比如微缩胶片)。报表通常包含行、列数据，但报表也可能是其他任何格式 (例如邮寄标签)。表单和报表有时不好区分。报表仅供阅读，而且往往包含计算机文件中多个不相关记录的数据。相比之下，表单通常只包含一条记录的数据（或基于一条记录的数据），例如关于一个客户、一个订单或一个学生的数据。表单和报表的设计准则非常相似。

表 10.1　常见业务报表类型

报表名称	说明
计划报表 (Scheduled Reports)	以预定的时间间隔（每天、每周或每月）生成的报表，旨在支持组织的例行信息需求
关键指标报表 (Key-Indicator Reports)	经常性提供关键信息摘要的报表
异常报表 (Exception Reports)	强调数据超出正常工作范围的报表
向下钻取报表 (Drill-Down Reports)	提供关键指标或异常报告摘要值背后细节的报表
临时报表 (Ad-hoc Reports)	非计划中的信息请求，也称为即席报表。是为了一个非例行的决定而收集信息

表单和报表设计过程

设计表单和报表是一种以用户为中心的活动，通常采用原型设计法（参见图 6.7）(Coleman & Goodwin, 2017)。以用户为中心的设计涉及理解目标受众、他们的任务和目标、信息需求、经验水平等。所以，最初必须在需求确定过程中收集初始需求，从而获得对预期用户和任务目标的理解。在此过程中必须回答 7 个问题。它们试图回答的是跟创建所有表单或报表有关的“谁、什么、何时、何地和如何”（参见表 10.2)。要创建任何表单或报表，对这些问题的理解都是第一步。

表 10.2　设计表单和报表时的基本问题

| 1. 由谁使用表单或报表？ |
| 2. 表单或报表的目的？ |
| 3. 何时需要或使用表单或报表？ |
| 4. 表单或报表向哪里发送或在哪里使用？ |
| 5. 有多少人需要使用或查看表单或报表？ |

　　例如，理解有哪些用户（他们的技能）能为创建有效的设计提供很大的帮助 (Lazar, 2004; McCracken, Wolfe, & Spoll, 2004; Te'eni, Carey, & Zhang, 2006)。换言之，你的用户是有经验的计算机用户还是新手？每个用户的教育水平、业务背景和对任务相关知识的掌握如何？对这些问题的回答将为设计的格式和内容提供指导。另外，这个表单或报表的目的是什么？用户将执行什么任务，完成任务需要什么信息？还有其他一些重要问题需要考虑。用户是在哪里执行该任务？用户是访问在线系统还是在现场？另外，有多少人需要使用这个表单或报表？例如，如果一份报表是为单个用户制作的，那么设计要求和可用性评估就会相对简单。但如果是为更多的人设计，就可能需要经过一个更全面的需求收集和可用性评估过程 (Enders, 2016)。

　　收集好最初的需求后，要将这些信息结构化并完善成一个初步的原型。结构化和完善需求是独立于用户完成的，虽然期间可能需要偶尔联系用户，以澄清一些在分析过程中被忽略的问题。最后，你要求用户审查和评估原型。在审查了原型之后，用户可以接受设计或者要求进行修改。如需修改，你将重复构建 - 评估 - 完善的循环，直至设计被接受。通常，在表单或报表的设计过程中，这个迭代会多次发生。和任何原型设计过程一样，应确保这些迭代迅速发生，以便从这种设计方法中获得最大的好处。

　　最初的原型可在多种环境中构建，包括 Windows、OSX 或者最常见的网络。最明显的选择是采纳组织内部使用的标准开发工具和你选择的系统的目标平台。通常，最初的原型只是一系列的模拟屏幕，而不是工作模块或系统。模拟屏幕可由字处理软件、计算机图形设计软件、电子表格甚至是纸上生成 (Snyder, 2003)。这一系列模拟屏幕通常称为"纸上原型"(paper prototype)。除了提供可以评估的外观和感觉之外，纸质原型也被用来测试内容、任务流程和其他可用性因素 (Enders, 2016)。记住，该活动的重点在于表单和报表的设计，即内容、布局和流程。当然，也必须考虑表单和报告具体要如何实现。幸好，表单和报表设计工具正在迅速发展，开发变得越来越快、越来越容易。而在过去，所有类型的输入和输出通常都是用一个编码或布局表手动设计的。例如，图 10.2 展示了使用编码表的一个数据输入表单布局。

纸上原型

(paper prototype)

一系列模拟屏幕，可用于测试内容、外观和感觉以及任务流程和其他可用性因素。

图 10.2

传统方式是用编码表来完成数据输入表单的布局

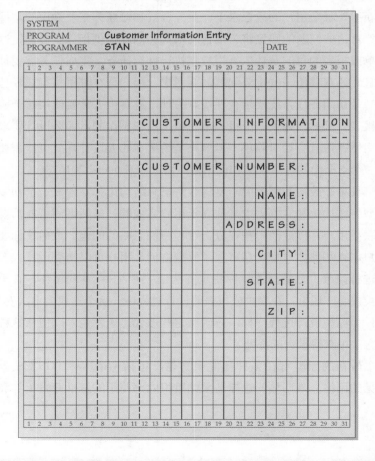

虽然编码表仍在使用，但由于系统操作环境的重大变化和自动化设计工具的发展，其重要性已大幅降低。例如，在图形化操作环境问世之前，分析师设计的许多输入和输出都是 80 列（字符）乘 25 行，即当时大多数显示器的标准尺寸。屏幕尺寸的限制在图形化操作环境（例如 Microsoft Windows 或 Web) 中完全不同，字号和屏幕尺寸可以从用户到用户，或从设备到设备而改变。所以，需要创造新的工具和开发环境来帮助分析师和程序员开发这些灵活的图形化设计。越来越多的开发者使用一种能快速创建模拟屏幕的工具——称为"线框"(wireframe)——来显示信息元素在屏幕上的位置及其所需空间。可用线框图快速开发一系列屏幕，这样用户就可以感受到设计的外观和感觉，并感受到屏幕的一系列流程和交互，参见图 10.3(a)。

像 Axure 这样的线框开发工具可直接为 Web 应用生成 HTML 代码。对于非 Web 应用，开发者可以使用一种开发语言建立屏幕原型。例如，图 10.3(b) 用 Microsoft Visual Basic.NET 设计了一样的数据输入表单。注意各种字体、字号和突出显示的使用。鉴于在设计表单和报表时需要快速、反复的开发，能将原型设计无缝转移到功能系统中的工具正在成为大多数专业开发组织的标准。

线框
(wireframe)
显示信息元素在屏幕上的位置及其所需空间的一种简单设计。

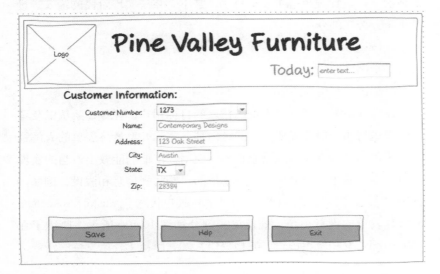

图 10.3　流程与交互：(a)
设计成线框的数据输入屏幕

图 10.3

流程与交互：(b) 用 Microsoft Visual
Basic.NET 设计的数据输入屏幕

（来源：Microsoft Corporation）

交付物和成果

每个系统开发生命周期 (SDLC) 阶段都会帮助构建一个系统。为
了从一个阶段转到另一个阶段，每个活动都会生成一种交付物，并在
后续阶段或活动中使用。例如，在 SDLC 的项目启动和计划阶段，基
线项目计划 (BPP) 是许多后续 SDLC 活动的输入。在表单和报表设计
的情况下，设计规范是主要交付物，是下个系统实现阶段的输入。设
计规范分为三部分：

1. 概述
2. 示例设计
3. 测试和可用性评估

设计规范第一部分对表单或报表的目标用户、任务、系统以及环
境因素进行了一般性说明。目的是向那些实际开发最终表单的人解释
这个表单为什么存在，以及它将如何使用，使他们能做出恰当的实现
决策。本节描述了帮助设计最终成形的一些常规信息和假设。例如，
图 10.4 摘录了松谷家具 (PVF) 的"客户账户状态"(Customer Account
Status) 表单的设计规范。规范第一部分如图 10.4(a) 所示，概述了在
PVF 内部开发和使用该表单的相关信息。它解释了表单支持的任务、

表单的使用地点和时间、使用该表单的人的特征、用什么方式显示表单以及其他相关信息。例如，如果表单在显示器上使用，这一部分就要描述设备的能力，例如是否有触摸屏，是否支持彩色显示和鼠标。

图 10.4

表单和报表设计规范

(a) 概述

表单：客户账户状态 (Customer Account Status)

用户：公司办公室的客户账户代表

任务：评估客户账户信息：地址、账户余额、年初至今的购买和支付情况，信用额度、

折扣比率和账户状态

系统：Novell Network，Microsoft Windows

环境：标准办公环境

(b) 示例设计

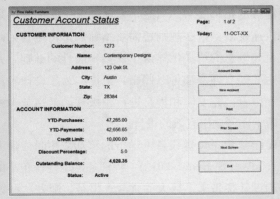

(c) 测试和可用性评估

User Rated Perceptions (average 14 users):

consistency [1 = consistent to 7 = inconsistent]:   1.52

suficiency [1 = suficient to 7 = insuficiency]:   1.43

accuracy [1 = accurate to 7 = inaccurate]:   1.67

...

（来源：Microsoft Corporation）

规范第二部分如图 10.4(b) 所示，是窗体的一个示例设计。该设计可用编码表手绘，虽然大多数时候都用标准开发工具来开发。使用实际的开发工具可对设计进行更全面的测试和评估。规范最后一部分如图 10.4(c) 所示，提供了所有测试和可用性评估信息。本章稍后会讨论具体的评估过程。设计某些表单和报表时，有的规范内容可能并不需要。例如，一个简单的"是 / 否"选择表单设计起来非常简单，不需要可用性评估。另外，大部分概述内容也可能是不需要的，除非要强调一些在实现过程中必须考虑的例外情况。

格式化表单和报表

现在可向信息系统的用户提供从文本到视频 / 音频的各种信息。随着技术的不断发展，还会有更多的数据类型可供选择。不幸的是，针对向用户提供的每种类型的信息，目前尚无一套明确的规则，而且随着技术的快速发展，这些规则还需要不断修订。尽管如此，大量人机交互研究已为信息的格式化提供了许多一般性的准则。无论设备如何变化，这些准则有许多都可以照搬。记住，为了设计出具有良好可用性的表单和报表，需要你和用户进行积极互动。这是一种非常基础的活动，有助于你创建出有效的设计。

例如，设计在 iPhone 等设备上运行的移动应用时，最大挑战之一是人机界面 (Nielsen & Budiu, 2012)。特别是，这些设备小的显示屏幕为应用程序的设计师带来了巨大的挑战。但是，随着这些设备和其他计算设备的发展和普及，标准的指导原则将会出现，为这些设备设计界面的过程会变得不再那么具有挑战性。

常规格式化准则

过去几年，工业界和学术界的研究人员对信息格式对于个人任务表现和对可用性感知的影响进行了大量研究。这项工作的成果是一些信息格式化准则(参见表10.3)。它们适合对大多数类型信息的格式化(欲知详情，请参考 Coleman & Goodwin, 2017；Enders, 2016；Flanders & Peters, 2002；Johnson, 2007；Krug, 2014；Nielsen, 1999；Nielsen & Loranger, 2006；　和 Shneiderman, Plaisant, Cohen, Jacobs, Elqvist, & Diakopoulos, 2016)。设计良好和不良好的表单或报表的区别往往会很明显。例如，图 10.5(a) 展示了一个设计不良的表格，它用于查看一个 PVF 客户的当前账户余额。图 10.5(b) 是一个较好的设计，它运用了表 10.3 罗列的几个常规准则。

表 10.3　表单和报表设计的常规准则

有意义的标题：
描述了表单或报表内容及用途的清晰而具体的标题
修订日期或代码，将表单或报表与以前的版本区分开来
当前日期，用于确定表单或报表的生成时间
有效期，确定表单或报表中的数据在什么时间内保证准确

有意义的信息：
应该只显示必要的信息
信息以无需修改即可使用的方式提供

平衡布局：
信息在屏幕或页面的显示应该是平衡的
使用恰当的间距和边距
所有数据和输入字段都应清楚地标明

设计易于使用的导航系统：
清晰显示如何前后移动
明确显示所处位置(例如"第 1 页，共 3 页")。
处于多页序列的最后一页时通知用户

　　两个表单的第一个主要区别和标题有关。图 10.5(a) 的标题模棱两可，图 10.5(b) 的标题则清晰而具体地描述了表单的内容。图 10.5(b) 的表单还包括表单的生成日期，如果打印出来，读者会清楚地知道这是什么时候发生的。图 10.5(a) 显示的信息与表单的意图(查看当前账

户余额) 不相干，而且使用的是对用户来说不是最有用的格式。例如，图 10.5(a) 提供了所有客户数据，以及账户交易和年初至今的购买和支付汇总。但是，该表单并未显示账户当前的未付余额；希望得到这一信息的用户必须手动计算。这两个表单的信息布局在平衡和信息密度方面也有差异。构建表单或报表时，有必要了解目标用户的技能及其执行的任务。遵循这些常规准则，有助于创建出有效的表单和报表。在接下来的小节中，我们将讨论关于突出显示信息、使用颜色、文本显示以及数值表格和列表显示的具体准则。

图 10.5

对比不同的信息表单 (松谷家具)：
(a) 设计不良的表单；(b) 改良的表单设计

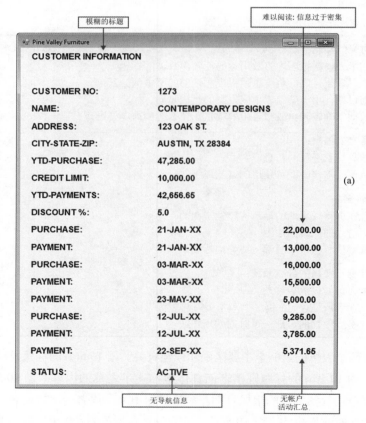

(来源：Microsoft Corporation)

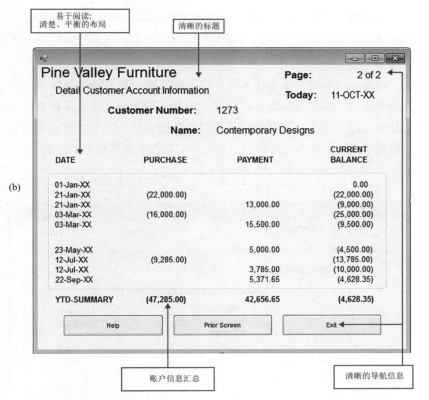

易于阅读: 清楚、平衡的布局

清晰的标题

(b)

账户信息汇总

清晰的导航信息

(来源: Microsoft Corporation)

图 10.5

对比不同的信息表单 (松谷家具): (a) 设计不良的表单; (b) 改良的表单设计 (续)

突出显示信息

随着显示技术的不断进步,可选择多种方法突出显示信息。表 10.4 列出了最常见的突出显示信息的方法。鉴于有这么多的选择,现在更重要的是决定如何利用突出显示来加强一个输出,而不是分散用户的注意力。一般要少用突出显示,除非是为了用户注意或远离某些信息,以及将相关信息分组到一起。碰到以下情况,突出显示可以是传达特殊信息的一种有价值的技术。

- 通知用户数据输入或处理过程中出现错误。

表 10.4 各种突出显示方法

闪烁和提示音
颜色差异
字体浓淡差异
尺寸差异
字体差异
倒退视频
加边框
加下画线
全部大写
使非标准信息的位置发生偏离

提醒用户可能存在的问题，比如不正常的值或者不可用的设备。

提醒关注关键字、指令、高优先级消息以及发生变动或超出正常范围的数据。

此外，许多突出显示技术既可以单独使用，也可以组合使用，具体取决于设计师希望的的强调程度。图 10.6 的表格采用了多种突出显示技术。在本例中，边框澄清了不同的数据类别，大写字母和不同的字体用于区分标签与实际数据，加粗用于吸引对重要数据的注意。

图 10.6

使用了各种突出显示技术的客户账户状态报表（松谷家具）

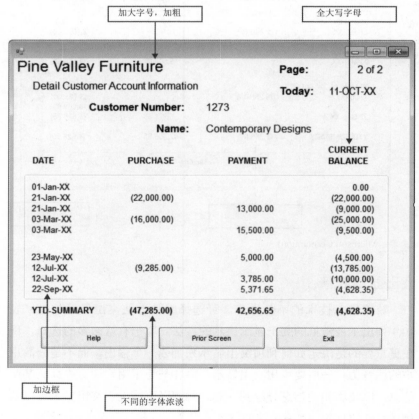

（来源：Microsoft Corporation）

现在很多研究都集中在不同的突出显示技术对任务表现和用户感知的影响。从这项研究得出的一般性指导原则是，使用突出显示需谨慎。例如，只有需要用户立即响应的关键信息才可使用闪烁和声音。一旦做出响应，这种高亮显示就应被关闭。此外，突出显示方法的使用要有连续性，并根据所强调信息的重要程度来选择。同等重要的是，要检查一种特定的突出显示方法在所有可能的输出设备上的显示方式。例如，一些颜色组合可能在一种显示配置上传达适当的信息，但在另一种配置上则会冲淡并降低可读性。

图形化操作环境 (如 Windows、Macintosh 和 Web) 的持续发展为设计师提供了一些标准的突出显示准则。但这些准则往往相当模糊，而且在不断发展，所以大量的控制权最终还是落在系统开发人员的手中。为了使组织真正从使用标准化图形操作环境中受益 (例如减少用户培训时间，并获得不同系统之间的互操作性)，你必须严格按规程使用突出显示。

对比有颜色和无颜色

颜色是影响系统可用性的重要工具 (Enders, 2016)。如果应用得当，颜色可为表单和报表带来许多潜在的好处，表 10.5 对此进行了总结。随着 20 世纪 80 年代彩色显示器的广泛使用，人们对有彩色与无彩色进行了大量研究。研究的目的是为了更好地理解颜色对人类任务表现的影响 (参见 Ben-basat, Dexter, & Todd, 1986)。

这项研究得出的结论是，当用户在时限内完成任务时，颜色的运用对用户的任务表现和感知有积极影响。颜色也有利于从显示或图表中获得更多的理解。这项研究的一个重要结论是，有颜色并非一定比无颜色好。信息首先必须以最合适的格式呈现给用户，颜色的优势才会显现。换言之，如信息用柱状图来展示最有效，则颜色就可用来增强或补充显示效果。如信息以不恰当的方式显示，则颜色对提高理解力或任务执行力的作用就很小或没有。

如表 10.5 所示，使用颜色会带来几方面的问题。其中大多数问题都涉及显示器和硬拷贝设备的技术能力，跟误用没有太大关系。不过，色盲是一个特殊的用户问题，在系统设计中经常被忽视。欧洲和北美约 8% 的男性存在某种形式的色盲 (Shneiderman et al.，2016)。建议首先设计单色显示，并让用户自行选择彩色 (更灵活的调色板较佳) (Shneiderman et al.，2016)。还建议限制颜色的数量及其使用场合，主要将颜色作为一种工具来帮助突出显示和格式化信息。

表 10.5　颜色的利与弊

颜色的好处：
令人舒适或吸引注意力
为无趣的显示加分
在复杂的显示中引入细微区别
强调信息的逻辑组织
关注一些警告
引起更多的情绪反应
颜色的问题：
色彩搭配可能会冲淡主题，或为某些用户带来困扰 (例如色盲)
分辨率可能会随不同的显示器而降低
在不同显示器上，颜色的保真度可能降低
打印或转换到其他媒体时可能不容易转换

(来源：基于 Shneiderman et al., 2016; Benbasat, Dexter, & Todd, 1986)

显示文本

在和业务有关的系统中，随着基于文本的应用 (如电子邮件、论坛和信息服务) 的使用越来越广泛，文本输出也变得越来越重要。系统帮助屏幕是文本数据的一个典型例子，它通常包含冗长的文字描述和示例。遵循人们研究得来的一些简单的准则，这种屏幕可以变得更好用。表 10.6 总结了这些准则。

表 10.6　文本显示准则

大小写	混合大小写显示文本，并使用符合习惯的标点符号。
间距	空间允许就使用双倍行距；否则，在段落之间人为添加一个空行。
对齐	文本左对齐，右侧不要对齐，保留不规则的右边距。
连字号	用连字号连接的单词不要断行。
缩写	仅在用户能轻松理解，而且能显著缩短完整文本的前提下才使用缩写。

　　第一条准则很简单。应使用通行的书写习惯来显示文本，例如大小写混合以及恰当的标点符号。对于大块文字，如空间允许，文字应采用双倍行距。但是，如文本很短，或很少使用，则应采用单倍行距，并在每段之间留出空行。文本要左对齐，右侧则保留其不规则的形状。研究表明，不规则的右边距在阅读时相比文本同时左对齐和右对齐（即分散对齐）更容易找到下一行的内容。

(a) 设计不良的帮助屏幕，违反了许多文本显示准则

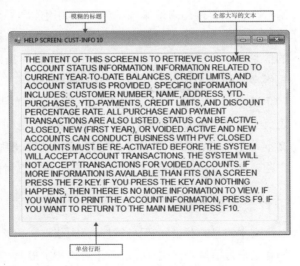

模糊的标题

全部大写的文本

HELP SCREEN: CUST-INFO 10

THE INTENT OF THIS SCREEN IS TO RETRIEVE CUSTOMER ACCOUNT STATUS INFORMATION. INFORMATION RELATED TO CURRENT YEAR-TO-DATE BALANCES, CREDIT LIMITS, AND ACCOUNT STATUS IS PROVIDED. SPECIFIC INFORMATION INCLUDES: CUSTOMER NUMBER, NAME, ADDRESS, YTD-PURCHASES, YTD-PAYMENTS, CREDIT LIMITS, AND DISCOUNT PERCENTAGE RATE. ALL PURCHASE AND PAYMENT TRANSACTIONS ARE ALSO LISTED. STATUS CAN BE ACTIVE, CLOSED, NEW (FIRST YEAR), OR VOIDED. ACTIVE AND NEW ACCOUNTS CAN CONDUCT BUSINESS WITH PVF. CLOSED ACCOUNTS MUST BE RE-ACTIVATED BEFORE THE SYSTEM WILL ACCEPT ACCOUNT TRANSACTIONS. THE SYSTEM WILL NOT ACCEPT TRANSACTIONS FOR VOIDED ACCOUNTS. IF MORE INFORMATION IS AVAILABLE THAN FITS ON A SCREEN PRESS THE F2 KEY. IF YOU PRESS THE KEY AND NOTHING HAPPENS, THEN THERE IS NO MORE INFORMATION TO VIEW. IF YOU WANT TO PRINT THE ACCOUNT INFORMATION, PRESS F9. IF YOU WANT TO RETURN TO THE MAIN MENU PRESS F10.

单倍行距

图 10.7

对比文本帮助信息的显示（松谷家具）：(a) 设计不良的帮助屏幕，违反了许多文本显示准则；(b) 改进后的帮助屏幕设计

图 10.7

对比文本帮助信息的显示（松谷家具）

（续）

(b) 改进后的帮助屏幕设计

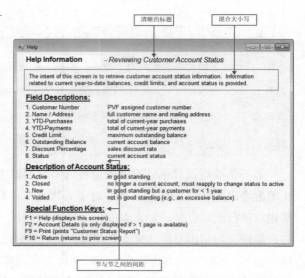

显示文本信息时，还要注意用连字号连接的单词不要分开到上下两行，也不要使用晦涩难懂的缩写。如用连字号跨行延续单词，用户可能不知道连字号本身是不是一个重要字符。不被目标用户广泛理解的信息和术语可能会严重影响系统的可用性。所以，仅在缩写比全文短得多，而且为预期的系统用户所熟知的情况下，才可考虑使用。图 10.7 显示了 PVF 的一个应用系统的两个版本的帮助屏幕。图 10.7(a) 违反了许多文本显示准则，图 10.7(b) 显示的是同样的信息，但遵循了文本显示准则。文本和字母 / 数字的输入格式准则也是一个很重要的主题。这些准则将在第 11 章讲述，届时会重点讨论人机交互问题。

设计表格和列表

文本信息的背景和意义通过阅读来获得。相反，表格和列表的背景和意义来自信息的格式。所以，对于表格和字母/数字列表中显示的信息，相较于其他大多数类型的信息，其可用性更容易受有效布局的影响。和文本信息的显示一样，表格和列表也可通过遵循一些简单的准则而得到极大的改善。表 10.7 总结了这些准则。以后应经常回顾这些准则，并小心地应用它们，确保你的表格和列表具有很高的可用性。

表 10.7　表格和列表的显示准则

使用有意义的标签：

为所有行列提供有意义的标签。

利用突出显示使标签区别于其他信息。

若数据延展到下个屏幕或下一页，就重新显示标签。

格式化行、列和文本：

按有意义的顺序排序 (例如升序、降序或字母顺序)。

长列每五行加一个空行。

多列显示的相似信息应垂直排序 (即从上向下读，不要从左向右)。

列和列之间至少空两格。

在打印的报表上留空，方便用户做笔记。

使用单一字体，用于强调的除外。

在多个显示和报表中使用统一的字体家族。

避免过于花哨的字体。

格式化数值、文本和字母 / 数字数据：

数字右对齐，按小数点或其他定界符对齐列。

文本左对齐。长不要太长，每行 30 ～ 40 字符为佳 (这是报纸的规格，方便速读)。

长的字母 / 数字分解成小的分组，每组 3~4 个字符。

　　图 10.8 展示了一个 PVF 应用系统的两个版本的表单设计，它们以表格形式显示客户年初至今的交易信息。图 10.8(a) 显示的信息未遵循表 10.7 的准则，而图 10.8(b)(只显示了共 2 页的第 2 页，遵循了这些准则。

　　表单这两个版本的一个关键区别是标签。图 10.8(b) 提供了有意义的标签。在图 10.8(b) 中，交易按日期排序，数字右对齐，而且小数点对齐，这使人一目了然。此外，列与列之间留出了足够的空白，而且每五行都插入了一个空行，方便查找和阅读。这些留空还方便用户为数据添加注释。按表 10.7 列出的准则行事，分析师可以为用户创建易于阅读的信息布局。

　　表 10.7 的大多数准则都是显而易见的，但这个表格和其他类似表格只能作为验证你的表单和报表设计可用的一个快速参考。受篇幅所限，这里无法深入讨论每一条准则。但是，应仔细阅读每一条准则，并思考每一条准则为什么成立。例如，标签为什么应在后续屏幕和页面上重复

出现（表 10.7 的第三条准则）？一个原因是，页面可能会被分离或复制，原始的标签将不再容易被用户看到。为什么要把长的字母 / 数字分成小的组（最后一条准则）？（如果手上有一张信用卡或银行支票，看看你的账号是如何显示的）。一个原因是，在你阅读和打字时，这些字符会更容易记住。另一个原因是，在电话中说出这些字符时，会有一个自然的、一致的停顿之处；例如，在为目录中的产品下电话订单时。

图 10.8

对比表格和列表的显示（松谷家具）

(a) 设计不良的表单

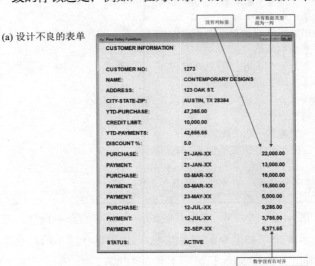

(b) 改进后的表单

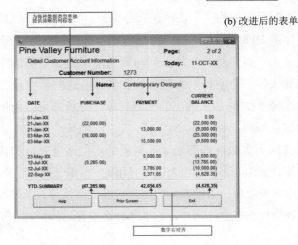

　　设计数字的显示时，必须确定是要使用表格还是图表。人们对该主题已经有了相当多的研究 (参见 Jarvenpaa & Dickson [1988] 关于表格和图表使用的非常具体的指南)。简单地说，研究表明，若用户的任务是从一个较大的数据集中找到一个单独的数据值，则表格较佳。而折线图和柱状图更适合了解数据随时间而发生的变化 (参见表 10.8)。例如，假定 PVF 的市场部主管需审查某个销售人员在某一季度的实际销售情况，那么像图 10.9 那样的表格式报表最适合。我们该报表添加的注释说明了好的报表设计实践。作为报表标题的一部分，既显示了打印日期，也明确说明了数据适用于什么时期。还留出了足够的空间，方便用户添加注释和心得。通常，为了提供这样的空白，报表必须横向而非纵向打印。相反，如市场部的经理希望比较每个区域的整体销售业绩，那么折线图或柱状图更合适 (参见图 10.10)。和其他格式化方面的考虑一样，选择表格还是图表时，一个关键的因素是用户正在执行什么任务。

表 10.8　表格和图表选择指南

表格用于：
读取单独的数据值。

图表用于：
快速比较数据。
了解随时间而变的趋势。
比较不同变量的点和模式。
预测要进行的活动。
以报告大量信息的形式获得相对简单的印象。

(来源：基于 Jarvenpaa & Dickson, 1988)

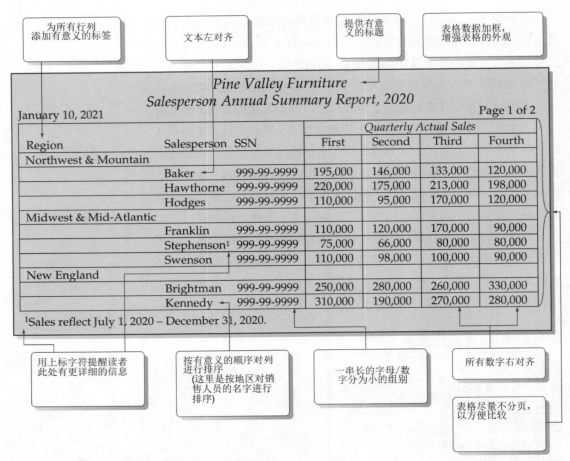

为所有行列
添加有意义的标签

文本左对齐

提供有意
义的标题

表格数据加框,
增强表格的外观

Pine Valley Furniture
Salesperson Annual Summary Report, 2020

January 10, 2021

Page 1 of 2

Region	Salesperson	SSN	*Quarterly Actual Sales*			
			First	Second	Third	Fourth
Northwest & Mountain						
	Baker	999-99-9999	195,000	146,000	133,000	120,000
	Hawthorne	999-99-9999	220,000	175,000	213,000	198,000
	Hodges	999-99-9999	110,000	95,000	170,000	120,000
Midwest & Mid-Atlantic						
	Franklin	999-99-9999	110,000	120,000	170,000	90,000
	Stephenson[1]	999-99-9999	75,000	66,000	80,000	80,000
	Swenson	999-99-9999	110,000	98,000	100,000	90,000
New England						
	Brightman	999-99-9999	250,000	280,000	260,000	330,000
	Kennedy	999-99-9999	310,000	190,000	270,000	280,000

[1]Sales reflect July 1, 2020 – December 31, 2020.

用上标字符提醒读者
此处有更详细的信息

按有意义的顺序对列
进行排序
(这里是按地区对销
售人员的名字进行
排序)

一串长的字母/数
字分为小的组别

所有数字右对齐

表格尽量不分页,
以方便比较

图 10.9　运用了多种设计准则的表格式报表（松谷家具）

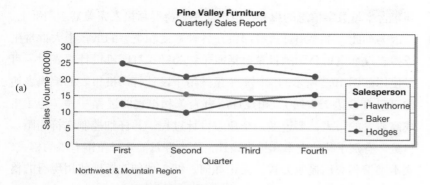

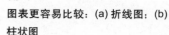

图 10.10

图表更容易比较：(a) 折线图；(b) 柱状图

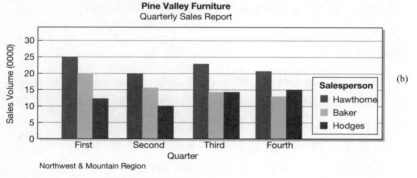

对比纸质和电子报表

如报表在纸上而不是在电脑显示器上生成，有一些额外的问题需要考虑。例如，激光打印机（尤其是彩色激光打印机）和喷墨打印机可以让你制作的报表看起来和显示器上的一模一样。所以，如果使用的是这些类型的打印机，你可以遵循我们的常规设计准则来创建一份具有高可用性的报表。但是，其他类型的打印机不能在纸上准确再现屏幕上的图像。例如，许多商业报表是使用高速针式打印机制作的，这种打印机通过打印细小的点状图案来生成字符和有限范围的图形。针打的优点是速度非常快，非常可靠，而且价格相对便宜。缺点则是生成图形的能力有限，打印质量较低。换言之，它们善于快速生成主要包含字母数字信息的报表，但不能完全将屏幕报表完美复制到纸上。正因为如此，主要用针式打印机在各种宽度和类型的纸张上大批量生成报表，如电信公司的批量电话账单。为针式打印机设计报表时，可以使用如图 10.2 所示的编码表 (虽然用于设计打印机报表的编码表通常可以有多达 132 列)。和设计所有表单和报表的过程一样，为了生成高质量的报表，要遵循一个原型设计过程，并仔细控制字符间距。但是，有别于其他表单和报表设计，你也许只能选择范围有限的格式、文本类型和突出显示方式。无论如何，细心和创造性地使用现有的格式化选项，可以很容易地生成高度可用的任何类型的报表。

可用性

可用性
(usability)
对系统在支持特定用户完成特定任务时的表现的总体评价。

设计表单和报表时要考虑很多因素。设计表单、报表和所有人机交互的目标是可用性 (Enders, 2016)。可用性主要衡量的是以下三个方面的特性：

1. 速度。你能高效地完成一项任务吗？

2. 精确性。系统是否提供了你所期望的？

3. 满意度。你喜欢使用这个系统吗？

换言之，可用性意味着你的设计应帮助而不是阻碍用户的表现。所以，**可用性** (usability) 是对系统在支持特定用户完成特定任务时的表现的总体评价。在本节剩余部分，我们将描述影响可用性的多种因素以及评估设计可用性的几种技术。

可用性的成功因素

研究和实践经验表明，设计的一致性是设计可用系统的关键因素 (Cooper, Reimann, Cronin, & Noessel, 2014; Enders, 2016; Krug, 2014; Nielsen & Loranger, 2006; Shneiderman et al., 2016)。一致性极大地影响了用户与系统熟练互动的能力。例如，一致性意味着标题、错误信息、菜单选项和其他设计元素出现在一致的地方，而且在所有表单和报表

上看起来都一样。一致性还意味着，每种突出显示样式都有相同的含
义，而且每次执行特定的操作时，系统的响应时间都大致相同。其他
重要因素还有效率、易用性（或是否容易理解）、格式和灵活性。表
10.9 更详细地总结了这些可用性因素及其对应的准则。

表 10.9　表单和报表可用性的常规设计准则

可用性因素	可用性准则
一致性	在一个输出中和不同的输出之间一致地使用核战语、缩写、格式、标题和导航。执行的每个功能的响应时间都要一致
组织	设计格式时，应了解要执行的任务和预期的用户。文本和数据应对齐和排序，以实现高效的浏览和输入。尽量避免输入数据（例如，尽量计算获得结果，而不是输入汇总值）
清晰	输出应该是不言自明的，不要求用户为了完成任务而记住以前的输出信息。应广泛使用标签，所有比例和单位都要说清楚
格式	信息格式在输入和显示之间应该一致。格式应区分每条数据并突出显示，不要埋没重要数据。谨慎使用特殊符号（如小数位、货币符号和 ± 符号）
灵活性	以用户最便利的方式查看和检索信息。例如，应允许用户选择输入或查看数据的顺序，并允许使用快捷键。系统应记住用户上次使用系统时停下来的位置

在设计输出时，必须考虑屏幕、表单和报表的使用环境。如前所述，
许多特性在塑造一个系统的可用性方面起着重要作用。这些特性涉及
目标用户和正在执行的任务，还涉及系统和输出所处的技术、社会和
物理环境。表 10.10 总结了影响设计可用性的几个因素。只有对这些
因素有一个敏锐的认识，才能创建高度可用的设计。

表 10.10　设计表单和报表时要考虑的特性

特性	设计表单和报表时的考虑
用户	应考虑与经验、技能、动机、教育和个性有关的问题
任务	任务不同，从用户获得或提供给用户的信息量也不同。任务的要求——如时间压力、出错的代价和工作时间（疲劳）——将影响可用性
系统	构建系统的平台将影响交互方式和设备
环境	除了考虑环境问题，如照明、声音、任务干扰、温度和湿度，还要考虑社会问题，如用户的地位和角色。为了创建高可用性的表单和报表，可能需要改变用户的物理工作设施

（来源：基于 Norman，1991）

衡量可用性

易学性
(learnability)

一种可用性因素，衡量用户首次执行一项任务有多难。

效率
(efficiency)

一种可用性因素，衡量用户在知道如何执行任务后，他们能多快地完成。

错误率
(error rate)

一种可用性因素，衡量用户可能遇到多少错误，以及从这些错误中恢复有多容易。

可记忆性
(memorability)

一种可用性因素，衡量过段时间重新访问系统时，记住一项任务是如何完成的有多容易。

满意度和美感
(satisfaction and aesthetics)

一种可用性因素，衡量系统的视觉吸引力有多大，系统的使用有多愉快。

用户友好度 (user-friendliness) 是一个常见但经常被误用的术语，它描述了系统的可用性。虽然该术语被广泛使用，但从设计的角度来看，它过于模糊，无法提供足够的信息，因为它对不同的人意味着不同的东西。所以，大多数开发小组使用几种方法来评估可用性，包括以下考虑因素 (Enders, 2016; Shneiderman et al., 2016; Te'eni et al., 2006)。

- 易学性 (learnability)：用户首次执行一项任务有多难？
- 效率 (efficiency)：一旦用户知道如何执行任务，他们能多快地完成任务？
- 错误率 (error rate)：用户可能遇到多少错误，以及从这些错误中恢复有多容易？
- 可记忆性 (memorability)：过一段时间重新访问系统时，记住一项任务是如何完成的有多容易？
- 满意度和美感 (satisfaction and aesthetics)：系统的视觉吸引力有多大，系统的使用有多愉快？

评估可用性时，可通过观察、访谈、按键捕捉和问卷调查来收集信息。学习时间简单地反映了一般的系统用户需要多长时间才能熟练使用该系统。同样重要的还有用户随着时间的推移在多大程度上记住如何使用输入和输出。步骤的顺序和对一组按键的选择会显著影响学习时间、用户的任务表现和错误率。例如，最常用的功能应以尽量少的步骤快速访问 (例如，按一个键即可保存工作)。此外，信息的布局应该一致，不管是在应用程序内部还是在不同的应用程序之间，也不管信息是在屏幕上显示，还是在纸质报表上显示。

电商应用：为松谷家具网店设计表单和报表

松谷家具
(PVF)

为互联网电子商务应用设计表单和报表是一项核心且关键的设计活动。由于这是客户与公司互动的地方，所以设计需谨慎。和为其他

类型的系统设计表单和报表时遵循的过程一样，原型设计过程最合适
(Coleman & Goodwin, 2017)。虽然建立网站的技术正在迅速发展，但
已经出现了一些常规的设计准则。本节将研究一些和 PVF WebStore 的
设计相关的准则。

常规准则

　　设计表单和报表时，有几个错误是网站设计所特有的。不幸的是，
批判性地检查当代网站中所有可能的设计问题已超出了本书的范围。
这里将简单总结一下那些经常发生的、对用户体验特别不利的错误
(参见表 10.11)。幸好，有许多优秀的资源可以让我们更多地了解如何
设计有用的网站 (Ash et al., 2012; Cooper et al., 2014; Flanders & Peters,
2002; Johnson, 2007; Krug, 2014; Nielsen, 1999; Nielsen & Loranger,
2006; Shneiderman et al., 2016; http://www.nngroup.com; http://www.
webpagesthatsuck.com)。

表 10.11　设计网页布局时的常见错误

错误	建议
不规范地使用 GUI 部件	使用标准设计部件时，确保其行为符合主要的界面设计标准。例如，单选钮的使用规则是从一组选项中选择一个。换言之，在用户点击"确定"之前可以随意切换不同的选项。在许多网站上，单选钮既用作选择，也用作行动
任何看起来像广告的东西	对人们的上网习惯的调查表明，用户对网上的广告非常不感兴趣，所以要避免设计一些看起来像广告的内容 (例如网页横幅、动画、弹出窗口)
前沿技术	过于先进的技术不要用，避免非要用户下载最新的浏览器或控件才能看你的网站。
滚动测试和循环动画	避免文本发生滚动，且尽量不显示动画，因其都难以阅读，用户经常将这种内容视为和广告一样的毒害
非标准的链接颜色	不要用非标准的颜色显示链接 (无论是未点击还是点击后的链接)。非标准颜色会使用户感到困惑，并有损易用性
过时的信息	网站要经常更新，使用户"觉得"这个网站经常都在维护和更新。过时的内容会损害人们对网站的信任

（续表）

错误	建议
蜗牛般的下载速度	不要使用大图片、大量图片、不必要的动画或其他耗时的内容，这会减慢网页的加载速度
用长网页显示长列表	避免非要用户向下滚动才能看到完整信息，尤其是非要滚动才能看到导航控件。一次只显示 N 项信息，使用多个网页，或者使用窗口内的一个滚动容器

为 PVF 设计窗体和报表

当 Jim Woo 和 PVF 开发团队专注于设计 WebStore 的表单和报表（即"网页"或"页面"）时，他们首先调研了许多流行的电子商务网站。通过调研，他们确立了以下设计准则。

- 使用轻量级图形。
- 建立表单和数据完整性规则。
- 使用基于样式表的 HTML。

为确保所有团队成员都理解每条准则的含义，Jim 组织了一次设计说明会，解释每条准则将如何被纳入 WebStore 的界面设计中。

轻量级图形

轻量级图形
(lightweight graphic)
小而简单的图像，使网页能尽快加载。

除了方便的菜单和页面导航，PVF 开发团队还希望系统能快速加载网页。一种可以帮助页面快速加载的技术是使用轻量级图形。轻量级图形 (lightweight graphic) 是小而简单的图像，可以使页面尽可能快地加载。"使用轻量级图形可以提高页面的加载速度，并帮助用户尽可能快地到达目标位置——希望是购买区。" Jim 解释说，"大图只适合显示客户明确要求查看的详细产品图片。"有经验的网页设计师发现，顾客都是没有耐心的，点击了一个导航却迟迟看不到结果，他们会非常不耐烦。大量使用了轻量级图形的网站能提供快速反馈，有助于顾客在网上商店停留更长时间。

表单和数据完整性规则

由于 WebStore 的目标是让用户下单购物，所以所有要求提供信息的表单都应该有明确的标签，并提供足够的输入空间。如某个字段需要特定的输入格式 (如出生日期或电话号码)，它应该为用户提供一个明确的例子，这样可以减少数据错误。另外，网站必须明确指定哪些字段可选，哪些必须，哪些有取值范围。

Jim 强调说："所有这些措施似乎有些用力过猛，但它们使数据处理变得更简单。我们的网站将在提交给服务器处理之前检查所有数据。这使我们能就任何数据输入错误向用户提供更快的反馈，并避免将错误的数据写入永久性的数据库。另外，我们还要提供一份免责声明，向客户保证，这些数据只会用于处理订单，绝不会出售给其他市场推广公司，并严格保密。"

基于样式表的 HTML

Jim 在分析阶段和顾问们讨论 WebStore 时，他们强调了使用基于样式表的 HTML(stylesheet-based HTML) 的好处。显示单个产品时，如果能恰当地运用几个"样式表"，可确保 WebStore 中的所有页面都具有相同的外观和感觉。样式表描述了信息的呈现方式 ("即风格")。所以，基于样式表的 HTML 设计使网页的内容能和它的格式分开。将内容和格式化信息分开后，更新网站的外观和感觉会变得容易得多，而且能保证所有页面都有类似的外观。Jim 解释说："我们需要寻找方法使网站保持一致并易于更新。使用样式表，不仅能让所有页面看起来都一样，以后更新网站外观的时候，修改几个样式表就可以了，而不必同时修改数百个网页。例如，桌子和文件柜是两种完全不同的产品。但样式表保证了它们各自的页面会被格式化并看起来是一样的"。

基于样式表的 HTML
(stylesheet-based HTML)
一种网页设计方法，将内容及其格式和呈现方式分开，以方便维护和全站保持一致。

小结

本章重点讨论了信息系统的一种主要产出：表单和报表。随着组织进入更复杂、更有竞争力的业务环境，员工队伍更加多样化，业务过程的质量会成为成功的决定性因素。设计高质量业务过程的一个关键在于，要在正确的时间以正确的格式将正确的信息传递给正确的人。表单和报表设计关注的就是这一目标。该过程的一个主要难点在于，设计师有大量信息格式化方案可供选择。

设计表单和报表时，应遵循特定的准则。这些准则已获得了多年人机交互经验的证明，可以帮助你创建专业的、可用的系统。本章介绍了多种准则，涵盖标题的使用、字段的布局、页面或屏幕之间的导航、数据的突出显示、颜色的使用、文本和数字数据的格式、表格和图表的适当使用和布局、避免信息显示中的偏差以及实现可用性好的表单和报表。

表单和报表设计通过一个原型设计过程来创建。一旦创建，设计既可以独立，也可以集成到实际工作系统中。但是，其目的是向用户展示系统实现之后的表单或报表外观。这项活动的成果是创建一个规范文档。该文档概述了用户、任务、系统和环境的特征以及每个表单和报表的设计。性能测试和可用性评估也可包括在设计规范内。

表单和报表设计的目标是可用性。可用性是指用户能快速、准确地使用表单或报表，而且有很高的满意度。为实现可用性，设计必须一致、高效、不言自明、良好格式化和灵活。实现这些目标需应用多种设计准则，它们涵盖导航；突出显示和颜色的运用；文本、表格和列表的显示。

关键术语

10.1	效率	10.5	轻量级图形	10.9	满意度和美感
10.2	错误率	10.6	可记忆性	10.10	基于样式表的 HTML
10.3	表单	10.7	纸上原型	10.11	可用性
10.4	易学性	10.8	报表	10.12	线框

将上述每个关键术语与以下定义配对。

_____ 一种可用性因素，衡量用户首次执行一项任务有多难。

_____ 一种网页设计方法，将内容及其格式和呈现方式分开，以方便维护和全站保持一致。

_____ 显示信息元素在屏幕上的位置及其所需空间的一种简单设计。

_____ 对系统在支持特定用户完成特定任务时的表现的总体评价。

_____ 一种可用性因素，衡量用户在知道如何执行任务后，他们能多快地完成。

_____ 一种业务文档，只包含预定义的数据；是仅供查阅一种被动（非互动）文档。往往包含涉及多个不相关记录或事务处理的数据。

_____ 一种可用性因素，衡量用户可能遇到多少错误，以及从这些错误中恢复有多容易。

_____ 一种业务文档，包含一些预定义数据，而且通常提供了一些地方供填写额外的数据。这种文档的实例通常基于一条数据库记录。

_____ 一种可用性因素，衡量过段时间重新访问系统时，记住一项任务是如何完成的有多容易。

_____ 小而简单的图像，使网页能尽快加载。

_____ 一种可用性因素，衡量系统的视觉吸引力有多大，系统的使用有多愉快。

_____ 一系列模拟屏幕，可用于测试内容、外观和感觉以及任务流程和其他可用性因素。

复习题

10.13　描述表单和报表的原型化过程。该过程会产生哪些交付物？这些交付物对所有类型的系统项目都是一样的吗？为什么？

10.14　分析师在构建一个系统输出的初始原型时必须回答哪些问题？

10.15　什么时候可以使用突出显示来向用户传达特殊信息？

10.16　讨论在设计系统输出时使用颜色的好处、问题和常规设计过程。

10.17　在帮助屏幕上，文本信息应如何格式化？

10.18　在表格或列表中用什么类型的标签来改善可用性？

10.19　设计表格和列表时要注意什么行、列和文本格式化问题？

10.20　说明在表格或列表中如何格式化数值、文本和字母/数字数据。

10.21　可用性的含义是什么？要用界面的哪些特性评估系统的可用性？

10.22　开发小组可以根据哪些因素来评估系统的可用性？

10.23　列举并说明常见的网站设计错误。

10.24　举例说明用户、任务、系统和环境的变化对表单和报表设计的影响。

问题和练习

10.25　假定要用电子表格软件为同事设计一份预算报表。按照本章讨论的原型设计（同时参见图6.7），描述为了设计这个报表的原型所采取的步骤。

10.26　设想一个为你的部门生成预算报表的系统，或设想一个为某个大学院系生成入学报表的注册系统。无论选择哪个系统，都回答以下设计问题：谁会使用这些输出？输出的目的是什么？什么时候需要输出，而且输出中要用到的信息在什么时候可用？要在什么地方显示输出？又有多少人需要查看输出？

10.27 设想系统可能生成的最糟糕的报表。它们有什么问题？尽可能多列出问题。这种报表的后果是什么？结果是什么会出问题？原型设计过程如何帮助防范这些问题？

10.28 设想一个酒店登记系统的输出显示表单。使用诸如 Microsoft　Visio 这样的绘图软件，按照本章的设计建议，完全用黑白两色设计该表单。保存文件，然后按照本章的彩色设计建议，用彩色重新设计该表单。在这个练习的基础上，讨论每种输出形式的相对优势和劣势。

10.29 设想一下你在工作中（如预算或库存报表）或在大学（如成绩单）可能收到的报表。从速度、准确性和满意度方面评估这些报表的可用性。如何提高这些输出的可用性？

10.30 列举你想平常使用的计算机软件。根据以下可用性特征来描述每个软件：学习时间、性能、用户的错误率、长期的注意力保持程度以及主观满意度。这些特征中的哪一个使你愿意继续使用该软件？

10.31 基于本章提出的准则，找出下述"客户报表"(Report of Customers) 设计中的缺陷。为了评估这个设计，你对用户和任务做了哪些假设？重新设计该报表以纠正这些缺陷。

Report of Customers 26-Oct-2020

Cust-ID	Organization
AC-4	A.C. Nielson Co.
ADTRA-20799	Adran
ALEXA-15812	Alexander & Alexander, Inc.
AMERI-1277	American Family Insurance
AMERI-28157	American Residential Mortgage
ANTAL-28215	Antalys
ATT-234	AT&T Residential Services
ATT-534	AT&T Consumer Services
...	
DOLE-89453	Dole United, Inc.
DOME-5621	Dome Caps, Inc.
DO-67	Doodle Dandies
...	
ZNDS-22267	Zenith Data System

10.32 回顾表 10.9 的表单和报表可用性准则。设想一个酒店的客人登记在线表单。为每个可用性因素列举两个例子，说明如何设计该表单来实现该方面的可用性。不要用表 10.9 列举的例子。

10.33 用户、任务、系统或环境的差异如何影响表单或报表的设计？提供一个例子，对每种差异的特征进行对比。

10.34 在网上寻找能展示表 10.11 所列的每个常见错误的商业网站。

10.35 使用生成线框屏幕设计的一个工具（如 Visio 或 Axure) 创建一个如图 10.5(b) 所示的线框图。

10.36 使用生成线框屏幕设计的一个工具（如 Visio 或 Axure) 为一些流行网站的主页创建线框图。

实战演练

10.37　找出自己的一份成绩单。根据本章描述的准则，找出这份成绩单在设计上的缺陷。重新设计以进行纠正。

10.38　如本章所述，大多数表单和报表都是利用某种软件对输出进行原型化，为当代的信息系统而设计的。像 Microsoft Visual Studio. NET 这样的软件提供了非常复杂的输出设计模块。在你的大学或你工作的地方获得这样一个工具，研究该软件为打印输出设计提供的所有功能。写一份报告，列出并解释用于布局、突出显示、数据汇总等等的功能。

10.39　选一领域（如航空）调查其所用的显示。该领域使用的是什么类型的表单和报表？如果有的话，是用什么标准来管理这些输出的使用？

10.40　采访你认识的几个人，了解他们在工作中使用的不同类型的表单和报表。询问是否能看看这些文档，并针对每份文档回答以下问题。

a. 每份文档支持的是什么类型的任务，如何使用？

b. 每份文档是用什么类型的技术和设备来提供的？

c. 评估每份表单或报表的可用性。它们的可用性如何？为什么？如何改进？

10.41　在网上查找几家上市公司去年的年报。描述这些报告中的信息类型和信息的呈现方式。它们如何使用颜色和图形来增强信息的可用性？找出一些通过格式化来隐藏或者强调信息的地方。

10.42　选一个自己喜欢的计算机软件，再选一个你不喜欢的。采访其他用户以确定他们对这两个软件的评价。请每个人根据本章所描述的内容，从速度、准确性和满意度等方面对每个软件进行评价。这些评价是否取得共识，或者受访者的评价是否各自之间或者与你自己的评价有区别？为什么？

参考资料

Ash, T., Ginty, M., & Page, R. (2012). *Landing page optimization: The definitive guide to testing and tuning for conversion* (2nd ed.). New York: Sybex.

Benbasat, I., Dexter, A. S., & Todd, P. (1986). The influence of color and graphical information presentation in a managerial decision simulation. *Human—Computer Interaction, 2,* 65–92

Coleman, B., & Goodwin, D. (2017). *Designing UX: Prototyping: Because modern design is never static.* Collingwood, VIC, Australia: SitePoint.

Cooper, A., Reimann, R., Cronin, D. & Noessel, C. (2014). *About face: The essentials of interaction design* (4th ed.). New York: Wiley and Sons.

Enders, J. (2016). *Designing UX: Forms: Create forms that don't drive users crazy.* Collingwood, VIC, Australia: SitePoint.

Flanders, V., & Peters, D. (2002). *Son of web pages that suck: Learn good design by looking at bad design.* Alameda, CA: Sybex Publishing

Jarvenpaa, S. L., & Dickson, G. W. (1988). Graphics and managerial decision making: Research based guidelines. *Communications of the ACM, 31*(6), 764–74.

Johnson, J. (2007). *GUI bloopers 2.0: Common user interface design don'ts and dos* (2nd ed.). New York: Morgan Kaufmann.

Krug, S. (2014). *Don't make me think: A common sense approach to web usability* (3rd ed.). Upper Saddle River, NJ: Prentice Hall.

Lazar, J. (2004). *User-centered web development: Theory into practice.* Sudbury, MA: Jones & Bartlett.

McCracken, D. D., Wolfe, R. J., & Spoll, J. M. (2004). *User-centered Web site development: A human–computer interaction approach.* Upper Saddle River, NJ: Prentice Hall.

Nielsen, J. (1999). User interface directions for the Web." *Communications of the ACM, 42*(1), 65–71.

Nielsen, J., & Budiu, R. (2012). *Mobile usability.* Indianapolis, IN: New Riders Publishing.

Nielsen, J., & H. Loranger. (2006). *Prioritizing web usability.* Upper Saddle River, NJ: Prentice Hall.

Norman, K. L. (1991). *The psychology of menu selection.* Norwood, NJ: Ablex.

Shneiderman, B., Plaisant, C., Cohen, M., Jacobs, S., Elqvist, N., & Diakopoulos, N. (2016). *Designing the user interface: Strategies for effective human-computer interaction* (6th ed.). Reading, MA: Pearson.

Snyder, C. (2003). *Paper prototyping: The fast and easy way to design and refine user interfaces.* San Francisco: Morgan Kaufmann Publishers.

Sun Microsystems. (2001). *Java look and feel guidelines.* Palo Alto, CA: Sun Microsystems.

Te'eni, D., Carey, J., & Zhang, P. (2006). *Human–computer interaction: Developing effective organizational information systems.* New York: John Wiley & Sons.

案例学习：窗体和报表设计

天色已晚。市场部主管助理 Sally Fukuyama 敲了敲 Jim Watanabe 办公室微微敞开的门。Jim 是 Petrie Electronics 公司"留住客户"客户忠诚度系统的项目主管。

"请进。"Jim 说。

"嗨，Jim，"Sally 把门推开，说："你要走了吗？"

"嗯，本来要走的。但我觉得现在没法走不了了。怎么了？"

"我刚收到 John(Petrie 市场部的头头) 的电邮。他有一大堆报表想通过这个系统生成。"Sally 回答道，同时把塞满的马尼拉文件夹丢到了 Jim 的桌子上。

"这都是些啥？"他自语道。

"John 说所有这些报表都必须要有。他说你应该能从新的客户忠诚度系统生成所有必要的数据。"

"所有这些报表，要花很多时间才能解决它们的具体设计。"Jim 说，"我需要帮助，大量的帮助！"Jim 把文件夹丢回桌子。

"对不起，Jim。"Sally 说，"我明天帮你吧，但现在真的要走了。"

"好的，再见。"Jim 说，目送 Sally 离开他的办公室。

他打开文件夹，开始看里面的内容。一些报表的要求比其他更完整。靠上面的一份报表侧重于列出最佳客户，具体根据他们在特定月份的消费情况。"就从这个开始吧。"Jim 想，"用 Excel 设计这个应该很快。"

Jim 花了 15 分钟设计这个报表。初版如图 PE 图 10.1 和图 10.2 所示。其中，PE 图 10.1 是高级汇总报表，其中只列出了客户的名字，他们来自哪里，以及他们在某月的消费总额。PE 图 10.2 则显示了每个客户的购买细节。

PE 图 10.1

"月度最佳客户汇总报表"(Best Customers Monthly Summary Report) 的初始设计

	A	B	C	D	E	F	G	H	I
1		*Petrie's Best Customers by Monthly Purchases*							
2									
3			*March 2020*						
4									
5	Customer				Grand				
6	Customer Name	Customer ID	Home City	State	Total				
7	Francesca Jones	43218765-991	New Orleans	LA	3327.65				
8	Ahmad Walgreens	12345678-990	Yuba City	CA	2134.35				
9	Wilma Sanchez	45645699-990	Lamoni	IA	2038.75				
10	Sylvia Pollock		Los Angeles	CA	1988.94				
11	William Peace		Tampa	FL	1645.87				
12	Jose Gonzalez		Atlanta	GA	1543.34				
13	D'Andre Martinez		New York	NY	1109.15				
14	John Smith		Las Vegas	NV	1065.34				
15									
16									

Detail report　Summary report　Sheet3

（来源：Microsoft Corporation）

PE 图 10.2

"月度最佳客户详细报表" (Best Customers Monthly Detail Report) 的初始设计

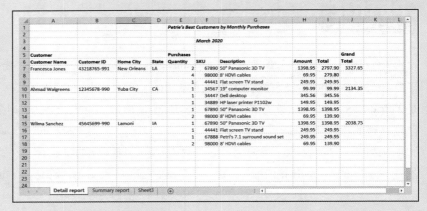

(来源：Microsoft Corporation)

"好了，"Jim 想，"报表内容没问题，确实显示了 John 想要的东西，但它们又确实太丑了。怎么才能更好看呢？现在没时间了。我必须开始处理其他报表设计。有多少？一百个？唉，还是让实习生来做一部分工作吧！这对他们有好处。"

Jim 从 John 的一叠要求中翻出了下一份报表建议。

案例问题

10.43　你会如何使 PE 图 10.1 和 PE 图 10.2 中的报表"更好看"？在改进了报告表设计之后，解释一下你为什么要做这些修改。

10.44　根据 Petrie 的客户忠诚度系统提供的数据，你认为 John 还会要求哪些报表？列个清单。为清单上的前两份报表设计一下它们的样子。

10.45　根据本书的描述，并根据在网上查到的内容，列出设计报表时应考虑的 10 件最重要的事情。

10.46　你是否参加了任何客户忠诚度计划（例如航空公司的常旅客计划或某东会员）？如果你没有，或许你的父母或其他亲戚有参加。找到这种忠诚度计划每个月发送给客户的报表。确定创建该报表所需的全部数据元素，用这些信息创建一个 E-R 图。

第 11 章

界面和对话设计

导言

本章要学习系统界面和对话设计。界面设计的重点在于信息如何提供，以及如何从用户处获取。对话设计的重点在地界面显示的顺序。对话 (dialogue) 类似于两个人之间的对话 (conversation)。每个人在对话时所遵循的语法规则类似于界面。所以，界面和对话设计定义的是人机交换信息的方式。好的人机界面为查找、查看和调用系统的不同组件提供了一个统一的结构。本章是对第 10 章的补充，后者讨论了表单和报表内容的设计准则。本章将讨论表单之间的导航，表单和报表的其他出现方式，以及如何通过用户帮助和错误信息为表单和报表提供补充，还有其他一些主题。

然后，我们讨论界面和对话设计过程及其成果。接着，我们描述交互方法和设备。最后讨论界面设计。这一讨论的重点是布局设计、数据输入、提供反馈和帮助菜单的设计。然后，我们研究设计人机对话的技术。最后，我们讨论电子商务应用中的界面和对话设计。

设计界面和对话

这是专注于系统开发生命周期设计阶段的第 3 章 (参见图 11.1)。第 10 章讨论了表单和报表的设计。以后会看到，表单和报表的设计准则同样适用于人机界面的设计。

图 11.1

强调设计阶段的系统开发生命周期

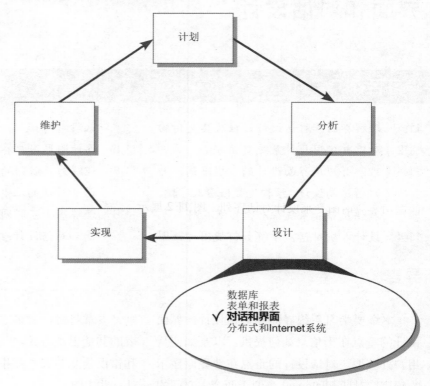

界面和对话设计过程

类似于表单和报表设计，界面和对话的设计过程是一个以用户为中心的活动。这意味着要遵循一种原型设计方法，即反复收集信息，构建原型，评估可用性，并进行完善。为了设计出可用的界面和对话，必须回答用于指引表单 / 报表设计的一样的问题，即谁、什么、何时、何地、

如何 (参见表 10.2)。所以，这一过程与表单和报表的设计过程是相似的 (参见 Coleman & Goodwin, 2017; Lazar, 2004; McCracken, Wolfe, & Spoll, 2004; Shneiderman, Plaisant, Cohen, Jacobs, Elqvist, & Diakopoulos, 2016)。

交付物和成果

系统界面和对话设计的交付物和成果是一个设计规范。该规范同样类似于为表单和报表设计生成的规范——区别只有一个。第 10 章讨论的设计规范分为三部分 (参见图 10.4)：

- 概述
- 示例设计
- 测试和可用性评估

但在进行界面和对话设计时，还需包括一个子部分来概括对话序列，即用户从一个显示移动到另一个显示的方式。本章稍后会学习如何使用"对话图"来设计对话序列。图 11.2 展示了界面和对话的设计规范。

图 11.2
界面和对话设计规范

设计规范

1. 概述
   a. 界面/对话名称
   b. 用户特征
   c. 任务特征
   d. 系统特征
   e. 环境特征
2. 界面/对话设计
   a. 表单/报表设计
   b. 对话序列图和说明
3. 测试和可用性评估
   a. 测试目标
   b. 测试过程
   c. 测试结果
      i) 学习时间
      ii) 性能
      iii) 错误率
      iv) 长期的注意力保持程度
      v) 用户满意度和其他看法

交付方法和设备

人机界面定义了用户和信息系统交互的方式。所有人机界面都肯定有一种交互方法，并用某些硬件设备来支持这种交互。本节将讨论各种交互方法，并提供了一些准则来指导你设计可用性好的界面。

交互方法

设计用户界面时，要做的最基本的决定和系统交互方法有关。鉴于有许多系统交互方法，这里只是简单描述其中最常用的。要想进一步了解交互方法，可参考 Johnson (2007)，Seffah & Javahery (2003)，Shneiderman et al.(2016) 和 Te'eni et al.(2006)。我们讨论五种广泛使用的方法：命令语言、菜单、表单、对象和自然语言。还会描述几种交互设备，主要关注它们对于各种交互活动的可用性。

命令语言交互　采用命令语言交互 (command language interaction)，用户手动输入命令来调用系统提供的操作。这种类型的交互需要用户记住命令的语法和语义。例如，在 Linux 命令提示符下，为了将当前目录下一个名为 "file.doc" 的文件的副本重命名为 "newfile.doc"，需要输入：

```
$cp file.doc newfile.doc
```

命令语言交互要求用户记住名称、语法和操作，这是一个不小的负担。大多数较新或大规模的系统不再完全依赖命令语言界面。但是，命令语言对于有经验的用户、只提供有限命令集的系统以及与系统的快速交互来说还是不错的。

即使是相当简单的应用程序（如字处理软件），也可能支持数百个操作命令，例如保存文件、删除单词、取消当前操作、查找特定数据或者切换窗口。随着用户界面标准的发展（例如为 Apple 和 Windows 操作系统开发的那些标准），为不同的操作分配按键的负担已经从用户的肩上卸下 (Pogue, 2015; Schooley, 2013)。例如，图 11.3(a) 展示了 Microsoft Word 描述键盘快捷键的帮助屏幕，图 11.3(b) 展示了 Microsoft PowerPoint 相同的屏幕。注意，许多相同的键都被分配了相

界面
(interface)
用户和系统交互的一种方法。

命令语言交互
(command language interaction)
一种人机交互方法，用户手动输入命令来调用系统提供的操作。

同的功能。还要注意设计者在如何解释和实现这些标准方面仍有很大的灵活性。这意味着你仍需关注可用性因素，并对设计进行正式评估。

(a)

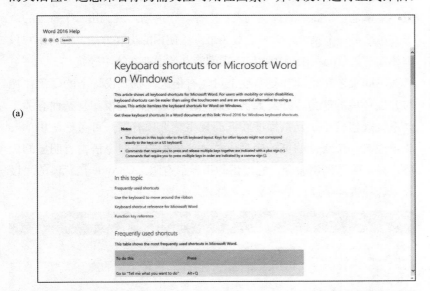

(b)

图 11.3

Microsoft Office 2016 的快捷键分配：(a) 描述了键盘指令的 Word 帮助屏幕；(b) 描述了键盘指令的 PowerPoint 帮助屏幕

（来源：Microsoft Corporation）

菜单交互
(menu interaction)

一种人机交互方法，事先提供一组选项，用户选择其中一个，即可调用相应的命令。

菜单交互　对界面设计的大量研究表明，系统的易用性和可理解性非常重要。菜单交互 (menu interaction) 是许多设计师实现这一目标的手段。菜单是一个简单的选项列表；选择一个选项，就调用一个特定的命令或激活另一个菜单。菜单已成为最广泛使用的交互方法，因为用户只需要理解简单的指示物和路线选项就能高效地在系统中导航。

不同菜单在设计和复杂性上可能有很大区别。设计上的变化往往与开发环境的能力、开发人员的技能以及系统的规模和复杂性有关。如系统规模较小、复杂程度较低而且系统选项有限，可考虑使用单一菜单或者一个线性的菜单序列。单一菜单相较于命令语言有明显的优势，只是除了调用命令，它提供的指导很有限。Chrome 浏览器的"设置"选项页即是通过单一菜单来打开，如图 11.4 所示。

图 11.4

在 Chrome 浏览器中通过单级菜单选择"设置"

(来源：Google, Inc.)

对于大型和较复杂的系统，可通过菜单层次结构来提供菜单之间的导航。这些层次结构可以是简单的树形结构，也可以是子菜单有多个父菜单的变种。其中一些层次结构可能允许多级遍历。菜单排列方式的变化会显著影响系统的可用性。例如，Microsoft 在其 Office 产品中部署了所谓的"ribbon"菜单(或称"功能区"),以期提升其产品的可用性。图 11.5 展示了各种菜单结构和移动方式。弧线表示可从一个菜单移到另一个菜单。虽然更复杂的菜单结构为用户提供了更大的灵活性,但也可能使用户对自己在系统中的确切位置感到困惑。具有多个父菜单的结构还要求应用程序记住已经历的路径,使用户能正确地回溯。

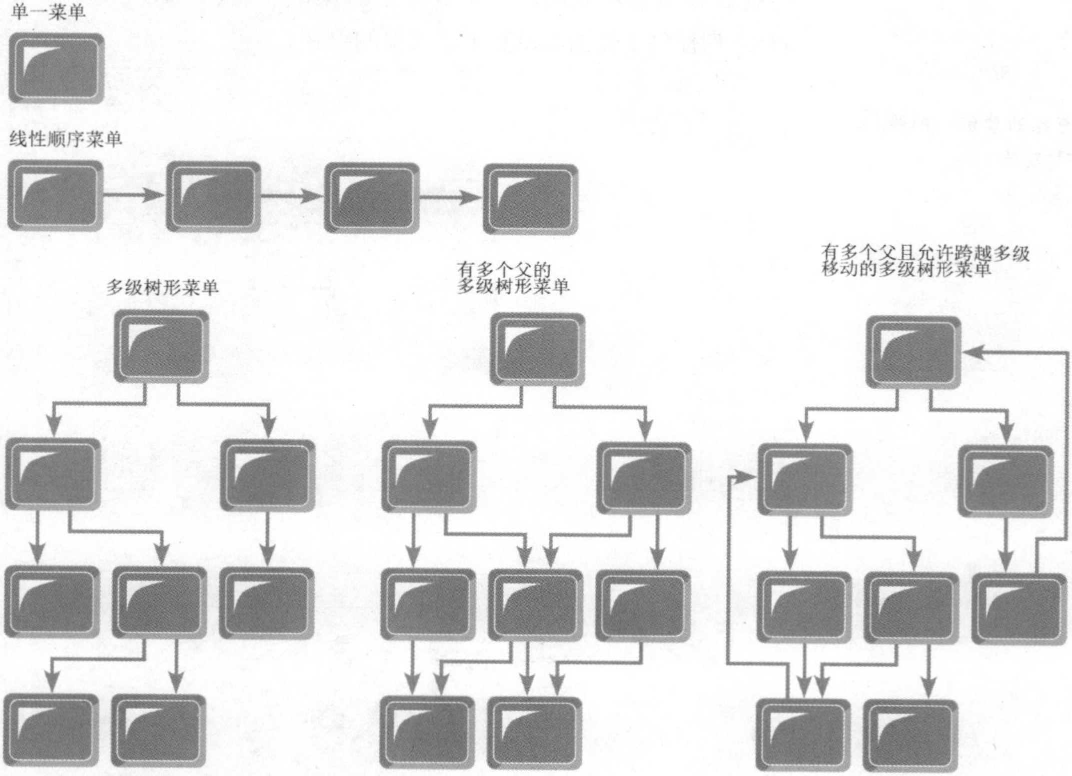

单一菜单

线性顺序菜单

多级树形菜单　　　　　　　有多个父的　　　　　　有多个父且允许跨越多级
　　　　　　　　　　　　多级树形菜单　　　　　　移动的多级树形菜单

图 11.5　**各种类型的菜单配置**(来源:基于 Shneiderman et al., 2016)

有两种常用的定位菜单的方法。若使用使用弹出菜单(pop-up menu,也称为"对话框"),菜单会在当前光标(指针)位置附近出现,这样用户就不必移动位置或眼睛来查看系统选项,参见图 11.6(a)。弹出菜单有多种潜在用途。一种是显示与当前光标位置相关的命令列表(例如删除、清除、复制或校验当前字段)。另一个是提供一个可能的

弹出菜单
(pop-up menu)
在当前光标位置显示菜单的一种菜单定位方法。

下拉菜单

(drop-down menu)

一种菜单定位方法，点击菜单名称，菜单的内容会下拉展开。

值的列表 (来自一个查询表) 以填写当前字段。例如在客户订单表中，可在客户 ID 字段旁弹出一个当前客户的列表，这样就能直接选择正确的客户而不必知道其具体 ID。若使用下拉菜单 (drop-down menu)，菜单会下拉展开，参见图 11.6(b)。近年来，下拉菜单变得非常流行，因为它们在不同的应用程序之间提供了菜单位置和操作的一致性，并能有效利用显示空间。大多数先进的操作环境 (例如 Windows 或 MacOS) 都提供了弹出菜单和下拉菜单的组合。

图 11.6

Chrome 浏览器的菜单：(a) 弹出菜单；(b) 下拉菜单

(a)

(b)

(来源：Google, Inc.)

　　设计菜单时应遵循几个常规规则，表 11.1 对此进行了总结。例如，每个菜单都要有一个有意义的标题，并以一种有意义的方式呈现给用户。例如，一个名为"退出"菜单选项存在歧义，它是指返回到上一个屏幕，还是退出程序？为便于理解这些准则的应用，图 11.7 对比了一个设计不良的菜单和一个遵循设计准则的菜单。图中用注释展示了差的和改进后的菜单界面设计特征。

表 11.1　菜单设计准则

措辞	每个菜单都要有一个有意义的标题 命令动词应清楚而具体地描述操作 菜单混合使用大小写，而且有一个清楚、无歧义的解释
组织	对预期的用户任务进行一致性的组织；例如，相关选项应被分为一组，同一选项每次出现时都应该有相同的措辞和代码
长度	菜单选项的数量不要超过屏幕长度 用子菜单分割过长的菜单
选择	选择和输入方法应保持一致，并反映应用程序的规模和用户的操作熟练程度 明确说明用户如何选择每个选项以及每个选项的结果（例如是否会出现另一个菜单）
突出显示	少用突出显示（高亮），只用它来强调当前选中的选项（例如一个勾号）或者不可用的选项（灰色文本）

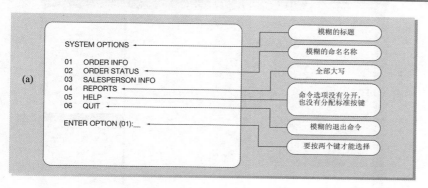

图 11.7

对比菜单设计：(a) 不良的菜单设计；(b) 改进的菜单设计

图 11.7

对比菜单设计：(b) 改进的菜单设计（续）

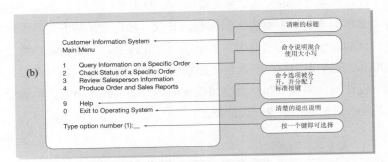

许多高级编程环境都提供了强大的菜单设计工具。例如，可用 Microsoft Visual Basic. NET 为一个系统快速设计菜单结构。图 11.8 展示了一个正在定义菜单结构的设计窗体。点击"在此键入"标签，并输入和各个菜单项对应的文字，即可完成菜单项的添加。还可通过简单的操作为菜单项指定快捷键、将帮助屏幕连接到单独的菜单项、定义子菜单以及设置用法属性（参见图 11.8 右下角的属性窗口）。例如，"用法属性"包括在程序运行时将某个菜单项变灰，以表明某项功能当前不可用。菜单构建工具使设计者能快速而容易地设计出一个原型，而且保证它就是在最终系统中的样子。

图 11.8

在 Microsoft Visual Basic.NET 中构建菜单

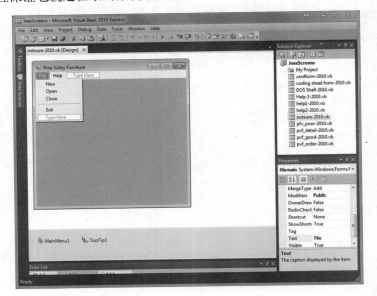

（来源：Microsoft Corporation）

　　表单交互　如用户需要在使用系统时填空，就可考虑使用表单交互 (form interaction)。无论信息的输入还是呈现，表单交互都很好用。设计良好的表单包括让人一目了然的大标题和字段标题，将字段组织成有明显界限的逻辑分组，尽量提供默认值，以恰当的字段长度显示数据，并尽量避免窗口滚动 (Shneiderman et al, 2004)。第 10 章还描述了其他许多表单设计准则。表单交互是基于业务的系统中最常用的数据输入和检索方法。图 11.9 展示了 Google 高级搜索引擎所用的表单。利用这个交互式表单，用户可以很全面地定制自己想要搜索的信息。

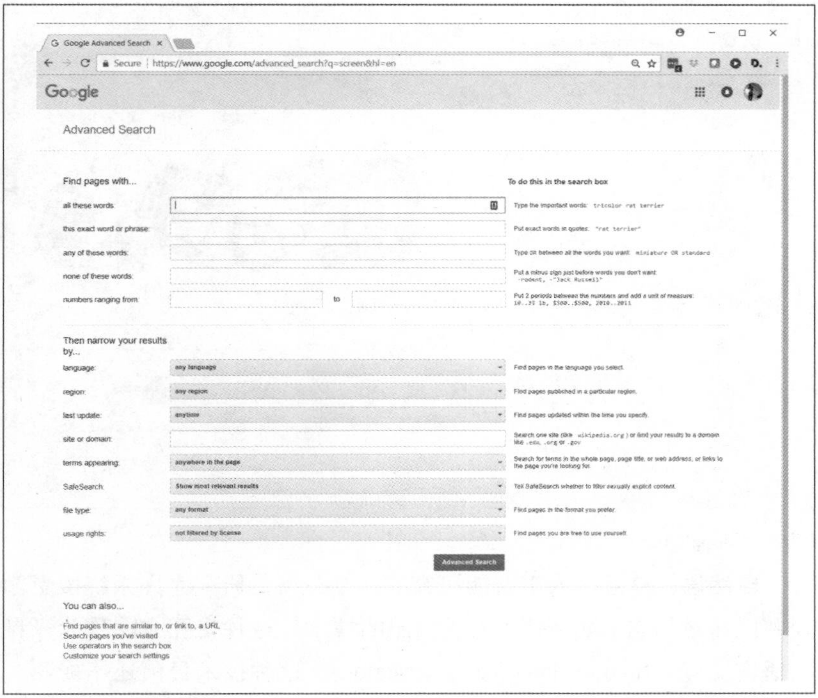

（来源：Google, Inc.）

　　基于对象的交互　为了实现基于对象的交互 (object-based interaction)，最常见的方法是使用图标。图标 (icon) 是一种图形符号，它形象地表示了对应的处理选项。用户用某种类型的指点设备指向适

表单交互
(form interaction)
一种非常直观的人机交互方法，采用和纸质表单相似的方式对数据字段进行格式化。

图 11.9

Goolge 高级搜索界面使用了交互式表单

基于对象的交互
(object-based interaction)
一种人机交互方法，利用图形符号表示命令或功能。

图标
(icon)
代表特定系统功能的图形符号。

当的图标来选择操作。图标的主要优点是占用的屏幕空间小，而且能被大多数用户迅速理解。图标也可能看起来像是按钮，按下并松开时，会使系统采取相应的行动，如取消、保存、编辑记录或呼出帮助。例如，图 11.10 展示了在 Chrome 浏览器中打开的 Google 主页，其中使用了几个图标（按钮）。

图 11.10

基于对象（图标）的界面

（来源：Google Inc.）

自然语言交互

(natural language interaction)

一种人机交互方法，用口语实现应用程序的输入和输出。

自然语言交互　人工智能研究的一个分支是研究允许系统接受输入并以传统语言（如英语）生成输出的技术。这种交互方法称为"自然语言交互"(natural language interaction)。这种技术目前还不成熟，对用户来说过于繁琐、枯燥和耗时，而且往往只能接受极其有限的领域的输入（如数据库查询）。键盘和语音输入系统都可使用自然语言交互。

系统交互的硬件选择

多种硬件设备被用来支持多种系统交互方法，表 11.2 总结了各种交互设备及其典型使用场景。

表 11.2　与系统信息交互的常见设备

设备	说明、主要特点或用途
键盘	用户按下一系列代表字符的小按钮，输入的字符被解释为单词或命令。键盘被用户广泛熟悉，而且为交互提供了相当大的灵活性
鼠标	最常用的指点设备。用户在平面上推动一个小塑料盒，其运动被转化为计算机显示器上的光标运动。点击鼠标上的按钮来告诉系统某个项目被选中。鼠标在平坦的桌面上运行良好，但在肮脏或繁忙的环境(例如生产车间或商店结账区)可能不实用。较新的基于笔的鼠标为用户提供了更多书写工具的感觉
摇杆	安装在底座上的一个小型垂直杆，握住以引导计算机显示器上的光标。提供与鼠标类似的功能
轨迹球	安装在固定底座上的球体，搓动以引导计算机显示器上的光标。需要精准定位或者工作场所无法使用鼠标时，是鼠标的合适替代品
触摸屏	用手触摸显示屏来执行各种操作。在比较脏或者需要移动的环境，或者对于手脚不灵便或专业知识有限的用户来说，效果比较好
光笔	对着屏幕按像笔一样的设备来移动或选择。若需要与屏幕上的内容进行更直接的交互，光笔的效果不错
绘图板	在一个平板上移动类似笔的装置以引导计算机显示器上的光标。通过按一个按钮或用笔向平板施加压力来进行选择(或绘图)。这种设备特别适合绘画和图形应用
主意	捕获用户所说的话并转换成文本和命令。特别适合有身体障碍的用户，或者在与应用程序互动时需要腾出手来做其他事情

最基本、用得最广泛的是键盘，大多数计算机应用都依赖它输入字符。键盘也有多种形式，从计算机配备的打字机式键盘，到商店使用的 POS 机，再到车间设备使用的特殊键盘。与此同时，图形用户环境的增长刺激了指点设备的广泛运用，这些设备包括鼠标、操纵杆、轨迹球和绘图板等。笔记本电脑和笔式计算机允许直接将轨迹球、操

纵杆或手写笔直接连接到计算机上，人们对这些多样化的交互设备也产生了极大的兴趣。

　　研究表明，每种设备都有自己优势和劣势。为了选择最适合的设备来帮助用户与应用进行交互，必须综合考虑这些优势和劣势。交互设备的选择必须在逻辑设计期间进行，因为不同的界面需要不同的设备。表 11.3 将每种设备与各种类型的人机交互问题联系起来，对大多数可用性评估研究进行了总结。例如，对于许多应用，键盘无法实现光标的精确移动，不能为每个操作提供直接的反馈，而且可能是一种缓慢的数据输入方式（取决于用户的打字技能）。为了理解设备的可用性，另一个办法是研究哪些设备最适合完成特定的任务。表 11.4 总结了这项研究的结果。其中，表行显示的是常见的人机交互任务，表列显示的是评估不同设备可用性的三个标准。回顾这三个表格，你会发现没有一种设备是完美的，有的设备比其他设备更适合完成某些任务。要为一个特定的应用程序设计最有效的界面，你应了解各种交互方法和设备的能力。

表 11.3　交互设备可用性问题总结

设备	问题						
	视觉阻挡	用户疲劳	移动增幅	耐久性	充分的反馈	速度	指点精度
键盘	☐	☐	■	☐	■	■	☐
鼠标	☐	☐	■	☐	☐	☐	☐
摇杆	☐	☐	■	☐	■	☐	■
轨迹球	☐	☐	■	■	☐	☐	☐
触摸屏	■	■	☐	■	☐	☐	■
光笔	■	■	☐	☐	☐	☐	■
绘图板	☐	☐	■	☐	■	☐	☐
语音	☐	☐	■	☐	■	☐	■

关键点：
☐　很少或没有可用性问题

■　某些应用可能存在较大的可用性问题
视觉阻挡：使用时设备阻挡显示的程度
用户疲劳：长时间使用是否疲劳
移动增幅：设备移动幅度转变化屏幕移动幅度的程度
耐久性：长时间使用是否容易损坏或需要维护
充分的反馈：设备为每个操作提供充反馈的程度
速度：光标（指针）移动速度
指点精度：为用户提供精确指引的能力

表 11.4　哪些输入设备最适合完成特定任务的研究结果

任务	最精确	最方便定位	最优先
目标选择	轨迹球、绘图板、鼠标、摇杆	触摸屏、光笔、鼠标、绘图板、轨迹球	触摸屏、光笔
文本选择	鼠标	鼠标	—
数据输入	光笔	光笔	—
光标定位	—	光笔	—
文本纠错	光笔、箭头键	光笔	光笔
菜单选择	触摸屏	—	键盘、触摸屏

关键点：
目标选择：移动光标来选择图片或项目
文本选择：移动光标来选择文本块
数据输入：将任意类型的信息输入系统
光标定位：将光标移至特定位置
文本纠错：将光标移至一个位置来纠正文本输入错误
菜单选择：激活某个菜单项
—：该研究无明确结论

设计界面

第 10 章讨论了表单和报表内容的设计，这里将以之为基础讨论界面布局设计问题。我们将为数据输入字段的结构化和控制、提供反馈和联机帮助的设计提供一些准则。有效的界面设计需要你充分理解所有这些概念。

设计布局

为简化用户培训和数据记录，在设计基于计算机的表单和报表时，应采用和纸质版本相似的标准格式。图 11.11 展示了用于报告客户销售活动的一张典型的纸质表单。

图 11.11

用于报告客户销售活动的纸质表单（松谷家具）

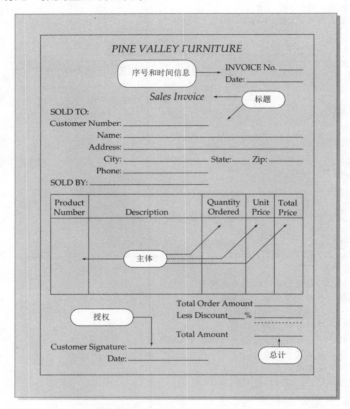

该表单包含大多数表单都有的几个常规区域：

- 标题信息
- 序号和时间信息
- 信息格式化指示
- 主体或数据详情

- 总计或数据摘要
- 授权或签名
- 注释

在许多组织中，数据往往首先用纸质表单记录，再记录到应用系统中。为纸质表单上记录或显示的信息设计布局时，应使两者尽量相似。另外，数据输入项的显示格式在不同应用程序中应保持一致，从而加快数据输入并减少错误。图 11.12 是对应于图 11.11 纸质表单的计算机表单。

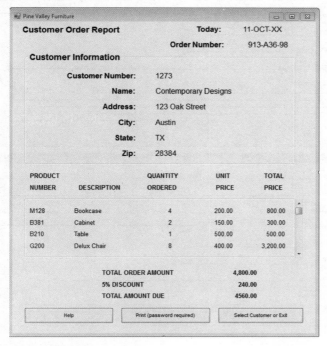

图 11.12

用于报告客户销售活动的计算机表单（松谷家具）

（来源：Microsoft Corporation）

设计计算机表单布局时，还要考虑字段之间的导航设计。你可以控制用户在字段之间的移动顺序，标准的屏幕导航应该从左到右、从上到下，这类似于在纸质表单上的操作。例如，图 11.13 展示了一个用于记录业务联系人的表单，它对比了字段之间的流动。其中，图 11.13(a) 使用从左到右、从上到下的一致性流程。而图 11.13(b) 使用的是一种不直观的流程。如有必要，还应将多个数据字段归为逻辑性的类别，并用标签描述该类别的内容。屏幕上凡是不用于数据输入或命令的区域，都应该避免用户操作。

图 11.13

对比数据输入表单的导航流程：(a) 数据输入字段之间的正确流程；(b) 数据输入字段之间违反直觉的流程

(a)

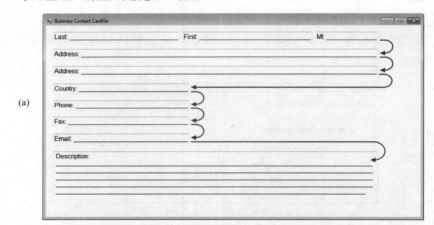

(b)

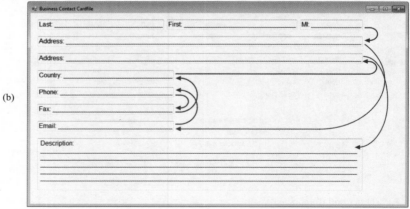

　　设计系统内的导航时，灵活性和一致性是首要考虑的问题。用户应该能自由地向前和向后移动，或移动至任何目标数据输入字段。用户应该能以相同或尽可能相似的方式来浏览每个表单。此外，除非用户明确要求，否则数据通常不应被系统永久保存。这使用户可以随时放弃一个数据输入屏幕、备份或继续其他操作，而不会对永久数据的内容产生不利影响。

表 11.5　数据输入屏幕的功能

光标控制功能：
光标前移至下一个数据字段
光标后移至上一个数据字段
光标移至第一个、最后一个或其他指定数据字段
光标在字段中前移一个字符
光标在字段中后移一个字符
编辑功能：
删除光标左侧字符
删除光标所在字符
删除整个字段
删除整个表单的数据 (清空表单)
退出功能：
将屏幕传输给应用程序
移至另一个屏幕 / 表单
确认保存编辑的内容或转至另一个屏幕 / 表单
帮助功能：
获取关于一个数据字段的帮助
获取关于整个屏幕 / 表单的帮助

　　按键和命令也要一致。每个键或命令应该只有一个功能，这个功能应在整个系统中保持一致。如有可能，跨系统也应保持一致。不同的应用需要不同类型的功能来提供流畅的导航和数据输入。表 11.5 总结了在表单内提供流畅和便利的导航的功能需求。例如，功能一致的界面将为用户提供通用的方法将光标移至表单的不同位置、编辑字符和字段、在表单显示之间移动以及获取帮助。这些功能可通过按键、鼠标或其他指点设备操作、菜单选择或按钮激活来实现。单一的应用程序可能不需要表 11.5 列出的全部功能就能创建灵活和一致的用户界

面。但为了提供最佳的用户环境，还是要坚持一致地应用所选的功能。与第 10 章和第 11 章的其他表格一样，表 11.5 可以作为你验证用户界面设计可用性的一个核对表。

结构化数据输入

结构化表单上的数据输入字段时应考虑几个规则 (参见表 11.6)。第一个规则很简单，但经常被忽视。为尽量减少数据输入错误和用户的挫败感，永远不要要求用户输入系统中已经存在的信息或者可以轻易计算出来的信息。例如，永远不要要求用户输入当前日期和时间，因为这些值可以很容易地从计算机系统的内部日历和时钟检索出来。用户只需确认日历和时钟能正常工作即可。

表 11.6　数据输入字段结构化准则

输入	永远不要求输入已经联机或者可以计算出来的数据；例如，如果客户数据可以从数据库中检索，就不要在订单上输入这些数据，也不要输入可根据销售数量和单价计算出来的总价
默认值	总是在适当的时候提供默认值；例如，为新的销售发票假定今天的日期，或使用标准产品价格 (除非用户特意覆盖)
单位	为输入的数据明确单位；例如，以吨、打、磅、斤等单位表示数量
替换	在适当的时候使用字符替换；例如，允许用户从一个表格中查找数值，或者在用户输入足够多的关键字符后自动填充
标题	总是在字段旁边添加标题；表 11.7 展示了各种标题的例子
格式	在适当的时候提供格式化的例子；例如，自动显示标准的嵌入式符号、小数点或货币符号
对齐	自动对齐输入的数据；数字右对齐并对齐小数点，文本左对齐
帮助	在适当的时候提供上下文相关的帮助；例如，允许按热键 (如 F1 键) 打开与显示器上光标位置最密切相关的条目的帮助

其他规则同样重要。例如，假设一个银行客户每月等额本息偿还贷款。每月收到付款时，银行职员需在贷款处理系统中记录已收到该笔付款。这种系统应尽可能提供字段的默认值。换言之，仅在客户支付的金额多于或少于预定金额的情况下，办事员才需要将实际金额输入系统。在所有其他情况下，职员需要确认收到的是系统设置的默认金额，然后按一个键来确认收到付款。

表 11.7　文本输入或选择选项

选项	示例
行标题	电话号码　　　（　　）- _____
下方标题	（　　）- _____ 电话号码
加框标题	电话号码
定界字符	(　|　|　)　|　|　-　|　|　|
复选框	通信方式(勾选一个或多个) ❏ E-mail ❏ SMS(短信) ❏ 电话
单选钮	通信方式(选择最优先的) ○ E-mail ○ SMS(短信) ◉ 电话

输入数据时，不应要求用户为特定的值指定单位。例如，不应要求用户指定一个金额的单位是美元，指定一个重量的单位是吨。字段格式和数据输入提示应清楚说明所要求的数据类型。换言之，每个数据字段旁边应该用一个标题来描述要输入的数据。通过这个标题，用户可以清楚地知道要求输入的是什么类型的数据。和信息的显示一样，所有输入到表单中的数据都应该以标准格式（例如日期、时间、货币）

自动对齐。表 11.7 展示了适合纸质表单的几个选项。对于显示器上的数据输入，应突出显示输入区域，以清楚地显示行数和每行的确切字符数。还可使用复选框或单选钮，让用户选择标准的回应。还可利用数据输入控制来确保输入正确的数据类型（字母或数字），这是我们接下来的主题。

控制输入数据

　　界面设计的一个目标是减少数据输入错误。当数据被输入到信息系统时，必须采取一些措施来确保输入的是有效数据。作为系统分析师，你必须预测用户常犯的错误，并在界面中设计一些功能以避免、检测和纠正数据输入错误。表 11.8 总结了几种数据输入错误。

表 11.8　数据错误来源

数据错误	说明
附加 (Appending)	在字段中引入额外的字符
截断 (Truncating)	字段中丢失了字符
抄录 (Transcripting)	在字段中输入了无效数据
变换 (Transposing)	反转了字段中一个或多个字符的顺序

　　简单地说，数据错误可能源自在字段中附加了额外的数据、截断了字符、抄录了错误的字符或者变换了一个或多个字符。人们开发了多种测试和技术在保存或传输之前捕获无效数据，从而尽最大可能保证数据的有效性（表 11.9 简单总结了这些技术）。这些测试和技术经常被集成到数据输入屏幕和计算机之间的数据传输程序中。

　　实践表明，在错误的数据被永久存储到系统中之前对其进行纠正要容易得多。联机系统可在数据输入过程中通知用户输入存在问题。在事件发生时对数据进行联机处理，数据出现有效性问题而不被发现的可能性会大幅下降。在联机系统中，利用表 11.9 描述的许多技术，在数据永久存入存储设备之前，大多数问题都很容易识别和解决。但是，如果数据是批量地存储和输入（或传输），错误的识别和通知就比较困难。不过，批量处理系统可以先拒绝无效的输入，将其存储到日志文件中，以便以后解决。

表 11.9　改善数据输入校验的技术

校验测试	说明
类型或构成	测试以确保数据是正确的类型（例如，全数字、全字母或全字母数字）
合并	测试两个或多个数据字段的值合并之后是否恰当或有意义（例如，基于所售产品的类型，销售数量是否恰当？）
预期的值	测试数据是否符合预期（例如，与现有客户名称、付款金额等是否匹配）
遗漏的数据	测试一条记录的所有字段是否存在数据项（例如，客户订单上的每一项是否都有数量字段？）
图片 / 模板	测试以确保数据符合标准格式（例如，学生证号码的连字符是否在正确的位置？）
范围	测试以确保数据在适当的范围内（例如，学生的平均绩点是否在 0 和 4.0 之间？）
合理性	测试以确保数据之于情况的合理性（例如，一类员工的工资标准）
自检位	在数值字段中增加一个额外的数位，其值用标准公式得出（参见图 11.14）
大小	测试是否有太少或太多字符（例如，美国的社会安全号码是否恰当 9 位？）
值	测试以确保值是否从一组标准值（例如美国两个字母的州名缩写）中选取

表 11.9 的大多数测试和技术都被广泛使用，而且很容易执行。其中一些测试可由数据管理技术处理，例如数据库管理系统 (DBMS)，以确保它们应用于所有数据维护操作。如某种 DBMS 不能执行这些测试，就必须将测试设计到程序模块中。图 11.14 展示的自检查位 (self-checking digits) 测试就有点复杂。我们在图中对其进行了解释，并提供了一个简单的例子。这个例子展示了在数据输入或传输之前，如何将一个检查位（校验码）添加到字段中。输入或传输完毕，会再次对

字段应用检查位算法，以"检查"收到的检查位是否和计算出来的一样。如果是，很可能(但不保证，因为两个不同的值可能产生一样的检查位)中途没有发生数据传输或输入错误。如传输的值不等于计算的值，则肯定发生了某种类型的错误。

图 11.14

用自检位校验数据正确性

说明	为字段添加额外的数位来辅助校验其准确性。
方法	1. 数值字段的每个数位乘以一个加权因数 例如 1, 2, 1, 2, _)。 2. 求加权后的数位之和。 3. 用模数 (例如 10) 来除该和。 4. 余数从模数中减去以确定检查位。 5. 将检查位追加到字段。
示例	假定一个数值格式的零件编号是：12473 1-2. 从右向左使编号中的每个数字乘以加权因数，求加权后的数字之和： 1　　　　2　　　　4　　　　7　　　　3 ×1　　　×2　　　×1　　　×2　　　×1 ────────────────────────────── 1　+　　4　+　　4　+　14　+　　3　=　26 3. 和除以模数： 　26/10 = 2 余 6 4. 从模数中减去余数以确定检查位： 　检查位 = 10 − 6 = 4 5. 将检查位追加到字段： 　追加了检查位的字段值 = 124734

除了校验输入的数据值，必须建立起相应的控制来校验所有记录都正确输入，而且仅处理一次。为加强对批量输入的数据的校验，一个常用的方法是创建数据输入、处理和存储的整个序列的审计跟踪或数据轨迹 (audit trail)。在审计跟踪中，实际的顺序 (序号)、计数、时间、来源位置、操作人员等等都被记录到一个独立的事务处理日志中。发生错误后，可通过审查日志的内容予以纠正。详细的数据输入日志不仅有助于解决批量数据输入错误和进行系统审计，而且在发生灾难性的系统故障时，它们也是执行备份和还原操作的强大助力。可以参考 Hoffer et al. (2016) 了解这些形式的文件和数据库控制。

提供反馈

和朋友交谈时，如对方没有通过点头和回答你的问题和意见来提供反馈，你肯定会感到担忧。没有反馈，你会担心对方没有在听，很可能会导致不如人意的体验。同样，在设计系统界面时，提供适当的反馈是确保用户的交互变得更愉快的一个简单方法。不提供反馈，肯定会使用户感到沮丧和困惑。系统可提供三种类型的反馈：

1. 状态信息
2. 提示性的线索
3. 错误或警告消息

状态信息　提供状态信息是一种简单的技术，可以让用户了解系统中正在发生的事情。例如，显示相关的状态信息（如当前客户名称或时间）、在菜单或屏幕上放置适当的标题或者识别当前屏幕之后还有多少个屏幕（例如，显示"屏幕 1，总共 3"），所有这些都能向用户提供所需的反馈。如操作时间超过一两秒，在处理期间提供状态信息显得尤为重要。例如，打开一个文件时，可显示"请稍候，正在打开文件"。另外，执行一个大的计算时，可向用户闪烁显示消息"正在处理……"。另外，有必要告诉用户系统除了正在处理输入，还已经接受了用户的输入，而且输入的是正确的格式。有时，给用户一个获取更多反馈的机会也很重要。例如，可以按一个功能键在显示"正在处理……"消息和在每个中间步骤完成时提供更具体的信息之间切换。提供状态信息使用户更放心，知道没出问题，而且使他们感受到对系统的控制，而非相反。

提示性的线索　第二种反馈方法是显示提示性的线索。提醒用户注意一些信息或者应采取某项行动时，你的请求要具体。例如，假定系统提示用户执行以下操作：

准备输入：＿＿＿＿＿＿

设计师在这里是假定用户知道要输入什么。但更好的设计是发出更具体的请求，例如提供一个例子、提供默认值或者对信息进行格式化。下面是改进后的提示：

输入客户账号 (123–456–7): _____-_____-_____

　　错误和警告消息　提供系统反馈的最后一种方法是显示错误和警告消息。实践表明，遵循几个简单的准则就能极大提升其实用性。首先，消息应具体，不要出现错误代码和专业术语。另外，不要在消息中怪罪用户，而应试图引导用户解决问题。例如，一条消息可以说："没有发现和该客户 ID 对应的客户记录。请确认数字没有被变换"。消息要以用户能理解的话来说，而不要大量采用计算机术语。所以，像"文件结束 (EOF)"、"磁盘 I/O 错误"或者"写保护"这样过于专业的术语对许多用户来说都没什么用。可考虑显示多条消息，这样用户可以在想要或需要的时候获得更详尽的解释。另外，错误消息应以大致相同的格式，并在大致相同的位置出现，使其能被轻松识别为错误消息，而非其他一些消息。表 11.10 提供了好消息和坏消息的例子。遵循这些准则，可以在设计中提供有用的反馈。一种特殊类型的反馈是回答用户的帮助请求。这是我们接下来的主题。

表 11.10　不好和改进后的错误消息

不好的错误消息	改进后的错误消息
ERROR 56 OPENING FILE(错误代码 56 打开文件)	未找到您指定的文件。按 F2 列出全部有效文件名
WRONG CHOICE(错误的选择)	请输入菜单中的一个选项
DATA ENTRY ERROR(数据输入错误)	输入了超过范围的值。按 F9 列出所有可接受的值
FILE CREATION ERROR(文件创建错误)	您输入的文件名已存在。按 F10 键覆盖，按 F2 键重命名并保存

提供帮助

　　设计如何提供帮助是你将面临的最重要的界面设计问题之一。设计帮助时，要将自己放到用户的位置上。之所以需要帮助，是因为用户可能不知道下一步该做什么，不明白所请求的是什么，或者不知道所请求的信息需要如何格式化。一个请求帮助的用户就像一艘遇险的船只发出的 SOS。表 11.11 为系统帮助的设计提供了我们的 SOS 准则：简化、组织和展示。其中，第一条准则 (简化) 是说帮助信息应简短且有针对性，用词要易于理解。这就引出了我们的第二条准则 (组织)，这意味着帮助信息要清晰且富有逻辑，使用户很容易理解。实践表明，长篇大论往往让人难以理解。一个较好的设计是将冗长的信息以一种易于消化的方式组织起来。例如，使用项目 (黑点) 列表和编号列表。最后，向用户明确展示如何执行一个操作以及各个步骤的结果。图 11.15(a) 和 11.15(b) 对比了两个帮助屏幕的设计。一个遵循了我们的准则，另一个则没有。

表 11.11　设计可用性好的帮助的准则

准则	说明
简化	使用简短和容易理解的句子。只向用户提供他们需要知道的信息，并提供获取额外信息的选项
组织	用列表将冗长的信息分解为易于理解的部分
展示	例示正确用法及其结果

(a)

图 11.15

对比帮助屏幕：(a) 设计不佳的帮助屏幕；(b) 改进后的帮助屏幕

(来源：Microsoft Corporation)

图 11.15

对比帮助屏幕：(a) 设计不佳的帮
助屏幕；(b) 改进后的帮助屏幕

(b)

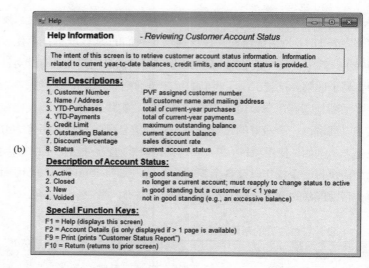

（来源：Microsoft Corporation）

　　许多商业系统都提供了全面的帮助。例如，表 11.12 列出了一个
流行的电子表格软件提供的各种帮助。许多系统还允许用户改变帮助
的细节程度。可以从系统、屏幕／表单以及字段的级别提供帮助。提
供字段级帮助的能力通常称为"上下文敏感（相关）"帮助。对于某些
应用，为所有系统选项提供上下文敏感的帮助是一项巨大的工程，其
本身几乎就是一个独立的项目。如决定设计一个提供了多层次细节的
全面的帮助系统，必须确定用户真正需要什么帮助，否则你的努力可
能只会使用户困惑而不是为其提供帮助。离开帮助屏幕后，用户应该
能总是回到他们请求帮助之前的位置。遵循这些简单的准则，就能设
计出一个高度可用的帮助系统。

表 11.12　帮助类型

帮助类型	问题示例
关于帮助的帮助	我怎样获得帮助？
概念帮助	一条客户记录包含什么内容？
过程帮助	我怎样更新记录？
消息帮助	"无效文件名"何解？
菜单帮助	"图形"是指什么？
功能键帮助	每个功能键的作用是什么？
命令帮助	我怎样使用"剪切"和"粘贴"命令？
术语帮助？	"合并"和"排序"分别是指什么？

　　和菜单的构建一样，许多编程环境都提供了强大的工具来设计系统帮助。例如，HTML 帮助环境允许你快速构建基于超文本的帮助系统。在这个环境中，你是用一个文本编辑器来构建帮助页面，这些页面可以很容易地链接到包含相关或更具体信息的其他页面。链接是通过在文本文件中嵌入特殊字符来创建的，这些字符使单词成为所谓的"超文本按钮"，点击即可跳转到其他信息。HTML 帮助将文本文档转换为一个超文本文档。例如，图 11.16 展示了 Chrome 浏览器的一个基于超文本的帮助屏幕。基于超文本的帮助系统已成为大多数商业应用的标准。出现这种情况主要有两个原因。首先，在不同应用中标准化系统帮助，以方便对用户进行培训。其次，超文本允许用户有选择地访问他们所需要的帮助级别，从而更容易地在同一系统中为新手和有经验的用户提供有效的帮助。

图 11.16

Chrome 浏览器基于超文本的帮助系统

（来源：Google, Inc.）

设计对话

　　设计用户与信息系统交互的整体序列的过程称为对话设计。对话 (dialogue) 是向用户显示信息和从用户那里获取信息的一个交互序列。作为设计师，你的任务是选择最合适的交互方法和设备（如前所述），并定义在什么条件下向用户显示和从用户那里获取信息。对话设计过

对话

(dialogue)

用户和系统之间的交互序列。

程包括三个主要步骤。

1. 设计对话序列。

2. 构建原型。

3. 评估可用性。

　　表 11.13 总结了在设计对话时应遵循的一般规则。为了使对话具有较高的可用性，它首先必须在形式、功能和风格上保持一致。所有其他关于对话设计的规则都要让位于一致性准则。例如，错误处理或反馈的有效性会受到设计一致性的显著影响。如果系统对错误的处理不一致，用户往往会对某些事情发生的原因感到茫然。

表 11.13　人机对话设计准则

准则	说明
一致性	对话在动作顺序、按键和术语方面应保持一致 (例如，所有屏幕中的同一个操作应使用同样的标签，同样的信息在所有屏幕上的位置也应相同)
快捷键和序列	允许熟练用户使用特殊键进行快速操作 (例如，CTRL+C 复制突出高亮的文本)。应遵循自然的步骤顺序 (例如，针对特定的语境，先输入的是名字，然后是姓氏，或者反过来)
返回	为用户的每个操作提供反馈 (例如，确认记录已添加，而不是直接在屏幕上又显示一个空白表单)
分组 (有始有终)	对话应该在逻辑上分组，有开头、中间和结束 (例如，如通过多个屏幕的一个序列来完成某个操作，最后一个屏幕应表明没有更多屏幕了)
错误处理	要检测并报告所有的错误，还要提出进行下一步的建议 (例如，报告为什么出错以及用户可以做什么来纠正)。应接受某些用户响应的同义词 (例如，接受 "t"、"T " 或 "TRUE")
允许反转 (撤销)	在可能的情况下，对话应允许用户反转操作 (例如，撤销一个删除操作)。另外，未经确认，数据不应删除 (例如，可在最后显示用户表示要删除的一条记录的所有数据)
控制	对话应使用户 (尤其是熟练用户) 感受到对系统的控制 (例如，以用户可接受的步调提供一致的响应时间)
易用性	输入信息并在屏幕之间导航应该是一个简单的过程 (例如，提供向前、向后和跳转到特定屏幕的手段，如允许直接跳至第一个和最后一个屏幕)

(来源：基于 Shneiderman et al., 2016.)

这些准则的一个例子是从数据库或文件中删除数据 (参见表 11.13 中的 "允许反转" 条目)。在对文件进行永久性更改之前，显示将被删除的数据是一个好的做法。例如，假定客服代表想从数据库中删除一名客户，系统应该只询问客户 ID 以检索出正确的客户账户。一旦找到，并在确认删除之前，系统应显示账户信息。对于那些对系统数据文件做出永久性更改的操作，以及那些不常执行的操作，许多系统设计者都采用了双重确认技术。采用这种技术，用户必须确认两次自己的意图才能被允许进行。

设计对话序列

对话设计的第一步是定义序列。换言之，首先必须了解用户与系统可能的交互方式。这意味着在设计对话时，必须清楚了解用户、任务、技术和环境特征。假定松谷家具 (PVF) 的市场部主管希望销售和市场人员能回顾 PVF 任何客户一年以来的交易活动。在与该主管交谈后，你们两个人都认为在用户与客户信息系统之间，为获得这一信息而进行的典型对话如下。

1. 请求查看单独一名客户的信息。

2. 指定目标客户。

3. 选择一年以来的交易汇总显示。

4. 审查客户信息。

5. 离开系统。

作为设计师，一旦理解用户想要如何使用系统，就可以将这些活动转换为正式的对话规范。

一种正式的对话设计和表示方法是对话图 (dialogue diagramming)。对话图只有一个符号，即含有三个区域的一个框。如图 11.17 所示，每个框都代表对话中的一个显示 (或者是全屏幕，也可以是一个特定的表单或窗口)。框中的三个区域如下。

1. 顶部：包含唯一的显示引用号，可由其他显示进行引用。

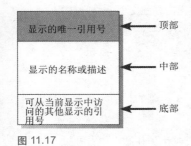

图 11.17

对话图框的各个区域

对话图

(dialogue diagramming)

使用框和线来表示人机对话的一种正式方法。

2. 中间：包含显示的名称或描述。

3. 底部：包含可从当前显示中访问的引用号。

　　连接对话图内的方框的线默认为双向，所以不需要用箭头指示方向。这意味着用户可在相邻的显示之间前后移动。如果希望在对话内只能单向流动，则应在线的一端添加箭头。可在对话图中轻松表示显示顺序、选择其中一个显示或者重复使用单个显示（例如数据输入显示）。图 11.18 展示了这三个概念：顺序、选择和重复。

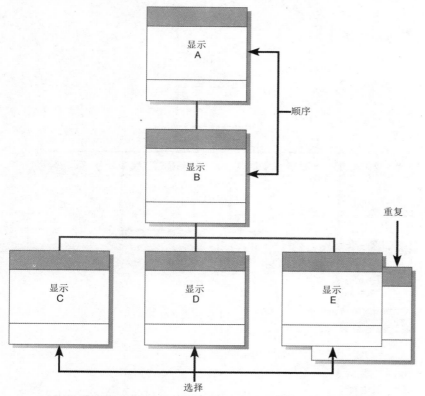

图 11.18

这个对话图展示顺序、选择和重复

　　继续我们的 PVF 例子，图 11.19 的部分对话图用于处理市场部主管的请求。在这个图中，分析师将查看今年以来的客户信息的请求放在整个"客户信息系统"的范围内。用户首先必须通过登录程序(第0项)

获得对系统的访问。如登录成功，会显示一个有四项的主菜单(第1项)。一旦用户选择了"个人客户信息"(第2项)，控制权就会转移到"选择客户"显示(第2.1项)。选择客户后，可继续选择以四种不同的方式查看客户信息(第2.1.1项)。用户查看了客户今年以来的交易活动(第2.1.1.2项)后，系统允许用户后退选择不同的客户(2.1)，返回主菜单(1)，或退出系统(放在第2.1.1.2项的底部)。

图 11.19

客户信息系统的对话图(松谷家具)

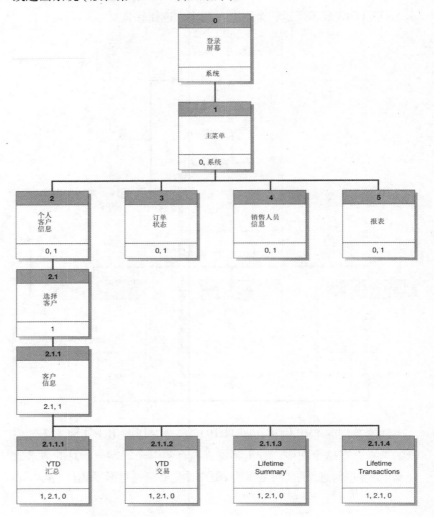

构建原型和评估可用性

建立对话原型和评估可用性通常是可选的活动。有些系统可能是非常简单和直接的；另一些可能比较复杂，但它们是对现有系统的扩展，其中对话和显示标准已经建立。在这两种情况下，可能都不需要建立原型和做正式的评估。然而，对于其他许多系统，建立原型显示并评估对话则比较关键；这在系统开发周期的后续阶段会带来许多好处 (例如，实现系统或对用户进行培训可能会更容易，因为他们已亲眼目睹并上手使用了系统)。

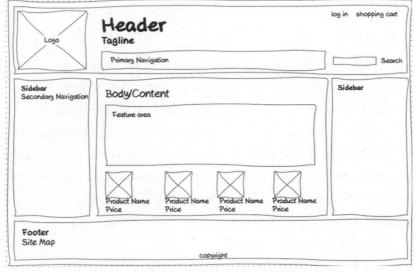

图 11.20

通常用线框图来测试可用性

如果使用图形化开发环境，例如 Microsoft Visual Studio，构建原型显示通常比较容易。一些系统开发环境提供了易于使用的输入和输出 (表单、报表或窗口) 设计工具。利用一些称为 "原型生成器" (prototypers) 或 "演示构建器" (demo builders) 的工具地，可以快速设计显示，并展示界面在一个完整的系统中如何工作。如果构建的是 Web 应用，你快速构建线框图的环境经常被用来评估可用性 (参见图 11.20)。这些原型生成器通常允许用户在屏幕上输入数据，并在不同屏幕之间移动，就像使用实际的系统一样。这样的活动不仅有助于你展示界面的外观和感觉，对于评估可用性和在实际系统完成前提前很久进行用户培训也很有用。下一节将拓展我们对界面和对话设计的讨论，考虑图形用户界面的一些特殊问题。

在图形环境中设计界面和对话

图形用户界面 (Graphical user interface，GUI) 环境已成为人机交互事实上的标准。虽然之前描述的所有界面和对话设计准则都适用于 GUI 设计，但这种环境还有一些额外的问题需要关注。本节简单讨论了其中一部分问题。

图形界面设计问题

为 Microsoft Windows 或 Apple MacOS 这样的操作系统设计 GUI 需考虑多种因素。一些因素是所有 GUI 环境所共有的，另一些则是某个环境所特有的。但这里不会讨论任何具体环境的细节。相反，我们的讨论将集中在一些有经验的设计师提出的对设计高可用性 GUI 至关重要的一般真理上 (Coleman & Goodwin, 2017; Cooper, Reimann, Cronin, & Noessel, 2014; Krug, 2014; Nielsen & Loranger, 2006; Shneiderman et al., 2016)。在大多数关于 GUI 编程的讨论中，下面两条规则反复出现，构成了成为高效的 GUI 设计师的第一步：

1. 成为 GUI 环境的专家用户
2. 了解可用的资源以及如何使用这些资源

第一个规则应该是显而易见的。在标准操作环境中进行设计的最大优势在于，大多数系统操作的行为标准都已经定义好了。例如，如何剪切和粘贴、设置默认打印机、设计菜单或者为功能分配命令等，所有这些在应用程序内部和之间都已经标准化了。这使用户只需掌握一个 GUI 应用程序的使用，就能轻松学习其他新的应用程序的使用。所以，为了在这样的环境中设计出有效的界面，首先必须了解其他应用程序是如何设计的，这样才能采用既定的"外观和感觉"标准。如果在一个特定的环境中不采用标准的约定，则你开发的应用很可能会使用户感到沮丧和困惑。

　　第二个规则——了解可用的资源以及如何使用——是一项较艰巨的工作。例如，在 Windows 中可通过多种方式使用菜单、表单和对话框。事实上，这些资源一方面在使用上非常灵活，另一方面大多数设计师在实际使用这些资源时又有一些既定的标准，这使设计显得特别有挑战性。例如，如果不按约定，菜单完全可以全部大写，最顶级的菜单项也完全可以包含多个单词，另外还有其他许多非标准的做法。但另一方面，菜单设计标准要求顶级菜单项仅包含一个单词，而且要遵循一定的顺序。如图 11.21 所示，菜单设计还有其他许多约定俗成的标准。不遵循标准设计，很可能会使用户感到困惑。

图 11.21

GUI 设计标准

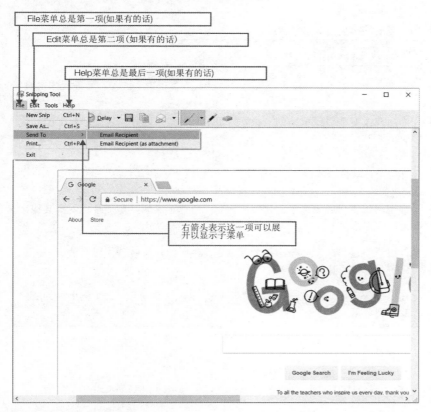

（来源：Microsoft Corporation）

译注

GUI 环境下的 form 通常翻译为 "窗体" 而不是 "表单"。两者实际区别不大。本书两个词会混合使用。

在 GUI 中，是通过在屏幕中显示一个窗口（或称为窗体）来请求信息。和菜单设计一样，窗体也可以有许多属性，可以混合和匹配（参见表 11.14）。例如，窗体的一个属性决定了它在打开后是否能够调整大小或移动。由于属性定义了用户如何实际操作表单，所以有效运用属性是实现高可用性的基础。这意味着，除了设计窗体的布局，还必须利用它的 "属性" 来定义其 "个性"。幸好，人们开发了许多 GUI 设计工具，允许你 "可视化" 地设计窗体并交互式地应用属性。交互式 GUI 设计工具极大地促进了设计和构建过程。

除了和界面设计相关的问题，显示顺序在图形环境中也更具挑战性。这是接着要讨论的主题。

表 11.14　GUI 环境下可启用或禁用的常见窗口或窗体属性

属性	说明
Modality （模态）	要求用户在继续之前解决对信息的请求（例如，需要取消或保存才能关闭窗口）
Resizable （可改变大小）	允许用户改变窗口或窗体的大小（例如，为了腾出地方以显现屏幕上的其他窗口）
Movable （可移动）	允许用户移动窗口或窗体（例如，为了看到另一个窗口）
Maximize （最大化）	允许用户将窗口或窗体最大化以占据整个屏幕（例如，为了避免受到其他活动窗口或窗体的干扰）
Minimize （最小化）	允许用户将窗口或窗体最小化为一个图标（例如，暂时不使用当前窗口，最小化可避免它挡着其他活动窗口）
System Menu （系统菜单）	允许窗口或窗体同时有一个系统菜单以直接访问系统级功能（例如，为了保存或复制数据）

（来源：基于 Wagner, 1994.）

图形环境中的对话设计问题

设计对话时，你的目标是建立用户在使用系统时会遇到的显示序列（全屏或窗口）。由于 GUI 允许暂停活动（在尚未解决信息请求或完全退出应用程序时）并切换至其他应用程序或任务，所以这个过程可能有点挑战性。例如，Microsoft Word 的拼写检查器独立于应用程序主体执行。这意味着可在拼写检查器和字处理软件之间轻松跳转，而不必退出其中任何一个。相反，如选择打印操作，只能要么发起打印，要么中止请求，否则无法返回字处理软件。这就是表 11.14 所描述的"Modality（模态）"概念的一个例子。换言之，Windows 环境允许你创建窗体，要求用户在继续之前解决一个请求（打印的例子，模态），或在继续之前选择性地解决一个请求（拼写检查器，非模态）。创建允许用户从一个应用跳到另一个应用或在给定的应用中从一个模块跳到另一个模块的对话时，需仔细考虑对话的设计。

应对设计高级图形用户界面的复杂性时，一个简单的方法是要求用户在继续之前总是解决所有信息请求。对于这样的设计，对话图技术是一个合适的设计工具。但是，这也会使系统以类似于传统的非 GUI 环境的方式运行。在这种环境中，显示顺序受到严格控制。这样做的缺点是不能利用 GUI 环境的任务切换能力。在不能事先确定显示顺序的环境中设计对话，这给设计者带来了巨大的挑战。使用诸如对话图的工具，可以帮助分析师更好地管理图形界面设计的复杂性。

电商应用：为松谷家具网店设计界面和对话

基于互联网的电子商务应用的人机界面设计是一项核心和关键的设计活动。由于这是客户与公司交互的地方，所以在设计时必须非常小心。类似于为其他类型的系统设计界面时遵循的过程，为互联网电子商务系统设计人机界面时，原型设计过程也最适合。虽然为网站构建人机界面的技术还在迅速发展，但已经出现了一些常规的设计准则。本节将讨论其中一些适合 PVF 网店的。

松谷家具
(PVF)

常规准则

多年来，几乎所有常用桌面计算环境（如 Windows 或 MacOS）都建立了自己的交互标准。但是，一些界面设计专家认为，Web 的快速发展已导致了界面设计的大倒退。现在有无数非专业开发人员正在设计商业性的 Web 应用。除此之外，还有以下四个重要因素 (Johnson, 2007)。

1. Web 加载静态超文本文件所用的"点击就开始"方法（换言之，Web 环境的大多数按钮并不提供点击反馈）。

2. 大多数 Web 浏览器支持较细致的用户交互性的能力有限。

3. Web 内容和控制机制的编码规范有限。

4. Web 脚本和编程语言不够成熟，即使是常用的 Web GUI 组件库，也有一定的局限性。

表 11.15 为网站设计界面和对话时的常见错误

错误	说明
总是打开新的浏览器窗口（或新标签页）	除非明确说明，否则避免点击一个链接就新开一个窗口。用户可能注意不到新开的窗口，这会造成导航的复杂化，尤其是在需要回退的时候
中断或减慢"后退"功能	确保用户可点击"后退"按钮回到之前的页面。避免打开新的浏览器窗口，不要使用即时重定向（点击后退按钮时，用户会被强迫回到一个非预期的地方），也不要禁用缓存（这样每次点击后退按钮都需要重新访问服务器）
复杂的 URL	避免过于过长和复杂的 URL，因其使用户更难理解他们所处的位置，而且在用户想通过电子邮件将网址发送给同事时会出问题
"孤儿"网页	避免无"父"网页。所有网页都应能通过后退按钮回到其"父"网页。不能要求用户手动修改 URL 才能回到之前的某个网页
导航页发生滚动	网页内容可以滚动，但导航链接（导航区域）不要随动，否则稍微滚动一下网页就会失去导航
缺乏导航支持	确定网页符合用户的预期，提供常用的图标链接，如顶部的网站 logo 或其他关键元素。同时，这些导航元素要以一致的方式出现在页面上

（续表）

错误	说明
隐藏的链接	如果将图片作为链接，请确保为其添加了边框。不要改变默认链接颜色，并避免在长的文本块中嵌入链接
没有提供足够信息的链接	要让用户一眼看出一个链接是否已经点击。确保用户知道哪些链接指向网页内部的区域，哪些会打开新窗口。还要确保链接的图片和文本向用户提供了足够的信息，使他们理解链接的含义
无点击反馈的按钮	按钮在点击后要发生明显变化。可考虑使用 Web GUI 工具包提供的标准按钮、HTML 表单提交按钮或改为使用简单的文本链接

除了以上因素，Web 界面和对话的设计人员还经常犯许多设计上的错误。虽然没有涵盖全部可能的错误，但表 11.15 总结了那些特别麻烦的错误。幸好，现在有许多出色的资源讲解了如何避免这些以及其他界面 / 设计错误 (Cooper et al., 2014; Flanders & Peters, 2002; Krug, 2014; Johnson, 2007; Nielsen, 2000; Seffah & Javahery, 2003; http://www.nngroup.com/; http://www.webpagesthatsuck.com/)。

为 PVF 设计界面和对话

为建立人机界面设计准则，Jim Woo 和 PVF 的开发团队再次审查了许多流行的电子商务网站。他们希望在设计中加入的关键特性是“带有面包屑路径的菜单驱动的导航”。为确保所有团队成员都理解这一准则的含义，Jim 组织了一次设计说明会，解释如何将这一特性纳入 WebStore 的界面中。

带面包屑路径的菜单驱动导航

审查了几个网站后，团队的结论是菜单在网站的所有页面都应处于同一位置。将菜单放在每个页面的同一位置，将有助于客户更迅速地熟悉网站，从而更迅速地浏览网站。有经验的 Web 开发人员知道，客户在网站上越快到达一个目的地，就能越快购买他们正在寻找的产品或者获得他们想要的信息。Jim 强调了这一点，他说："这些细节可能看起来很傻，但用户一旦发现自己在网站上'迷路'，他们就会离开。点一下鼠标，他们就不再是在我们松谷家具买东西，而是在我们竞争对手的网站上买东西。"

　　第二个设计特性，也是许多电子商务网站都在使用的一个特性，是面包屑路径 (参见图 11.22)。**面包屑路径** (cookie crumb) 是网页上的"标签"或者一系列顺序的链接，显示用户在网站上的位置和他 / 她曾去过哪里。这些标签或顺序链接是超文本链接，可用来在网站中快速回退。例如，假定某网站有四级的深度，最顶部一级是"登录"，第二级是"收货地址 & 付款"，第三级是"检查订单"，第四级是"确认订单"。当用户深入网站时，页面顶部会显示一个标签或顺序链接，显示用户当前所处位置，使用户能快速回退一级或多级。换言之，首次进入商店，一个标签或链接会显示在屏幕的顶部 (或其他一些标准的位置)，上面写着"登录"。下移一级后，将显示两个链接："登录"和"收货地址 & 付款"。在第二级提供收货地址和付款信息后，会显示第三级，用户可在这里检查自己的订单。这一级显示后，可通过第三个链接"检查订单"回到这里。最后，如客户决定下单，会显示第四级屏幕，并提供第四个链接"确认订单"。

面包屑路径
(cookie crumb)
网页上的"标签"或者一系列顺序的链接，显示用户在网站上的位置和他 / 她曾去过哪里。

图 11.22
面包屑路径帮助用户知道自己在网站的什么位置

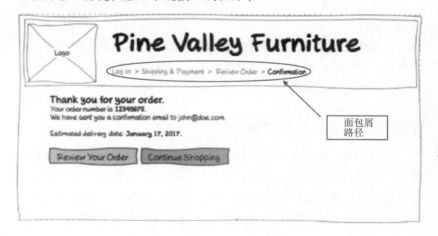

1. 第 1 级：登录
2. 第 2 级：登录→收货地址 & 付款
3. 第 3 级：登录→收货地址 & 付款→检查订单
4. 第 4 级：登录→收货地址 & 付款→检查订单→确认订单

使用"面包屑路径"，用户可随时了解自己离"家"（主页）有多远。如每个标签都是一个链接，用户就可以在没有找到自己具体想要的东西的情况下，迅速返回商店的一个更大的分类。面包屑路径有两个重要目的。首先，它们允许用户导航至之前访问过的地方，并确保他们不会迷路。其次，它们清楚显示了用户之前去过的地方以及他们离"家"有多远。

小结

本章重点在于让你熟悉人机交互界面和对话的设计过程。必须了解各种交互方式（命令语言、菜单、表单、对象、自然语言）和设备（键盘、鼠标、操纵杆、轨迹球、触摸屏、光笔、绘图板、语音）的特点。不可能有一种交互方法或设备能适合所有情况。它们各自有自己的优缺点。做出设计决策时，必须考虑目标用户的特点、要执行的任务以及各种技术和环境因素。

本章还讨论了基于计算机的表单的设计准则。大多数表单都有标题、序号和时间信息、操作指示、主体、汇总数据、授权区域和评论区域。用户必须能移动光标位置，编辑数据，以不同结果退出，还要能获得帮助。我们介绍了对数据输入进行结构化和控制、提供反馈和提示以及显示错误消息的准则。应提供一个简单的、组织良好的帮助功能，它应通过例子来展示如何正确使用系统。多种帮助类型都在这里得到讨论。

接着讨论了人机对话的设计准则。这些准则包括一致性、允许快捷键、提供反馈、处理错误、允许反转、让用户感受到对系统的控制以及易于导航。

还讨论了作为一种设计工具的对话图，以及如何评估对话和过程的可用性。针对 GUI 环境下的设计，我们讨论了几个特殊的界面和对话设计问题。其中包括需要遵循标准来设置是否支持模态窗口、调整大小、移动、最大化和最小化窗口以及系统菜单。还强调了本章之前讲述的概念如何在 GUI 环境中应用或增强。最后，我们讨论了基于互联网的应用程序的界面和对话设计问题，并强调了几个常见的设计错误。

本章介绍了建立高可用性人机界面的基础知识。随着越来越多的开发环境为界面和对话设计提供了快速原型开发工具（其中很多都符合通用的界面标准），设计高可用性界面的难度也会降低。不过，你仍需对本章介绍的概念有一个扎实的理解才能取得成功。学习使用计算机系统就像学习使用降落伞。第一次尝试失败，用户就很可能不愿继续尝试 (Blattner & Schultz, 1988)。如果这个比喻是正确的，则用户对系统的第一次体验必须积极和正面。遵循本章描述的设计准则，你为用户提供这种体验的机会将大增。

关键术语

11.1　命令语言交互

11.2　面包屑路径

11.3　对话

11.4　对话图

11.5　下拉菜单

11.6　表单交互

11.7　图标

11.8　界面

11.9　菜单交互

11.10　自然语言交互

11.11　基于对象的交互

11.12　弹出菜单

将上述每个关键术语与以下定义配对。

_____ 用户和信息系统交互的一种方法。

_____ 一种人机交互方法，用户手动输入命令来调用系统提供的操作。

_____ 使用框和线来表示人机对话的一种正式方法。

_____ 在当前光标位置显示菜单的一种菜单定位方法。

_____ 一种人机交互方法，事先提供一组选项，用户选择其中一个，即可调用相应的命令。

_____ 网页上的"标签"或者一系列顺序的链接，显示用户在网站上的位置和他/她去过哪里。

_____ 一种菜单定位方法，点击菜单名称，菜单的内容会下拉展开。

_____ 一种非常直观的人机交互方法，采用和纸质表单相似的方式对数据字段进行格式化。

_____ 一种人机交互方法，利用图形符号表示命令或功能。

_____ 代表特定系统功能的图形符号。

_____ 一种人机交互方法，用口语实现应用程序的输入和输出。

_____ 用户和系统之间的交互序列。

复习题

11.13　比较以下术语：

　　　a. 对话，界面

　　　b. 命令语言交互，表单交互，菜单交互，自然语言交互，基于对象的交互

　　　c. 下拉菜单，弹出菜单

11.14　描述界面和对话设计过程。该过程会产生哪些交付物？这些交付物对所有类型的系统项目都是一样的吗？为什么？

11.15　描述五种与系统交互的方法。是否有一种方法比其他所有方法都好？为什么？

11.16　描述几种与系统进行交互的输入设备。是否有一种设备比其他所有设备都好？为什么？

11.17　描述菜单设计的常规准则。是否存在任何适合违反这些准则的情况？

11.18　列出并描述一个典型业务表单的常规区域。基于计算机的表单和纸质表单是否有相同的组成部分？为什么？

11.19　列出并描述在界面中进行有效输入和导航所需的功能。哪些功能最重要？为什么？这对所有系统都是一样的吗？为什么？

11.20　描述结构化数据输入字段的常规准则。是否存在任何适合违反这些准则的情况？

11.21　描述四种类型的数据错误。

11.22　描述用于改进数据输入校验的方法。

11.23　描述系统反馈的类型。是否有一种形式的反馈比其他的更重要？为什么？

11.24　描述设计高可用性帮助的常规准则。是否存在任何适合违反这些准则的情况？

11.25　设计对话时需要遵循什么步骤？对话设计准则中哪一条最重要？为什么？

11.26 描述 GUI 环境中的窗口和窗体的属性。你认为哪个属性最重要？为什么？

11.27 请列出并描述网站常见的界面和对话设计错误。

问题和练习

11.28 考虑你常用的有菜单界面的软件。用表 11.1 列出的菜单设计准则对它们进行评估。

11.29 考虑为某酒店设计一个登记系统。根据图 11.2 列出的设计规范，简要描述该系统涉及的相关用户、任务和显示。

11.30 考虑某大学的学生注册系统的设计。讨论为该系统设计界面时应考虑的用户、任务、系统和环境特性（参考表 10.10）。

11.31 针对系统交互的三种常见方法——命令语言、菜单和对象——回忆一下你用过的采用了这些交互方法的软件，列出各种软件在界面方面你喜欢和不喜欢的地方。对于任何特定的软件，每种交互方法的优点和缺点是什么？在什么情况下你更喜欢哪种交互方法？你认为哪种交互方法会变得最流行？为什么？

11.32 简要描述几个适合在信息系统中用表单进行交互的业务任务。

11.33 列出本章中介绍的、你见过或用过的物理输入设备。对于每一种设备，请简要描述自己的经验，并提供你的个人评价。你的个人评价是否与表 11.3 和表 11.4 中提供的一致？

11.34 描述在什么情况下自然语言交互会特别有用，解释你的理由。

11.35 检查你用的一些软件的帮助系统。用表 11.11 列出的常规准则对它们进行评估。

11.36 根据本章提供的数据输入准则（表 11.6）为酒店登记系统设计一个示例数据输入屏幕。为你的每个设计决策提供论据支持。

11.37 描述用户和酒店登记系统之间的一些典型对话场景。可参考本章提供了用户与 PVF 客户信息系统之间的示例对话的小节。

11.38 用对话图表示上一题的对话。

11.39 列出在基于互联网的应用程序中妨碍设计高质量界面和对话的四个因素。

11.40 针对表 11.15 列出的常见错误，在网上找一些商业网站的例子。

实战演练

11.41 在网上调查"自然语言界面"(natural language interface) 这一主题。了解目前支持自然语言交互的应用程序的现状。预测多久对自然语言的支持会在信息系统中流行。

11.42　调查两个基于 PC 的 GUI(例如 Windows 和 MacOS)。如果没有这些界面，可在你的大学或工作场所，或在计算机零售店找到它们。可用网上找到的一些正规评测来补充你的调查。这两个界面有哪些共同和不同的地方？这些界面直观吗？为什么？是否一个比另一个更直观？为什么？哪个界面看起来更容易学习？为什么？每个界面都有哪些系统要求？每个界面的价格是多少？你更喜欢哪个？为什么？

11.43　采访各种人，了解他们在工作场所与系统交互的各种方式 (主要是输入)。是用什么技术和设备来提供这些输入？这些输入方法和设备是否容易使用，它们是否帮助这些人有效和高效地完成他们的任务？为什么？如何改进这些输入方法和设备？

11.44　采访使用了 GUI 的一个组织的系统分析师和程序员。说明这些界面的开发和使用方式。使用这种界面，是改进了界面和对话的设计，还是使其变得复杂化了？

参考资料

Coleman, B., & Goodwin, D. (2017). *Designing UX: Prototyping: Because modern design is never static.* Collingwood, VIC, Australia: SitePoint.

Cooper, A., Reimann, R., Cronin, D., & Noessel, C. (2014). *About face: The essentials of interaction design* (4th ed.). New York: Wiley and Sons.

Enders, J. (2016). *Designing UX: Forms: Create forms that don't drive users crazy.* Collingwood, VIC, Australia: SitePoint.

Flanders, V., & Peters, D. (2002). *Son of web pages that suck: Learn good design by looking at bad design.* Alameda, CA: Sybex Publishing.

Hoffer, J. A., Ramesh, V., & Topi, H. (2016). *Modern database management* (12th ed.). Upper Saddle River, NJ: Prentice Hall.

Johnson, J. (2007). *GUI bloopers 2.0: Common user interface design don'ts and dos* (2nd ed.). New York: Morgan Kaufmann.

Krug, S. (2014). *Don't make me think: A common sense approach to web usability* (3rd ed.). Upper Saddle River, NJ: Prentice Hall.

Lazar, J. (2004). *User-centered web development: Theory into practice.* Sudbury, MA: Jones & Bartlett.

McCracken, D. D., Wolfe, R. J., & Spoll, J. M. (2004). *Usercentered web site development: A human–computer interaction approach*. Upper Saddle River, NJ: Prentice Hall.

Nielsen, J. (2000). *Designing web usability: The practice of simplicity*. Indianapolis, IN: New Riders Publishing.

Nielsen, J., & Loranger, H. (2006). *Prioritizing web usability*. Upper Saddle River, NJ: Prentice Hall.

Pogue, D. (2015). *OX X Yosemite: The missing manual*. Sebastopol, CA: O'Reilly Media.

Schooley, B. (2013). *Designing for Windows 8: Fundamentals of great design in Windows store apps*. New York, NY: Apress.

Seffah, A., & Javahery, H. (2003). *Multiple user interfaces: Crossplatform applications and context-aware interfaces*. New York: John Wiley & Sons.

Shneiderman, B., Plaisant, C., Cohen, M., Jacobs, S., Elqvist, N., & Diakopoulos, N. (2016). *Designing the user interface: Strategies for effective human-computer interaction* (6th ed.). Reading, MA: Pearson.

Te'eni, D., Carey, J., & Zhang, P. (2006). *Human–computer interaction: Developing effective organizational information systems*. New York: John Wiley & Sons.

案例学习：界面和对话设计

新出场人物

Sam Waterson(UI 设计师)

Petrie Electronics 公司"留住客户"这个客户忠诚度系统的项目主管 Jim Watanabe 走进了会议室。市场部的 Sally Fukuyama 和 IT 部门的 Sanjay Agarwal 已经在那里了。同时出席会议的还有 Sam Waterston，Petrie 的核心界面设计师之一。

"早上好，"Jim 说，"很高兴大家今天能来这里。我知道你们都很忙，但我们需要在'没有客户逃逸'的客户账户问题上取得一些实际进展。我们刚把系统开发工作交给了 XRA，等所有文件都签署完毕，他们就会过来向我们介绍实现过程和我们在其中的作用。"

"对不起，"Sally 说，"我不明白。我们都已经买了他们系统的许可证，我们还有什么要做的？不是只要安装好就可以了吗？"Sally 端起杯子喝了一大口咖啡。

"那么简单就好了。"Jim 说，"虽然买了授权，但其中有许多部分都要根据我们自己的情况定制。最明显需要定制的就是全部人机界面。我们不想让忠实客户看到的是通用界面，它对 Petrie 来说必须独一无二。"

"而且还必须将 XRA 系统和我们的自己的操作集成。"Sanjay 补充说道，"举个例子，必须将现有的市场和产品数据库和 XRA CRM 集成 (参见 PE 图 7.2)。这还只是我们要做的全部技术工作的一小部分。"

"我们已经做了一些系统功能和概念数据库的初步工作。"Jim 说，"我想现在开始研究界面问题。这就是 Sam 在这里的原因。今天要开始研究客户账户区域的外观和工作方式。另外，Sally，客户忠诚度网站是一个营销的好机会。可以在网站上向我们最好的客户宣传特价商品和其他促销活动。也许能用它展示忠诚计划的会员的独享优惠。"

"哦，是的。"Sally 回答说："是个好主意。会是什么样子呢？"

"我有一些想法。"Sam 说。使用平板电脑上的绘图程序，他开始绘制将成为界面一部分的不同区域。"在这里的顶部，会有一个简单的横幅，上面写'Petrie 的'加会员计划的名称。"

"它不能真的叫'留住客户'，对吧？"Sally 问。

"当然，那只是内部名。"Jim 回答道，"但我也不知道最后真正叫什么。"

"OK，那么这个计划真正的名称会显示在横幅的'Petrie 的'后面。然后在左边，我们会有一个侧栏，显示客户账户的总览，比如姓名和积分余额，"Sam 一边说，一边在屏幕左边画了一个侧栏。"还有到账户详情页的链接，这样，客户可以看到历史交易和更详细的个人资料。"

"这样剩下的屏幕就可以随便用了。这是一个放营销信息的完美地方。"Sally 建议，"我们要不要只用一个大窗口来做营销？也许可以把它分成更多窗口，一个显示普通促销，一个显示会员独享促销？"

"是的，我们可以这么做。"Sam 说。

这时，Jim 的手机响了。Jim 看了看。哦，是自己老板 IT 总监发来的紧急短信。"对不起，我需要立即处理这个。"他告诉大家，"你们能不能再研究一下这个问题，把你们屏幕设计发给我？"

下午，Jim 这一天第一次回到了他的办公室，这似乎是很长时间以来的第一次。他扫了一眼电子邮件，发现有一封来自 Sam 的邮件。附件是客户账户区域的初步设计。Jim 打开它，仔细看了看(PE 图 11.1)。嗯，不坏，他想。这是一个好的开始。

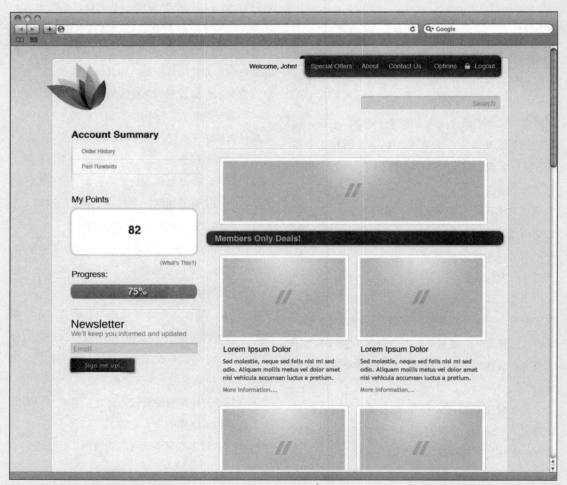

PE 图 11.1　**客户账户区域的初步设计**（来源：Microsoft Corporation）

案例问题

11.45　根据本章和其他渠道提供的准则，评估 PE 图 11.1 的网页设计的可用性。

11.46　本章鼓励在人机界面设计的早期就设计好帮助系统。如何将帮助集成到 PE 图 11.1 的界面中？

11.47　描述如何在这个系统中使用面包屑路径。

面包屑路径是该系统理想的导航辅助吗？为什么？

11.48　PE 图 11.1 的网页链接到了一个 "Order History"（历史订单）网页。以本章描述的准则为基础，为该网页画一个类似的布局。

11.49　说明在设计"留住客户"系统中如何利用基于模板的 HTML。

第 12 章

分布式和互联网系统设计

导言

为了适应如今计算系统的使用方式，计算技术和移动技术正在快速发展，以满足越来越多的业务需求。以前的计算资源管理模式正在迅速演变为基于云计算和面向服务的架构。

各种新的机会和竞争压力正在推动这些技术的发展。企业重组（兼并、收购和整合）需要集成不同的系统。应用程序的规模正在从昂贵的大型机和专用的数据中心缩减至基于公有云和私有云的架构，这些架构更具成本效益，而且更容易扩展和管理。电子商务和移动商务的爆炸性增长是当今开发新型系统的最大动力。系统的设计方式会显著影响系统的性能、可用性以及维护。

设计分布式和互联网系统

本章简要讨论分布式和互联网系统的过程及其交付物。考虑到组织变革和技术发展方向，未来大多数系统开发工作可能都要考虑围绕分布式和基于互联网的系统设计的问题。

分布式和互联网系统设计过程

这是专注于系统开发生命周期设计阶段的最后一章（参见图 12.1）。在之前关于系统设计的各章，我们讨论数据表示和完善技术、屏幕、界面以及设计规范。但是，由于没有一种普适技术来支持分布式和互联网系统的设计，所以本章不会讨论技术细节。相反，我们将着重提高你对部署这些系统的常见环境的认识，以及围绕其设计和实现可能遇到的问题。为了区别"分布式"和"基于互联网"的系统设计，我们用"分布式"来指代基于 LAN(局域网) 的文件服务器和客户端 / 服务器架构。

图 12.1

强调设计阶段的系统开发生命周期

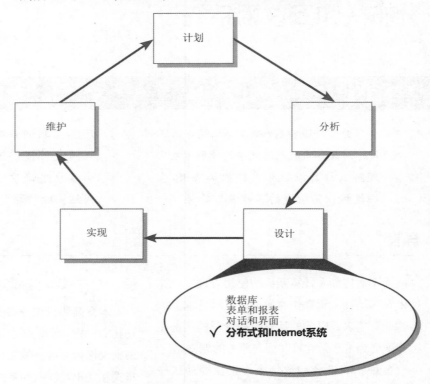

分布式系统和互联网系统的设计与单一地点的系统的设计很相似。两者最主要的区别在于，由于这种系统会部署到两个或更多地点，所以必须考虑更多的设计问题，这些问题将影响到系统实现后的可靠性、可用性和存活性。由于分布式系统和互联网系统比单一地点的系统有更多的组件 (更多的处理器、网络、地点和数据等)，所以可能有更多的地方会发生故障。为此，在设计和实现这种系统时，可采用多种策略来减少故障点。

总之，在设计分布式和互联网系统时，需进行许多取舍。为了创建有效的设计，需了解用于支持这些系统的常见架构的特点。

交付物和成果

分布式和互联网系统设计的交付物是一份文档，它整合了在实现一个系统设计时必须考虑的信息。图 12.2 列出了实现这种系统时应考虑的信息类型。一般来说，必须考虑是分布式环境中每个地点 (或处理器) 的站点、处理需求和数据信息。具体地说，应描述与地点之间的物理差异、用户的数量和使用模式、建筑和地点的基础设施、人员能力、数据使用 (创建、使用、更新或销毁) 以及当地组织过程有关的信息。此外，还要审查每个地点的各种实施方案的优点和缺点。这些信息，结合已经开发好的物理设计信息，将为在分布式环境中实现信息系统提供基础。但要注意，我们的讨论是假设任何所需的信息系统基础设施已经到位。换言之，只关注那些你可能有选择权的问题。

1. 站点说明 (针对每个站点) 　a. 地理信息 　b. 物理位置 　c. 基础设施信息 　d. 人员特质 (教育、技术能力等等) 　e. ...
2. 数据使用说明 (针对每个站点) 　a. 使用的数据元素 　b. 创建的数据元素 　c. 更新的数据元素 　d. 删除的数据元素
3. 业务过程说明 (针对每个站点) 　a. 过程列表 　b. 过程说明
4. 基于站点、数据和过程需求对比备选的信息系统架构 (针对每个站点) 　a. 无技术支持的优缺点 　b. 不联网的本地系统的优缺点 　c. 各种分布式配置的优缺点 　d. ...

图 12.2

分布式系统设计的成果和交付物

设计 LAN 和客户端 / 服务器系统

本节重点讨论使用"基于 LAN 的文件服务器"或"客户端 / 服务器"架构的分布式系统的设计问题。首先对这两种架构进行高层次的描述。随后简要介绍使用中间件的高级客户机 / 服务器设计。中间件有助于创建一个更健壮的系统部署模型。

为 LAN 设计系统

计算机和工作站可作为独立系统来支持本地应用。但是，如果数据对一个员工有价值，完全可能对同一工作组或其他工作组中的其他员工都有价值。通过将计算机连接到一起，员工可以电子化地交换信息，还可共享像打印机这样的设备。这些设备过于昂贵，只能由一个人使用过于浪费。

局域网 (Local Area Network，LAN) 用于支持由计算机连接而成的网络，每台计算机都有自己的存储设备，并共享连接到 LAN 中的公共设备和软件。LAN 中的每台计算机和工作站都相距不远，再大的 LAN 所用的网线总长度也不会超过 1 英里。通常，其中至少有一台计算机 (计算机或性能更强的计算机) 被指定为文件服务器，负责存储共享的数据库和应用程序。例如，为了支持多个用户对共享数据库的并发访问，DBMS 的 LAN 模块增加了并发访问控制，提供了额外的安全功能，还支持查询 / 事务处理队列管理。

在基本 LAN 环境中 (图 12.3)，哪个工作站发出请求，哪个就负责处理数据。LAN 中连接了一个或多个文件服务器。文件服务器 (file server) 负责管理文件操作，由连接到 LAN 的每台客户端计算机共享。可将每台文件服务器想象为每台客户端计算机的一个额外的硬盘。例如，你的计算机可能显示了逻辑盘符 F:，但它实际是 LAN 中的某台文件服务器上的一个磁盘卷。在计算机上运行的程序可用典型的路径规范来引用该驱动器中的文件，像使用本地磁盘一样使用该驱动器中的目录和文件。

局域网

(local area network，LAN)

将工作站、计算机和文件服务器连接到一起的网络布线、硬件以及软件的统称。这种网络位于一个有限的地理区域内 (通常在一栋建筑或校园内)。

文件服务器

(file server)

管理文件操作，并供连接到 LAN 的每台客户端计算机共享的计算机。

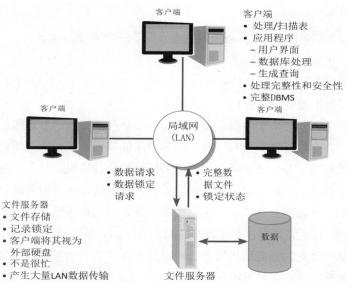

图 12.3

文件服务器模型

客户端
- 处理/扫描表
- 应用程序
  - 用户界面
  - 数据库处理
  - 生成查询
- 处理完整性和安全性
- 完整DBMS

客户端

客户端

局域网
（LAN）

- 数据请求
- 数据锁定
  请求

- 完整数
  据文件
- 锁定状态

文件服务器
- 文件存储
- 记录锁定
- 客户端将其视为
  外部硬盘
- 不是很忙
- 产生大量LAN数据传输

文件服务器

数据

　　在文件服务器环境中使用 DBMS 时，每台客户端计算机都被授权使用该计算机上的 DBMS 应用程序。所以，会在文件服务器上部署一个数据库，同时所有客户端计算机上的 DBMS 拷贝会并发运行。基于客户端的 LAN 的主要特点是，所有实际的数据处理都在客户端 PC 上进行，而不是在文件服务器上。文件服务器只是作为一个共享的数据存储设备，是普通计算机的一种扩展。除了提供共享的数据，它还提供额外的资源（例如磁盘驱动器和共享打印）和协作应用程序（例如电子邮件）。在文件服务器上运行的软件只负责对访问请求进行排队。最终，是由每台客户端 PC 上运行的应用程序与该计算机上的 DBMS 拷贝一起执行所有数据管理功能。例如，假定某个应用程序想要查看存储在服务器上的数据库中的一条客户账户记录，那么包含全部客户账户记录的一个文件会通过局域网发送到计算机。然后，在本地计算机上运行的应用程序会搜索该文件来查找所需的记录。另外，在这种环境下，数据安全检查以及文件和记录的锁定都在客户端计算机上完成，这使多用户协作式应用程序的开发变得十分复杂。

文件服务器的局限

在 LAN 中使用文件服务器主要有以下三个方面的局限。

1. 过量的数据传输。

2. 客户端计算机自身要够硬。

3. 数据控制被分散 (去中心化)。

首先，若使用文件服务器架构，网络会产生可观的数据传输量。例如，假定松谷家具 (PVF) 的一台客户端计算机上运行的应用程序想要访问桦木产品，整个产品表都需要传输到该计算机。然后，应用程序扫描该表，以找出寥寥无几的记录。在这种情况下，服务器只做了很少的工作，客户端忙于繁重的数据处理，网络要传输大量的数据块 (参见图 12.4)。总之，基于客户端的 LAN 为客户端计算机带来了相当大的负担。它的性能要足够强劲，要执行几乎所有实际的数据处理，而且整个网络产生了很高的流量。

图 12.4

客户端但凡请求数据，文件服务器都要传输整个文件

其次，由于每台客户端计算机都必须分配专门的内存来容纳完全版本的 DBMS，所以留给快速处理数据的 RAM 就变少了。处理特别大的数据库时，数据通常必须在 RAM 和相对较慢的硬盘之间进行交换。此外，由于客户端 PC 做了大部分工作，所以每台客户端计算机的性能都必须相当强大，否则无法提供一个合理的响应时间。为了提升文件服务器架构的性能，客户机和服务器都需要有一个非常快的硬盘和缓存，以提升在网络、RAM 和硬盘之间传输文件的性能。

第三，或许也是最重要的一点，每台客户端 PC 上的 DBMS 都必须自己管理共享数据库的完整性。另外，每个应用程序都必须正确识

别数据锁，并负责发起对数据的锁定。为了防止用户改动正在由其他用户更新的数据，"锁"(lock) 是必须的。所以，程序员的经验必须相当丰富，才能理解在多用户数据库环境中可能遇到的各种"坑"。这种环境下的编程非常复杂，因为每个应用程序都要考虑到并发操作、数据恢复和安全控制问题。

为客户端 / 服务器架构设计系统

为了改进基于 LAN 的系统，一种方式是改为使用客户端 / 服务器架构 (client/server architecture)，即在客户端和服务器之间分配 (不一定平均) 应用程序的处理负担。通常，由客户端计算机负责管理用户界面 (包括数据的表示)，而数据库服务器负责数据库存储和访问 (包括对查询的处理)。图 12.5 展示了典型的客户端 / 服务器架构。

客户端 / 服务器架构
(client/server architecture)
一种基于 LAN 的计算环境，由一台中心数据库服务器或引擎执行从客户端计算机收到的各种数据库指令。各个客户端计算机只需负责 UI 功能。

图 12.5
只有处理好的数据才通过局域网传输

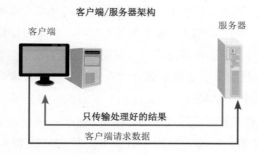

客户端/服务器架构

客户端　　　　　　　　　　服务器

只传输处理好的结果

客户端请求数据

客户端 / 服务器架构的优点

在典型的客户端 / 服务器架构中，所有数据库恢复、安全和并发访问管理功能都由服务器负责。换作简单的 LAN(基于文件服务器)，这都是每台客户端计算机的责任。这种中心式 DBMS 功能通常称为"客户端 / 服务器环境中的数据库引擎"(Hoffer, Ramesh, & Topi, 2016)。一些人将中心式 DBMS 功能称为后端 (back-end) 功能，将计算机和工作站上运行的应用称为前端 (front-end) 应用。此外，在客户端/服务器架构中，是由服务器执行所有数据请求，所以只有符合条件的数据才会通过网络传给客户端计算机。相较于简单的文件服务器设计，这是客户端 / 服务

数据库引擎
(database engine)
在提供数据库处理和共享访问功能的服务器上运行的客户端 / 服务器数据库系统的"后端"部分。

客户端
(client)
客户端 / 服务器数据库系统的"前端"部分，即负责显示用户界面和呈现(表示)数据的客户端计算机。

器设计的一个显著优势。由于服务器提供了所有共享的数据库服务，所以在客户端 (client) 运行的软件可将精力集中在 UI 和数据表示上。不过，采用这种架构，服务器必须要比文件服务器架构中的服务器更强大。

使用客户端/服务器架构创建的应用程序也有别于大型机上运行的中心式数据库系统。主要区别在于，每个客户端都是应用处理系统的一个智能部分。换言之，用户执行的应用程序在客户端运行，而不是在服务器上运行。应用程序处理与用户和本地设备（打印机、键盘、屏幕等）的所有交互。所以，服务器（数据库引擎）和客户端之间存在职责分工。数据库引擎负责所有数据库访问和控制功能，而客户端负责所有用户交互和数据操作和表示功能。客户端 PC 将数据库命令发送到数据库引擎，并在那里进行处理。另外，在主机（大型机）环境中，信息系统的所有组成部分都由中心计算机管理和执行。

客户端/服务器架构的另一个优点是客户端环境与服务器环境可以分离（解耦）。客户端可以是多种类型（例如，不同的计算机、操作系统和应用程序），这意味着只要一个应用程序能生成恰当的命令（通常是 SQL 命令）从服务器请求数据，该应用程序就能在客户端上运行。例如，应用程序可用 Visual Basic、某个报表编写器、某个高级屏幕绘制器或任何支持数据库应用程序编程接口 (application program interface, API) 的第四代语言编写。数据库引擎可以是 IBM 大型或中型计算机上运行的 DB2，也可以是运行在各种平台上的 MySQL、Sybase 或 Oracle。API 调用库所支持的例程，透明地将 SQL 命令从前端客户端程序传送到数据库服务器。API 可与现有的前端软件（如第三代语言或自定义报表生成器）一起工作，而且可以包括它自己的应用程序构建功能。如多个程序开发工具都支持相同的 API，就可选择自己认为最方便的前端编程环境来开发客户端应用程序。与此同时，仍然是从同一个服务器端数据库获取信息。某些 API 支持在一个数据库操作中访问同时来自客户端和服务器的数据，感觉就像数据由单一位置的 DBMS 管理（参考 Hoffer et al., 2016; Kroenke, Auer, Van-denberg, & Yoder, 2017）。

应用程序编程接口

(application program interface, API)

一种基本的软件构建单元，提供了通用的系统功能（如 UI 和打印）。还提供了通用模块，以实现客户端和服务器之间的标准化数据交换。

总之，客户端／服务器架构具有以下几方面的突出优势。

- 企业能利用计算机技术迅速发展的好处。个人工作站如今只需花不到大型机价格的零头，就能提供可观的算力。
- 大多数处理都在源头进行，从而改善了响应时间并减少了网络流量。
- 有利于使用计算机上常见的图形用户界面和视觉表示技术。
- 允许并鼓励人们接受开放系统。

表 12.1 总结了文件服务器和客户端／服务器架构的关键区别。在理解这些区别后，接下来，我们要简要讨论一下更高级的客户端／服务器架构。

表 12.1　文件服务器和客户端／服务器架构的区别

特征	文件服务器	客户端／服务器
处理	仅客户端	客户端和服务器同时进行
并发数据访问	低，由每个客户端管理	高，由服务器管理
网络负载	文件和数据传输量大	高效的数据传输
数据库安全性和完整性	低，由每个客户端管理	高，由服务器管理
软件维护	低，在服务器更新软件	混合，除了服务器要更新，客户端有时也也要更新
硬件和系统软件的灵活性	较灵活。客户端和服务器是分离的，但随时可以协作	客户端和服务器之间需要更大程度的协作

客户端／服务器架构的高级形式

客户端／服务器架构意味着不同的应用系统功能可分布于客户端和服务器计算机之间。之所以能实现这种分布，是因为任何信息系统都包含三个常规组成部分。

1. 数据管理。这些功能管理软件和文件／数据库之间的所有交互，

包括数据检索 / 查询、更新、安全性、并发控制以及恢复。

2. 数据表示。这些功能只管理系统用户和软件之间的接口（界面）。包括表单和报表的显示和打印以及（可能的）输入校验。

3. 数据分析。这些功能将输入转换为输出，从简单的摘要到复杂的数学建模（例如回归分析）。

不同的客户端 / 服务器架构将这些功能以及其他功能（如负载平衡）分配给客户端或服务器，或同时分配给两者，还可能会分配给被称为应用程序服务器的第三台计算机。事实上，在许多先进的客户端 / 服务器架构中，使用三台或更多不同的计算机已经变得非常普遍了（参见 Bass, Clements, & Kazman, 2012; Marchioni, 2014)。但同样要注意的是，随着硬件和软件变得越来越强大和先进，已经不太需要分别用不同的物理计算机来实现这些功能。现在，人们越来越多地用虚拟机来实现不同的功能。虚拟机 (virtual machine) 是对物理计算机（包括硬件和操作系统）的软件模拟，它实现了物理硬件资源更高效的共享。虚拟化 (virtualization) 是现代分布式计算架构（如后文描述的云计算）的基础，指的是创建各种计算能力的虚拟（而非物理）版本的行为。硬件平台、操作系统、存储设备和网络均可虚拟化。

客户端/服务器计算的核心是由不同的物理或虚拟机来执行任务，它有两个重要概念：三层客户端 / 服务器架构 (three-tiered client/server architecture) 和中间件 (middleware)。三层客户端 / 服务器架构允许将计算系统的三种逻辑功能（数据管理、表示和分析）作为独立的模块进行开发和维护，这些模块通常驻留在不同的物理或虚拟机上。现在，越来越多的组织正在利用 n 层架构开发灵活和可重用的应用程序。系统分为多层后，开发人员可修改一个现有的层，也可增添一个全新的层，而不必每次需要新功能的时候都对整个系统进行修改。介于数据管理和表示之间的这些层就是中间件，它们将不同的硬件、软件和通信技术整合起来，以创造一个三层（或 n 层）客户端 / 服务器环境，如图 12.6 所示。

应用程序服务器
(application server)

主要负责提供数据分析功能的一台服务器。

虚拟机
(virtual machine)

对物理计算机（包括硬件和操作系统）的软件模拟，可实现物理硬件资源更高效的共享。

虚拟化
(virtualization)

创建各种计算能力的虚拟（而非物理）版本的行为。硬件平台、操作系统、存储设备和网络均可虚拟化。

三层客户端 / 服务器架构
(three-tiered client/server architecture)

一种高级客户端 / 服务器架构，它合并三种逻辑功能（数据管理、表示和分析）以创建单一的信息系统。

中间件
(middleware)

整合硬件、软件和通信技术，将数据管理、表示和分析汇集到一个三层（或 n 层）客户端 / 服务器环境中。

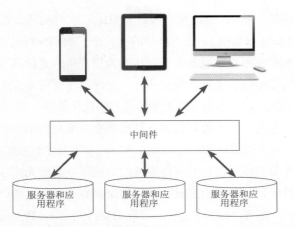

图 12.6
中间件整合多种多样的应用程序和
设备

(来源：Andrey Mertsalov/Shutterstock, Mr Aesthetics/Shutterstock, & A-R-T/Shutterstock)

　　可将中间件想象成水管。你在自己的房子里基本看不到水管，看到的是装满杯子的水 (DiMaggio，2008)。与信息系统交互时，你看到的是应用程序和数据。你清楚地意识到计算机或智能手机上使用的Web 界面，这类似于水。可以看到它，感受到它，并品尝到它。你也可能注意到为你的设备存储和提供信息的数据库和系统；它们就像是自来水厂。换言之，我们知道水 (数据) 来自于某个地方。另外，你知道水如何从工厂进入你的杯子，也就是通过水管。同样，信息到达你的客户端设备 (无论计算机还是手机) 的方式都由中间件 (即技术管道) 提供。和水管一样，中间件也有多方面的好处。首先，它基本上不可见。它就在那里，但你通常不会看到它或与它有太多互动。其次，它提供了一种标准的方式将设备和应用程序及数据连接起来，其中用到了各种标准、库和 API。第三，它以一致的方式将复杂系统的各个组成部分联系到一起。在家里，你想把水送到各个地方。类似地，你也想把数据送到位于组织内部或世界各地的各种应用程序和设备。

　　除了这些好处，创建三层 (或 n 层) 客户端 / 服务器架构还有其他很好的理由 (Bass et al., 2012)。首先，应用程序可采用最适合组织计算需求的方式进行划分。例如，在传统两层客户端 / 服务器系统中，应用程序（数据分析）驻留在客户端计算机上，客户端从数据库服务器访问信息（如客户数据）。在更高级的架构中，数据分析功能则可驻留在一个强大的应用程序服务器上，从而为用户带来更快的响应时间。此外，多层架构提供了更大的灵活性，允许以不同的方式为不同的用户划分应用程序，从而为每种类型的客户端优化性能。

第二个优点，由于大多数或全部数据分析都在应用程序服务器上执行，所以为个别用户进行全局修改或对过程进行定制显得相对容易。这使开发人员能轻松创建大规模系统的定制版本，而无需创建一个完全独立的系统。另外，由于数据分析和用户界面分离，所以无需进行重大的维护，即可更改其中之一（或同时更改两者）。数据的分析和表示（用户界面）分开后，其中任何一个都可以独立改变而不影响另一个，从而大大简化了系统维护。最后，这种架构提供了数据表示设备的独立性，允许在瘦客户端（如平板电脑和智能手机）上从强大的企业级信息系统获取信息。瘦客户端 (thin client) 最适合做极小量的客户端处理，基本上只需负责显示从服务器发送到客户端的信息 (Robbins，2013)。这些优点的结合（应用程序划分、更容易定制、更容易维护和设备的独立性）正在推动许多组织采用这种强大的架构来开发应用。

云计算

随着软硬件的迅速发展、对更多存储和网络带宽的需求以及能源成本的上升，对信息系统基础设施 (information systems infrastructure，组织用于支持其决策、业务过程和竞争战略的硬件、软件、数据、设施、人力资源以及服务) 的有效管理成了许多组织的一项挑战。此外，组织需要专门的工作人员来支持自己的基础设施，这进一步增加了成本。通常，对 IS 基础设施的管理并不属于组织的核心竞争力，其他人也许能更好地帮他们管理（参见 Valacich & Schneider，2018)。

在许多组织中，IS 基础设施经过多年的发展已变得非常分散，往往难以整合。但是，效率、效益和敏捷性是在数字世界取得成功的关键。

瘦客户端
(thin client)
一种轻量级客户端。数据处理和存储在服务器上进行，这种客户端接收数据并做少量处理（如显示）。

信息系统基础设施
(information systems infrastructure)
组织用于支持其决策、业务过程和竞争战略的硬件、软件、数据、设施、人力资源以及服务。

组织需要灵活、可扩展的基础设施来处理其应用程序和数据库。所以，过去几十年，人们已经从思考开发和维护 IS 基础设施转向思考基础设施应该提供什么服务。例如，人们和组织希望使用电子邮件，而不是考虑购买电子邮件服务器和处理由此产生的一系列问题，如管理、维护、存储、能耗等等。另外，组织越来越多地购买或租用，而不是自己从头构建应用程序（除了有助于获得或维持竞争优势的高度专业化系统，如 Amazon.com 或 Dell 的情况）来支持其业务过程。换言之，组织倾向于将应用程序的构建和管理留给其他各方，并假设这些应用程序能起作用。鉴于这种趋势，牢靠的基础设施很重要，因为基础设施决定了新系统的实现速度和功能好坏。将基础设施较低层次的责任交给其他组织，企业可以专注于开发和实现那些有助于获得或维持竞争优势的应用程序。如果组织的基础设施缺乏稳健性或整合性，将立即被客户或其他利益相关方注意到，会直接导致业务、信任或商誉的损失。

什么是云计算

技术上的进步——如更快的处理速度、不断增加的互联网带宽、改进的数据管理和处理框架（如 Hadoop 和 Bigtable）以及改进的虚拟化方法——催生了云计算（如图 12.7 所示，"云"比喻整个互联网）。如第 2 章所述，云计算是指通过互联网提供应用程序，客户不必投资运行和维护它们所需的硬件和软件资源，而是使用才需要付费（参见 Erl, Puttini, & Mahmood, 2013）。云计算是一种效用计算 (utility computing) 模型（即企业根据需要从外部供应商那里"租用"处理器、数据存储或网络等计算资源，并且用多少算多少）。所以，云计算有助于将 IT 基础设施的成本从资本支出转化为运营支出（参见图 12.8）。云计算提供商的一个典型例子是 Amazon Web Services (AWS)。在建立了一个巨大的基础设施（在信息技术和物流方面）来支持其网店后，Amazon 决定利用这些资源来创收。例如，个人和组织可在 Amazon

效用计算

(utility computing)

一种按需计算形式，包括处理器、数据存储和网络在内的计算资源根据自己的需要进行租用。组织只需为实际使用的服务付费。

的 Simple Storage Service(简单存储服务，S3) 上租用存储空间，或在 Amazon 的 Elastic Compute Cloud(弹性计算云，EC2) 上租用计算时间。所有这些都按需使用。利用 Amazon 提供的各种服务来创建自己的整个基础设施，许多创业公司都取得了巨大的成功，其中包括提供社交剪贴板的缤趣 (Pinterest) 以及提供在线民宿的爱彼迎 (Airbnb)。随着爱彼迎在全球旅行者中的知名度不断提高，该公司发现自己受到了原来的服务提供商的挑战和限制。转移到 AWS 使爱彼迎能迅速获得 200 台服务器，而不需要谈判服务合同或承诺最低使用量。如果爱彼迎使用自己的数据中心，灵活地扩展其基础设施几乎是不可能的，因为获得如此数量的服务器需要时间和资金。另外，当时谁知道爱彼迎的业务是否真的会起飞？如果使用传统的内部基础设施，爱彼迎将不得不"大块"增加容量，最后导致有太多空闲资源或者根本满足不了其用户的需求。使用云基础设施，爱彼迎可以弹性扩展资源，使其保持刚好超过让用户满意的程度 (参见图 12.9)。

图 12.7

处理、存储和传输云端数据

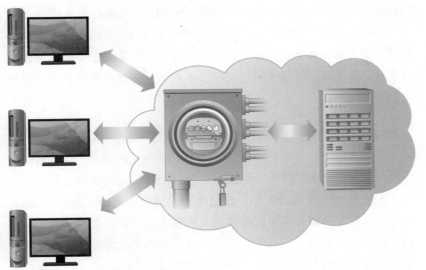

图 12.8

云计算采用一个效用计算模型，企业只需为按需为实际使用的计算资源付费

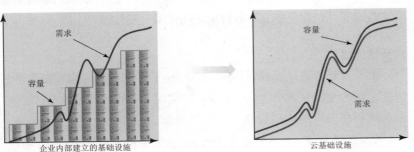

图 12.9

自己内部建立基础设施很难适配需求。而使用云基础设施，资源可根据需要逐渐增加 / 减少

云的特征

云计算模型有几个独特和基本的特征，它们将云计算与内部基础设施区分开来，并为用户带来了多方面的好处 (NIST，2011)。接着将具体讨论这些特征。

按需自助

为了实现最大的灵活性，用户可以根据需要以自助餐的方式访问云资源，而不需要与服务提供商进行冗长的谈判。在许多情况下，客

户可以访问云中的资源，而不需要与服务提供商进行人工交互。就
AWS 而言，客户只需要一张信用卡（用于计费），就可通过基于 Web
的控制面板设置服务器实例或扩大存储空间。对于需求可能迅速变化
的企业，这实现了前所未有的灵活性。他们的基础设施现在可以根据
需要灵活调起。

快速伸缩

通常情况下，服务器和 IS 基础设施的其他元素需要几周的时间来
交付，几天或几周的时间来配置（因为公司的 IS 人员必须根据组织的
需求来安装和配置系统软件、数据库和应用软件）。相比之下，在云
环境中，计算资源几乎可以根据用户的需求瞬间扩大或缩小，而且往
往是自动的，无需人工介入。所以，没必要购买昂贵的设备来准备应
对假日期间预期的需求激增（最终还可能无法实现）。但是，如果需求
确实激增了，企业可以立即获得所需的资源，而且没有上限。

广泛的网络访问

由于云服务通过互联网访问，它们几乎可以从任何地方和几乎任
何能上网的设备中访问。对于企业，这实现了对业务过程的实时管理，
因为托管在云中的应用程序可以随时随地访问，无论是从 PC 或笔记
本电脑，还是从 iPhone、iPad 或 Android 智能手机上安装的应用。现在，
知识劳动者可以迅速响应任何需要他们立即关注的事情，而不必亲自
跑去办公室。

资源池

云服务提供商不是在一台特定的物理机器上向每个客户出租空间
或时间，而是管理多个分布式资源，根据客户的需求动态分配给多个
客户。所以，客户只是租用资源，对如何资源如何提供或者它们的位
置并不了解，也无法控制。但某些时候，服务提供商允许指定资源所
在的地理区域。例如，美国加州的一家公司可能希望租用位于加州的

资源 (靠近其客户)，以减少响应延迟。或者，欧洲的一家公司可能希望租用位于欧洲的服务器上的存储空间，以遵守数据保护法令。

可量化的服务

　　服务一般通过效用计算模型来提供，客户只为使用的东西付费，计量方式取决于资源的类型。例如，客户对服务器实例的使用按小时收费 (价格通常取决于实例的算力、内存和操作系统)，基于数据存储量和 / 或向云传入或从云中传出的数据量。对于客户，和 IS 基础设施相关的固定成本因此转化为可变成本，非常容易跟踪和监测。

服务模型

　　从前面提到的例子可以看出，云提供了各种服务。有的用户只需要访问特定的软件，而有的用户希望有更多的控制权，能在云中的服务器上运行他们选择的软件 (参见图 12.10)。接着将讨论不同的云计算服务模型 (NIST，2011)。

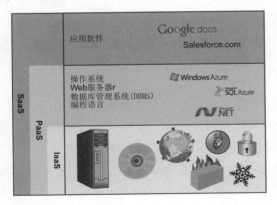

图 12.10

SaaS，PaaS 和 IaaS 提供商的服务

基础设施即服务 (IaaS)

　　基础设施即服务 (infrastructure as a service，IaaS) 模型仅提供处理、存储和网络等基本功能。所以，客户对资源有最大的控制权。例如，使用 AWS，客户可根据个人需求和要求选择算力、内存、操作系统和

基础设施即服务
(infrastructure as a service，IaaS)
一种云计算模型，仅提供处理、存储和网络等基本功能。

存储，从而能够在云中建立（几乎）整个基础设施。使用这样的基础设施，Netflix（网飞）将自己的整个 IT 基础设施都迁移到 AWS，使用 EC2 和 S3 将电影转码成各种格式，为其以客户为中心的网站提供动力，并托管其他关键任务的应用程序。IaaS 模型为客户提供了最大的灵活性。但另一方面，虽然提供了基础设施，但管理软件许可证仍然是客户的责任，而且建立成本相对较高。

平台即服务 (PaaS)

平台即服务

(platform as a service，PaaS)

一种云计算模型，客户可运行他们自己的应用程序，这些应用程序通常用服务提供商提供的工具设计。客户对底层基础设施的控制有限或没有。

　　采用平台即服务 (platform as a service，PaaS) 模型，客户可运行他们自己的应用程序，这些应用程序通常是用服务提供商提供的工具设计的。在这种模型中，用户对应用程序有控制权，但对底层基础设施的控制有限或没有。一个例子是微软的 Windows Azure。作为一个云服务操作系统，客户可用它来部署定制的应用程序。使用该平台，Outback 牛排馆在首次推出其 Facebook 粉丝专页时发起了一场病毒式营销活动。为支持激增的需求，Outback 使用 Windows Azure 开发并部署了一个电子邮件营销活动。由于提供了底层计算平台，客户不必担心购买软件许可证（例如 Web 服务器的操作系统或数据库管理系统的许可证），服务提供商负责管理平台的运行和更新。

软件即服务 (SaaS)

软件即服务

(software as a service，SaaS)

一种云计算模型，客户只使用通过云基础设施提供的应用程序。

　　采用软件即服务 (software as a service，SaaS) 模型，客户只使用通过云基础设施提供的应用程序。此类应用包括基于 Web 的电子邮件服务（如 Google Gmail) 和基于 Web 的生产力套件（如 Zoho 或 Google Docs)，但也包括高级应用，如 Salesforce.com 提供的客户关系管理系统。通常，客户只需关注应用程序，对底层基础设施没有任何了解或控制，而且一般只能有限地控制或配置应用程序的具体设置。SaaS 模型下的应用通常最容易部署，因为客户无需关心软件的维护或更新，也无需关心底层平台或硬件基础设施。

云的类型

　　像 Amazon.com 这样的云服务提供商提供的是所谓的共有云。共有云中的服务可由任何感兴趣的实体以按使用付费的方式使用。所以，通常用这种云来容纳需要快速伸缩的应用（即灵活适应对算力或数据存储的需求），或支持没有足够资本或其他资源来构建或扩充 IT 基础设施的情况。相比之下，私有云（或内部云）在组织内部运行，可帮助组织平衡组织内计算资源的需求和供应。和共有云类似，私有云提供对资源的自助访问，允许企业用户使用一个效用计算模型按需配置资源。私有云并不能使企业摆脱与管理云基础设施相关的问题，但它确实为企业提供了高度的可定制性、灵活性以及对其数据和应用的控制（参见图 12.11）。

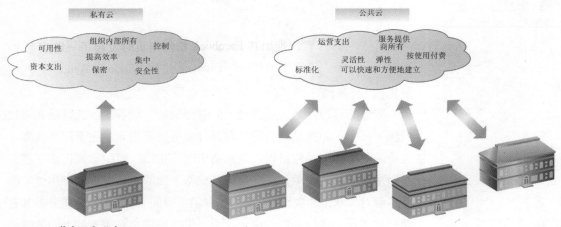

图 12.11　共有云和私有云

管理云

　　云计算由于具有多方面的好处，它获得了许多人的青睐，尤其是那些想要驾驭基础设施伸缩性和提高企业敏捷性的管理人员。但将其基础设施转移到共有云时，管理层也应考虑各种问题。首先要考虑的是哪些应用、服务或数据需转移到云。通常，没有一家云计算供应商能满足大多数企业的全部需求。相反，企业往往要与不同的服务提供商合作，根据企业的需求选择 IaaS、PaaS 和 SaaS 模型，往往还要结合公有云和私有云。由于没有单一的解决方案能适合所有企业，所以企业必须仔细权衡云计算的好处和坏处。另外，企业必须仔细考虑选择哪家云服务提供商。在评估不同的共有云服务提供商时，管理层应考虑一些长期战略问题，包括可用性、可靠性、伸缩性、生存能力、安全性、保密性、合规性、服务多样性、开放性和成本（参见图 12.12)。接下来将要讨论这些问题（参见 Hofmann & Woods, 2010)。

图 12.12
组织在管理其云基础设施时必须考虑各种问题

可用性 / 可靠性

服务的可用性是大多数组织的首要关切。如谷歌、亚马逊和微软的例子所示，即使是最大的共有云计算提供商也无法完全避免故障，无论硬件故障、编程错误还是网络中断。所以，组织必须评估哪些应用程序要转移到云中，以及如何确保基于云的应用程序的可用性。除了了解对方承诺的应用 / 系统的正常运行时间 (uptime)，为服务器和存储提供了什么备份机制，或者是否提供了足够带宽来支持大的数据访问量，企业还必须建立自己的预防措施。由于负面事件影响的代价往往太大（例如，业务或商誉损失），组织应提前计划，在不同的地方复制其云基础设施。与此相关，需要考虑的一个重要标准是提供商的支持政策。如果有些东西没有按承诺运行，问题将如何解决？云计算的优势之一是自助服务，允许客户根据需要配置资源。但这也可能成为缺点，因为并不保证需要的时候总能获得帮助。所以，企业必须保有一定程度的支持能力和人员，尤其是那些执行关键任务的应用，以便在出现技术问题时能迅速解决。

伸缩性

云计算最大的承诺之一是伸缩性 (scalability)，组织可根据需要扩大或缩小其基础设施。然而，不是每个提供商都能满足每个组织的需求。所以，组织必须仔细评估供应商在多大程度上能满足当前和未来在数据存储、事务处理量等方面的业务需求。

生存能力

另一个重要问题涉及供应商的长期生存能力和稳定性。组织转移到共有云基础设施后，会将许多数据和处理能力交到一个外部实体手中。如果该外部实体很快倒闭了，就可能给组织带来很多不利影响，比如被迫建立新的基础设施，还要迁移应用程序或数据，这会涉及大量费用和精力。

安全性、保密性和合规性

除了与提供商的可用性、可靠性、伸缩性和生存能力有关的问题外，在决定将哪些数据和应用转移到云端以及选择哪个提供商时，安全、隐私和合规也是需要考虑的关键方面。特别是当涉及敏感数据时，企业必须考察数据的安全性如何，如何保护客户数据的隐私，以及数据存储是否符合萨班斯 - 奥克斯利法案、健康保险便利和责任法案 (HIPAA) 等法规或者支付卡行业数据安全标准 (PCI DSS) 等标准。此外，许多组织有责任回应作为民事或刑事诉讼一部分的数据请求。没有适当的计划，应对这种数据请求的成本最终可能是使用云服务所节省的金额的数倍。根据定义，共有云基础设施由不同的公司共享，不同的应用程序在相同的硬件上运行。所以，组织不可能知道数据的确切物理位置。在这种情况下，几乎无法审计谁能访问到数据。在内部基础设施中，公司对自己的数据有完全的控制权，而在云计算基础设施中，这种控制权就丧失了。如果企业的数据存储在云中，企业的法律权利就会减少。同样，云计算提供商可能被要求将存储在其服务器上的敏感数据移交给执法部门，组织对此几乎没有控制权。这些问题对一些严重关注隐私和数据保护的行业(如医疗或法律)尤其重要。另一方面，共有云计算提供商当然也意识到了这些问题，组织必须权衡哪些应用或数据要转移到云中，哪些要保留在内部。

可用性、可靠性和安全性等问题通常在服务水平协议(service-level agreement，SLA)中涵盖，这种协议是在表现(例如，以正常运行时间衡量)、担保、灾难恢复等方面规定服务水平的合同。但要注意，这种服务水平协议并不保证资源的可用性；相反，它只承诺一定的服务水平，并在这些承诺没有实现时提供退款或折扣，所以主要作在出现问题时解决冲突的一种手段。

对于企业来说，这构成了一个严重的困境，因为这种退款和折扣只包括为服务支付的费用，永远无法抵消因业务损失而产生的机会成本。另一方面，在评估将基础设施转移到共有云的好处和坏处时，组织还必须严格评估如何利用内部基础设施保持一定的正常运行时间，以及相应的成本如何。企业意识到，即使提供商可能无法满足某些SLA，但仍可提供比管理不善的内部基础设施更好的正常运行时间。评估了各种方案后，企业往往会选择一种混合方法。也就是说，在内部运行一些涉及关键任务的应用程序，而将其他要求不高的应用程序(在正常运行时间等方面)转移到共有云。

服务多样性

如前所述，存在着多种云计算服务提供商，从 IaaS 到 SaaS 不等。由于提供商的数量和种类多了之后管理不过来，许多企业更愿意和能满足其全部需求的少量提供商打交道。所以，要问的一个重要问题是哪个提供商能提供当前和未来所需的服务。

开放性

有的企业要面临互操作性 (interoperability) 的问题。大多数云计算提供商使用不同的基础设施，以不同的方式存储数据。但是，这使得在提供商之间迁移数据变得非常困难，并可能导致公司被某个提供商锁定。除了不同的基础设施和存储模型，现有的网络带宽 (和数据传输成本) 也对互操作性构成了额外的限制，因为即便使用非常高速的网络，将 TB 级的数据从一个提供商转移到另一个，也被证明是非常耗时和昂贵的 (因为云计算提供商通常会对数据转移到其基础设施或从其基础设施转移出去收费)。

成本

迁移到共有云基础设施时，需要考虑的最后一个问题是成本。云计算提供商使用的效用计算模型使组织能控制所用的资源和所支付的费用，只需为实际使用的资源付费，并可在需要时增加或减少资源。这为组织提供了很大的资源成本透明度。但是，对于迁移到共有云是否比维护内部基础设施更便宜，人们还是存在很大的分歧。例如，网络游戏开发商 Zynga 最近从共有云基础设施转移到内部私有云，并决定拥有而不是租用其基础设施。比较拥有和租用成本并不是一件容易的事。虽然很容易计算出亚马逊 EC2 云的服务器每月的成本，但许多组织并不清楚在内部基础设施中运行类似的服务器需要多少成本，包括服务器自身的成本、软件许可证的费用、电力、数据中心、工作人员等等。所以，企业必须仔细权衡云计算所带来的灵活性和伸缩性的利与弊。例如，可以只在需求高峰期使用云计算基础设施。但不用说，这又给 IT 运营增加了一层复杂性。

总之，在迁移到云基础设施时，有各种问题需要考虑，每个组织都必须做出各种明智的选择，即如何利用云提供的机会，同时尽量趋利避害。下一节将讨论可通过云计算来实现的其他各种应用。

面向服务的架构

面向服务的架构
(service-oriented architecture,
SOA)

一种软件架构，其中业务过程被分解成单独的组件（或服务），它们设计用于为服务的消费者（可以是一个应用程序、另一个服务或者一个人）实现预期的结果。

为了获得更大的灵活性和敏捷性，组织正在从部署大型的、单一的应用程序转向**面向服务的架构** (service-oriented architecture，SOA)。使用 SOA，业务过程被分解成单独的组件（或服务），这些组件被设计用来为服务的消费者（可以是一个应用程序、另一个服务或者一个人）实现预期的结果。为了理解这一概念，想象你的汽车下一次换机油的情况。由于你不可能在所有事情上都是专家，所以让别人为你换机油可能更有效。可以把车子开到 4S 店，可以去一个独立的汽修厂，或者可以让朋友帮你换。对你来说最重要的在于，服务将以预期的质量和价格提供，但你通常并不关心不同的服务提供者是否以不同的方式做事或者是否使用不同的工具。

通过将业务过程分解成单独的服务，组织可以更迅速地对不断变化的业务需求做出反应。例如，使用 SOA 方法，多个服务（如"检查库存"或"订购物资"）将被协调到一起，以处理涉及客户订单处理的单独任务，而且一旦业务过程发生变化，可以相对容易地改变。

为了促进与供应商、商业伙伴和客户的联机协作，SOA 使用并重用单个服务作为"构建单元"(building block)。这样，随着需求的变化，系统可以很容易地建立和重新配置。为了获得这些好处，服务必须遵循下面三个主要原则。

1. 可重用性。一个服务应该可以在许多不同的应用中使用。

2. 互操作性。服务应与其他任何服务协同工作。

3. 组件化。一项服务应该是简单和模块化的。

遵循这些原则，多个应用程序可以调用相同的服务。例如，一个组织的实体店 POS 系统和电子商务网站都能调用"处理信用卡"服务，而给管理人员看的仪表板上可以调用"显示产品"、"显示库存"和"显示销售"服务（参见图 12.13）。在云中托管和部署这样的服务，可为使用 SOA 构建应用程序提供帮助。另外，组织可能需要的各种服

务都能在云中获得，从而避免了"重新发明车轮"。不过，虽然 SOA
方法似乎对许多公司有吸引力，但它也需要巨大的努力和专业知识来
规划架构，从成百上千可用的服务中选择最合适的，并协调和部署这
些服务。所以，虽然 SOA 方法有助于提高灵活性，但各种服务的整合
还是可能非常复杂的，而且可能远远超出了小型企业的能力。

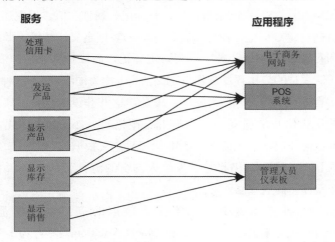

图 12.13

使用 SOA，多个应用程序可调用
多个服务

Web 服务

　　部署 SOA 最常见方法是通过使用 Web 服务。Web 服务是两个电
子设备通过网络进行通信的一种方法。今天大多数组织都有一系列复
杂的技术需要与许多不同类型的系统和设备交互。许多这样的系统需
要交换数据、业务逻辑或过程。作为一种通信方法，Web 服务允许两
个可能用不同语言写成的软件系统在互联网上交换这些数据。发出请
求的软件系统被称为服务请求者，而处理请求和提供响应的软件系统
称为服务提供者。Web 服务通过特定的规则来管理系统之间的通信，
并利用 XML 和 JSON 文件进行数据交换（稍后讨论）。类似地，Web
服务不和任何操作系统或编程语言绑定即可协同工作；它们不需要定
制编码。正因为如此，Web 服务已成为在互联网上集成 Web 应用程序

Web 服务

(Web service)

两个电子设备通过网络进行通信的一
种方法。

的一种常见方式。例如，Web 服务使独立的组织无需深入了解对方防火墙后的系统，即可行数据通信。

可扩展标记语言 (eXtensible Markup Language，XML) 定义了一套规则，用于将文档编码为人和机器都能理解的格式，并被广泛用于互联网上的数据交换 (参见 Fawcett, Ayers, & Quin, 2012；http://www.w3.org/XML/)。XML 很像 HTML，有标记、属性和值，但它还允许设计人员创建定制标记，使应用程序之间的数据定义、传输、验证和解释成为可能。HTML 只支持一套固定标记，而设计人员可以在 XML 中为任何类型的应用程序创建自定义语言 (称为词汇表)。这种创建自定义语言的能力是 XML 的强项。但是，这并非没有代价。HTML 对标记的格式化非常宽容，XML 则非常严格。另外，如前所述，XML 文档不包含任何格式化信息。XML 标记只定义数据的含义。有鉴于此，许多人认为，HTML 仍将是开发个人网页的流行工具。XML 则主要用于开发许多商业互联网应用。

在 Web 服务环境中用于格式化数据的第二种方法是 JSON (JavaScript 对象标记法，JavaScript Object Notation，发音为 J-SON)。JSON 是一种轻量级数据交换方法，对人来说很容易理解，对计算机来说则比较容易生成或解释。JSON 是 XML 的替代品，被认为在传输和处理方面效率更高，而且更容易为人所理解。由于这些优势，JSON 的使用已急剧增加。

两种关键技术 SOAP 和 REST 被用于协助 Web 服务环境中的通信。其中，简单对象访问协议 (simple object access protocol，SOAP) 用于支持应用程序和操作系统之间的 XML 通信。SOAP 基于现有标准而建立，提供了强大的通信能力。在这些标准中，最引人注目的是用于格式化消息的 XML 和用于传输消息的超文本传输协议 (HTTP) 和简单邮件传输协议 (SMTP)。除了利用 HTTP 和 SMTP 等互联网标准通信协议外，SOAP 还提供了语言和平台的独立性，以及穿越代理和防火墙的能力。但 SOAP 有一个缺点，它的编写相对冗长，而且比其他的传输和处理

可扩展标记语言

(eXtensible Markup Language, XML)

一种互联网创作语言，允许设计人员创建定制标记，使应用程序之间的数据定义、传输、验证和解释成为可能。

JSON

(JavaScript 对象标记法，JavaScript Object Notation，发音为 J-SON)

一种轻量级数据交换方法，人很容易理解，计算机则比较容易生成或解释。

SOAP

(simple object access protocol，简单对象访问协议)

在 Web 应用程序和操作系统之间传输 XML 数据的一种协议。

方法要慢。第二种协助 Web 服务内部通信的方法是 REST，即表述性状态传递 (Representational State Transfer)。REST 是 SOAP 的一个更简单、更快速的替代方案，通常通过 HTTP 通信，利用 JSON 来格式化信息。相较于 SOAP 和 XML，REST 和 JSON 更容易理解，机器更容易处理和生成，人也更容易设计和实现。所以，REST 和 JSON 正迅速成为 Web 服务开发的主导标准。

表述性状态传递
(Representational State Transfer)
在 Web 服务应用程序和操作系统之间传递 JSON 数据的一种相当简单和快速的协议。

设计互联网系统

目前，组织的大多数新系统开发都集中在基于互联网的应用上，无论是组织内部的系统、B2B 系统还是 B2C 系统。所有人都在迅速迁移到基于互联网的系统，这一点都不奇怪。人人都想利用互联网的全球性计算基础设施和业已建立的一套全面的工具和标准。但和其他类型的系统一样，设计互联网应用时要做出许多选择。所做的选择将极大影响系统的开发难度和未来的可维护性。本节重点讨论在设计基于互联网的系统时必须考虑的几个基本问题。

互联网设计基础

设计基于互联网的系统时，标准起着重要作用 (Zeldman，2009)。本节将讨论互联网的许多基础和新兴的构建单元，以及这些构建单元中的每一个对系统设计的影响。

互联网由标准驱动

由于使用了标准，设计基于互联网的系统比设计传统客户端 / 服务器系统要简单得多。例如，互联网上的信息通过标准域名系统 BIND 来定位 (BIND 全称是 Berkeley Internet Name Domain)。BIND 中的"B"是指加州伯克利，该标准最早在加利福尼亚大学开发。欲知详情，请访问 https://en.wikipedia.org/wiki/BIND。BIND 允许使用普通域名定位信息，这些域名被翻译为对应的互联网协议 (IP) 地址。例如，域名

域名系统
(BIND, Berkeley Internet Name Domain)
将互联网域名翻译为 IP 地址的一种方法。

http://www.arizona.edu 被翻译为 128.196.133.50。

超文本传输协议
(Hypertext Transfer Protocol，HTTP)
在互联网上交换信息的一种通信协议。

作为一种标准化通信协议，超文本传输协议 (Hypertext Transfer Protocol，HTTP) 实现了在各种各样客户端上的统一用户访问。HTTP 是在万维网 (WWW) 上交换信息的既定格式 (详情可访问 http://www.w3.org/Protocols/)。HTTP 协议定义了信息的格式化和传输方式，以及 Web 服务器和浏览器对命令的响应方式。例如，在浏览器中输入一个 URL，一个 HTTP 命令会发送到适当的网络服务器以请求目标网页。

除了 BIND 的命名标准和 HTTP 的传输机制，基于互联网的系统比其他类型的系统还有一个优势：超文本标记语言 (Hypertext Markup Language，HTML)。作为一种标准语言，HTML 使用数百种命令标记 (tags) 表示 Web 上的内容。命令标记的例子包括加粗文本 (<b>)，创建表格 (<table>) 或者在网页上插入链接 (<a>) 等等。

超文本标记语言
(Hypertext Markup Language，HTML)
使用数百种命令标记表示 Web 内容的一种标准语言。

通过标准化的命名 (BIND)、翻译 (HTTP) 和格式化 (HTML)，由于设计和实现阶段的大多数复杂性都被消除了，所以设计者能快速创建系统。这些标准也使设计者摆脱了在广泛的计算设备和平台上交付应用程序的大多数烦恼。BIND、HTTP 和 HTML 共同为设计者在开发基于互联网的应用时提供了一个标准。事实上，没有这些标准，我们所知的互联网不可能存在。

未来发展方向

目前，支持基于 HTML 的数据交换的基础设施与支持广泛使用 XML、JSON 和其他新兴标准的基础设施没有太大差别。随着台式电脑和标准 Web 浏览器越来越落伍，互联网标准变化和发展的最大动力来自对无线移动计算设备的支持。如前所述，无线移动计算设备通常称为瘦客户端技术。瘦客户端 (如上网本、平板电脑和智能手机) 正被设计为在基于互联网的环境中作为客户端运行 (参见图 12.14)。相应地，能提供大量客户端存储空间和高处理性能的工作站称为胖客户端。目前连接到互联网的 PC 工作站都可以被认为是胖客户端。在桌面 PC 工作站上，是由 Web 浏览器渲染 HTML 文档中标记的内容。但随着瘦客户机的普及，设计应用程序来接收、发送和处理 XML 或 JSON，将使内容能更有效地显示在任何客户端设备上，不管其屏幕大小或分辨率如何。

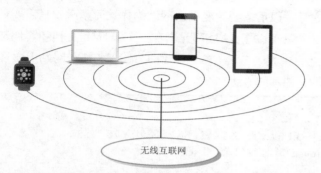

图 12.14

用于访问互联网的瘦客户端

　　无论设备是智能手机、平板电脑还是台式机，只要按标准开发，基于互联网的系统设计都能极大地提高效率。一个设计良好的系统应将内容表示与业务逻辑和数据分开，允许任何支持互联网的设备成为整个分布式系统的一部分。接着，我们将讨论如何确保任何类型的设备看到的都是外观一致的网站。

站点一致性

　　一致的"外观和感觉"是使网站显得专业的基础。具有高度一致性的网站对用户来说也更容易浏览，而且用户也更容易预测到链接的含义。从实用的角度看，如果不为整个网站贯彻标准的外观和感觉，将是一个糟糕的设计决策。单独修改网站的数千个网页的颜色、字体或其他元素，开发和维护会成为一场噩梦。本节将讨论如何在整个网站上贯彻设计的一致性，并简化网页的维护。

层叠样式表 (CSS)

　　开发大型网站的最大困难之一是保持整个网站在颜色、背景、字体和其他页面元素方面的一致性。有经验的网站设计者发现，使用层

层叠样式表

(Cascading Style Sheet，CSS)

一组样式规则，告诉 Web 浏览器如何呈现网页文档。

叠样式表 (Cascading Style Sheet，CSS) 能大幅简化网站的维护工作，还能确保网页的一致性 (参见 http://www.w3.org/Style/CSS/)。CSS 是一组样式规则，告诉 Web 浏览器如何呈现一个文档。为了实现 CSS，可采用链接样式表的方法，这要求利用 HTML 的 LINK 元素。链接了样式表之后，以后需要改变整个网站的样式元素时，只需要更新这个样式表文件就可以了。LINK 元素在一个 HTML 文档和其他某个对象或文件之间建立了链接 (参见图 12.15)。CSS 是在网站中实现标准样式设计的最基本的方法。

图 12.15

用 HTML link 标记链接 CSS 文件

示例命令：	
<LINK HREF="style5.css" REL=StyleSheet TYPE="text/css" TITLE="Common Back-ground Style" MEDIA=" screen, print">	
命令参数：	
HREF=" 文件名或 URL"	指定链接对象或文档的位置
REL=" 关系 "	指定当前文档和链接的对象或文档之间的关系类型
TITLE=" 对象或文档的标题 "	声明链接对象或文档的标题
TYPE=" 对象或文档的类型 "	声明链接对象或文档的类型
MEDIA=" 媒体类型 "	声明样式表应用于什么媒体类型 (例如 screen，print，projection，aural，braille，tty，tv，all)

可扩展样式表语言 (XSL)

可扩展样式表语言
(eXtensible Stylesheet Language，XSL)
生成 XML 页面时将样式与内容分开的一种规范。

在全站实现标准化网页样式的第二种方法、也是较复杂的方法是使用**可扩展样式表语言** (eXtensible Stylesheet Language，XSL)。XSL 是在生成 XML 页面时将样式与内容分开的一种规范 (参见 http://www.w3.org/TR/xsl/)。XSL 允许设计者以类似于层叠样式表的方式将单个样式模板应用于多个页面。XSL 允许设计者规定 XML 应如何显示，无论客户端设备是 Web 浏览器、手持设备、语音输出或者其他媒体。换言之，XSL 为设计者提供了使 XML 内容在各种客户端设备上无缝显示的规范。

从实践的角度说，XSL 允许设计者将表示逻辑和网站内容分开。这使网站的"外观和感觉"标准化，而不必根据个别设备的能力进行定制。随着台式电脑、移动计算设备和电视等设备的快速发展，XSL 是确保信息一致地显示并有效利用客户端设备能力的一种强大的方法。基于 XSL 的格式化由下面两部分组成。

1. 转换方法：将 XML 文档转换为常规形式的方法。

2. 格式化方法：将常规形式格式化为设备特有形式的方法。

换言之，从远程数据源查询获得的 XML 内容将根据一个关联的 XSL 样式表中的规则进行格式化 (参见图 12.16)。然后，这些内容被转换为设备特有的格式，并显示给用户。例如，如果用户通过 Web 浏览器发出请求，则"表示层"将生成一个 HTML 文档。如请求从无线移动终端发出，则内容以无线标记语言 (WML) 文档的形式交付。

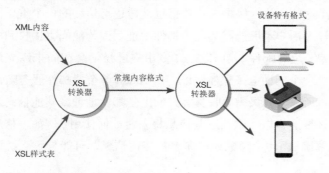

图 12.16
结合 XML 数据和 XSL 样式表来格式化内容

站点管理相关设计问题

维护是系统长期管理的一部分。许多设计问题将大幅影响系统的长期成功运行。为此，本节将讨论在设计基于互联网的系统时特别重要的一些问题。

客户忠诚度和信任

为了使网站成为你的客户与你互动的首选方式，他们必须感到网站（及其数据）是安全的。有许多网站设计方法可向用户传达可信度。客户是通过与网站交互时获得的积极体验中建立起信任 (McKnight, Choudhury, & Kacmar, 2002)。按照 Web 设计大师 Jakob Nielsen 的说法 (Nielsen，1999)，设计师可通过以下方式在网站上传达可信度。

1. 设计质量。专业的外观和清晰的导航传达了对客户的尊重和对良好服务的隐含承诺。

2. 事前披露。立即告知用户客户关系的所有方面（例如运费、数据隐私政策等）；这传达了一种开放和诚实的关系。

3. 全面、正确和最新的内容。经常更新内容，用户会认为你的网站总是能提供最新信息。

4. 连接 Web 其他部分。与外部网站的链接是一种自信的表现，使人感到可信。一个孤立的网站给人的感觉是它可能有什么东西要隐藏。所以，不要轻易禁止外链！

除了这些方法，保护客户数据也是传达可信度的一个重要因素。例如，许多用户不愿透露其电子邮件地址，因为他们害怕收到不请自来的信息（垃圾邮件）。所以，许多用户已经学会在尚未建立信任的时候提供一个辅助电子邮件地址，用 Gmail 等免费邮件服务随便就可以申请。所以，如果需要收集客户的电子邮件地址或其他信息，应披露为什么要这样做，以及这些信息将来会如何使用（例如，信息将只用于订单确认）。不考虑如何向客户传达信任，可能导致系统设计的失败。

提高忠诚度和向客户传达可信度的另一个方法是提供有用的、个性化的内容（参见 Nielsen, 1998a；Nielsen and Loranger, 2006)。个性化 (personalization) 是指根据对客户的了解向其提供内容。例如，一旦在 Amazon.com 上注册并下单，每次访问时都会看到一个基于你之前购买行为的定制页面。

个性化
(personalization)
根据对客户的了解来向他们提供互联网内容。

不要混淆个性化和定制。定制 (customization) 是指用户根据自己的个人喜好自定义网站的内容和外观。例如，流行的互联网门户（提供广泛资源和服务的综合性网站）和许多流行的搜索引擎都允许用户根据自己的喜好和兴趣定制网站。包括大学在内的许多组织也在使用门户的概念来提供组织特定的信息和应用 (Nielsen, 2003；Nielsen & Loranger, 2006)。

由于个性化网站了解你的习惯，所以每次访问时，都会看到新的个性化内容，而不必输入任何额外信息。网站之所以能实现内容的个性化，是因为系统会学习每个客户的喜好，并根据这些历史建立一个档案 (profile)。网站的个性化取得了极大的成功，因为用户不需要做任何事情去设置它。例如，用户一般都对 Amazon.com 网站的个性化数据持赞成态度。为了对每个客户的内容进行个性化，Amazon 将用户以前的购买行为与其他数百万客户的购买行为进行比较，从而提出可靠的购买建议。看到这些建议，客户可能会有"我之前居然没想到"的感觉。Amazon 很好地做到了不使个性化推荐过于突兀。这样，如果系统对用户可能感兴趣的东西做了错误的猜测，用户也不会因为网站试图比它实际更聪明而感到恼火。例如，许多用户访问 Amazon. com 是为了购买书籍作为送给朋友的礼物。如果用这些数据来个性化网站，可能会在用户选购自己需要的东西时适得其反。

定制
(customization)
允许用户根据自己的个人喜好自定义网站的内容和外观。

从不掉链

商业网站的链接永远不能断掉。专业开发人员主要出于以下四个方面的原因得出这一结论 (Nielsen, 1998b)。

1. 客户的书签。由于客户可以为你的网站的任何页面添加书签，所以不能在冒着失去客户的风险而删除一个页面。任何死链都显得很不专业，会失去客户的心。

2. 来自其他网站的链接。和客户将网页加入书签一样，其他网站可能有到你的网页的直接链接。删除一个网页，就可能会导致失去客户的推荐。

3. 搜索引擎推荐。搜索引擎更新其数据库的速度往往较慢，所以一旦你更改或删除了链接，搜索引擎往往无法及时更新，从而造成人们看到的是旧的或不存在的网页。

4. 旧的内容会增值。除了这些实际的问题，许多用户实际上可能从旧内容中发现价值。由于有些人喜欢研究历史，企业需要为旧的产品提供支持，或者有些人想就最近的事件调查背景资料，所以旧的内容可能依然有用。另外，保留旧内容的成本其实也不大。不过，对旧的内容进行维护还是很重要的，这样才不会出现死链。与此同时，还能纠正或删除过时或误导性的信息。最后，要确保为旧的内容明确标注日期，提供免责声明，指出不再适用或不再准确的内容，并引导用户访问最新页面。

基于上述讨论，你不应得出结论说 Web 内容永远不能改变和发展。这里的重点在于，永远不能有死链。换言之，当用户将一个网页加入书签并返回你的网站时，这个链接应该仍然起作用，并返回对用户有用的东西。否则，就可能永远失去客户。只要对网站上旧的内容进行少量维护，就可以为客户提供一个有价值的资源。一个常识是，不常访问你的网站的客户应该很容易找到他们正在寻找的东西。否则，他们会感到沮丧，离开，永远不再回来。

系统安全性

一个悖论是，在分布式系统中，安全和易用性往往相互冲突。一个安全的系统往往不那么"对用户友好"，而一个易于使用的系统往往不那么安全。设计基于互联网的系统时，成功的网站要在安全性和易用性之间取得适当的平衡。例如，许多需要密码才能进入的网站提供了"记住密码"功能。这使用户在网站上的体验更加方便和顺畅，但同时导致了一个不太安全的环境。一旦密码被记住，任何使用这台电脑的人都能访问原用户的账户和个人信息。

　　此外，假定要求用户必须注册才能使用网站，并通过密码获得访问权。针对这种情况，有经验的设计人员发现，最好推迟用户注册，不要刚打开网页就要求用户注册。如过早要求注册，还没体会到这个网站的价值，客户就可能逃之夭夭 (Nielsen, 1997; Nielsen & Loranger, 2006)。若客户选择在你的网站上注册，要确保该过程尽可能简单。此外，如有可能，将用户信息存储在客户端或服务器端的 cookies 中，而不是要求用户在每次访问网站时都要重新输入信息 (如用户名)。当然，如果网站需要很高的安全性 (例如股票交易网站)，可以要求用户在每次访问时进行更多的身份验证。安全性是一把双刃剑。太多了，可能将客户拒之门外；太少了，则可能失去客户，因为他们不信任网站的安全性。需要精心的系统设计来实现安全性和易用性之间的恰当平衡。

网站内容管理

　　在互联网的早期，网站往往由需要经常加班的一小群开发人员维护；网站往往充满了过时的信息和不一致的布局。现在，为了实现网站外观的一致性，组织多利用模板和样式表 (如前所述)。为确保网站包含最准确和最新的信息 (通常来自多个来源)，许多组织已转向使用**内容管理系统** (content management system，CMS)。CMS 是一种特殊的软件应用程序，用于收集、组织和发布来自多个组织数据源的网站内容。这些数据源包括数据仓库、人事数据库、库存等。这些内容与组织网站内任何类型的网页的格式化模板一起存储在单一的资源库中。由于 CMS 将内容和格式分开，同样的基础内容可通过不同的方式呈现给不同的受众 (客户、员工或供应商等) 以及不同的设备 (参见图 12.17)。流行的 CMS 包括 WordPress、Joomla 和 Drupal 等。

内容管理系统
(content management system, CMS)
用于收集、组织和发布网站内容的一种特殊的软件应用程序。

图 12.17
内容管理系统允许来自多个来源
的内容和格式分开存储以简化网
站管理

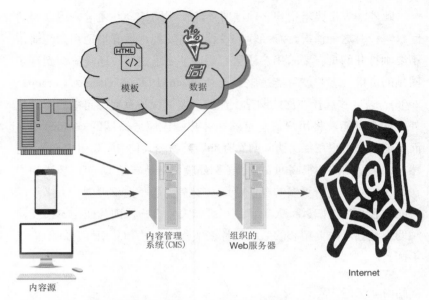

模板　数据

内容管理
系统(CMS)

组织的
Web 服务器

Internet

内容源

(来源：M-O Vector/Shutterstock, Andrey Mertsalov/Shutterstock & A-R-T/Shutterstock)

　　此外，CMS 允许众多内容开发者和来源为网站提供更新的信息，他们无需了解关于 HTML 的任何知识。例如，人事经理可以写一份新职位描述，并用标准字处理软件 (如 Microsoft Word) 将其发布到 CMS 服务器上。一旦存储到 CMS 服务器上，招聘信息的文本就可以和标准模板合并，自动将其格式化为标准网页。格式化后，网站管理员可以审查和批准招聘信息，然后再发布到公开 (内部网、互联网或外部网) 的网站上。采用这种方式，组织的网站能获得非常及时的更新，而不必等 Web 开发人员来编写页面。这种内容、外观和发布的分离大大改善了组织的工作流程和站点管理。只有通过 CMS，组织才能部署复杂的网站，在其中包含成千上万的页面和快速变化的内容。例如，访问一个像 sina.com.cn 这样内容不断变化的流行网站，想象一下如果没有 CMS，如何保持它的更新呢？

电商应用：为松谷家具网店设计分布式广告服务器

本章讨论了在设计基于互联网的系统时需要考虑的许多问题。如前两章所述，可通过原型设计来构思网站的外观和感觉。网站的外观和感觉是互联网应用的数据表示层的一个功能。原型设计还提供了系统中的事务处理和过程的一个视图。事务处理和过程由三层架构的中间层（数据分析）进行管理。本节将讨论如何将一个分布式广告轮播系统集成到 PVF 的网店。

前两章讨论了 Jim Woo 如何为 PVF 的网上商店定义表单／报表以及界面／对话规范。在这项设计工作中，他和他的开发团队得出结论，网站的人机界面需要有以下四个关键特性。

1. 带面包屑路径的菜单驱动导航。

2. 轻量级图形。

3. 表单和数据完整性规则。

4. 基于样式表的 HTML。

为了向团队演示这些特性，Jim 做了一个原型（参见图 12.18）。

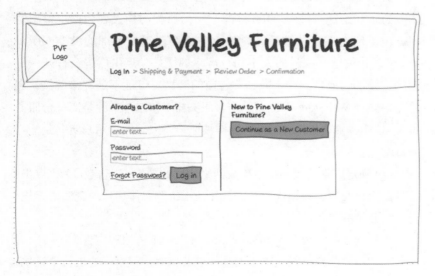

图 12.18
WebStore 的初始原型

松谷家具网店的广告

松谷家具
(PVF)

审查 Jim Woo 的 WebStore 原型后，Jackie Judson 想评估在网站上添加广告的可行性。她想出了添加广告的以下优势。

- 增加网店收入。
- 与其他电商网站建立交叉促销和联盟关系。
- 为客户提供更好的服务，帮助他们寻找 PVF 产品系列中的其他产品。

Jim 同意在网站上打广告，并研究了一系列网站上的广告案例。他列举了为了在 WebStore 实现成功的广告轮播系统，在系统设计时需关注的问题。

- 广告必须迅速显示，不能影响网站性能。
- 广告的大小和分辨率必须统一，避免破坏网站布局。
- 广告链接不能将用户的浏览器从 WebStore 中重定向到目的地。

设计广告组件

为了开始这一过程，Jim 修改了初始原型的样式表为广告留出空间。由于所有广告在被纳入轮播之前都要获得市场部的批准，所以 Jim 可以相信这些广告的大小和分辨率都统一。点击广告会打开一个新的、较小的窗口，并定向到广告商的网站。但这不是直接链接。它首先定向到 WebStore 系统中的广告服务器（和广告来源是同一台服务器）。这个"点击"(click-thru) 操作被记录下来，然后用户定向到恰当的目的地。

Jim 确定广告轮播系统要生成两组不同的数据：广告数量和"点击"数量。生成的数据必须快速存储，并在系统的总体运作中透明地工作。对广告系统的事务性要求如下。

1. 根据用户当前在 WebStore 的位置来确定适用的广告。

2. 如用户账户已经建立，而且知道其偏好，就对广告进行个性化。

3. 检查是否有任何季节性或促销广告。

4. 记录交易。

这些要求是管理广告轮换系统的业务规则的一部分。Jim 和 Jackie 希望这些参数灵活且可扩展，以便未来的系统能够整合这些规则。为演示如何在 WebStore 上投放广告，Jim 修改了原型，在右侧包含了一个垂直的 banner(参见图 12.19)。

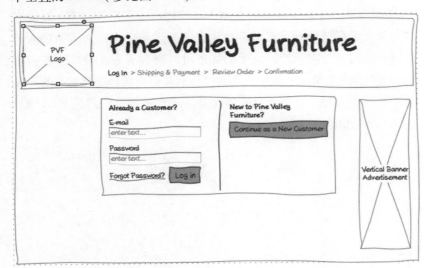

图 12.19
为 WebStore 原型加入广告

设计管理报表组件

确定了系统的事务处理需求后，Jackie 将注意力转向她和其他高层想要看到的报表。为此，Jim 将存储在客户跟踪系统中的用户数据与点击广告时存储的数据进行交叉对比。这样，Jim 和 Jackie 就确定了许多潜在的分析查询，它们将客户跟踪系统的数据与广告轮播系统的交易数据联系起来。他们想到了下面这些查询。

- "有多少女人在选购办公桌时点击了灯具广告？"
- "有多少广告被提供给正在寻找文件柜的购物者？"

- "有多少人点击了他们看到的第一个广告？"
- "有多少人点击广告后从 WebStore 买了东西？"

能够分析这些和其他结果，将为针对性的营销活动、季节性促销活动和产品搭配提供重要的反馈。在 WebStore 中使用一个分布式的、基于交易的广告系统将保持较低的维护成本，并增加网站的收入。从广告交易数据的分析查询中获得的信息会进一步增加网站的价值。

Jackie 和 Jim 与市场部的全体人员共同审查了广告模型。许多客户代表表示有兴趣寻求与常客合作在网站上做广告。初级销售人员也急于出售广告空间，因为他们知道可以向购买方反馈广告点击率和总体广告浏览量。其中一位平面设计师甚至当场为即将发布的产品制作了一个广告。每个人似乎都同意，广告轮换系统将为 PVF 增加 WebStore 的价值。

小结

本章探讨了在分布式系统和互联网系统中，多人跨越空间和时间共享系统和数据时所涉及的各种问题和技术。你学习了客户端/服务器结构，它将PC和工作站联网以取代旧的大型机应用。还学习了客户端/服务器架构的组成部分，包括局域网、数据库服务器、应用程序编程接口和应用程序开发工具。

我们对比了两种常见的基于 LAN 的架构：文件服务器和客户端/服务器。事实表明，较新的客户端/服务器技术比老式文件服务器更有优势。我们还概述了分布式系统和三层客户端/服务器技术的演变，这些技术为分析师在设计分布式系统时提供了更多选择。

云计算采用一种效用计算 (utility computing) 模型，客户可利用多种计算资源，这些资源可按需访问，而且几乎不需要客服。云计算的特点包括按需自助、快速弹性、广泛的网络访问（接入）、资源池和计量服务。典型的云计算服务模式有基础设施即服务 (IaaS)、平台即服务 (PaaS) 和软件即服务 (SaaS)。考虑迁移到基于共有云的基础设施时，企业必须权衡诸如可用性、可靠性、伸缩性、（提供方）生存能力、安全性、保密性、合规性、开放性、服务多样性以及成本等问题。云计算支持面向服务的架构并使用 Web 服务，以更容易地集成系统并将其部署到各种设备上。

设计基于互联网的系统时，标准化的位置命名、内容转换和文档格式化使设计人员能够快速创建系统，因为设计和实现的大多数复杂性都被隐藏了。这些标准也使设计者摆脱了为多种计算设备和平台交付应用的烦恼。许多商业网站都很庞大，可能包含成千上万个不同的页面。一致的"外观和感觉"是传达网站专业形象的基础。一个具有高度一致性的网站对用户来说也更容易浏览，而且更直观，使用户能预测链接的含义。设计大规模 Web 应用时，有两种技术可以贯彻一致性，即 CSS 和 XSL。为了方便向各种各样的客户端提供内容，现在的趋势是将 Web 内容和它的格式分开。电子商务应用尤其欢迎这一趋势，并在采用诸如 XML 和 JSON 等标准来创作 Web 数据，用 XSL 来管理内容格式，并用样式表来确保网站设计在不同客户端设备上的一致性。最后，一个成功的设计会使用户觉得网站和他们的数据是安全的。客户从与网站交互时的积极体验中建立信任。采取步骤来传达可信度，将有助于吸引和留住客户。

因篇幅有限，所以本章没有讨论涉及分布式和互联网系统的其他几个问题。其中许多问题都要由其他系统专家（比如数据库管理员、电信专家和计算机安全专家）处理。系统分析师必须和其他专家协作以构建健全的分布式系统。

关键术语

将上述每个关键术语与以下定义配对。

____ 将工作站、计算机和文件服务器连接到一起的网络布线、硬件以及软件的统称。这种网络位于一个有限的地理区域内 (通常在一栋建筑或校园内)。

____ 对物理计算机 (包括硬件和操作系统) 的软件模拟,可实现物理硬件资源更高效的共享。

____ 管理文件操作,并由连接到 LAN 的每台客户端 PC 共享的一台计算机。

____ 一种云计算模型,客户只使用通过云基础设施提供的应用程序。

____ 一种基于 LAN 的计算环境,由一台中心数据库服务器或引擎执行从客户端 PC 收到的各种数据库指令。各个客户端 PC 只需负责 UI 功能。

____ 在提供数据库处理和共享访问功能的服务器上运行的客户端 / 服务器数据库系统的 "后端" 部分。

____ 客户端 / 服务器数据库系统的 "前端" 部分,即负责显示用户界面和呈现 (表示) 数据的客户端 PC。

____ 一种基本的软件构建单元,提供了通用的系统功能 (如 UI 和打印)。还提供了通用模块,以实现客户端和服务器之间的标准化数据交换。

____ 整合硬件、软件和通信技术,将数据管理、表示和分析汇集到一个三层 (或 n 层) 客户端 / 服务器环境中。

____ 一种云计算模型,客户可运行他们自己的应用程序,这些应用程序通常用服务提供商提供的工具设计。客户对底层基础设施的控制有限或没有。

____ 一种云计算模型，仅提供处理、存储和网络等基本功能。

____ 在 Web 服务应用程序和操作系统之间传递 JSON 数据的一种相当简单和快速的协议。

____ 将互联网域名翻译为 IP 地址的一种方法。

____ 在互联网上交换信息的一种通信协议。

____ 使用数百种命令标记 (tags) 表示 Web 内容的一种标准语言。

____ 一种互联网创作语言，允许设计人员创建定制标记，使应用程序之间的数据定义、传输、验证和解释成为可能。

____ 在 Web 应用程序和操作系统之间传输 XML 数据的一种协议。

____ 一种轻量级客户端。数据处理和存储在服务器上进行，这种客户端接收数据并做少量处理 (如显示)。

____ 一组样式规则，告诉 Web 浏览器如何呈现网页文档。

____ 生成 XML 页面时将样式与内容分开的一种规范。

____ 根据对客户的了解向其提供互联网内容。

____ 允许用户根据自己的个人喜好自定义网站的内容和外观。

____ 主要负责提供数据分析功能的一台服务器。

____ 一种高级客户端 / 服务器架构，它合并三种逻辑功能 (数据管理、表示和分析) 以创建单一的信息系统。

____ 一种轻量级数据交换方法，人很容易理解，计算机则比较容易生成或解释。

____ 用于收集、组织和发布网站内容的一种特殊的软件应用程序。

____ 两个电子设备通过网络进行通信的一种方法。

____ 一种按需计算形式，包括处理器、数据存储和网络在内的计算资源根据自己的需要进行租用。组织只需为实际使用的服务付费。

____ 一种软件架构，其中业务过程被分解成单独的组件 (或服务)，它们设计用于为服务的消费者 (可以是一个应用程序、另一个服务或者一个人) 实现预期的结果。

____ 创建各种计算能力的虚拟 (而非物理) 版本的行为。硬件平台、操作系统、存储设备和网络均可虚拟化。

____ 组织用于支持其决策、业务过程和竞争战略的硬件、软件、数据、设施、人力资源以及服务。

复习题

12.32　比较以下术语：

　　a. 文件服务器、客户端 / 服务器架构和局域网 (LAN)

　　b. 虚拟机和虚拟化

　　c. 基础设施即服务 (IaaS)、平台即服务 (PaaS) 和软件即服务 (SaaS)

d. 私有云和共有云

e. 面向服务的架构 (SOA) 和 Web 服务

f. 简单对象访问协议 (SOAP) 和表述性状态传递 (REST)

g. JavaScript 对象标记法 (JSON) 和可扩展标记语言 (XML)

h. 超文本标记语言 (HTML)、超文本传输协议 (HTTP) 和域名系统 BIND

i. 层叠样式表 (CSS) 和可扩展样式表语言 (XSL)

j. 个性化和定制

12.33 说明文件服务器架构的限制。

12.34 说明客户端 / 服务器架构的优点。

12.35 总结为什么要使用三层客户端 / 服务器架构。

12.36 解释中间件在客户端 / 服务器架构中的作用。

12.37 描述云计算模型的特点。

12.38 描述并对比各种云计算服务模型。

12.39 描述与部署云计算模型有关的各种管理问题，包括可用性、可靠性、伸缩性、生存能力、安全性、隐私性、合规性、服务多样性、开放性和成本。

12.40 说明在实现 Web 服务时，JSON 和 XML 与 SOAP 和 REST 的关系。

12.41 BIND，HTTP 和 HTML 等互联网标准如何帮助设计人员构建基于互联网的系统？

12.42 设计基于互联网的电商系统时，为什么有必要将内容和显示分开？

12.43 设计基于互联网的电商系统时，CSS 和 XSL 如何确保设计的一致性。

12.44 讨论在设计基于互联网的电商系统时如何保证客户忠诚度和赢得信任。

12.45 设计基于互联网的电商系统时，为什么"永不掉链"很重要？

12.46 简要说明内容管理系统 (CMS) 的作用及其优势。

问题和练习

12.47 在什么情况下，你会建议在分布式信息系统应用中使用文件服务器，而不是使用客户端 / 服务器？若使用文件服务器，你会给用户提出什么警告？在哪些因素改变后，你才会建议改用客户端 / 服务器？

12.48 假定你要为一家全国连锁汽车零件商店设计一个新的订单输入和销售分析系统。每家店都有一台支持办公功能的 PC。公司设立了区域经理，他们从一家店到另一家店，与当地经理一起工作以促进销售。区域经理有四个全国性办公室，每个人每周有一天在办公室，四天在路上。商店根据销售历史和库存水平，每天下订单补充库存。公司使用互联网将商店的 PC 连接到公司主机。每个区域经理都用一台笔记本电脑连接商店和总部。请推荐一个技术架构来支持公司的业务活动。

12.49　互联网是由网络连接而成的网络。用本章描述的术语说明互联网使用的是哪种类型的分布式网络架构。

12.50　假定要为一个标准的文件服务器环境设计应用程序。针对这种分布式处理环境，本章指出的一个问题是，每台客户端 PC 上的应用软件都必须分担数据管理的责任。一个可能出现的数据管理问题是，两台客户端 PC 上同时运行的应用程序可能想在同一时间更新相同的数据。可以做什么来管控这种潜在的冲突？这种冲突有没有可能导致两台 PC 卡死（换言之，进入无限循环）？如何避免这种问题？

12.51　三层客户端/服务器架构的延伸是 n 层架构，其中用到了多台专门的应用程序服务器和其他功能（如负载平衡）。将本章描述的使用三层架构的理由延伸到 n 层架构。

12.52　本章讨论了客户端/服务器架构的优点。这种架构可能产生哪些操作和管理问题？基于客户端/服务器模型的优缺点，请说明可用该架构来实现的应用程序的特点。

12.53　目前的大趋势是使用瘦客户端技术的无线移动计算。在网上找一些生产瘦客户端（如智能手机和平板电脑）的大型计算机厂商。调查每类设备的特点，准备一份报告，至少基于以下标准对每类设备进行比较：屏幕尺寸、联网选项和速率、内存/存储器容量和应用程序。

12.54　基于上一题的研究，在开发电子商务应用时，每种设备为设计人员带来了什么挑战？是否有部分设备相较于其他设备更适合支持某些应用？

12.55　过时的硬件和软件会对你的生活产生什么影响？举例说明与过时硬件或软件有关的经历。你如何处理这种情况？

12.56　在网上进行调研，了解（或试着估算）自己的计算机的能耗。有哪些方式能降低能耗？

12.57　你目前是否使用了任何云服务？如果有，提供商的服务模型是什么？如果没有，不用云服务的主要原因是什么？

12.58　网站设计的一致性是建立客户忠诚度和信任度的一个重要途径。访问你喜欢的一个网站，分析该网站的设计一致性。在你的分析中，应考虑总体布局、颜色和字体、标签、链接和诸如此类的其他项目。

12.59　在网上找一个提供个性化内容的网站和一个允许你根据自己的喜好定制内容的网站。准备一份报告来比较个性化和定制。一种方法比另一种好吗？为什么？

实战演练

12.60 访问部署了局域网的一个组织，调研以下
问题。

　　a. 盘点所有使用文件服务器架构提供给客
户端 PC 的应用程序。每个应用程序有
多少用户使用？他们的专业和技术技能
是什么？应用程序支持哪些业务过程？
在每个应用程序中，哪些数据被创建、
读取、更新或销毁？是否可以不使用技
术来执行同样的业务过程？如果可以，
如何进行？如果不能，为什么不能？

　　b. 盘点所有使用客户机 / 服务器结构提供
给客户端 PC 的应用程序。每个应用程
序有多少用户使用？他们的专业和技术
技能是什么？应用程序支持哪些业务过
程？在每个应用程序中，哪些数据被创
建、读取、更新或销毁？是否可以不使
用技术来执行同样的业务过程？如果
可以，如何进行？如果不能，为什么
不能？

12.61 本章将文件服务器描述为向分布式信息系
统的用户提供信息的一种方式。有哪些文

件服务器可用，它们的相对优势、劣势和
成本是什么？还有其他哪些类型的服务器
可用，以及 / 或文件服务器的其他用途（例
如作为打印服务器）？

12.62 在网上搜索和 Web 服务相关的信息以及所
用的技术标准。具体地说，使用你所了解
的各种特征来比较 SOAP 和 REST。另外，
用类似的方法来比较 XML 和 JSON。在你
的分析中，要用相同的标准比较每种技术
的优缺点。

12.63 采访云计算 IT 专家。该专家是倾向于共有
云还是私有云？另外，了解他 / 她最有可
能将哪些数据委托给共有云？

12.64 在网上研究一家采用了云计算基础设施的
初创企业。选择云计算基础设施的主要原
因是什么？该初创企业还有哪些选择？

12.65 本章的参考资料列举了一些提供网站设计
准则的来源。访问这些网站，用一份报告
总结本章没有涉及到的准则。你是否在你
研究的网站中发现了不一致或矛盾之处？
为什么会有这些差异？

参考资料

Bass, L., Clements, P., & Kazman, R. (2012). *Software architecture in practice* (3rd ed.). Boston: Addison-Wesley.

DiMaggio, L. (2008). What is middleware? In plain English, please. Redhat Magazine. Retrieved April 10, 2018 from http://planet.jboss.org/post/what_is_middleware_in_plain_english_please.

Erl, T., Puttini, R., & Mahmood Z. (2013). *Cloud computing: Concepts, technology & architecture*. Upper Saddle River, NJ: Prentice Hall.

Fawcett, J., Ayers, D., & Quin, L. R. E. (2012). *Beginning XML*. Hoboken, NJ: Wrox.

Hoffer, J. A., Ramesh, V. & Topi, H. (2016). *Modern database management* (12th ed.). Upper Saddle River, NJ: Prentice Hall.

Hofmann, P., & Woods, D. (2010, November/December). Cloud computing: The limits of public clouds for business applications. *IEEE Internet Computing*, 90-93.

Kroenke, D.M., Auer, D.J., Vandenberg, S.L., & Yoder, R.C. (2017). *Database concepts* (8th ed.). New York: Pearson.

Marchioni, F. (2014). *Enterprise application servers cookbook: Part 3: IBM websphere*. Rome, Italy: ItBuzzPress.

McKnight, D. H., Choudhury, V., & Kacmar, C. (2002). Developing and validating trust measures for e-commerce: An integrative typology. *Information Systems Research*, 13(3), 334–59.

Nielsen, J. (1997, August 1). Loyalty on the Web. Retrieved April 10, 2018 from http://www.nngroup.com/articles/loyalty-on-the-web/.

Nielsen, J. (1998a, October 4). Personalization is over-rated. Retrieved April 10, 2018 from http://www.nngroup.com/articles/personalization-is-over-rated/.

Nielsen, J. (1998b, November 29.) Web pages must live forever. Retrieved April 10, 2018 from http://www.nngroup.com/articles/web-pages-must-live-forever/.

Nielsen, J. (1999, March 7). Trust or bust: Communicating trustworthiness in web design. Retrieved April 10, 2018 from http://www.nngroup.com/articles/trust-or-bust-communicating-trustworthiness-in-web-design/.

Nielsen, J. (2003, March 31). Intranet portals: A tool metaphor for corporate information. Retrieved April 10, 2018 from http://www.nngroup.com/articles/intranet-portals-a-toolmetaphor/.

Nielsen, J., & H. Loranger. (2006). *Prioritizing web usability*. Upper Saddle River, NJ: Prentice Hall.

NIST. (2011). *The NIST definition of cloud computing*. National Institute of Standard and Technology. Retrieved April 10, 2018 from http://csrc.nist.gov/publications/nistpubs/800-145/SP800-145.pdf.

Robbins, M. (2013). *Thin client: 23 success secrets*. Queensland, Australia: Emereo Publishing.

Valacich, J. S., & Schneider, C. (2018). *Information systems today: Managing in the digital world* (8th ed.). Upper Saddle River, NJ: Pearson.

Web service. (2018, April 5). In *Wikipedia, The Free Encyclopedia*. Retrieved 19:40, April 10, 2018, from https://en.wikipedia.org/w/index.php?title=Web_service&oldid=834330338

Zeldman, J. (2009). *Designing with web standards* (3rd ed.). Indianapolis, IN: Peach Pit Press.

案例学习：分布式和互联网系统设计

新出场人物

Seephanie Welsh(数据库管理员)

Stephanie Welsh 为 Petrie 的数据库管理员工作。她在带两个实习生，帮她将概念性的数据库设计转换为物理设计。他们完成了她分配的任务后，她意识到他们很快就会有其他事情要做。

她打电话给 Sanjay Agarwal，Petrie IT 部门最有才华的界面设计师之一。

"喂，Sanjay，我是 Stephanie。有空吗？"

"是你啊，当然有空。" Sanjay 回答。

"好吧，是我两个实习生的事。我分配给他们的数据库工作已经做完了。他们需要做别的事情，所以我就想到了你。你不是已经开始设计'留住客户'这个项目的定制网页了吗？"

"是啊。" Sanjay 说，"这是我这周要做的两千件事情的下一件。"

"所以我把他们派过去？他们都是不错的，很聪明。"

"他们对 Web 界面设计了解多少？"Sanjay 问。

"了解应该不多。"

"这跟我想的不一样。好吧，我知道该怎么做了。我会让他们做一个良好 Web 界面设计准则的清单。他们可以从 Jakob Nielsen 网站 (http://www.nngroup.com) 上列出的准则开始。这个网站内容丰富，有许多短文解释了怎么使网站更加可用。"

访问了 Nielsen 的网站后，实习生提交了如 PE 图 12.1 所示的准则清单。

案例问题

12.66　访问 Nielsen 网站，运用自本清单编制后网站上发布的最新指南和文章来更新 PE 图 12.1。只添加你认为和"留住客户"的设计相关的必要元素。

12.67　复习第 10 章和第 11 章。将这些章节中的准则结合到你对案例问题 12.66 的回答中。你认为网站的人机界面设计准则与一般的应用设计准则有多大的区别？请解释你的理由。

12.68　在网上搜索除了 Nielsen 网站之外的其他网站设计资源 (提示：看本章和前几章末尾的参考资料)。你找到的设计准则在哪些方面与你对案例问题 12.67 的回答相矛盾？解释一下其中的差别。

12.69　本章介绍了忠诚度和可信度的概念，这是顾客与网站交互的必要条件。在像"留住客户"这样的客户忠诚度网站中，可以添加哪些元素来提高 Petrie 的客户忠诚度和向客户传达可信度？

特性	准则
交互的菜单 – 避免	用户从菜单中选择一个选项时，同一页上其他菜单中的选项也发生改变。这种变化的选项会使用户困惑。若选什么要依赖于另一个菜单中的选择，会显得很难
非常长的菜单 – 避免	长菜单需要用户滚动浏览，而且他们不能一下子看到所有的选项。最好的办法是将菜单分解为一系列子菜单，或将一些选择表示为超文本链接
缩写词菜单 – 避免	对用户来说，简单地输入缩写（例如，两个字符的州代码）通常要比从下拉菜单选择快。自由形式的输入需要通过网页上或服务器上的代码进行验证
包含众所周知的数据的菜单 – 避免	用菜单来选择众所周知的数据（如月份、城市或国家）往往会打乱用户的打字流程，并造成其他数据输入问题
框架 (frames)– 少用	用户尝试打印网页或者链接到另一个网站时，框架会造成困惑。框架会妨碍用户将正确的 URL 发送给其他人，没有多少经验的用户会觉得不好用
动来动去的网页元素 – 少用	动来动去的图片对人的周边视觉有过度的影响，会分散用户对其他页面内容的有效利用。动来动去的文本则可能难以阅读
滚动 – 少用	有的用户发现内容超出一屏就不爱滚动了。所以，关键内容和导航元素要总是明显（放在页面顶部，最好是固定，避免跟着内容滚动）
上下文 – 强调	你比用户更了解自己的网站。他们很难找到信息，所以网站的设计应该为他们提供他们需要的结构和位置感。试着从用户的角度设计网站，并将这种结构明确地转达给用户
系统状态 – 要可见	系统应该始终向用户提供关于系统正在做什么的信息。应在合理的时间范围内提供合理的反馈
语言 – 说用户懂的话	网站所用的语言应该是自然和符合逻辑的。它应该基于用户的语言，而不是基于开发者的语言。网站应以用户熟悉的词汇和概念为特色，遵循现实世界的惯例
改错 – 尽量简单	用户会犯错并做出错误的选择。他们需要一种方法来简单地改正，而不必通过一系列繁琐的对话。网站应支持撤销、重做和恢复默认等功能。当然，你的设计最好将出错概率降至最低
行动 – 要明显	对象、行动和选项要明显。对话的每一部分都应该清晰，而且独立于其他部分。操作指令要明显，或者在适当的时候能轻松访问
定制 – 为了灵活性和效率	同时针对新手和有经验的用户设计系统。允许用户根据自己最常见的行动来调整系统
内容 – 要相关	对话的每一部分都要有相关性。不相干的信息会干扰那些必要的信息
"取消" 按钮 – 少用	用户现在依赖 "后退" 按钮来摆脱意外或不愉快的情况。但后退按钮并不总是最好的出路。也要适当包括一个 "取消" 按钮。取消按钮提供了一种明确的退出方式，这让人感到安全，而且确保取消之后还是留在当前网站，而不会一路后退到别的网站

PE 图 12.1　Petrie 公司 "留住客户" 设计准则清单

第 V 部分

实现

实现和维护是系统开发生命周期的最后两个阶段。实现的目的是建立一个正常工作的系统，在组织中安装，替换旧的系统和工作方法，最终完成系统和用户文档，培训用户，并准备支持系统来帮助用户。实现还涉及到项目的关闭，包括评估人员，重新分配员工，评估项目的成功，并将所有资源移交给系统的支持和维护人员。维护的目的是修复和加强系统，以应对问题和不断变化的业务情况。维护包括来自所有系统开发阶段的活动。维护还涉及响应系统更改请求，要将请求转化为更改，设计更改，并实现这些更改。

我们将在第 13 章讨论系统实现过程中的各种工作。对于基于敏捷方法的项目，编码和测试是与分析和设计一起完成的，所以由此生成的系统在开始实现的时候就已经完成了编码和测试。基于传统方法的项目在开始实现时，则需要将详细的设计规范提交给编程团队进行编码，并交给质保团队进行测试。第 13 章将讨论系统和系统组件测试以及确保和衡量软件质量的方法。作为系统分析师，你的任务可能包括制定一个测试计划，其中包括开发对系统的每一部分进行测试的测试数据。项目早期就要开始制定测试计划，通常是在分析期间，因为测试需求与系统的功能需求高度相关。还将学习如何记录每个测试用例和每个测试的结果。测试计划通常采用自下而上的方法，从小模块开始，然后由编程团队进行全面的 alpha 测试、和用户一起进行 beta 测试以及最后的验收测试。测试通过使用各种衡量标准和方法（例如结构化演练）来确保软件的质量。

安装新系统涉及到的不仅仅是对计算机系统进行技术上的改变。和管理技术变化同等重要的是管理组织上的变化。我们讨论了几种安装方法，还讨论了用于预测和控制人和组织对于变化的抵制的几种框架。

任何系统的文档都有很广的覆盖面。通过保持一个全面的项目工作簿，你已经开发了系统维护人员所需的大部分系统文档。现需要最终完成用户文档。第 13 章提供了一个用户指南的常规纲要，以及用于开发高质量用户文档的一系列准则。记住，必须对文档的完整性、准确性和可读性进行测试。

文档完成后，还需要设计并实现各种用户支持活动。培训也是一种支持，它可以是传统的、由老师指导的课程，可以是基于计算机的教程或在线学习，也可以是由供应商提供的培训。电子绩效支持系统提供按需培训。可通过互联网或企业内部网的各种来源获得多种类型的培训。培训后的用户仍有可能遇到困难。所以，作为分析师，你必须考虑利用用户支持、新闻通讯、用户组、在线公告板和其他机制提供持续支持。这些支持的来源同样需要测试和实现。第 13 章最后对项目关闭活动进行了简要回顾，因为实现的结束意味着项目的结束。还提供了一个松谷家具网上商店的实现案例。

但是，实现之后，针对系统的工作才刚刚开始。如今，一个系统的生命周期成本的 80% 都发生在实现之后。维护涉及到对系统进行更新，以纠正缺陷和适应新技术，以及应对新的业务情况、法规和其他要求。在第 14 章，你将了解自己在系统维护中的作用。

有四种维护方式：纠正性、适应性、完善性和预防性。易于维护的系统有助于避免系统可能发生的巨额成本。可通过减少缺陷的数量、提高用户的技能、准备高质量的文档以及开发一个完善的系统结构来影响可维护性。

你可能要参与建立系统的一个维护小组。第 14 章将解释维护人员的不同组织结构及其理由，并讨论如何衡量维护效果。配置管理和决定如何处理更改请求非常重要。你将学习系统管理员如何跟踪基线软件模块，将这些模块交给维护人员，然后重建系统。还会了解到关于网站维护的一些特殊问题，并了解松谷家具网上商店的一个维护例子。

第 13 章将完成 Petrie Electronics 案例学习。该案例的最后一部分有助于你理解组织背景下的实现问题。

第 13 章

系统实现

导言

系统开发生命周期 (SDLC) 的实现阶段从成本和耗时上来说仅次于维护。昂贵是因为有许多人参与这一过程，而耗时是因为有很多工作必须完成。在传统的计划驱动的系统开发项目中，物理设计规范必须转变成能工作的计算机代码，而代码必须测试，直至大部分错误被发现和改正。而在由敏捷方法管理的系统开发项目中，设计、编码和测试是协同完成的。无论采用哪种方法，一旦完成编码和测试，系统就可以"上线"了，它必须安装（或投入生产），用户站点必须为新系统做好准备，用户现在要依靠新系统而不是原有的系统来完成他们的工作。

在组织环境中实现新的信息系统不是一个机械的过程。组织环境由在该组织工作的人塑造和重塑。组织成员的工作习惯、信仰、相互关系和个人目标都会影响到实现过程。虽然所有人都明白一次成功的实现有哪些重要因素，但却没有固定的配方可以照搬。在实现过程中，必须注意组织环境的关键方面，如历史、政治和环境需求。若忽略这些方面，可能导致实现的失败。

本章要讨论实现阶段的许多活动。将讨论编码、测试、安装、文档、用户培训、系统安装后的支持以及成功的实现。我们的目的不是教你如何编程和测试系统——你们中的大多数人已在之前的课程中学习过编写和测试程序。相反，本章展示了编码和测试在总体实现方案中的位置，尤其是在传统的、计划驱动的背景下。本章强调了实现是一个组织变革的过程，而且并非总能成功。

此外，还要学习如何为系统维护人员和系统用户提供关于新系统的文档。这些用户也必须接受培训，以使用你开发并在其工作场所安装的东西。一旦培训结束，系统变得制度化，用户就会对系统的实现和如何有效地使用它产生疑问。必须为用户提供一种方法来获得这些问题的答案并确定进一步培训的需要。

作为开发和实现新系统的系统开发小组的成员，你的工作现已结束，因为安装和转换已经完成。实现的结束标志着你开始了项目关闭的过程。本章最后会讨论正式结束系统开发项目的主题。

简单介绍了编码、测试和安装过程以及这些过程的交付物和成果后，我们将讨论软件应用程序的测试。随后，我们介绍四种安装类型：直接安装、并行安装、单一地点安装和分阶段安装。然后会讨论编写系统文档以及培训和支持用户的过程，并说明这些过程的交付物。然后，我们将讨论各种类型的文档和提供培训与支持服务的多种方法。你会了解到实现是一个组织变革的过程，会涉及许多组织和人员问题。还将了解到组织所面临的安全威胁，以及为了使系统更安全所能做的一些事情。最后，你会了解到电子商务应用的实现与较传统的系统的实现之间的相似性。

系统实现

　　系统实现由许多活动组成。本章关注的六个主要活动是编码、测试、安装、文档、培训和支持 (参见图 13.1)。这些步骤的目的是将物理系统规范转换为可工作的、可靠的软件和硬件，为已经完成的工作编制文档，并为系统当前和未来的用户和维护人员提供帮助。若项目是用敏捷方法来开发的，则编码和测试在此时可能已经完成。若使用传统的计划驱动的方法，编码和测试通常由分析师以外的其他项目组成员完成——虽然分析师也可能会做一些编程工作。在任何情况下，分析师都要确保所有这些不同的活动都被正确地计划和执行。接着分两组简要讨论这些活动。(1) 编码、测试和安装；(2) 系统文档编制以及用户培训和支持。

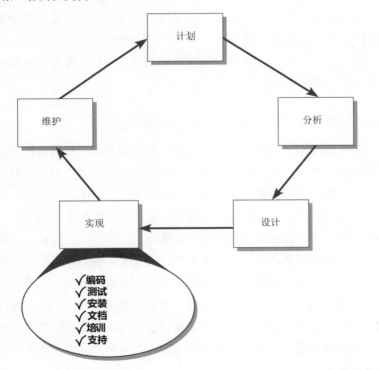

图 13.1

强调实现阶段的系统开发生命周期

编码、测试和安装过程

如前所述，编码是编程团队将分析团队创建的物理设计规范转化为能实际工作的计算机代码的过程。取决于系统的规模和复杂程度，编码可能是一个涉及许多人的密集型活动。无论采用哪种开发方法，一旦编码开始，测试过程就可以开始，并并行进行。每个程序模块生成后，它可以单独测试并成为更大程序的一部分，再作为更大系统的一部分。本章稍后会讨论不同的测试策略。要强调的是，虽然测试是在实现过程中进行的，但必须在项目的早期开始计划测试。计划涉及确定需测试的内容和收集测试数据。这通常在分析阶段完成，因为测试需求与系统需求密切相关。

在安装过程中，当前系统被新系统取代。这涉及将现有的数据、软件、文档和工作程序转换为和新系统一致。用户必须放弃旧的工作方式（无论手动还是自动方式），并适应用新系统完成同样的任务。用户有时会抵制这些变化，你必须帮他们调整。不过，你无法控制安装过程中涉及的所有用户 - 系统交互动态。

编码、测试和安装过程的交付物和成果

表 13.1 总结了编码、测试和安装过程的交付物。一些编程语言提供了自动生成文档的工具，其他语言则需要编码人员付出更多努力来建立良好的文档。但即便是有良好文档的代码，对于负责维护的程序员来说都有些难度。原始系统写好后，负责维护的程序员还要维护这些代码好几年，而原来的程序员可能都不见了。所以，所有单独的模块和程序都要提供清晰、完整的文档，这对于系统的持续平稳运作至关重要。程序和系统测试结果是测试过程的重要交付物，因其记录了测试和测试结果。例如，进行了什么类型的测试？使用了什么测试数据？系统如何处理测试？这些问题的答案可为系统维护提供重要的信息，因为情况发生变化后需要重新测试，而在维护过程也会使用类似的测试程序。

表 13.1　编码、测试和安装的交付物

1. 编码	3. 安装
a. 代码	a. 用户指南
b. 程序文档	b. 用户培训计划
2. 测试	c. 安装和转换计划
a. 测试场景（测试计划）和测试数据	i. 软件和硬件安装计划
b. 程序和系统测试结果	ii. 数据转换计划
	iii. 站点和设施改造计划

　　接着两个交付物——用户指南和用户培训计划——是安装过程的成果。其中，用户指南讲解如何使用新系统，培训计划则是为了让用户快速学会使用新系统。培训计划的开发可能在项目的早期就开始了。而一些关于新系统背后的概念的培训，则可能已经发生了。在实现的早期阶段就要确定培训计划，并开始关于系统使用的培训。类似地，从过程开始到结束，安装计划为从旧系统转移到新系统制定了策略。安装包括在中心和用户站点安装系统（硬件和软件）。安装计划回答了这样的问题：什么时候安装新系统，将使用哪些安装策略，涉及到谁，需要哪些资源，哪些数据会被转换和清理，以及安装过程将持续多长时间。仅仅安装系统还不够，用户必须实际使用它。

　　作为分析师，你的职责是确保所有这些交付物都被很好地生成。你自己要生成一些交付物，例如测试数据、用户指南和安装计划。至于其他交付物（例如代码），你可能只负责监督或简单地监测其生成或完成情况。你在实现过程中的职责范围将依据你工作的组织的规模和标准而变，但你最终要确保所有实现工作都朝着一个正确的方向努力，即最终的系统要符合在早期项目阶段建立的规范。

系统文档编制以及用户培训和支持过程

　　虽然文档编制过程贯穿整个生命周期，但在实现阶段获得了正式关注，因为实现的结束在很大程度上标志着分析团队参与系统开发的结束。当团队准备转向新项目时，你和其他分析师需准备文档，描述你在这个系统的开发和实现中积累的所有重要信息。这种最终的文档有两类受众：(1) 在系统整个生产寿命中负责维护的信息系统人员；(2) 平常使用该系统的人。在大型组织中，分析团队可从信息系统部门的专业人员那里获得帮助来准备文档。

较大的组织也倾向于为整个组织的计算机用户提供培训和支持。有的培训和支持是针对特定应用系统的，其他则针对特定操作系统或现成软件。例如，许多组织都有 Microsoft Windows 操作系统的培训。分析师大多不参与一般的培训和支持，但他们确实与企业培训师合作，为其帮助开发的特定计算机应用程序提供培训和支持。集中培训机构往往有专门的工作人员可以帮助解决培训和支持问题。在规模较小的组织中，由于没有能力拥有人员充足的集中培训和支持机构，所以使用同一软件 (定制还是现成) 的同事是用户拥有的最好的培训和支持来源。

系统文档编制以及用户培训和支持的交付物和成果

表 13.2 总结了系统文档编制以及用户培训和支持的交付物。开发团队至少必须准备用户文档。对于大多数现代信息系统，文档中都包括设计作为系统界面一部分的联机帮助。开发团队应全面考虑用户培训过程。谁应该被培训？对每个培训对象，多少培训才够？不同类型的用户在培训中需要学习什么？培训计划应该由实际的培训模块 (或至少这种模块的大纲) 来补充。这些模块至少要解决前面描述的三个问题。最后，开发团队还应提供一个用户支持计划，以解决诸如信息系统在整合到组织中之后用户如何能找到帮助这样的问题。开发团队应考虑多种支持机制和交付方式。本章后面将详细介绍每一种交付物。

表 13.2　系统文档编制以及用户培训和支持的交付物

1. 文档	3. 用户培训模块
a. 系统文档	a. 培训材料
b. 用户文档	b. 基于计算机的培训辅助工具
2. 用户培训计划	4. 用户支持计划
a. 课程	a. 技术支持
b. 教程	b. 联机帮助
	c. 公告板和其他支持机制

软件应用程序测试

　　如前所述，在传统的计划驱动的系统开发项目中，分析师准备系统规范并交由程序员编码。虽然编码需要付出相当大的精力，还需要高水平的技能，但编写代码的实践和过程不属于本书的范畴。不过，由于软件应用程序测试是分析师所计划的活动（始于分析阶段），所以取决于组织制定的标准，分析师有时也要负责监督测试过程，而且需要了解测试过程的要点。虽然本节的内容主要是从传统开发实践的角度讨论测试，但许多相同类型的测试在敏捷方法的分析 - 设计 - 编码 - 测试周期中是共通的。本节最后会简要讨论极限编程 (XP) 中的编码和测试。

　　虽然许多实际的测试活动在实现过程中进行，但软件测试始于 SDLC 的早期。在分析期间，你要制定一个主测试计划。在设计期间，你要制定一个单元测试计划、一个集成测试计划以及一个系统测试计划。在实现期间，这些不同的计划被付诸实施以执行实际的测试。

　　这些书面测试计划的目的是为了改善所有参与测试应用软件的人之间的沟通。该计划规定了每个人在测试过程中的作用是什么。测试计划还可作为核对表，用于确定主测试计划是否已经完成。主测试计划不仅仅是单一的文档，而是文档的集合。其中，每个组成文档都代表了系统一个部分或一种特定类型的测试的完整测试计划。介绍一个完整的主测试计划远远超出了本书的范围。为了对主测试计划的内容有一个印象，我们在表 13.3 中列出了一个简略的目录。

表 13.3　一个主测试计划的目录

1. 前言	4. 程序控制
a. 目标测试系统说明	a. 测试启动
b. 测试计划的目标	b. 测试执行
c. 测试方法	c. 测试失败
d. 支持文档	d. 访问 / 更改控制
2. 总体计划	e. 文档控制
a. 里程碑，日程安排和地点	5. 测试和组件特有的测试计划
b. 测试材料	a. 目标
i. 测试计划	b. 软件说明
ii. 测试用例	c. 方法
iii. 测试场景	d. 里程碑，日程安排，进展和地点
iv. 测试记录	e. 需求
3. 测试需求	f. 通过测试的条件
a. 硬件	g. 结果测试材料
b. 软件	h. 执行控制
c. 人员	i. 附件

主测试计划 (master test plan) 是总体系统开发项目中的一个项目。由于至少有一些系统测试将由到目前为止还没有参与系统开发的人完成，所以"前言"部分提供了关于系统和测试需求的一般信息。"总体计划"和"测试需求"部分就像是测试的"基线项目计划"(BPP)，其中概括了事件的时间表、资源需求和实践标准。"程序控制"解释测试如何进行，包括如何记录对错误进行更正的修复措施。第 5 部分（也是最后一部分）解释了验证系统表现是否符合预期的每一个必要的具体测试。

一些组织有经过专门培训的人员来监督和支持测试。测试经理负责制定测试计划，建立测试标准，整合生命周期中的测试和开发活动，并确保测试计划的完成。测试专家帮助制定测试计划，创建测试用例和场景，执行实际测试，并分析和报告测试结果。

七种不同类型的测试

软件应用程序测试是一个总的术语,涵盖了多种类型的测试。Mosley (1993) 根据测试是采用静态还是动态技术以及测试是自动还是手动来组织测试类型。静态测试意味着被测试的代码不被执行。代码的运行结果不是这种测试要考虑的问题。相反,动态测试涉及代码的执行。自动测试意味着由计算机主导测试,而手动测试意味着由人完成测试。基于这个框架,我们可以对不同类型的测试进行分类,如表 13.4 所示。

表 13.4　测试类型分类

	手动	自动
静态	检查 (Inspections)	语法检查
动态	演练 (Walk-throughs) 桌面检查 (Desk checking)	单元测试 集成测试 系统测试

让我们依次讨论每种类型的测试。检查 (inspection) 是正式的小组活动,参与者手动检查代码中出现的知名错误。语法、文法和其他一些常规错误可通过自动检查工具来找出,所以人工检查的目的是找出更细微的错误。每种编程语言都存在编码时易犯的某些类型的错误,这些常见错误是众所周知的,并都有相应的文档可供参考。代码检查的参与者将他们正在检查的代码与该特定语言的知名错误核对表进行比较。确切地说,这个检查过程并不调查代码做了什么。据估计,代码检查能发现 60% 到 90% 的软件缺陷,并为程序员提供反馈,使他们能在未来的工作中避免犯同样类型的错误 (Fagan,1986)。检查过程也可用于设计规范等任务。

和检查不一样,演练 (walk-through) 时要着重调查代码做了什么。结构化演练是检测代码错误的一种非常有效的方法。如第 5 章所述,结构化演练可用来审查许多系统开发交付物,其中包括逻辑和物理设

检查

(inspection)

一种测试技术,参与者检查程序代码,发现可预知的语言特有错误。

计规范以及代码。对规范的演练往往是正式的审查，而对代码的演练往往是非正式的。由于非正式，所以程序员对演练往往不那么焦虑，这还有助于增加演练的频率。根据 Yourdon (1989)，若审查的部分相对较小，而且是在进入正式测试之前，应更频率地进行代码演练。如果在整个程序进入测试阶段之后才进行演练，程序员会花太多的时间去查找错误，而编程团队本可更快发现这些错误。不止浪费程序员的时间，团队其他成员也可能感到沮丧，因为他们发现如果早点演练，错误就不会像在现在之这么多。另外，程序没有经过演练的时间越长，对代码进行审查时，程序员就会变得更加防备。虽然每个组织采用的演练方式不同，但如图 13.2 所示，有一个基本的结构可供遵循，它的效果很好。

图 13.2
一次典型的演练所涉及的步骤

> **代码演练 (CODE WALK-THROUGH) 指南**
> 1. 由项目经理或首席程序员主持审查会议，他也要负责安排会议、预订房间、制定议程、邀请与会者等等。
> 2. 程序员向评审员展示自己的工作。在展示过程中，进行一般性的讨论即可。
> 3. 在一般性的讨论之后，程序员详细演练代码，重点是代码的逻辑，而不是具体的测试用例。
> 4. 评审员要求演练具体的测试用例。
> 5. 假如评审组成员不能达成一致，主席将解决分歧，并分配职责，通常是分配给程序员，以进行具体的修改。
> 6. 如果需要，安排第二次演练。

要强调的是，演练的目的是为了发现错误，而不是为了纠正错误。是由程序员负责纠正在演练过程中发现的错误。有的时候，评审员很难控制自己不为在代码中发现的问题提出解决方案，但多积累这一过程的经验，可帮助评审员改变其行为。

调查代码做了什么在桌面检查 (desk checking) 中也很重要，这是一个非正式的过程，程序员或其他了解程序逻辑的人用纸和笔来演练代码。程序员使用书面或非书面的测试用例来执行每个指令。从某种

桌面检查

(desk checking)

一种测试技术，程序代码由评审员手动顺序执行。

意义上说，评审员就像计算机一样，在自己的脑子里检查每个步骤及其对整个计算机指令集的结果。

在表 13.4 列出的自动化测试技术中，仅一种技术是静态的，即语法检查。语法检查通常由编译器完成。它会发现语法中的错误，但不会执行代码。其他三种自动化技术则要执行代码。

单元测试 (unit testing)——有时也称为"模块测试"——是一种自动化技术，其中每个模块都被单独测试，以尝试发现模块代码中可能存在的任何错误。但是，由于模块在程序和系统中要与其他模块共存和工作，所以还必须在更大的群体中合并测试。合并模块并对其进行测试称为"集成测试"(integration testing)。集成测试是渐进的。首先测试协调 (coordinating) 模块和它的一个从属 (subordinate) 模块。第一次测试后，增加一个或两个来自同一级的其他从属模块。一旦程序用协调模块及其直接从属模块完成了测试，就添加来自下一级的模块并测试程序。以此类推，直至整个程序作为一个单元完成测试。系统测试 (system testing) 是一个类似的过程，但不是将模块集成到程序中进行测试，而是将程序集成到系统中。系统测试遵循和集成测试相同的渐进逻辑。在集成测试和系统测试中，不仅单个模块和程序被多次测试，模块和程序之间的接口也被多次测试。

目前的实践主张采用自上而下的方法来写和测试模块。采用这种方法后，是先写协调模块，再写结构图中下一级的模块以及再下一级的模块，以此类推，直到完成系统中所有的模块。每个模块写好后都要测试。由于顶级模块包含对从属模块的许多调用，所以你可能会觉得奇怪，在下一级模块都没有写好的情况下如何测试？答案是存根测试 (stub testing)。存根是程序员用来代替缺失模块的两、三行代码。测试时，协调模块调用存根而不是真正的从属模块。存根接手控制权，并直接将控制权返回给协调模块。

单元测试
(unit testing)
单独测试每个模块，以期发现其中错误的过程。

集成测试
(integration testing)
对程序的所有模块进行测试的一个过程。这些模块通常以自上而下、渐进的方式集成。

系统测试
(system testing)
对系统的所有程序进行测试的一个过程。这些程序通常以自上而下、渐进的方式集成。

存根测试
(stub testing)
一种模块测试技术，主要针对以自上而下的方式编写和测试的模块。从属模块通常用几行代码来代替。

系统测试不是简单地扩展一下集成测试就可以了，你测试的是系统中不同程序之间的接口，而非测试一个程序中不同模块之间的接口。系统测试的一个目的是确定系统是否满足其目标。这和测试系统以确定它是否符合要求不同——那是验收测试的重点，这将在后面讨论。为了验证系统满足其目标，系统测试要求在一个非真实 (nonlive) 测试环境中使用非真实的测试数据。非真实意味着数据和场景都是人造的，专为测试目的而开发，虽然数据和场景都与用户平常使用系统时的情况相似。系统测试通常由信息系统人员执行，并由项目组负责人领导，虽然也可由用户在管理信息系统 (MIS) 的指导下进行。构成系统测试基础的场景是作为主测试计划的一部分来准备的。

测试过程

到目前为止，我们已讨论了主测试计划和软件应用程序的七种不同类型的测试。未涉及太具体的测试过程。关于信息系统的测试，下面有两件重要的事情需要记住。

1. 测试的目的是确定系统满足要求。

2. 测试必须先计划。

这两点对于测试过程有几方面的暗示 (无论何种类型的测试)。首先，测试不能随便进行。必须注意系统的多个不同方面，如响应时间、对边界数据的响应、对无输入的响应、对大量输入的响应等等。必须测试本身可能出错或在某个系统中可能出错的东西 (在资源限制内)。至少要测试系统中最常使用的部分，并在时间允许的前提下，测试整个系统中尽可能多的其他路径。计划使分析师和程序员有机会思考所有潜在的问题领域，列出这些领域，并制定测试问题的方法。如前所述，主测试计划的一部分是创建一组测试用例，每个测试用例都必须被仔细记录。图 13.3 对测试用例进行了概括。

图 13.3

测试用例说明表

松谷家具 (PVF) 公司
测试用例说明：

测试用例编号：
日期：
测试用例说明：

程序名称：
测试情况：
测试用例准备人：

测试管理员：

测试数据说明：

预期结果：

实际结果：

　　测试用例是事务处理、查询或导航路径的特定场景，代表系统典型、关键或异常的使用。测试用例应该是可重复的，在测试软件的新版本时可重新运行。这对所有代码都很重要，无论这些代码是内部编写，由承包商开发，还是直接购买的。测试用例需确定新软件能与其他必须共享数据的现有软件一起工作。虽然系统分析师一般不做测试，但由于他们对应用程序有深入的了解，所以经常要负责编造或寻找测试数据。创建测试用例和编码 / 测试系统应该由不同的人负责。除了对每个测试用例的描述，还必须有对测试结果的描述，这里强调的是实际结果和预期结果的差异 (参见图 13.4)。在这个描述中，要指出结果为什么出现差异。另外；如有可能，还要指出应该对软件进行什么样的更改。然后，要在描述中提出重新测试的必要；如有可能，还要引入新的测试以发现差异的根源。

图 13.4

测试用例结果表

松谷家具 (PVF) 公司
测试用例结果：

测试用例编号：
日期：

程序名称：
测试的模块：

解释实际和预期输出的差异：

建议的后续步骤：

之所以要保留对测试用例和结果的全面描述，一个重要原因在于，测试可在应用程序的每个版本中重复进行。虽然一个系统的新版本可能需要新的测试数据来验证新功能，但之前的测试数据通常可以（而且应该）重用。用同样的测试数据对比旧版本和新版本的结果，可证明变化未引入新的错误，且系统行为（包括响应时间）没有变坏。对于测试过程的第二个暗示是，测试用例必须包括非法和超出范围的数据。系统应能处理任何可能性（无论多么不可能）；证明这一点的唯一途径就是测试。

测试的付出很大。人工代码审查可能非常耗时，也非常乏味。而且最重要的是，并不总是最佳方案。所以，人们为各种环境开发了称为"自动化测试框架"(testing harness) 的一种特殊用途的软件，以帮

自动化测试框架
(testing harness)

一种自动化测试环境，用于检查代码是否存在错误、是否符合标准以及是否存在其他设计缺陷。

助设计人员自动检查代码质量。在许多情况下，自动化测试框架能大幅增强测试过程，因其可将测试范围自动扩展到当前开发平台之外，并在软件每次出了新版本时运行。例如，利用名为 Costello 的一个自动化测试框架，开发人员可以回答以下问题：代码的稳定性如何？代码是否遵循标准规则？代码能在多个平台上运行吗？部署大规模、多平台的项目时，自动代码审查系统现在几乎不可或缺。

合并编码和测试

虽然编码和测试在很多方面都是同一过程的一部分，但在大型、复杂的系统开发环境中，两者独立进行的情况也不少见。大公司和大项目往往有专门的测试人员，他们制定测试计划，然后在软件写好后根据这些计划来测试。前面介绍了多种类型的测试，从中可看出测试是多么细致和全面。以前说过，在极限编程 (XP)(Beck & Andres, 2004) 和其他敏捷方法中，编码和测试是同一过程中密切相关的部分，写代码的程序员也写测试。无论如何，总的思路是代码写完后应尽快测试。

完成测试后，所有能正常工作的代码可能在每个工作日结束时整合，系统能正常工作的版本会频繁发布。某些时候，甚至每周发布一次。XP 开发人员则在极短时间内设计和生成 (build) 能工作的系统（相对于传统的组织方法）。

在极限编程中，用于持续提高系统质量的一个特殊技术是重构 (refactoring)。重构其实就是简化系统，通常在增加了一个或一组新功能之后。随着系统增加的功能越来越多，它也变得越来越复杂，而这种复杂性将反映到代码中。复杂性增加到一定程度后，XP 开发人员会停下来，重新设计系统。系统在重构后仍然必须通过为其编写的测试用例，这样才可以继续重构，直至所有测试都通过。重构有多种形式，包括简化复杂的语句、从可重用的代码中抽象出单一的解决方案以及删除重复的代码。重构及其暗示的持续简化反映了 XP 和其他敏捷方法的迭代性质。随着开发的进展，系统越来越接近生产状态，迭代和系统演化速度会减慢，该过程被 Beck(2000) 称为"投产准

重构

(refactoring)

添加新的功能之后对程序进行简化的过程。

备"(productionizing)。系统做好投产准备后，就可以发布给用户。这些用户要么是软件的买家，要么是组织内部的用户。

用户验收测试

一旦系统测试令人满意，系统就可开始验收测试 (acceptance testing)，即在最终使用的环境中测试系统。验收是指用户是否对系统感到满意并"接受"它。验收测试的目的是让用户确定系统是否满足其要求。不同的组织地，不同的系统，其验收测试的程度也不同。最完整的验收测试包括 alpha 测试 (用模拟但典型的数据来测试)、beta 测试 (在用户的真实工作环境中使用真实的数据来测试) 以及由组织内部审计师或质保团队成员进行的系统审计。

alpha 测试期间，整个系统在测试环境中实现，以发现系统是否对自己或环境的其余部分造成明显的破坏。alpha 测试期间进行的测试包括：

- 恢复 (还原) 测试：强制软件 (或环境) 失败，验证是否能正确恢复。
- 安全测试：验证系统内置的保护机制能阻挡不正当的渗透。
- 压力测试：试图破坏系统 (例如，一条记录写入数据库时，不完整的信息会发生什么。或者在极端在线交易负载或大量并发用户的情况下会发生什么)。
- 性能测试：确定系统所有可能的环境下的表现 (例如，不同的硬件配置、网络、操作系统等等)。常规目标是让系统在每种环境下都有类似的响应时间和其他性能指标。

在 beta 测试中，从目标用户中选取一部分用户，在他们自己的环境中使用他们自己的数据运行系统。beta 测试的目的是确定软件、文档、技术支持和培训活动是否按预期工作。本质上，beta 测试可视为安装阶段的预演。在 alpha 和 beta 测试中发现的任何问题都必须在用户接受系统之前予以纠正。系统分析师可以讲出许多由于系统的 bug 而导致最终用户无法接受而造成长期拖延的故事。

安装

　　将当前的信息系统更换为新系统的过程称为"安装"(installation)。所有使用一个系统的员工，无论他们在开发过程中是否被咨询过，都必须放弃对当前系统的依赖，开始依赖新系统。多年来，人们发展出了四种不同的安装方法：直接安装、并行安装、单一地点安装和分阶段安装(参见图 13.5)。一个组织最终决定采用什么方法，取决于新系统所带来的变化幅度和复杂性，以及组织对风险的厌恶程度。

安装
(installation)
将当前系统更换为新系统的一种组织过程。

图 13.5
对比不同的安装策略：(a) 直接安装；(b) 并行安装；(c) 单一地点安装（每个地点都直接安装）；(d) 分阶段安装

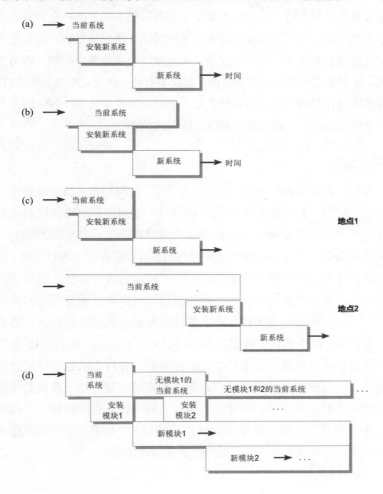

直接安装

直接安装
(direct installation)
一种信息系统安装方法，直接停用旧
系统并启用新系统。

直接安装 (direct installation) 是指直接停用旧系统并启用新系统，参见图 13.5(a)。采用这种安装方式，用户会非常突兀地转至新系统。新系统的任何错误都会直接影响用户及其工作方式。某些时候（取决于系统对于组织的关键程度）还会影响到组织的业务开展。若新系统宣告失败，可能造成很大程度的工作延误。直至恢复旧系统，重新输入业务数据使数据库恢复到最新状态，业务才能恢复正常运转。考虑到这些原因，直接安装可能非常危险。此外，直接安装需要对整个系统进行全新安装。对于大型系统，这可能意味着需要很长的时间才能完成安装，这会推迟系统发挥效益的时间，甚至可能错失系统发挥效益的黄金时间。但另一方面，这也是成本最低的安装方法。若成功安装，会创造相当大的效益。有时没办法让当前系统和新系统共存，所以直接安装是唯一解。而采用其他任何安装方法，两者都必须以某种方式共存。

并行安装

并行安装
(parallel installation)
新旧信息系统同时运行，直至管理层
认定旧系统可以关停。

并行安装 (parallel installation) 没有风险，这刚好和直接安装相反。采用并行安装，旧系统和新系统一起运行，直到用户和管理层确认新系统能有效履行其职责，这时就可以关闭旧系统了，参见图 13.5(b)。旧系统做的全部工作都由新系统同时进行。两者的输出会进行比较（在最大程度上），以确定新系统的表现是否和旧系统一样好。新系统的错误几乎不会对组织造成损失，因为错误可被隔离，业务可用旧系统支持。不过，由于所有工作基本上都要做两遍，所以并行安装可能非常昂贵。运行两个系统意味着要雇用两组人员（并为其开工资）。他们不仅要操作两个系统，还要负责它们的维护。并行方法也会使用户感到困惑，因为他们必须应对两个系统。和直接安装一样，在新系统能放心地取代旧系统之前，可能会有相当大的延误。有的时候，可能根本无法采用并行方法，特别是假如系统的用户（如客户）不能容忍多余的工作，或者系统的规模（用户数量或功能范围）很大。

单一地点安装

　　相较于直接安装和并行安装这两种极端情况，单一地点安装 (single-location installation) 取其中。它不是一次性在组织内部全面推行新系统。相反，是仅在一个地点或多个独立的地点进行试点，并随着时间的推移将当前系统逐步更换为新系统。图 13.5(c) 只展示了在两个地点试点新系统的一种简单情况。所谓"单一地点"，可以是一个分支机构（地方办事处）、一个工厂或者一个部门。在该地点采用的实际安装方法可以是其他任何方法。单一地点安装的关键优势在于，它通过将影响限制在单一地点，从而限制潜在的损害和潜在的成本。一旦管理层确定在一个地点的安装是成功的，新系统就可以在组织的其他地方推行（可能还是一次在一个地点安装）。在一个地点试点成功，可以说服其他地点不情愿的人员，使他们相信这个系统是值得的。系统存在的问题（实际的软件以及文件、培训和支持）可在部署到其他地点之前得到解决。不过，虽然单一地点安装对用户来说可能更简单，但它仍然给信息系统 (IS) 人员带来了很大的负担，因为现在要支持两个版本的系统。但是，由于一次只有一个地点出问题，所以 IS 人员可将所有精力投入到试点地点的成功上。除此之外，若不同地点需共享数据，就要写额外的程序来同步当前系统和新系统。虽然这对用户来说是透明的，但对 IS 人员来说是仍然是额外的工作。和其他每种安装方法一样（分阶段安装除外），需要安装完整的系统。但是，除非试点安装完全通过测试，否则组织的某些部分会一直享受不到新系统的好处。

分阶段安装

　　分阶段安装 (phased installation) 是一种渐进的安装方法。采用这种方法，新系统以功能组件的形式上线；新旧系统的不同部分保持合作，直至整个新系统安装完毕。图 13.5(d) 只展示了新系统前两个模块的分阶段安装。和单一地点安装一样，分阶段安装也是为了限制组织的风险，无论是成本还是业务中断方面的风险。通过逐步转换，组织

单一地点安装
(single-location installation)

在一个地点尝试新的信息系统，根据经验判断新系统是否应该以及用什么方式在全组织的范围内部署。

分阶段安装
(phased installation)

逐渐将旧的信息系统转变为新的，从一个或少数几个功能组件开始，逐渐扩大安装，直至覆盖整个新系统。

面临的风险在时间和地点上得到了分散。另外，在整个系统准备好之前，分阶段安装就能新系统中获得一些好处。例如，在所有报表模块就绪前，就可以开始使用新的数据采集方法。进行分阶段安装时，新系统和被替换的系统必须能够共存，并能共享数据。所以，通常必须建立连接新旧数据库和程序的桥梁程序。有的时候，新旧系统过于不兼容（使用全然不同的结构），造成旧系统的一部分无法逐步替换。在这种情况下，这个安装策略是不可行的。分阶段安装类似于推出系统的一系列版本。所以，分阶段方法需要仔细的版本控制，每个阶段都要发生重复的转换，而且有很长的变化期，这可能会使用户感到沮丧和困惑。但好处是，每个阶段的变化都比较小，对所有参与的人来说显得更容易管理。

计划安装

每种安装策略都不仅涉及软件的转换，还涉及数据和（潜在的）硬件、文件、工作方法、工作（职位）描述、办公室和其他设施、培训材料、业务表单和系统其他方面的转换。例如，需要召回或更换所有旧的系统文档和业务表单。为此，IS 部门必须跟踪谁拥有这些物品，以便通知他们接收替换物品。在实践中，你很少选择一种策略并排除其他所有策略；大多数安装都要依赖于两种或更多方法的组合。例如，假定选择单一地点策略，则必须决定在那个地点以及随后在其他地点如何进行安装。是直接安装、并行安装，还是分阶段安装？

安装过程中，要特别注意数据的转换。由于现有的系统通常包含新系统需要的数据，所以必须确保当前数据没有错误，从当前文件中卸载，与新数据合并，再加载到新文件中。数据可能需要重新格式化，以符合新系统的新技术所支持的更先进的数据类型。新的数据字段可能需要大批量地输入，确保从当前系统复制的每条记录都为新字段填充了数据。可能要先完成一些手动任务（如实际盘点 /physical inventory)，以便在数据转移到新文件之前对其进行验证。整个数据转换过程可能相当乏味。另外，该过程可能需要在提取数据期间关闭当前系统，这样才不会因为对旧数据的更新而污染提取过程。

任何需要在更换系统前全部或部分关闭现有系统的决定都必须谨慎。通常在非工作时间进行系统支持需暂停的安装。无论是否要中断服务，都应提前向用户公布安装时间表，让他们在服务中断和系统支持可能不稳定的时期规划工作日程。阶段性安装成功后也要公布，并制定特殊的程序，使用户可以很容易地通知你他们在安装期间遇到的问题。还应计划好在系统出故障时的应急人员，以便尽快恢复业务的正常运作。另一个考虑因素是组织的行业周期。大多数组织在一年的特定时间面临繁重的工作量，其他时间则相对轻松。一个众所周知的例子是零售业（针对欧美的情况），一年中最繁忙的时候是秋天，恰好在一年中主要的送礼节日之前。你不会想把某个百货商店新 POS 系统的安装安排在 12 月 1 日。安排安装之前，请确保了解自己合作对象的行业周期特点。

对安装的计划最早可从对组织的分析开始。一些安装活动（如购买新硬件、改造设施、验证要转移到新系统的数据、收集要加载到新系统的新数据）必须在软件安装前完成。通常是由项目团队的头头负责预测所有安装任务，并将每个任务分配给不同分析师完成。

每个安装过程都会迫使员工改变其工作方式。所以，安装不应被视为简单地安装一个新的计算机系统，而应视为一个组织变革过程。所涉及的不仅仅是一个计算机系统，你还在改变人们的工作方式以及组织的运作方式。

编制系统文档

从某种意义上说，每个系统开发项目都是独一无二的，都会生成其独特的文档。开发团队所采用的方法，无论是更传统的、面向计划的，还是更敏捷的，也会决定所生成的文档的数量和类型。然而，系统开

发项目确有许多相似之处，这些相似之处决定了某些活动的开展以及
这些活动中哪些必须编制文档。Bell and Evans(1989) 解释了在一个常
规 SDLC 中，各阶段应生成什么文档 (如表 13.5 所示)。将表 13.5 的
常规生命周期与本书介绍的生命周期进行对比，会发现两者之间存在
一些差异，但两种生命周期的总体结构相同，它们都包括分析、设计、
实现和项目计划等基本阶段。具体文档依据你遵循的生命周期而有所
不同，文档的格式和内容可能由你工作的组织规定。但是，可根据具
体需要对一个基本的文件大纲进行调整。 注意，这个表格只是说在什
么时候文档应该完成，你应尽早开发具体的文档元素 (在收集了需要
的信息之后)。

表 13.5　SDLC 和阶段性的常规文档

常规生命周期的各个阶段	常规文档
需求规范	系统需求规范 资源需求规范
项目控制结构化	管理计划 工程修改建议 (ECP)
系统开发 　架构设计 　原型设计 　详细设计和实现 　测试规范 　测试实现	架构设计文档 原型设计文档 详细设计文档 测试规范 测试报告
系统交付	用户指南 发布说明 系统管理员指南 参考指南 签字验收

为进一步简化，我们可将文档分为两种基本类型：系统文档(system documentation) 和用户文档 (user documentation)。系统文档记录关于一个系统的设计规范、其内部运作和功能的详细信息。在表 13.5 中，所有列出的文档 (除了系统交付) 都可作为系统文档。系统文档主要面向维护程序员 (将在第 14 章讲述)，用户文档面向的则主要是用户。组织可能为系统文档建立了明确标准。这些标准可能包括项目字典的大纲和文档的特定内容。用户文档的标准则没那么明确。

用户文档

用户文档是讲解应用系统、它的工作方式以及如何使用的书面或其他可以看得见资料。图 13.6 摘录了 Microsoft Word 的在线用户文档，向用户解释如何在 Word 文件中创建新闻稿风格的分栏。这种演示方法已成为在线帮助文档的标准。

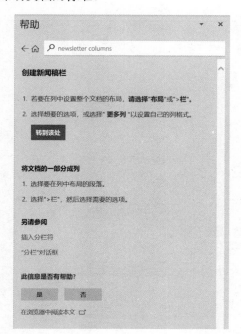

(来源：Microsoft Corporation)

系统文档
(system documentation)
关于系统的规范、内部工作方式以及功能的详细信息。

用户文档
(user documentation)
讲解应用系统、它的工作方式以及如何使用的书面或其他可视资料。

图 13.6
Microsoft Word **帮助文档**

图 13.6 的帮助文件只是一种类型的用户文档。其他用户文档还有参考指南、快速参考指南、发布说明、系统管理员指南和签字验收（参见表 13.5）。参考指南详细列出了系统的功能和命令，通常按字母顺序排序。参考指南在查找具体信息方面非常好，但如果想深入了解执行某项任务所需的全部步骤，它就不那么好了。快速参考指南以短小精悍的形式提供了有关系统操作的基本信息。若计算机由多人共享，多名用户（如负责航班预订或邮购目录的职员）在同一台机器上执行类似的任务，就通常将快速参考指南印在索引卡片上或制作成小书，摆在计算机终端上或者附近。表 13.6 展示了一个常规用户指南的大纲（来自 Bell & Evans, 1989）。这种指南的目的是提供关于用户如何使用计算机系统来完成特定任务的信息。指南中的信息通常按任务执行的频率和复杂程度排序。

表 13.6　常规用户指南大纲

前言
1. 简介
1.1. 配置
1.2 工作流程
2. 用户界面
2.1 显示屏幕
2.2 命令类型
3. 快速入门
3.1 登入
3.2 登出
3.3 保存
3.4 错误恢复
3.n [基本操作名称]
n. [任务名称]
附录 A—错误消息
（[附录]）
词汇表
术语
缩写词
索引

　　表 13.6 中，带有"n"并在方括号中显示了一个标题的小节意味着有许多这样的小节，每个都针对不同的主题。例如，对于一个会计应用程序，第 4 节及以后的小节可能涉及诸如在分类账中输入交易、月末结账和打印报表等主题。圆括号内的项目表示可选，可根据需要包括在内。大型用户指南应考虑添加索引。图 13.7 展示了 Microsoft Excel 的快速入门指南。这个特定的参考指南是为那些从未用过 Excel 的人准备的。不同软件产品为用户指南采用了不同的组织方式。用户指南还因目标受众的不同（新手还是专家）而有所区别。可将图 13.7 的指南和其他软件包的指南进行一下对比，以了解它们的差异。

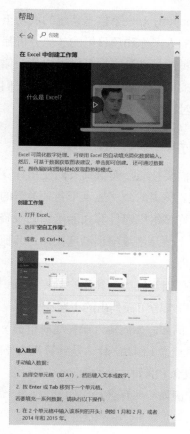

图 13.7
Excel 快速入门指南

（来源：Microsoft Corporation）

发布说明包含关于最新系统发布版本的信息，包括新版本系统的文档列表、特性和增强、已知问题（及其在新版本中的处理方式）以及关于安装的信息。系统管理员指南主要是为那些将安装和管理新系统的人准备的。它包含的信息涉及系统所依赖的网络、打印机等外围设备的软件接口、故障诊断和用户账户设置等。最后，签字验收(acceptance sign-off) 允许用户测试系统安装是否正确，然后签字验收新系统。

用户培训和支持

培训和**支持** (support) 对一个信息系统的成功至关重要。作为用户认为对新系统负责的人，你和项目组的其他分析师必须确保提供高质量的培训和支持。虽然培训和支持可以说成是两件独立的事情，但在组织实践中，两者的区别并不那么明显，因为它们有时会发生重叠。毕竟，两者都涉及对计算的学习。

培训信息系统用户

计算机的使用需要技能，而培训人们使用计算机应用程序对组织来说可能是昂贵的。美国的公司热衷于各种类型的培训，但信息系统培训经常被忽视。许多组织对计算技能培训的投资都不足。当然，会有一些组织将高水平信息系统培训制度化，但其他更多的组织完全没有提供系统化的培训。

需要的培训类型因系统类型和用户的专业知识而异。判断一项培训是否有用时，可以参考下面列出的主题：

- 系统使用（例如，如何输入课程注册申请）
- 常规计算机概念（例如，什么是计算机文件以及如何复制它们）
- 信息系统概念（例如，批处理）
- 组织概念（例如，库存会计中的 FIFO 概念）

支持
(support)
持续教育信息系统的用户并解决他们遇到的问题。对于内部开发的系统，相关的支持材料和职位必须作为实现过程的一部分来准备或设计。

- 系统管理（例如，如何请求对系统的更改）
- 系统安装（例如，如何在分阶段安装期间协调当前和新系统）

从这个部分列表可以看出，许多潜在的主题不仅仅是如何使用新系统那么简单。可能有必要为用户制定其他方面的培训，以便用户在概念上和心理上做好使用新系统的准备。有的培训（如概念培训）应在项目的早期开始，这样可为组织变革过程中的"解冻"（帮助用户放下长期以来形成的工作程序）要素提供帮助。

每项培训内容都可通过不同的方式进行。表 13.7 列出了信息系统部门最常用的培训方法。企业最常见的培训方式依然是传统的由老师带领的课堂培训 (U.S. GAO, 2003)。很多时候，用户会求助于驻场专家和其他用户进行培训。和组织的技术支持人员相比，用户更倾向于向本地专家寻求帮助，因为他们了解用户的主要工作及其使用的计算机系统。由于喜欢找同伴进行培训，所以最终用户将他们最常见的计算机培训方式描述为"自我培训" (self-training) 也就不奇怪了。

人们从各种用户培训方法的经验中得出一个结论，就一个新系统进行培训的有效策略是首先培训几个关键用户，再组织培训计划和支持机制，让这些用户参与进来并提供进一步的培训，包括正式培训和按需培训。通常，为特定用户群定制的培训是最有效的，而用户群的首席培训师最有资格为他们的同事提供这种培训。

现在的企业也非常依赖在线学习 (e-learning) 作为一种关键的培训方式。和远程学习一样，在线学习需要设计一个正式的学习系统，它能利用基于计算机的电子通信进行远程学习。你可能已经有远程学习的经验（尤其是在疫情期间），或者学校可能教过你如何使用一些主流在线学习软件，如 Canvas，Blackboard 或 Moodle。在线学习课程可通过互联网或公司的内部网来提供。课程可以从供应商处购买，也可由公司的内部培训人员准备。与传统的课堂培训相比，在线学习的成本相对较低，而且它还有一个额外的优势，就是能随时随地使用。学生

表 13.7　不同类型的培训

驻场专家
传统由老师带领的课堂培训
在线学习 / 远程学习
混合型学习（老师带和在线相结合）
软件帮助组件
外部来源，如供应商

能按自己的节奏学习。在线学习系统可提供几种不同的元素来增强学习体验，包括模拟、在线联系导师和专家、电子书、网络会议和视频点播。企业培训的另一个趋势是混合型学习，即把在线学习和老师带领的课堂培训结合起来。最近的一项调查报告显示，77% 的受访者通过在线企业培训项目来培训其员工 (Patten, 2018)。预计到 2025 年，全球在线学习市场将增长到 3250 亿美元 (Kelly, 2017)。

　　表 13.7 还列出了一种称为"软件帮助组件"的培训方法。 图 13.8 展示的是 Microsoft PowerPoint 提供的在线学习资源，它是其帮助系统的组成部分。用户如何想学习和精通 PowerPoint，可以参加几个不同的视频培训课程。用户按自己的节奏浏览教程，随时可以停止和开始。

图 13.8

PowerPoint 提供的在线学习资源

（来源：Microsoft Corporation)

支持信息系统用户

历史上，对用户的计算支持通过以下几种形式之一提供：纸质、基于纸质支持的在线版本、由第三方供应商提供或由为同一组织工作的其他人提供。如前所述，无论什么形式的支持，往往都不能满足用户的需求。虽然如此，用户还是认为支持相当重要。

随着组织全面拥抱计算，尤其是在个人电脑出现后，对支持的需求也急剧增加，因为越来越多的员工开始依赖计算来完成他们的工作。组织转向客户端 / 服务器架构后，用户对支持的需求就更多了。与此同时，组织开始越来越多地依赖供应商的支持 (Crowley, 1993)。对支持需求的增加部分来源于缺乏管理客户端 / 服务器产品的标准，以及由此而产生的使不同供应商的设备和软件兼容的需求。供应商能提供必要的支持，但由于他们的产品从昂贵的大型机软件包转向便宜的现成 (off-the-shelf) 软件，他们发现自己不能再继续承担免费支持的成本。大多数供应商现在都对支持服务收费，许多供应商设立了 900 电话，或向客户出售无限制的支持服务，但要按月或年订阅。

自动化支持

为削减提供支持的成本并满足对额外支持服务的需求，现在许多供应商都将其许多支持服务自动化。在线支持论坛为用户提供了关于新版本、bug 和使用技巧的信息。论坛通过互联网或公司内部网提供。自动语音应答系统允许用户按数字键选择菜单，获得预先录制的关于使用、问题和解决方案的信息。许多组织也为自己开发或购买的系统建立了类似的支持机制。这些支持通过内部电子邮件和办公自动化进行。

供应商可允许用户访问其在线知识库，其中包括电子支持服务、单一联系点 (single point of contact) 以及对供应商支持人员的优先访问 (Schneider, 1993)。产品知识库包括关于供应商产品的所有技术和支持信息，并提供额外的信息供现场人员解决问题时使用。供应商经常通过互联网提供完整的用户和技术文档（包括定期更新），这样用户的组织就可向所有内部用户在线提供这些文档、bug 报告、解决方案以及有关未录入文档的功能的说明。电子支持服务包括前面讨论的所有供应商支持服务，但同时专门为公司定制。单一联系点是一名系统工程师，他通常以公司和供应商之间的联络人的身份在现场工作。最后，优先访问意味着公司员工总是可能通过电话或电邮从供应商公司的某个人那里获得帮助，通常能在预先规定的四小时或更短的时间内做出响应。

这种强化的供应商支持尤其适合这样的组织：正在使用供应商的全线产品，或者大多数内部开发的应用要么使用了供应商的产品作为系统的组成部分，要么供应商的产品本身就是应用开发的基础。第一种情况的一个例子是，组织已经建立了一个基于特定供应商的 SQL 服务器和 API 的客户端 / 服务器架构。内部开发的应用程序在客户端 / 服务器架构下运行，而且严重依赖选定的 SQL 服务器和 API。在这种情况下，如果供应商能为围绕这些组件产生的问题直接提供技术支持，那么对企业信息系统的工作人员是非常有帮助的。第二种情况的例子包括使用 Microsoft Access 或 Excel 开发的订单输入和库存控制应用系统。在这种情况下，系统开发者和用户 (对于这种基于软件包的应用，两者可能是相同的人) 如果能直接向供应商的代表询问关于产品的事宜，那么会获得相当大的好处。

通过技术支持提供支持

无论由供应商提供协助还是自己单干，在许多组织中，信息系统支持活动的中心是自己的技术支持。技术支持 (help desk) 是信息系统部门的一项职能，由信息系统的工作人员负责。当用户需要信息系统的帮助时，技术支持是他们首先应该打电话的地方。技术支持的工作人员要么处理用户的问题，要么把用户介绍给最合适的人。

技术支持人员要善于和用户沟通，倾听他们的问题，并有技巧地传达潜在的解决方案。这些人员还需对用户所问询的技术有所了解。但最重要的是，技术支持人员要知道什么时候正在实现新的系统和版

技术支持
(help desk)
一个单一联络点，负责组织或某个部门内所有用户围绕特定信息系统的咨询和问题。

本，什么时候用户正在接受新系统的培训。技术支持人员自己要懂新的系统，受到良好的培训。有时之所以发生灾难，原因是对用户进行了新系统的培训，却没有对这些用户将求助的技术支持人员进行培训，造成他们无法满足用户的支持需求。

系统实现中的组织问题

尽管系统开发团队为设计和建立一个高质量的系统以及管理组织中的变革过程做出了最大的努力，但实现工作有时会失败。有时员工不会使用为他们开发的新系统，或者即使他们用了，对系统的满意度也很低。为什么系统实现工作会失败？这个问题成为信息系统研究的主题已经超过 60 年了。在本节的第一部分，我们将尝试提供一些答案，介绍研究发现的保障实现成功的重要因素。本节第二部分将讨论信息系统的另一个重要的组织问题：安全。将介绍对组织系统安全的各种威胁，以及一些可用来应对该问题的补救措施。

为什么实现有时会失败？

多年来形成的传统观点是，成功的实现工作至少要满足两个必要条件：管理层对开发中系统的支持和用户对开发过程的参与 (Ginzberg, 1981b)。传统观点认为，如果这两个条件都满足，就应该有一个成功的实现。但是，即便有管理层和用户的积极支持与参与，信息系统的实现有时还是会失败 (参见我们列举的例子)。

管理层支持和用户参与对实现的成功很重要，但和其他同样重要的因素相比，它们也可能被高估了。研究表明，用户参与和实现成功之间的联系有时很弱 (Ives & Olson, 1984)。当系统很复杂时，用户参与可有助于减少失败的风险，但当开发过程中存在资金和时间限制时，用户参与开发过程只会使失败的可能性增大 (Tait & Vessey, 1988)。信息系统实现失败太常见了，而且实现过程也太复杂了，传统观点不可能完全正确。

系统实现失败的一个例子

2016 年 2 月 24 日，新的加拿大联邦薪酬系统上线了。该系统名为 Phoenix(凤凰)，由 IBM 为加拿大政府定制设计。但这个系统几乎立即出了问题。一些雇员没有拿到足额的工资，另一些雇员则拿到了太多工资，还有一些雇员根本没有拿到工资。该系统的开发和实现成本实际比预算低 200 万美元，为 3.07 亿加元。系统上线两年后，即 2018 年 2 月，实现和修复问题的总成本接近 9 亿美元。最初预计要 550 名员工来操作 Phoenix，但这一数字增长到了 1 500 多人。即便花了这么多钱，加拿大政府还是宣布要 "最终脱离 Phoenix，开始开发下一代联邦政府薪酬系统"。政府已经拨款 1 600 万美元开始计划用于取代 Phoenix 的系统。

多年以来，其他研究发现了对成功实现很重要的其他因素。其中三个是：对项目的承诺、对变革的承诺以及项目定义和计划的程度 (Ginzberg, 1981b)。对项目的承诺涉及管理系统开发项目，对所要解决的问题有充分了解，而且为解决该问题而开发的系统能真正解决问题。对变革的承诺包括愿意改变行为、程序和组织的其他方面。项目定义和计划的程度衡量的是项目计划得有多好。计划得越全面，实现失败的可能性就越小。与实现成功有关的另一个重要因素是用户的期望 (Ginzberg, 1981a)。用户早期对新系统及其功能的期望越接近于现实，用户就越有可能对新系统感到满意并实际使用它。

尽管有很多方法来确定一个实现是否成功，但最常见和最值得信赖的两个方法是系统的使用性以及用户对系统的满意度 (Lucas, 1997)。深入研究信息系统实现的 Lucas 指出了影响系统使用性的六个因素 (1997)。

1. 用户的个人利益。 系统针对的领域对用户来说有多重要；换言之，系统与用户所做的工作有多大关系。用户在系统中的个人利益本身受到管理层对系统实现的支持程度以及系统所要解决的问题对用户来说是否紧迫的影响。管理层的支持程度越高，问题越紧急，用户在系统中的个人利益就越高。

2. 系统特性。包括系统设计的各个方面，如易用性、可靠性和与系统支持的任务的相关性。

3. 用户自身的特点。包括年龄和计算机操作水平等。

4. 组织支持。即本章之前说过的用户支持问题。提供的支持越好，一个人就越有可能使用它。

5. 表现。个人能用一个系统做什么来支持其工作，将对系统的使用程度产生影响。用户用系统能做的事情越多，开发出的创造性使用方法越多，他们就会越多地使用该系统。表现和使用之间的关系是双向的。表现越好，用得越多。用得越多，表现就越好。

6. 满意。使用和满意也是一种双向关系。用户对系统越满意，就会频繁使用。他们用得越多，越满意。

图 13.9 的模型展示了 Lucas 所确定的因素及其相互关系。用这个模型可以更容易看到各种因素之间的关系，例如，管理层的支持和问题的紧迫性如何影响用户在系统中的个人利益。还要注意，"表现"和"满意"都用一个双向箭头连接"使用"，表明两个因素之间存在双向关系。

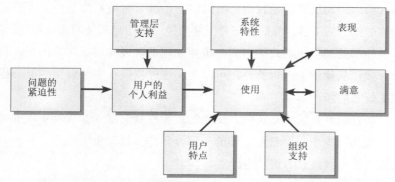

图 13.9

影响实现成功的各种因素

应该清楚的是，作为分析师，作为负责成功实现信息系统的人，你对一些因素的控制比其他因素更多。例如，你对系统的特性有相当大的影响，还可能对系统的用户支持水平有一定的影响。你无法直接控制用户个人特点、用户在系统中的个人利益、管理层的支持或者问题对于用户的紧迫性。但这并不意味着可以忽略那些自己无法改变的因素。相反，需要很好地理解这些因素，因为必须在系统设计和实现策略中平衡这些因素和你可以改变的因素。也许无法改变用户本身的特点或用户在系统中的利益，但在设计系统和实现策略时要考虑这些因素。

前面所提到的因素都是很直接的，很容易明白。例如，缺乏计算机操作经验会使用户对系统犹豫不决，效率低下，效果不佳，导致系统不能充分发挥其潜在效益。如高层管理人员似乎并不关心这个系统，为什么下属要关心呢？但是，还有更多的因素可被归类为政治因素，它们可能更加隐蔽，很难影响，甚至与正在实现的系统无关，但对系统的成功有影响。

政治因素的基础是，在组织中工作的人有利己目标，他们除了追求本部门和本组织的目标，还会追求自己的利己目标。例如，人们可能会采取行动来加强自己相对于同事的权力；另一些时候，人们会采取行动来阻止拥有更多权力的同事（如老板）使用这种权力或获得更多权力。因为信息就是权力，所以信息系统常常被看作是一个人影响和施加权力的工具。我们有必要了解围绕一个信息系统的历史和政治，而且除了处理消极的政治因素，也要处理更客观和可操作的因素。有的时候，从政治上进行诠释，可以为实现过程以及事件发生的原因提供更好的解释。

一旦信息系统成功实现，文档的重要性就会增加。成功实现的系统会成为组织中员工日常工作的一部分。许多员工负责使用，其他人负责维护并保持它的正常运行。

安全问题

信息系统的安全性对组织及其管理层日益重要。因安全漏洞而造成的损失很难统计，因为大多数受害企业都不好意思承认，他们也肯定不好意思透露实际损失了多少钱。针对安全漏洞给企业带来的损失，IBM 安全部和 Ponemon 研究所进行了一项调查。到 2017 年为止，估计数据泄露事件所造成的年平均经济损失为 362 万美元。但我们可以肯定，全球经济的实际损失要多得多。大多数企业不愿承认由于安全漏洞而造成的经济损失，而那些承认的又对真实的损失金额遮遮掩掩。

如果组织是安全漏洞的受害者，这些威胁的来源是什么？表 13.8 提供了一些答案。如同我们的预期，大多数企业报告说他们是外部威胁的受害者，包括恶意软件和黑客攻击。其他外部安全威胁还有网络钓鱼攻击、利用应用程序的漏洞、拒绝服务以及盗窃计算或存储设备。拒绝服务是阻止人们访问网站的一种流行的黑客技术，本质上就是向 Web 服务器发送超过其在短时间内所能处理的信息。但要注意，虽然外部威胁很常见，内部威胁同样不容忽视。记录在案的数据泄露事件中，超过四分之一是由内部人员造成的。员工的滥用行为包括诸如用企业的系统发送个人电子邮件或在工作时间上网冲浪等看似无辜的活动。虽然这些活动可能不会损害公司系统，但确实占用了可能需要用于工作的企业资源。在工作时间用单位的设备下载大型音乐或视频文件，实际上会妨碍工作，因为下载大型文件会消耗带宽，使工作进程缓慢。内部人员未经授权访问信息或者给自己升权的行为就没那么无辜了，这些活动相当于故意损害。

表 13.8　IT 安全的部分统计数据（数据编自 Vijayan, 2017 & Verizon, 2018）

组织预算中分配给信息安全的百分比，2017	
小于 1 %	7 %
1 % 到 5 %	22 %
6 % 到 10 %	26 %
最大的 IT 安全挑战，2017	
评估风险	35 %
贯彻安全策略	34 %
管控安全的复杂性	33 %
防止由于外部攻击而造成的数据泄露	29 %

（续表）

因数据泄露造成的平均财务损失，2017	
美国	$735 万
中东	$494 万
加拿大	$431 万
谁造成了记录在在案的数据泄露，2017	
外部人员	73 %
内部人员	28 %
有各级犯罪团伙	50 %
国家或国家相关团体 (个人)	12 %
造成数据泄露最常用的五种方式，2017	
黑客攻击	48 %
恶意软件	30 %
人为或系统错误	17 %
社交攻击 (社会工程)	17 %
特权滥用	11 %
数据泄露的受害者，2017	
医疗保健组织	24 %
住宿和餐饮业	15 %
公共部门实体	14 %

公司可采取一些行动以应对信息安全问题。平均地说，大多数企业在系统安全上的花费要多于同行业因网络安全而造成的平均损失。当企业和个人开始考虑系统安全问题时，他们首先想到的是问题的技术解决方案 (Schneider, 2000)。常见解决方案包括防火墙、电子邮件安全和垃圾邮件过滤软件、防病毒软件、VPN 和数据加密。

防火墙是一套相关的程序，用于保护网络资源不受其他网络的用户的影响。防火墙通常与路由器软件紧密合作，检查每个网络数据包并决定是否放行。防火墙通常安装在一台特别的计算机中，与网络其他部分分开，以确保没有传入的请求能直接接触私有的网络资源。

技术是一方面，但任何计算机防御中最薄弱的环节是使用计算机系统的人。例如，许多系统用户没有使用好的密码，他们可能把密码告诉其他人（包括陌生人），或者将密码记到便条上，再贴到显示器上。世界上最好的防御技术也不能克服人的懒惰和疏忽。专家认为，计算机安全涉及人的方面可通过实现针对用户行为的程序和政策来予以应对 (Denning, 1999; Mitnick & Simon, 2002)。这些政策涉及系统用户不得泄露密码、定期修改密码、保持操作系统和防病毒软件的更新等等。健全的系统安全实践要求有效地使用适当的信息技术，并要求员工和决策者勤奋地参与到组织信息技术资产的保护中。

电商应用：松谷家具网店的系统实现和运作

和其他许多分析与设计活动一样，基于互联网的电子商务应用的系统实现和运作与其他类型的应用所遵循的过程没有什么不同。之前，你已看到过 Jim Woo 和松谷家具 (PVF) 开发团队如何将 WebStore 的概念数据模型转化为一套规范化的关系。本节将研究 WebStore 系统在安装和上线之前如何测试。

松谷家具
(PVF)

所有 WebStore 软件模块的编程都已完成。程序员对每个模块进行了全面的测试，现在是对 WebStore 进行系统级测试的时候了。本节讨论了如何开发测试用例、如何记录与修复 bugs 以及如何进行 alpha 测试 beta 测试。

为网店开发测试用例

为了开始系统级的测试过程，Jim 和 PVF 开发团队开发了测试用例来检查系统的每个方面。Jim 知道，和 SDLC 的所有其他方面一样，系统测试需要一个非常结构化和有计划的过程。向公众开放网上商店之前，系统的每个模块和组件都需要在受控环境中进行测试。根据自己实现其他系统的经验，Jim 认为他们需要开发约 150~200 个独立的测试用例来全面检查网上商店。为了将注意力集中到测试用例的开发上，并让团队成员知道自己需负责系统的哪个具体领域，Jim 制定了以下测试类别清单。

- 简单功能：添加到购物车，列出 section，计算税额，更改个人数据。
- 多个功能：将商品添加到购物车并修改数量，创建用户账户，更改地址。
- 功能链：将商品添加到购物车，结账，创建用户账户，购买。
- 选择性的功能：退货，快递丢失，缺货。
- 紧急情况 / 危机：丢失订单，硬件故障，安全攻击。

开发组分成五个独立的团队，每个团队为每个测试类别开发一套全面的用例。每个团队有一天时间来开发他们的测试用例。一旦开发完成，每个团队都会举行一次演练，使每个人都知道测试过程的全部内容，并促进对每个团队的广泛反馈，使测试过程尽可能全面。为了说明这一点，Jim 说："如果客户将一个产品重复加进购物车会发生什么？我们能不能处理？当顾客将一个产品重复加进购物车再删除，会发生什么？我们能不能处理？虽然其中一些事情不太可能发生，但必须保证系统能应对任何类型的客户交互。我们必须开发每一个必要的测试用例，确定系统能按预期的方式运行，24-7-365！"

为了进行成功的系统测试，一个重要部分是确保没有信息丢失，所有测试都以一致的方式描述。为此，Jim 为所有团队提供了标准表单来记录每个案例和每个测试的结果。这个表有以下几个部分：

- 测试用例 ID
- 分类 / 测试目标
- 说明
- 系统信息
- 完成日期
- 参与者

- 机器特征（处理器、操作系统、内存、浏览器等）
- 测试结果
- 注解

团队还为每种常规的测试类型制定了标准代码，这些代码被用于创建测试用例 ID。例如，所有与"简单功能"(simple functionality) 有关的测试都有一个以 SF 为前缀、以数字为后缀的 ID(如 SF001)。团队还为测试分类、目标列出和其他内容的书写制定了标准。建立这些标准可确保测试过程被一致地记录下来。

bug 跟踪和系统演进

测试过程的一个成果是找出系统的 bug。所以，除了为测试用例的书写和记录建立标准方法，Jim 和各个团队还制定了其他一些规则来确保测试过程的顺利进行。有经验的开发人员早就知道，在测试过程中，准确的 bug 跟踪过程对于快速排除故障和修复是至关重要的。可将"bug 跟踪"想象成创造了一个"paper trail"，使程序员更容易找到和修复 bug。为确保所有 bug 都以类似的方式被记录下来，该团队开发了一个 bug 跟踪表，其中有以下几个类别：

- bug 编号（简单递增的编号）
- 产生该 bug 的测试用例 ID
- bug 是否能重现？
- 影响
- 说明
- 决议
- 决议日期
- 注解

PVF 开发团队同意分批进行 bug 修复，这是因为每次软件有所改变时，都要重做所有测试用例。之所以软件每次发生改变时都要重做全部测试用例，是为了确保在 bug 错误的过程中，没有其他的 bug 被引入到系统中。当系统随着测试过程演进时（期间 bug 被一批批地修复），软件版本号也会递增。但无论如何，开发和测试阶段的版本号总是低于"1.0"。首发版本才使用"1.0"。

网店的 Alpha 测试和 Beta 测试

完成了所有系统测试用例并解决了所有已知的 bug 后，Jim 将网店带入了 alpha 测试阶段。在这一阶段，整个 PVF 开发团队以及公司内部的人员将对网上商店进行测试。为鼓励员工积极参与测试，公司举办了一些有创意的宣传和赠品活动。所有员工都得到了一件 T 恤，上面写着："我在网店购物，你呢？"另外，所有员工都获得 100 美元用于在网店购物，如果在购物时发现了系统错误，他们整个部门还能享受一次免费午餐。在 alpha 测试期间，开发团队进行了全面的恢复、安全、压力和性能测试。表 13.9 总结了部分测试类型。

表 13.9　网上商店 alpha 测试期间开展的测试

测试类型	执行的测试
恢复	主服务器断电，测试备用电源系统 主服务器关机，测试自动切换到备份服务器的功能
安全性	尝试在还没有成为客户（创建账户）的情况下购买 尝试检查 PVF 域内的服务器目录文件，以及从外部 ISP 连接时的文件
压力	让多个用户同时创建账户，处理购买，添加到购物车，从购物车删除，等等
性能	检查使用不同连接速度、处理器、内存、浏览器和其他系统配置的响应时间 检查备份服务器数据时的响应时间

完成 alpha 测试后，PVF 招募了他们的几个老客户来帮助进行 beta 测试。在真实客户使用系统期间，Jim 能监控系统并对服务器进行微调，以获得最佳的系统性能。随着系统在测试过程中的进展，发

现的错误越来越少。连续几天都没有发现任何问题后，Jim 觉得有信心开放网上商店的业务了。

安装网店

整个测试过程中，Jim 让 PVF 管理层了解每一次成功和失败。幸好，由于 Jim 和开发团队遵循了结构化和规范化的开发过程，成功远多于失败。事实上，他确信网上商店已准备好上线，并将向 PVF 的高层管理人员建议，是时候做出决定对外公开自家的网上商店了。

项目结束

第 3 章介绍了项目管理的各个阶段，从项目启动到项目关闭。如果你是项目经理，而且已经成功引领项目完成了本书迄今为止介绍的所有 SDLC 阶段，现在就可以开始关闭项目了。虽然维护阶段即将开始，但开发项目本身已经结束。如下一章所述，维护可被视为一系列较小的开发项目，每个都有自己的一系列项目管理阶段。

如第 3 章所述，关闭项目的第一项任务涉及许多不同的活动，从处理项目人员到为项目的结束计划一次庆祝活动。可能要评估团队成员，将大多数人重新分配到其他项目，也许还要解雇一些人。作为项目经理，还必须通知所有受影响各方，开发项目即将结束，现在要转入维护模式。

第二项任务是和管理层及客户进行项目后审查。在某些组织中，这些项目后审查将遵循正式程序，并可能涉及内部或 EDP(电子数据处理) 审计员。项目审查的重点是对项目、其方法、其交付物和其管理进行评判。可以从全面的项目后审查中吸取许多教训，以改进未来的项目。

项目关闭时的第三项主要任务是关闭客户合同。在项目期间 (或作为项目的基础)，你和客户之间的有效合同都必须完成，通常要通过所有合同方的同意。这可能要求客户正式"签字同意"你的工作已经完成而且可以接受。维护阶段通常由新的合同协议涵盖。如果是组织中的客户,可考虑协商一份单独的支持协议。

作为开发团队的分析师,你在这一特定项目中的工作在项目关闭期间就结束了。你可能会被重新分配到另一个处理组织问题的项目。对这个系统的维护将在没有你的情况下开始和继续。不过,为了完成我们对 SDLC 的讨论,第 14 章将继续介绍维护阶段及其组成任务。

小结

本章概述了系统实现过程的各个方面。我们讨论了七种不同类型的测试：(1) 代码检查，即检查代码是否存在众所周知的错误；(2) 演练，即一组人手动检查代码所做的事情；(3) 桌面检查，由人在脑子里过一遍计算机指令；(4) 语法检查，通常由编译器完成；(5) 单元或模块测试；(6) 集成测试，模块被组合在一起测试，直到程序作为一个整体来测试；(7) 系统测试，程序被组合到一起作为完整的系统来测试，确定系统达到其目标。还学习了验收测试，在这个过程中，用户使用真实环境中的真实数据来测试系统满足要求。

我们讨论了四种类型的安装：(1) 直接安装，即在新系统启用时关停旧的系统；(2) 并平行安装，即新旧系统一起运行，直到确定新系统完全可用；(3) 单一地点安装，即选一个地点测试新系统；(4) 分阶段安装，即一点一点地安装系统。

还讨论了两种类型的文档：(1) 系统文档，详细描述系统的设计及其规范；(2) 用户文档，向系统用户介绍系统并说明如何使用。

计算机培训通常是在课堂和教程中提供。虽然一些证据表明，由教师现场教用户使用计算机和信息系统有一定好的作用，但目前的趋势是通过自动方法，例如在线参考和多媒体培训。后者将培训课程嵌入应用程序本身，目的是使培训成为使用应用程序进行日常操作的无缝部分。支持也逐渐转向在线方式，包括在线支持论坛。随着企业向客户端 / 服务器结构的转变，他们更多地要依赖供应商的支持。供应商提供了许多在线支持服务，他们与客户合作，将在线支持的许多方面引入内部。技术支持为某一部门或某一系统的用户提供帮助。

本章描述了什么算是成功的实现。如果说本章有一个重点的话，那就是实现是一个复杂的过程，从对程序员团队的管理，到系统成功实现后对其产生持续影响的政治，再到如何计划和实现有用的培训和支持机制。系统要想成功实现，分析师有许多因素需要识别和管理。实现的成功绝非偶然，或以完全可预测的方式发生。成功实现工作的第一步就是意识到这一事实。一旦系统被实现，组织必须处理来自组织内外的系统安全威胁。虽然病毒检测软件和防火墙等技术有助于保护系统，但良好的安全还需政策和程序来指导员工正确使用系统。

从许多方面说，基于互联网的系统的实现没有什么不同。和传统系统一样，互联网实现的细节也需要仔细关注，甚至还要投入更多。基于互联网的系统的成功实现也不是一个偶然。

关键术语

13.1　验收测试	13.8　安装	13.15　支持
13.2　alpha 测试	13.9　集成测试	13.16　系统文档
13.3　beta 测试	13.10　并行安装	13.17　系统测试
13.4　桌面检查	13.11　分阶段安装	13.18　自动化测试框架
13.5　直接安装	13.12　重构	13.19　单元测试
13.6　技术支持	13.13　单一地点安装	13.20　用户文档
13.7　检查	13.14　存根测试	

将上述每个关键术语与以下定义配对。

_____ 一种测试技术，参与者检查程序代码，发现可预知的语言特有错误。

_____ 一种测试技术，程序代码由评审员手动顺序执行。

_____ 讲解应用系统、它的工作方式以及如何使用的书面或其他可视资料。

_____ 一种信息系统安装方法，直接停用旧系统并启用新系统。

_____ 单独测试每个模块，以期发现其中错误的过程；也称为模块测试。

_____ 将当前系统更换为新系统的一种组织过程。

_____ 由真实用户对一个已完成的信息系统进行测试的过程，最终结果是用户是否接受它。

_____ 关于系统的规范、内部工作方式以及功能的详细信息。

_____ 新旧信息系统同时运行，直至管理层认定旧系统可以关停。

_____ 对程序所有模块进行测试的一个过程。这些模块通常以自上而下、渐进的方式集成。

_____ 一种模块测试技术，主要针对以自上而下的方式编写和测试的模块。从属模块通常用几行代码来代替。

_____ 逐渐将旧的信息系统转变为新的，从一个或少数几个功能组件开始，逐渐扩大安装，直至覆盖整个新系统。

_____ 对系统的所有程序进行测试的一个过程。这些程序通常以自上而下、渐进的方式集成。

_____ 持续教育信息系统的用户并解决他们遇到的问题。对于内部开发的系统，相关的支持材料和职位必须作为实现过程的一部分来准备或设计。

_____ 在用户真实工作环境中用真实数据测试一个已完成的系统。

_____ 在一个地点尝试新的信息系统，根据经验判断新系统是否应该以及用什么方式在全组织的范围内部署。

____ 用模拟数据测试一个已完成的系统。

____ 一个单一联络点，负责组织或某个部门内所有用户围绕特定信息系统的咨询和问题。

____ 添加新功能后对程序进行简化的过程。

____ 一种自动化测试环境，用于检查代码是否存在错误、是否符合标准以及是否存在其他设计缺陷。

复习题

13.21　编码、测试和安装的交付物是什么？

13.22　解释一下代码测试过程。

13.23　什么是代码的结构化演练？其目的是什么？它们如何进行？与代码检查有何不同？

13.24　安装的四种方法是什么？哪种最昂贵？哪种风险最大？一个组织如何决定应该使用哪种方法？

13.25　关于实现成功的传统观点是什么？

13.26　列出并定义成功实现的重要因素。

13.27　解释 Lucas 的实现成功模型。

13.28　系统文档和用户文档有什么区别？

13.29　有哪些常见的计算机培训方法？

13.30　什么是自我培训 (self-training)？

13.31　什么是在线培训 (e-learning)？

13.32　你有什么证据表明个体差异在计算机培训中很重要？

13.33　为什么企业如此依赖供应商的支持？

13.34　描述许多供应商在提供支持时采用的方法。

13.35　描述技术支持职能中的各种典型角色。

13.36　系统有哪些常见的安全威胁？如何解决？

问题和练习

13.37　为 PVF 的采购履行系统准备一个测试策略或计划。

13.38　你会为 PVF 的采购履行系统推荐哪种安装策略？你会为 Hoosier Burger 的库存控制系统推荐哪一种？如推荐了不同的方法，请解释原因。PVF 的情况和 Hoosier Burger 有何区别？

13.39　编制一个表格，对四种安装策略进行比较，列出每种策略的优点和缺点。当一种策略的优点是另一种策略的缺点时，请尝试直接比较。

13.40　采用单一地点安装方法，最难的是选择一个合适的地点。挑选试点地点时应考虑哪些因素？

13.41 你曾是许多信息系统的用户，其可能包括你学校的课程注册系统、银行账户系统、字处理系统和机票预订系统。选一个你曾经用过的系统，假设你参与了该系统的 beta 测试。你会用什么标准来判断该系统是否已准备好进行全面推广？

13.42 为什么在一个系统被多次修订后，仍要保留测试用例的历史和这些测试用例的结果？

13.43 多少文档才算够？

13.44 讨论集中式培训和支持设施在现代组织中的作用。鉴于技术的进步以及计算机用户中自我培训和咨询的盛行，这种集中式培训设施如何证明其继续存在的合理性？

13.45 企业依赖供应商提供计算支持是好是坏？作为你答案的一部分，请列出支持和反对依赖供应商的论据。

13.46 假设你负责为 Hoosier Burger 的库存控制系统（前几章有讲）的用户建立一个培训计划。你会选择哪些培训形式？为什么？

13.47 假设你负责为 Hoosier Burger 库存控制系统的用户建立一个技术支持。你会创建哪些支持系统元素来帮助用户有效地使用？为什么？

13.48 你的大学或学校可能有某种形式的微机中心或学生技术支持。这种中心的职能是什么？这些职能与本章描述的职能有何区别？

13.49 假设你负责组织 Hoosier Burger 公司库存控制系统的用户文档。写一个大纲来描述你建议创建的文档，并为文档的每个元素生成目录或大纲。

13.50 你的大学为校园信息系统制定了哪些类型的安全政策和程序？

实战演练

13.51 采访你认识的或能接触到的在大中型组织工作的人。询问有关组织变革的一个具体例子的细节。具体是什么变化？它是如何发生的？是精心计划的还是临时起意？组织中的人受到了什么影响？员工从旧的情况转移到新的情况有多容易？

13.52 重新审视你在上个实战演练的访谈中收集的数据。这一次，从政治角度分析这些数据。政治模型在多大程度上解释了该组织处理变革的方式？解释一下为什么政治模型适合或不适合。

13.53 向你认识的或能接触到的系统分析师询问实现情况。问他们认为的成功实现的必要条件是什么。

13.54 准备一份关于成功和不成功的信息系统实现的研究报告。找到两到三个成功和不成功的系统实现案例的资料后，试着找出每个实现案例的相似和不同之处。是否发现了任何模式？你能补充一些本章没有提到的对成功很重要的因素吗？

13.55 和你认识的在工作中使用计算机的人交谈。向他们索取工作系统的用户文档副本。分析一下文档。你认为它是好是坏？为什么？无论是好是坏，你可以如何改进它？

13.56 志愿在学校计算机中心的技术支持中心工作一个班次。将你的经历写成日记。你要面对什么样的用户？你遇到了什么样的问题？你认为这样的工作是容易还是困难？从事这一职位的人需要哪些技能？

13.57 假设你的教授要求你帮忙培训一名新秘书，教会对方如何准备课堂笔记，并以电子方式分发给课堂成员。你的教授使用字处理软件和一个电子邮件来准备和分发笔记。假定秘书对这两个软件一无所知。准备一份用户任务指南，告诉秘书如何完成这项任务。

参考资料

Beck, K. & Andres, C. (2004). *eXtreme Programming eXplained*. Upper Saddle River, NJ: Addison-Wesley.

Bell, P., & C. Evans. (1989). *Mastering documentation*. New York: John Wiley & Sons.

Denning, D. E. (1999). *Information warfare and security*. Boston: Addison-Wesley.

Fagan, M. E. (1986). Advances in software inspections. *IEEE Transactions on Software Engineering, 12*(7), 744–51.

Ginzberg, M. J. (1981a). Early diagnosis of MIS implementation failure: Promising results and unanswered questions. *Management Science*, 27(4), 459–78.

Ginzberg, M. J. (1981b). Key recurrent issues in the MIS implementation process. *MIS Quarterly*, 5(2), 47–59.

Ives, B., & M. H. Olson. (1984). User involvement and MIS success: A review of research. *Management Science*, 30(5), 586–603.

Kelly, B. (2017). Corporate training market growth is great news for online learning content Providers. ThoughtIndustries. Retrieved May 1, 2018 from http://blog.thoughtindustries.com/new-blog/licensing-content-to-corporate-customers.

Lucas, H. C. (1997). *Information technology for management*. New York: McGraw-Hill.

Mitnick, K. D., & Simon, W. L. (2002). *The art of deception*. New York: John Wiley & Sons.

Mosley, D. J. (1993). *The handbook of MIS application software testing*. Upper Saddle River, NJ: Prentice Hall/Yourdon Press.

Patten, B. (2018). How e-learning can increase employee training in your company." TrainingIndustry. Retrieved May 1, 2018 https://trainingindustry.com/articles/e-learning/how-elearning-can-increase-employee-training-in-your-company/.

Ponemon Institute Research Report. (2017). 2017 cost of data breach study. Retrieved April 30, 2018 from http://www.ibm.com/security/data-breach.

Schneider, J. (1993, November 15). Shouldering the burden of support. *PC Week*, 10, 123, 129.

Tait, P., & Vessey, I. (1988). The effect of user involvement on system success: A contingency approach." *MIS Quarterly*, 12(1), 91–108.

United States General Accounting Office (U.S. GAO). (2003). Information technology training: Practices of leading privatesector companies." Retrieved April 5, 2015 from http://www.gao.gov/products/GAO-03-390.

Verizon. (2018). 2018 data breach investigations report. Retrieved April 10, 2018 from http://www.verizonenterprise.com/verizon-insights-lab/dbir/.

Vijayan, J. (2017). How enterprises are attacking the IT security problem. DarkReading Reports. Retrieved April 30, 2018 http://www.darkreading.com/.

Yourdon, E. (1989). *Managing the structured techniques* (4th ed). Upper Saddle River, NJ: Prentice Hall.

案例学习：系统实现

Jim Watanabe 开着他的新车沿着 I-5 公路行驶，在去上班的路上。他害怕打这个电话，但又知道不得不打。

Petrie Electronics 新的客户关系管理 (CRM) 系统试点实现的原定上线日期是 7 月 31 日。距离这个日期只有六周了，Jim 知道他们到时候并不可能准备好。他们获得许可的 XRA CRM 比他们想象的要复杂得多。现在，实现落后于计划。Sanjay Agarwal 是 Jim 团队中的一员，负责 Petrie 的系统集成，他希望 Jim 聘请一些有 XRA 经验的顾问来帮助实现。到目前为止，Jim 一直都保持在预算限额之内。但是，如果错过最后期限和聘请一些顾问，马上就会超出预算。

市场部主管 John Smith 不断提交要求，要求修改客户忠诚度计划的原始规范，这对他来说没有任何帮助。按项目章程的规定，新系统应跟踪顾客的购买行为，为累积的购买行为分配积分，并允许在当地商店用积分兑换"奖励"。团队决定，这些奖励采用折扣券的形式。参加该计划的顾客将获得一个账户，他们可从 Petrie 的网站进入。登录后，可以检查自己的账户活动，看自己已经积累了多少积分。如果得到足够的积分，就会有一张优惠券的奖励。要使用优惠券，必须用家里的打印机打印出来，然后带到商店去使用。该团队很久以前就决定，保持一切操作的电子化，可以节省 Petrie 为顾客打印和邮寄优惠券的大量成本。

但现在市场部提出了一个变更请求，让客户选择自动邮寄优惠券或在家里从网站上打印优惠券。这个选项虽然方便了客户，但却增加了 XRA 系统实现的复杂性，而且增加了运营成本。Jim 昨天还从他的团队的市场部代表 Sally Fukuyama 那里了解到，现在 Smith 想要另一种改变。现在，他希望客户能使用优惠券直接从 Petrie 的网站购物。这一变化增加了一层新的复杂性，影响了 Petrie 现有的在线订购系统，还再次改变了 XRA CRM 的实现。

如果这还不够，Juanita Lopez 现在告诉 Jim，她还没准备好让团队在她的尔湾店试点该系统。Juanita 说她的商店在 7 月底之前不会准备好。这或许并不重要，因为他们反正都要错过原定的试点上线日期。但 Juanita 暗示，她在那之后的几个月里也不会准备好。似乎她根本就不想让她的商店用于试点。Jim 不明白这一点。但或许他应该尝试找另一家店进行试点。

Jim 几乎就要下道，很快就能到办公室了，他必须给 Ella Whinston 打电话，告诉她项目的情况。他将不得不告诉她，他们将错过上线日期，但从某种程度上说，这并不重要，因为他还没找到一个试点的地方。除了超过时间表，他还将不得不超过预算。他认为他们不可能在接近预定时间的任何地方为试点做好准备，除非他聘请了 Sanjay 想要的顾问。而且，他必须阻止市场部提出的最新变更请求。

更重要的是，他必须阻止传闻中关于使用优惠券进行网上购物的变更请求被提交。

也许，只是也许，如果他能聘请到顾问，抵制变更要求，并让 Juanita 合作，就可能准备好 10 月 15 日在尔湾进行试点。这给了他四个月的时间来完成项目。他和团队将不得不努力工作来实现这一目标。

Jim 意识到自己刚刚已经错过了出口。好吧，他想，"我希望现在开始转运。"

案例问题

13.58 为什么信息系统项目不能按计划进行？是什么导致了计划和现实之间的差异？

13.59 为什么记录变更请求很重要？如果一个开发团队不这样做会发生什么？

13.60 一个项目发生延误时，你认为增加更多的人手去做这项工作是否有帮助？请解释你的理由。

13.61 试点项目在信息系统分析中的作用是什么？你认为 Petrie 的团队为什么决定在向所有人推出客户忠诚度系统之前做一个试点项目？

13.62 如果信息系统开发项目延误了，超出预算，或者没有包含设计的所有功能，就会被认为是失败。客户忠诚度项目是失败的吗？请说明你的答案。如果不是，如何避免失败？避免失败重要吗？为什么？

第 14 章

信息系统维护

学习目标

14.1　理解并对比四种维护类型

14.2　理解影响信息系统维护成本的几个因素，并将这些因素应用于可维护系统的设计

14.3　理解维护管理问题，包括备选的组织结构、质量衡量、处理变更请求的过程和配置管理

导言

本章讨论系统维护，这是许多组织最大的一项系统开发支出。事实上，现在从事维护工作的程序员比从事新开发工作的程序员还要多。你毕业后的第一份工作很可能是维护程序员/分析师。维护程序员的不成比例的分布很有趣，因为软件不会像建筑和机器那样发生物理磨损。

软件之所以需要维护，并没有某个单一的原因。然而，大多数原因都和希望发展的系统功能有关，包括为了解决内部处理错误或者更好地支持不断变化的业务需求。所以，对于大多数系统，维护是一件离不开的事情。这意味着维护工作可能在系统安装后很快开始。和系统的初始设计一样，维护活动不仅限于软件的改变，还包括硬件和业务过程的改变。很多人对维护有一个疑问，那就是组织应该对一个系统维护多长时间。五年？十年？还是更长时间？这个问题没有简单的答案，但它往往是一个经济问题。换言之，什么时候停止改进一个旧系统并构建或购买一个新系统才有经济意义？IS 的高级管理层将大量精力都花在了评估维护和新开发之间的权衡上面。通过本章的学习，你将更好地理解维护过程，并认识系统维护时必须考虑的各类问题。

本章首先简要介绍系统维护过程及其交付物和成果。随后，我们详细对比了不同的维护类型，并概述了关键的管理问题。最后，我们介绍了基于 Web 的应用程序的维护过程，包括松谷家具 (PVF) 的网店应用程序的一个例子。

维护信息系统

信息系统安装好后，该系统基本上就进入了系统开发生命周期 (SDLC) 的维护阶段。系统处于维护阶段时，系统开发组中的一些人负责从系统用户和其他利益相关方 (如系统审计员、数据中心 / 网络管理员以及数据分析师) 那里收集维护请求。一旦收集到，就会对每个请求进行分析，以更好地了解它将如何改变系统，以及这种改变会带来哪些好处，必要性有多大。如果更改请求被批准，就会设计一个系统更改，然后实现。和系统的初始开发一样，更改的内容在实际安装到生产系统之前需经过正式的审查和测试。

信息系统维护过程

如图 14.1 所示，维护阶段是 SDLC 的最后一个阶段。正是在这里，SDLC 成为一个循环，从最后的活动回到了第一个活动。这意味着，维护信息系统的过程就是回到 SDLC 的起点，重复开发步骤，直到变更被实现。

图 14.1
强调维护阶段的系统开发生命周期

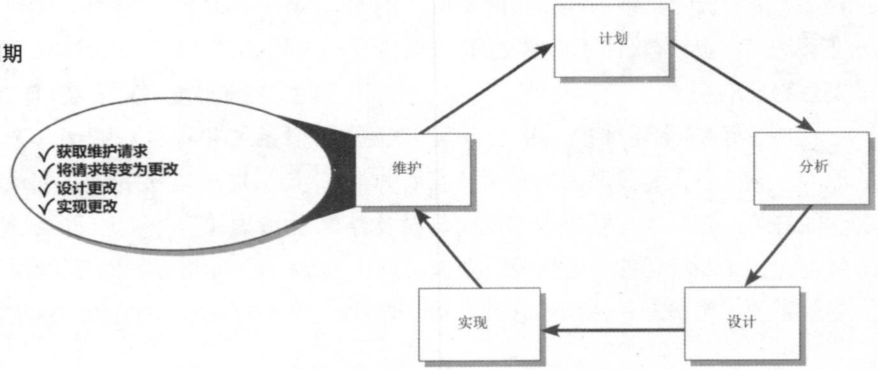

同样如图 14.1 所示，维护主要涉及下面四个活动。

1. 获取维护请求
2. 将请求转变为更改
3. 设计更改
4. 实现更改

获得维护请求需建立一个正式的过程，用户可据此提交系统更改请求。本书前面介绍了一种称为“系统服务请求”(SSR) 的用户请求文档，如图 14.2 所示。大多数公司都用某种类似 SSR 的文档请求新的开发、报告问题或者请求在现有系统中增加新功能。制定获取维护请求的过程时，企业还必须在组织内指定一个人负责收集这些请求，并将其分发给维护人员。本章后面会更详细地讲述收集和分发维护请求的过程。

Pine Valley Furniture
System Service Request

REQUESTED BY Juanita Lopez DATE November 5, 2020

DEPARTMENT Purchasing, Manufacturing Support

LOCATION Headquarters, 1-322

CONTACT Tel: 4-3267 FAX: 4-3270 e-mail: jlopez

TYPE OF REQUEST
[X] New System
[ ] System Enhancement
[ ] System Error Correction

URGENCY
[ ] Immediate—Operations are impaired or opportunity lost
[ ] Problems exist, but can be worked around
[X] Business losses can be tolerated until new system is installed

PROBLEM STATEMENT

Sales growth at PVF has caused greater volume of work for the manufacturing support unit within Purchasing. Further, more concentration on customer service has reduced manufacturing lead times, which puts more pressure on purchasing activities. In addition, cost-cutting measures force Purchasing to be more aggressive in negotiating terms with vendors, improving delivery times, and lowering our investments in inventory. The current modest systems support for manufacturing purchasing is not responsive to these new business conditions. Data are not available, information cannot be summarized, supplier orders cannot be adequately tracked, and commodity buying is not well supported. PVF is spending too much on raw materials and not being responsive to manufacturing needs.

SERVICE REQUEST

I request a thorough analysis of our current operations with the intent to design and build a completely new information system. This system should handle all purchasing transactions, support display and reporting of critical purchasing data, and assist purchasing agents in commodity buying.

IS LIAISON Chris Martin (Tel: 4-6204 FAX: 4-6200 e-mail: cmartin)

SPONSOR Sal Divario, Director, Purchasing

TO BE COMPLETED BY SYSTEMS PRIORITY BOARD

[ ] Request approved Assigned to ______
Start date ______
[ ] Recommend revision
[ ] Suggest user development
[ ] Reject for reason ______

图 14.2

采购履行系统的系统服务请求（松谷家具）

　　收到请求后，必须进行分析以了解请求的范围。必须确定该请求将如何影响当前的系统，以及这样一个项目将需要多长时间。和系统的初始开发一样，可对维护请求的规模进行风险和可行性分析（参见第 5 章）。接着，一个更改请求可转变为正式的设计更改，再反馈到维护实现阶段。所以，SDLC 和维护过程的活动之间存在许多相似之处。图 14.3 将 SDLC 阶段和前面描述的维护活动对应起来。SDLC 的第一个阶段（计划）类似于维护过程中的获取维护请求（步骤 1）。SDLC 的分析阶段类似于维护过程中将请求转变为具体的系统更改（步骤 2）。当然，SDLC 的设计阶段等同于设计更改（步骤 3）。最后，SDLC 的实现阶段等同于步骤 4，即实现更改。维护过程和 SDLC 之间的这种相似性并非偶然。用于系统初始开发的概念和技术也被用于维护它。

图 14.3
和 SDLC 并行的维护活动

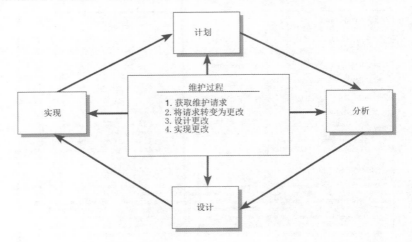

交付物和成果

　　由于 SDLC 的维护阶段基本上是整个开发过程活动的一个子集，所以该过程的交付物和成果是开发新版本的软件和维护过程中开发或修改的所有设计文档的新版本。这意味着，维护期间创建或修改的所有文档，包括系统本身，都代表了该过程的交付物和成果。那些没有改变的程序和文档也可能是新系统的一部分。由于大多数组织会对系统先前的版本进行归档，所有先前的程序和文档都必须予以保留，以确保对系统进行正确的版本编制。这使系统先前的版本在必要时可以被重新创建。本章后面会对配置管理和变更控制进行更详细的讨论。

由于在新开发和维护之间，步骤、交付物和成果存在相似之处，你可能想知道如何区分这两个过程。一个区别是，维护工作在制作新的系统版本时会重复使用大部分现有的系统模块。其他区别是，当硬件或软件平台发生变化时，或者当数据、逻辑或过程模型的基本假设和属性发生变化时，就会开发一个新的系统。

开展系统维护

在组织内部，信息系统成本支出的很大一部分不是用来开发新系统，而是用来维护现有系统。我们将描述各种类型的维护、影响维护复杂性和成本的因素以及管理维护的替代方案。鉴于维护活动消耗了大部分与信息系统相关的支出，了解这些主题将对你作为信息系统专家的职业生涯有许多好处。

维护类型

可以信息系统进行多种类型的维护 (maintenance)，表 14.1 对此进行了总结。所谓维护，是指对一个信息系统进行修复或增强。纠正性维护 (corrective maintenance) 是指为修复系统设计、编码或实现中的缺陷而做出的更改。例如，假定你最近买了一栋新房子，纠正性维护将涉及对那些从未按设计工作过的东西进行维修，如有问题的电源插座或错位的门。大多数纠正性维护问题在安装后不久就会出现。纠正性维护问题出现时，它们通常是紧急的，需要快速解决以缩短中断正常业务活动的时间。在所有类型的维护中，纠正性维护占所有维护活动的 75%(Andrews & Leventhal, 1993; Pressman, 2005)。这是不幸的，因为纠正性维护对企业来说几乎没有任何价值，它只是专注于消除现有系统的缺陷，而不会增加新功能 (参见图 14.4)。

维护
(maintenance)
对系统进行更改以修复或者增强其功能。

纠正性维护
(corrective maintenance)
为修复系统设计、编码或实现中的缺陷而做出的更改。

表 14.1 维护类型

类型	说明
纠正性	修复设计和编程错误。
适应性	修改系统以适应环境变化。
完善性	发展系统以解决新问题或利用新机会。
预防性	防范系统未来出问题。

图 14.4

不同类型的维护有的没价值，有的有价值

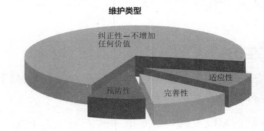

维护类型

（来源：基于 Andrews & Leventhal, 1993；Pressman, 2005）

适应性维护

(adaptive maintenance)

对信息系统进行修改，使其功能适应业务需求或技术的变化。

适应性维护 (adaptive maintenance) 涉及对信息系统进行修改，使其功能适应业务需求的变化，或者将其迁移至新的工作环境。在家里，适应性维护可能是增加防风窗以改善空调的制冷效果。适应性维护通常没有纠正性维护那么紧急，因为业务和技术的变化通常需要一定的时间。和纠正性维护相反，适应性维护通常是组织维护工作中的一小部分，但它能为组织带来价值。

完善性维护

(perfective maintenance)

修改系统以增加新功能或提升性能。

完善性维护 (perfective maintenance) 涉及对系统进行改进，以提升处理性能或界面的可用性，或增加用户想要、但并非必需的系统功能（"装点"性的功能）。还是以我们的家为例，完善性维护就是增加一个新房间。许多系统专家认为，完善性维护并不是真正的维护，而是新的开发。

预防性维护

(preventive maintenance)

修改系统以避免未来出问题。

预防性维护 (preventive maintenance) 涉及修改系统以降低未来发生系统故障的机率。预防性维护的一个例子是增加系统可以处理的记录数量，使其远远超出目前所需的数量，或者对系统向打印机发送报表信息的方式进行常规化，使系统能轻松适应未来打印机技术的变化。还是以我们的家为例，预防性维护可以是粉刷外墙，以便更好地保护住宅免受恶劣天气的影响。和适应性维护一样，无论完善性维护还是预防性维护，其优先级通常要比纠正性维护低得多。在一个系统的生命周期中，纠正性维护最有可能发生在系统刚刚安装好后，或者进行了重大的系统变化后。这意味着，如果不仔细设计和实现，适应性、完善性和预防性维护活动会导致纠正性维护活动。

维护成本

信息系统的维护费用是一项重大开支。对于某些组织，高达 60%到 80% 的信息系统预算被分配给了维护活动 (Kaplan, 2002)。之所以会产生巨额的维护成本，是因为许多组织积累了越来越多旧的 "遗留"系统，需要越来越多的维护 (参见图 14.5)。更多的维护意味着程序员要做更多的维护工作。对于内部开发的系统，企业平均有 52% 的程序员被指派去维护现有的软件 (Lytton, 2001)。即使企业没有在内部开发系统，而是购买软件 (如 ERP 系统) 的使用许可证，维护成本依然很高。大多数 ERP 供应商的标准维护成本是每年 22%(Nash，2010)。此外，如果企业在 Web 上建立和维护自己的网站，约三分之一的成本都要花到对程序的维护上 (Legard，2000)。这些因维护产生的高成本意味着，你必须了解影响系统可维护性的因素。可维护性 (maintainability) 是指软件能被理解、纠正、调整和增强的难易程度。可维护性低的系统会导致不可控的维护费用。

诸多因素在影响着系统的可维护性。这些因素，或者说成本要素，决定了一个系统的可维护性的高低程度。这些因素中有三个最重要：潜在缺陷的数量、客户数量和文档质量。其他因素——人员、工具和软件结构——也有影响，但较小。

- 潜在缺陷。系统安装后存在的未知错误的数量。由于纠正性维护占据了维护工作的大部分，所以系统中的潜在缺陷数量影响着与维护相关的大部分成本。

可维护性
(maintainability)
软件能被理解、纠正、调整和增强的难易程度。

- 系统的客户数量。一般来说，客户数量越多，维护成本就越高。例如，假定某个系统只有一名客户，那么问题和更改请求只有一个来源。同时，培训、错误报告和支持也会更简单。维护请求不太可能是相互矛盾或不相容的。

图 14.5

多年来新开发与维护在软件预算中的占比

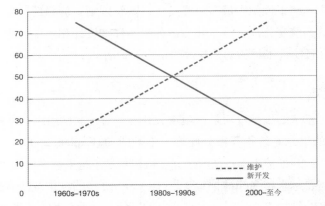

（来源：基于 Pressman, 2005）

- 系统文档的质量。没有高质量的文档，维护工作会成倍增加。如图 14.6 所示，如文档质量极差，系统维护工作将增加400%。与一般质量的文档相比，最高质量的文档则能使系统维护工作减少80%。换而言之，高质量文档使我们更容易找到需要修改的代码，也更容易理解如何修改代码。好的文档还能解释为什么一个系统会这样做，以及为什么其他方法不可行，这就简化了好多维护工作。

图 14.6

高质量文档可简化维护

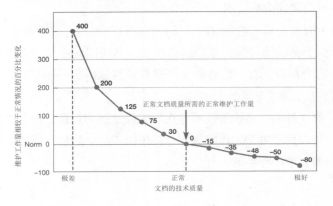

- 维护人员。在一些组织中，最好的程序员被分配去干维护工作。维护需要熟练程序员，因为他们通常并不是最开始的程序员，必须能迅速理解并仔细修改软件。
- 工具。能自动生成系统文档的工具也可降低维护成本。另外，能根据系统规范的变化而自动生成新代码的工具也能大幅减少维护时间和成本。
- 结构良好的程序。精心设计的程序更容易理解和修复。

预打包/套装软件仍需维护，即使它不是在组织内部开发的。虽然套装软件的供应商每年都会收取更新维护费，但这些费用比定制开发的系统更可预测，也更低 (Worthen, 2003)。然而，在使用套装软件时，内部维护工作可能仍然是必要的。一项主要的维护工作是使套装软件兼容于其他套装软件和内部开发的系统，以实现它们之间的顺利协作。若购买的套装软件推出新版本，可能需要进行维护，使所有套装软件能继续共享和交换数据。

维护管理

随着维护活动消耗了越来越多的系统开发预算，维护管理也变得越来越重要。今天，全世界从事维护工作的程序员远远多于从事新开发的程序员。换言之，维护人员占据了所有编程人员中最大的一部分，这意味着需要精心的管理。本节将讨论和系统维护的有效管理相关的几个主题。

管理维护人员

维护管理涉及对人员的管理。历史上，许多组织都有一个独立于"开发组"的"维护组"。随着维护人员数量的增加，正式方法论和工具的发展，组织形式的变化，用户全面拥抱计算，以及一些系统开发中非常高级的语言的广泛使用，组织开始重新考虑维护和开发人员的组织问题。换言之，维护组还是要独立于开发组吗？或者，是否要由构建系统的同一批人来维护它？第三种选择是让职能部门的系统用户拥有他们自己的维护人员。表 14.2 总结了上述每种组织结构的优缺点。

表 14.2　不同维护组织结构的优缺点

类型	优点	缺点
独立	不同团队之间的系统正式转移可提高系统和文档的质量。	所有东西都不可能编入文档，所以维护组可能不了解系统的关键信息。
合并	维护组知道或者能接触到系统原始设计背后的所有假设和决策。	由于缺乏正式的责任转移，文件和测试可能不全面。
职能	人员有自己的既得利益需要有效地维护系统，对功能要求有更好的理解。	人员的工作流动性可能有限，不太好获得足够的人力和技术资源。

除了表 14.2 列出的优势和劣势，还有许多其他原因促使组织关注如何管理和分配维护人员。其中一个关键问题在于，许多系统专业人员不愿意去干维护工作，因为他们觉得搞一些新东西比对现有系统进行修修补补更令人兴奋 (Martin, Brown, DeHayes, Hoffers, & Perkins, 2008)。也就是说，维护工作通常被视为"清理别人的烂摊子"。另外，组织历来会为那些从事新开发工作的人提供更多的奖励和工作机会，这使人们对维护类的职业更加望而却步。因此，无论组织选择以何种方式来管理其维护小组（独立、合并或职能），现在普遍的做法是让个人轮流参与维护活动。这种轮岗可减少人们对维护工作的负面情绪，并使人们更加了解新开发和维护之间的难点和关系。

衡量维护效能

第二个管理问题是对维护效能的衡量。和人员的有效管理一样，对维护活动的衡量是了解开发和维护工作质量的基础。可通过以下三个因素来衡量维护的效能：

- 故障数
- 故障间隔时间
- 故障类型

对故障数和间隔时间进行衡量，才可以建立起一个有普适性的系统质量衡量标准。该指标称为"平均故障间隔时间"(Mean Time Between Failures，MTBF)。顾名思义，可根据 MTBF 指标看出一次系统故障和下一次故障之间的平均间隔时间。正常情况下，MTBF 值在系统使用（和纠正性维护）几个月后应迅速增大，图 14.7 展示了 MTBF 和系统使用时间之间的关系）。如 MTBF 没有随着时间的推移而迅速增大，这就是一个信号，表明系统可能存在重大问题，而这些问题没有通过维护过程得到充分解决。

一个更有启示性的衡量方法是检查正在发生的故障。随着时间的推移，对故障类型的记录将提供一个非常清晰的图像，可从中明确故障发生的地点、时间和方式。例如，如果知道特定的客户在使用系统时系统会反复出故障，无法将新的帐户信息录入数据库，就可以为维护人员提供宝贵的信息。用户是否接受过充分的培训？这个用户有什么独特的地方？是否有一些独特的安装方式导致了故障的发生？系统发生故障时，正在进行哪些活动？

平均故障间隔时间
(Mean Time Between Failures，MTBF)

一次系统故障和下一次故障之间的平均间隔时间，可根据该指标判断系统的质量。

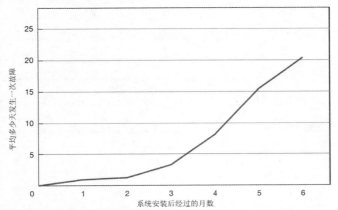

图 14.7
平均故障间隔时间 (MTBF) 应该如何随时间而变

跟踪故障类型也为未来的项目提供了重要的管理信息。例如，若在使用特定开发环境时故障发生频率较高，这些信息将有助于规划人员的分配、培训课程或者在未来的开发过程中避免使用特定的包、语言或环境。这里主要的教训在于，如果不对维护活动进行衡量和跟踪，就不知道如何改进，也不知道相较于过去是否有所进步。为了有效地管理和持续改进，必须随着时间的推移持续衡量和评估性能。

控制维护请求

另一项维护活动是管理维护请求。维护请求有多种类型，有的是纠正系统中轻微或严重的缺陷，有的则是改进或扩展系统功能。从管理的角度来看，一个关键的问题是确定哪些请求要执行，哪些要忽略。一些请求比其他请求更重要，所以必须确定如何排列请求的优先级。

图 14.8 的流程图演示了用于处理维护更改请求的一种方法。首先必须确定请求的类型。例如，假定请求的是改正错误（即一个纠正性的维护请求），那么流程图显示，该请求被放在等待在系统上执行的任务队列中。对于一个严重程度较高的错误，必须尽快修复以消除它。但是，如果错误被认为"非严重"，就可以根据更改请求的类型和相对重要性对其进行分类和排列优先级。

图 14.8
如何为维护请求排列优先级

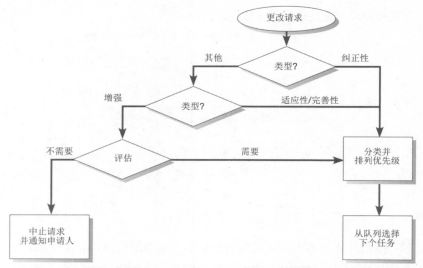

如果请求更改的不是一个错误，则必须确定该请求是为了使系统适应技术变化和 / 或业务需求，以某种方式完善其操作，还是增强系

统以便提供新的业务功能。增强型请求必须先进行评估，看它们是否与未来的业务和信息系统的计划相一致。如果不是，该请求被拒绝，并通知申请人。如果改进似乎与业务和信息系统的计划相一致，它就可以被优先考虑并被放入未来任务的队列中。优先级排序过程的一部分涉及评估变化的范围和可行性。评估维护请求时，应采用对整个项目的范围和可行性进行评估的技术（参见第 5 章）。

　　管理待处理任务的队列是一项重要活动。系统的维护任务队列是动态的。换言之，会随业务变化和错误的发生而不断扩充和缩小。事实上，一些优先级较低的更改请求可能永远不会被完成，因为在给定的时间内只能完成有限数量的更改。换言之，从提出请求到任务最终上升到队列的顶端，业务需求的变化可能导致请求被认为是不必要的，或者在当前的业务方向上不再重要。所以，管理待处理任务队列是一项重要活动。

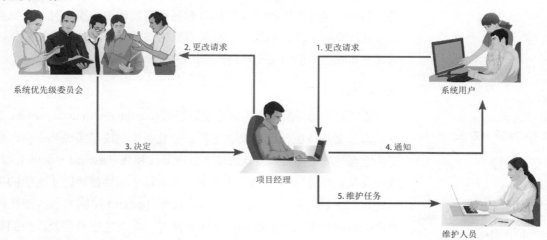

图 14.9　维护请求在组织内部的流程

　　图 14.9 可以帮助你更好地理解更改请求的流程。最开始，一个使用该系统的组织团体将提出对系统进行更改的请求。该请求流向系统的项目经理（标签 1）。项目经理根据现有的系统和未完成的待处理更

改对该请求进行评估，并将评估结果转发给系统优先级委员会（标签2）。这个评估还包括一个可行性分析，包括对项目范围、资源需求、风险和其他相关因素的估计。委员会根据组织的战略和信息系统计划对请求进行评估、分类和优先排序（标签3）。如委员会决定取消该请求，项目经理将通知申请者并解释做出该决定的理由（标签4）。如果请求被接受，它会被放在待处理任务的队列中。然后，项目经理根据维护人员的可用性和任务优先级，将任务分配给他们（标签5）。项目经理需要定期准备一份关于更改请求队列中所有待处理任务的报告。这份报告会被转发给优先级委员会，后者根据当前的业务情况重新评估这些请求。这一过程可能会导致删除一些请求或重新确定其他请求的优先顺序。

虽然每个更改请求都要经过图14.9所描述的审批过程，但更改通常分批实现，每次都生成软件的一个新版本。管理大量小改动过于困难。另外，当几个更改请求影响到相同或高度相关的模块时，分批更改可减少维护工作。如显示、报表或数据输入屏幕的外观发生变化，频繁发布新版本也可能使用户感到困惑。

配置管理

配置管理
(configuration management)
确保只对系统进行已授权更改的一种过程。

基线模块
(baseline module)
经过测试、文档编制并批准包含到系统最新版本中的软件模块。

系统管理员
(system librarian)
在系统开发或维护期间负责控制系统基线模块签出和签入的人。

管理维护的最后一个方面是配置管理(configuration management)，它确保只对系统进行已授权的更改。一旦系统完成了实现和安装，用于构建系统的程序代码就代表了系统的基线模块(baseline module)。基线模块是系统最新版本的软件模块，其中每个模块都通过了组织的质保过程和文档标准。系统管理员(system librarian)控制着基线源代码模块的签出和签入。如维护人员被指派对一个系统进行修改，他们必须先签出一份基线系统模块的副本——不允许任何人直接修改基线模块。只有那些经过测试并经过正式签入过程的模块才能驻留在库中。在任何代码被签回给管理员之前，代码必须通过组织制定的质量控制程序、测试和文档标准。

从事不同维护任务的维护人员完成了每一项任务，管理员都会通知那些仍在工作的人，基线模块已被更新。这意味着，所有正在进行的任务在被批准签入之前，必须纳入最新的基线模块。在正式的模块签出和签入过程中，系统管理员要负责确保只有经过测试和批准的模块才能成为基线系统的一部分。管理员还要负责保存系统模块所有之前的版本，包括构建所有版本的系统时所遵循的构建子程序 (build routine)。如系统的新版本失败，就可利用这些东西重建旧版本，或者为那些暂时无法运行新版本的用户提供支持。

构建子程序
(build routine)
从基线源代码构建可执行系统的一系列详细指令。

配置管理工具

有两种常规的配置管理工具：版本控制 (revision control) 和源代码控制 (source code control)。通过版本控制工具，每个系统模块文件被"冻结"不可更改到一个特定的版本级别，或者指定为"浮动"（可更改），这意味着程序员可以签出、锁定并修改一个特定的系统模块。只有一个模块的最新版本以及对其进行的具体修改被存储到库中。如有必要，可按相反顺序对模块进行修改来重建一个模块之前的所有版本。源代码控制工具不仅将版本控制扩展到单个模块，还扩展到与被修改的模块相关的任何文件。配置管理工具通过重新编译正确的源代码模块来保证系统任何历史版本的重建，从而成为系统维护过程中的无价之宝。配置管理工具允许你追溯一个可执行的代码模块到其最原始的源代码版本，从而大大加快了识别编程错误的速度。

人们创建了专门的软件系统来管理系统配置和版本控制活动（参见补充内容"配置管理工具"）。这种软件变得越来越有必要，因为在部署了多种不同的网络、操作系统、语言和数据库管理系统的组织中，对更改进行控制的过程变得越来越复杂，其中一个应用程序可能有多个同时存在的版本，每个版本用于不同的平台。这种软件的一个功能是控制对系统库中的模块的访问。每当一个模块被签出或签入时，相应的活动都在获得管理员的授权后记录下来。这种软件可帮助管理员确定一个新模块在投入生产环境之前，所有必要的步骤都已被遵循，其中包括已经完成了所有集成测试、文档更新和批准。

自动开发工具在维护中的作用

在传统的系统开发中，大多数时间都花在编码和测试上。对软件的更改被批准后，先是修改代码，然后才是测试。一旦代码的功能得到了保证，文档和规范文件就会更新以反映系统的变化。随着时间的推移，将所有系统文档保持在"最新"可能是一个非常枯燥和耗时的活动，经常会被忽视。正是由于这种忽视，相同或不同的程序员未来进行维护时会变得十分困难。

使用自动化工具进行系统开发和维护的一个主要目的是彻底改变代码和文档的修改和更新方式。使用集成开发环境时，分析师维护的是设计文档（如数据流图和屏幕设计），而不是维护源代码。换言之，只需修改设计文档，代码生成器就能根据这些更新的设计自动创建新版本的系统。另外，由于修改在设计规范的层面上进行，所以大多数文档的修改（如更新的数据流图）在维护过程中就已经完成。考虑到这些原因，自动化工具在系统维护中具有非常大的优势。

除了用常规自动化工具进行维护，还可用两种特殊用途的工具（逆向工程和再工程）来维护那些文档不完整的老系统。这些工具通常被称为设计还原工具，因为其主要好处是通过读取和分析源代码来创建程序的高级设计文档。

逆向工程 (reverse engineering) 工具能在抽象的设计层面上创建系统或程序模块的一种表示。例如，逆向工程工具读取程序源代码作为输入，进行分析，再提取信息（如程序控制结构、数据结构和数据流）。一旦程序能在设计层面使用图形和文字表示，该设计就可更有效地根据当前的业务需求或分析师的编程实践进行重建。例如，开源软件 NetBeans 可将 Java 应用程序逆向工程为 UML 图（参见图 14.10）。

类似地，再工程 (re-engineering) 工具通过自动（或与系统分析师交互）更改现有系统以期提升其质量或性能，从而对逆向工程工具的能力进行扩展。随着逆向工程和再工程能力被纳入更多流行的开发环境，人们将更容易地延长现有系统的寿命和拓展其能力 (Orr, 2005)。

逆向工程
(reverse engineering)
用自动化工具读取程序源代码作为输入，并创建设计层面上的图文表示，比如程序控制结构、数据结构、逻辑流程和数据流。

再工程
(re-engineering)
用自动化工具读取程序源代码作为输入，分析程序的数据和逻辑，然后自动（或与系统分析师交互）修改现有系统以期提升其质量或性能。

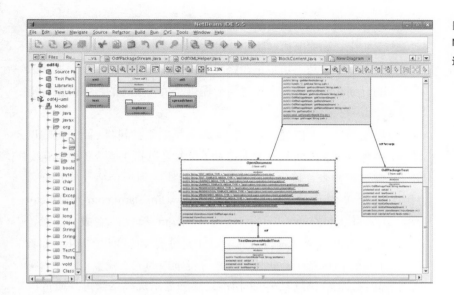

图 14.10
NetBeans IDE 可将 Java 应用程序
逆向工程为 UML 图

网站维护

本章关于维护的所有讨论适用于任何类型的信息系统，无论它在什么平台上运行。但是，基于网站的特殊性质和运行状态，它存在一些特殊的问题和过程，具体如下。

- 24/7/365(24 小时全年无休)。大多数网站从来不会故意无法使用。事实上，电子商务网站的优势正是持续运作。所以，页面和整个网站的维护通常必须在网站不下线的情况下进行。但在对网站某一部分的页面进行修改时，可能需要暂时锁定对这些页面的访问。这时，可在需要维护的那部分的主页上插入一个"暂停服务"通知，并关闭这一部分的所有链接。另外，对这部分主页的引用可临时改道另一个位置，在进行维护以创建当前页面的新版本时暂时保留那些页面。真正棘手的是在一次会话期间为用户保持网站的一致性。也就是说，如果在同一个在线会话中看到两个不同版本的页面，用户会感到困惑。浏览器缓存功能可能调出页面的旧版本，即使该页面在会话期间发生了变化。如前所述，防止这种情况的一个预防措施就是锁定。另一个办法是不锁定正在修改的页面，但要包括最近一次修改的日期和时间戳。这为访问者提供了关于变化的线索，或许能减少一些混淆。

- 检查断链。可以说，任何网站最常见的维护问题（除了编辑网站内容）是验证网站页面链接（尤其是外链）是否仍然准确。需定期检查，确保从所有链接都能访问到一个活动的页面。这个工作可用 LinkAlarm(http://www.linkalarm.com) 和 Doctor HTML(http://www.fixingyourwebsite.com) 等软件完成。注意，在已出版的论文或教科书中，任何可能发生变化的 URL 都具有些许讽刺意味！此外，还需进行定期的人工检查，确保目标页面显示的仍然是预期的内容

- HTML 校验。在修改或新建的页面发布之前，这些页面应该过一遍某个代码校验程序，以确保所有的代码（包括 applet）都是有效的。如果使用的是 HTML、XML、脚本或其他编辑器，这样的功能很可能已内置于软件中了。

- 重新登记。网站内容发生重大变化时，可能有必要向搜索引擎重新登记一下网站，目的是让访问者能根据新的或发生变化的内容找到你的网站。

- 未来的版本。为确保网站的有效使用，需要解决的一个重要问题是避免让访问者感到困惑。尤其是，假如网站不停在变，经常访问的人就会感到困惑。为避免混乱，可以在网站上提前发通知，告诉访问者网站未来要进行哪些改进。而且和所有信息系统一样，多项改动可积攒为一批来应用，减少网站发生变动的频率。

除此之外，各种网站设计决策会极大地影响网站的可维护性。可参考第 12 章了解站点管理相关的设计问题。

电商应用：为松谷家具网店维护信息系统

本章讨论了开展系统维护的各个方面。维护是任何系统生命周期内的一个自然组成部分。本节将通过研究 PVF 网店 (WebStore) 的维护活动来结束我们对该系统的讨论。

维护松谷家具网店

一个星期六的傍晚，PVF 营销副总裁 Jackie Judson 正在审查最近在公司的电商网站 WebStore 上发布的新产品内容。之所以周六晚上还要工作，是因为她第二天就要离开，去南达科他州的黑山度假，这是一个久违的两周假期。但在离开之前，她想审查一下网页的外观和布局。

松谷家具
(PVF)

在审查过程中，网店的页面开始加载得非常慢。最后，在要求提供某一产品的详细信息后，干脆停止了工作。她的 Web 浏览器报告了以下错误：

HTTP 503 错误 – 服务不可用

鉴于她去拉皮德城的飞机还有不到 12 小时起飞，Jackie 想审查一下内容，并需要想出一些办法来解决这个灾难性的系统错误。她首先想到的是去同一栋楼里的信息系统开发组办公室。当她这样做时，却发现那里没人。她的下一个想法是联系 Jim Woo，高级系统分析师和 WebStore 系统的项目经理。她给 Jim 的家打了个电话，发现他在杂货店，但很快就会回家。Jackie 给 Jim 留了言，让他尽快回她办公室的电话。

在 30 分钟内，Jim 回了电话，并已经在去公司的路上。虽然这不是经常发生的事情，但这并不是 Jim 第一次在非工作时间帮助用户解决系统故障。在回公司之前，他连接到互联网，也发现 WebStore 无法使用。由于 PVF 将 WebStore 的主机托管服务外包给一家外部供应商，Jim 立即通知供应商 WebStore 出现故障。该供应商是一家当地的互联网服务提供商 (ISP)，与 PVF 有长期合作关系，提供互联网接入服务，但它在托管商业网站方面经验有限。Jim 被告知，一个系统"故障"(glitch) 是造成网站无法访问的原因，WebStore 将在未来一小时左右上线。不幸的是，这已经不是 WebStore 第一次出故障了，Jim 感到无能为力。他认为，PVF 需要找到一种更好的方法来了解系统故障，更重要的是，需要提高人们对这个系统能可靠运行的信心。

周一早上，Jim 要求与 PVF 的几位高管开会。在这次会议上，他提出了以下问题。

- 我们的网站有多大价值？
- 当我们的网站出现故障时，我们公司的损失有多大？
- 我们的网站需要有多大的可靠性？

这些问题引起了大家的热烈讨论。大家都认为网店对于 PVF 的未来是"至关重要"的，并一致认为网站瘫痪是"不可接受"的。一个高管总结说："我想不出系统崩溃的任何理由……我们的客户对我们有着高的期望……一个重大的意外就会给 PVF 带来灾难性的后果。"

Jim 向大家说明了他认为下一步需要做的事情。"我认为，问题的根源在于我们与 Web 主机托管公司的合同。具体说，我们要重新谈判合同，或者寻找一个不同的供应商。要在合同条文里反映出我们对服务的期望。我们目前的协议并没有涉及如何应对紧急情况，或者连续的系统故障对我们有什么补偿。还有一个问题要注意，站点正常运行时间 99% 和 99.999%，两者的价格有很大差别。"他继续说："我相信，为了保证极高的系统可靠性，可能会使我们每月增加数万美元的成本。"

会议结束时，高管们一致同意，Jim 应该立即制定一个计划来解决网店的服务等级问题。为了开始这个过程，Jim 准备了一份他们需要的具体供应商服务的详细清单。他认为需要一个非常具体的清单，以便讨论不同服务和不同服务等级的相对成本（例如，系统故障的响应时间和违约惩罚）。

当一位同事问到，为了提高系统的可靠性，我们是对网店进行了什么类型的维护时，Jim 不得不停下来思考。"嗯，这显然是适应性的，因为我们的计划是将系统迁移到一个更可靠的环境。也是完善性和预防性的……它是完善性的，是因为我们想做出一些运行上的改变，以改善系统的性能。也是预防性的，因为我们的目标之一是减少系统故障的可能性。"通过这次讨论，Jim 清楚认识到，系统远远不止是用于构建网店的那些 HTML；它还包括硬件、系统软件、过程和处理意外事件的响应团队。虽然以前已听说过多次，但 Jim 现在终于理解，一个成功的系统反映了它的各个方面。

小结

维护是 SDLC 的最后一个阶段。在维护过程中，系统被更改以纠正内部处理错误或扩展系统功能。维护占据了系统财务投资的大头，而且可能跨越 20 多年。越来越多的信息系统专业人员将他们的职业生涯投入到系统维护工作中，随着越来越多的系统从最初的开发进入到运行使用阶段，未来可能还有更多的专业人员加入进来。

正是在维护期间，SDLC 变成了一个真正的生命"周期"，因为对系统进行更改的请求必须首先被批准、计划、分析、设计，然后实现。一些特殊情况下，当业务运作因内部系统错误而受到损害时可以进行快速修复。当然，这就规避了正常的维护过程。在快速修复后，维护人员必须备份并对问题进行彻底分析，以确保修复符合正常的系统开发标准，包括设计、编程、测试和文档。维护请求可以是四种类型之一：纠正性、适应性、完善性和预防性。

系统的设计和实现方式会极大地影响维护成本。系统在安装好之后存在的未知错误数量是决定维护成本的主要因素。其他因素，如独立客户的数量和文档的质量，也会显著影响维护成本。

另一个维护管理问题是理解如何衡量维护工作的质量。大多数组织都会跟踪每个故障的频率、时间和类型，并对比不同时期的表现。由于资源有限，组织无法执行全部维护请求，所以必须建立一个对请求进行审查的正式过程，确保只有那些被认为符合组织和信息系统计划的请求才会执行。这一过程的中心是一名项目经理，他／她负责收集全部维护请求。收到的请求被提交给一个负责评估其价值的委员会。一旦评估完毕，项目经理就将较优先的活动分配给维护人员。

必须防止维护人员对系统进行未经批准的更改。为确保这一点，大多数组织会在维护团队中分派一名成员（通常是高级程序员或分析师）担任系统管理员。管理员控制系统模块的签出和签入，以确保正确的维护过程得以遵守，比如进行充分的测试和建立恰当的文档。

可以在维护过程中利用一些自动化工具，使维护工作能在设计文档的层面上进行，而不是在低级的源代码层面上进行。逆向工程和再工程工具被用于还原旧系统的设计规范。一旦还原，这些旧系统就能在设计层面而不是源代码层面进行修改，从而显著提高维护人员的工作效率。

网站维护有一些特别的地方需要关注，包括全年无休运行、检查外链是否断开、在发布新的或修订的网页之前校验代码、向搜索引擎重新登记网站以及通过预览未来的改动以免访问者的混淆。

关键术语

14.1　适应性维护	14.6　可维护性	14.11　再工程
14.2　基线模块	14.7　维护	14.12　逆向工程
14.3　构建过程	14.8　平均故障间隔时间 (MTBF)	14.13　系统管理员
14.4　配置管理	14.9　完善性维护	
14.5　纠正性维护	14.10　预防性维护	

将上述每个关键术语与以下定义配对。

_____ 对系统进行更改以修复或增强其功能。

_____ 为修复系统设计、编码或实现中的缺陷而做出的更改。

_____ 对信息系统进行修改，使其功能适应业务需求或技术的变化。

_____ 修改系统以增加新功能或提升性能。

_____ 修改系统以避免未来出问题。

_____ 软件能被理解、纠正、调整和增强的难易程度。

_____ 一次系统故障和下一次故障之间的平均间隔时间，可根据该指标判断系统的质量。

_____ 确保只对系统进行已授权更改的一种过程。

_____ 经测试、文档编制并批准包含到系统最新版本中的软件模块。

_____ 在系统开发或维护期间负责控制系统基线模块签出和签入的人。

_____ 从基线源代码构建可执行系统的一系列详细指令。

_____ 用自动化工具读取程序源代码作为输入，并创建设计层面上的图文表示，比如程序控制结构、数据结构、逻辑流程和数据流。

_____ 用自动化工具读取程序源代码作为输入，分析程序的数据和逻辑，然后自动（或与系统分析师交互）修改现有系统以期提升其质量或性能。

复习题

14.14　比较以下术语：

　　a. 适应性维护；纠正性维护；完善性维护；预防性维护

　　b. 基线模块；构建过程；系统管理员

　　c. 维护；可维护性

14.15　列出维护过程的各个步骤，并与 SDLC 的各个阶段进行对比。

14.16　维护类型有哪些，它们有什么区别？

14.17 描述影响维护成本的因素。是否有什么因素比其他因素更重要？为什么？

14.18 描述三种组织维护人员的方法，对比每种方法的优缺点。

14.19 为了了解维护工作的效能，必须采取哪些类型的衡量方法？为什么跟踪平均故障间隔时间是一种重要的衡量方法？

14.20 通过对维护的效能进行衡量，能更好地了解哪些管理问题？

14.21 描述对用户发来的维护请求进行控制的过程。是否所有请求都应以同样的方式处理，或者是否能在某些情况下规避这一过程？如果是的话，又是什么时候，为什么？

14.22 配置管理是什么意思？为什么组织会采用配备一名系统管理员的方法？

14.23 如何在信息系统的维护中使用自动化工具？

14.24 “逆向工程”和“再工程”工具的区别是什么？

14.25 网站存在哪些特殊的维护问题和过程？

问题和练习

14.26 维护既被认为是 SDLC 的最后阶段（参见图 14.1），也被认为是与 SDLC 类似的过程（参见图 14.3）。为什么以这两种方式谈论维护是有意义的？你认为用这两种方式来看待维护工作有冲突吗？

14.27 对于更改信息系统的请求和建立新信息系统的请求，这两种请求在处理方式上有哪些不同？

14.28 如图 14.4 所示，纠正性维护是目前最常见的维护形式。作为系统分析师，你能做些什么来减少这种形式的维护？

14.29 在系统服务请求（参见图 14.2）中，应该收集哪些其他或额外的维护信息？

14.30 简要讨论一下系统分析师如何管理本章描述的六个维护成本要素中的每一个。

14.31 假设你是一名系统管理员。请用实体关系图的符号描述用于记录你工作中的必要信息的数据库。要兼顾该工作的运行、管理和计划方面。

14.32 软件配置管理与任何工程环境中的配置管理相似。例如，冰箱的产品设计工程师需要协调压缩机、电源、电子控制、内部功能和外部设计的动态变化，因为其中每一项都在不断发生创新。这样的产品设计工程师如何管理其产品的配置？系统分析师和管理员需遵循哪些类似的做法？

14.33 在 PVF 的“网店”一节提到，Jim Woo 要准备一份详尽的 ISP 网络托管服务清单。为网站维护准备一份这样的清单。将 ISP 的职责与 PVF 的进行对比。

实战演练

14.34 调查一个你熟悉或者能接触到的信息系统部门。该部门如何组织维护？该部门是否采用了表 14.2 列出的三种方法之一，还是采用了其他方法？和这个部门的高级经理交谈，了解其维护组织结构的运作情况。

14.35 调查一个你熟悉或者能接触到的信息系统部门。该部门如何衡量系统维护的效能？采用了哪些具体的衡量标准，以及如何利用这些衡量标准来影响维护实践的变化？如果积累了多年的衡量历史，他们如何解释衡量结果的变化？

14.36 在其他学生或者老师的帮助下，联系一个组织中的系统管理员。这个人的职位描述是什么？这个人在工作中用什么工具来帮助他 / 她？这个人向谁报告？这个人以前做过什么工作，他 / 她预计在不久的将来会被提升到什么职位？

14.37 采访你工作的公司或者你有联系的公司的网管。调查他们基于哪些过程来维护网站。记录这些过程。与本章列出的网站特有维护问题和过程相比，你发现了哪些不同或改进？

参考资料

Andrews, D. C., & Leventhal, N. S. (1993). *Fusion: Integrating IE, CASE, JAD: A handbook for reengineering the systems organization*. Upper Saddle River, NJ: Prentice Hall.

Hanna, M. (1992, December). Using documentation as a life-cycle tool. *Software Magazine*, 6, 41–46.

Kaplan, S. (2002, March 15). Now is the time to pull the plug on your legacy apps." *CIO Magazine*. Retrieved April 4, 2015 from http://www.cio.com.au/article/180065/now_time_ pull_plug_your_legacy_apps/.

Legard, D. (2000, November 9). Study: Online maintenance costs just keep growing." *PCWorld*. Retrieved April 4, 2015 from http://www.pcworld.com/article/34502/article.html.

Lytton, N. (2001, July 16). Maintenance dollars at work. *ComputerWorld*. Retrieved April 4, 2015 from http://www.computerworld.com/article/2582502/it-management/maintenance-dollars-at-work.html.

Martin, E. W., Brown, C. V., DeHayes, D. W. Hoffer, J. A. & Perkins, W.C. (2008). *Managing information technology: What managers need to know* (6th ed.). Upper Saddle River, NJ: Prentice Hall.

Nash, K. (2010). ERP: How and why you need to manage it differently. Retrieved April 5, 2015 from http://www. cio.com/article/526213/ERP_How_and_Why_You_Need_to_Manage_ It_Differently?page=1&taxonomy Id=3000

Orr, S. (2005, March 7). Design and generate code with Visio. Dotnetjunkies. Retrieved April 4, 2015 from http:// www.drdobbs.com/windows/design-and-generate-code-withvisio/219200253.

Pressman, R. S. (2005). *Software engineering* (6th ed.). New York: McGraw-Hill.

Worthen, B. (2003, July 1). No tolerance for high maintenance.*cio Magazine*. Retrieved April 4, 2015 from http:// www.cio.com.au/article/184546/no_tolerance_high_maintenance/.

附录 A

术语表

0 级图 (level-0 diagram)：代表系统主要过程、数据流和数据存储的高级细节的一个 DFD。

alpha 测试 (alpha testing)：用模拟数据测试一个已完成的系统。

beta 测试 (beta testing)：在用户真实工作环境中用真实数据测试一个已完成的系统。

COCOMO(COnstructive COst Model，构造性成本模型)：一种自动化软件估算模型，利用历史项目数据以及当前和未来的项目特征来估算项目成本。

DFD 完整性 (DFD completeness)：当前建模的系统所需的全部组件是否都已包含并充分描述。

DFD 一致性 (DFD consistency)：一组嵌套的 DFD 中的某一层级所包含的信息在多大程度上也被包含在其他层级中。

JAD 会议负责人 (JAD session leader)：计划和领导 JAD 会议的受过训练的人员。

JSON(JavaScript 对象标记法，JavaScript Object Notation，发音为 J-SON)：一种轻量级数据交换方法，人很容易理解，计算机则比较容易生成或解释。

n 级图 (Level-n diagram)：对 0 级图上的一个过程进行第 n 次嵌套分解所生成的 DFD。

PERT(Program Evaluation Review Technique，计划评审技术)：使用乐观、悲观和现实的时间估计来计算某项任务的预计时间的技术。

Web 服务 (Web service)：两个电子设备通过网络进行通信的一种方法。

安装 (installation)：将当前系统更换为新系统的一种组织过程。

技术支持 (help desk)：一个单一联络点，负责组织或某个部门内所有用户围绕特定信息系统的咨询和问题。

包含关系 (include relationship)：存在于两个用例之间的一种关系，一个使用另一个包含的功能。

报表 (report)：一种业务文档，只包含预定义的数据是仅供查阅一种被动 (非互动) 文档。往往包含涉及多个不相关记录或事务处理的数据。

考虑到中文版读者的习惯，这里按拼音顺序调整了术语。原英文版术语表按字母顺序并在每个术语结尾处列出了该术语所在的章节，推荐大家扫码查看。

读者专享，扫码直达

要有的属性 (required attribute)：每个实体实例都必须有值的属性。

标识符 (identifier)：选择作为实体类型唯一标识性特征的候选键。

表单 (form)：一种业务文档，包含一些预定义的数据，而且通常提供了一些地方供填写额外的数据。表单的实例通常基于一条数据库记录。

表单交互 (form interaction)：一种非常直观的人机交互方法，采用和纸质表单相似的方式对数据字段进行格式化。

表述性状态传递 (representational state transfer)：在 Web 服务应用程序和操作系统之间传递 JSON 数据的一种相当简单和快速的协议。

并行安装 (parallel installation)：新旧信息系统同时运行，直至管理层认定旧系统可以关停。

部分特化规则 (partial specialization rule)：超类型的实体实例可以不从属于任何子类型。

菜单交互 (menu interaction)：一种人机交互方法，事先提供一组选项，用户选择其中一个，即可调用相应的命令。

参与者 (actor)：与系统交互的外部实体。

操作 (operation)：类的所有实例都提供的函数（功能）或服务。

层叠样式表 (Cascading Style Sheet，CSS)：一组样式规则，告诉网页浏览器如何呈现网页文档。

查询操作 (query operation)：访问但不改变对象状态的一种操作。

差异分析 (gap analysis)：发现两组或更多 DFD 之间的差异，或者发现单一 DFD 中的差异的过程。

超类型 (supertype)：与一个或多个子类型有关系

的常规实体类型。

超文本标记语言 (Hypertext Markup Language，HTML)：使用数百种命令标记 (tags) 表示 Web 内容的一种标准语言。

超文本传输协议 (Hypertext Transfer Protocol，HTTP)：在互联网上交换信息的一种通信协议。

成功保证 (success guarantee)：用例必须做什么使相关方满意。

池 (pool)：在业务过程建模中，对有两个或更多参与者的过程进行封装的方式。

抽象操作 (abstract operation)：定义操作的形式或者协议，但不定义其具体实现。

抽象类 (abstract class)：没有直接实例，但其派生类可能有直接实例的类

触发操作 (triggering operation)：控制数据操作（如插入、更新或删除）有效性的一种断言或规则。也称为"触发器"(trigger)。

触发事件 (trigger)：发起用例的事件。

存根测试 (stub testing)：一种模块测试技术，主要针对以自上而下的方式编写和测试的模块。从属模块通常用几行代码来代替。

错误率 (error rate)：一种可用性因素，衡量用户可能遇到多少错误，以及从这些错误中恢复有多容易。

单一地点安装 (single-location installation)：在一个地点尝试新的信息系统，根据经验判断新系统是否应该以及用什么方式在全组织的范围内部署。

单元测试 (unit testing)：单独测试每个模块，以期

发现其中错误的过程。

弹出菜单 (pop-up menu)：在当前光标位置显示菜单的一种菜单定位方法。

递归外键 (recursive foreign)：关系中的一个外键，引用了同一关系的主键值

第二范式 (second normal form，2NF)：如每个非主键属性都函数依赖于整个主键，则一个关系处于第二范式。

第三范式 (third normal form，3NF)：处于第二范式而且两个（或更多）非主键属性之间没有函数（传递性）依赖的一个关系。

颠覆性技术 (disruptive technology)：能够打破长期以来抑制组织进行根本性业务变革的业务规则的技术。

电子商务 (electronic commerce，EC)：通过基于互联网的通信来支持日常的政府、商业和消费者活动。

定制 (customization)：允许用户根据自己的个人喜好自定义网站的内容和外观。

度 (degree)：参与一个关系的实体类型的数量。

对话 (dialogue)：用户和系统之间的交互序列。

对话图 (dialogue diagramming)：使用框和线来表示人机对话的一种正式方法。

对象 (object)：封装（或打包）了属性以及对这些属性进行操作的方法的一种结构。对象是对现实事物的抽象，其中数据和过程被放在一起，以建模现实对象的结构和行为。

对象 (object)：在应用领域有一个良好定义的角色的实体，具有状态、行为和身份标识特征。

对象类 (object class)：具有相同（或类似）属性、关系和行为的对象的逻辑分组，也称为类。

对象类 (object class)：具有相同（或相似）属性和行为（方法）的对象的逻辑分组。

多态性 (polymorphism)：同一操作可能以不同的方式应用于两个或多个类。

多值属性 (multivalued attribute)：在每个实体实例中，其值都可能不止一个的属性。

多重性 (multiplicity)：指定有多少对象参与一个给定的关系。

二元关系 (binary relationship)：两个实体类型的不同实例之间的关系，是数据建模时最常用的一种关系。

法律和合同可行性 (legal and contractual feasibility)：评估因系统的构建而带来的任何潜在的法律和合同后果的一种过程。

方法 (method)：操作的具体实现。

非正式系统 (informal system)：系统实际上的工作方式。

分阶段安装 (phased installation)：逐渐将旧的信息系统转变为新的，从一个或少数几个功能组件开始，逐渐扩大安装，直至覆盖整个新系统。

分离规则 (disjoint rule)：如超类型的实体实例是一个子类型的成员，那么它不能同时是其他任何子类型的成员。

分析 (analysis)：SDLC 的第二个阶段。要在此阶段研究系统需求，并对需求进行结构化。

封闭式问题 (closed-ended question)：访谈中要求回答者从一组特定的答案中进行选择的问题。

封装 (encapsulation)：将对象的内部实现细节从其外部视图中隐藏起来的技术。

浮动时间 (slack time)：在不造成整个项目延误的情况下，一项活动允许推迟的时间。

辅助键 (secondary key)：一个或多个字段的组合，这些字段可能在多行中有相同的值组合。

复合 (composition)：一种组成 (part-of) 关系，其中各个组成部分只从属于一个整体对象，这些部分与整体对象共存亡。

复合属性 (composite attribute)：包含有意义的组成部分的属性。

概念数据模型 (conceptual data model)：用于捕捉组织数据的整体结构的一种详细模型，它独立于任何数据库管理系统或其他有关具体实现的考虑。

甘特图 (Gantt chart)：项目的图示，每个任务都显示为一个水平条，其长度与工期成正比。

个性化 (personalization)：根据对客户的了解向其提供互联网内容。

更新操作 (update operation)：会改变改变对象状态的一种操作。

工作分解结构 (work breakdown structure)：将整个项目分解为可管理的任务，然后对它们进行逻辑排序，以确保任务之间的平滑推进。

功能分解 (functional decomposition)：越来越细地分解系统描述一个迭代过程，创造了一系列图表，一个给定图表上的过程在另一个图表上得到了更详细的解释。

构建过程 (build routines)：从基线源代码构建可执行系统的一系列详细指令。

构造器操作 (constructor operation)：新建类的实例的一种操作。

关键路径 (critical path)：项目的最短完成时间。

关键路径调度 (critical path scheduling)：一种进度管理技术。关键路径代表任务的一系列活动，其顺序和工期会直接影响项目的完成日期。

关键业务过程 (key business process)：旨在为某一特定客户或市场产生特定产出的结构化的、经过衡量的一系列活动。

关联 (association)：对象类之间的具名关系。

关联角色 (association role)：关联与类连接的那一端。

关联类 (associative class)：有自己的属性或操作的一个关联，或参与了与其它类的关系。

关联实体 (associative entity)：将一个或多个实体类型的实例关联起来的一种实体类型，可包含这些实体实例之间的关系所特有的属性。

关系 (relation)：一个具名的二维数据表。每个关系都由一组具名的列和任意数量未具名的行构成。

关系 (relationship)：组织感兴趣的一个或多个实体类型的实例之间的关联。

关系数据库模型 (relational database model)：将数据表示为一组相关的表 (或关系)。

规范化 (normalization)：将复杂数据结构转换为简单、稳定的数据结构的过程。

规则 (rule)：决策表的一部分，规定特定条件下的特定行动。

过程 (process)：对数据进行的工作或行动，对其进行转换、存储或分发。

哈希文件组织 (hashed file organization)：采用这种文件组织方式，每一行的位置由某个算法确定。

函数依赖 (functional dependency)：两个属性之间的一种约束，其中一个属性的值唯一决定了另一个属性的值。

候选键 (candidate key)：对实体类型的不同实例进行区分的一个属性 (或多个属性的组合)。

互联网 (Internet)：使用通用协议来相互通信的一个大型的、世界性的、由网络构成的网络。

环境图 (context diagram)：组织系统的一种概览，显示了系统边界、与系统交互的外部实体以及实体与系统之间的主要信息流。

活动 (activity)：在业务过程建模中，完成一个过程必须采取的行动。

活动图 (activity diagram)：显示完成一个业务过程所需的系统活动序列的条件逻辑。

基础设施即服务 (infrastructure as a service，IaaS)：一种云计算模型，仅提供处理、存储和网络等基本功能。

基数 (cardinality)：可以 (或必须) 与实体 A 的每个实例关联的实体 B 的实例数量。

基线模块 (baseline module)：经过测试、文档编制并批准包含到系统最新版本中的软件模块。

基线项目计划 (Baseline Project Plan，BPP)：项目启动和计划阶段的一个主要成果和交付物，包含对项目范围、收益、成本、风险和资源要求的最佳估计。

基于对象的交互 (object-based interaction)：一种人机交互方法，利用图形符号表示命令或功能。

基于样式表的 HTML(stylesheet-based HTML)：一种网页设计方法，将内容及其格式和呈现方式分开，以方便维护和全站保持一致。

基元 DFD(Primitive DFD)：DFD 最低层级的分解。

级别 (level)：书写用例说明的不同角度，从高级到低级越来越详细。

集成测试 (integration testing)：对程序的所有模块进行测试的一个过程。这些模块通常以自上而下、渐进的方式集成。

计划 (planning)：SDLC 的第一个阶段。要在此阶段确定、分析、优先排序和安排组织对于信息系统的总体需求。

计算字段 (calculated field)：可从数据库的其他字段派生的字段，也称为派生字段 (derived field)。

记录员 (scribe)：在 JAD 会议上对发生的事情做详细记录的人。

技术可行性 (technical feasibility)：评估开发组织构建所提议系统的能力的一种过程。

继承 (inheritance)：实体类型或对象类按一种层次结构来排列，每个实体类型或对象类都延续其祖先 (即层次结构中较高的那些) 的属性和方法。可通过继承从现有类派生出新的但相关的类。

检查 (inspection)：一种测试技术，参与者检查程序代码，发现可预知的语言特有错误。

简单对象访问协议 (Simple Object Access Protocol，SOAP)：在 Web 应用程序和操作系统之间传输 XML 数据的一种协议。将单独的传统业务职能集成到一系列模块中的系统，使单一的事务能在单一的信息系统内无缝地进行，而不必用到多个单独的系统。将互联网域名翻译为 IP 地址的一种方法。

交付物 (deliverable)：某一 SDLC 阶段的最终产品。

结构良好的关系 (well-structured relation)：包含最少冗余，并允许用户在不出错或者不会出现不一致的情况下插入、修改和删除行的一种关系；也称为一个表。

界面 (interface)：用户和系统交互的一种方法。

金钱的时间价值 (Time Value of Money，TVM)：今天能用的钱比明天同样多的钱更有价值。

经常性成本 (recurring cost)：系统持续发展和使用所产生的成本

经济可行性 (economic feasibility)：确定与开发项目关联的财务收益和成本的一种过程。

竞争战略 (competitive strategy)：组织尝试实现其使命和目标的方法

纠正性维护 (corrective maintenance)：为修复系统设计、编码或实现中的缺陷而做出的更改。

局域网 (Local Area Network，LAN)：将工作站、计算机和文件服务器连接到一起的网络布线、硬件以及软件的统称。这种网络位于一个有限的地理区域内 (通常在一栋建筑或校园内)。

具体类 (concrete class)：可以有直接实例的类。

聚合 (aggregation)：组件对象和聚合对象之间的组成 (part-of) 关系

决策表 (decision table)：决策逻辑的一种矩阵表示，指定了决策的前提条件和因此产生的行动。

开放式问题 (open-ended question)：访谈中没有预设答案的问题。

可记忆性 (memorability)：一种可用性因素，衡量过段时间重新访问系统时，记住一项任务是如何完成的有多容易。

可扩展标记语言 (eXtensible Markup Language，XML)：一种互联网创作语言，允许设计人员创建定制标记，使应用程序之间的数据定义、传输、验证和解释成为可能。

可扩展样式表语言 (eXtensible Stylesheet Language，XSL)：生成 XML 页面时将样式与内容分开的一种规范。

可维护性 (maintainability)：软件能被理解、纠正、调整和增强的难易程度。

可行性研究 (feasibility study)：这项研究从经济和运营的角度判断信息系统对组织是否有意义。

可选属性 (optional attribute)：不用每个实体实例都有值的属性。

可用性 (usability)：对系统在支持特定用户完成特定任务时的表现的总体评价。

客户端 (client)：客户端 / 服务器数据库系统的"前端"部分，即负责显示用户界面和呈现 (表示) 数据的客户端 PC。

客户端 / 服务器架构 (client/server architecture)：一种基于 LAN 的计算环境，由一台中心数据库服务器或引擎执行从客户端 PC 收到的各种数据库指令。各个客户端计算机只需要负责 UI 功能。

空值 (null value)：一种特殊的字段值，与零值、空白或任何其他值不同，它表示该字段的值缺失或未知。

扩展 (extension)：用例中的一组行为或功能，描述主要成功场景的例外情况。

扩展关系 (extend relationship)：存在于两个用例之间的一种关系，一个为另一个添加新的行为或行动。

类范围操作 (class-scope operation)：作用于类而非某个对象实例的操作。

类范围属性 (class-scope attribute)：类的一种属性，指定了通用于整个类的值，该值不会随实例而变。

类图 (class diagram)：显示一个面向对象模型的静态结构，包括对象类、它们的内部结构以及它们参与的关系。

联合应用设计 (Joint Application Design, JAD)：一个结构化的过程，在这个过程中，用户、经理和分析师在一系列密集的会议中共同工作数天，以明确或审查系统需求。

流 (flow)：在业务过程建模中显示一个过程中的活动序列。

逻辑设计 (Logical design)：SDLC "设计" 阶段的一部分，独立于任何计算机平台对分析中选择开发的所有系统功能特性进行描述。

满意度和美感 (satisfaction and aesthetics)：一种可用性因素，衡量系统的视觉吸引力有多大，系统的使用有多愉快。

面包屑路径 (cookie crumb)：网页上的 "标签" 或者一系列顺序的链接，显示用户在网站上的位置和他 / 她曾去过哪里。

面向对象的分析与设计 (Object-oriented Analysis and Design，OOAD)：以对象而非数据和过程为基础的系统开发方法和技术。

面向服务的架构 (service-oriented architecture，SOA)：一种软件架构，其中业务过程被分解成单独的组件（或服务），它们设计用于为服务的消费者（可以是一个应用程序、另一个服务或者一个人）实现预期的结果。

名义小组法 (nominal group technique)：一个支持群体产生想法的促进过程。在过程开始时，小组成员独立工作以产生想法。然后在训练有素的主持人的指导下把这些想法汇集起来。

命令语言交互 (command language interaction)：一种人机交互方法，用户手动输入命令来调用系统提供的操作。

默认值 (default value)：除非显式输入，否则就为字段认定的一个值。

目标声明 (objective statement)：一系列声明，表达了一个组织为达到其理想的未来状态而制定的定性和定量目标。

内容管理系统 (content management system，CMS)：用于收集、组织和发布网站内容的一种特殊的软件应用程序。

逆向工程 (reverse engineering)：用自动化工具读取程序源代码作为输入，并创建设计层面上的图文表示，比如程序控制结构、数据结构、逻辑流程和数据流。

派生属性 (derived attribute)：其值可从相关属性值计算出来的属性

配置管理 (configuration management)：确保只对系统进行已授权更改的一种过程。

平衡 (balancing)：一个 DFD 过程分解到较低级时保留该过程的输入和输出。

平均故障间隔时间 (mean time between failures，MTBF)：一次系统故障和下一次故障之间的平均间隔时间，可根据该指标判断系统的质量。

平台即服务 (platform as a service，PaaS)：一种云计算模型，客户可运行他们自己的应用程序，这些应用程序通常用服务提供商提供的工具设计。客户对底层基础设施的控制有限或没有。

企业战略计划 (corporate strategic planning)：确定组织的使命、目标和战略的一个持续过程。

企业资源计划 (enterprise resource planning，ERP) 系统

前置条件 (preconditions)：用例启动之前必须满足的条件。

轻量级图形 (lightweight graphic)：小而简单的图像，使网页能尽快加载。

去规范化 (denormalization)：根据行和字段的使用亲和性，将规范化关系拆分或合并为物理表的过程。

日程表可行性 (schedule feasibility)：评估一个项目的所有主要活动的潜在时间框架和完成日期在多大程度上符合组织的最后期限和限制条件。

软件即服务 (software as a service，SaaS)：一种云计算模型，客户只使用通过云基础设施提供的应用程序。

三层客户端 / 服务器架构 (three-tiered client/server architecture)：一种高级客户端 / 服务器架构，它合并三种逻辑功能 (数据管理、表示和分析) 以创建单一的信息系统。

三元关系 (ternary relationship)：三个实体类型的实例之间同时存在的一种关系。

商业案例 (business case)：针对所提议的信息系统，从有形和无形的经济效益和成本以及技术和组织的可行性方面进行的论证。

设计 (design)：SDLC 的第三个阶段。要在此阶段将对推荐方案的描述先转换为逻辑系统规范，再转换为物理系统规范。

实体关系数据模型 (entity-relationship data model，E-R 模型)：组织或业务领域所用实体、关联和数据元素的一种详细的、逻辑性的表示。

实体关系图 (entity-relationship diagram，E-R 图)：E-R 模型的图形化表示。

实体类型 (entity type)：具有共同属性或特征的实体的集合。

实体实例 (entity instance)：实体类型的单一具现。有时直接称为 "实例"。

实现 (implementation)：SDLC 的第四个阶段。要在此阶段完成信息系统的编码、测试、安装和支持。

使命宣言 (mission statement)：清楚说明公司从事什么业务的一个声明。

事件 (event)：在业务过程建模中，事件触发过程的开始或结束。

适应性维护 (adaptive maintenance)：对信息系统进行修改，使其功能适应业务需求或技术的变化。

收支平衡分析 (break-even analysis)：发现在什么时候 (如果会的话) 收益等于成本的一种成本效益分析。

瘦客户端 (thin client)：一种轻量级客户端。数据处理和存储在服务器上进行，这种客户端接收数据并做少量处理 (如显示)。

属性 (attribute)：组织感兴趣的实体的具名属性或特征。

数据存储 (data store)：静止的数据，可能具有多种不同的物理形式。

数据库引擎 (database engine)：在提供数据库处理和共享访问功能的服务器上运行的客户端 / 服务器数据库系统的"后端"部分。

数据类型 (data type)：一种被系统软件识别的、用于表示有组织的数据的编码方案。

数据流图 (data flow diagram，DFD)：对数据在外部实体和系统内的过程 / 数据存储之间移动情况的一种图示。

顺序文件组织 (sequential file organization)：采用这种文件组织方式，文件中的行基于主键值按顺序存储。

索引 (index)：用于判断文件中满足特定条件的行所在位置的一个表。

索引文件组织 (indexed file organization)：采用这种文件组织方式，行可以按顺序存储，也可以不按顺序存储。会创建一个索引，使应用程序能直接定位行。

条件桩 (condition stub)：决策表的一部分，列出和决策相关的条件。

贴现率 (discount rate)：用来计算未来现金流现值的回报率。

同名异义词 (homonym)：具有同一名称的两个或更多不同的属性。

同义词 (synonym)：具有不同名称的同一属性。

统一软件开发过程 (rational unified process，RUP)：一种面向对象的系统开发方法。RUP 建立了开发的四个阶段：初始、细化、构建和交付。每一阶段都用多个单独的迭代来组织。

图标 (icon)：代表特定系统功能的图形符号。

外包 (outsourcing)：将组织的部分或全部信息系统应用程序的开发和运营交给一家外部公司的做法。

外键 (foreign key)：在一个关系（如 SALES1）中作为非主键属性出现，而在另一个关系中作为主键属性（或主键的一部分）出现的属性。

完全特化规则 (total specialization rule)：超类型的每个实体实例都必须是关系中某个子类型的成员。

完善性维护 (perfective maintenance)：修改系统以增加新功能或提升性能。

网关 (gateway)：业务过程建模中的一个决策点。

网络图 (network diagram)：表示项目的任务及其相互关系的一种示意图。

维护 (maintenance)：SDLC 的最终阶段。要在此阶段系统性地修复和改进信息系统。

维护 (maintenance)：对系统进行更改以修复或增强其功能。

文件服务器 (file server)：管理文件操作，并由连接到 LAN 的每台客户端 PC 共享的一台计算机。

文件组织 (file organization)：对文件中的记录进行物理排列的一种技术。

无关紧要的条件 (indifferent condition)：决策表中的一种条件，其值不会影响为两个或更多规则所采取的行动。

无形成本 (intangible cost)：信息系统所产生的不容易用钱或确定的方式来衡量的成本。

无形收益 (intangible benefit)：创建信息系统所带来的不容易用钱或确定的方式来衡量的收益。

物理表 (physical table)：一个具名的行、列集合，指定了每个表行的字段。

物理设计 (physical design)：SDLC "设计" 阶段的一部分，来自 "逻辑设计" 的系统逻辑规范被转换为具体的技术细节，为后续所有编程和系统构建提供指导。

物理文件 (physical file)：在辅助存储的连续区域存储的一个具名的表行集合。

物联网 (Internet-of-Things，IoT)：一大类具有互联网地址和连接性的物件，这些物件能与其他具有互联网功能的设备和系统进行通信

系统测试 (system testing)：对系统的所有程序进行测试的一个过程。这些程序通常以自上而下、渐进的方式集成。

系统分析师 (systems analyst)：担负信息系统分析与设计主要责任的一种组织内职务。

系统管理员 (system librarian)：在系统开发或维护期间负责控制系统基线模块签出和签入的人。

系统开发方法 (systems development methodology)：组织中遵循的标准过程，用于开展分析、设计、实现和维护信息系统所需的全部步骤。

系统开发生命周期 (systems development life cycle，SDLC)：用于开发、维护和替换信息系统的传统方法（论）。

系统文档 (system documentation)：关于系统的规范、内部工作方式以及功能的详细信息。

下拉菜单 (drop-down menu)：一种菜单定位方法，点击菜单名称，菜单的内容会下拉展开。

现值 (present value)：未来现金流当前的价值。

线框 (wireframe)：显示信息元素在屏幕上的位置及其所需空间的一种简单设计。

相关方 (stakeholder)：在开发的系统中拥有关键利益的人。

相似度聚类 (affinity clustering)：排列矩阵信息，使具有某种预设等级或类型的相似度的信息群组在矩阵报表上彼此相邻。

项目 (project)：为达到一个有开始和完成的目标而有计划进行的一系列相关活动。

项目范围说明 (project scope statement，PSS)：为客户准备的文档，描述项目将交付什么，而且通常从较高的层次概括完成项目需要的全部工作。

项目工作簿 (project workbook)：所有项目相关文档的一个在线存储库，用于项目审计、新团队成员定位、与管理层和客户的沟通、确定未来项目以及执行项目后审查。

项目关闭 (project closedown)：项目管理过程的最终阶段，重心是结束项目。

项目管理 (project management)：启动、计划、执行和关闭项目的一个受控过程。

项目计划 (project planning)：项目管理过程的第二阶段，重心是确定清晰和独立的活动以及完成每项活动所需的工作。

项目经理 (project manager)：具有多种技能——管理、领导、技术、冲突管理和客户关系——的系统分析师，负责项目的启动、计划、执行与结束。

项目启动 (project initiation)：项目管理过程的第一阶段，执行多项活动以评估项目的规模、范围和复杂性，并建立程序以支持后续活动。

项目章程 (project charter)：在项目启动期间为客

户准备的简短文件，描述项目将交付的内容并概括完成项目所需的全部工作。

项目执行 (project execution)：项目管理过程的第三阶段，将之前阶段（项目启动和计划）创建的计划付诸行动。

效率 (efficiency)：一种可用性因素，衡量用户在知道如何执行任务后，他们能多快地完成。

效用计算 (utility computing)：一种按需计算形式，包括处理器、数据存储和网络在内的计算资源根据自己的需要进行租用。组织只需为实际使用的服务付费。

信息系统分析与设计 (information systems analysis and design)：开发和维护基于计算机的信息系统的一种复杂的组织过程。

信息系统基础设施 (information systems infrastructure)：组织用于支持其决策、业务过程和竞争战略的硬件、软件、数据、设施、人力资源以及服务。

信息系统计划 (information systems planning，ISP)：评估组织信息需求并定义最能满足这些需求的信息系统、数据库和技术的一种有条理的手段。

行动桩 (action stubs)：决策表的一部分，列出在一组给定条件下应采取的行动。

行为 (behavior)：代表对象如何行动和反应。

虚拟化 (virtualization)：创建各种计算能力的虚拟（而非物理）版本的行为。硬件平台、操作系统、存储设备和网络均可虚拟化。

虚拟机 (virtual machine)：对物理计算机（包括硬件和操作系统）的软件模拟，可实现物理硬件资源更高效的共享。

需求邀请书 (request for proposal，RFP)，也称为招标书：提供给供应商的一份文件，邀请其推荐满足新系统要求的硬件和系统软件。

演练 (walk-through)：对系统开发过程中创建的任何产品进行的同行小组评审，也称为结构化演练。

验收测试 (acceptance testing)：由真实的用户对一个已完成的信息系统进行测试的过程，最终结果是用户是否接受它。

业务规则 (business rule)：旨在维护逻辑数据类型完整性的规范。

业务过程重组 (business process reengineering，BPR)：寻求并实施业务过程中的根本性改革，以实现产品和服务的突破性改进。

一次性成本 (one-time cost)：与项目启动和开发或者系统启动相关的成本。

一元关系 (unary relationship)：一个实体类型的不同实例之间的关系，也称为递归关系。

易学性 (learnability)：一种可用性因素，衡量用户首次执行一项任务有多难。

引用完整性 (referential integrity)：一种完整性约束，规定一个关系中的一个属性的值（或存在）取决于另一个关系中同一属性的值（或存在）。

应用程序编程接口 (application program interface，API)：一种基本的软件构建单元，提供了通用的系统功能（如 UI 和打印）。还提供了通用模块，以实现客户端和服务器之间的标准化数据交换。

应用程序服务器 (application server)：主要负责提供数据分析功能的一台服务器。

应用软件 (Application software)：旨在支持组织职能或过程的计算机软件。

泳道 (swimlane)：在业务过程建模中，可视化封装一个过程的方式。

用户文档 (user documentation)：讲解应用系统、它的工作方式以及如何使用的书面或其他可视资料。

用例 (use case)：显示系统在响应来自用户的请求时，于各种条件下的行为或功能。

用例图 (use case diagram)：显示了系统行为以及与系统互动的关键参与者的一张图。

有形成本 (tangible cost)：信息系统所产生的很容易地用钱来衡量并具有确定性的成本。

有形收益 (tangible benefit)：创建信息系统所带来的能够用钱来衡量并具有确定性的收益。

预防性维护 (preventive maintenance)：修改系统以避免未来出问题。

域 (domain)：属性可能具有的所有数据类型和值的集合。

域名系统 BIND(domain naming system)：该方法用于将互联网域名翻译为互联网协议地址 (即 IP 地址)。BWD 的全文为 Berkeley Internet Name Domain。

原型 (prototyping)：一个迭代的系统开发过程，在这个过程中，需求被转化为一个能够工作的系统，并通过分析师和用户之间的紧密合作不断地被修改。

源 / 汇 (source/sink)：数据的起源和 / 或目的地，有时称为外部实体。

云计算 (cloud computing)：通过互联网提供计算资源 (包括应用程序)，客户无需投资运行和维护资源所需的计算基础设施。

运营可行性 (operational feasibility)：评估提议的系统能在多大程度上解决业务问题或利用业务机会。

再工程 (re-engineering)：用自动化工具读取程序源代码作为输入，分析程序的数据和逻辑，然后自动 (或与系统分析师交互) 修改现有系统以期提升其质量或性能。

增量承诺 (incremental commitment)：系统分析与设计的一种策略，在每个阶段后对项目进行审查，对项目是否继续进行重新论证。

正式系统 (formal system)：实际运作中的系统。

政治可行性 (political feasibility)：评估组织的关键利益相关方如何看待提议的系统的一种过程。

支持 (support)：持续教育信息系统的用户并解决他们遇到的问题。对于内部开发的系统，相关的支持材料和职位必须作为实现过程的一部分来准备或设计。

直接安装 (direct installation)：一种信息系统安装方法，直接停用旧系统并启用新系统。

纸上原型 (paper prototype)：一系列模拟屏幕，可用于测试内容、外观和感觉以及任务流程和其他可用性因素。

指针 (pointer)：用来定位相关字段或数据行的一个数据字段。

中间件 (middleware)：整合硬件、软件和通信技术，将数据管理、表示和分析汇集到一个三层（或 n 层）客户端 / 服务器环境中。

重叠规则 (overlap rule)：一个实体实例可以同时是两个（或更多）子类型的成员。

重复组 (repeating group)：两个或更多在逻辑上相关的多值属性。

重构 (refactoring)：添加新功能后对程序进行简化的过程。

重用 (reuse)：在新的应用程序中沿用之前写好的软件资源（尤其是对象和组件）。

主键 (primary key)：其值在关系的所有实例中均唯一的一个属性（或多个属性的组合）。

状态 (state)：由对象的属性（属性和关系）以及那些属性的值构成。

桌面检查 (desk checking)：一种测试技术，程序代码由评审员手动顺序执行。

资源 (resource)：在完成一项活动的过程中要用到的任何一个人、一组人、设备或材料。

子类型 (subtype)：对组织来说有意义的一个实体类型的实体子分组，具有一些共通的属性，但又有一个或多个不共通的属性或关系。

自动化测试框架 (testing harness)：一种自动化测试环境，用于检查代码是否存在错误、是否符合标准以及是否存在其他设计缺陷。

自然语言交互 (natural language interaction)：一种人机交互方法，用口语实现应用程序的输入和输出。

自上而下计划 (top-down planning)：一种常规 ISP 方法，旨在获得对整个组织的信息系统需求的一个更全面的理解。

自下而上计划 (bottom-up planning)：一种常规信息系统计划方法，为了解决业务问题或利用一些业务机会而确定并定义 IS 开发项目。

字段 (field)：系统软件所能识别的最小单位的具名应用程序数据。

总体拥有成本 (total cost of ownership，TCO)：拥有和运行系统的总成本，包括购入成本以及持续使用和维护所产生的成本。

正式系统 (formal system)：组织文件中描述的系统的正规工作方式。

最小保证 (minimal guarantee)：用例对相关方的最低承诺。

附录 B

缩写词

2NF	Second Normal Form	第二范式
3NF	Third Normal Form	第三范式
API	Application Program Interface	应用程序编程接口
ASP	Application Service Provider	应用程序服务提供商
BEA	Break-Even Analysis	收支平衡分析
BEC	Broadway Entertainment Company, Inc	百老汇娱乐公司
BIND	Berkeley Internet Name Domain	
BPMN	Business Process Modeling Notation	业务过程建模标记法
BPP	Baseline Project Plan	基线项目计划
BPR	Business Process Re-engineering	业务过程重组
BSP	Business Systems Planning	业务系统计划
CASE	Computer-Aided Software Engineering	计算机辅助软件工程
CIO	Chief Information Officer	首席信息官
CMS2	Content Management System	内容管理系统
COCOMO	Constructive Cost Model	构造性成本模型
CSS	Cascading Style Sheet	层叠样式表
CTS	Customer Tracking System	客户跟踪系统
DBMS	Database Management System	数据库管理系统
DFD	Data Flow Diagram	数据库流图
DOS	Disk Operating System	磁盘管理系统

EDW	Enterprise Data Warehouse	企业数据仓库
EER	Extended Entity Relationship	扩展实体关系
EF	Early Finish	最早完成时间
ER	Entity Relationship	实体关系
ERP	Enterprise Resource Planning	企业资源计划
ET	Estimated Time	预计时间
GUI	Graphical User Interface	图形用户界面
HTML	Hypertext Markup Language	超文本标记语言
HTTP	Hypertext Transfer Protocol	超文本传输协议
IaaS	Infrastructure as a Service	基础设施即服务
IDS	Intrusion Detection Software	入侵侦测软件
IE	Information Engineering	信息工程
I/O	Input/Output	输入 / 输出
IP	Internet Protocol	互联网协议
IS	Information System	信息系统
ISP	Information Systems Planning	信息系统计划
ISP	Internet Service Provider	Internet 服务提供商
IT	Information Technology	信息技术
JAD	Joint Application Design	联合应用设计
JSON	JavaScript Object Notation	JavaScript 对象标记法
LAN	Local Area Network	局域网
LDM	Logical Data Model	逻辑数据模型
LF	Late Finish	最晚完成时间
MIS	Management Information Systems	管理信息系统
MTBF	Mean Time Between Failures	平均故障间隔时间
NGT	Nominal Group Technique	名义小组法
NPV	Net Present Value	净现值

OOAD	Object-Oriented Analysis and Design	面向对象的分析与设计
PaaS	Platform as a Service	平台即服务
PDA	Personal Digital Assistant	个人数字助理
PE		Petrie Electronics 公司
PERT	Program Evaluation Review Technique	计划评审技术
PIP	Project Initiation and Planning	项目启动和计划
POS	Point-of-Sale	销售点
PSS	Project Scope Statement	项目范围说明
PVF	Pine Valley Furniture	松谷家具公司
RAM	Random Access Memory	随机存取存储器
REST	Representational State Transfer	表述性状态传递
RFP	Request for Proposal	需求邀请书，也称招标书
RFQ	Request for Quote	报价邀请书
ROI	Return on Investment	投资回报率
RUP	Rational Unified Process	统一软件开发过程
SaaS	Software as a Service	软件即服务
SAP	Systems, Applications, and Products	系统、应用程序和产品
SDLC	Systems Development Life Cycle	系统开发生命周期
SNA	System Network Architecture	系统网络架构
SOA	Service-Oriented Architecture	面向服务的架构
SOAP	Simple Object Access Protocol	简单对象访问协议
SPTS	Sales Promotion Tracking System	促销跟踪系统
SQL	Structured Query Language	结构化查询语言
SSR	System Service Request	系统服务请求
SysML	Systems Modeling Language	系统建模语言
TVM	Time Value of Money	金钱的时间价值
UML	Unified Modeling Language	统一建模语言

WBS	Work Breakdown Structure	工作分解结构
WML	Wireless Markup Language	无线标记语言
XML	eXtensible Markup Language	可扩展标记语言
XSL	eXtensible Stylesheet Language	可扩展样式表语言